Edición Especial
HTML Dinámico

Edición Especial
HTML Dinámico

David Gulbransen
Kenrick Rawlings

Traducción:
Rafael García Bermejo

PRENTICE HALL

Madrid • Upper Saddle River • Londres • México • Nueva Delhi • Rio de Janeiro

Santafé de Bogotá • Singapur • Sydney • Tokio • Toronto

datos de catalogación bibliográfica

David Gulbransen y Kenrick Rawlings
Edición Especial HTML Dinámico
PRENTICE HALL IBERIA, Madrid, 1998

ISBN: 84-8322-069-5

MATERIA: Informática   681.3

Formato: 170 × 240 mm   Páginas: 604

DAVID GULBRANSEN y KENRICK RAWLINGS
Edición Especial HTML Dinámico

DERECHOS RESERVADOS
© 1998 respecto a la primera edición en español por:

PRENTICE HALL IBERIA, S.R.L.
TÉLLEZ, 54
28007 MADRID
Simon & Schuster International Group
A Viacom Company

ISBN: 84-8322-069-5
Depósito Legal: M. 14.762-1998

Traducido de:
Using Dynamic HTML
Copyright© 1997 by Que Corporation
ISBN: 0-7897-1482-5

Editor de la edición en español: Alejandro Domínguez
Editor de Producción: David Álvarez
Diseño de cubierta: La Movie
Composición: Ángel Gallardo
Impreso por: CLOSAS-ORCOYEN, S. L.

IMPRESO EN ESPAÑA - PRINTED IN SPAIN

Este libro ha sido impreso con papel y tintas ecológicos

Contenido

I   BASES DE HTML DINÁMICO

II FUNDAMENTOS DE HTML DINÁMICO

III DENTRO DE HTML DINÁMICO

IV   CONSCIENCIA DE LOS DATOS

V   MULTIMEDIA Y HTML DINÁMICO

VII APÉNDICES

Dedicatoria

De David Gulbransen:
A mi familia: David, Anne, Mary y Matt.

De Ken Rawlings:
A mi padre y a mi madre, Janet y Richard.

Acerca de los autores

David Gulbransen ha estado efectuando asesorías y desarrollos relacionados con Internet durante más de ocho años. En su última ocupación hizo las veces de Gerente de Sistemas de Información en Dimensión X, que fue adquirido por Microsoft a principios de 1997. Además de su trabajo profesional David ha contribuido a *Java Unleashed* (de Sams.net), y es coautor de *Creating Web Applets with Java* (de Sams.net) y además ha sido autor de *Nestcape Server Survival Guide* (de Sams.net). El proyecto más reciente de David es la cofundación de Vervet Logic, un proveedor de soluciones de tecnología de red de alto rendimiento, entre las que se incluyen el desarrollo de canales, HTML Dinámico, y el desarrollo de aplicaciones a la medida. Cuando no está trabajando delante de un monitor y un teclado, David gusta de situarse tras la cámara como director de cine aficionado.

Kenrick Rawlings tiene más de diez años de experiencia de programación en C++, pero lo abandonó por completo con la primera versión de Java. Contribuyó como autor a *Java Unleashed* (de Sams.net) y fue coautor de *Creating Web Applets with Java* (de Sams.net) antes de dedicar su atención a HTML Dinámico. Ken ha cofundado recientemente Vervet Logic, que ofrece asesoría y desarrollo a la medida de software para tecnologías de primera línea en la red, tales como HTML Dinámico y canales CDF. Entre dormir y codificar, Ken disfruta del cine, la música *tecno* y la vida fuera de la ciudad.

Agradecimientos

Gracias a Steve Weiss, Gina Brown, Chris Cleveland y todos los demás de New Riders que han ayudado a construir este excelente título de *Que*. Gracias a Garth Bruce de Microsoft por la información. Gracias especiales a los de BlueMarble Information Services por el uso del espacio y del ancho de banda: Steve Volan, Luke Heidelberger, Jody Miller, Jeff Burkhart, Phil Foster, Rick Schmelz, Jodi Woods y especialmente Nadia Kelley por ser tan alegre. Gracias a nuestros familiares y amigos, sin los cuales nos habríamos derrumbado a mitad del proyecto. Un agradecimiento muy especial a Jim Causey, Scott Cramer, Carl Zahrt y Ron Kuk por soportar muchas cenas tardías y muchas excusas. Y gracias a Stephanie Boys por recibir algunas llamadas ya muy tarde. ¡Ah! y gracias a Gary Numan y a los MMB por sus canciones. Gracias a Steve Simms por el cine de madrugada que nos mantenía anclados en el mundo real. Y gracias a la banda de South Park, el espíritu de Navidad estará siempre en nuestros corazones.

¡Nos gustaría conocer su opinión!

Como parte de nuestro continuado esfuerzo para producir libros de la mayor calidad posible, *Que* estaría encantada de recibir sus comentarios. Para seguir siendo competitivos, *necesitamos* que como lector y usuario de libros de computadoras, nos haga saber lo que más le guste o le disguste acerca de este libro o de otros productos de *Que*.

Puede enviar sus comentarios, ideas o sugerencias para mejorar futuras ediciones a la dirección que se ofrece a continuación, y también puede enviarnos un fax al (317) 581-4663. La dirección de nuestro centro de Internet es **http://www.mcp.com** (World Wide Web).

Además de explorar nuestro foro, puede también entrar en contacto conmigo personalmente para discutir sus opiniones relativas a este libro: soy **sweiss@newriders.mcp.com** en la Internet.

Gracias anticipadas —sus comentarios nos ayudarán a continuar publicando los mejores libros disponibles en lo tocante a temas relacionados con computadoras del mercado de hoy.

Steve Weiss
201 W. 103rd Street
Indianapolis, Indiana 46290
USA

Introducción

Cualquier persona que esté familiarizada con la World Wide Web será ciertamente consciente del constante estado de flujo que rodea a las nuevas tecnologías relacionadas con la red. A medida que las compañías, tales como Microsoft y Netscape combaten para ganar cuota de mercado, las armas que emplean son nuevas técnicas y aplicaciones, diseñadas para incrementar la potencia de Internet y del desarrollo de aplicaciones basadas en Internet.

El último avance habido en el frente de la red aparece en la forma de HTML Dinámico, que es una colección de tecnologías nuevas y ya existentes que se han diseñado para maximizar el potencial de desarrollo de aplicaciones basadas en la red. Con los avances que se están haciendo con HTML Dinámico, las aplicaciones de red y el desarrollo de multimedia prometen volverse más fáciles y más rápidos para el desarrollador —y más robustos y eficientes para el consumidor. La forma en que HTML Dinámico alcanza estos objetivos es precisamente lo que se explora en este libro.

HTML Dinámico

HTML Dinámico reúne un cierto número de tecnologías de red que funcionan en el entorno de una estructura fácil de gestionar. Al aprovechar tecnologías existentes, tales como las Hojas de Estilo en Cascada, ActiveX, JavaScript y VBScript, HTML Dinámico proporciona una variedad increíblemente amplia de aplicaciones. Sin embargo, HTML Dinámico es algo más que una categoría para tecnologías ya existentes. Con unas características nuevas, tales como el enlazado de datos y la consciencia de datos, HTML Dinámico añade un nivel de extensibilidad que hasta el momento no estaba disponible en la red. Todo esto lo mantiene junto el modelo de objetos de HTML Dinámico, que abre los elementos de la página de red a los guiones y a una manipulación que hasta el momento no era posible.

Por qué necesita este libro

La reunión de las tecnologías que abarca HTML Dinámico no es tarea sencilla. Además de dominar varias tecnologías diferentes, es necesario comprender la forma en que HTML Dinámico permite que todas las piezas encajen entre sí e interactúen.

Para obtener el mayor beneficio posible de HTML Dinámico es preciso dominar lo siguiente:

- Hojas de Estilo en Cascada
- Posicionamiento de Hojas de Estilo en Cascada
- Guiones —JavaScript o VBScript
- El modelo de objetos de HTML Dinámico
- Enlazado de datos y consciencia de datos
- Implementación de controles de ActiveX

Este texto le familiarizará con todas las tecnologías que se utilizan en HTML Dinámico. Cada una de estas tecnologías se cubre con un alto grado de detalle, ofreciéndole el conocimiento que necesitará para utilizar esas tecnologías de acuerdo con HTML Dinámico. A continuación, en las secciones finales del texto, se encontrarán varios ejemplos de la vida real. Estos ejemplos muestran la forma en la que se pueden implementar de forma práctica las teorías y tecnologías que se discuten en el libro.

Cómo está organizado este libro

Este libro está organizado en seis partes, cada una de las cuales está destinada a familiarizarle con todo lo que necesitará para comenzar a desarrollar sus propias páginas y aplicaciones de HTML Dinámico.

- La Primera Parte, «Bases de HTML Dinámico» proporciona una introducción a HTML Dinámico. Los capítulos de esta sección están destinados a mostrar lo que se puede lograr con HTML Dinámico, y le preparan para los ejemplos y capítulos posteriores.
- La Segunda Parte, «Fundamentos de HTML Dinámico» explora los fundamentos de HTML Dinámico. Esta parte abarca las Hojas de Estilo en Cascada, JavaScript, el modelo de objetos de HTML Dinámico y la gestión de sucesos. Estos son los fundamentos que se utilizarán para crear el contenido de HTML Dinámico.
- La Tercera Parte, «Dentro de HTML Dinámico», se basa en los fundamentos proporcionados en la Segunda Parte y se introduce en la creación de HTML Dinámico, abarca los estilos dinámicos, la maquetación y posicionamiento y el contenido dinámico.
- La Cuarta Parte, «Consciencia de los datos», ataca la consciencia de datos y el enlazado de datos, demostrando la forma en que se puede utilizar HTML Dinámico para construir complejas aplicaciones de bases de datos.
- La Quinta Parte, «Multimedia y HTML Dinámico», pasa del mundo de los objetos fuentes de datos a la interactividad y a unas interesantes animaciones. La Quinta Parte explora las aplicaciones multimedia de HTML Dinámico, incluyendo el soporte para controles multimedia de ActiveX de Microsoft.

- La Sexta Parte, «HTML Dinámico del mundo real», toma todos los componentes de HTML Dinámico abarcados en las partes anteriores y proporciona una cierta cantidad de HTML Dinámico del mundo real. Todos los capítulos de esta parte ofrecen un ejemplo completamente operativo de una aplicación de HTML Dinámico, completa y con una explicación detallada de su creación.
- Los Apéndices proporcionan un recurso extenso para la información proporcionada en otros lugares del texto. Aquí se encontrará una información exhaustiva acerca de HEC, el modelo de objetos de HTML Dinámico, y de los lenguajes alternativos para la creación de guiones.

Convenciones utilizadas en este libro

Dado que este libro abarca toda una gama de términos de guiones y de componentes, es importante distinguirlos dentro del texto. Los componentes de guiones tales como objetos, funciones, métodos, propiedades y demás, se indican en *cursiva* para ayudarle a distinguirlos del texto normal. Las variables se ponen de manifiesto mediante comillas («»).

Este libro contiene una gran cantidad de código. En los ejemplos completos de código operativo y en los segmentos de código quizá encuentre este carácter ➡. Dentro de los límites de la impresión en una línea de texto solamente cabe una cierta cantidad de caracteres. El carácter ➡ indica que la línea de código es una continuación de la línea que la precede. En los casos de ejemplos completos, quizá encuentre que las líneas de código están numeradas. Estos números NO forman parte del código, se han situado allí para hacer referencia a líneas concretas en el texto que lo acompaña dentro del cuerpo del capítulo.

Nota:

Las notas proporcionan información adicional relacionada con el tema estudiado.

Consejo:

Los consejos proporcionan información rápida y útil que le irá ayudando durante el camino.

Las advertencias le avisan de posibles errores o peligros en las operaciones tratadas.

PARTE

Bases de HTML Dinámico

Capítulo

HTML Dinámico: una defensa

La World Wide Web ha revolucionado la forma en que las personas usan Internet y también la forma en la que interactúan con la información. Sería imposible alcanzar el nivel de histeria de Internet que existe en la actualidad sin la World Wide Web. Desde su concepción, la red ha añadido unos gráficos atractivos, una tecnología de audio, una interactividad limitada (CGI y mapas de imagen) y se las ha arreglado para capturar la atención de muchas industrias fuera del entorno de la computación. En el mismísimo corazón de la red se encuentra Hypertext Markup Language (Lenguaje de Marcación para Hipertextos o HTML), el lenguaje descriptivo básico que crea todas las páginas que anuncian e informan a través de la red. Sin embargo, a medida que la red ha ido madurando, HTML ha seguido siendo estructuralmente igual. De hecho, varios de los avances de HTML, tales como las tablas y los marcos, se han adoptado con resultados intermedios. Aun cuando las tablas ofrecen unas ciertas capacidades de maquetación, se encuentran todavía muy lejos de ser aplicaciones de bases de datos. Cuando se piensa en las nuevas tecnologías innovadoras que están modificando la forma en la que se utiliza la red, es posible que uno piense en ActiveX, Java, JavaScript, Visual Basic Script y las Hojas de Estilo en Cascada. Nadie habla ya del revolucionario marcador <BLINK>.

A medida que ha crecido la tecnología, se ha ido haciendo hincapié en HTML para que se adaptase. La incorporación de todas estas tecnologías en algún nivel ha dado lugar a que se añadiesen nuevos marcadores, y ha dado lugar también a algunos cambios en la forma en que se ve HTML. Estos cambios han llegado finalmente a la creación de una nueva tecnología de red que está basada en HTML —*HTML Dinámico*.

- **Limitaciones de HTML estático** Aun cuando HTML ha sido un hito indiscutible para la presentación electrónica de texto y gráficos a la mayor audiencia posible, siguen existiendo algunas desventajas.
- **Características ventajosas de HTML Dinámico** Aprender la forma en la que HTML Dinámico está revolucionando la presentación de información en la red mediante la posibilidad de especificar el tipo de letra, la posición de los elementos en una página, el formato del contenido de la página y la alteración del contenido de la página en el momento de la carga o durante la ejecución.

- **Hojas de Estilo** Las Hojas de Estilo en Cascada proporcionan a HTML Dinámico capacidad de dar formato al contenido de una página en red con una interesante libertad de diseño y una notable sensibilidad.
- **Guiones** Los lenguajes de guiones proporcionan la espina dorsal interactiva de HTML Dinámico, con generación dinámica de contenido y con manipulación dinámica del mismo.
- **Practicidad de HTML Dinámico** HTML Dinámico modifica la forma en que se pueden utilizar las páginas Web, ofreciendo la posibilidad de que sirvan como interfaces para aplicaciones multimedia y de negocios y también la posibilidad de crear nuevas metodologías de diseño que ofrezcan a los diseñadores un control más perfecto de su contenido basado en la red.

Este capítulo examina algunos de los factores que han dado lugar al desarrollo de HTML Dinámico (DHTML) y la forma en que esa tecnología se ha vuelto importante para el desarrollo en red. Como tecnología de red DHTML ofrece la capacidad de crear páginas nuevas e innovadoras, que pueden actuar como interfaces para aplicaciones más complejas e interesantes basadas en la red que las que eran posibles anteriormente. Las partes siguientes esbozan algunas de las características más atractivas de HTML Dinámico y la forma en que esas características difieren en las implementaciones de los distintos fabricantes.

- **La Segunda Parte, «Fundamentos de HTML Dinámico»** Abarca las bases de Hojas de Estilo en Cascada, JavaScript, el modelo de objetos de HTML Dinámico y la gestión de sucesos.
- **La Tercera Parte, «Dentro de HTML Dinámico»** Abarca en detalle la estructura e implementación de estilos dinámicos, maquetación y posicionamiento, contenido dinámico e integración de multimedia.
- **La Cuarta Parte, «Consciencia de los datos»** Abarca la importancia del enlazado de datos y de los objetos fuente de datos.
- **La Quinta Parte, «Multimedia y HTML Dinámico»** Abarca la integración de contenidos multimedia con HTML Dinámico mediante el uso de efectos de animación, posicionamiento de HEC, transiciones, filtros y controles de ActiveX.
- **La Sexta Parte, «HTML Dinámico del mundo real»** Proporciona varios modelos para implementar HTML Dinámico en escenarios del mundo real.

Examinemos el origen de HTML Dinámico y parte de lo que HTML Dinámico puede ofrecer.

Los límites de HTML estático

HTML es una excelente forma de desarrollar documentos informativos que sean independientes de plataforma. Es bastante sencillo crear una página Web que combine texto y gráficos en un único documento mediante el uso de HTML. Los guiones CGI y la inclusión de formularios actúan como catalizadores para experiencias más interactivas de los usuarios, que les permiten unos mecanismos de realimentación y una cierta forma rudimentaria de interfaz de usuario. Las combinaciones de CGI y mapas de imagen se han utilizado para crear juegos basados en la red, y para crear la ilusión de una habitación o mundo que se puede explorar pulsando en objetos. Cualquier persona que compare estos tipos de actividades interactivas en la red con el tipo de interactividad que está disponible en un CD-ROM encontrará poco grata la experiencia. La interactividad basada en la red suele ser más lenta, como consecuencia de la necesidad de transportar información. Este tipo de interacción está además bastante limitada a sencillas interfaces de señalar y pulsar. Sin incorporar una applet de Java o un componente de ActiveX, las interfaces basadas en la red pueden ser bastante sosas —y al mismo tiempo requieren bastante esfuerzo de producción.

Ciertamente, los GIF animados pueden proporcionar movimiento en una página, pero sólo cuando la ruta de movimiento predefinido del objeto se encuentra en una zona estática. Con HTML Dinámico, el usuario podría tener la opción de trasladar los elementos a la posición de su elección. El desarrollo de complejas interfaces de usuario y también de complejas maquetaciones es una perspectiva tediosa; por ejemplo, la técnica clásica del *espaciador de un píxel* ha tenido que ser utilizada en el pasado para el ajuste fino del control de maquetación.

El diseño de red ha estado limitado por tres factores principales desde la concepción de HTML: el formato de los textos, el control de maquetación y la capacidad de alterar dinámicamente el contenido de un documento. Al refinar estos aspectos de diseño de la red, los desarrolladores pueden elevar la red al nivel siguiente de experiencia del usuario.

Límites del formato de texto

Cualquier persona que haya intentado efectuar una asignación de formato a una cantidad elevada de texto empleando HTML se habrá sentido indudablemente frustrado por las limitaciones de HTML en ese sentido. El problema deriva de la mismísima concepción de la red. La red se construyó para presentar información a toda una gama de clientes de forma rápida y sencilla. No fue diseñada para una maquetación y un control de posicionamiento explícitos, y es esto precisamente lo que los diseñadores emplean para crear unos diseños visualmente atractivos. Una rápida elección en la codificación HTML revela que no está bien utilizar el marcador de negrita, <B>, cuando uno debería utilizar realmente el marcador <STRONG>. El formato de estos marcadores queda determinado por el navegador, y es esto lo que hace realmente que HTML sea tan transportable —pero también es lo que hace que sea tan poco atractivo visualmente.

En su desesperación, los diseñadores han recurrido a un gran número de trucos para diseñar en la red. Hay muchos que utilizaban la técnica consistente en aplicar espaciadores de un pixel para alinear los elementos de una página. Otros han utilizado tablas para crear una retícula de diseño. Ninguno de estos dos es una solución muy elegante, y ambos métodos dan lugar a un desperdicio de tiempo por parte del diseñador.

Los diseñadores llevan mucho tiempo sintiéndose frustrados por las limitaciones de HTML en cuanto a formato. Hay muchos tipógrafos que se han vuelto locos intentando simplemente efectuar un sangrado en un párrafo. Al añadir el insulto a la injuria, la World Wide Web no capacita a los diseñadores para controlar el tipo de letra que los usuarios establecen en su navegador para visualizar las páginas de la red. Esta carencia de control puede dar lugar de sutiles diferencias de página a página y de navegador a navegador. Cuando se empezaron a utilizar trucos de HTML tales como las tablas y la alineación para crear maquetaciones mejores, el formato del texto acababa en algunas ocasiones por resultar confuso o ilegible.

Límites del control de maquetación

Además de las restricciones relativas a formatos, HTML estático también evita que los diseñadores de red controlen el posicionamiento y la maquetación del contenido y del texto. Aun cuando HTML hacía fácil ciertamente combinar textos y gráficos, las maquetaciones resultantes eran mucho menos atractivas que las correspondientes a un periódico o a una revista. El posicionamiento de imágenes era casi imposible y también lo era la adaptación de un texto en torno a las imágenes. Mediante el marcador <TABLE>, los diseñadores hallaron una forma complicada de incorporar algunos aspectos de la maquetación a las páginas HTML, pero el proceso era bastante tedioso y seguía estando a merced del navegador.

El argumento de muchos puristas de HTML era que la red estaba diseñada para ser transportable, y que la introducción de mecanismos que proporcionasen un control estricto de la maquetación impediría esa transportabilidad. La red es un nuevo medio, después de todo y debería diseñarse como tal. El problema es que sacrificar muchos de estos elementos de maquetación evitaba que los diseñadores creasen copias de unos diseños de impresión y también impedía que creasen nuevas interfaces que fueran únicas para la red. En su lugar, las páginas de la red tendían a aparecer todas iguales, con pequeñas variaciones en los elementos gráficos. El advenimiento de las tablas y de los marcos ha contribuido a la capacidad del diseñador para crear unas maquetaciones más definidas. Las tablas han servido de ayuda para la visualización de datos y para atribuirles un formato, y los cuadros han molestado en todas partes a los usuarios debido a unas implementaciones deficientes.

Con cada versión sucesiva, sin embargo, los fabricantes de navegadores seguían mejorando las características que habían sido implementadas incorrectamente en ocasiones anteriores. Incluso los cuadros han evolucionado hasta el extremo de que resultan útiles para la «Tabla de contenidos» y otros tipos de ayudas para la navegación.

Imposibilidad de modificar dinámicamente el contenido

HTML también está limitado a construir el contenido de la página de red, sin permitir cambios una vez que la página se haya cargado. De hecho, el problema llega incluso más allá: una página de red con HTML estático no tiene mecanismo alguno para adaptar su maquetación al navegador que esté utilizándose para acceder a ella. Por ejemplo, si el usuario que está visualizando la página cambia el tamaño de la ventana, el texto puede modificarse, pero las imágenes no experimentarán un escalado correspondiente.

El promotor de un concierto, por ejemplo, puede tener la necesidad de disponer de una página que muestre el esquema de asientos y la disposición del escenario para un próximo concierto. Con HTML estático, el promotor podría proporcionar una imagen GIF o JPEG de la disposición de los asientos. Sin embargo, con HTML Dinámico, sería posible mostrar la disposición de los asientos y capacitar al usuario para que pulsara en una posible sección de asientos. Entonces, se podría modificar la disposición para ocultar los elementos del escenario que quedaran ocultos desde ese asiento. Al utilizar HTML Dinámico, esta interacción del usuario podría efectuarse en la máquina local del usuario, eliminando una compleja aplicación en el servidor.

La capacidad de modificar dinámicamente el contenido de una sola página es una característica muy importante de HTML Dinámico. Sería posible proporcionar un contenido similar con HTML tradicional. Por ejemplo, se podría disponer de un mapa de imagen que representase los asientos del patio. Cuando el usuario pulsara en una zona, el mapa podría pasar esos datos a un guión CGI, que a su vez proporcionaría al navegador una nueva imagen basada en la selección de asientos. Sin embargo, se puede ver que esto implicaría un número significativamente mayor de pasos, y que las diferentes interacciones con el servidor podrían dar lugar a posibles deficiencias en el rendimiento.

La capacidad de manipular el contenido de una página después de cargarla también es importante para las características de la interfaz de usuario. La alteración de un texto o la expansión dinámica de un texto, por ejemplo, se pueden utilizar para hacer que la información sea más clara, o para proporcionar explicaciones. Consideremos una tabla de productos que compare las características y los precios. En la parte superior de cada columna del encabezado se encontrará el título correspondiente a esa columna, por ejemplo «PVPR». Es posible que un usuario sienta curiosidad acerca del significado de «PVPR» y con HTML estático se podría proporcionar un enlace que llevara al usuario a otra página en la cual se explicase «PVPR». ¿Pero qué ocurre si aparecieran las palabras «Precio venta público recomendado» cuando el usuario pasara el puntero del ratón encima del encabezado de «PVPR»? Los dos escenarios sirven para un mismo propósito y, sin embargo, el HTML tradicional implicaría pulsar y cargar una nueva página. HTML estático implica apartarse de la página y de los datos originales, para un sencillo término que no debería hacer necesario recargar una página para redefinirlo.

Características ventajosas de HTML Dinámico

Dado que los límites de HTML estático obstaculizan el diseño de páginas de red, HTML Dinámico intenta aportar un nuevo grado de flexibilidad y de desarrollo a la World Wide Web. Parte de esto se logra mediante la fusión de tecnologías ya existentes, tales como las Hojas de Estilo en Cascada y JavaScript. Parte de la potencia de HTML Dinámico proviene de nuevas características, tales como la consciencia de datos y el enlazado de datos.

HTML Dinámico capacita al diseñador o arquitecto de información con la capacidad de controlar la maquetación y el intercambio de información que antes requería complejos guiones o una fuerte carga en el lado del servidor, o quizá recurrir a otras maniobras. Entre las características de HTML Dinámico se cuentan las siguientes: precisión en el maquetado, consciencia de datos, estilos dinámicos y contenido dinámico.

Precisión de maquetado con HTML Dinámico

La creación de páginas Web atractivas sin utilizar algunos de los elementos del diseño gráfico tradicional puede ser una tarea muy costosa. Los diseñadores se basan en su capacidad para efectuar unas pocas tareas esenciales cuando se crea cualquier tipo de maquetación:

- Especificar el tipo de letra
- Situar las imágenes
- Dar formato al texto

Sin estas opciones, los diseñadores se ven fuertemente limitados en su capacidad para diseñar bien. Es algo bastante parecido a pedir a un mecánico que arregle un coche sin una llave de tuercas. Un mecánico muy hábil sería capaz de realizar su tarea, pero se resentirá la cantidad del trabajo resultante.

Especificación de tipos de letra La capacidad de especificar el tipo de letra utilizado en una página es uno de los aspectos más fundamentales de cualquier diseño. ¿Qué sucede si, por ejemplo, el logotipo de nuestra compañía hace mucho uso de un tipo de letra que tiene mal aspecto en Times Roman —el tipo de letra por defecto en muchos navegadores? Ciertamente, podría uno hacer que todos sus empleados modificaran los tipos de letra de sus navegadores, pero esto sería bastante complicado. Se podría también poner una advertencia en la página indicando que lo mejor es visualizarla con el tipo de letra Arial. Sin embargo, es muy probable que la mayoría de los usuarios no adopten ninguna medida especial para visualizar la página inicial.

¿Qué sucedería si se pudiera especificar el nombre del tipo de letra que tiene que utilizar el navegador, suponiendo que estuviera disponible? Tanto en el sistema operativo Windows como en el sistema operativo Macintosh se instalan de forma automática varios tipos le letra. Sería posible utilizar estos tipos de letra para diseñar nuestras páginas Web. Los diseñadores pueden especificar un tipo de letra que sea al menos parecido a su ideal, empleando los tipos de letra estándar.

Incluso el uso de un tipo de letra estándar no garantiza que ese tipo de letra vaya a estar instalado en todos los navegadores de nuestros clientes. Para enfrentarse a este tipo de situación, el diseñador puede especificar una familia de tipos de letra genérica o quizá un cierto estilo, tal como *sans serif*, que al menos esté cerca del ideal.

Alteración del texto HTML Dinámico ofrece una dimensión única de formato del texto: la capacidad de modificar texto sobre la marcha. Esto puede resultar útil para crear características de interfaz de usuario, tales como el marcado de enlaces de texto que estén incrustados en un documento. Se puede modificar el color, el tamaño y el tipo de letra del texto de un documento escrito con HTML Dinámico basándose en un cierto número de factores, tales como el tiempo transcurrido desde que se ha cargado la página, o la reacción del usuario al situar el puntero del ratón más cerca del texto.

Un ejemplo de esta técnica es construir una página que se cargue conteniendo únicamente un texto normal en negro. A medida que pasa el tiempo, digamos cinco segundos, se podría hacer que el primer enlace se marcase automáticamente en rojo. Esto alertaría a quien visualizase la página en lo tocante a la presencia de ese enlace y crearía una nueva interfaz para la página Web. La página podría incluso revelar más enlaces a medida que vaya progresando el tiempo, mostrando un nuevo enlace sobre la página cada tres segundos, diseñándose ésta de tal modo que acompañe al lector en su recorrido por la página. El texto podría incluso cambiar de color cuando el usuario haga pasar el puntero del ratón por encima de él. Esto se podría utilizar para crear un juego de texto, como una «búsqueda de palabras» en la cual se incrustan en el texto enlaces ocultos.

Otra forma en la que se podría utilizar la manipulación de texto sería una sustitución del texto existente en una página. Por ejemplo, se podría tener un juego interactivo que dispusiera de varios indicadores de estado, tales como «Número de barcos: 3». Empleando la potencia de HTML Dinámico y de los intervalos de texto, puede uno sustituir el texto de la página, modificando «Número de barcos: 3» para que sea «¡Sólo queda un barco!». El Capítulo 10, «Contenido dinámico», examina más detalladamente los intervalos de texto y la modificación de contenidos.

El contenido dinámico, o la capacidad para manipular una página de texto o de contenido HTML sobre la marcha y después de que se haya cargado la página, es lo que hace que DHTML sea tan revolucionario. HTML ha experimentado varios cambios menores desde su concepción, pero ninguno de ellos ha tenido el mismo potencial para revolucionar la forma en que se diseñan las páginas Web que el contenido dinámico.

Posicionamiento absoluto Para crear la maquetación más atractiva visualmente, los diseñadores suelen ser muy cuidadosos en lo tocante al posicionamiento de los elementos de que constan sus diseños. HTML estático proporciona un cierto grado de posicionamiento mediante el uso del marcador <ALIGN>: alinear a la izquierda, a la derecha y al centro.

Aparte de alinear los elementos del mismo modo que se daría formato al texto en un programa de procesamiento de textos, HTML proporciona escaso control para situar los elementos en la página, basándose en el tamaño de la ventana del navegador, o bien situando los objetos unos con respecto a otros. HTML se limita a hacer que fluyan los elementos sobre la página, y no existe ningún mecanismo para instruir al navegador para que sitúe un elemento en un lugar concreto, tal como a 50 píxeles del lado izquierdo.

Estos tipos de posicionamiento de elementos pueden resultar sumamente útiles para utilizar del mejor modo posible la ventana del navegador y para asegurarse de que las páginas se ajusten al tamaño correcto para distintas resoluciones. Por ejemplo, se podría diseñar una página empleando un monitor de 15 pulgadas que funcione a 600 × 800, y alineando las imágenes para una ventana de ese tamaño. Cuando la página se visualice en un monitor de 17 ó 20 pulgadas a 1.024 × 768, los usuarios podrían encontrar caótica la maquetación, o podrían enfrentarse a una gran cantidad de espacio desperdiciado. Al aprovechar los elementos de posicionamiento basados en el tamaño de la pantalla, uno se asegura de que su página siempre tenga buen aspecto para la ventana de un tamaño adecuado.

Indización-Z El posicionamiento absoluto (y el relativo) capacitan al usuario para especificar la situación de los elementos de una página especificando coordenadas que en esencia se corresponden con los ejes X e Y. Otro aspecto importante del posicionamiento, sin embargo, es el índice Z.

La indización-Z es una forma de asignar los elementos posicionados a una capa de la página, de tal modo que un elemento pueda superponerse a otro y el diseñador puede controlar el elemento que se situará en la parte superior.

El posicionamiento de elementos con coordenadas X e Y es bastante sencillo. Se pueden asignar coordenadas a un elemento especificado, que se situará en la página cargada de acuerdo con esas coordenadas. Esto capacita a los diseñadores para situar el texto en cualquier parte de la página en relación con las imágenes y también para alinear dos imágenes entre sí de forma precisa. Cuando se añade el posicionamiento de índice Z a un posicionamiento de coordenadas X e Y, se tiene un dispositivo de maquetación muy potente.

La indización-Z capacita a los diseñadores para especificar una posición para un elemento a lo largo del eje Z. Aun cuando esto puede no parecer gran cosa, es un gran paso hacia adelante en el diseño de páginas de red. Al combinar la capacidad de especificar coordenadas X e Y junto con la capacidad de especificar una posición Z, se hacen posibles nuevos efectos. El uso de esta técnica capacita a las imágenes para ser situadas en la página de tal modo que se superpongan. Imagine por ejemplo un mapa que posea distintos grados de detalle que se vayan ampliando cuando el ratón pase por encima de ellos. Mediante el uso de posicionamiento, las áreas más detalladas podrían ser imágenes por separado con coordenadas que se especifiquen en relación con el mapa real. Estos elementos se podrían situar en una capa distinta, y cuando el ratón pase por encima de ellos, se mostrará la imagen del área detallada.

Este tipo de aplicación se podría utilizar para crear materiales educativos, tales como mapas geográficos, o bien mapas que incluyan información acerca de una región, tales como noticias políticas o factores económicos. También se podría utilizar para crear una nueva información de interfaz de usuario para un centro concreto. Imagine por ejemplo un índice de centros que fuera un mapa de imágenes y que visualizase un icono que representase el contenido, en lugar de mostrar nada más una descripción textual de esa zona del mapa. Las aplicaciones del posicionamiento y de los índices Z se discuten con más detalle en el Capítulo 9, «Maquetación y posicionamiento».

La indización y el posicionamiento se pueden combinar para hacer que la maquetación para la red sea tan flexible como la maquetación para su impresión. Se mencionaba anteriormente que quizá no fuera posible que una organización duplicase su periódico en una página de la red. El posicionamiento hace que la transición entre distintos medios sea un poquito más sencilla, permitiendo una mayor continuidad en los diseños de diferentes elementos —impresos o electrónicos,

Consciencia de datos

Aun cuando pueda parecer que todas las razones por las cuales HTML resulta asfixiante están relacionadas con el diseño, esto ciertamente no es así. Las innovaciones de diseño tienden a pasar a primer plano como consecuencia de su impacto visual, pero otro aspecto que ha sido ignorado por HTML es el de incorporar datos a los centros Web.

Desde la concepción de la red, los usuarios han tenido deseos de fusionar aplicaciones de datos con la red. Las primeras formas de los guiones de CGI se diseñaron para tomar información del usuario y para proporcionar al usuario algún tipo de realimentación después de rellenar un formulario. A medida que han ido madurando los guiones de CGI y las aplicaciones de servidor, muchas aplicaciones han empezado a hacer mucho uso de datos en la red.

Considérense por ejemplo los centros de viajes, que proporcionan a los usuarios billetes de avión y reservas. Muchos de estos centros capacitan al usuario para insertar datos tales como las fechas del vuelo y la hora del mismo, a través de una interfaz basada en formularios. Esta información se le devuelve entonces al servidor de la red, el lugar en que se utiliza en conjunción con una aplicación de bases de datos para buscar información y devolvérsela entonces al navegador del usuario.

Las aplicaciones de bases de datos desempeñan ciertamente un papel importante en el desarrollo de la World Wide Web. A medida que los negocios van recurriendo a la red para acceder a datos e introducirlos en aplicaciones más tradicionales, se necesita un puente para aportar las funciones de datos a la red.

En la actualidad, HTML se basa en un cierto número de tecnologías de apoyo para conseguir una forma pobre de integración de los datos. La adición de alguna forma de datos interactivos a una página de red requeriría en la actualidad una gran cantidad de guiones CGI, o bien escribir inclusiones a la medida en el lado del servidor. Por supuesto, se podría construir una aplicación de base de datos con ActiveX o Java, suponiendo que la programación de complejas bases de datos esté entre nuestros propósitos y que se ajuste a nuestra planificación.

HTML Dinámico incorpora algunas características nuevas que están diseñadas para fusionar el acceso a datos y las páginas en red. Las técnicas, tales como la expansión dinámica de tablas, eliminan la necesidad de reproducir tablas a la medida mediante CGI o inclusiones efectuadas en el servidor. La consciencia de datos y el enlazado de datos hacen posible el desarrollo de algunas interfaces de bases de datos bastante avanzadas sin un elevado conocimiento de programación que podría ser necesario con Java o ActiveX.

Producción dinámica de tablas con HTML Dinámico Las tablas de HTML ayudaron a traer los datos a la World Wide Web. Normalmente, las grandes cantidades de información, tales como las especificaciones de productos o las comparaciones de precios, se presentan del mejor modo posible en una tabla para que el usuario las visualice y analice. Por supuesto, las tablas de HTML se pueden generar sobre la marcha en el servidor mediante un servidor de bases de datos y mediante guiones de servidor. Una vez que los datos solicitados se le pasan a un guión, el guión construye una tabla y proporciona la tabla de HTML al navegador del cliente.

¿Qué sucedería si el navegador fuera capaz de admitir directamente la salida de la aplicación de la base de datos para dar formato dinámicamente a una tabla? Este escenario elimina el paso de guiones del servidor, reduciendo por tanto la carga del servidor del centro, e incrementando la velocidad de la transacción para el usuario final. El resultado es una mejor interfaz de datos para todo el mundo, y es esto exactamente lo que HTML Dinámico es capaz de lograr.

HTML Dinámico también hace posible que las tablas se expandan dinámicamente. Esto significa que un usuario puede visualizar una página antes de que se haya terminado de descargar todos los datos para esa tabla desde el servidor. A medida que se carga una fracción mayor de la tabla, la tabla se va expandiendo, lo cual da lugar a una representación más rápida de la página total.

Imagine por ejemplo una compañía de cerámicas, que ofreciera un conjunto de platos con distintas opciones de vitrificación. Para cada vitrificación, el precio es distinto y es preciso aportar al visitante del centro otras pequeñas variaciones. Por supuesto, la compañía podría producir un nuevo archivo de HTML con una tabla distinta para cada posible vitrificación, pero esto requeriría más creaciones en HTML cada vez que se presentara o descatalogara un nuevo modelo. Si el navegador fuera capaz de generar una tabla sobre la marcha, entonces la compañía ahorraría tiempo y el usuario podría explorar fácilmente todas las opciones disponibles.

La creación dinámica de tablas da a HTML Dinámico algunas ventajas claras con respecto a las tablas tradicionales —incluso con respecto a las tablas que sean generadas por aplicaciones del servidor. En primer lugar, dado que la tabla se genera dinámicamente y que está basada en los datos entrantes, también se puede regenerar dinámicamente. Esto significa que los usuarios podrían ordenar la tabla después de haberla descargado, tarea ésta que requeriría pasar instrucciones de vuelta al servidor y regenerar la tabla en el servidor si se utilizase HTML tradicional. Dado que los datos correspondientes a la tabla ya se han incorporado a la página, esos datos no necesitan descargarse de nuevo. En su lugar, se pueden aplicar consultas, filtros y clasificaciones a la tabla y después se puede regenerar la tabla.

Esta capacidad para manipular los datos de las tablas sin entrar en contacto con el servidor da a HTML Dinámico unas capacidades que podrían resultar bastante útiles en las aplicaciones de negocios. La capacidad de efectuar manipulaciones en los datos empleando motores de bases de datos locales por oposición a los del servidor, reduce la carga que soporta el servidor y capacita a los usuarios para crear visualizaciones personalizadas de los datos de forma dinámica. Las capacidades de manipulación de datos y de HTML Dinámico hacen mucho más sencillo desarrollar *front-ends* basados en la red para bases de datos, y también para aplicaciones de bases de datos. El trabajo con tablas, la consciencia de datos y el enlazado de datos se tratan con más detalle en el Capítulo 11, «Introducción al enlazado de datos» y Capítulo 12, «Utilización de objetos fuentes de datos».

Creación de objetos «conscientes de datos» con HTML Dinámico   HTML Dinámico utiliza también una técnica denominada enlazado de datos, que capacita a los elementos de HTML para ser asociados a ciertos registros de bases de datos. Esto hace posible que los registros de una base de datos se incorporen al HTML, y que se visualicen en la página formando parte del elemento de HTML. Esta técnica se puede utilizar para crear objetos de HTML personalizados que sean distintos para cada usuario, basándose en registros generados por la aplicación de bases de datos.

Por ejemplo, digamos que se tiene una compañía que produce bolas de chicle y que se desea diseñar un catálogo virtual de nuestras mercancías. Se podría crear el catálogo con la imagen de una máquina de bolas de chicle, con los botones que nos permiten seleccionar la mercancía que se está visualizando en la «pecera» de la máquina de chicles. Mediante el uso de enlazado de datos, se podrían crear controles que incluyeran la imagen de la mercancía y se podrían asociar esas imágenes a la máquina de bolas. También se podría entonces construir controles en la máquina de bolas para controlar la imagen que se estuviera visualizando. El resultado sería un precioso catálogo multimedia basado en datos e imágenes de la base de datos de la compañía. El Capítulo 12 aporta más información acerca del enlazado de datos, y la Sexta Parte «HTML Dinámico del mundo real», utiliza el enlazado de datos para crear un catálogo *online*.

Modificación dinámica de páginas tras la carga

HTML Dinámico se puede utilizar para crear páginas que sean generadas dinámicamente en el momento de la caga (por ejemplo, para establecer el tipo de letra de una página). El tipo de letra se especifica a medida que la página se va cargando, y el tipo de letra se modifica en realidad antes de que la página haya terminado de cargarse. Cuando el usuario accede a la página, el tipo de letra ya está establecido. La capacidad de alterar el aspecto de las páginas Web en el momento de la carga —basándose en instrucciones de maquetación o datos que se descarguen del servidor— es una de las aplicaciones de HTML Dinámico.

Otra forma en la que se puede utilizar HTML Dinámico para crear una experiencia realmente dinámica, es mediante la modificación de la información existente en la página de la red durante su ejecución, después de que se haya cargado la página del servidor. Imagine, por ejemplo, que deseara hacer una versión para red del juguete de niños, Sr. Patata. No sería una experiencia de usuario excesivamente grata ver una imagen distinta de una cara completa cada vez que se recargase la página. En su lugar, desearíamos crear una experiencia de usuario que fuera similar al juguete de verdad. Esto implicaría una patata en blanco y después las imágenes de las partes correspondientes a la cara. Desearíamos que los usuarios pulsaran en cualquiera de los elementos, digamos una nariz, y que lo arrastrasen hasta situarlo en posición en la patata. Esto es precisamente lo que puede aportar HTML Dinámico: la capacidad de modificar los datos de una página después de que esa página esté ya cargada.

Manipulación de tipos de letra y colores Por supuesto, además de los cambios de posición de las imágenes, se pueden alterar las cualidades del texto de la página. Se puede especificar el tipo de letra cuando se carga la página, pero los tipos de letra de HTML Dinámico también se pueden modificar sobre la marcha. Esto hace posible los efectos de texto, tales como tipos de letra que crezcan o la modificación del color de un tipo de letra.

De hecho, todo el esquema de color de nuestras páginas se puede modificar mediante el uso de HTML Dinámico. Los elementos que tengan atributos de color pueden experimentar modificaciones en sus atributos después de que la página esté ya cargada, lo cual puede dar lugar a toda una gama de experiencias del usuario basándose en una única descarga de página. Este tipo de manipulación de contenidos se abarca posteriormente en el Capitulo 8, «Estilos dinámicos».

Manipulación de texto Además de alterar los atributos del texto visualizado en una página dinámica de la red, también es posible modificar el texto en sí. Esta capacidad de sustituir elementos de texto bajo demanda puede ser muy útil. Digamos, por ejemplo, que se desea crear un menú de texto que vaya expandiéndose a medida que los usuarios vayan pasando por sus elementos. Se podrían crear dos descripciones de cada elemento, una breve y otra larga. El menú se construiría empleando las descripciones cortas, y las más largas estarían esperando entre bastidores. Mediante el uso de HTML Dinámico, el menú se podría diseñar de tal modo que visualizara la descripción más larga si el usuario hace pasar el ratón por encima de un elemento del menú. Este tipo de manipulación del texto se puede utilizar para construir complejas interfaces de usuario que sean mucho más rápidas para el usuario final que construir un componente complejo, tal como una *applet* de Java, para realizar la misma tarea. Estos tipos de técnicas de alteración de contenidos se discuten con más detalle en el Capítulo 10, «Contenido dinámico».

Hojas de estilo

Quizá esté familiarizado con las Hojas de Estilo en Cascada (HEC) como una tecnología que ha ayudado a modificar la forma en que los diseñadores pueden aproximarse a la gestión de centros de la red y al diseño de página. Las hojas de estilo hacen posible una enorme cantidad de flexibilidad en el diseño de página para la red. Además, capacitan a los diseñadores para añadir nuevos niveles de consistencia en un determinado centro, haciendo posible que una especificación de diseño se desarrolle de tal modo que se pueda aplicar a distintas partes del centro, o bien que se utilice como plantilla para otras páginas y otros centros.

Tanto Internet Explorer 4.0 como Netscape Communicator admiten las Hojas de Estilo en Cascada. La versión actual del estándar, Hojas de Estilo en Cascada, Nivel 1 (HEC1) es administrada por el W3C (Consorcio de la World Wide Web).

Las hojas de estilo son el primer paso hacia delante tendente a otorgar libertad a los diseñadores cuando diseñan para la red. Las hojas de estilo capacitan a los diseñadores para desarrollar estilos que se puedan aplicar a toda una zona de un centro, y son el mecanismo mediante el cual HTML Dinámico accede a muchos de los detalles del formato de página que se utilizan para crear contenidos y estilos dinámicos. La integración de los HEC es una parte dinámica del HTML Dinámico y las HEC se tratan con mucho detalle en el Capítulo 4 «Introducción a las Hojas de Estilo en Cascada».

Mejora del control de diseño de un centro Web mediante HEC

El primer beneficio de HEC es que otorga a los diseñadores más control con respecto al diseño y maquetación de las páginas Web. El uso de Hojas de Estilo en Cascada capacita a los diseñadores para especificar esquemas de color, tales como hacer que todos los niveles de encabezado <H1> sean verdes. Tradicionalmente, las HEC resuelven algunos de los problemas de diseño que están asociados típicamente a la maquetación de hojas en red, tales como la especificación de espacios en blanco, el espaciado de elementos y los sangrados.

Creación de plantillas de un centro Web mediante HEC

Las Hojas de Estilo en Cascada también son un paso importante para la red porque hacen posible la creación de plantillas para centros de red. Se puede crear una hoja de estilo para el centro, a la cual harán referencia todas las páginas que contenga. Las plantillas de hojas de estilo hacen posible gestionar el contenido de forma casi independiente del diseño del centro. Esta gestión da lugar, por consiguiente, a un mayor nivel de especialización para los creadores de contenido del centro, ayuda a aportar consistencia al centro y ayuda a crear una imagen gráfica general.

Las hojas de estilo desempeñan un importante papel en HTML Dinámico porque muchas de las características de HTML Dinámico se implementan realmente mediante una combinación de hojas de estilo y guiones. De hecho, algunas de las características, tales como el posicionamiento Z, Y, Z, son en realidad únicamente aplicaciones distintas del estándar de posicionamiento de HEC. El HTML Dinámico es una forma cómoda de agrupar tecnologías en un único bloque, para hacer que la implementación sea un poco más sencilla —y, esperemos, algo más directa.

Guiones

Otro componente fundamental de HTML Dinámico es un lenguaje de guiones que se utiliza para enlazar entre sí los elementos, un lenguaje que se utiliza para manipular los elementos después de que se ha cargado la página. Sin un lenguaje de guiones, muchas de las características de las que «presume» HTML Dinámico no serían realmente características. Por supuesto, los lenguajes de guiones se pueden utilizar para añadir vida también a HTML estático, pero los guiones forman parte integrante de HTML Dinámico. De hecho, sin lenguajes de guiones, HTML Dinámico no es muy dinámico.

Ciertamente, se puede utilizar el posicionamiento para animar elementos gráficos dentro de una página, pero no sin un lenguaje de guiones. Por ejemplo, si se desease crear una imagen gráfica que se trasladase desde la izquierda hacia la derecha a lo largo de la página, se podría hacer esto con HTML Dinámico. El elemento se podría situar en el lado izquierdo cuando se cargue la página, y después se podría desplazar la posición hacia la derecha mediante el uso de guiones.

JavaScript

JavaScript es un lenguaje de guiones desarrollado en Netscape y diseñado para que sea estructuralmente similar al lenguaje de programación Java. Como JavaScript fue el primer lenguaje de guiones desarrollado para su utilización en la World Wide Web, se ha vuelto un lenguaje bastante popular para hacer guiones en centros de la red. Por consiguiente, lo admiten tanto IE 4.0 como Communicator y sigue siendo una forma cómoda de hacer guiones para páginas de HTML estático —y para controlar elementos de HTML Dinámico.

En realidad, JavaScript es un lenguaje de guiones muy potente, pero es bastante sencillo de aprender. Muchos de los conceptos y estructuras de JavaScript resultarán familiares a otros desarrolladores de la red porque están basados en la sintaxis de Java. Lo siguiente muestra un JavaScript rudimentario:

```
<SCRIPT language = "JavaScript">
   document.write ("Hola, mundo");
</SCRIPT>
```

El guión se limita a escribir las palabras «Hola, mundo» en la ventana del navegador. Es solamente una línea, pero es mucho lo que hace. Como consecuencia de lo sencillo de su sintaxis, de su potencia y de su amplia utilización JavaScript es una excelente opción para los guiones de HTML Dinámico. De hecho, esta es la razón por la cual se cata del lenguaje de guiones de elección en este libro. Se pueden aprender más cosas acerca de JavaScript en el Capítulo 5, «Introducción a JavaScript»

VBScript

Visual Basic, Scripting Edition es un lenguaje de guiones diseñado por Microsoft siguiendo las huellas del lenguaje de programación Visual Basic. Visual Basic (VB) es una de las herramientas más populares en los departamentos de informática corporativos para crear aplicaciones internas. Como consecuencia de su popularidad en el mundo corporativo y de sus enlaces con otros productos de Microsoft, Visual Basic también es una buena opción para hacer guiones de HTML Dinámico.

JavaScript y VBScript son muy parecidos entre sí y ambos poseen ventajas e inconvenientes, que se discutirán en los capítulos posteriores. Si ya está familiarizado con un lenguaje, aténgase a él y no gaste su valioso tiempo intentando aprender el otro lenguaje. A pesar de su distinta sintaxis, los dos lenguajes de guiones están bien adaptados para HTML Dinámico.

La practicidad de HTML Dinámico

Cuando uno va a evaluar una nueva tecnología de Internet, hay siempre dos razones fundamentales para adoptar esa nueva tecnología: los factores prácticos y los factores estéticos. Como puede verse en nuestro resumen de características, los factores estéticos son ciertamente aplicables a HTML Dinámico. Si uno desea crear un material grato de primera línea para la World Wide Web, ciertamente tendrá que adoptar HTML Dinámico. ¿Y qué pasa con las razones prácticas? Los individuos pueden conseguir justificar el aprendizaje de una nueva tecnología basándose en su mérito, o por qué añade una nueva dimensión creativa a sus páginas iniciales, pero los negocios suelen necesitar unas razones más prácticas y sólidas antes de adoptar una nueva tecnología. HTML Dinámico aborda esta sensibilidad de los negocios en tres aspectos: hacer posibles unas atractivas presentaciones en la red, facilitar el mantenimiento de centros, y reducir la carga del servidor.

Creación de centros Web atractivos

La razón práctica individual más importante de HTML Dinámico es que ayuda a crear unos centros Web atractivos. Esto puede parecer una superposición de los factores estéticos, y hasta cierto punto lo es. Hay muchas personas, sin embargo, que se ven inundadas de información en la red y la única forma de hacer que esta información quede en sus mentes es crear unas páginas nuevas e innovadoras que capturen su atención. Ciertamente puede uno basarse en tecnologías más viejas para crear páginas visualmente más atractivas, pero cuando hay otras páginas que ofrecen tipos de letras dinámicos, colores cambiantes y otros efectos especiales, va a ser difícil mantener nuestra audiencia sin todos estos aditamentos.

Otro tipo de página atractiva es una página que contiene datos sumamente actualizados, de tal modo que los usuarios siempre sean conscientes de los cambios. Esperar a que se descargue una tabla llena de datos viejos y ya incorrectos no es en absoluto tan atractivo como visualizar una tabla generada dinámicamente que se expande a medida que se reciben nuevos datos.

Mantenimiento más sencillo

Puede parecer que se podría invertir una gran cantidad de esfuerzo para crear páginas de red con HTML Dinámico, y esto es la realidad. También es importante recordar que las características de HTML Dinámico se prestan para hacer que el mantenimiento sea más sencillo. Por ejemplo, si las páginas se crean con contenido procedente de una base de datos que se cargue y enlace con objetos de HTML Dinámico, después de que se haya especificado el diseño de la página, se pueden insertar nuevos datos en ese mismo diseño. Lo mismo sigue siendo cierto en lo tocante a utilizar hojas de estilo como plantillas de diseño. Las hojas de estilo hacen posible diseñar el centro independientemente de su contenido, de tal modo que la actualización de la página no implique rediseñarla, tales como sucedía con las versiones anteriores de HTML. Existe una inversión en el desarrollo del diseño original, pero mediante el uso de hojas de estilo y del enlazado de datos, puede hacerse un uso sorprendentemente bueno de los recursos existentes una vez que el diseño del centro queda finalizado.

Menor carga del servidor

Finalmente, HTML Dinámico puede descargar al servidor del grueso del procesamiento de información, pasándoselo al cliente. La animación, los elementos de interfaz de usuario, incluso la manipulación sencilla de datos se pueden trasladar del servidor y de los guiones CGI a los guiones de HTML Dinámico. Esto hace que la interfaz global sea más rápida para el usuario final porque no hay necesidad de volver a conectarse con el servidor con objeto de actualizar la información. En lugar de hacer esto, todos los datos se descargan y se presentan de acuerdo con las especificaciones del usuario. La clasificación de una tabla mediante HTML Dinámico implica devolver los parámetros de clasificación al servidor, generar una nueva tabla y descargar la nueva tabla hasta el cliente del usuario —incrementando ciertamente la carga del servidor y manteniendo al usuario en suspenso. Se podría manipular una tabla de HTML Dinámico prácticamente en tiempo real en la máquina del usuario, haciendo que todos ganásemos algo.

Y a continuación...

Como puede ver, la progresión de la tecnología utilizada para la World Wide Web ha creado la demanda de ciertos tipos nuevos de servicios y de nuevos métodos para diseñar y publicar páginas Web. HTML Dinámico aborda algunos de los problemas que han aquejado a la red durante años, lo cual es un tiempo muy largo en años de Internet. Puede seguir aprendiendo acerca de algunas de las nuevas y excitantes características que puede ofrecer HTML Dinámico, y también para ver lo que puede esperar crear en el futuro.

- El Capítulo 2, «Visión general de HTML Dinámico», examina más detalladamente todas las características que promete HTML Dinámico y lo que ha proporcionado ya HTML Dinámico. Se ofrecen más detalles acerca de algunos de los puntos que se han descrito en este capítulo para ayudarle a apreciar el potencial que se encuentra en HTML Dinámico.
- El Capítulo 3, «Microsoft frente a Netscape», examina el mayor de los problemas a que se enfrenta HTML Dinámico, la batalla de estándares entre Microsoft y Netscape con respecto a la implementación de HTML Dinámico.
- La Segunda Parte, «Fundamentos de HTML Dinámico», examina las capacidades fundamentales que se requieren para empezar a crear nuestras propias páginas de red con HTML Dinámico, para asegurarse de que el lector tenga las capacidades necesarias para trabajar con HTML Dinámico y para que tenga a su disposición todos los recursos disponibles.
- La Tercera Parte, «Dentro de HTML Dinámico», comienza un examen exhaustivo de HTML Dinámico.

Capítulo

Visión general de HTML Dinámico

HTML Dinámico ofrece un nuevo conjunto de extensiones de HTML, junto con las tecnologías de apoyo correspondientes, que hacen posible la creación de atractivos y nuevos documentos basados en la red, así como de aplicaciones. HTML Dinámico permite la creación de aplicaciones del mundo real, y también de aplicaciones multimedia que no era posible crear con HTML estático. Además, HTML Dinámico hace más sencillo desarrollar muchas características de la red que resultaban dificultosas y costosas en términos de tiempo con HTML Dinámico.

Es fácil hablar acerca de HTML Dinámico como si fuera simplemente una sola cosa: una nueva versión de HTML que añade todas las características descritas en este libro; sin embargo, HTML Dinámico es mucho más que eso. En realidad, es una colección de tecnologías que se han diseñado para trabajar en cooperación.

HTML Dinámico se basa en las Hojas de Estilo en Cascada como mecanismo para alterar el contenido estilístico de la página. Sin HEC, muchos de los efectos de color, de tipos de letra y otros atributos de estilo no serían tan fáciles de modificar. Además, HTML Dinámico hace mucho uso del posicionamiento de HEC. Los efectos de capas y las animaciones son el resultado del posicionamiento de HEC. Por último, HTML Dinámico hace uso de JavaScript y VBScript, lenguajes de guiones que consiguen su operatividad en HTML Dinámico mediante el modelo de objetos de HTML Dinámico. Mediante la combinación de todas estas tecnologías, se crea lo que se conoce a lo largo de todo el texto como HTML Dinámico.

- **Modelo de objetos** El modelo de objetos de HTML Dinámico hace posible que todos los elementos de HTML de una página se traten como objetos.
- **Guiones** Los guiones son una parte esencial de la forma en que se instruye a los elementos de HTML Dinámico en lo tocante a la forma en la que deben de comportarse.
- **Hojas de Estilo en Cascada** Las HEC son la conexión de las páginas de red hechas con HTML Dinámico y constituyen una forma de controlar la maquetación y estilos de los elementos en las hojas Web.
- **Alteración de carga/ejecución** HTML Dinámico puede manipular el contenido de la página durante su descarga al navegador (descarga). La versión de Microsoft de

HTML Dinámico también puede manipular los datos después de que la página se ha descargado (ejecución).

- **Efectos de texto**   HTML Dinámico permite toda una gama de efectos de texto.
- **Multimedia/animación**   HTML Dinámico puede crear animaciones, transparencias, filtros de iluminación y efectos de fusión.
- **Consciencia de datos/enlazado de datos**   La consciencia de datos y el enlazado de datos capacitan a HTML Dinámico para trabajar directamente con datos procedentes de los servidores de bases de datos.

A medida que siga leyendo para descubrir las características de HTML Dinámico, asegúrese de tener en cuenta que muchos de estos temas van a requerir una lectura adicional por su parte o quizá el uso de algunas otras referencias. Este libro abarca todas las tecnologías de HTML Dinámico y discute con gran detalle las entidades nucleares de HTML. El conocimiento de algunos otros temas, sin embargo, sirve mucho de ayuda para explotar todo lo posible esta tecnología. Siempre que sea posible, se le proporcionará una visión general de las tecnologías auxiliares, pero el intento de abarcar todas ellas de forma extensa requeriría una obra en tres volúmenes. Así que, siga leyendo para descubrir de qué se trata esto de HTML Dinámico.

Definición de HTML Dinámico de Microsoft

¿Qué sería de una tecnología para la red sin un poquito de competición amistosa? HTML Dinámico no es ciertamente una excepción de esta regla. Por supuesto, tanto Microsoft como Netscape están desarrollando estándares competitivos para HTML Dinámico, y estos dos estándares no son compatibles. Este texto abarca deliberadamente la implementación de Microsoft de HTML Dinámico, sobre todo como consecuencia de la disposición de Microsoft para proporcionar su especificación al World Wide Web Consortium (W3C) y de la naturaleza más «dinámica» de su tecnología. El Capítulo 3, «Microsoft frente a Netscape», proporciona una comparación de estas tecnologías de modo que se pueda tener una mejor idea del grado de competencia de estas dos tecnologías, una frente a otra.

Nota:

Aun cuando Microsoft ha decidido aportar HTML Dinámico al W3C, todavía no ha sido ratificado como estándar. En el caso de que finalmente lo sea, es posible que haya pequeños cambios en la tecnología, y habrá mas fabricantes de navegadores que admitan HTML Dinámico. Hasta entonces, habría que considerar que el HTML Dinámico de Microsoft tratado en este libro es un formato propietario, que habría de utilizarse junto con Internet Explorer 4.0.

Entonces, ¿qué es HTML Dinámico de Microsoft? En realidad, es una combinación de nuevos atributos de HTML, JavaScript o VBScript y Hojas de Estilo en Cascada que funcionan en cooperación para proporcionar las características esbozadas en este capítulo. Este capítulo discute las características de HTML Dinámico específicas del HTML Dinámico de Microsoft. Para un análisis exhaustivo de la implementación de Netscape de HTML Dinámico en comparación con la implementación de Microsoft de HTML Dinámico, acuda al

Capítulo 3. La Segunda Parte, «Fundamentos de HTML Dinámico» pasa a abarcar las otras tecnologías que se necesitarán para hacer que funcione HTML Dinámico.

Además de crear un enlace que une entre sí las tecnologías de la red ya existentes, sin embargo, HTML Dinámico posee unos cuantos ases en su propia manga. El enlazado de datos y la consciencia de datos son ambos nuevas características que aporta HTML Dinámico al campo de juego; sin embargo, uno de los aspectos más importantes y revolucionarios de HTML Dinámico es el modelo de objetos de HTML Dinámico.

El modelo de objetos

Las tecnologías basadas en objetos no son nuevas para la computación ni tampoco lo son para la World Wide Web. HTML Dinámico es unas de las muchas tecnologías que hacen uso de un modelo de objetos para implementar las capacidades de esa tecnología y la forma en que interactúan entre sí. De hecho, el modelo de objetos de HTML Dinámico le da muchas de las capacidades que hacen que HTML Dinámico sea una nueva tecnología sumamente atractiva.

La ventaja de HTML Dinámico es que todos los elementos de la página se tratan como objetos programables. Una imagen podría ser un objeto. También podría serlo un bloque de texto, o prácticamente cualquier tipo de elementos que se puedan situar en la página de la red. Estos objetos tienen sucesos que pueden gestionar y métodos y propiedades que se pueden manipular mediante guiones.

La capacidad para añadir guiones a los objetos de HTML Dinámico es uno de los aspectos más fuertes de HTML Dinámico. La capacidad de dar un guión a un objeto capacita a un elemento para influenciar el comportamiento de otros. Mediante el uso de guiones, por ejemplo, se podría crear un objeto que pasase a su posición a otro objeto, de tal modo que cuando se moviera un objeto, el otro objeto se trasladara con relación al primero. Esta misma técnica se podría aplicar a objetos de datos, tales como el valor de un objeto influye sobre el valor o propiedades de otro objeto.

El ejemplo siguiente muestra un escenario del mundo real que expone la forma en la que se utilizan objetos con HTML Dinámico. Supongamos que estuviera diseñando una página para un concesionario de vehículos, que dispusiera de la imagen de un coche en venta en la página. A la derecha de la imagen del coche podría encontrarse una lista de características. Cuando el usuario pasa el puntero del ratón por cada una de las características, esa característica se puede marcar automáticamente en la imagen. Para hacer esto, cada uno de los marcadores que describa una característica tiene que ser capaz de capturar el suceso correspondiente al movimiento del ratón. Entonces, mediante un guión, necesita ser capaz de controlar el estado de la imagen. Todo esto se logra mediante el modelo de objetos.

El aprovechamiento de las capacidades del modelo de objetos permite a HTML Dinámico volverse algo más que unas meras extensiones de HTML. Aun cuando el modelo de objetos de HTML Dinámico no es especialmente complejo, es importante comprender la forma en que los objetos están relacionados entre sí, y la forma en que manejan los sucesos, tales como las pulsaciones del ratón y los movimientos del ratón. El modelo de objetos de HTML Dinámico se discute detalladamente en el Capítulo 6, «Modelo de objetos de HTML Dinámico».

Superficialmente, el modelo de objetos de HTML Dinámico podría parecer un complicado modelo para trabajar con HTML, pero la realidad es exactamente lo contrario. El modelo de objetos de HTML Dinámico es bastante sencillo: expone los elementos de

HTML situados en una página como si fueran objetos. Pese a su sencillez, el modelo de objetos añade una importante característica a HTML Dinámico —el burbujeo de sucesos. El burbujeo de sucesos se describe en el Capítulo 6, pero lo más importante que hay que aprender acerca de esto en este momento es que los objetos de HTML Dinámico pueden o bien enfrentarse a los sucesos (tales como las pulsaciones de ratón) o bien pueden «hacerlos subir» hasta otro objeto. Si por ejemplo, se pasa el puntero del ratón por encima de una imagen y la imagen no posee guiones adecuados para gestionar ese suceso, entonces se pasa el suceso por la cadena hasta el objeto siguiente, que podría ser el documento. Este tipo de gestión de sucesos puede ayudarnos a desarrollar complejas interfaces de usuarios sin tener que desarrollar complejas rutinas para la gestión de sucesos. La gestión de sucesos se abarca con más detalle en el Capítulo 7, «Gestión de sucesos».

La exposición de los elementos de una página mediante el modelo de objetos y dotar a esos elementos de la capacidad de capturar sucesos hace más sencillo desarrollar interfaces. Pero desarrollar interfaces ¿utilizando qué? Tiene que existir un mecanismo para crear la interacción entre los elementos que se han descrito y ese mecanismo son los guiones.

Utilización de JavaScript o VBScript con HTML Dinámico

HTML Dinámico necesita una herramienta para hacer muchos de los cambios *dinámicos* descritos anteriormente. Los marcadores de HTML ofrecen un nivel de interacción dinámica, pero la capacidad de aportar guiones a los objetos de HTML Dinámico da mucha más potencia a esta tecnología.

Por ejemplo, si se desea tomar dos objetos y enlazarlos para que se muevan al unísono, se necesitará algún tipo de mecanismo para comunicar la posición de información de un objeto al otro. El mecanismo que se utilizará es un lenguaje de guiones, tal como JavaScript o VBScript.

Nota:

Microsoft se refiere a JavaScript con el nombre de JScript; *sin embargo, Microsoft es la única entidad de las que admiten JavaScript que lo hace. Dado que se alude al lenguaje por su nombre completo en todo el resto de la documentación, y en otros textos adicionales, en este texto se denominará con el nombre de JavaScript.*

JavaScript es un lenguaje de guiones desarrollado por Netscape y está incluido en el software de Navigator y de Communicator. Microsoft también ofrece su apoyo para el JavaScript en Internet Explorer 4.0, y se puede utilizar como lenguaje de guiones para los componentes de HTML Dinámico.

JavaScript es un lenguaje útil para construir guiones como consecuencia de su amplia difusión, su modelo de objetos fácil de utilizar y una sintaxis que está basada en el lenguaje de programación Java. Si no está ya familiarizado con JavaScript, aprenderá más acerca de este tema en el Capítulo 5, «Introducción a JavaScript».

Además de permitir el uso de guiones de HTML Dinámico por JavaScript, Microsoft ha desarrollado también un lenguaje de guiones basado en Visual Basic llamado *VBScript*. VBScript ofrece muchas de las características y gran parte de la extensibilidad de JavaScript, pero podría ser una opción mejor para aquellos individuos que ya estén familiarizados con Visual Basic. En la realidad, los lenguajes de guiones no son demasiado diferentes. Si ya domina uno de ellos, aprender el otro no debería resultarle difícil. Sin embargo, si no se siente cómodo con uno de los lenguajes, no hay ninguna razón de peso para aprender el otro. Después de todo, ambos lenguajes pueden llegar a desarrollar las mismas tareas. ¿Por qué reinventar la rueda?

Aun cuando VBScript no se trata extensamente en este libro, el Apéndice C, «Utilización de VBScript en lugar de JavaScript», contiene una detallada comparación de estas dos tecnologías de guiones.

Comunicación entre objetos

Los guiones son el método principal que hace posible la comunicación entre objetos de HTML Dinámico. Para crear nuevas y complejas interfaces de usuario, así como nuevos diseños que aprovechen las capacidades de HTML Dinámico, será necesario basarse en el uso de distintos elementos trabajando al unísono. Podría resultar posible utilizar un sencillo objeto de HTML Dinámico para añadir un nuevo tipo de letra a una página, o para crear algún otro aspecto de diseño, pero en general, será necesario utilizar más de un objeto de HTML Dinámico junto con otro.

Para comunicar información de un objeto de HTML Dinámico a otro, se necesita emplear un lenguaje de guiones. Para manipular los objetos de HTML Dinámico, también se necesita utilizar un guión para pasar los parámetros al objeto de HTML Dinámico —o para manipular los parámetros.

Poner el dinámico a HTML Dinámico mediante guiones

HTML Dinámico no sería demasiado dinámico sin la incorporación y funcionalidad de los guiones. Sin la capacidad de dotar de guiones a HTML Dinámico, muchas de las características se reducirían a características propias del momento de la carga, sin la capacidad de modificar elementos sobre la marcha, que es precisamente la potencia de HTML Dinámico. Sin guiones, podría ser posible especificar un nuevo tipo de letra, pero no sería posible modificar el tamaño del tipo de letra de un enlace cuando el ratón pasara sobre él. Sería posible posicionar elementos dentro de una maquetación, pero no se podrían trasladar unos con respecto a otros.

Por ejemplo, si desease modificar el tamaño de un tipo de letra después de haber cargado la página ¿cómo pasaría el tamaño en puntos a ese elemento de texto? Después de que se ha cargado la página, el tamaño en puntos no se puede modificar sin utilizar un guión que incremente el tamaño en puntos del tipo de letra, basándose en el suceso que se pueda especificar, tal como un paso del ratón o una pulsación.

Importancia de las Hojas de Estilo en Cascada

En un esfuerzo por abordar muchos de los problemas de diseño que afectaran a la red en un principio, Netscape y Microsoft, entre otras compañías influyentes, colaboraron para elaborar una tecnología denominada *Hojas de Estilo en Cascada (HEC)*. Las Hojas de Estilo en Cascada representan una forma de definir atributos para los elementos HTML, y para aplicar esos atributos a toda una página, o incluso a todo un centro.

Un estilo capacita a los autores de la red para determinar un cierto atributo de un marcador de HTML que se puede aplicar globalmente. El marcador <STYLE>, por ejemplo, se podría utilizar para fijar el sangrado de una página con un valor de diez espacios. También se puede utilizar un estilo para establecer guías para un elemento concreto, especificándose por ejemplo que todos los marcadores <H2> deberán visualizarse en rojo. Al definir un estilo una vez en el documento y al aplicarlo a todos sus elementos, los autores pueden ahorrar tiempo de codificación y pueden modificar fácilmente atributos asignando un único marcador <STYLE> a un elemento HTML —en lugar de modificar manualmente todas las apariciones del elemento HTML dentro del documento.

Otra ventaja de las Hojas de Estilo en Cascada es que se pueden agrupar marcadores de estilo individuales en un único archivo. Este archivo podría contener todos los elementos de estilo para el diseño de una página, y se aludiría a él con el nombre de *hoja de estilos*. Entonces la hoja de estilos se puede incluir en cualquier archivo empleando el marcador <LINK> o una sentencia @*import*. Esto hace posible que las definiciones reales de los estilos residan en un archivo físico que sea distinto de la página HTML a la cual se aplica. Esto da a los diseñadores una enorme flexibilidad para diseñar una hoja global de estilos para un centro y manipular entonces los estilos individuales página por página, incluyendo una hoja de estilos en varias páginas HTML diferentes.

Entonces, ¿cómo encajan las Hojas de Estilo en Cascada con HTML Dinámico? En primer lugar, se puede utilizar HEC para controlar el aspecto de elementos HTML, ¿qué sucedería si se pudieran hacer guiones correspondientes a los cambios de hojas de estilo? Bueno, lo que se obtendría sería HTML Dinámico. De hecho, el enlace entre HTML Dinámico y las Hojas de Estilo en Cascada es tan fuerte que sería casi imposible separar HEC de HTML Dinámico.

Quizá recuerde que se ha mencionado la maquetación y posicionamiento con HEC, y que es aprovechada por HTML Dinámico. De hecho, la maquetación de HTML Dinámico y el posicionamiento X, Y e incluso Z proceden todos ellos de las hojas de estilo. La especificación de Hojas de Estilo en Cascada hace posible el posicionamiento absoluto y relativo de elementos HTML y establece un índice Z para las capas. HTML Dinámico hace uso de estas características de posicionamiento combinándolas con JavaScript para modificar dinámicamente el posicionamiento de un objeto. Similarmente, se pueden crear efectos de animación durante la manipulación de los parámetros de posicionamiento de una hoja de estilos utilizando JavaScript o VBScript.

El Capítulo 4, «Introducción a las Hojas de Estilo en Cascada», abarca la implementación de Hojas de Estilo en Cascada y proporciona un tutorial para trabajar con hojas de estilo, porque son un componente sumamente esencial de HTML Dinámico. El Capítulo 9, «Maquetación y posicionamiento» discute los problemas del posicionamiento de Hojas de Estilo en Cascada con mucho más detalle.

Adaptación del contenido para el navegador

El uso de HTML Dinámico en el momento de la carga hace posible configurar la página para un navegador concreto. Se puede interrogar al navegador para ver cómo está definido el entorno del usuario. La modificación de esquemas de colores de la página, la modificación del tipo de letra utilizado para su visualización y el ajuste del contenido al tamaño de la ventana del navegador son todos ellos ejemplos de la forma en que se puede utilizar en el momento de la carga HTML Dinámico para que las páginas se presenten del mejor modo posible para el usuario final. Dado que las primeras impresiones son muy importantes, esto añade ciertamente una nueva dimensión al diseño para la red.

Control del contenido en el momento de la carga

Una de las aplicaciones más aparentes de HTML Dinámico es modificar el aspecto de una página de la red en el momento de la carga, dependiendo de las condiciones establecidas por el usuario final, o por su navegador. Por ejemplo, se podría tener un gráfico al que hubiera que dar una cierta escala para que llenara toda la ventana del navegador cuando se cargue la página. Dado que no se dispone de forma alguna de conocer lo grande o peque-ño que va a ser el monitor del usuario, o el tamaño que pueda haberse otorgado a la venta-na, no puede uno saber el tamaño que tendría que tener la imagen. La forma de resolver este problema es hacer que esta imagen reciba un escalado dinámico en el momento de la carga. El guión podría obtener información acerca del tamaño de la ventana del navega-dor, mientras se está cargando la imagen. Entonces se podría dar un escalado adecuado a la imagen, que se visualizaría para el usuario. Dado que todo esto sucede mientras se está cargando la página, y antes de que el usuario ofrezca ninguna entrada, se conoce esto con el nombre de característica de carga. Por supuesto, estos tipos de manipulaciones no están limitados a las imágenes. También se podrían alterar los textos, e incluso los esquemas de color sobre la marcha para dar más opciones al usuario en lo tocante a la forma en que se visualizará la página.

Personalización del contenido para el usuario

La mayoría de las características de HTML Dinámico que se van a aprovechar en el momento de la carga implican la preparación de la carga para que sea visualizada por un cierto usuario o en un cierto navegador. Se podría utilizar un *cookie*, en el navegador, por ejemplo, con objeto de determinar si el usuario había visitado ya la página, y en caso de haberlo hecho, se podría utilizar un guión de HTML Dinámico para alterar la presentación de esa página. Esto capacitaría al desarrollador para tener una versión de «usuario nuevo» de la página que se construiría y visualizaría sobre la marcha.

Nota: *Los* cookies *del navegador son archivos de texto que se almacenan en la máquina del usuario y que hacen posible que el servidor de la red almacene información local del usuario, de tal modo que en futuras visitas se pueda ajustar a ese usuario el contenido de la página. Los* cookies *se utilizan mucho para llevar la cuenta de todo tipo de informa-ciones, aun cuando su aplicación más frecuente consiste en llevar la cuenta de los anun-cios* online *que ya ha visto el usuario. De esta manera, cuando el usuario vuelve a visitar el centro, el servidor puede comprobar el* cookie *y puede asegurarse de que se ofrezca al usuario anuncios que no haya visto previamente.*

Este tipo de manipulación puede ayudarnos a crear páginas que estén diseñadas para comunicarse en un nivel más íntimo con el visitante del centro. Se puede crear la ilusión de que la página Web ha sido diseñada específicamente para el usuario, o puede ayudar a hacer que el usuario vuelva una y otra vez al centro porque la información está personalizada y es relevante.

Alteración dinámica del contenido durante la ejecución

En un esfuerzo por hacer que HTML Dinámico sea tan «dinámico» como sea posible, Microsoft implementó muchas características que capacitan a los objetos de HTML para ser manipulados tanto antes de que se haya cargado la página como después. Esta característica de ejecución es un catalizador para hacer que el contenido creado sea realmente dinámico —en el sentido de que incluso después de cargar la página, se puede modificar ese contenido y es posible también manipularlo.

Este tipo de manipulación del contenido permite varias características nuevas que no eran posibles anteriormente, tales como la expansión dinámica de esquemas, la modificación del contenido de texto y el reposicionamiento de objetos.

Expansión de una visión en esquema

La posibilidad de efectuar cambios durante la ejecución permite una mayor flexibilidad en la presentación de información a los usuarios. Por ejemplo, se podría tener un cierto contenido que se presente en forma de un esquema. Aun cuando es posible hacer que todo el esquema se visualice en cualquier página HTML normal en forma de texto, sería más atractivo visualmente, y además más funcional, capacitar al esquema para que fuera expandido y condensado pulsando en algún elemento del esquema. La Figura 2.1 muestra un ejemplo de la forma en que se pueden utilizar visualizaciones de esquemas para crear un índice de nuestro centro.

Este tipo de efecto es un ejemplo de la forma en que se puede manipular el contenido de una página de la red durante la ejecución, y proporciona al usuario una mayor flexibilidad en lo tocante a la forma en que visualiza los datos contenidos en nuestras páginas.

Modificación del contenido del texto en una página que ya se ha cargado

Otra forma de manipular el texto en una página implica la sustitución del texto por omisión por otro nuevo —basándose en un suceso del ratón. Por ejemplo, se podría tener un texto que sea un acertijo, y cuando el usuario pulse en el acertijo, el texto del acertijo se sustituirá por su solución. La modificación del texto situado en la página puede abrir la puerta para la construcción de complejas interfaces de usuario y de interesantes sistemas de menús basados en la modificación y sustitución de texto además de la expansión y condensación de esquemas que se mencionaban anteriormente. Entre las técnicas para alterar el texto de esta manera se incluye la gestión de sucesos, que se abarca en el Capítulo 7, «Gestión de sucesos», y en los objetos del tipo *texRange*, que se abarcarán posteriormente en el Capítulo 10, «Contenido dinámico».

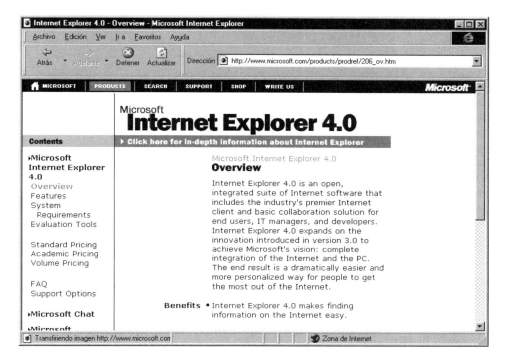

Figura 2.1   La demostración del índice del centro de Internet Explorer muestra los esquemas con-
densables en acción. Cuando el usuario pulsa en un encabezado principal, se muestran
los puntos menos importantes del esquema.

Modificación de la posición de un objeto en una página

Por último, una de las razones más atractivas para utilizar HTML Dinámico es la capacidad de modificar las capas y el posicionamiento de los objetos durante la ejecución. Esto
permite al usuario capturar elementos y modificar su posición en la página, sin recargar la
página ni los elementos.

La técnica para mover elementos dentro de una página haría posible la creación de
cualquier número de interfaces de usuario distintas, e incluso la creación de juegos personalizados. La Figura 2.2. muestra un juego del estilo del Sr. Patata que se llama Sr. Alien,
y en el cual el usuario puede desplazar distintas frutas y verduras para crear una «Cabeza
de Alien».

De hecho, esta capacidad para mover elementos de una página dinámicamente será la
técnica que se utilice para crear el juego Ponerle la cola al burro que se construirá en el
Capítulo 16, «Ponerle la cola al burro».

Esta capacidad puede servir también como base para aplicaciones más prácticas, tales
como aplicaciones de formación que impliquen tratar diagramas complejos. Otra aplicación sería crear juegos educativos para niños que impliquen la búsqueda de diferentes elementos gráficos.

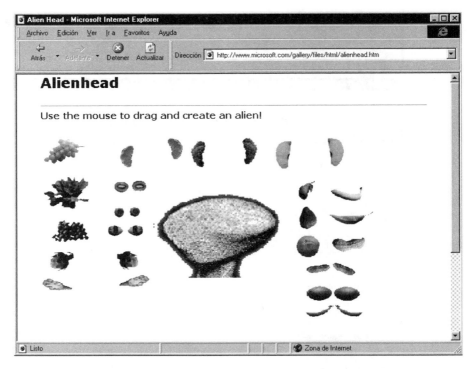

Figura 2.2 La demostración Cabeza de Alien capacita al usuario para situar dinámicamente elementos de la página durante la ejecución.

HTML Dinámico y multimedia

La capacidad de reubicar elementos sobre la página y la capacidad de modificar la posición de estos elementos da lugar a un nivel de multimedia más elevado con HTML Dinámico. Después de todo, la creación de una animación es simplemente el traslado de una imagen por la pantalla —basta añadir una pista sonora que se reproduzca en el fondo y ya estamos en camino hacia presentaciones multimedia hechas con HTML Dinámico. De hecho, HTML Dinámico ha hecho algunas concesiones especiales para multimedia, incluyendo la animación y los controles de ActiveX hacen posible filtrar, realizar transparencias y toda una gama de efectos multimedia adicionales. Se averiguará más acerca de la integración de multimedia de alto nivel con HTML Dinámico en el Capítulo 13, «Introducción a multimedia».

Efectos de animación

En la actualidad, existen varios mecanismos que se pueden utilizar para crear animaciones en la red. Un tipo de animación es el que se realiza mediante *GIF animados*, (que muestran varias imágenes distintas en rápida sucesión de tal modo que la imagen parece moverse). Este tipo de animación podría ser adecuado para hacer que se moviera la boca de un personaje, por ejemplo; sin embargo, ¿cómo se podría trasladar un personaje de dibujos animados por la pantalla?

Las imágenes se pueden situar mediante las coordenadas X e Y utilizando Hojas de Estilo en Cascada, y estas coordenadas se pueden manipular con lenguajes de guiones. Por consiguiente, mediante el uso de GIF animados y simultáneamente de Hojas de Estilo en Cascada, se pueden producir animaciones complejas.

HTML Dinámico muestra también algunos nuevos componentes multimedia en forma de Controles ActiveX que nos permiten crear animaciones con rutas y manipular sobre la marcha las imágenes. Algunos de estos efectos se demuestran en el centro de Microsoft, según indica la Figura 2.3.

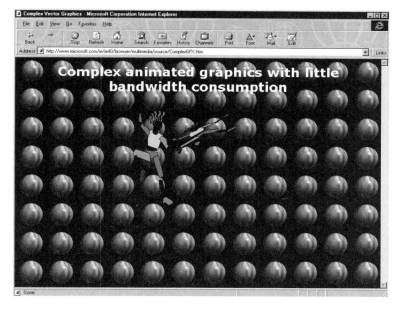

Figura 2.3 La demostración de animación muestra las capacidades de HTML Dinámico para animar objetos 2D con capas y posicionamiento.

El ejemplo de animación de la Figura 2.3 muestra la manipulación de dos imágenes haciendo uso de uno de los controles de ActiveX para multimedia con objeto de poner en movimiento las imágenes. Aunque el efecto no es el mismo que el de un GIF animado, permite un mayor intervalo de movimiento y se carga más rápidamente. Se pueden crear unas animaciones bastante complejas que requieren poco tiempo para su descarga, e incluso menos tiempo para empezar realmente a moverse.

Filtraje, fusión y gráficos de canal alfa

La animación no es el único efecto gráfico que se ofrece mediante HTML Dinámico. Con la incorporación de controles de ActiveX, también está disponible toda una gama de técnicas gráficas bastante avanzadas.

Es posible aplicar filtros de iluminación y fusiones a fuentes de luz con HTML Dinámico, de tal modo que se puede crear un tinte artificial para las imágenes de nuestra página, o se puede crear fácilmente la ilusión de un foco o de otra fuente de luz que parezca iluminar nuestra página o un único elemento. HTML Dinámico ofrece la posibilidad de canales alfa, lo cual nos permite crear fácilmente imágenes o textos transparentes. Si se combina esto con la superposición, se pueden utilizar estas técnicas para crear toda una gama de transiciones distintas. Se puede utilizar la transparencia con el canal alfa para disolver el texto de modo que se vea una imagen, o para crear un efecto de marca al agua con nuestro logotipo en una determinada página. Mediante la combinación de filtros, efectos de iluminación y de animaciones, HTML Dinámico ayuda a acercar la red un paso más a las capacidades multimedia de los CD-ROM. Los controles de ActiveX para multimedia que forman parte de HTML Dinámico se tratarán con más detalle en la Quinta Parte, «Multimedia y HTML Dinámico».

Enlazado de datos: la potencia de HTML Dinámico

Uno de los aspectos más potentes de HTML Dinámico es la capacidad de gestionar y manipular datos. El enlazado de datos es una técnica de HTML Dinámico que permite a los autores tomar directamente datos de una aplicación de bases de datos que reside en el servidor y asignar el registro actual a un objeto de HTML. Esto permite que los datos se visualicen como si fueran una parte del código original de HTML. El enlazado de datos permite al autor construir una interfaz basada en la red para aplicaciones de bases de datos —una función que anteriormente estaba limitada a herramientas de desarrollo de alta potencia para la red, tales como Java.

Antes de HTML Dinámico, la fusión de aplicaciones de bases de datos con la red era un proceso lento y tedioso. Junto con la construcción de una interfaz personalizada entre el servidor de la red y la base de datos, los problemas de interfaz implicaban complejas perífrasis de CGI, o el desarrollo de aplicaciones personalizadas con tecnologías tales como Java. Mediante el enlazado de datos, la red se puede utilizar realmente como interfaz con aplicaciones de negocios. La capacidad de incluir registros de la base de datos directamente en código HTML proporciona soluciones sencillas para tareas previamente complejas. Por ejemplo, la Figura 2.4, muestra cómo se están leyendo unos datos del servidor y cómo se están incorporando a una sencilla interfaz de navegación.

Ciertamente, se podría expandir este tipo de interfaz sencilla y, eventualmente, se podría llegar a desarrollar para construir un *front-end* más robusto para la base de datos. El resultado sería una aplicación de base de datos a la cual se podría acceder a través de la red. Los beneficios del desarrollo de sistemas de bases de datos tienen un gran alcance, por cuanto las compañías podrían desarrollar sencillas aplicaciones de bases de datos con interfaces basadas en la red no sólo para clientes a través de Internet, sino también para aplicaciones internas. A medida que un mayor número de clientes comience a utilizar mecanismos de la red para el desarrollo de aplicaciones de Intranet, la combinación de herramientas de datos y de la red hacen que las aplicaciones de Intranet sean una alternativa viable y atractiva para el desarrollo de aplicaciones internas con C o con Visual Basic.

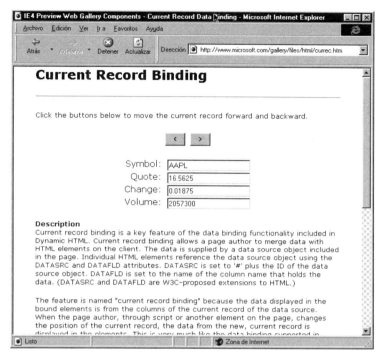

Figura 2.4 La demostración del enlazado de datos de Microsoft muestra la forma en la que se pueden incorporar datos dinámicamente a un objeto de HTML para su visualización.

Creación de tablas sobre la marcha

Los datos se pueden incorporar automáticamente a páginas de la red mediante el uso de las características de generación de tablas que posee HTML Dinámico. HTML Dinámico posee la capacidad de tomar filas de datos procedentes de servidores de bases de datos y convertirlas automáticamente en tablas de HTML. Esto ofrece dos claras ventajas con respecto a la generación tradicional de tablas de HTML. En primer lugar, las tablas generadas por HTML Dinámico se expanden dinámicamente. Esto significa que en cuanto el navegador recibe los datos, comienza a construir la tabla, así que el usuario no tiene que esperar a que se descargue toda la tabla antes de poder empezar a ver los datos.

En segundo lugar, las tablas que se generan mediante HTML Dinámico se pueden manipular desde el navegador. Las tablas generadas por HTML Dinámico se pueden consultar, ordenar y filtrar y todo ello sin entrar en contacto con la fuente de datos original —lo que es más importante, sin recargar ninguno de los datos de la tabla ni tampoco el código HTML. Esto puede no parecer gran cosa, pero examinemos el caso de una base de datos de cliente que posea cien clientes. Con HTML tradicional, sería necesario descargar la tabla y dibujarla. Una vez que se ha completado la tabla, digamos que el usuario desea clasificarla por orden alfabético inverso. Esto implicará entrar en contacto con la fuente de datos, pasarle los nuevos parámetros de datos —mediante los cuales clasificará los datos—, crear una nueva tabla, y volver a descargar la información de la tabla.

Con HTML Dinámico, una vez descargados los datos, los datos se podrían ordenar por orden alfabético inverso pasando las instrucciones apropiadas al guión de la tabla. La tabla se ordena y se vuelve a dibujar exclusivamente desde la máquina del cliente, sin llegar nunca a entrar en contacto con el servidor.

Hacer que los elementos sean conscientes de los datos

HTML Dinámico también permite crear elementos de HTML que sean *conscientes de los datos*. La consciencia de los datos es tan sólo otra forma de decir que se diseñan ciertos objetos de HTML de tal modo que reciban sus entradas desde objetos de datos como parte de su código de HTML. Por ejemplo, se podría construir una tarjeta índice que visualizara el nombre del cliente en la parte superior y la dirección en la parte inferior. La información de nombre y dirección provendría en realidad del servidor de la base de datos, pero sería leída por el navegador como si formara parte de la página de HTML. Esto da a HTML la capacidad de crear interfaces para bases de datos.

El enlazado de datos y la consciencia de datos hacen posible la creación de campos de formulario conscientes de los datos. Estos campos admiten entradas que son procesadas automáticamente por el guión correspondiente para mandarlos a la fuente de datos del servidor adecuada. Esto proporciona una especie de mecanismos de realimentación, o lo que es más importante, la forma de actualizar registros de la base de datos, y no sólo de visualizarlos, según se muestra en la Figura 2.5.

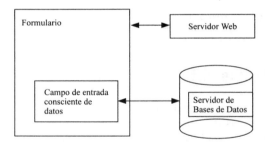

Figura 2.5 La consciencia de datos hace posible la creación de aplicaciones de datos mediante HTML Dinámico.

Construcción de aplicaciones con HTML Dinámico

Podría parecer que todas estas características de HTML Dinámico están diseñadas solamente para añadir nuevos elementos interesantes a las páginas de la red, y ciertamente esta es una aplicación de muchas de las nuevas características de HTML Dinámico. Las animaciones y los efectos de texto podrían añadir más atractivo a algunos de los tediosos centros de la red que están disponibles en la actualidad. Además de estas mejoras del diseño de la red aparentemente superficiales, HTML Dinámico proporciona gran cantidad de potencial en otros aspectos.

Tenga en cuenta que hay muchos negocios que están empezando a basarse en Internet para hacer más cosas, tanto para aplicaciones externas de negocios como para otras internas. Hasta el momento, la construcción de interfaces basadas en la red para muchas aplicaciones de negocios requería el uso de un lenguaje tal como Java, que es capaz de leer datos procedentes de servidores sin ser excesivamente lento. HTML Dinámico abre otra puerta para la creación de interfaces de usuario para toda una gama de aplicaciones complejas, de las cuales no son las últimas las bases de datos orientadas a negocios.

Como consecuencia de la flexibilidad y de la fusión de distintas tecnologías de red para crear HTML Dinámico, hay muy poco que no se pueda hacer con alguna variedad de HTML Dinámico. Sólo el tiempo dirá las innovaciones que HTML Dinámico va a aportar al desarrollo de aplicaciones y de interfaces, pero a medida que haya más personas que recurran a la red, la fortaleza de HTML Dinámico en lo tocante a la creación de interfaces debe colocarlo en buena posición.

Y a continuación...

No se sienta desbordado si le da vueltas a la cabeza con toda esta información de HTML Dinámico. Hay una gran cantidad de componentes distintos de HTML Dinámico que dan lugar a un elevado número de características nuevas. Como quiera que HTML Dinámico no es una única tecnología, puede ser difícil determinar exactamente lo que es y lo que no es HTML Dinámico. No se preocupe si no se siente un experto.

Los capítulos siguientes le guiarán a través de un tratamiento más detallado de los componentes de HTML Dinámico.

- El Capítulo 3, «Microsoft frente a Netscape», compara las características de HTML Dinámico admitidas e implementadas por Netscape Communicator frente a las características admitidas e implementadas por Internet Explorer 4.0. ¡Prepárese para una contienda que durará hasta el final!
- La Segunda Parte, «Fundamentos de HTML Dinámico», abarca las tecnologías que se necesitarán para desarrollar páginas con HTML Dinámico. Esta parte consta de cuatro capítulos concentrados:
- El Capítulo 4, «Introducción a las Hojas de Estilo en Cascada», abarca las bases de la comprensión y utilización de las Hojas de Estilo en Cascada.
- El Capítulo 5, «Introducción a JavaScript», abarca las bases de la comprensión y utilización de JavaScript, uno de los lenguajes de guiones preferidos que se utilizan en HTML Dinámico.
- El Capítulo 6, «Modelo de objetos de HTML Dinámico», habla acerca del modelo de objetos que utiliza HTML Dinámico», y que trata a los elementos de HTML de la página como si fueran objetos mutuamente conscientes.
- El Capítulo 7, «Gestión de sucesos», abarca la importancia de la gestión de sucesos en los centros de red generados mediante HTML Dinámico.
- La Tercera Parte, «Dentro de HTML Dinámico», nos lleva a través de los distintos aspectos de la implementación de características específicas en HTML Dinámico.

Capítulo

Microsoft frente a Netscape

¿Qué sería de los nuevos estándares sin un poco de competencia? Este es un tema muy debatido en la industria de la computación. Algunas personas afirman que al competir por una posición dominante en la nueva tecnología, la tecnología en sí avanza con más velocidad. Otros argumentan que este rápido desarrollo y esta competición dañan a los usuarios de la tecnología. Los desarrolladores de la red se ven forzados a escoger un cierto lado y se enfrentan a la posibilidad de escoger de forma equivocada, o bien protegen sus apuestas y desarrollan en dos plataformas. Los abogados de la cooperación argumentan que al trabajar al unísono, las compañías pueden crear unas tecnologías sólidas basadas en estándares que capacitarán a los desarrolladores de la red para desarrollar fácilmente centros de la red multiplataforma y multiproducto.

Tal como puede verse en los capítulos anteriores, HTML Dinámico es un intento de compensar muchos de los problemas que existían en las versiones anteriores de HTML. Existe un gran potencial en el desarrollo de red para las tecnologías de HTML Dinámico, y esto ha dado lugar a la reacción común de la industria de la computación, tanto Microsoft como Netscape están desarrollando estándares en competencia para HTML Dinámico.

- **Comprensión de HTML Dinámico** Pero bueno, ¿qué es lo que hace tan dinámico a HTML Dinámico? Aprenda la forma en que la hibridación de tecnologías existentes está allanando el camino para la próxima generación del contenido de la red.
- **Lenguajes de guiones** ¿JavaScript o VBScript? Averigüe cuál es el mejor para Vd., y si alguno de ellos tiene o no futuro con la evolución de HTML Dinámico.
- **Hojas de Estilo** Hojas de Estilo en Cascada y Hojas de Estilo de JavaScript. ¿Cuáles son las ventajas de cada una de ellas? ¿Qué hojas de estilo son las que merecen nuestro esfuerzo y nuestro tiempo? Tome usted mismo esa decisión.
- **El papel de Microsoft en HTML Dinámico** Tal como suele suceder con las nuevas tecnologías más innovadoras, Microsoft se ha aventurado para crear unas aplicaciones propietarias de HTML Dinámico. Aprenda cuáles son y lo que pueden hacer para usted.
- **Netscape frente a Microsoft** Un diagrama muy útil que proporciona la información necesaria acerca de las características de HTML Dinámico que son admitidas o

no por los últimos esfuerzos de los navegadores en la constante lucha entre estos cibergigantes.

HTML Dinámico está sufriendo el mismo destino que otras tecnologías de la red. Solamente hay que examinar ActiveX y Java para ver lo intensa que puede llegar a ser la batalla por los estándares de la red. Este capítulo examina las diferencias entre las implementaciones de HTML Dinámico realizadas por Microsoft y por Netscape, y también la forma en que estas diferencias podrían afectar a nuestro desarrollo de un centro para la red. Esperemos que este análisis le ayude a decidir cuál es la implementación que tiene que seguir.

Trabajando con el Consorcio W3C

La World Wide Web se desarrolló para permitir el intercambio de información sencillo entre investigadores —independientemente del tipo de computadora que estuvieran utilizando, o de su ubicación. Por supuesto, en las fases originales del desarrollo, había solamente unos pocos navegadores con características limitadas. Incluso en las primeras fases del desarrollo de la red, los estándares resultaban cruciales para asegurar que los navegadores recientemente desarrollados fueron capaces de visualizar la misma información que sus predecesores.

Los dos estándares primarios de la red son el Protocolo de Transferencia de Hipertextos (HTTP) y el Lenguaje de Marcación para Hipertexto (HTML). Sin algún terreno común para estas tecnologías básicas de la red, los documentos HTML que se creasen para un navegador de la red no funcionarían necesariamente con otro navegador. Como resultado, una organización denominada El Consorcio World Wide Web (W3C) ha estado trabajando para asegurar que las tecnologías que se utilizan en la red se estandaricen de alguna forma. Sin embargo, la existencia de una organización de estándares no ha evitado que los fabricantes intenten implementar sus propias características especiales. Un ejemplo clásico de esto es el infame marcador <BLINK> de Netscape. Netscape tiene ya una trayectoria de implementación de marcadores especiales en distintas versiones del software de Netscape Navigator, intentando después utilizar su amplia base instalada para manipular las innovaciones de modo que entren en el estándar. Por supuesto, Microsoft emplea técnicas similares y el resultado es un apoyo mixto de características adicionales que ha dado lugar al ya conocido «esta página se ha diseñado para visualizarla con...», mensaje que es frecuente ver en las páginas de la red.

Desafortunadamente, este mensaje viola el espíritu básico de la red. Tim Berners-Lee, desarrollador de la red del CERN, ofrece esta opinión acerca de la utilización de características exclusivas:

> *«Esto proviene de un cierto ansia por utilizar las últimas características exclusivas, que ni siquiera se han acordado por parte de todas las compañías. Lo hacen o bien aquellos que tienen un interés por favorecer a una determinada compañía, o bien lo hacen aquellos que tienen un interés por devolver a la comunidad a las eras oscuras de la computación, en que un floppy de un PC no se podía leer en un Mac y un documento de WordStar no se podía leer en WordPerfect, o un archivo de EBCDIC no se leía en una máquina ASCII. Está muy bien para aquellos individuos cuyo trabajo vaya a ser transitorio y que no se preocupan porque lo lea nadie más.»*

Desafortunadamente, los usuarios de HTML Dinámico se ven obligados a escoger entre la implementación exclusiva de Microsoft de HTML Dinámico, o la implementación exclusiva de Netscape de HTML Dinámico. El compromiso de uno con respecto al otro implicará algunas decisiones difíciles; sin embargo, el aspecto más importante que hay que considerar son las características que uno quiera aprovechar. Evidentemente, después se necesitarán adaptaciones si un estándar da lugar a variaciones, pero los beneficios de ser uno de los primeros en adoptarlas puede dar lugar a un perfil más sobresaliente para nuestras páginas.

La única esperanza que se aprecia en el horizonte para los desarrolladores de la red es la reciente actitud amistosa con respecto a los estándares de Microsoft en lo tocante a tecnologías de la red. Microsoft ya ha enviado un borrador de especificación de su implementación de HTML Dinámico al W3C, para que lo consideren como posible estándar. Por supuesto, el W3C podría admitir parte del borrador de Microsoft, o bien podría fusionar la tecnología con la de Netscape para crear un híbrido. El hecho de que Microsoft ya haya enviado su tecnología para ser considerada como estándar es una demostración de su compromiso para hacer que la tecnología funcione en todas las partes de la red.

Netscape también ha contribuido con sus tecnologías al W3C en el pasado, pero en general, Netscape ha intentado obligar a la organización de estándares ligeramente siguiendo con su apoyo de las implementaciones exclusivas. En el caso de HTML Dinámico, Netscape no ha enviado su estándar en modo alguno, a pesar del hecho de que Netscape suele presumir de sus soluciones como si fueran estándares *abiertos*. Estoy seguro, sin embargo, de que si se adopta algún estándar de HTML Dinámico, ambas compañías alterarán posiblemente sus tecnologías para satisfacer esos estándares básicos y después seguirán contribuyendo con sus propias características especiales. Hasta entonces, será preciso proteger nuestras apuestas en lo tocante a la tecnología y a las características que vamos a implementar, y habrá que considerar el grado de fortaleza que atribuiremos a cada una de estas compañías en el marco de la comunidad del desarrollo.

Este debate sobre los estándares no finaliza con HTML Dinámico. Si recuerda que HTML Dinámico está realmente basado en varias tecnologías diferentes unidas entre sí, las tecnologías utilizadas para crear HTML Dinámico (tales como los guiones y las hojas de estilo), también están sometidas a los debates de estándares.

Definición del «dinámico» en HTML Dinámico

Un problema central en el debate existente entre las implementaciones de Microsoft y de Netscape de HTML Dinámico es lo que significa *dinámico*. Una forma útil de extrapolar esta definición es examinar el proceso mediante el cual se cargan las páginas de la red:

1. El usuario especifica la dirección del centro y/o la página que desea visualizar pulsando en un enlace o especificando una dirección.
2. El cliente (esto es, Netscape o Internet Explorer) entra en contacto con el servidor de red de ese centro para solicitar información.
3. El servidor determina, a partir de la solicitud inicial, las páginas que deben descargarse al cliente y envía esas páginas, gráficos y otros elementos de la página al cliente.
4. El cliente interpreta el HTML y cualquier otra instrucción especial (tales como applets de Java o controles de ActiveX) y visualiza la página.

Cada uno de estos pasos presenta oportunidades para que el navegador y el servidor pasen información entre sí, que podría utilizarse para personalizar la información de la página que eventualmente se visualizará. Cuando el cliente entra inicialmente en contacto con el servidor, el cliente da al servidor una cierta información acerca de la configuración del cliente, tal como la versión del cliente y la dirección IP del cliente. Quizá se hayan visto algunas páginas que muestran una cierta cantidad de información acerca del cliente, tales como la visualización de «Saludos 199.18.207.25», o algo parecido. Este es un ejemplo de paso de información entre el cliente y el servidor. La información pasada entre el cliente y el servidor es la misma información que se utiliza en los archivos de registro del servidor.

Siempre que se intercambia información entre el cliente y el servidor, se puede manipular la información. El contenido de una página de red, por ejemplo, se podría modificar en el servidor efectuando rotaciones arbitrarias de la página que se haya servido después de cada contacto —resultando, por consiguiente, la creación de una página nueva. Una aplicación mejor de esta oportunidad de cambiar el contenido de una página de red sería alterar el contenido basándose en información del cliente, en lugar de efectuar algún cambio arbitrario del contenido.

Se puede efectuar una cantidad limitada de personalización basándose en la información que se pasa entre el cliente y el servidor, la mayor parte de la cual requiere la intervención de guiones desde CGI o de información preprocesada que incluye el servidor. Estas dos técnicas consumen recursos del servidor, porque es preciso efectuar un procesamiento en el servidor. Además, estas técnicas ralentizan la descarga de la página a efectos del usuario, porque el cliente tiene que esperar hasta que se descarga la información proveniente del servidor antes de visualizar la página.

Adicionalmente, sería beneficioso poder modificar algunas características de las páginas de la red que no se pueden determinar a partir de la información intercambiada entre el cliente y el servidor mientras se está cargando la página. El escalado de una página para que encaje en el tamaño de una ventana del servidor es un buen ejemplo. Anteriormente, el diseño de la página necesitaba ser independiente del tamaño de la ventana. Por supuesto, el flujo de texto se podría haber modificado cuando el usuario cambiara el tamaño de la ventana, pero el tamaño de los elementos gráficos no cambiaría, así que la maquetación de la página se vería afectada adversamente.

Este es un aspecto en que HTML Dinámico permite un nuevo tipo de control con respecto al contenido. HTML Dinámico, según ha sido implementado tanto por Netscape como por Microsoft, hace posible la manipulación de páginas antes de que hayan sido descargadas por el navegador, basándose en la información suministrada al servidor por el usuario. La demostración de HTML Dinámico que ofrece Netscape mostrada en la Figura 3.1 es un ejemplo de la forma en que se puede utilizar HTML Dinámico para manipular las páginas.

HTML Dinámico nos permite definir atributos de página (tales como tamaño, maquetación de los elementos y estilos de los tipos de letra) que se pueden modificar mediante las especificaciones del navegador, introducidas por el usuario, mientras la página se va cargando y entonces se visualizan esos cambios inmediatamente. Este es uno de los beneficios de HTML Dinámico.

Tanto la implementación de Microsoft como la implementación de Netscape de HTML Dinámico ofrecen la capacidad de alterar páginas de la red en el momento de la carga. Lo que ocurre después de esa carga es precisamente el aspecto en que difieren estas dos implementaciones.

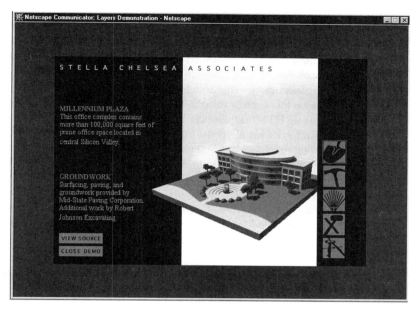

Figura 3.1 La demostración de Netscape Stella Chelsea Associates modifica el tamaño de la ventana basándose en la información que inserta el usuario con respecto a la resolución de su monitor.

En esencia, Netscape define *dinámico* como la capacidad para alterar el contenido de la página de red en el momento de la carga. Desde el paradigma de HTML Dinámico propugnado por Netscape, se puede modificar la maquetación de un documento, se pueden posicionar los elementos de la página y se puede alterar el estilo y el tipo de letra utilizado en la página de la red en el momento de la carga. Desafortunadamente, esta restricción relativa al momento de la carga limitará gravemente lo que se puede hacer después de que se ha cargado la página. Para compensar esta carencia de cambios que se puedan hacer afectando al contenido durante la ejecución, Netscape admite capas, que se pueden mostrar y ocultar durante la ejecución, pero muchas de las características que admite la implementación de Microsoft de HTML Dinámico durante la ejecución no son posibles.

La implementación de HTML Dinámico propia de Microsoft adopta las mismas características que las poseídas por HTML Dinámico de Netscape. La implementación de Microsoft ajusta el posicionamiento y la maquetación en el momento de la carga. También especifica los atributos de tipos de letra en el momento de la carga. Además de las características propias del HTML Dinámico de Netscape, el HTML Dinámico de Microsoft ofrece bastantes características adicionales, tales como la capacidad de modificar dinámicamente las hojas de estilo (estilos dinámicos), la capacidad de crear objetos *texRange* para alterar el contenido de la página (contenido dinámico), la capacidad de ordenar dinámicamente el contenido de una tabla (enlazado de datos) y la capacidad de asociar elementos de HTML con funcionalidades de bases de datos (consciencia de datos).

Por supuesto, incluso la sintaxis para implementar las características de HTML Dinámico es incompatible entre las versiones de Netscape y Microsoft. La diferencia fundamental entre el HTML Dinámico de Netscape y el HTML Dinámico de Microsoft, sin embargo, es que Microsoft define el término *dinámico* como la capacidad de alterar el contenido en ejecución *además de* hacerlo durante la carga. El HTML Dinámico de Microsoft hace posible alterar los atributos de los tipos de letra después de que se ha cargado la página. El HTML Dinámico de Microsoft hace posible también reubicar los elementos después de que se ha cargado la página. Este tipo de manipulación se podría utilizar para crear transiciones multimedia y contenidos animados. Hay muchos canales bajo demanda que se han creado utilizando el CDF, por ejemplo, que también se crean utilizando técnicas de HTML Dinámico. La Figura 3.2 muestra las modificaciones de tipos de letra y de posición de los elementos que se hacen durante la ejecución.

Permitir la manipulación de elementos de la página y del contenido después de que se ha cargado la página es un ejemplo de la forma en que Microsoft ha hecho HTML Dinámico más dinámico. La implementación de HTML Dinámico debida a Microsoft hace posible un cierto número de aplicaciones de la tecnología que no resultan viables con la versión de Netscape de HTML Dinámico. Algunas de las posibilidades que hace posible el HTML Dinámico de Microsoft durante la ejecución incluyen las páginas interactivas y complejas interfaces de usuario para aplicaciones basadas en la red.

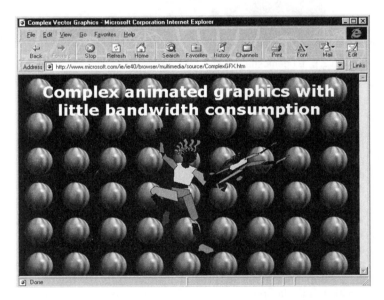

Figura 3.2 Los acróbatas de la demostración de estilos muestran la forma en la que se pueden manipular gráficos con HTML Dinámico después de que se ha cargado la página.

Guiones: JavaScript y VBScript

La cola que une el HTML Dinámico es el lenguaje de guiones que enlaza los elementos entre sí y que manipula el contenido. Sin un sólido entorno de guiones, HTML Dinámico falla rápidamente.

Por supuesto, tanto Microsoft como Netscape admiten los guiones y ambos admiten algunos estándares de la red. Por ejemplo, JavaScript, el lenguaje de guiones por omisión de la red, es admitido por ambas versiones de HTML Dinámico, aunque Microsoft prefiere referirse a JavaScript con el nombre de JScript.

La versión 1.1 de JavaScript es un lenguaje de guiones admitido para HTML Dinámico tanto por parte de Netscape Communicator como de Internet Explorer 4.0. Sin embargo, Netscape ha expandido JavaScript con un cierto número de extensiones destinadas a ser utilizadas en conjunción con su tecnología de información bajo demanda denominada Netcaster. En realidad, Netcaster admite la versión 1.1 de JavaScript. Esto no debería afectar excesivamente el trabajo de desarrollo que se está haciendo con HTML Dinámico, pero siempre es buena idea tener en cuenta estos tipos de discrepancias cuando se desarrolla un contenido para la red.

Aun cuando Microsoft admite JavaScript para HTML Dinámico, también han decidido admitir su lenguaje de guiones exclusivo —Visual Basic Script (VBScript). La decisión de admitir VBScript admite un poquito de flexibilidad en la selección de guiones, pero se incluyó fundamentalmente para aprovechar la popularidad de Visual Basic entre los desarrolladores de aplicaciones corporativas y de pequeñas aplicaciones. Dado que Visual Basic tiene una extensa comunidad de desarrollo, admitir un lenguaje de guiones basado en este lenguaje tan popular hace que los guiones de HTML Dinámico resulten más tratables para la base instalada de usuarios de Microsoft. Si ya se tiene experiencia con Visual Basic, esto puede ser una ventaja; sin embargo, en caso contrario, JavaScript es un lenguaje de guiones muy sencillo y también posee un amplio apoyo. Sin realizar un desarrollo adicional en Visual Basic, JavaScript es una mejor opción.

Existen algunas otras diferencias en las tecnologías suplementarias que admite cada una de estas implementaciones. Netscape tiene un excelente apoyo para Java, con JavaScript y aplicaciones de apoyo escritas en Java que pueden controlar objetos dinámicos de HTML. Microsoft también admite JavaScript, tiene apoyo para VBScript y admite las applets de Java y los controles de ActiveX. De hecho, muchas de las características multimedia avanzadas de la versión de HTML Dinámico propia de Microsoft requieren el uso de controles de ActiveX para funcionar correctamente. Netscape ha anunciado que en versiones futuras tiene intención de ofrecer controles de ActiveX; sin embargo, la versión actual del Communicator no ofrece apoyo para controles de ActiveX.

En definitiva, Netscape admite dos tecnologías ampliamente difundidas: JavaScript y Java. Microsoft admite estas dos tecnologías, además de añadir un cierto número de tecnologías exclusivas, tales como VBScript y los controles de ActiveX. Lo que significa esto es que uno puede desarrollar HTML Dinámico utilizando tecnología relacionada con Java, tales como applets y JavaScript, y será relativamente sencillo transportar esas páginas entre Netscape Communicator e Internet Explorer. Sin embargo, si uno se basa en ActiveX y VBScript para desarrollar sus páginas, su audiencia quedará restringida a los usuarios de Internet Explorer.

Hojas de Estilo en Cascada y Hojas de Estilo JavaScript

Sin guiones, HTML Dinámico podría no ser dinámico, pero las hojas de estilo desempeñan un papel igualmente importante en la creación de centros generados mediante HTML Dinámico. Todas las características de maquetación de HTML Dinámico se implementan mediante hojas de estilo.

Las hojas de estilo ofrecen el apoyo necesario para crear distintos estilos de tipos de letra. Para especificar distintos tipos de letra en documentos HTML y para proporcionar más flexibilidad a la hora de controlar todos los elementos similares de un centro sin modificar individualmente cada uno de sus elementos. Adicionalmente, las hojas de estilo son responsables de los métodos de posicionamiento de objetos propios de las implementaciones de ambos fabricantes de HTML Dinámico.

Los aspectos de posicionamiento de las hojas de estilo son lo que capacita a HTML Dinámico para reubicar los elementos dentro de una página, basándose en la información recibida desde el navegador en el momento de la carga. Adicionalmente, las hojas de estilo proporcionan el mecanismo para crear capas. Mediante las capas, los elementos se pueden superponer, o bien se pueden ocultar y mostrar, con objeto de crear un cierto número de efectos distintos. En la Figura 3.3, por ejemplo, las capas se utilizan en Internet Explorer para crear un nuevo estilo de interfaz basada en la red. Mediante la creación de botones que están enlazados con las capas a través de guiones, las capas se pueden mostrar u ocultar por interacción con el usuario, creándose así una interfaz de usuario que está basada en HTML Dinámico.

La capacidad de manipular el posicionamiento y de controlar las capas es esencial para la funcionalidad de HTML Dinámico, y el tipo más ampliamente difundido de capas es el que se encuentra en las Hojas de Estilo en Cascada.

Figura 3.3 El ejemplo Lakes and Sons demuestra las capas y el posicionamiento dinámico.

Nota:

A lo largo del texto, se verán referencias a marcadores de HTML, a objetos y a elementos. Puede parecer difícil llevar la cuenta de estas referencias, pero en realidad es bastante sencillo.

Un marcador de HTML es el marcador que se utiliza para definir el aspecto que debe tener el texto. Por ejemplo, <H1> es un marcador de HTML que se utiliza para crear un encabezado. Después de haber creado el encabezado:

```
<H1>un Esto es elemento</H1>
```

> *el marcador y el texto al que da formato son un elemento de HTML. Finalmente, exponiendo el elemento mediante el modelo de objetos de HTML, el elemento puede transformarse en un objeto, con más propiedades que será posible manipular:*

```
<H1 ID="miencabezado">Esto es un objeto</H1>
```

La especificación de Hojas de Estilo en Cascada (HEC) es una forma de definir atributos de estilo y de asignar esos estilos a distintos objetos de HTML, tal como pueda ser la especificación de un color para todos los encabezados del tipo <H2>, o la asignación de un tipo básico de letra para todos los elementos de texto de una página. Las Hojas de Estilo en Cascada ofrecen un enorme grado de flexibilidad para alterar y controlar la maquetación y el diseño porque es posible aplicar globalmente hojas de estilo a todas las páginas de un centro, o bien se pueden incluir en cada archivo de forma individual. Esta característica es especialmente potente, porque proporciona a los diseñadores la capacidad de separar el diseño de la red de su contenido. Esto significa que es posible editar fácilmente el contenido sin gran cantidad de cambios estéticos en el formato. Esto significa también que el diseño o aspecto de un centro se puede remodelar por completo sin una compleja modificación de su contenido, porque las hojas de estilo permiten la separación del contenido y de los elementos de diseño.

Al crear una HEC estándar para un centro, el centro puede mantener fácilmente un elevado grado de consistencia entre los elementos del centro, y los nuevos diseños del centro se ven simplificados mediante la alteración del archivo de hojas de estilo en lugar de alterar cada página individualmente. Sin embargo, la potencia de las hojas de estilo proviene de la capacidad de aplicar un estilo global a las páginas, modificándose después el estilo mediante la especificación de estilos propios para páginas específicas dentro del centro de la red. Esto crea una gran flexibilidad a la hora de crear elementos especiales, que se podrían utilizar para construir, por ejemplo, una interfaz de usuario.

Las versiones de HTML Dinámico propias de Microsoft y de Netscape ofrecen su apoyo para las Hojas de Estilo en Cascada. Esto es una gran ventaja para los diseñadores por varias razones:

- **Las Hojas de Estilo en Cascada son fáciles de utilizar**   El formato y la sintaxis de las HEC es sencillo y fácil de captar por los diseñadores. Les ofrece el control al que están acostumbrados con otro software de diseño gráfico.
- **Las Hojas de Estilo en Cascada se han utilizado mucho en la red desde hace tiempo**   Dado que los diseñadores y desarrolladores ya están familiarizados con la especificación de las Hojas de Estilo en Cascada, el trabajo de desarrollo implicado para aprender una nueva tecnología de apoyo que utilice las Hojas de Estilo en Cascada de HTML Dinámico es más reducido.
- **Las Hojas de Estilo en Cascada son una especificación del W3C**   Dado que la especificación de las HEC ha sido recomendada para su adopción por parte de la industria por el W3C, el uso de Hojas de Estilo en Cascada es admitido por los principales navegadores. Esto significa también que no es necesario utilizar variantes cuando se diseña con HEC para Netscape o para Internet Explorer.

Estas razones hacen de HEC una elección evidente para su utilización en HTML Dinámico. Por esta razón, tanto Netscape como Microsoft utilizan la especificación de HEC para HTML Dinámico, lo cual da más credibilidad a la afirmación de Microsoft de que se ajusta a los estándares y presta un apoyo de los estándares a Netscape.

Aun cuando ambos vendedores prestan su apoyo a las HEC, Netscape ofrece además un apoyo para una tecnología exclusiva llamada Hojas de Estilo JavaScript (JSSS). JSSS ofrece muchas características similares a las HEC, pero utiliza una sintaxis que está basada en el lenguaje de JavaScript. Para aquellos desarrolladores que están familiarizados con JavaScript, esta puede ser una sintaxis más sencilla de aprender; sin embargo, dado que JSSS no es admitido por ningún navegador más allá de Netscape, nuestras hojas de estilo quedan limitadas para ser utilizadas en el Navigator y en el Communicator. Por esta razón fundamental, JSSS no es una buena opción para el desarrollo general de la red. Aun cuando pudiera resultar una buena opción para Intranet Corporativas —en las cuales el contenido solamente se vaya a visualizar con productos de Netscape— JSSS puede ser una alternativa viable de HEC. Para la aplicación de propósitos generales de Internet, sin embargo, HEC es claramente una mejor opción para la implementación de hojas de estilo, la especificación de HEC se abarcará en el Capítulo 4, «Introducción a las Hojas de Estilo en Cascada».

Características de HTML Dinámico específicas de Microsoft

En muchos casos, Netscape y Microsoft ofrecen una tecnología común, y después ofrecen sus propias tecnologías competidoras como alternativa. Esto es lo que sucede con los lenguajes de guiones. Ambas compañías ofrecen el lenguaje de guiones de JavaScript y Microsoft ofrece el VBScript alternativo. Para las hojas de estilo, ambos vendedores prestan su apoyo a las Hojas de Estilo en Cascada, y Netscape ofrece su apoyo además para las Hojas de Estilo JavaScript. En general, resulta mejor atenerse a los estándares más ampliamente difundidos que adoptar soluciones explosivas.

Sin embargo, existe un cierto número de características que solamente son admitidas por la implementación de Microsoft de HTML Dinámico. Ya se han descrito unas cuantas de estas tecnologías. El HTML Dinámico de Microsoft tiene la capacidad de reubicar los objetos de la página dinámicamente, tanto en el momento de la carga como durante la ejecución.

Además, Microsoft ofrece una gran cantidad de efectos multimedia, tales como el filtrado, fusiones y transparencia, que solamente están disponibles mediante una combinación de objetos multimedia y de controles ActiveX. Estos tipos de características hacen posible utilizar HTML Dinámico de Microsoft para crear nuevas aplicaciones multimedia basadas en la red y para crear nuevas interfaces de usuario basadas en la red que resultan difíciles, si no imposibles de crear, utilizando la tecnología de Netscape. Los efectos multimedia se tratan detalladamente en el Capítulo 15, «Filtros multimedia y controles ActiveX».

Las diferencias más significativas, sin embargo, yacen en las tecnologías de datos admitidas por Microsoft que no están disponibles para el HTML Dinámico de Netscape. Estas características dan a HTML Dinámico la capacidad de integrar el contenido de la red con información procedente de bases de datos, sin un extenso desarrollo de aplicaciones del servidor ni de guiones de CGI —el resultado es un aumento de la velocidad y funcionalidad para el usuario final.

La primera tecnología que admite el HTML Dinámico de Microsoft es la consciencia de datos. La *consciencia de datos* proporciona características tales como la generación dinámica de tablas, que hace posible que las tablas de HTML sean pobladas automáticamente mediante datos de tablas proporcionados directamente por un servidor de bases de datos. La generación dinámica de tablas elimina la necesidad de codificar inflexiblemente tablas grandes y complejas, y también elimina la necesidad de una lenta interacción del usuario, consecuencia de la generación de tablas en el servidor a través de guiones de CGI. Esto hace que se incremente la velocidad para el usuario final y nos capacita para proporcionar unos tipos de datos más dinámicos a través de los servicios de la red.

Imagine por ejemplo una pequeña correduría de bolsa que desea crear una herramienta para la gestión de paquetes de acciones. Por supuesto, la herramienta de paquetes se podría desarrollar utilizando guiones de CGI que consultasen una base de datos de precios de bolsa, recargando esos datos cada vez que el cliente refrescara la página. Por supuesto, esto impondría una pesada carga en el servidor de la compañía y no sería muy rápido para el cliente. Con HTML Dinámico, la compañía podría crear una herramienta para la gestión de acciones que utilizase consciencia de datos y enlazado de datos con objeto de crear tablas que contuvieran los datos relacionados con cada uno de los valores presentes en la cartera. El cliente ordenaría entonces o modificaría la visualización de los datos sin entrar en contacto con el servidor. Otro aspecto importante sería que aquellos campos específicos que puedan variar rápidamente, tales como «el precio actual», se podrían actualizar independientemente del resto de los datos, reduciendo así las demandas efectuadas en el servidor y aumentando la velocidad para el cliente.

Las tablas dinámicas, además, se visualizan de forma progresiva, o se expanden dinámicamente, de tal modo que la tabla y la página se cargan en cuanto se recibe el primer dato procedente del servidor. Esto hace posible que el usuario final visualice el contenido de la página de forma casi instantánea, pero a medida que se van descargando más datos de la tabla, la tabla se expande para adaptarse a los nuevos datos.

El segundo aspecto del apoyo de Microsoft para HTML Dinámico es la capacidad de efectuar enlazado de datos. El *enlazado de datos* hace posible asociar registros de datos específicos con objetos de HTML. Esto hace posible la incorporación de datos reales procedentes de un servidor en objetos activos de HTML. La Figura 3.4 muestra un ejemplo de la forma en que se pueden integrar datos reales en objetos de HTML.

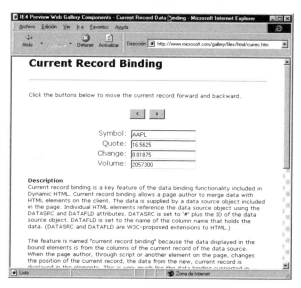

Fig. 3.4 El enlazado dinámico hace posible visualizar registros de datos en objetos de HTML.

El enlazado de datos hace posible crear interfaces basadas en la red para aplicaciones de red. Anteriormente, esto solamente se podía hacer mediante una complicada programación y guiones de CGI para ofrecer un nivel de funcionalidad similar. Sorprendentemente, este método sigue sin acercarse al rendimiento proporcionado por HTML Dinámico. Al utilizar el enlazado de datos, mediante objetos fuentes de datos y el control de datos tabulares, se puede alcanzar un grado sorprendente de flexibilidad de datos mediante HTML Dinámico, con una mejor velocidad y eficiencia. El Capítulo 11, «Introducción al enlazado de datos» y el Capítulo 12, «Utilización de objetos fuentes de datos», abarcan detalladamente estas técnicas de datos.

Por supuesto, para aprovechar las ventajas de estas características de datos, uno está obligado a utilizar la implementación de Microsoft de HTML Dinámico. El HTML Dinámico de Netscape no ofrece ningún apoyo comparable para los datos.

Carta de comparación de características

Toda esta discusión de las distintas características de HTML Dinámico, le tendrá ciertamente preguntándose cuáles son las características que admite cada navegador. Tenga en cuenta que en la guerra entre navegadores, el conjunto de características siempre está cambiando y que estas características podrían cambiar todavía más si llegara a elegirse un estándar en el W3C. Para clarificar las características que se admiten en la actualidad, la Tabla 3.1 muestra una lista de las características de HTML Dinámico y las características que son admitidas por Microsoft y las que admite Netscape.

Tabla 3.1 Características de HTML Dinámico admitidas por Netscape y Microsoft

Características de HTML Dinámico	Admitida por Netscape	Admitida por Microsoft
Modelo de objetos	Sí	Sí
Generación de sucesos	Sí	Sí
Burbujeo de sucesos	No	Sí
Manipulación durante la carga	Sí	Sí
Manipulación en ejecución	No	Sí
Estilos dinámicos	No	Sí
Posicionamiento de Hojas de Estilo en Cascada	Sí	Sí
Posicionamiento de Hojas de Estilo JavaScript	Sí	No
Modo lienzo	Sí	Sí
Applets Java	Sí	Sí
Controles de ActiveX	No	Sí
JavaScript	Sí	Sí
VBScript	No	Sí
Consciencia de datos	No	Sí
Enlazado de datos	No	Sí
Extensiones multimedia	No	Sí

Características de HTML Dinámico	Admitida por Netscape	Admitida por Microsoft
Compatibilidad retroactiva	No	Sí
Propuesta comunicada	No	Sí
Disponible para Windows, UNIX y Mac	Sí	Sí
Licencia gratuita a terceras partes	No	Sí

Tanto Netscape como Microsoft admiten el modelo de objetos de HTML Dinámico y la generación de sucesos; sin embargo, tan sólo el HTML Dinámico de Microsoft admite el burbujeo de sucesos, que se trata en el Capítulo 7, «Gestión de sucesos». El burbujeo de sucesos hace posible que los sucesos generados por un objeto de HTML Dinámico se pasen al objeto predecesor para ser gestionados.

Similarmente, ambas versiones admiten las modificaciones durante la carga, tales como la especificación de tipos de letra y otras informaciones relativas al formato; sin embargo, sólo Microsoft admite las modificaciones efectuadas durante la ejecución que hacen posible que HTML Dinámico realice efectos multimedia y estilos dinámicos, tales como la modificación de tipos de letra sobre la marcha, o las imágenes móviles.

Las Hojas de Estilo en Cascada se admiten en las dos implementaciones, al igual que las applets de Java y el lenguaje de guiones JavaScript. Netscape ofrece también su apoyo para sus Hojas de Estilo JavaScript exclusivas, mientras que Microsoft ofrece un apoyo exclusivo para su lenguaje de guiones Visual Basic, VBScript.

Sólo Microsoft ofrece un apoyo para datos de algún tipo mediante objetos conscientes de datos y enlazado de datos, lo cual hace posible enlazar registros de datos con objetos específicos de HTML.

Finalmente, Microsoft ha propuesto su versión de HTML Dinámico al W3C como estándar para la red, y ofrece licencias gratuitas de la tecnología a desarrolladores y fabricantes de terceras partes. Microsoft ha asegurado también que su versión de HTML Dinámico se adapta a los navegadores más antiguos para visualizar estáticamente el contenido dinámico, de tal modo que la información no se pierda, aun cuando sí puedan perderse sus cualidades dinámicas.

Y a continuación...

Este capítulo señala las implementaciones ligeramente distintas de HTML Dinámico que ofrecen Netscape y Microsoft. Microsoft espera hacer que su implementación sea el estándar de Internet al haberlo propuesto al W3C, pero Netscape ofrece también algunas tecnologías interesantes.

La Primera Parte, «Bases de HTML Dinámico», abarcaba todos los tipos de aplicaciones y de características de HTML Dinámico que se tratarán con más detalle a lo largo del resto del libro. Si ya ha leído lo relativo a la tecnología en esta sección, esté seguro de que en los capítulos posteriores encontrará una explicación más detallada con ejemplos precisos. Este capítulo ha proporcionado una visión general extensa de la tecnología de HTML Dinámico, de tal modo que se pueda tener una idea de la forma en que se comparan las tecnologías de diferentes fabricantes. Como consecuencia del apoyo de estándares y de las completas características ofrecidas por el HTML Dinámico de Microsoft, este libro se centra en esas características. Sin embargo, no es tarea difícil adaptar estas técnicas a la implementación de HTML Dinámico propio de Netscape.

La Segunda Parte, «Fundamentos de HTML Dinámico», examina las tecnologías y conceptos que hacen que funcione HTML Dinámico. Estos capítulos le proporcionarán un extenso tratamiento de las tecnologías fundamentales de que consta HTML Dinámico, y de la forma en que esas tecnologías funcionan por sí mismas y en conjunción con DHTML. Los capítulos de esta sección del libro son como siguen:

- En el Capítulo 4, «Introducción a las Hojas de Estilo en Cascada», se abarcan las bases de comprensión y utilización de las Hojas de Estilo en Cascada.
- El Capítulo 5, «Introducción a JavaScript», abarca las bases de la comprensión y la utilización de JavaScript, uno de los lenguajes de guiones preferidos que se utilizan en HTML Dinámico.
- El Capítulo 6, «Modelo de objetos de HTML Dinámico», habla acerca del modelo de objetos que utiliza HTML Dinámico y que trata a todos los elementos HTML de una página como si fueran objetos conscientes unos de otros.
- El Capítulo 7, «Gestión de sucesos», abarca la importancia de la gestión de sucesos en centros de la red generados mediante HTML Dinámico.

PARTE

Fundamentos de HTML Dinámico

Capítulo

Introducción a las Hojas de Estilo en Cascada

La Primera Parte, «Bases de HTML Dinámico», describía la forma en la que HTML Dinámico no es tanto un nuevo tipo de HTML como una colección de tecnologías que se han diseñado para trabajar al unísono con objeto de ayudarnos a manipular el contenido de las páginas de red. Las tecnologías tales como las Hojas de Estilo en Cascada y JavaScript son partes esenciales de HTML Dinámico. Sin estas tecnologías, muchas de las características de HTML Dinámico no existirían. JavaScript, que se trata en el Capítulo 5, «Introducción a JavaScript», se utiliza para modificar las propiedades de HTML dinámicamente. Para aprovechar esta capacidad de tratar dinámicamente los elementos de HTML, sin embargo, es necesario que exista un mecanismo para asignar estilos a los elementos de modo que se pueda cambiar. Las Hojas de Estilo en Cascada proporcionan un mecanismo para crear estilos que se puedan aplicar a páginas o incluso a centros completos. Este capítulo abarca las bases de las Hojas de Estilo en Cascada, para darle un ejemplo de lo que se puede lograr con esta tecnología, de tal modo que esté preparado para, en los capítulos posteriores, integrar las Hojas de Estilo en Cascada con HTML.

- **Valores de estilo** Aprenda acerca de los valores de estilo y acerca de la forma de asignarlos.
- **Hojas de Estilo en Cascada** Aprenda los fundamentos y componentes primarios que proporcionan un diseño dinámico y capacidades de maquetación.
- **Sintaxis de HEC** Descubra numerosas formas de incorporar Hojas de Estilo en Cascada a su vocabulario básico de HTML.
- **Posicionamiento de HEC** Preséntese a sí mismo las capacidades de diseño orientado a objetos y de maquetación que proporciona el posicionamiento de HEC.

Los elementos de estilo

El diseño de páginas Web con HTML nunca ha sido tan fuerte como les habría gustado a los diseñadores gráficos. Al ser la meta de la red la comunicación entre muchas máquinas y tipos de navegadores, las características que servirían como ayuda para el diseño gráfico se ignoraban en un principio. Esto era aceptable, ciertamente, para las primeras encarnaciones de la World Wide Web. Dado que los primeros en adoptarla solían ser investigadores y educadores, existía una preponderancia del contenido con respecto a la forma. Sin embargo, a medida que la red se ha ido expandiendo hasta llegar a los dominios personales y comerciales, se ha producido también un incremento en la atención que se presta al estilo y al diseño en las páginas de la red. Los intereses comerciales se ven mejor servidos con páginas que sean estéticamente agradables además de ser informativas, y a medida que hay más individuos que utilizan las páginas de la red como formas de expresión personal, se ha desplazado la naturaleza del diseño de páginas Web.

Para muchos diseñadores, las limitaciones estructurales de HTML han dado lugar a muchos dolores de cabeza y a muchos compromisos de diseño. En el diseño para la impresión, el diseñador posee un control total con respecto al aspecto del material, pero la red se presta a sí misma a modificaciones por parte de quien lo visualiza. Para complicar el problema de HTML, se tenía una carencia de controles para el diseño gráfico y tipográfico, de modo que el diseñador no tenía forma alguna de modificar la estructura del tipo de letra, no se podía maquetar con precisión las imágenes y el texto y ni siquiera podía controlar el flujo de texto en la página. A medida que HTML fue madurando, se introdujeron las tablas y muchos diseñadores encontraron compromisos y trucos para los problemas de diseño, pero sin embargo las Hojas de Estilo en Cascada representan el primer paso dado en HTML para responder a los problemas de diseño de la World Wide Web desde el punto de vista de un diseñador.

Se puede definir un cierto número de propiedades de estilo distintas mediante las Hojas de Estilo en Cascada. Entre los tipos de elementos que se pueden especificar en las hojas de estilo se cuentan los siguientes:

- Tipos de letra
- Fondos
- Texto
- Bordes
- Listas

Las secciones siguientes tratan con más detalle la forma en que se pueden manipular y personalizar estos elementos mediante las Hojas de Estilo en Cascada.

Tipos de letra

Las HEC aportan a los diseñadores la capacidad de manipular los tipos de letra que se utilizan en las páginas de la red, y en los capítulos posteriores se verá como HTML Dinámico aprovecha estas propiedades de las HEC para la manipulación de tipos de letra. Entre los atributos de los tipos de letra que se pueden modificar mediante HEC se cuentan: la familia de tipo de letra, el estilo, el peso, el tamaño y el color.

Fondos

Mediante las HEC es posible también manipular y especificar estilos de fondo para los elementos. Esta capacidad puede ayudar a minimizar la tediosa tarea de desarrollar y maquetar múltiples imágenes GIF y también la manipulación de los elementos con respecto al fondo con complejas tablas. Entre los elementos de fondo que se pueden manipular se cuentan: color del fondo, transparencia, imágenes, desplazamiento y posicionamiento.

Texto

Las HEC son las que más avance de diseño ofrecen a efectos del tratamiento del texto. Dado que HTML nunca ha sido amistoso para con el diseñador, muchos diseñadores pueden encontrar que el control tipográfico que presentan las hojas de estilo es una de las razones más convincentes para adoptar las Hojas de Estilo en Cascada.

HEC capacita a los diseñadores para realizar un ajuste fino de los siguientes atributos del texto: espaciado de palabras, espaciado de letras, estilos de texto, alineación, transformaciones, márgenes y rellenos. Cuando se utiliza en conjunción con las propiedades de los tipos de letra, las propiedades de texto aportan la tipografía tradicional a la red con ayuda de las HEC.

Bordes

Se pueden utilizar las HEC para manipular las propiedades de bordes de distintos elementos de HTML. Esto puede incluir los bordes de las imágenes o los bordes de las tablas. Entre los atributos que se pueden alterar se cuentan el color, el estilo y la anchura.

Listas

El formato de las listas siempre ha sido dificultoso con HTML. HEC ofrece un cierto alivio mediante la capacidad de especificar estilos de listas, imágenes, tipos de estilo y posiciones de estilo. Todos estos elementos nos capacitan para personalizar la forma en que aparecen los diferentes elementos de las listas, y la forma en la que se alteran dependiendo del orden en que aparezcan en la lista.

Por supuesto, esta lista de propiedades personalizables que admiten las HEC no está completa. Para una visión general más completa de las propiedades definidas por las HEC y para apreciar también los detalles de la especificación, véase el Apéndice B, «HEC y atributos de posicionamiento de HEC».

Definición de Hojas de Estilo en Cascada

Una Hoja de Estilo en Cascada es simplemente un conjunto de definiciones para la forma en la que es preciso visualizar cada uno de los elementos HTML de una página, o para indicar la forma en la que tienen que aparecer para el usuario en la ventana del navegador. En HTML directo, cada marcador de HTML posee unos atributos que se pueden utilizar para asignar un valor para las características del elemento que se quiera definir con ese marcador. El código siguiente, por ejemplo, asigna valores para los atributos de anchura y de alineación:

```
<HR WIDTH=85% ALIGN=LEFT>
```

La línea anterior visualiza una línea de regla horizontal que posee una longitud del 85 por ciento de la anchura de la ventana y que está alineada con el lado izquierdo de la ventana. Los atributos definen el estilo de ese elemento. Hay muchos marcadores de HTML que poseen atributos que se pueden utilizar para definir un estilo para un elemento concreto, y se pueden manipular de diferentes maneras los atributos de estilo.

En el ejemplo de la regla horizontal anterior, por ejemplo, los atributos WIDTH y ALIGN definen la forma en la que aparece el elemento de línea de regla horizontal. Los atributos WIDTH y ALIGN situados dentro del marcador <HR> no tienen efecto sobre cualquier otro elemento que pueda estar fuera de este elemento particular y que da lugar a una línea que atraviesa la pantalla. Antes de las HEC, los diseñadores estaban obligados a especificar todos y cada uno de los atributos marcador por marcador. Por supuesto, esto añade una gran cantidad de tedio y de tiempo al desarrollo de un centro, y además se produce un notable dolor de cabeza cuando uno necesita modificar todos los atributos de un elemento en todas y cada una de las posiciones de un centro. La modificación manual de cada una de las referencias es muy tediosa, e incluso mediante el uso de métodos de búsqueda y sustitución en un editor de HTML puede resultar una tarea muy pesada.

La solución para la especificación individual de marcadores comienza con el atributo STYLE. Volviendo al ejemplo de la línea de regla horizontal, se utilizan los atributos del marcador <HR> para determinar las características de línea horizontal:

```
<HR WIDTH=85% ALIGN=LEFT>
```

Examinemos ahora una forma ligeramente distinta de establecer los atributos de un elemento HTML. Considérese, por ejemplo, el marcador de párrafo <P>. Antes del desarrollo de las HEC, solamente se podía utilizar <P> por sí mismo, para dar comienzo a un nuevo párrafo. En HEC se puede utilizar para especificar muchos atributos, tales como el color, tipos de letra y sangrado del párrafo. Se puede utilizar el atributo STYLE con el marcador <P> para sangrar el texto según se muestra en la Figura 4.1. El código HTML para especificar atributos de texto en este ejemplo es como sigue:

```
<HTML>
<BODY>
<P>
Esto es un párrafo normal.
<P STYLE="TEXT-INDENT: 30">
Esto es el párrafo sangrado.
</P>
</BODY>
</HTML>
```

El ejemplo de la Figura 4.1 muestra que aun cuando uno de los marcadores <P> es un marcador estándar de HTML, los otros hacen uso del atributo STYLE para añadir un sangrado. Los estilos que se utilizan de este modo se denominan estilos en línea. Los *estilos en línea* permiten utilizar el atributo STYLE para personalizar elementos; sin embargo, los estilos en línea no eliminan la necesidad de especificar valores de estilo para un grupo de elementos, tal como todos los marcadores <P> de la página.

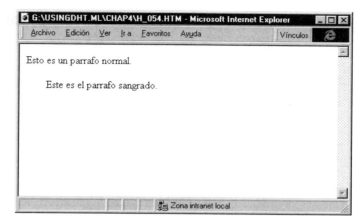

Figura 4.1 Asignación de formato a un texto con y sin estilos en línea.

Cuando se hace alusión a un estilo en línea, el término significa simplemente que esa definición de estilo particular aparece en el archivo HTML que contiene el código HTML al que se aplica. Tal como se verá posteriormente, HEC permite importar hojas de estilo mediante la sintaxis «@import», en cuyo caso el estilo ya no está en línea.

La especificación HEC, sin embargo, permite especificar estilos como bloques de estilo dentro del <HEAD> de los archivos HTML. Esto hace posible especificar globalmente un estilo para un documento, según se muestra en las líneas siguientes de código HTML:

```
<HTML>
<HEAD>
<TITLE>Ejemplo de HTML con Estilos</TITLE>
<STYLE>
P { COLOR: GREEN; TEXT-INDENT; 30; FONT-FAMILY: SANS-SERIF;}
</STYLE>
</HEAD>
<BODY>
<P>
Esto es un párrafo en una página con un estilo global.
</BODY>
</HTML>
```

La Figura 4.2 demuestra la forma en que los bloques de estilo especifican globalmente un estilo por consistencia a lo largo de todo un documento.

En este ejemplo, el estilo se ha definido para todo el documento, así que siempre que se utilice el marcador <P>, los atributos COLOR y TEXT-INDENT se aplicarán automáticamente a ese elemento. La asignación de estilos de esta forma también tiene sus desventajas.

- Los bloques de estilos agrupan todos los estilos en una sola posición, así que el contenido de la página y el estilo de la página se pueden separar o editar fácilmente.
- HEC permite múltiples especificaciones de estilo mediante clases.

Figura 4.2 Un estilo HEC definido en un bloque de estilo.

Estas características de HEC se describirán posteriormente en el capítulo en la sección titulada «Importación de Hojas de Estilo».

Otro aspecto importante de la especificación de Hojas de Estilo en Cascada (HEC) es que se trata de un estándar que ha sido adoptado por el consorcio de la World Wide Web (W3C). Como tal, la especificación de HEC es admitida tanto por Netscape Communicator 4.0 como por el Internet Explorer de Microsoft en sus versiones 3.0 y posteriores. Esto puede eliminar muchos problemas de desarrollo, y hace posible desarrollar diseños basados en hojas de estilo que funcionan en múltiples navegadores con escasas modificaciones.

Sintaxis de las hojas de estilo

Ahora que ya se tiene una idea de lo que son las hojas de estilo, vamos a examinar la forma en la que se definen sintácticamente los estilos y las hojas de estilo.

Las hojas de estilo son colecciones de propiedades de estilo que se pueden asignar a elementos individuales con objeto de añadir atributos de estilo a un marcador que pudiera no haber sido flexible anteriormente. Con HTML tradicional, el marcador <P> representa solamente un nuevo párrafo, por ejemplo. Las hojas de estilo hacen posible definir una propiedad tal como el tipo de letra o el color con un determinado valor. La sintaxis básica para especificar un estilo para un elemento es como sigue:

```
<TAG STYLE ="estilo: valor"> Loquesea </TAG>
```

En este caso, <MARCADOR> representa un marcador estándar de HTML, el *estilo* es una propiedad de HEC y *valor* es un valor de propiedad que resulte admisible para ese marcador. Para definir un párrafo con texto verde, por ejemplo, se utilizaría la sintaxis siguiente:

```
<P STYLE ="COLOR: GREEN"> Loquesea </P>
```

Esto establece el color del texto dentro de los marcadores de párrafo como verde; sin embargo, los otros marcadores de párrafo de la página no se verán afectados por esta asignación.

Las propiedades de HEC y sus valores no respetan las mayúsculas y minúsculas. COLOR y color, por ejemplo, son equivalentes. Sin embargo, el ser consistente con los marcadores ayuda a separarlos del texto del contenido. Esto puede ayudar a otras personas a leer nuestro código más fácilmente.

Quizá observe que la sintaxis utilizada para asignar el color es ligeramente distinta de la sintaxis estándar. En lugar de utilizar un signo de igualdad «=» para asignar los valores, la especificación de HEC utiliza dos puntos «:». Por ejemplo:

```
<P STYLE ="COLOR=GREEN"></P>
```

no es correcto. Asignar el valor en la forma «COLOR: GREEN» por otra parte, sería correcto. El atributo de estilo también tiene que estar entre comillas, para que sea reconocido como la asignación de estilos, y no como parte de otro atributo del marcador.

Los navegadores podrían reconocer algunas asignaciones de estilo que se hagan mediante el signo igual (=) y no con dos puntos (:). Hay que habituarse a utilizar los dos puntos de inmediato, aun cuando el navegador reconozca el signo de igualdad. La utilización de los dos puntos asegura la compatibilidad del código con otros navegadores y asegura también que nuestro código siga los estándares de HEC.

Especificación de estilos en la sección <HEAD>

Ahora que ya se sabe que las asignaciones individuales de estilo no son la forma más eficiente de definir estilos, es normal sentir interés por la especificación de estilos para todo un archivo de HTML. Esto se consigue situando el marcador <STYLE> cerca del principio del archivo HTML. El marcador <STYLE> tiene que estar situado dentro del marcador <HEAD>, de tal modo que pueda ser analizado antes del resto del código de HTML contenido en la página. Dado que el marcador <STYLE> especifica un bloque de estilos, también tiene que tener un marcador de terminación (</STYLE>) según se muestra en las líneas siguientes de código HTML:

```
<HTML>
<HEAD>
   <STYLE >
   definiciones de estilo
   </STYLE>
</HEAD>
</HTML>
```

La definición real del estilo de un elemento tiene un aspecto ligeramente distinto:

```
<STYLE>
P { COLOR: BLUE; TEXT-INDENT: 30}
</STYLE>
```

Como puede verse, se han utilizado algunos elementos nuevos para crear el estilo global y hay un formato ligeramente distinto para establecer el estilo. Aquí, se considera la «P» como un selector que selecciona el marcador de párrafo para una propiedad de estilo. El estilo en sí consta de dos definiciones de propiedades distintas, «COLOR: BLUE» y «TEXT-INDENT: 30». Las definiciones de propiedades múltiples se separan mediante un punto y coma (;). La asignación de estilo completa para ese elemento de párrafo está contenida entre las llaves «{y}» que denotan el principio y fin del estilo para ese elemento. Dado que solamente hay dos propiedades en este ejemplo, aparecen en una misma línea; sin embargo, esto no es un requisito. También es admisible la sintaxis siguiente:

```
<STYLE>
P { COLOR: BLUE; TEXT-INDENT: 30}
</STYLE>
```

De hecho, a medida que nuestros estilos se van volviendo más complejos, el uso de líneas múltiples y de sangrados hará que el código sea mucho más fácil de leer.

Consejo:

Dado que no todos los navegadores admiten HEC, quizá se desee utilizar comentarios de HTML para encerrar nuestras definiciones de estilo con objeto de que no sean visualizadas por algunos navegadores como si fueran texto. Por ejemplo:

```
<STYLE>
<! -
P { COLOR: BLUE; TEXT-INDENT: 1in}
->
</STYLE>
```

El código anterior permite que los navegadores que admitan HEC procesen la información de estilos, y también capacita a los navegadores más antiguos para ignorar el marcador <STYLE> como si fuera un marcador desconocido —ignorándose entonces las definiciones como si fueran un comentario de HTML. La utilización de comentarios de HTML puede ser una buena manera de mantener fácilmente un cierto grado de compatibilidad retroactiva con los navegadores más antiguos, sin sacrificar las nuevas características o invertir en un costoso desarrollo adicional. La práctica de incluir los comentarios en el código HTML de las HEC se tratará con más detalle posteriormente en la sección denominada «Comentarios».

Especificación de estilos con múltiples selectores

En algunos casos, puede ser necesario asignar el mismo estilo a múltiples elementos. Quizá se necesite asignar los mismos estilos de tipo de letra a todos los encabezados, por ejemplo, empleando los diferentes marcadores <H> (H1, H2, H3). Se pueden utilizar múltiples selectores, del mismo modo que se utilizarían las múltiples propiedades, mediante la separación de esos selectores con comas. Para hacer que todos los encabezados de una página sean azules, por ejemplo, se podría escribir el código HTML de la siguiente manera:

```
<HTML>
<HEAD>
<STYLE>
    <!-
    H1,H2,H3,H4,H5,H6 { COLOR: BLUE }
    ->
</STYLE>
</HEAD>
<BODY>
<H1>Esto es Azul</H1>
<H3>¡Esto también es Azul! (Fíate de mi)</H3><BODY>
</HTML>
```

La asignación de las mismas propiedades y valores a todos los encabezados <H> identificados como selectores puede ser un atajo cómodo, cuando los elementos posean atributos de estilos similares, según se muestra en la Figura 4.3.

Figura 4.3 Definición de estilos mediante el uso de múltiples selectores, lo cual puede hacer más eficientes las definiciones.

Enlazado de hojas de estilo procedentes de otros documentos

Ahora ya se sabe la forma en la que se pueden crear estilos mediante el uso de estilos en línea, y la forma en la que se pueden definir como bloques de estilo en la sección <HEAD> de un documento. Estos dos métodos son formas sencillas de utilizar estilos en nuestro centro, pero otra forma es la consistente en enlazar hojas de estilo.

Suponga que existen ciertos tipos de estilos que quizá necesite definir para todos los documentos HTML de un centro, y que las páginas del centro puedan abarcar múltiples directorios y casi ciertamente múltiples archivos de HTML. Se podría escribir una serie de bloques de estilo para definir todos los estilos para nuestro centro y después se podrían copiar esos bloques en cada página del centro. Hacer esto no sólo sería tedioso, sino que además haría que cada uno de los archivos de HTML fuera más extenso y más difícil de leer.

HEC proporciona una solución sencilla —se crea un archivo con la extensión .css que contiene nuestras definiciones de estilo, después se importa o enlaza ese archivo con una página HTML ya existente. Suponga por ejemplo que se ha creado un archivo en el centro al cual se denomina «*estiloglobal.css*», y que contiene toda la información de estilo para nuestro centro. Una forma de importar este archivo en una página HTML consiste en utilizar el marcador <LINK>. El marcador de enlace *debe* estar localizado entre los marcadores <HEAD> de HTML para que el enlace se procese correctamente, según se muestra en las líneas siguientes de código HTML:

```
<HTML>
<HEAD>
<LINK REL="stylesheet" HREF="estiloglobal.css" TYPE="text/css">
</HEAD>
</HTML>
```

Cuando se utilice el marcador <LINK> para importar una hoja de estilos, es importante que el marcador <LINK> aparezca en el <HEAD> del documento HTML. La razón de esto es la forma en la que se procesan las páginas HTML en el navegador. Las páginas se leen y se visualizan de manera lineal, comenzando en el <HEAD> y pasando después al <BODY>. Dado que la hoja de estilos enlazada dará lugar a que el navegador altere la forma en que se visualizan los elementos que aparecen en <BODY>, el navegador tiene que disponer de la información de hojas de estilo antes de que empiece a procesar el <BODY>, y la única forma de imponer que el navegador haga esto es incluir el <LINK> en la sección <HEAD> de HTML.

Este marcador <LINK> utiliza varios atributos para enlazar una hoja de estilos con el documento en el cual se utiliza. El atributo REL especifica el tipo de relación que representa el enlace especificado. En este caso, el documento enlazado tiene que ser una *stylesheet,* de tal modo que es esa la relación que se especifica. Además, el enlace necesita saber dónde se encuentra la hoja de estilos, según lo denota el nombre del archivo, o la URL completa de la hoja de estilos. Si la página se encuentra en el mismo directorio, el nombre del archivo funcionará perfectamente; pero en otros casos, por ejemplo si la hoja de estilos se encontrase en un directorio distinto del del archivo, quizá fuera necesario utilizar el URL completo para estar seguros. Finalmente, el atributo TYPE define el tipo de hojas de estilos que se está enlazando. En el ejemplo de código anterior, el tipo es «*text/css*» porque se está utilizando una Hoja de Estilo en Cascada. ¿Qué sucedería si el centro utilizase Hojas de Estilo JavaScript? Este es el lugar en que se indicaría la diferencia.

De hecho, se pueden utilizar múltiples sentencias <LINK> en un archivo HTML con objeto de especificar las hojas de estilo que es preciso incluir en la página. Por ejemplo, se podría tener un centro con distintos esquemas de color en los estilos, según lo definen las siguientes sentencias <LINK>:

```
<LINK REL=stylesheet HREF="pastel.css" TYPE="text/css">
<LINK REL=stylesheet HREF="arcoiris.css" TYPE="text/css">
<LINK REL=stylesheet HREF="medianoche.css" TYPE="text/css">
```

Si cada uno de los archivos del código precedente contuviera distintas definiciones de estilo, entonces se podría crear un estilo para el centro utilizando los tres archivos. Para nuestros propósitos, sin embargo, supongamos que todos estos archivos utilizan los mismos selectores y sólo distintos valores. En este caso, si estas tres sentencias <LINK> se incluyeran en un archivo, entonces el navegador utilizaría el archivo de hojas de estilo especificado en el último enlace como valor por omisión para la hoja de estilo. Las otras opciones de estilos no se utilizarían por omisión, pero algunos navegadores permiten que el usuario especifique un archivo. Al permitir una selección por parte del usuario se nos ofrece un nivel adicional de personalización consistente en que el usuario pueda seleccionar el estilo que más le satisfaga estéticamente, lo cual da lugar a una experiencia por parte del usuario que satisface nuestras necesidades de diseño y también satisface al usuario.

Si utiliza múltiples marcadores <LINK> para construir una hoja de estilo global, tenga en cuenta que ninguno de los archivos puede contener selectores en conflicto. Si los selectores colisionan, los atributos de estilo por omisión procedentes del último enlace que se enumere serán los utilizados para el selector conflictivo.

Tenga también en cuenta que si está utilizando el marcador <LINK> para importar hojas de estilo, no podrá sustituir los estilos globales por estilos en línea. Para sustituir los estilos globales por estilos en línea, necesitará utilizar @import, según se describe en la sección siguiente.

Importación de hojas de estilo

Además del marcador <LINK>, otra forma en que se puede asociar una hoja de estilos con una página de red sin utilizar una gran serie de bloques de estilo consiste en utilizar la sentencia «@import». La sentencia «@import» indica al navegador que importe la hoja de estilos asociada a un cierto archivo. El código HTML siguiente muestra la forma en que se cargaría una hoja de estilos utilizando la sentencia @import:

```
<STYLE type="text/css">
    @import URL("estiloglobal.css");
</STYLE>
```

La sentencia @import indica que la hoja de estilos que hay que utilizar en esta página es el archivo *«estiloglobal.css»*. El tipo de atributo para el marcador <STYLE> indica que el tipo de la hoja de estilos que se está definiendo (en este caso, importado) es una Hoja de Estilo en Cascada. Esto es importante porque es posible utilizar otros tipos de hojas de estilo en algunos navegadores. Por ejemplo, Netscape Communicator admite Hojas de Estilo JavaScript.

Del mismo modo que se puede utilizar el marcador <LINK> para enlazar múltiples hojas de estilo, se puede utilizar también la sentencia @import para importar muchas hojas de estilo según se muestra en el siguiente código de HTML:

```
<STYLE TYPE="text/css">
    @import URL("estiloglobal.css");
    @import URL("estiloespecial.css");
    @import URL("estilopágina.css");
</STYLE>
```

En el ejemplo anterior, se combinan tres hojas de estilo distintas mediante el uso de múltiples sentencias @import. Tal como sucede con el marcador <LINK>, si en las hojas de estilo importadas se encuentran selectores que colisionan, se utiliza la especificación de estilo del último archivo. Por ejemplo, si aparece el selector siguiente en la hoja de estilos estiloglobal.css:

```
P {FONT-FAMILY: arial; COLOR: red}
```

pero la especificación de la hoja de estilos estilopágina.css contiene un selector en colisión, tal como:

```
P {FONT-FAMILY: serif; COLOR: blue}
```

entonces se utilizará el estilo de la hoja de estilos estilopágina.css en lugar de utilizar el estilo de la hoja de estilos estiloglobal.css, lo cual dará lugar a que el texto del párrafo se muestre en color azul y con un tipo de letra con serif.

La sentencia @import y el marcador <LINK> hacen exactamente lo mismo, pero las apariencias pueden ser engañosas y sobre todo en este caso. El marcador <LINK> *sólo* se puede utilizar para importar definiciones de hojas de estilos. No se puede combinar con definiciones locales, pero la sentencia @import sí se puede utilizar. En realidad, es una herramienta potente porque se puede utilizar una hoja de estilo importada y después se pueden modificar las declaraciones de estilo específicas mediante un selector definido localmente para su uso en una página concreta, según se demuestra en el ejemplo siguiente:

```
<STYLE type="text/css">
   @import URL("estiloglobal.css");
   P {COLOR: black};
   H1 {FONT-FAMILY: sans-serif};
</STYLE>
```

En este ejemplo, la declaración de estilo local sustituye al selector de la hoja de estilos estiloglobal.css para el párrafo o para cualquier encabezado de Nivel 1. Similarmente, se podría utilizar un estilo en línea para sustituir a un estilo importado para un elemento específico de una página.

Este tipo de flexibilidad permite combinar hojas de estilo importadas y declaraciones globales, de tal modo que sea posible personalizar específicamente los estilos para distintas páginas. Esta es precisamente la flexibilidad de especificación de elementos de diseño que los diseñadores han solicitado durante años, y aporta un nuevo nivel de control al diseño basado en la red.

Definición de «en cascada» en las Hojas de Estilo en Cascada

Los distintos navegadores tienen a su disposición diferentes clases de hojas de estilo; sin embargo, las Hojas de Estilo en Cascada ofrecen algunas características únicas. Una de estas características es «en cascada», que es tan atractivo que se pone de manifiesto en su nombre. Entonces, ¿qué significa exactamente «en cascada» y dónde aparece la parte «en cascada?

La idea de las cascadas es sencilla. Existen reglas que determinan la forma en que una declaración de estilo puede sustituir a otra. El orden en que se definen los estilos, por ejemplo, es importante para determinar qué estilo se va a utilizar. Esta es la forma en la que se pueden utilizar muchas sentencias <LINK> —y también la forma en la que se pueden utilizar sentencias @import combinadas con declaraciones locales para sustituir a los valores de estilos globales en un documento particular.

Suponga, por ejemplo, que se tiene una hoja de estilo llamada «global.css» según se define en el código HTML siguiente:

```
<STYLE TYPE="text/css">
<!-Este archivo actúa como hoja global de estilos - >
P {COLOR: green; FONT-FAMILY: sans-serif}
H1,H4,H5 {FONT-FAMILY: serif; COLOR: blue}
H2,H3 {FONT-FAMILY: serif; COLOR: red}
</STYLE>
```

Esta hoja de estilos especifica que todo el texto de párrafo estará en una fuente sans-serif, tal como ariel o helvética y con el color verde. La hoja de estilos continua y define los niveles 1, 4 y 5 de encabezados de tal modo que tengan un tipo de letra con serif, tal como times y con el color azul. Por último, los encabezados de Nivel 2 y 3 también están en un tipo de letra con serif, pero se indica que el color será rojo.

Digamos ahora que se tiene una página en la cual se desee sustituir las definiciones de los encabezados de color y hacer que todos los encabezados sean negros. Esto se podría hacer de dos maneras.

La primera forma de sustituir la definición de la hoja de estilos consiste en crear otra hoja de estilos llamada «local.css» (que se define en el siguiente ejemplo de código) y que sustituye a las definiciones de estilo procedentes del archivo «global.css»:

```
<STYLE type="text/css">
<!-Este archivo introduce algunas definiciones conflictivas - >
H1,H2,H3,H4,H5 {FONT-FAMILY: san-serif; COLOR: black}
</STYLE>
```

Después de establecer las especificaciones del tipo de letra presentes en la hoja de estilos «local.css», si se utilizan los siguientes métodos de importación en nuestro archivo HTML, los atributos de «local.css» sustituirán a todos los selectores que pudieran existir en común con «global.css»:

```
<HTML>
<HEAD>
<STYLE TYPE="text/css">
@import URL("global.css");
@import URL("local.css");
</STYLE>
</HEAD>
</HTML>
```

Las sustituciones de las hojas de estilo proceden de un orden jerárquico ascendente que se ha establecido para el procesamiento de definiciones de estilo. En este caso, la importación de la hoja de estilos «local.css» después de la hoja de estilos «global.css» da lugar a un conflicto de la definición de la hoja de estilo. Como consecuencia de la jerarquía ascendente de las hojas de estilo, las definiciones de estilo especificadas en la hoja de estilos «local.css» serán las que finalmente se utilicen.

Otra forma habría consistido en utilizar un bloque de estilo, o bien un estilo en línea para sustituir a la hoja de estilos importada, según se demuestra en el siguiente código de HTML:

```
<HTML>
<HEAD>
<STYLE TYPE="text/css">
@import URL("global.css");
H1 {FONT-FAMILY: sans-serif; COLOR: black}
</STYLE>
</HEAD>
<H1> Este encabezado ha sido sustituido por un bloque de estilo</H1>
<P STYLE="COLOR: black">
El color del texto de párrafo se ha sustituido con un estilo en línea.
</P>
</HTML>
```

En el código precedente, la sentencia @import se utiliza para importar una hoja de estilos global. El bloque de estilo que sigue inmediatamente a la sentencia @import, sin embargo, redefine el estilo para <H1> y sustituye a la hoja de estilos importada. Entonces, posteriormente en el código, el estilo <P> es sustituido mediante la especificación directa de un atributo de estilo dentro del marcador. Los resultados de este código se muestran en la Figura 4.4.

Figura 4.4 Aun cuando el color del encabezado y del párrafo están definidos en una hoja de estilos, son sustituidos por otras especificaciones.

El establecimiento de un protocolo en lo tocante a la forma en la que se procesan las definiciones es una parte esencial de las Hojas de Estilo en Cascada. Estas reglas se resumen en la Tabla 4.1.

Tabla 4.1 Jerarquía de procesamiento de declaraciones de Hojas de Estilo en Cascada

Método	Prioridad
<LINK>	La última hoja de estilos enlazada sustituye a las hojas de estilo anteriores.
@import URL	La última hoja de estilos enlazada sustituye a las hojas de estilo anteriores.
Bloques de estilo	Sustituye a los estilos importados.
Estilos en línea	Sustituye a los estilos y a los bloques de estilo importados.

Se puede pensar que, jerárquicamente, los estilos en línea son los que tienen mayor prioridad, seguidos (por orden) por los bloques de estilo, sentencias @import y enlaces. Si piensa en la forma en la que está estructurado el archivo HTML, esto tiene sentido y sigue un orden bastante lógico. Las sentencias <LINK> y @import vienen en primer lugar, de tal modo que después de ser cargadas y analizadas por el navegador, se puede definir un bloque de estilo y, dado que viene a continuación, puede sustituir a los estilos enlazados e importados. Por último, dado que los estilos en línea están definidos en el cuerpo del archivo HTML, se analizan en primer lugar, y por tanto sustituyen a todas las definiciones de estilos anteriores. Este es el significado de en cascada y unas de las razones por las cuales son tan potentes las HEC. Nos permite producir estilos completamente personalizados para nuestros centros y alterar esos estilos para circunstancias especiales según se necesite.

Comprensión de la herencia HEC

Además de permitir que se definan los estilos en cascada, las HEC incorporan una forma de herencia que puede simplificar el proceso de definición de estilos. Los ejemplos utilizados en este capítulo hasta el momento consistían todos ellos en selectores que duplicaban elementos individuales según se muestra en la siguiente y sencilla línea de código:

```
P {COLOR: red};
```

En la línea de código anterior, «P» representa la marca de párrafo. Se pueden utilizar, sin embargo, marcadores más generales de HTML para describir páginas HTML, tales como el marcador <HEAD> o el marcador <BODY>, que se pueden utilizar ambos para describir distintas zonas del documento HTML según se muestra en las líneas siguientes de código:

```
<STYLE>

BODY {FONT-FAMILY: sans-serif;
    COLOR: green;
    TEXT-ALIGN: justify;}
</STYLE>
```

Este ejemplo especifica las características de estilo para el marcador <BODY> de HTML. El tipo de letra será un tipo de letra sans-serif, verde y ajustado a ambos márgenes. Entonces, ¿qué significa el texto utilizado dentro del marcador <BODY>? Bueno, el marcador <P> es un marcador «hijo» del marcador <BODY> que se denomina su prede-cesor. Esto significa que <P> hereda las propiedades que están definidas para el marcador <BODY> o, en otras palabras, que el marcador <P> estará en un tipo de letra sans-serif, verde y ajustado a ambos márgenes.

Aun cuando esto no pueda parecer gran cosa, se puede utilizar como abreviatura para simplificar nuestra creación de hojas de estilo. Al especificar estilos para los marcadores predecesores, tal como el marcador <BODY>, se pueden pasar fácilmente propiedades de estilo a otros estilos que se vayan a utilizar en nuestras páginas. Para más detalles acerca de las propiedades que se heredan, acuda a la especificación de Hojas de Estilo en Casca-da que consta en el Apéndice B.

Comentarios

Finalmente, siempre resulta útil poder añadir comentarios a cualquier tipo de codificación. Los comentarios nos capacitan para documentar el código escrito, de tal modo que otras personas puedan determinar fácilmente lo que hace nuestro código. HEC utiliza una for-ma de la notación de C/C++ para los comentarios, situando «/*» al principio del comenta-rio y «*/» al final del comentario. Puede verse la forma en la que se denotan los comenta-rios en el código siguiente:

```
<HTML>
<HEAD>
<STYLE>
    /* Esta línea es un comentario. */
H1,H2,H3,H4,H5 { COLOR: blue }
</STYLE>
</HEAD>
</HTML>
```

Es bueno habituarse a comentar nuestro código, no sólo para los demás, sino también para nosotros mismos. Quizá algún día tenga uno que retroceder para modificar una exten-sa definición de hojas de estilo, mucho tiempo después de haber olvidado exactamente la forma en que uno lo escribió. Los comentarios son una buena manera de encontrar nues-tro camino en una definición, y una buena forma de asegurarse de que uno recordará los detalles importantes o dificultosos de una hoja de estilos concreta.

Divisiones de las propiedades de HEC

Las propiedades de las Hojas de Estilo en Cascada se dividen en cinco amplias categorías para su clasificación. Entre estas clasificaciones se encuentran el tipo de letra, el color y fondo, el texto, el cuadro y la clasificación. El objetivo de estas clasificaciones es reunir los elementos en categorías que tengan sentido para su documentación y también servir de ayuda para comprender la forma en que cada propiedad hereda sus valores de otra propie-dad. Lo que sigue es un desglose de cada una de las divisiones y tipos de propiedades que contienen. Se hallarán explicaciones detalladas de estas propiedades en el Apéndice B.

Tipo de letra

Las propiedades de tipo de letra están relacionadas con el tipo y estilos de los tipos de letra que se utilizan en los párrafos de la red. Estas propiedades hacen posible manipular el tipo de letra, el estilo, tamaño y peso de la letra que se esté utilizando y entre las propiedades que se incluyen se cuentan las siguientes:

- **font** Una propiedad genérica de tipo de letra que se puede utilizar para especificar múltiples propiedades de estilo con un único marcador, tal como el tamaño, familia, estilo y demás.
- **font-size** Permite a los diseñadores especificar el tamaño de la letra.
- **font-weight** Hace posible la manipulación del peso de la letra, que va desde ligero hasta normal llegando a negrita (o pesado).
- **font-variant** Hace posible especificar una variante de familias de tipo de letras, tal como las versalitas.
- **font-style** Hace posible especificar el estilo del tipo de letra, tal como negrita o cursiva.
- **font-family** Hace posible especificar una familia de tipos de letra genérica para esa letra, tal como serif o para evitar especificar nombres explícitos de tipos de letra.

Color y fondo

Las propiedades de color y fondo se pueden utilizar para alterar el aspecto del fondo de la página, o bien se pueden aplicar a elementos de HTML para modificar los atributos de ese elemento, tales como pudieran ser las modificaciones del color de un borde o de un tipo de letra. Entre las propiedades de color y fondo se cuentan las siguientes:

- **color** Una propiedad flexible y potente que se puede utilizar para modificar el valor de color para casi cualquier elemento de HTML, desde un borde a una celda de una tabla o un tipo de letra.
- **background-color** Permite especificar un color que hará las veces de color de fondo de un elemento. Aun cuando la propiedad suele utilizarse a una página como un todo, también se puede utilizar para elementos específicos, tal como un envoltorio de posicionamiento.
- **background-image** Se comporta de manera similar a la propiedad de color de fondo, pero hace posible especificar una imagen que se utilizará en el fondo, en lugar de utilizar un cierto color.

Texto

Las propiedades de texto de las HEC tienen la misión de alterar el aspecto del texto que existe en una página. Estas propiedades se pueden utilizar para refinar la tipografía de una página, o para crear efectos de texto específicos. Entre las propiedades del texto se cuentan las siguientes:

- **word-spacing** Permite asignar una unidad de medida a la cantidad de espacio en blanco que aparecerá entre palabras del texto.

- **letter-spacing** Permite alterar la cantidad de espacio en blanco que existe entre las letras del texto.
- **text-transform** Hace posible la aplicación de efectos especiales a un grupo de texto, tal como hacer que todo el texto esté en minúsculas, o poner en mayúsculas el texto.
- **text-align** Capacita al diseñador para alterar la alineación de elementos de texto, de tal modo que queden alineados con el lado izquierdo o derecho de la página, por ejemplo.
- **text-indent** Hace posible la creación de un sangrado estándar para que los elementos, tales como los párrafos, estén sangrados de forma consistente por valor de un mismo número de espacios.

Cuadro

Las propiedades de cuadro se utilizan para asignar valores de propiedades a elementos que existen esencialmente dentro de un «cuadro», tales como bloques de texto, la página, imágenes, o envoltorios de posicionamiento. Estas propiedades capacitan al diseñador para manipular atributos tales como los márgenes, celdas de tablas o bordes.

- **margins** Entre las propiedades de margen se cuentan margin, margin-top, margin-bottom, margin-left y margin-right. Estas propiedades se utilizan para definir los márgenes de elementos utilizando las unidades de medida y se pueden aplicar a elementos individuales o a toda la página entera.
- **padding** Similarmente a las propiedades de margen, el relleno establece una «zona muerta» en torno a los elementos, para evitar que se superpongan. Entre las propiedades de relleno se encuentran el padding, padding-top, padding-bottom, padding-left y padding-right.
- **borders** Entre las propiedades de los bordes se cuentan border-style, border-width, border-top, border-bottom, border-left y border-right. Estas propiedades se utilizan para modificar los atributos del borde de los elementos.
- **width** Se utiliza especialmente con el posicionamiento de HEC para especificar la anchura de un envoltorio de posicionamiento. Esta propiedad se describe extensamente en el Capítulo 9, «Maquetación y posicionamiento».
- **height** Se utiliza con el posicionamiento de HEC para definir la altura de un envoltorio de posicionamiento. Esta propiedad también se trata extensamente en el Capítulo 9.

Clasificación

Por último, las propiedades de clasificación se utilizan para crear clasificaciones especiales para elementos de la página. Por ejemplo, la propiedad *display*, se utiliza para clasificar si un elemento es *visible* o *hidden*. Estas propiedades se vuelven cada vez más importantes con los estilos dinámicos posteriormente en los Capítulos 8 y 9.

- **display** Altera el aspecto del elemento haciendo posible que el diseñador clasifique el elemento como *visible* o *hidden*. Se puede utilizar esto para crear contenido dinámico seleccionando los elementos de la página que podrá o no visualizar su lector.

- **list-styles** Capacita a los diseñadores para especificar la forma en que se va a dar formato a las listas, incluyendo el estilo de topos que se utilizará.

Valores

Las propiedades de HEC admiten valores en toda una gama de formatos, que van desde las palabras reservadas predefinidas hasta valores en porcentaje. No es necesario conocer todos los tipos de valores que se pueden especificar con una propiedad concreta en este momento de nuestro aprendizaje de HEC, pero resulta interesante familiarizarse un poquito más con algunos tipos de valores, tales como las unidades de medida, los colores y los atributos de los tipos de letra. Una vez que se hayan dominado estos valores, se puede utilizar la referencia del Apéndice B para buscar los valores específicos que se puedan asignar a cada propiedad.

Especificación de unidades de medida

Muchas de las propiedades de las HEC admiten valores de longitud u otras medidas que se basan en un cierto número de sistemas de unidades diferentes, tales como pulgadas (in) o puntos (pt). La Tabla 4.2 muestra los distintos tipos de medidas que admiten las HEC.

Tabla 4.2 Unidades de medida de las HEC

Abreviatura HEC	Medida
pt	Puntos
pc	Picas
ex	Altura-X
em	Anchura-M
mm	Milímetros
cm	Centímetros
in	Pulgadas
px	Píxeles

Dado que HEC se considera en general como una herramienta para diseñadores, muchos de los valores de medidas que se admiten tienen sus bases en la autoedición. Los valores tales como los puntos, picas, guiones-m y alturas-x tienen todos ellos sus raíces en el diseño gráfico y en la tipografía. Las medidas de uso más común son las pulgadas y los centímetros.

Para especificar el espaciado de una letra, se pueden utilizar picas para especificar la distancia entre letras individuales, según se muestra en el siguiente código de HTML:

```
<HTML>
```

```
<HEAD>
<STYLE>
    P { LETTER-SPACING: 2pc }
</STYLE>
</HEAD>
<P>
ESPACIO
</HTML>
```

La salida de este código visualiza la palabra «ESPACIO» de forma similar a la Figura 4.5:

Figura 4.5 Especificación de la distancia entre caracteres.

La medida se define añadiendo al valor numérico la abreviatura correspondiente a la unidad de medida. Además de utilizarse para el espaciado de letras y de líneas, las unidades de medida se utilizan con elementos, tales como los bordes para definir anchuras o con los tipos de letra para definir el tamaño. Las unidades de medida serán también importantes para el posicionamiento en capítulos posteriores.

Especificación del color

La definición de color mediante las Hojas de Estilo en Cascada es una característica importante para el diseño de página Web y en HTML Dinámico. La definición de color en las HEC se puede realizar de muchas formas.

El primer método, consiste en utilizar un rótulo predefinido de lenguaje natural. Estos valores predefinidos son limitados, y llegan hasta unas 128 pulgadas como máximo. Los valores se han enumerado en el Apéndice F, «Carta hexadecimal adecuada para navegadores».

Aun cuando estos valores de colores predefinidos resultan ciertamente útiles, en algunas circunstancias uno necesita un mejor control con respecto al color de sus páginas Web.

Una alternativa consiste en definir el color mediante un valor hexadecimal del color, con el formato «#RRGGBB» en donde «RR» es el valor del componente rojo, «BB» es el valor del componente azul y «GG» es el valor del componente verde. Esto es en realidad una variación de la definición del color en RGB, pero resulta útil como consecuencia de la frecuente utilización de valores hexadecimales en la red.

Por último, se puede definir el color utilizando los valores RGB, ya sea como enteros o como porcentajes. Se podría definir el azul por ejemplo en la forma:

```
COLOR: RGB(0, 0, 9)
```

lo cual significaría que el valor de rojo era 0, el valor de verde era 0 y el valor de azul era 9. Por supuesto, sería un azul muy claro. De forma similar, se puede utilizar la misma sintaxis, pero sustituyendo los ceros por porcentajes, tal como se indica a continuación:

```
COLOR: RGB(100%, 0%, 100%)
```

En este ejemplo, la mezcla de 100% de rojo, 0% de verde y 100% de azul produciría un color morado.

Al disponer de la opción de colores en lenguaje natural resulta muy sencillo utilizar colores para marcar de forma espontánea. Para un control de diseño más fino, y para la capacidad de especificar el color a la medida, los controles más finos de valores RGB son muy útiles.

Especificación de valores para tipos de letra

Otro aspecto flexible de diseño de Hojas de Estilo en Cascada es que ofrecen la capacidad de especificar información acerca de los tipos de letra que se van a utilizar en nuestras páginas. Se puede especificar la familia de tipos de letra, el estilo, el tamaño, el peso y otros atributos que proporcionan más control tipográfico en lo tocante al aspecto que toman los centros de la red. Por ejemplo, digamos que se desea producir un centro que tendrá todos sus tipos de letra sans-serif, pero se desea que los encabezados estén en cursiva. Se podrían utilizar los estilos siguientes para hacer esto una realidad:

```
<STYLE>
H1,H2,H3,H4,H5 {FONT-FAMILY: sans-serif; FONT-STYLE: italic}
</STYLE>
```

En este estilo la propiedad *FONT-FAMILY* especifica que el tipo de letra utilizado para los encabezados debería ser un tipo de letra sans-serif. Además, los encabezados se ponen en cursiva mediante la propiedad *FONT-STYLE* . La Tabla 4.3 resume las propiedades de HEC que están disponibles cuando uno trabaja con tipos de letra.

Tabla 4.3 Propiedades y valores de tipos de letra en HEC

Propiedad	Valores admitidos
FONT-SIZE	*entero, porcentaje* xx-small, x-small, small, medium, large, x-large, xx-large
FONT-FAMILY	*nombre familia* serif, sans-serif, cursive, fantasy, monospace

(continúa)

Tabla 4.3 Propiedades y valores de tipos de letra en HEC *(Continuación)*

Propiedad	Valores admitidos
FONT-STYLE	normal, italic, oblique
FONT	font-size, font-family, font-style
COLOR	*color*

Se observará que algunas de las propiedades de los tipos de letra admiten una variable, tal como «*nombre familia*» pero también tienen valores específicos, tales como «serif». Esto se debe a que especificar un nombre explícito de tipo de letra podría no dar lugar a un resultado utilizable. Por ejemplo, se podría utilizar *FONT-FAMILY* para especificar que se desea que el cuerpo del texto aparezca en el tipo de letra «garamond»; sin embargo, ¿qué sucede si se especifica el tipo de letra garamond y el usuario no tiene instalada ese tipo de letra?

Una alternativa sería especificar que se desea que el navegador utilice un tipo de letra con «serif» tal como garamond. Entonces, el navegador seleccionará un tipo de letra con serif que esté instalado en el sistema, y lo utilizará para visualizar ese texto. Mediante el uso de un nombre de familia genérico, el diseñador puede ejercer un cierto control sobre el diseño de la página sin preocuparse excesivamente por que lo tenga o no instalado el usuario. Sin embargo, esto no resuelve nuestro problema original, que era que el diseñador desea utilizar garamond, pero no puede estar seguro de que ese tipo de letra esté instalado. Para abordar situaciones como ésta, las HEC proporcionan un grado todavía mayor de flexibilidad. Aun cuando una solución consiste en utilizar simplemente el nombre de tipo de letra genérico, otra sería utilizar un tipo específico, pero proporcionar también una alternativa si ese tipo de letra no está disponible. Esto no es problema para las HEC. Con algunas de las propiedades de los tipos de letra se pueden utilizar valores múltiples, según se muestra en el código HTML que viene a continuación:

```
<STYLE>
P {FONT-FAMILY: helvética, sans-serif; FONT-STYLE: italic}
</STYLE>
```

La definición de estilo del ejemplo anterior instruye al navegador para utiliza «helvética» como tipo de letra para el texto, siempre y cuando el usuario la tenga instalada en su sistema. Si helvética no está disponible, el navegador la sustituirá por un tipo genérico de letra sans-serif según se describe en la especificación del tipo de letra.

HEC avanzado

Ahora que ya se tienen las bases de las HEC, existen unas cuantas características avanzadas adicionales que serán importantes cuando se aprenda la forma en que HTML Dinámico aprovecha las HEC para manipular objetos. Entre estas características avanzadas se cuenta el uso de clases y de elementos que hacen posible especificar múltiples estilos para los elementos de HTML, o clases falsas para elementos de HTML que se manipulen frecuentemente.

Especificación de estilos mediante clases

Con HEC se pueden especificar distintos estilos para un elemento de HTML mediante el uso de clases para identificar los distintos estilos para el mismo elemento. Las clases hacen posible crear versiones de un estilo que se puede aplicar mediante el uso del atributo CLASS en conjunción con el estilo del texto.

Para definir una clase, se añade un nombre de clase al selector de estilos en la hoja de estilos. Para definir una clase para un encabezado, por ejemplo, se podría utilizar lo siguiente:

```
H1.nombreclase {COLOR: red}
```

que define una clase denominada «nombreclase» que define ese color como rojo. La línea de código siguiente demuestra la forma en que se especifica una clase en un marcador de HTML:

```
<H1 CLASS=nombreclase>Este encabezado iría en rojo.</H1>
```

También se puede definir una clase que no esté asociada a un marcador específico, omitiendo el selector:

```
.textoespecial {COLOR: fucsia}
```

La línea de código precedente especifica una clase de estilo denominada *.textoespecial,* que no está asociada con ningún selector específico y con ningún marcador de HTML. Esto hace posible aplicar este estilo a distintos marcadores de HTML utilizando el atributo «CLASS». Esta clase *.textoespecial* se podría aplicar entonces a múltiples elementos de HTML; por ejemplo:

```
<H1 CLASS=textoespecial>Encabezado Fucsia</H1>
<P CLASS=textoespecial>¡Cuerpo del texto también en Fucsia!</P>
```

Aquí, el estilo que se ha creado y que se denominaba *.textoespecial* se aplica tanto al marcador <H1> como al marcador <P>, asignándoseles a ambos el nombre de esa clase de estilo. El resultado es que ambos elementos visualizan las mismas características de estilo procedentes de una misma definición de estilo, aun cuando sean marcadores distintos.

Se pueden definir tantas clases como se desee, pero hay que tener en cuenta que si se definen múltiples clases para un elemento, será necesario utilizar el atributo CLASS para especificar qué estilo habría que aplicar al elemento según se muestra en el siguiente código HTML:

```
<HTML>
<HEAD>
<STYLE>
    P.REDTEXT {COLOR: red; FONT-FAMILY: sans-serif}
    P.GREENTEXT {COLOR: green; FONT-SIZE: 25}
    .blue {COLOR: blue; FONT-FAMILY: serif}
</STYLE>
```

```
</HEAD>
<BODY>
<P CLASS=REDTEXT>
Este texto será rojo y sans-serif.
</P>
<P CLASS=GREENTEXT>
Este texto será verde y más grande.
</P>
<P CLASS=blue>
Este texto será azul y con tipo de letra serif.
</P>
</BODY>
</HTML>
```

Los resultados se muestran en la Figura 4.6.

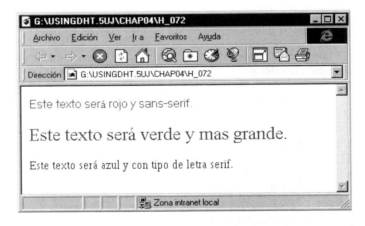

Figura 4.6 Se pueden utilizar las clases para desarrollar múltiples estilos para un mismo elemento.

Especificación de estilos con ID de elementos

Los ID (que a veces se denominan ID de selector) funcionan de manera similar a las clases, pero están limitados a su utilización para un solo elemento. Los ID se especifican utilizando el signo de sostenido (#) seguido por el nombre y definición del ID según se muestra en la sintaxis siguiente:

```
#idelemento {FONT-FAMILY: serif}
```

En esta declaración, el ID «idelemento» tendrá una familia de tipos de letra que es un tipo de letra con serif. Para utilizar este estilo en nuestro documento, se utilizaría el atributo ID en la forma siguiente:

```
<P ID="idelemento">Esto es un tipo de letra con serif</P>
```

A diferencia del atributo CLASS, sin embargo, todo ID de elemento tiene que ser único. Lo que sigue, por ejemplo, *no* es válido:

```
<P ID="idelemento">Esto es un tipo de letra con serif</P>
<H1 ID="idelemento">Esto no se recomienda</H1>
```

El código no es correcto porque el ID está destinado a proporcionar un mecanismo para sustituir un estilo para un determinado elemento. Para aplicaciones de estilos más amplias, limítese a utilizar clases. Por supuesto, se pueden utilizar ambos en el mismo documento para mayor flexibilidad, según se demuestra en el siguiente código de HTML:

```
<HTML>
<HEAD>
<STYLE>
    #abc345 {COLOR: blue}
    P.redtext {COLOR: red}
</STYLE>
</HEAD>

<P ID=abc345>
Este texto será azul.
</P>
<P CLASS=redtext>
Este texto será rojo.
</P>
<!- La línea siguiente no es válida y no funcionará ->
<H3 ID=abc345>No se recomienda utilizar ID múltiples</H3>
</HTML>
```

Clases y elementos falsos

En varios casos, HTML ya proporciona un estilo especial propio. El hecho de que los enlaces se marquen y se subrayen es un ejemplo de estilo que ya existe antes incluso de haber sido especificado en nuestra hoja de estilos. Para tener en cuenta algunas de estas circunstancias especiales, las HEC proporcionan unas clases especiales llamadas *pseudoclases* que se utilizan explícitamente para modificar algunos de estos casos. Las tres clases falsas que están disponibles en la actualidad son:

- **:link**   Esta falsa clase representa un elemento que se comporta como un enlace de HTML, tal como **<AHREF=«http://www.miservidor.com/mipágina.html»>**.
- **:active**   Cuando se pulsa en un enlace, el enlace pasa a ser un miembro de la clase falsa activa, aun cuando esto es generalmente un estado temporal.
- **:visited**   Finalmente, una vez que se ha visitado un enlace, el enlace visitado pasa a ser un miembro de la pseudo clase visitada.

Estas clases falsas se pueden añadir a otros selectores de estilo y se pueden utilizar para crear un estilo para elementos específicos, tales como el marcador anchor que se muestra en el código siguiente:

```
A:link {COLOR: green}
A:link IMG {BORDER-COLOR: blue}
A:visited {COLOR: gray}
```

Estas declaraciones definen todos los enlaces HREF de un documento como de color verde y todas aquellas imágenes que sirvan como enlaces como poseedoras de un borde azul. Además, la pseudo clase :visited tiene todos aquellos enlaces que se hayan visitado como dotados de un color gris. Por supuesto, dado que estas clases falsas son en realidad elementos que ya se contemplan para ver si ya se ha pulsado en ellos en el navegador, no es necesario utilizar ninguna notación especial en el código de HTML. Una vez definida una pseudo clase, se aplica a todos los elementos de ese tipo.

Además de las pseudoclases, hay otros elementos falsos que se comportan como selectores especiales. Esto es, se pueden utilizar para aplicar atributos de estilo especiales a los elementos de HTML que estén predefinidos por parte del navegador, pero que no se utilicen realmente en HTML estándar. Entre los elementos falsos que se utilizan en la actualidad se cuentan los siguientes:

- **:first-letter** El elemento falso denominado primera letra representa la primera letra de un bloque de texto.
- **:first-line** El elemento falso primera línea representa la primera línea de un bloque de texto.

Estos elementos falsos se pueden manipular para producir efectos especiales en el texto, tales como capitulares o líneas de continuación según se muestra en el ejemplo siguiente:

```
<HTML>
<HEAD>
<STYLE>
    P.TAGLINE:FIRST-LINE {TEXT-TRANSFORM: UPPERCASE}
    P.DROPCAP:FIRST-LETTER {FONT-SIZE: 200%; FLOAT: LEFT}
</STYLE>
</HEAD>
<BODY>
<P CLASS=TAGLINE>
Este párrafo posee una línea de marcador, de tal modo que todas las
➡ letras de la línea de ese párrafo aparecerán en mayúsculas.
</P>
<P CLASS=DROPCAP>
Este párrafo comienza con una capitular.
</P>
</BODY>
</HTML>
```

Nota:

En el momento de imprimir estas líneas, la versión actual de Internet Explorer 4 todavía no representaba correctamente los pseudoelementos. Quizá sea necesario comprobar su propia versión de IE para asegurarse de que estas características de HEC se admitan correctamente.

Las pseudoclases y los pseudoelementos hacen posible alterar la especificación HEC para adaptarla a distintos elementos estándar con facilidad. Mediante la combinación de pseudoclases y pseudoelementos con selectores, se puede crear toda una gama de efectos de texto interesantes.

Anidamiento de elementos

En algunos casos de nuestra codificación de HTML puede resultar interesante *anidar* elementos; esto es, situar un elemento de HTML dentro de otro elemento similar. Uno de los mejores ejemplos de anidamiento son las listas que se parecen a un esquema según se muestra en la Figura 4.7.

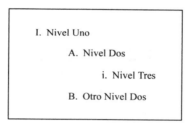

Figura 4.7 Anidamiento de elementos de HTML.

Esto se podría crear colocando una lista dentro de una lista. Del mismo modo que se puede crear una lista dentro de una lista, también se puede anidar una propiedad STYLE dentro de otra propiedad STYLE. Por tanto, suponiendo que se tenga una lista y que se desee que los elementos del primer nivel estén todos en negrita, se utilizaría el siguiente código de HTML para crear un STYLE de lista en el cual todos los elementos de la lista estén en negrita:

```
UL LI {FONT-STYLE: BOLD}
```

Este código daría lugar a que el primer elemento de la lista apareciera en negrita.

Ahora bien, supongamos que después de un formato de esquema se desea anidar una segunda lista por debajo de la lista en negrita, pero se desea que ésta a su vez aparezca en cursiva. Ciertamente, se puede anidar también la definición de STYLE:

```
UL UL LI { FONT-STYLE: ITALIC }
```

Esto crearía la salida que se muestra en la Figura 4.8.

La posibilidad de anidar elementos en niveles múltiples no está limitada, pero en la práctica no se recomienda efectuar un anidamiento excesivo. La implementación del anidamiento en el siguiente archivo de HTML se limita a seguir el orden natural en el que se anidarían los elementos según se muestra en el ejemplo siguiente:

```
<HTML>
<HEAD>
```

```
<TITLE>Anidamiento de Estilos</TITLE>
<STYLE>
UL LI { COLOR: RED; FONT-STYLE: ITALIC }
UL UL LI { COLOR: BLUE; FONT-FAMILY: SANS-SERIF; }
</STYLE>
></HEAD>
<BODY>
<UL>
<LI>Este elemento de la lista estará en rojo y en cursiva.
<UL>
<LI>Esta lista anidada estará en azul, y con tipo de letra sans-serif.
</UL>
<LI>Este elemento de lista también estará en rojo y en cursiva.
</UL>
</BODY>
</HTML>
```

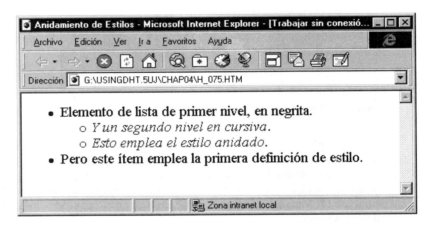

Figura 4.8 Definiciones de estilo anidadas.

La Figura 4.9 muestra la salida del código HTML anterior, en el cual los estilos definidos para los elementos de la lista son estilos anidados, y también están anidados los elementos de la lista.

Como puede verse, el anidamiento no es un proceso complicado, pero ciertamente añade una gran flexibilidad a las hojas de estilo.

Posicionamiento de HEC

La especificación de Hojas de Estilo en Cascada no contiene en realidad ningún mecanismo para el posicionamiento de elementos, aun cuando este es un mecanismo importante para hacer dinámicas las páginas de la red. A pesar de que HEC proporciona ciertamente mecanismos para alinear el texto, o para modificar el aspecto del texto, no admite el posicionamiento explícito de elementos en una posición dada de la página. Para esto es para lo que se utiliza PHEC o posicionamiento de Hojas de Estilo en Cascada. Dado que el posi-

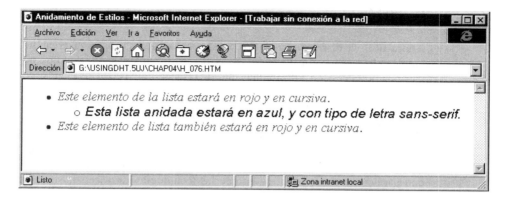

Figura 4.9 Se pueden personalizar los elementos anidados mediante propiedades STYLE anidadas.

cionamiento se ha vuelto muy importante para el diseño en la red, tanto en su aspecto estático como dinámico, hay algunas extensiones de HEC que se conocen con el nombre se posicionamiento de HEC y que han propuesto tanto Microsoft como Netscape.

De hecho, el posicionamiento HEC constituye la base de muchos aspectos del posicionamiento y animación de objetos en HTML Dinámico. Dado que no forma parte de la especificación HEC1, la especificación de posicionamiento HEC no se tratará aquí; sin embargo, se abarca explícitamente en el Capítulo 9, allá donde conviene para los conceptos de HTML Dinámico que se están describiendo.

Dónde se puede aprender más acerca de HEC

Evidentemente, es imposible abarcar todos los aspectos de las Hojas de Estilo en Cascada en un solo capítulo. Aun cuando este capítulo ha intentado tocar todos los aspectos principales de las HEC y proporcionar el tratamiento más amplio posible de sus propiedades y valores, todavía se puede aprender mucho acerca de HEC y se necesitará aprender mucho para aprovechar en su totalidad HTML Dinámico. Este capítulo debería servir como introducción, para empezar y como preparación para algunos de los ejemplos que seguirán en capítulos posteriores. Si siente interés por los detalles concretos de las diferentes propiedades, sus valores y su herencia, se pueden consultar en el Apéndice B.

Para aprender todavía más acerca de la especificación de HEC, o para leer la especificación en sí, se puede consultar el W3C en la dirección **http://www.w3c.org**.

Para aprender más acerca de aspectos concretos de HEC en relación con Microsoft, se puede consultar el centro de Microsoft situado en **http://www.microsoft.com/workshop/author/css/css-f.htm**.

Finalmente, existe un cierto número de textos muy buenos que tratan las Hojas de Estilo en Cascada, incluyendo uno de Hankon Lie y Bert Bos del W3C: *Cascading Style Sheets* (Addison-Wesley).

Y a continuación...

Ahora que ya disponemos de los fundamentos necesarios para crear hojas de estilos empleando la especificación de Hojas de Estilo en Cascada, estamos preparados para pasar a aprender acerca de algunas más de las tecnologías con las cuales será preciso estar familiarizado para empezar a trabajar con HTML Dinámico.

Una vez que se haya familiarizado con los fundamentos de las tecnologías abarcadas en los capítulos siguientes, podrá utilizar HTML Dinámico de forma más rápida y eficiente. La mejora de su capacidad para comprender la forma en la que funciona HTML Dinámico compensará ampliamente el tiempo que se tome para comprender las tecnologías principales. Aunque esto pueda parecer una gran cantidad de estudio previo, es esencial para comprender la forma en que las tecnologías subyacentes se interconectan para crear HTML Dinámico. A partir de aquí, se profundizará en las áreas siguientes:

- El Capítulo 5, «Introducción a JavaScript», abarca las bases de la comprensión y utilización de JavaScript, uno de los lenguajes de guiones preferidos que utiliza HTML Dinámico.
- El Capítulo 6, «Modelo de objetos de HTML Dinámico», habla acerca del modelo de objetos que utiliza HTML Dinámico, y que trata a todos los elementos HTML de una página como a objetos mutuamente conscientes entre sí.
- El Capítulo 7, «Gestión de sucesos», describe la importancia de la gestión de sucesos en los centros para la red generados mediante HTML Dinámico.

Capítulo

Introducción a JavaScript

Para que algo sea dinámico, tiene que haber otro mecanismo que proporcione las instrucciones y que haga las veces de director. Por ejemplo, en el mundo real, el número de lugares al que puede llegar un coche es prácticamente ilimitado. Pero sin alguien que controle el coche (lo ponga en marcha, apriete el acelerador, maneje el volante, etc.), sin embargo, no irá a ninguna parte. Precisamente, es la persona que se sienta al volante quien decide el propósito y destino del coche.

Los lenguajes de guiones son los controladores de HTML Dinámico. La combinación de HTML y de las Hojas de Estilo en Cascada proporciona un control sin precedentes con respecto al aspecto de nuestras páginas para la red; sin embargo, por sí mismas las tecnologías son estáticas e inmóviles, de forma muy parecida a un coche sin conductor. Los lenguajes de guiones nos capacitan para aportar la interactividad y el movimiento a nuestro HTML y a las HEC.

¿Y qué es un lenguaje de guiones? En esencia, un *lenguaje de guiones* es un lenguaje de programación tal como C, C++, Java o FORTRAN. Sin embargo, para muchas personas el pensamiento de programar es algo que asusta. Los lenguajes de guiones intentan hacer que la perspectiva de programar sea algo menos aterradora.

Los lenguajes de guiones, tales como JavaScript y Visual Basic Scripting Edition, se han diseñado para abrir el mundo de la programación a aquellas personas que no sean programadores por profesión o por formación, y que se sientan fácilmente intimidados por la compleja sintaxis de un lenguaje tal como C++ o Java.

- **Introducción a JavaScript** Para añadir JavaScript a una página de la red basta poner el guión dentro del <BODY> de la página con el marcador <SCRIPT>.
- **Sentencias/bloques** Una línea de código en JavaScript se conoce con el nombre de sentencia. Al poner llaves ({y}) en torno a un grupo de sentencias de JavaScript se crea un bloque.
- **Expresiones** Los dos tipos básicos de expresiones en JavaScript son numéricas y lógicas.
- **Variables** Este capítulo abarca el proceso de creación de una variable y el de modificación del valor de los datos almacenados en ella.

- **Funciones** Las funciones hacen posible descomponer el programa en secciones, haciendo que resulte más claro y menos proclive a errores.
- **Control de flujo** El control de flujo permite que el programa seleccione distintas vías y que realice iteracciones basándose en condiciones cambiantes.
- **Objetos** Los objetos nos permiten encapsular nuestras variables y funciones como propiedades y métodos de los objetos.
- **Matrices** Si se tiene una gran cantidad de datos similares que habrá que ubicar siguiendo un orden conveniente, las matrices son lo que hay que utilizar.

Hay que pensar que un lenguaje de guiones es un lenguaje de programación reducido a su mínima expresión. Quizá no sea suficientemente potente para escribir un moderno programa de procesamiento de texto, pero posiblemente es más que suficientemente potente para cualquier tipo de programación básica que uno pueda necesitar para nuestra página de la red —con el beneficio añadido de resultar comprensible por parte de seres humanos normales.

Validación del uso de JavaScript con HTML Dinámico

HTML Dinámico es bastante abierto en términos de los lenguajes de guiones que admite. Los futuros diseñadores de navegadores para la red podrían utilizar cualquier lenguaje de guiones que resulte popular en su momento, y seguirán al mismo tiempo beneficiándose de HTML Dinámico.

Sin embargo, Internet Explorer 4.0 contiene dos lenguajes de guiones que se pueden utilizar con HTML Dinámico: JavaScript y VBScript. El hecho de que IE 4.0 venga con dos lenguajes de guiones solicita inmediatamente una respuesta a la pregunta: ¿qué lenguaje de guiones debo utilizar?

Nota:

Microsoft siempre alude a la implementación de JavaScript propia de Internet Explorer con el nombre de JScript en lugar de JavaScript. Esto puede dar lugar a algunas confusiones, porque Netscape siempre lo llama JavaScript. En todo caso, para reducir al mínimo la confusión, lo denotaremos como JavaScript a lo largo de todo el libro.

Existen muchos argumentos en pro y en contra de cada uno de estos lenguajes de guiones. La versión comercial de Visual Basic (el lenguaje predecesor de VBScript), por ejemplo, es uno de los entornos de programación más vendidos de todos los tiempos y hay enormes cantidades de programadores que lo utilizan a diario. De este modo, lo mejor para una gran cantidad de personas es tener una versión de guiones de Visual Basic que esté a su disposición.

JavaScript, por otra parte, es en la actualidad el lenguaje de guiones de *facto* en la red, debido a su inclusión en Netscape Navigator 2.0 y siguientes y también en Internet Explorer 3.0. Aun cuando hay más programadores que conocen Visual Basic, hay más programadores de la red que conocen JavaScript. Además, en la actualidad VBScript solamente está disponible en Internet Explorer.

Aun cuando no teníamos una opinión excesivamente definida con respecto a los lenguajes de guiones, tuvimos que decidirnos por uno de los dos para evitar que el tema resultase demasiado confuso. Tomamos la decisión de concentrarnos en JavaScript, sobre todo como consecuencia de su masiva aceptación y de lo muy conocido que resulta en la red.
El uso de VBScript con HTML Dinámico en el Internet Explorer 4.0 se trata en el Apéndice C, «Utilización de VBScript en lugar de JavaScript».

Introducción a JavaScript

Si alguna vez ha programado en algún otro lenguaje, JavaScript debería resultarle bastante sencillo de aprender. En caso contrario, no se preocupe; es bastante fácil. El Listado 5.1 es un sencillo programa que da una idea del aspecto que tiene JavaScript:

Listado 5.1 Un sencillo programa hola mundo en JavaScript

```
01.    <HTML>
02.    <HEAD>
03.        <TITLE>
04.        Hola Mundo en JavaScript
05.        </TITLE>
06.    </HEAD>
07.    <BODY>
08.
09.        <SCRIPT language="JavaScript">
10.
11.            document.write("Hola, mundo");
12.
13.        </SCRIPT>
14.
15.    </BODY>
16.    </HTML>
```

Lo primero que hay que hacer es examinar el código en HTML de la línea 9 que rodea al programa de JavaScript. Si ya ha utilizado HTML básico anteriormente, todo parece bastante normal hasta que llega uno a la línea que dice:

```
<SCRIPT language="JavaScript">
```

El marcador <SCRIPT> no es más que un marcador estándar de HTML. El marcador <SCRIPT> dice al programa que tome todo aquello que esté contenido dentro (esto es, entre esto y </SCRIPT>) y que lo trate como un guión que habrá que ejecutar. El lenguaje de guiones que hay que utilizar se especifica mediante el atributo *language*, que en este caso recibe el valor de JavaScript (si se estuviera utilizando Visual Basic Scripting Edition en su lugar, el atributo *language* recibiría el valor de VBScript).

La línea 11 es la única línea que contiene realmente código en JavaScript:

```
document.write ("Hola, mundo");
```

Esta línea dice al navegador que escriba la cadena «Hola, mundo» en la ventana de documento del navegador. Como se puede ver en la Figura 5.1, aparece «Hola, mundo» exactamente igual que si se hubiera incluido formando parte del código HTML.

De hecho, se puede utilizar JavaScript para imprimir cualquier HTML que se desee, y no sólo texto normal. Intente sustituir el JavaScript del ejemplo anterior por lo siguiente:

```
<SCRIPT language="JavaScript">
    document.write ("<H1>Hola, mundo</H1>");
</SCRIPT>
```

Asegúrese de recargar la página de HTML para asegurar de que se actualice el guión. Obsérvese que ahora se visualiza «Hola, mundo» como un encabezado de HTML en lugar de considerarlo como un texto normal (véase Figura 5.2).

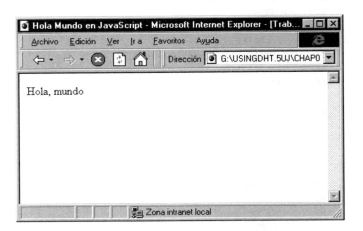

Figura 5.1 Salida del guión «Hola, mundo».

En las secciones siguientes, se tratarán los distintos elementos de sintaxis de que constan los programas en JavaScript. Entre estos elementos se incluyen los siguientes:

- **Sentencias** Las sentencias son las líneas de código de que constan los programas escritos en JavaScript.
- **Bloques** Los bloques nos permiten agrupar sentencias.
- **Comentarios** Los comentarios hacen posible incluir anotaciones en el código.
- **Datos** Los datos son las informaciones en que se basan los programas.
- **Expresiones** Las expresiones nos permiten efectuar operaciones aplicadas a los datos.
- **Variables** Las variables ofrecen un lugar para almacenar los datos.
- **Funciones** Las funciones se usan para utilizar el código en secciones que poseen nombre.

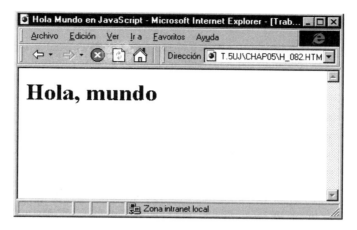

Figura 5.2 «Hola, mundo» a HTML.

- **Control de flujo** El control de flujo hace posible que el programa realice diferentes secciones durante la ejecución.
- **Objetos** Los objetos nos permiten agrupar los datos y las funciones.
- **Matrices** Las matrices nos permiten almacenar gran cantidad de datos y acceder fácilmente a elementos individuales.

Sentencias

Los programas de JavaScript constan de sentencias. ¿Qué es una sentencia? Técnicamente las *sentencias* son grupos de uno o más elementos y símbolos en una línea. Dicho simplemente, sin embargo, una sentencia en una línea de código. Ya hemos escrito una sentencia:

```
document.write("Hola, mundo");
```

Observe que esta línea acaba con un punto y coma. En JavaScript, el punto y coma es una forma de decir que ha terminado la sentencia y que se puede ejecutar el guión. Normalmente, el punto y coma se utiliza al final de la línea, pero se pueden poner muchas sentencias en una línea separándolas mediante el punto y coma. Si no le gusta la idea de poner punto y coma después de todas las sentencias, se encontrará con que normalmente se pueden omitir sin generar errores. Sin embargo, lo mejor es habituarse a utilizar el punto y coma, porque puede hacer más sencillo el seguimiento de errores y en general se considera que es más adecuado.

Bloques

Es bastante frecuente en programación tener la necesidad de agrupar muchas sentencias en un solo conjunto, de tal modo que se puedan tratar como una sola entidad, esto suele hacerse con funciones y en las condicionales, que se abordarán posteriormente en este capítulo.

Este agrupamiento de sentencias en una sola entidad se denomina *bloque*. Un bloque se crea rodeando todas las sentencias que contendrá entre llaves ({ y }). El siguiente segmento de código es un bloque:

```
{
    document.write("Esta es la primera sentencia");
    document.write("Esta es una segunda sentencia");
    document.write("Todas estas sentencias forman parte de un bloque");
}
```

Obsérvese que las sentencias situadas dentro del bloque están sangradas con respecto a las llaves que las rodean. Aun cuando esto no es necesario, se trata de una convención frecuente para la codificación, que hace que el código sea más legible y más sencillo de modificar.

Comentarios

Aun cuando JavaScript es bastante legible para ser un lenguaje de programación, ciertamente no es español y por tanto puede resultar confuso. Además, es sencillo utilizar una lógica complicada en un programa que quizá no resulte evidente a primera vista para cualquier otra persona que lea el código de ese programa.

Para solventar esta situación, JavaScript hace posible comentar el código. Los comentarios son ignorados completamente por el intérprete de JavaScript, así que puede uno escribir cualquier texto explicativo que desee. Se pueden escribir comentarios de una o más líneas.

El proceso de comentado de los códigos es algo que la mayoría de los programadores deberían hacer, pero que se olvida con excesiva frecuencia. Es buena idea tener en cuenta, sin embargo, que quizá no sea otra persona quien tenga que descifrar el código en el futuro. Puede ser uno mismo al cabo de uno o dos años, después de haber olvidado por completo lo que intentaba hacer.

En general, no tiene sentido comentar todas y cada una de las líneas del programa. Un buen criterio general consiste en que si tiene uno que invertir más de unos pocos minutos para escribir una sección del código, merece la pena escribir un comentario, porque esto significa que será preciso invertir el mismo tiempo para descifrar el código cuando se vuelva a visitar posteriormente.

Comentarios de una sola línea

Si solamente se necesita añadir una pequeña descripción al código que está uno escribiendo, posiblemente la mejor opción sea un comentario de una sola línea. Situando entre «//» antes del texto, se transforma ese texto en un comentario de una sola línea:

```
// La línea siguiente escribe "Hola mundo" en la ventana del navegador
document.write("Hola mundo");
```

También se puede añadir a una línea que contenga una sentencia de JavaScript un comentario de una sola línea:

```
document.write("Hola mundo"); // Escribe "Hola mundo" en la ventana
del navegador
```

Si hace esto, asegúrese de que pone el comentario *después* del código en JavaScript, porque en caso contrario no se ejecutará el código. Una vez que esté acostumbrado a programar en JavaScript, este hecho se puede aprovechar, porque nos permite eliminar selectivamente una o dos línea del código transformándolas en comentarios si piensa uno que no hace falta o que está causando problemas.

Comentarios de varias líneas

En algunos casos, una sola línea de comentarios no es espacio suficiente para la descripción que uno desea proporcionar. En tal caso, se utiliza un comentario de varias líneas. Los comentarios de varias líneas se especifican rodeando el texto del comentario mediante «/*» al principio y «*/» al final:

```
/*
    Este comentario es de varias líneas. Puede contener tantas líneas de
    comentario
    como se deseen. Repítase a sí mismo: comentar es bueno, comentar es
    bueno".
*/
```

Es necesario tener cuidado cuando se utilizan comentarios de varias líneas para asegurarse de que no se sitúa un comentario dentro de otro, porque esto da lugar a un error. Lo que sigue, por ejemplo, no es un comentario de varias líneas válido en JavaScript:

```
/*
    Esto es un comentario normal de varias líneas. De momento, bien
    /* Esto es otro comentario de varias líneas, que por sí mismo
    estaría bien */
*/
```

La razón por la cual al encerrar un comentario de varias líneas dentro de otro se genera un error es que el final del comentario de varias líneas se señala mediante «*/» y el intérprete de JavaScript trata a cualquier cosa que se encuentre entre «/*» y entre «*/» como un comentario y, por tanto, se ignora el segundo «/*» y no se reconoce como el principio de otro comentario.

Datos

Uno de los principios básicos de los programas es que tiene que trabajar con datos. ¿Qué son los datos? Los *datos* son cualquier tipo de información con la cual estemos trabajando. Los datos pueden ser palabras, tales como «Hola, qué pasa» o números, tales como 42 ó 381,33. En todo caso, los distintos lenguajes de programación permiten trabajar con distintas clases de datos.

JavaScript posee seis tipos de datos fundamentales: cadenas, números, booleanos, funciones, objetos y Null (véase Tabla 5.1). Las secciones que siguen a esta tabla describen los tipos de cadenas, números, booleanos y Null. Las funciones y los objetos se describirán posteriormente en este capítulo.

Tabla 5.1 Tipos de datos fundamentales de JavaScrip

Tipo de Dato	Ejemplo
Cadena	«Hola», «Una cadena», «Dijo: "hola"»
Número	12, 372,33, 0xff
Booleano	true, false
Objeto	documento, ventana
Función	calculaPrimos(), añadeNombre()
Null	null

Cadenas

Una cadena es cualquier agrupación de caracteres que están rodeados bien por comillas dobles (") o bien por comillas sencillas ('). Las cadenas se utilizan siempre que se desea utilizar texto en un programa. Véanse a continuación ejemplos de cadenas:

```
"Hola mundo"
"HTML Dinámico de Microsoft"
```

Normalmente, las comillas dobles se utilizan para denotar cadenas. Si se desean incluir cadenas dobles en la cadena, se emplean en su lugar comillas sencillas:

```
'Una cadena que contiene "comillas dobles"'
```

Números

JavaScript es bastante flexible en lo tocante a las formas en que nos permite representar los números. Hay muchos lenguajes de programación qué obligan a definir por anticipado el tipo de número que se va a utilizar. Por ejemplo, sería preciso especificar si el número va a ser entero o de coma flotante.

JavaScript, sin embargo, trata a todos los números de igual manera: son simplemente números, tanto si son enteros como si no. Véanse a continuación ejemplos de números en JavaScript:

```
72      // El entero decimal 72
32.4    // El número de coma flotante 32.4
.327    // El número de coma flotante .327
```

Booleanos

Un *booleano* es el tipo de dato más sencillo posible. Un valor booleano solamente tiene dos valores posibles: verdadero y falso. Suelen utilizarse para representar si se ha hecho algo o no.

Un ejemplo del momento en que se podría utilizar un booleano es aquél en que se desea llevar la cuenta de si el usuario ha pulsado o no en una imagen anteriormente. Cuando pulsan en la imagen por primera vez, quizá sea necesario hacer algo especial, tal como ejecutar una animación o reproducir un cierto sonido. Sin embargo, cuando pulsen por segunda vez, quizá sea preciso no hacer nada. La forma más sencilla de llevar la cuenta de esta información sería a través de un booleano al que se dé el valor verdadero cuando se pulse en la imagen.

Null

El último tipo de datos de JavaScript es bastante especial. El tipo de datos null solamente tiene un valor posible: null. Cuando se da a una variable el valor *null* significa que no tiene valor. Frecuentemente, se da a las variables el valor *null* cuando hay una función que tenía que proporcionar un valor pero no se ha llegado a generar valor alguno.

Expresiones

Los datos en sí son bastante inútiles. Normalmente, uno desea hacer algo con los datos. Es posible que sea necesario dividir dos números entre sí, o sumarlos, o es posible que haya que comprobar si dos conjuntos de números, al sumarlos, son iguales a otro. Todas éstas son aplicaciones de las *expresiones*.

Quizá resulte confuso a primera vista, así que vamos a considerar un ejemplo práctico. Digamos que se nos da una temperatura en grados Fahrenheit y que hay que convertirla a grados Celsius. Para hacer esto se seguiría el proceso siguiente:

1. Comenzamos con los grados en Fahrenheit (F).
2. Se resta 32.
3. Se multiplica el número por 5.
4. Se divide el número por 9.

Este proceso se puede transformar en una representación matemática en lugar de escribirlo con un texto según se ha hecho. Esta representación matemática sería

```
(F-32)*5/9
```

Esta representación se conoce con el nombre de expresión.

Expresiones numéricas

Una *expresión numérica* es una clase rudimentaria de una operación matemática a la cual estamos acostumbrados, salvo que se suele escribir en su forma completa. La expresión numérica de dos más tres, por ejemplo, es:

```
2 + 3
```

Las operaciones comunes que se pueden utilizar aplicándolas a números en JavaScript se han numerado en la Tabla 5.2.

Tabla 5.2 Operadores numéricos comunes

Operador	Ejemplo	Definición
+	3 + 3	Suma
–	12 – 4	Resta
*	22 * 3	Multiplicación
/	18 / 4	División
%	18 % 4	Módulo: es el resto de la división. Aquí el resultado sería 2, porque 18 entre 4 son 4 y el resto es 2.
–	–(12 * 3)	Negación unaria: es el inverso de la expresión que le sigue. El resultado, por ejemplo, sería –36. La negación de un número negativo es positiva.

Si se tiene una expresión que contenga más de un conjunto de operaciones, es posible agruparlas con los paréntesis ('(' y ')'). Esto indica el orden en que se van a evaluar las expresiones. La determinación del orden en que se llevarán a cabo las operaciones de la expresión siguiente, por ejemplo, podría llevar un cierto tiempo:

```
36 * 12 % 15 - 32 * 12 / 3
```

Esta expresión es válida y si se buscase en un manual de referencia de JavaScript la prioridad de operadores es muy posible que llegáramos a determinar cómo se efectúa; sin embargo, sería mucho más sencillo utilizar lo siguiente:

```
((36 * 12) % 15) - (32 * 12) /3))
```

Expresiones lógicas

Una *expresión lógica* (o booleana) es una expresión tal que, al ser evaluada, proporciona un resultado que es o bien verdadero o bien falso. Las expresiones booleanas se pueden generar de diferentes formas, pero la forma más común consiste en utilizar los operadores lógicos o de comparación (véase Tabla 5.3).

Tabla 5.3 Operadores lógicos y de comparación

Operador	Nombre	Utilización
&&	Y	(exp1 && exp2) proporciona verdadero tanto si exp1 como exp2 son verdaderos; en caso contrario proporciona falso.

Operador	Nombre	Utilización
‖	O	(exp1 ‖ exp2) proporciona el valor verdadero sólo si exp1 o exp2 tiene el valor verdadero.
!	No	(!exp) proporciona el valor falso sólo si exp es verdadero, o verdadero si exp es falso.
==	Igualdad	(exp1 == exp2) proporciona el valor verdadero sólo si exp1 es igual a exp2.
!=	Desigualdad	(exp1 != exp2) proporciona el valor verdadero sólo si exp1 no es igual a exp2.
>	Mayor que	(exp1 > exp2) proporciona el valor verdadero sólo si exp1 es mayor que exp2.
>=	Mayor o igual	(exp1 >= exp2) proporciona el valor verdadero sólo si exp1 es mayor o igual que exp2.
<	Menor que	(exp1 < exp2) proporciona el valor verdadero sólo si exp1 es menor que exp2.
<=	Menor o igual	(exp1 <= exp2) proporciona el valor verdadero sólo si exp1 es menor o igual que exp2.

Véanse a continuación algunos ejemplos de expresiones booleanas:

```
true && false
```

Esta expresión adquiere al evaluarse el valor falso, porque uno de los lados no es verdadero y el operador AND (&&) requiere que ambos lados de la expresión sean ciertos para que la expresión sea verdadera.

```
26 < 50
```

Sin embargo, la expresión anterior, produce al evaluarse el valor verdadero porque 26 es ciertamente menor que 50.

```
(26 < 50) ‖ (45 < 10)
```

Mediante el uso del operador OR (‖), esta expresión es algo menos restrictiva que el operador AND (&&) en tanto en cuanto sólo es necesario que uno de los lados de la expresión sea verdadero para que ésta reciba el valor verdadero.

```
!(10 != 4)
```

Por último, la expresión anterior recibe el valor falso al evaluarse. Este tipo de expresión requiere una cierta cantidad de reflexión: 10 no es igual a 4, lo cual es cierto, pero el operador NOT (!) produce lo contrario, que es falso.

En una expresión booleana, toda expresión numérica cuyo valor al ser evaluada sea 0 se considera falsa, y en caso contrario se considera verdadera. Aun cuando esto pueda sonar confuso, los ejemplos siguientes pueden ayudarnos a entenderlo:

```
(2 + 2)
```

Dado que 2 más 2 es 4, que no es 0, esta expresión —si se utiliza allá donde se espere una expresión booleana— proporciona el valor verdadero, mientras que

```
(2 - 2)
```

proporciona el valor verdadero porque al evaluarse vale 0, que se considera como falso.

Las expresiones numéricas también se pueden combinar como operadores lógicos, tal como sigue:

```
(2 - 2) || (2 + 2)
```

La expresión anterior produce al evaluarse el valor verdadero, porque el lado derecho de la expresión toma el valor verdadero, y el operador OR (||) solamente necesita que sea verdadero un lado de la expresión para que la expresión al evaluarse tome el valor verdadero.

Variables

Está muy bien tener datos y expresiones, pero no sirven de gran cosa si no es posible almacenar el resultado en alguna parte. Las *variables* hacen posible definir lugares para almacenar esos datos. Se puede pensar que las variables son contenedores: siempre contienen algo, pero lo que contienen puede cambiar con el tiempo.

A lo largo de esta sección, se presentarán dos aspectos del trabajo con variables. En primer lugar, se describirán los métodos para crear y nombrar variables. A continuación, se mostrarán métodos para modificar el valor que se almacena en las variables.

Definición y denominación de variables

Resulta sumamente sencillo definir una variable en JavaScript: piense un nombre de variable que quiera definir y, a continuación, ponga la palabra **var** delante. Véase un ejemplo:

```
var posición = 10;
```

Este código crea una variable llamada posicion y le da el valor inicial de 10. También se puede crear una variable sin valor inicial, pero si se hace así, hay que tener cuidado de no hacer uso de esa variable antes de haberle dado un valor.

A las variables se les puede dar cualquier nombre imaginable, siempre y cuando se sigan estas reglas:

1. El nombre de la variable no puede ser una palabra reservada (véase Tabla 5.4).
2. El primer carácter del nombre tiene que ser una letra o un guión inferior (_).
3. Los caracteres posteriores al primero dentro del nombre de la variable pueden ser signos alfabéticos, números o guiones inferiores.

Tabla 5.4 Palabras reservadas de JavaScript

abstract	boolean	break	byte	case
catch	char	class	const	continue
default	delete	do	double	else
extends	false	final	finally	float
for	function	goto	if	implements
import	in	instanceof	int	interface
long	native	new	null	package
private	protected	public	return	short
static	super	switch	synchronized	this
throw	throws	transient	true	try
typeof	var	void	while	with

Véanse a continuación unos cuantos ejemplos de nombres de variables válidos:

```
var posición_x;
var _pos;
var opción32;
var respuesta_42;
```

Véanse a continuación unos cuantos ejemplos de nombres de variables que no son válidos:

```
var 99globos; // Viola la regla 2
var huevos$chorizo; // Viola la regla 3
var $pepe // Viola la regla 2
var package; // Viola la regla 1
```

Otra cosa que hay que tener en cuenta es que JavaScript respeta las mayúsculas y minúsculas. Esto significa que puede parecer que dos variables son la misma, pero no son reconocidas así por el navegador. Lo que sigue, por ejemplo, son dos variables completamente distintas:

```
var resultadoPrueba;
var ResultadoPrueba;
```

Esto puede ser una fuente de *graves* dolores de cabeza durante las sesiones de depuración, así que tiene uno que repetir una y otra vez: «JavaScript respeta las mayúsculas y minúsculas. JavaScript respeta las mayúsculas y minúsculas».

El lugar en que se definen las variables determina dónde se podrán utilizar posteriormente. Una variable que se defina en una función solamente se podrá utilizar dentro de esa función, por ejemplo. Este tipo de variables se conoce con el nombre de variable «local» porque es específica de esa función.

Por otra parte, si se declara una variable fuera de las funciones, entonces la podrán utilizar todas las funciones que definamos. Este tipo de variable se conoce con el nombre de variable «global» porque se puede utilizar a lo largo y ancho de todo el programa.

Modificación del valor de una variable

Para dar a una variable un valor nuevo después de haberla creado, se utiliza el valor de asignación (=). El nombre de la variable se indica en el lado izquierdo de la sentencia, y a la derecha de la sentencia se coloca una expresión que contiene el valor que se le asignará. Considere un ejemplo sencillo, suponiendo que ya se hubiera creado la variable posiciónAct:

```
posiciónAct = 10;
```

Esta sentencia modifica el valor de posiciónAct para que sea 10. Las variables pueden contener todo tipo de datos válidos —¿se acuerda de los tipos de datos numerados anteriormente en el capítulo?— así que se podría dar a *posiciónAct* el valor de una cadena o un valor booleano, tal como sigue:

```
posiciónAct = true;
posiciónAct = "ola";
```

Todas las expresiones construidas hasta el momento estaban formadas por datos constantes, pero también se podría utilizar una variable dentro de la expresión. El intérprete se limita a sustituir el valor de la variable dentro de la expresión. Por consiguiente, suponiendo que posiciónAct tenga el valor 10; la sentencia

```
posiciónAct = posiciónAct + 10;
```

da a posiciónAct el valor 20, añadiendo 10 al valor actual de esa variable.

Resulta que este tipo de asignación entre variables se ejecuta con frecuencia. Esto sucede de hecho con tanta frecuencia, que existen operadores de asignación especiales para todas las operaciones numéricas comunes (+, –, *, /, y %). Estos operadores se construyen añadiendo el signo igual inmediatamente después del operador sin insertar un espacio entre ambos. Por tanto,

```
posiciónAct += 10;
```

es totalmente equivalente al ejemplo anterior; y da a *posiciónAct* su valor actual más 10.

Ya hace bastante rato que no hay un ejemplo que se pueda probar en Internet Explorer. El Listado 5.2 une algunos de los conceptos de las últimas secciones en un ejemplo de programa. La Figura 5.3, que va a continuación, muestra la salida de este programa.

Listado 5.2 Modificación del contenido de una variable en JavaScript

```
01.   <HTML>
02.   <HEAD>
03.      <TITLE>
04.      Ejemplo 2 de JavaScript
05.      </TITLE>
06.   </HEAD>
```

```
07.    <BODY>
08.
09.       <SCRIPT language="JavaScript">
10.
11.          var miValor = 18;
12.          document.write ("El Valor Inicial es: ");
13.          document.write (miValor);
14.          miValor += 2;
15.          document.write ("<p>Después de sumar 2, el valor es: ");
16.          document.write (miValor);
17.          document.write ("<p>Pero es mayor que 19: ");
18.          document.write (miValor > 19);
19.
20.       </SCRIPT>
21.
22.    </BODY>
23.    </HTML>
```

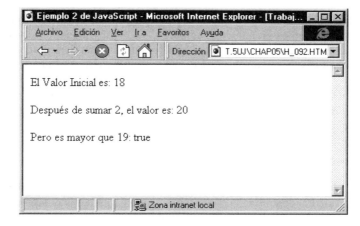

Figura 5.3 Salida de un guión que modifica el contenido de una variable.

La mayor parte de este código debería resultarle bastante sencillo en este momento. Lo más importante en este momento es concentrarse en las tres líneas de código significativas del ejemplo. La primera línea significativa se produce en la línea 11, entre la pareja de marcadores <SCRIPT>:

```
var miValor = 18;
```

Esto establece una variable llamada *miValor* y le da un valor inicial de 18. Dado que este valor se almacena en una variable, se mantendrá en memoria mientras se ejecutan las sentencias siguientes:

```
miValor += 2;
```

Recuerde que esta es la versión abreviada de

```
miValor = miValor + 2;
```

según se describía en la sección anterior con respecto a los operadores de asignación. Esta sentencia da a *miValor* el valor actual, que es 18, más 2, lo cual vale 20.

La línea 18 imprime en el documento el resultado de comprobar si *miValor* es o no mayor que 19.

```
document.write (miValor > 19);
```

No hay sentencias entre *document.write (miValor > 19);* y la sentencia anterior que modifiquen el valor de *miValor*. Como consecuencia, *document.write (miValor > 19);* imprime el resultado de una expresión lógica que pregunta si *miValor* (que en la actualidad de 20) es mayor que 19, lo cual es cierto. Por consiguiente, se imprime «true».

Funciones

Bueno, ya se sabe la forma de escribir programas, y posiblemente se podría, incluso, escribir programes grandes; sin embargo, estos programas se volverían excesivamente complejos con cierta rapidez. Sería interesante si se pudiera descomponer esos programas en secciones más pequeñas que llevaran a cabo acciones simples y bien definidas.

Los programas se descomponen de esta forma empleando funciones. Una *función* es un bloque de código —recuerde los bloques citados anteriormente en el capítulo— con un nombre bien definido, que puede o no admitir uno o más argumentos. Las funciones se invocan por su nombre, lo cual se hace en la forma

```
foo(bar);
```

Los paréntesis encierran los argumentos que pudiera admitir la función. En este caso, la función denominada *foo* admite el único argumento denominado *bar*.

Las funciones también proporcionan valores, aunque no siempre lo hacen. No es necesario hacer nada con estos valores proporcionados, pero normalmente proporcionan un valor por buenas razones, así que lo mejor es no ignorarlo. Las funciones que proporcionan valores se pueden situar en una expresión del mismo modo que se podrían colocar datos o variables.

Funciones incorporadas

La mayoría de las funciones que se van a invocar dentro de un programa en HTML están relacionadas con el modelo de objetos de HTML Dinámico, que se discutirá en el capítulo siguiente. Sin embargo, el lenguaje JavaScript en sí incluye unas cuantas funciones incorporadas que resultan útiles, y que se han enumerado en la Tabla 5.5, que es conveniente conocer.

Tabla 5.5 Funciones incorporadas útiles de JavaScript

Función	Descripción
escape(*cadenacaracteres*)	Proporciona la conversión de *cadenacaracteres* a una forma en que la visualiza en el navegador sin marcas de HTML.
eval(*cadenacódigo*)	Evalúa *cadenacódigo* como código de JavaScript, proporcionando cualquier cosa que proporcione JavaScript.
isNan(*valornum*)	Proporciona el valor verdadero si el *valornum* no es un número; en caso contrario, proporciona falso, se utiliza con parseFloat y parseInt.
parseFloat(*cadenanum*)	Proporciona *cadenanum* transformado en un número de coma flotante. Si no se puede convertir, proporciona el valor reservado NaN.
parseInt(*cadenanum*)	Proporciona *cadenanum* transformado en un entero. Si no se puede convertir, proporciona el valor reservado NaN.
unescape(*cadenacaracteres*)	Proporciona la conversión de *cadenacaracteres* a una forma tal que se visualiza en el navegador con marcadores de HTML (lo contrario de escape).

Comenzaremos examinando una de las funciones incorporadas de JavaScript. Esta función se denomina *eval* y admite un único argumento, llamado *cadenacódigo*:

```
eval(cadenacódigo)
```

La función eval(*cadenacódigo*) admite un argumento como una cadena y la evalúa como si se tratara de una expresión en JavaScript. En realidad, se pasa por el intérprete de JavaScript y el resultado que genere se proporciona como valor proporcionado por la función. El Listado 5.3 muestra la función *eval*() en acción:

Listado 5.3 Evaluación de argumentos de cadenas como expresiones de JavaScript

```
01.   <HTML>
02.   <HEAD>
03.      <TITLE>
04.      Ejemplo 3 de JavaScript
05.      </TITLE>
06.   </HEAD>
07.   <BODY>
08.
09.      <SCRIPT language="JavaScript">
10.
11.         var convierteMe = "2+2";
12.         convierteMe = eval(convierteMe);document.write(convierteMe);
13.
14.      </SCRIPT>
```

(continúa)

Listado 5.3 Evaluación de argumentos de cadenas como expresiones de JavaScript
(Continuación)

```
15.
16.   </BODY>
17.   </HTML>
```

La Figura 5.4 muestra la salida de este ejemplo. Obsérvese que la cadena «2+2» no se imprime, sino que en su lugar se imprime «4», que es el valor que tomaría «2+2» en una expresión de JavaScript.

La línea importante a la que hay que prestar atención en este ejemplo es

```
convierteMe = eval(convierteMe);
```

Según se describía anteriormente, la función *eval()* hace posible evaluar cadenas arbitrarias como expresiones de JavaScript, y averiguar el valor que tienen. Esto significa que se puede utilizar la función *eval()* como una especie de calculadora o analizador de sentencias lógicas que siempre estará disponible en nuestros programas.

Figura 5.4 Utilización de la función eval().

Funciones definidas por el usuario

Supongamos que se utiliza *eval()* frecuentemente antes de imprimir en la página de la red. De hecho, se utiliza en muchas ocasiones y ha llegado el momento en el que resulta incómodo asegurarse de que siempre se utilice *escape()* anteriormente.

Afortunadamente, resulta que uno puede definir sus propias funciones. Las funciones se definen combinando un enunciado de función y un bloque de código que se asociará a esa función. El enunciado de función consta de la palabra función que va seguido por unos paréntesis que contienen el nombre de la función.

Invoque a la función *imprimirEval()* y haga que admita un argumento llamado *el Texto*. No es necesario preocuparse por hacer que haga nada, así que haremos que vaya seguida solamente por un bloque de código en blanco:

```
function imprimirEval(el Texto)
{
}
```

Esta es una definición de función válida, aunque no sea gran cosa. Ahora bien, ¿qué es lo que hay que hacer dentro de la función? Se desea imprimir la cadena *el Texto* después de pasarla por la función *eval()* . El código siguiente muestra esta modificación de la función:

```
function imprimirEval(elTexto)
{
    elTexto = eval(elTexto);
    document.write(elTexto);
}
```

El código siguiente, en el Listado 5.4, utiliza la función *imprimirEval()* definida por el usuario. La salida de este código debería ser la misma que la obtenida en el ejemplo anterior:

Listado 5.4 Incorporación de funciones definidas por el usuario en JavaScript

```
01.   <HTML>
02.   <HEAD>
03.      <TITLE>
04.      Ejemplo 4 de JavaScript
05.      </TITLE>
06.   </HEAD>
07.   <BODY>
08.
09.      <SCRIPT language="JavaScript">
10.
11.         function imprimirEval(elTexto)
12.         {
13.            elTexto = eval(elTexto);
14.            document.write(elTexto);
15.         }
16.         var convierteMe = "2+2"
17.         imprimirEval(convierteMe);
18.
19.   </SCRIPT>
20.
21.   </BODY>
22.   </HTML>
```

Si ha prestado atención se preguntará posiblemente lo que le sucede a la variable *convierteMe* después de pasársela a la función *imprimirEval()* en la línea 17. Utilice la función *document.write()* para escribir el valor de *convierteMe* después de hacer la llamada a *imprimirEval()* en el cuerpo principal del guión. Después de todo, ¡al éxito por la práctica!

Proporcionar valores desde una función

La función *imprimirEval()* de la sección anterior lleva a cabo una acción, pero no proporciona valor alguno. Es posible que una función proporcione datos empleando la palabra reservada *return*, que irá seguida por los datos que haya que proporcionar. La siguiente función sencilla admite un número y proporciona el cuadrado de ese número a la expresión que hiciera la llamada:

```
function cuadrado(Nument)
{
    return (Nument * Nument);
}
```

No estamos limitados a proporcionar valores a través de *return*. De hecho, cualquiera de los datos enumerados anteriormente en este capítulo se puede utilizar como valor proporcionado.

Ahora bien, si se desea utilizar esta función, sería posible incluir una llamada en el cuerpo principal del guión o en otra función que invoque a la función cuadrado, por ejemplo:

```
var al cuadrado;
al cuadrado = cuadrado(4);
```

Después de ejecutar este código, *al cuadrado* tendría el valor 16. ¿Por qué sucede esto? La función *cuadrado()* admite un argumento: el valor que hay que elevar al cuadrado. Entonces proporciona ese valor elevado al cuadrado como valor de la función.

Control de flujo

La discusión de JavaScript hasta este momento del capítulo presenta este lenguaje de guiones como un mecanismo lineal: comienza en la primera sentencia, pasa a la siguiente y así sucesivamente.

La programación es, en muchos aspectos, algo relacionado con la toma de decisiones. Lo que se hace en unas ciertas circunstancias puede muy bien ser lo mismo que se hará en otras. Además, quizá sea necesario realizar una cierta acción una y otra vez, pero hasta este momento, la única forma de hacer eso consistiría en situar las sentencias que se deseen repetir dentro de una función, y después invocar a esa función una y otra vez, o lo que es peor, cortar y pegar las sentencias que se deseen invocar repetidamente.

El concepto de reorientación de lo que hace el programa en un momento dado, basándose en las distintas condiciones, recibe el nombre de *control de flujo*. JavaScript proporciona bastante control con respecto al flujo de programa mediante sentencias condicionales como «if…else» y sentencias de repetición tales como los bucles «for» y «while».

Supongamos, por ejemplo, que está conduciendo y que llega a una bifurcación de la carretera. Tiene que decidir en ese momento si va a tomar la desviación de la izquierda o la de la derecha. ¿Cuál de ellas seguirá? El control de flujo es el mecanismo que utiliza JavaScript para tomar decisiones como ésta.

if e if...else

El concepto más básico de control de flujo es la ramificación basada en una expresión condicional. Esto puede parecer complicado, pero lo único que significa es que se utiliza una expresión lógica—que se ha explicado anteriormente en este capítulo—para decidir si se sigue un camino u otro.

Las sentencias *if* se construyen utilizando la palabra reservada *if* seguida por una expresión lógica entre paréntesis, y después la sentencia (o bloque) que se ejecutará si esa expresión lógica es verdadera. El código siguiente muestra unos pocos ejemplos concretos de sentencias *if* en acción:

```
var x = 10;
var y = 25;
if (x < y)
    document.write("x es menor que y");
if (x != y)
    document.write("x no es igual a y");
if (x >= y)
    document.write("x mayor o igual que y");
if (x == y)
    document.write("x igual y");
```

En el primer caso, *«x es menor que y»* se imprimirá en la página, porque 10 es menor que 25, lo cual es cierto, así que la sentencia incluida en la sentencia *if* se ejecuta. Por la misma lógica, la segunda sentencia *if* da lugar a que se imprima en la pantalla «x no es igual a y». Para las dos sentencias *if* finales, no se imprime nada, porque las expresiones lógicas que la siguen son falsas, así que la sentencia siguiente no se ejecuta.

Obsérvese en la descripción relativa a la forma de construir una sentencia *if* que también puede ir un bloque de código después de la expresión lógica. Aplicando las mismas variables x e y del ejemplo anterior (10 y 25, respectivamente), observe el ejemplo siguiente:

```
if ((x == y) || (x < y)) {
    document.write("x menor o igual que y");
    document.write("o x igual que y");
}
```

En este caso, se imprime «x menor o igual que y o x igual que y» porque la expresión lógica es verdadera —hágalo de memoria si no le resulta evidente de modo inmediato, porque este tipo de consideraciones ayuda a adaptarse para comprender las condicionales— y el bloque que sigue a la sentencia *if* contiene dos sentencias, que se ejecutan por su orden.

También se puede construir una sentencia condicional *if...else* añadiendo la palabra reservada *else* al final de una sentencia *if*. En este caso, el programa ejecuta la sentencia (o bloque) que sigue a la expresión lógica si la expresión es verdadera, o bien la sentencia (o bloque) que sigue a la palabra reservada *else* si la expresión es falsa. Aplicando las mismas variables x e y de los ejemplos anteriores (10 y 25 respectivamente), observe el ejemplo siguiente:

```
if (x == y)
    document.write("x igual que y");
else
    document.write("x no es igual a y");
```

En este caso, se imprime «x no es igual a y». ¿Por qué? La expresión lógica es falsa porque 10 no es igual a 25, así que no se ejecuta la sentencia que sigue a la expresión; sin embargo, dado que la expresión era falsa, se ejecuta la sentencia que sigue a la palabra reservada *else*, y que imprime «x no es igual a y».

Bucles for

El bucle *for* es la más básica de las sentencias de bucles. Nos permite ejecutar una sentencia (o bloque) un determinado número de veces, basado en un contador y en una expresión con la cual se compara ese contador.

La sentencia *for* se construye comenzando con la palabra reservada *for* seguida por una especificación de una variable de contador. Esta variable de contador será utilizada por el bucle *for* para llevar la cuenta del lugar del bucle en el que nos encontramos.

A continuación, viene la expresión de comprobación, que determina si el bucle se ejecutará o no.

Por último, aparece la sentencia (o bloque) que hay que ejecutar cada vez que se pase por el bucle.

Esto parece bastante complicado, así que vamos a intentar construir un sencillo bucle *for*. Supongamos que se desea imprimir los números del 1 al 10. El bucle *for* que se podría utilizar para hacerlo tiene el aspecto siguiente:

```
for (var contador = 1; contador <= 10; contador++)
{
    document.write(contador);
    document.write("<br>"); // Imprimimos un salto de línea para
    separar las líneas
}
```

Para entender mejor lo que está sucediendo en el código anterior, la lista siguiente descompone eta transacción en sus componentes:

- **Variable de control**   La variable de control se toma como *var contador = 1*, que establece una nueva variable que se utilizará en este bucle y le da el valor 1. Esta parte sólo se ejecuta una vez.
- **Sentencia de comprobación**   Antes de ejecutar el bucle, se comprueba la expresión *contador <= 10*. Por consiguiente, el bucle se ejecutará hasta que el contador

ya no sea menor o igual que 10. Cuando la expresión de comprobación toma el valor falso, el bucle *for* concluye, y se ejecuta la sentencia siguiente a la estructura *for*.

- **Acción realizada después de la ejecución** Después de cada pasada por el bucle, se invoca a la sentencia *contador++*. En este bucle, se añade 1 al contador en cada pasada (*contador++* es lo mismo que *contador = contador + 1* o *contador += 1*).
- **Sentencia/bloque ejecutado** Cada vez que se satisface la expresión de comprobación, esta sentencia (o bloque) se ejecuta también. Aquí, el bloque está encerrado entre llaves ({ }).

Aun cuando este bucle *for* es sencillo, se podría ciertamente utilizar una lógica bastante más complicada en el bucle. Por ejemplo, se podría hacer que el bucle comenzara en 64 y que fuera dividiendo a la variable de control por 2 hasta que la variable de control valiera 1:

```
for (var contador=64; contador >= 1; contador = contador / 2)
```

En algunos casos, tiene sentido hacer más compleja la lógica de los bucles o de las sentencias condicionales. En este sentido hay que tener siempre cuidado, porque la depuración posterior resultará bastante más difícil. En general, cuando uno piensa en hacer las cosas más complicadas, debe preguntarse si sería posible hacerlo de manera más sencilla.

Bucles while

Un bucle *while* es bastante parecido a un bucle *for* salvo que tiene una única sentencia de comprobación. Por consiguiente, hay que asegurarse de que las condiciones vayan cambiando durante la ejecución del bucle *while* para asegurar que la condición de comprobación acabe finalmente por no tener éxito (proporcione el valor falso).

El bucle *while* se construye utilizando la palabra reservada *while* seguida por una expresión de comprobación—de forma bastante parecida a la que aparece en el bucle *for* —y después la sentencia (o bloque) que hay que ejecutar si la sentencia de comprobación resulta verdadera. La sentencia de comprobación se verifica antes de cada pasada por el bucle *while*.

Considere una metáfora que existe en el mundo real. El coche solamente anda cuando tiene gasolina. En cierto sentido, se podría pensar que el motor del coche es un bucle *while* que se evalúa en la forma «mientras haya gasolina, hacer funcionar el motor».

Será necesario iniciar las variables de control fuera del bucle *while,* suponiendo que se esté utilizando una variable de control y no ninguna otra forma de verificar la terminación, y en algún lugar dentro del bucle *while* será necesario asegurarse de que se vaya actualizando la variable de control.

El código siguiente construye un bucle *while* que se comporta del mismo modo que el primer ejemplo del bucle *for:*

```
var contador = 1;
while (contador <= 10)
{
    document.write(contador);
```

```
document.write("<br>"); // Se pone un salto de línea para separar
las líneas
contador++;
}
```

En primer lugar, antes de llegar al bucle *while* en sí, la variable de control *contador* se crea y se inicia con el valor 1. Se hace esto porque no hay ninguna sección del bucle *while* que esté reservada para crear e iniciar la variable de control. A continuación, se verifica la expresión de comprobación dentro del bucle *while*. Entonces, si la expresión de comprobación es verdadera, se ejecuta el cuerpo del bucle—la sentencia o el bloque que va tras él. Obsérvese que se suma 1 a la variable de control al final del cuerpo, asegurándose así de que la condición estudiada en la sentencia de comprobación vaya modificándose después de cada pasada por el bucle.

Sea cuidadoso a la hora de utilizar bucles while. *Es fácil olvidarse de incrementar la sentencia de control del bucle* while, *con lo cual puede dar lugar a un bucle que se repita indefinidamente—esto suele conocerse con el nombre de bucle infinito. Asegúrese siempre de que lo que se esté comprobando en la sentencia de comprobación se actualice en cada pasada por el bucle, o al menos garantice que se actualizará en algún momento.*

Sentencias break y continue

Por otra parte, utilizando los bucles tal y como se han diseñado se tiene un control más que suficiente de la ejecución de nuestro programa. En ciertas ocasiones, sin embargo, puede uno encontrarse con que escribe el cuerpo del bucle y desea que hubiera alguna forma de saltar la iteración siguiente del bucle, o incluso salir del bucle por completo. Esta posibilidad la proporcionan las sentencias *continue* y *break*.

El primer ejemplo examina la sentencia *break*. El ejemplo siguiente es una repetición de la sección del bucle *for* pero actualiza el bucle *for* para que cuando la variable de control llegue a 5, el bucle *for* finalice por completo:

```
for (var contador = 1; contador <= 10; contador++)
{
    if (contador == 5)
        break;
    document.write(contador);
    document.write("<br>"); // Se imprime un salto de línea para separar
    las líneas
}
```

En este ejemplo, cada vez que se ejecuta el bucle se comprueba si la variable *contador* es igual a 5. Si no lo es, el bucle prosigue como de costumbre. Sin embargo, si es igual a 5, salimos de bucle *for*. Es importante tener en cuenta que no solamente se sale de esa pasada por el bucle, sino que salimos por completo del bucle *for* y no volveremos a efectuar otra iteración. Por consiguiente, solamente se imprimen los números del 1 al 4.

El código siguiente examina la sentencia *continue*. La sentencia *continue* no sale por completo del bucle, se limita a saltar el resto del cuerpo del bucle para esa iteración, según se demuestra en el ejemplo siguiente:

```
for (var contador = 1; contador <= 10; contador++)
{
    if (contador == 5)
        continue;
    document.write(contador);
    document.write("<br>"); // Se imprime un salto de línea para separar
    las líneas
}
```

Esto es similar al ejemplo anterior que demuestra la sentencia *break*. En primer lugar, se imprimen los números del 1 al 4. Entonces se ejecuta la sentencia *continue* en la quinta pasada por el bucle, porque *contador* es igual a 5, lo cual da lugar a que no se imprima el número 5. A diferencia de la sentencia *break*, sin embargo, el bucle *for* prosigue, y se imprimen los números del 6 al 10.

El uso de la sentencia continue *dentro de un bucle* for *es bastante seguro; sin embargo, asegúrese de utilizar con gran precaución las sentencias* continue *dentro de los bucles* while. *Es bastante fácil acabar en un bucle infinito si se ejecuta una sentencia* continue *antes de haber actualizado la variable que se comprueba.*

Objetos

La programación orientada a objetos (POO) ha sido un tema candente en la programación de computadoras durante bastante tiempo, y cualquier lenguaje de computadoras nuevo con una cierta dignidad incluye algún tipo de apoyo para los objetos. JavaScript no es una excepción.

Si está acostumbrado a los modelos de programación orientada a objetos propios de C++ o de Java, le espera una sorpresa. JavaScript no admite los conceptos de POO avanzados, tales como la herencia o el polimorfismo. En lugar de hacer esto, intenta mantener las cosas tan sencillas como sea posible reduciendo todo al mínimo esencial.

Uno de los mandatos centrales de la POO se denomina encapsulación. La encapsulación parece un término complicado, pero en realidad es un concepto bastante sencillo. Si está acostumbrado a escribir programas grandes, ya sabe que es fácil acabar con una cantidad desbordante de funciones y de variables que puedan resultar finalmente difíciles de manejar.

La encapsulación es simplemente el proceso consistente en envolver esas funciones y variables en diferentes paquetes, que denominaremos *objetos*. Las variables pasan a ser conocidas con el nombre de *propiedades* y las funciones reciben entonces el nombre de *métodos*. No deje que le confundan los términos *propiedades* y *métodos*; basta con pensar en ellos como si fueran variables y funciones envueltas en un objeto.

Las propiedades y los métodos son los elementos centrales a partir de los cuales se construyen los objetos. Comenzaremos por examinar con más detalle los métodos.

Métodos

Según se ha mencionado anteriormente, un *método* no es más que una función almacenada dentro de un objeto. Es un concepto bastante abstracto, así que empezaremos por considerar un ejemplo de un mundo real.

Digamos que se desea utilizar un objeto que represente un automóvil. Alguien que conduzca una automóvil puede llevar a cabo varias funciones básicas: pisar el acelerador, pisar el freno, mover el volante hacia la derecha y mover el volante hacia la izquierda. Esta funcionalidad quedará disponible para el usuario del objeto a través de los métodos:

- *pisarAcelerador( )*
- *pisarFreno( )*
- *girarDerecha( )*
- *girarIzquierda( )*

Dado que son métodos y no funciones, no podrían ser invocados por sí mismos. En su lugar, para invocar a un método es preciso precederlo con el nombre del objeto del cual se quiera llamar al método, separándolo mediante un punto.

Por tanto, si se dispone de uno de estos objetos automóvil denominado *miCoche*, se le indicaría al coche que girase a la derecha empleando la sentencia siguiente:

```
miCoche.girarDerecha();
```

Esta sentencia invoca al método *girarDerecha( )* del objeto *miCoche*, dando lugar a que el coche gire a la derecha. En este momento, uno se pregunta dónde se almacenan los datos que representan el coche. La respuesta de esa pregunta está en las propiedades del objeto.

Propiedades

Cuando se invocan los métodos, esos métodos suelen actuar sobre algún tipo de datos que está contenido en el objeto. A esos datos se les llama *propiedades*. Una propiedad es simplemente una variable que está contenida dentro de un objeto.

Considere de nuevo el ejemplo del automóvil. Los métodos que se han presentado en conjunto modelan dos aspectos del estado del automóvil en todo momento dado: su velocidad y su dirección.

Estos datos estarían contenidos dentro del objeto a través de sus propiedades. Supongamos que el objeto contiene las dos propiedades siguientes para modelar su estado: *velocidad* y *dirección*.

Ahora bien, se podría modificar la velocidad del automóvil representado por el objeto *miCoche* directamente, modificando la propiedad *velocidad*. Las propiedades se modifican como cualquier otra variable, salvo que de forma muy parecida a los métodos, es preciso preceder el nombre de la propiedad con el nombre del objeto del cual se desea modificar esa propiedad, separándola mediante un punto. Por consiguiente, si se desea establecer como velocidad del objeto *miCoche* el valor 25, se utilizaría en la siguiente sentencia:

```
miCoche.velocidad = 25;
```

Ahora que ya se comprende la forma en la que se podría utilizar un objeto imaginario, vamos a examinar un objeto real que está incorporado en el lenguaje JavaScript.

Objetos incorporados

JavaScript incluye por sí mismo unos cuantos objetos— HTML Dinámico añade una gran cantidad más, pero esto se describirá en el capítulo siguiente. Uno de los objetos más frecuentes es el objeto *Math*. El objeto *Math* incluye unos cuantos métodos para efectuar cálculos matemáticos superiores, e incluye también unas cuantas propiedades que contienen constantes matemáticas comunes.

Una de las constantes matemáticas comunes que contiene el objeto *Math* es *PI*. Supongamos que se desea escribir una pequeña función que determina el área del círculo:

```
function área(radio) {
    return (radio * radio * Math.PI); // Área=PI*Radio al Cuadrado
}
```

Esta función se limita a admitir un argumento, «radio» y proporciona entonces PI por el radio al cuadrado, que es la fórmula del área del círculo.

El objeto *Math* incluye también métodos para realizar operaciones matemáticas. Incluye por ejemplo el método *sqrt()*, que determina la raíz cuadrada del número que se le pasa. El ejemplo siguiente utiliza este método para imprimir la raíz cuadrada de 10:

```
var miNúmero = Math.sqrt(10);
document.write(miNúmero);
```

Para aprender más acerca de los objetos incorporados en JavaScript, acuda a la documentación formal de JavaScript—en la sección «Recursos de JavaScript» de este capítulo se ofrecen direcciones de la World Wide Web para estos documentos.

Objetos definidos por el usuario

La definición de nuestros propios objetos es ligeramente complicada. El primer paso consiste en construir una función que contenga todas las propiedades y, si se desea, todos los métodos del objeto. Entonces se pueden fijar las propiedades del objeto mediante la sentencia *this*. Supongamos que se desea definir un objeto empleado que contiene el nombre, edad y salario del empleado. Este objeto se definiría en la forma siguiente:

```
function empleado(nombre, edad, salario)
{
    this.nombre = nombre;
    this.edad = edad;
    this.salario = salario;
}
```

Es importante tener en cuenta en este momento que no se ha creado el objeto. Más bien, lo que se ha creado es una función que construye los objetos. Esto es algo parecido a un «molde para galletas». Este «molde para galletas» recibe el nombre de constructor del objeto. El uso de este «molde para galletas» para crear un objeto se conoce con el nombre de *generación.*

Para hacer realmente objetos, es necesario llamar a la sentencia *new* con una llamada al constructor *this* a continuación. Por tanto, si uno desea crear un objeto llamado empleado cuyo nombre sea «José García», de 28 años de edad y con un sueldo de 3.500.000 y asignárselo a la variable *miEmpleado,* se utilizará el código siguiente:

```
miEmpleado = new empleado("José García", 28, 3.500.000)
```

Entonces se podría hacer alusión a las propiedades del objeto en la forma siguiente:

```
Nombreemp = miEmpleado.nombre;
Edademp = miEmpleado.edad;
Salarioemp = miEmpleado.salario;
```

Si se utiliza mucho un objeto en una cierta sección del programa, hay una forma abreviada de acceder a ese objeto que nos permite evitar tener que escribir el nombre del objeto antes de las propiedades cuando se hace alusión a ellas.

Para hacer esto, se utiliza la sentencia *with,* que va seguida por el nombre del objeto que se utilizará por omisión cuando se haga alusiones a propiedades, y un bloque de sentencias que hacen uso de este objeto. Lo que sigue, por ejemplo, ejecuta las mismas acciones del ejemplo anterior:

```
with (miEmpleado)
{
    Nombreemp = nombre;
    Edademp = edad;
    Salarioemp = salario;
}
```

Ahora que se está utilizando el objeto *miEmpleado* con una sentencia *with*, las referencias de las propiedades *Nombreemp, Edademp* y *Salarioemp* se consideran automáticamente por parte de JavaScript como pertenecientes al objeto *miEmpleado.*

Los objetos son útiles para agrupar métodos y propiedades en una sola estructura de datos. El último elemento de la sintaxis de JavaScript que se va a tratar, la matriz, también está dedicado a agrupar cosas.

Matrices

Supongamos que se desea almacenar una lista de 25 números. ¿Cómo se podría almacenar esa lista? Se podrían crear 25 variables distintas para hacerlo, pero esto sería bastante incómodo. Se podría hacer más sencilla la situación tomando esas 25 variables y encapsulándolas en un objeto, pero esto seguiría siendo un proceso arduo.

La forma correcta de actuar en esta situación consiste en utilizar una matriz. Una *matriz* contiene varios datos a los cuales se conoce con el nombre de *elementos*. Las matrices nos permiten almacenar un número arbitrario de elementos sin definir por anticipado lo que contendrán esos elementos.

Las matrices se crean de forma muy parecida a un objeto, empleando *Array* como constructor y con el número de elementos que va a contener, como argumento de ese constructor. Supongamos que se desea crear una matriz denominada *losNombres* y que contiene 5 nombres distintos. Se crearía de la forma siguiente:

```
losNombres = new Array(5);
```

A continuación, si uno desea asignar valores a los diferentes elementos de la matriz, se indica el número del elemento al que se desea acceder entre corchetes ([y]) a continuación del nombre de la matriz según se muestra en el código siguiente:

```
losNombres[0] = "José";
losNombres[1] = "María";
losNombres[2] = "Juan";
losNombres[3] = "Tim";
losNombres[4] = "Marcos";
```

El número que se utiliza para aludir a los elementos individuales de la matriz se conoce con el nombre de índice del elemento. Este número de índice hace posible acceder de forma individual a cada elemento. Los índices de las matrices empiezan en 0 y van ascendiendo hasta la posición del último elemento de la matriz.

Nota: *Aludir los elementos de una matriz puede no ser un proceso evidente, porque muchas personas están acostumbradas a empezar a contar en 1. El primer elemento de una matriz siempre está en la posición 0 y no en la posición 1. Por tanto, la última posición de una matriz de 5 elementos es 4, no 5.*

Un ejemplo de programa en JavaScript

Después de habernos familiarizado con los conceptos de este capítulo, es preciso familiarizarse ahora con la mayoría de componentes de JavaScript. El programa siguiente reúne muchos de los conceptos de JavaScript que se han aprendido en este capítulo en una única aplicación operativa.

El código del Listado 5.5 imprime un saludo distinto basándose en si estamos en la mañana o en la tarde, y después imprime el nombre del día de la semana correspondiente a la fecha actual (véase Figura 5.5 para un ejemplo de su resultado).

Listado 5.5 Impresión basada en las fechas en JavaScript

```
01.  <HTML>
02.  <HEAD>
03.    <TITLE>
04.    Ejemplo 5 de JavaScript
```

(continúa)

Listado 5.5 Impresión basada en las fechas en JavaScript *(Continuación)*

```
05.      </TITLE>
06.    </HEAD>
07.    <BODY>
08.
09.      <SCRIPT language="JavaScript">
10.
11.      var hoy = new Date();
12.
13.      if (hoy.getHours() <= 12)
14.          document.write("<p>¡Buenos días!");
15.      else
16.          document.write("<p>¡Buenas tardes!");
17.
18.      document.write("<p>Hoy es ");
19.      var Numhoy = hoy.getDay();
20.      var Nombrehoy = Nombredía(Numhoy);
21.      document.write(Nombrehoy);
22.
23.      function Nombredía(día)
24.    {
25.          var nombres = new Array(7);
26.
27.          nombres[0]= "Domingo";
28.          nombres[1]= "Lunes";
29.          nombres[2]= "Martes";
30.          nombres[3]= "Miércoles";
31.          nombres[4]= "Jueves";
32.          nombres[5]= "Viernes";
33.          nombres[6]= "Sábado";
34.
35.          return nombres[día];
36.    }
37.
38.    </SCRIPT>
39.
40.    </BODY>
41.    </HTML>
```

Este programa se basa en el objeto *Date* de JavaScript, que es uno de los objetos incorporados de JavaScript. Cuando se crea un nuevo objeto *Date,* toda la información relativa a la fecha y hora de hoy se almacena en ese ejemplar del objeto. Uno de los métodos que contiene el objeto es *getHours(),* y proporciona la hora actual dentro del día con formato militar del tiempo.

Por consiguiente, una vez que uno tiene la información relativa a la hora del día, se puede utilizar una sentencia condicional para determinar si hay que decir «¡Buenos días!» o «¡Buenas tardes!», según se muestra en las líneas de la 11 a la 16:

```
11.    var hoy = new Date();
12.
13.    if (hoy.getHours() <= 12)
14.        document.write("<p>¡Buenos días!");
15.    else
16.        document.write("<p>¡Buenas tardes!");
```

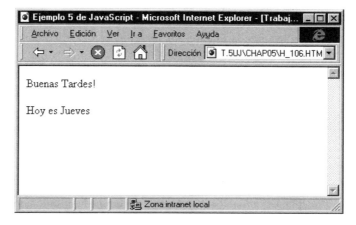

Figura 5.5 Un programa de fechas en JavaScript.

El paso siguiente consiste en determinar el día de la semana. Esa información se puede obtener a través del objeto *Date* que se ha creado mediante el método *getDay()* de la línea 19:

```
var Numhoy = hoy.getDay();
```

Este código genera un número que se corresponde con el número del día de la semana en relación a hoy. La Tabla 5.6 establece la correlación entre el número y el nombre del día.

Tabla 5.6 Números de los días de la semana

Número	Día
0	Domingo
1	Lunes
2	Martes
3	Miércoles
4	Jueves
5	Viernes
6	Sábado

Dado que no quiere uno imprimir «Hoy es 3», es necesario convertir el número de día en el nombre correspondiente. Dado que este es el tipo de cosas que uno puede necesitar hacer de forma regular, sería el lugar perfecto para utilizar una función.

La función *Nombredía()* admite un día en forma numérico y lo representa en la variable *día*. Lo primero que hace la función *Nombredía()* es crear una matriz de 7 elementos, uno por cada día de la semana:

```
var nombres = new Array(7);
```

A continuación, la función *Nombredía()* coloca el nombre del día de la semana en el elemento correspondiente dentro de la matriz:

```
nombres[0]= "Domingo";
nombres[1]= "Lunes";
nombres[2]= "Martes";
nombres[3]= "Miércoles";
nombres[4]= "Jueves";
nombres[5]= "Viernes";
nombres[6]= "Sábado";
```

Finalmente, la función *Nombredía()* examina la posición de la matriz que corresponde al valor que se le ha pasado a la función. Y entonces proporciona el nombre del día que se necesita proporcionando el valor asociado a esa posición dentro de la matriz.

```
return nombres[día];
```

Esto es un poco complicado, así que quizá haya que pensarlo dos o tres veces. Si se examina la Tabla 5.6, se observará que Miércoles corresponde al número 3. Por consiguiente, al colocar «Miércoles» en el elemento que se ha proporcionado al aludir al número 3 dentro de la matriz, se puede recuperar fácilmente ese dato.

Ahora lo único que se necesita es utilizar la función *Nombredía()* para transformar el número correspondiente a hoy en el nombre correspondiente:

```
var Nombrehoy = Nombredía(Numhoy);
```

Este ejemplo ha descrito muchos de los conceptos importantes de JavaScript que se utilizarán a lo largo del libro. En primer lugar, aun cuando lo normal será que no será necesario crear nuestros propios objetos, será preciso utilizar los que proporciona HTML Dinámico. Se ha trabajado bastante con el objeto Date, que refleja el tipo de procesos que se mostrarán posteriormente.

En segundo lugar, es importante familiarizarse con el proceso de creación de funciones y con su utilización. Gran parte del trabajo que se realizará al crear nuestras propias páginas dinámicas para la red implica la adición de funciones que serán invocadas cuando el usuario realice determinadas acciones. Este proceso se conoce con el nombre de gestión de sucesos, y se describirá con gran detalle en el Capítulo 7, «Gestión de sucesos».

Recursos de JavaScript

JavaScript fue creado originalmente por Netscape y para disponer de la última palabra en lo tocante a problemas generales de JavaScript, la documentación de Netscape es el mejor lugar en que se puede buscar:

```
http://developer.netscape.com/library/documentation/index.html
```

Para disponer de documentación acerca de JavaScript y de las características de JavaScript exclusivas de Internet Explorer 4.0, o también para asegurarse de que una característica específica de JavaScript está implementada en la versión de JavaScript propia de Microsoft, consulte:

```
http://www.microsoft.com/jscript
```

Y a continuación...

Según se mencionaba al principio de este capítulo, la utilización de un lenguaje de guiones resulta esencial para HTML Dinámico porque es la herramienta que se utiliza para controlar HTML Dinámico.

Este capítulo ha abarcado una gran cantidad de información. No se sienta desbordado si no comprende todo lo que hay que saber acerca de JavaScript en este momento. Lo importante es que comprenda las bases y que vuelva a este capítulo si se siente confundido por algún código de JavaScript que se presente posteriormente. A continuación, en los capítulos siguientes se van a tratar los temas que se indican:

- El capítulo 6, «Modelo de objetos de HTML Dinámico», habla acerca del modelo de objetos que utiliza HTML Dinámico, y que trata a todos los elementos de HTML de una página como si fueran objetos mutuamente conscientes entre sí.
- El Capítulo 7, «Gestión de sucesos», abarca la importancia de la gestión de sucesos en los centros de red generados por HTML Dinámico.

Capítulo

Modelo de objetos
de HTML Dinámico

El hecho de que HTML Dinámico tenga algo llamado modelo de objetos puede parecer impresionante a primera vista, pero no se preocupe, porque en realidad es bastante sencillo. El uso de un modelo de objetos significa que hay que examinar algo a lo cual está uno bastante acostumbrado de una forma nueva y bastante más potente.

¿Qué es un modelo de objetos? Es el resultado de descomponer algo en objetos. Por ejemplo, si tuviéramos la intención de simular todos los componentes de un automóvil a través de objetos (un objeto motor, un objeto transmisión y demás), entonces se tendría el modelo de objetos de un automóvil para nuestra simulación.

El modelo de objetos de HTML Dinámico aplica este mismo proceso al navegador de la red y a las páginas de HTML que contiene. El modelo de objetos de HTML Dinámico hace posible acceder a ciertos aspectos del navegador, tales como su historia y también a aspectos de la página de red que esté visualizando en ese momento, tales como los elementos de HTML de que consta esa página.

- **La jerarquía de objetos**   El primer aspecto del modelo de objetos de HTML Dinámico que es preciso conocer es la jerarquía de objetos. La jerarquía de objetos, que está contenida dentro del objeto *window*, contiene todos los aspectos de la ventana actual y del documento que se está mostrando en el navegador.
- **Colecciones**   Las *colecciones* son objetos que utilizan HTML Dinámico para agrupar los elementos de un documento HTML.
- **Elementos**   El *elemento* es la forma básica en que se descompone HTML. El objeto *elemento* es tan sólo la representación de un elemento de HTML como un objeto de guiones.
- **Objeto *window***   En el núcleo del modelo de objetos de HTML Dinámico se encuentra el objeto *window*. El objeto *window* contiene toda la información acerca del estado de la ventana del navegador y de todo lo que contiene.
- **Objeto *document***   El objeto *document* contiene toda la información acerca del documento de HTML que esté visualizando el navegador en ese momento. Toda sección del documento de HTML a la que se desee acceder mediante guiones estará contenida aquí.

Aun cuando decididamente es un desarrollo positivo, existe una cierta preocupación porque el modelo de objetos que utiliza Microsoft no sea el mismo que el que empleen otros fabricantes de navegadores. Uno de los aspectos más arduos del trabajo con la World Wide Web es la aparentemente inacabable divergencia de estándares para la forma en la que se hacen las cosas. El consorcio de la World Wide Web (W3C) está intentando asegurarse de que esto no suceda con los modelos de objetos, mediante la creación de un modelo de objetos estándar denominado el modelo de objetos de documentos de W3C.

Microsoft ha construido el modelo de objetos de HTML Dinámico sobre las bases propuestas por W3C para el modelo de objetos de documentos. Microsoft ha dejado claro que tiene la intención de seguir los futuros estándares de W3C en lo tocante al modelo de objetos.

Visualización de los documentos HTML como colecciones de objetos

Piense en todas las páginas de HTML que haya escrito en el pasado. Cuando se siente a escribir una página, tiene que descomponer sus secciones en segmentos lógicos distintos. Por ejemplo, incluso un sencillo documento HTML tendría dos secciones:

- El encabezado (<HEAD>)
- El cuerpo (<BODY>)

Mediante este proceso de creación de un BODY y de un HEAD, estamos acostumbrados a imponer una cierta estructura al documento HTML. Sin embargo, salvo por la descomposición de este documento en estas dos piezas, es posible que piense en el resto de su documento HTML como el resto de elementos de HTML unidos de forma lineal.

El modelo de objetos de HTML Dinámico presenta a la página HTML y al navegador en sí como una notable colección de objetos. Al hacer esto, se puede acceder a cualquier porción de la página que se desee descendiendo a la colección de objetos y recuperando la porción deseada.

Por ejemplo, el modelo de objetos de HTML Dinámico contiene un objeto llamado cuerpo, que capacita a los escritores de guiones para acceder a los elementos del BODY del documento directamente. También contiene un objeto llamado location que capacita a los escritores de guiones para obtener información acerca de la página que se está visualizando en ese momento, tal como la URL de la página o el protocolo que se emplea para visualizarla.

Este tipo de capacidad de programación para recuperar el estado de la página se volverá muy valioso posteriormente en el libro, cuando empecemos a modificar el contenido o el estilo de los elementos de la página sobre la marcha. Por ejemplo, quizá sea necesario limitar nuestros cambios al encabezado o al cuerpo del documento. El modelo de objetos de HTML Dinámico proporciona las herramientas para lograr esto.

Independencia del lenguaje en el modelo de objetos de HTML Dinámico

Los modelos de objetos son la forma estandarizada de descomponer datos complejos en segmentos tratables, pero en el pasado los modelos de objetos estaban asociados a un lenguaje específico. El modelo de objetos de Microsoft Office, por ejemplo, es un modelo de objetos para toda la Microsoft Office Suite. Mediante este modelo de objetos, los procedimientos pueden acceder al estado de las aplicaciones y documentos contenidos en ella, con objeto de modificarlos.

Una de las grandes desventajas de un modelo de objetos tal como el modelo de objetos de Microsoft Office, sin embargo, es que está asociado a un lenguaje de programación específico, que en este caso es Visual Basic for Applications. Por consiguiente, no se pueden utilizar otros lenguajes de programación comunes, tales como Java o Pascal.

Esto da lugar a problemas en dos sentidos. En primer lugar, es preciso desarrollar un modelo de objetos distinto para cada lenguaje, lo cual en esencia es reinventar la rueda una y otra vez. En segundo lugar, un modelo de objetos dependiente de un lenguaje centra una atención excesiva en el lenguaje utilizado y no presta suficiente atención al proyecto que se está tratando.

El modelo de objetos de HTML Dinámico intenta hacer que esto no sea problema siendo completamente independiente del lenguaje. Es tan sencillo acceder al modelo de objetos y utilizarlo con VBScript como con JavaScript. Con un poquito más de trabajo, también se puede utilizar al modelo de objetos, para utilizarlo, desde Java o C++.

Hacer que el lenguaje del modelo de objetos de HTML Dinámico sea independiente debería ser un factor importante para su éxito, porque no obliga a los desarrolladores a realizar una difícil selección de un lenguaje estándar para el desarrollo en HTML Dinámico. Si su lenguaje favorito para la creación de guiones es JavaScript, perfectamente; pero si lo que le gusta es VBScript, no se quedará fuera.

Aprovechamiento de los esfuerzos de Netscape

Si está acostumbrado a utilizar JavaScript en Netscape Navigator para realizar la programación de formularios, el modelo de objetos de HTML Dinámico le resultará bastante familiar. Originalmente, Microsoft incorporó el modelo de objetos de Netscape a Internet Explorer 3.0 con pequeñas ediciones. Sin embargo, con Internet Explorer 4.0, Microsoft ha extendido el modelo de objetos de Netscape para abarcar casi todos los aspectos concebibles del navegador y del documento HTML que reside en su interior.

Netscape Navigator 2.0 y sus versiones posteriores hacen posible acceder a los formularios y a los elementos de un formulario, mediante una sintaxis sencilla. Por ejemplo, si se tiene un formulario llamado *entrada* con un campo de texto llamado *usuario,* se puede acceder al valor de ese campo de la forma siguiente:

```
documento.entrada.usuario.valor
```

HTML Dinámico lleva este proceso hasta su extremo lógico. La URL actual que esté visualizando la ventana del navegador, por ejemplo, está contenida en un elemento llamado *location* dentro del objeto *window*:

```
window.location
```

De la misma manera, todo el cuerpo del documento HTML está contenido en una colección de objetos llamados *all*, que está contenida en el objeto *document,* que a su vez contiene el objeto *window*:

```
window.document.all
```

Comprensión del modelo de objetos de HTML Dinámico

Ahora que ya tiene una idea de lo que es un modelo de objetos y de la forma en la que se puede utilizar, ha llegado el momento de examinar los aspectos específicos del modelo de objetos que Microsoft ha implementado para HTML Dinámico dentro de Internet Explorer 4.0.

El núcleo del modelo de objetos de HTML Dinámico es la jerarquía de objetos. La jerarquía de objetos se muestra en la Figura 6.1. La jerarquía de objetos es el lugar en el que están almacenados todos los objetos que se necesitarán para acceder al estado del navegador y de la página HTML y también para modificarlos.

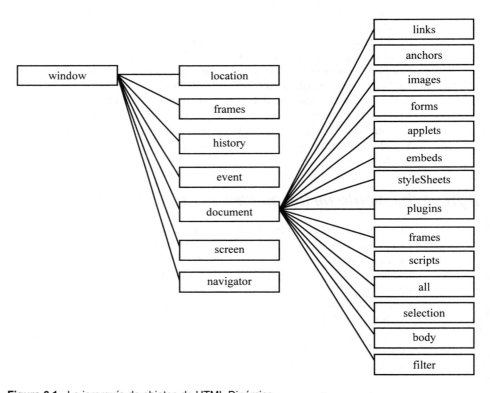

Figura 6.1 La jerarquía de objetos de HTML Dinámico.

El primer punto que hay que observar acerca de esta jerarquía es que todos los objetos de la jerarquía están contenidos dentro del objeto *window*. Por tanto, para acceder al documento que está contenido dentro de la ventana actual, se utiliza el objeto *document* que está contenido dentro del objeto *window*.

Un segundo aspecto importante que hay que tener en cuenta acerca de la jerarquía es que además de los objetos, con los cuales ya estamos familiarizados, existen también cosas de la jerarquía denominadas «colecciones» que todavía no se han tratado.

Por consiguiente, antes de discutir la jerarquía de objetos con más detalle, tómese su tiempo para aprender lo que es una colección, de tal modo que cuando se consideren las distintas colecciones, le resulten familiares.

Colecciones

Una *colección* es un conjunto de cosas agrupadas para el modelo de objetos de HTML Dinámico. Un documento típico de HTML, por ejemplo, es una colección de enlaces, cuadros, formularios y otros elementos tales como imágenes.

Piense en una colección como en un envoltorio que abarca un gran número de objetos. Normalmente, no se utilizará una colección por sí misma, sino que se podrá utilizar para acceder a los objetos que contenga.

Considere un ejemplo del mundo real. Suponga que existiera un objeto que representase una tienda de chucherías de la cual fuera el director. Podría utilizar una colección para representar el inventario, que contuviera objetos representando las chucherías que tuviera en el almacén en la actualidad.

Las colecciones se utilizan sobre todo para agrupar cosas. Esto hace posible acceder a cosas que sean similares entre sí dentro de una página de forma rápida y sencilla.

Esto es un poco teórico, así que quizá lo mejor sería considerar un ejemplo de colección que pudiera resultarle útil como programador. Una de las colecciones principales que contiene el modelo de objetos de HTML Dinámico es la colección *document.all*. Esta colección, que contiene todos los elementos de HTML de una página HTML dada, se describe posteriormente en este capítulo.

Acceso a los elementos de una colección

Dado que las colecciones se utilizan para agrupar elementos, tiene sentido disponer de formas de acceder a esos elementos de la colección. Los elementos se pueden extraer de todas las colecciones de HTML Dinámico a través de los tres métodos que se describen en la Tabla 6.1.

Tabla 6.1 Métodos de acceso

Método de acceso a una colección	Descripción
item (cadenas)	Proporciona todos los elementos de la colección cuyo nombre o id se especifiquen. Si se proporciona más de un elemento, entonces lo que se proporciona es una colección que contiene esos elementos.
item (número)	Proporciona el elemento de la colección que se encuentra en la posición especificada como argumento.
marcadores (Nombremarcador)	Proporciona una colección que contiene solamente el marcador especificado.

El método *item (cadena)* hace posible acceder a los elementos de la colección especificando el nombre o id del elemento. Por ejemplo, suponga que existe un elemento en su documento HTML y cuyo nombre es «miElemento». Se podría proporcionar ese elemento utilizando el método *item()* con el nombre del elemento «miElemento» como argumento, según se muestra en la línea siguiente:

```
document.all.item("miElemento")
```

Nota: *Si hay más de un elemento que coincida con el nombre o id que se le pasa al método* item()*, se crea una colección que contiene todos los elementos que coincidan con los criterios dados. Entonces, lo que proporciona el método* item() *no es un elemento, sino en realidad otra colección. Entonces volvería a utilizarse uno de los métodos de la colección, tal como* item()*, para extraer elementos de esa nueva colección.*

La segunda forma de extraer un elemento de una colección es utilizar un número como argumento para el método *item()* que proporcionará ese elemento, suponiendo que se conozca exactamente el lugar de la colección en que está situado elemento. El primer elemento de la colección *document.all*, por ejemplo, es el elemento HTML. Por tanto, se podría acceder al elemento HTML con el código siguiente:

```
document.all.item(0)
```

De forma muy similar a una matriz, el primer elemento de una colección se encuentra siempre en la posición 0. Es importante recordar esto, porque es fácil que se produzcan errores sorprendentes si uno se olvida de esto, e intenta acceder a él en la posición 1. Si se accede a un elemento situado en la posición 1, en lugar de proporcionar el primer elemento de la colección, se proporcionará el segundo. El método *tags (nombreMarcador)* permite recuperar todos los elementos de la colección que tengan el marcador especificado. El valor proporcionado es otra colección que contiene todos esos elementos. El método *tags (nombreMarcador)* utiliza el nombre del marcador como argumento para buscarlo como elemento.

Supongamos, por ejemplo, que desea obtener una colección formada por todos los elementos del documento que utilizan el marcador <P>. Entonces utilizaría el código siguiente:

```
document.all.tags("P")
```

Proporcionar la longitud de una colección

Las colecciones sólo tienen una propiedad —*length*. Esta propiedad permite saber cuántos elementos están almacenados en este momento en la colección.

Vamos a expandir el ejemplo anterior. Ya se ha aprendido la forma de conseguir una colección que contenga todos los elementos del documento que poseen el marcador <P>; sin embargo, ¿cómo se determina el número de marcadores de párrafo que hay en el documento?

El ejemplo siguiente cuenta el número de párrafos que existen en un documento de HTML. La Figura 6. 2 muestra la salida del Listado 6.1.

Listado 6.1 Utilización de la colección *document.all* para contar elementos HTML

```
01.    <HTML>
02.    <HEAD>
03.       <TITLE>
```

```
04.          Edición especial HTML Dinámico, Capítulo 6, Ejemplo 1
05.        </TITLE>
06.     </HEAD>
07.     <BODY>
08.        <P>Este ejemplo muestra las colecciones en HTML Dinámico
09.        <P>En este documento hay 4 párrafos
10.        <P>Y utilizamos el método de marcadores para proporcionar una
           colección
11.        <P>Después se utiliza la propiedad length para contar los
           párrafos
12.        <SCRIPT language="JavaScript">
13.           var párrafos = document.all.tags("P");
14.           var numpárrafos= párrafos.length;
15.           alert(numpárrafos + " párrafos en total");
16.        </SCRIPT>
17.     </BODY>
18.     </HTML>
```

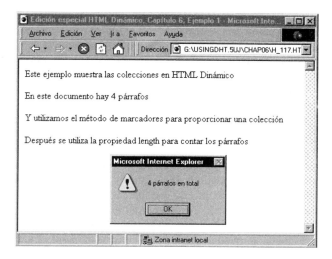

Figura 6.2   Recuento de párrafos mediante la colección *document.all*.

La primera cosa importante a la que hay que prestar atención en este ejemplo es que el texto del cuerpo del documento contiene cuatro marcadores <P>. Por consiguiente, *document.all* contiene cuatro elementos de párrafo.

El método *tags()* de la colección *document.all* especifica una subcolección que contiene todos los marcadores <P>. Esta colección que contiene los marcadores <P> se asigna (se proporciona) a la variable *párrafos* según se muestra en el código siguiente:

```
var párrafos = document.all.tags("P")
```

El número de marcadores <P> que hay en la colección de marcadores <P> se determina a continuación empleando la propiedad *length* de la colección, en la línea 14. Dado que esta colección contiene todos los marcadores del documento que son del tipo de marcador <P>, la longitud de esta colección es el número de párrafos que hay en el documento:

```
var numpárrafos = párrafos.length;
```

Por último, la función *alert( )* de la línea 15 se invoca con objeto de mostrar el número de párrafos del documento, que en este caso es de cuatro:

```
alert(numpárrafos +_" párrafos en total");
```

alert( ), que es un método del objeto *window*, hace aparecer un cuadro de mensajes que contiene la cadena pasada como argumento. El objeto *window* se encuentra en la parte superior de la jerarquía del modelo de objetos.

Elementos

Los elementos que se proporcionan mediante colecciones en HTML Dinámico son los mismos elementos de HTML Dinámico que uno está acostumbrado a tratar en el HTML habitual. La diferencia es que ahora se trata de objetos que uno puede manipular y a partir de los cuales puede uno proporcionar información.

Esto puede parecer extraño, pero tiene perfecto sentido. Por ejemplo, todo elemento de una colección está definido por un cierto tipo de marcador. Por consiguiente, es completamente lógico crear un elemento que sea un objeto con una propiedad que contenga el nombre de su marcador.

De la misma manera, se sigue que un objeto de un elemento debe de conocer su id o su estilo HEC. El objeto de elemento envuelve toda esta información para nosotros, y se crea un objeto de elemento para cada elemento de HTML que exista en el documento.

Por ejemplo, si se ha situado un elemento <H1> en nuestro documento HTML, se creará un objeto correspondiente en la jerarquía de objetos. Este objeto se conoce con el nombre de objeto de elemento de ese marcador. Esta distinción puede resultar confusa. Sin embargo, lo único que hay que recordar es que el elemento que nosotros hemos situado en nuestro documento y su correspondiente objeto de elemento son una misma cosa. La diferencia es que se puede acceder al objeto de elemento mediante el modelo de objetos de HTML Dinámico.

Al igual que cualquier objeto, estos objetos de elemento tienen métodos y propiedades. Estos métodos y propiedades hacen posible obtener la información de que consta el elemento que representa. Existen ciertas propiedades y métodos que estarán presentes para todos los objetos de elemento, y las discutiremos en primer lugar.

Propiedades de los elementos

Todos los elementos del modelo de objetos de HTML Dinámico tienen ciertamente un conjunto de propiedades asociadas a ellos, independientemente de su tipo. Esta estandarización significa que se pueden escribir funciones que puedan basarse en un conjunto nuclear de propiedades sin preocuparse por el tipo de elemento de HTML al que se acceda. La Tabla 6.2 enumera estas propiedades fundamentales. Estas propiedades pueden contener cualquier tipo de variable válido, tal como String, Integer, Boolean, o incluso Object.

Tabla 6.2 Propiedades de los elementos

Propiedad	Descripción
document	El documento que contiene este elemento
id	La id de este elemento
left	La posición de este elemento con respecto al borde izquierdo de la ventana
top	La posición de este elemento con respecto al borde superior de la ventana
tagName	El nombre del marcador del cual es un ejemplar este elemento (siempre en mayúsculas)
style	Un objeto que contiene el estilo de este elemento
parentElement	El elemento que contiene a este elemento
ClassName	Proporciona la clase especificada para este elemento

El ejemplo siguiente, en el Listado 6.2, muestra algunas de estas propiedades fundamentales en acción. La Figura 6.3 muestra la salida del Listado 6.2.

Listado 6.2 Determinación de las propiedades de los elementos de HTML

```
01.   <HTML>
02.   <HEAD>
03.      <TITLE>
04.         Edición Especial HTML Dinámico, Capítulo 6, Ejemplo 2
05.      </TITLE>
06.   </HEAD>
07.   <BODY>
08.
09.      <P id=para left=100 top=100>
10.      Propiedades básicas de los elementos en JavaScript
11.
12.      <SCRIPT language="JavaScript">
13.         var párrafo = document.all.tags("P").item(0);
14.         document.write("<P>id : " + párrafo.id);
15.         document.write("<P>tagName : " + párrafo.tagName);
16.         document.write("<P>top : " + párrafo.top);
17.         document.write("<P>left : " + párrafo.left);
18.      </SCRIPT>
19.
20.   </BODY>
21.   </HTML>
```

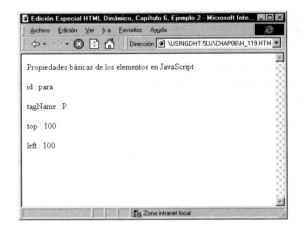

Figura 6.3 Examen de las propiedades de un elemento.

La mayor parte de este código deberá resultarle familiar. Quizá recuerde el uso de estilos en línea del Capítulo 4, «Introducción a las Hojas de Estilo en Cascada». Los estilos en línea que se utilizan en el código anterior establecen la id y el estilo izquierdo y superior del elemento.

Posteriormente, en la porción de JavaScript del documento, se recuperan estas propiedades accediendo a las propiedades del elemento. Observe que el método genérico *tags( )* de la colección *document.all* proporciona el elemento, en lugar de acceder al elemento mediante su ID.

Las cuatro propiedades a las que se accede según se muestra en la Figura 6.3 son tan sólo unas pocas de las propiedades genéricas más importantes del elemento, según se indica a continuación:

```
párrafo.id
párrafo.tagName
párrafo.top
párrafo.left
```

La propiedad *id* es lo que identifica de modo único a todo marcador HTML en la página, aun cuando pueda haber más de un marcador que tenga la misma id. No se trata de un atributo imprescindible del marcador, así que no es necesario especificarlo. En tal caso, la propiedad *id* será equivalente a «» (o una cadena en blanco) cuando se acceda a ella a través de un guión; sin embargo, la propiedad siempre tendrá un cierto valor, así que siempre puede uno comprobarlo.

La propiedad *nombreMarcador* especifica simplemente el tipo de marcador que es este elemento. Por consiguiente, para un marcador <P> sería «P» y para un marcador <IMG> sería «IMG» y así sucesivamente.

La propiedad *top* representa el número de píxeles que hay desde la parte superior de la ventana en la cual se haya situado ese elemento. Por ejemplo, a este elemento se le ha dado una posición superior de 100, así que la propiedad top que se proporciona es también de 100.

De forma muy similar a la propiedad *top*, la propiedad *left* es el número de píxeles que hay desde el lado izquierdo de la ventana en la cual se ha situado el elemento. A este elemento también se le ha dado una posición left de 100, así que su propiedad *left* es 100.

Además de estas propiedades fundamentales, es posible que existan propiedades adicionales a las cuales pueda acceder un elemento. Por ejemplo, un elemento, Button, posee la propiedad llamada *disable* que se puede utilizar para permitir o no que se pulse en el botón, dependiendo de su valor.

Métodos de elementos

Además de las propiedades presentes en los elementos, existen también métodos de los cuales se garantiza que todos los elementos van a disponer de ellos. Estos elementos nos permiten efectuar acciones aplicadas al elemento en cuestión, tales como asegurarse de que sea visible en ese momento en la ventana del navegador.

Se garantiza que hay dos métodos importantes que estarán presentes en todos y cada uno de los objetos de elementos: *contains()* y *scrollIntoView()*.

El método *contains()*, se utiliza con elementos de HTML que puedan contener otros elementos de HTML, tales como un elemento <DIV> o un elemento <SPAN>. Este método proporciona una forma rápida y cómoda de determinar lo que está contenido o no dentro de un elemento HTML. El método *contains()* se invoca pasándole el objeto que contenga el elemento en que haya que buscar como argumento:

```
elemento.contains (buscarElemento)
```

El método *contains()* proporciona entonces un valor booleano que indica si el elemento que se está buscando se encuentra o no dentro del elemento que se ha especificado como meta de la búsqueda. El método *contains()* proporciona el valor verdadero si se encuentra el elemento, y falso en caso contrario.

El segundo método importante es *scrollIntoView()*. Este método se asegura de que el elemento al cual se aplica pase a la parte de la ventana que es visible para el usuario, desplazándolo. El método *scrollIntoView()* admite un argumento booleano que determina si el elemento se desplazará hasta la primera línea de la pantalla (si el argumento es verdadero) o hasta la última línea visualizada (si el argumento es falso). La sentencia siguiente desplazaría el elemento a la primera línea de la pantalla:

```
elemento.scrollIntoView (true);
```

El objeto window

En la base del modelo de objetos de HTML Dinámico se encuentra el objeto *window*. El objeto *window* contiene todo aquello a lo que pueden acceder los programas a través de modelo de objetos: los elementos, los cuadros, las imágenes, la historia de la ventana del navegador y casi cualquier otra cosa a la cual pueda uno necesitar acceder a través del navegador.

En la Tabla 6.3. se ha enunciado un desglose de las colecciones, métodos y propiedades más importantes que están disponibles en el objeto window. Ya nos hemos familiarizado con las propiedades y métodos y sus aplicaciones, y los sucesos se tratarán en el capítulo siguiente.

Tabla 6.3 Componentes del objeto *window*

Colecciones	Cuadros
Métodos	item, navigate, blur, focus, alert, confirm, prompt, setTimeout, clearInterval, setInterval, showHelp, execScript, clearTimeout, close, open, scroll, showModalDialog
Propiedades	document, location, history, navigator, event, visual, client, closed, defaultStatus, dialogArguments, dialogHeight, dialogLeft, dialogTop, dialogWidth, length, name, offscreenBuffering, opener, parent, returnValue, screen, self, status, top, window
Sucesos	onfocus, onload, onunload, onblur, onhelp, onerror, onbeforeunload, onresize, onscroll

La estructura básica del objeto window se muestra en la Figura 6.4. Se puede ver que el objeto ventana es la raíz del modelo de objetos y de que todos los demás objetos están contenidos en el objeto *window*.

Nota:

En el Apéndice D, «Guiones para objetos, colecciones, métodos y propiedades» se encontrarán detalles completos con respecto a las propiedades y métodos de todos los objetos de la jerarquía de objetos de HTML Dinámico.

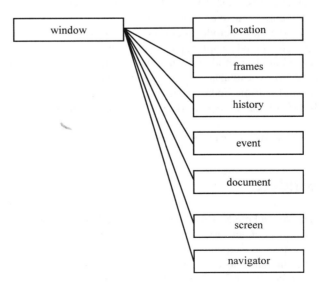

Figura 6.4 Estructura del objeto *window*.

Objeto *document*

El objeto *document* contiene toda la información relativa al documento HTML. En esto se incluyen todos los marcadores del documento, las colecciones de todos los tipos comunes de elementos y los métodos para acceder al contenido textual del documento. De hecho, el objeto *document* es tan importante que se trata con detalle en una sección posterior.

Objeto *location*

El objeto *location* contiene toda la información relativa a la dirección que está visualizando en ese momento la ventana, y todos los detalles de esa dirección (el puerto, el protocolo y demás). Además, este objeto contiene también un método que da lugar a que la página se recargue.

Observe las propiedades más importantes del objeto *location*:

- **href** La propiedad *href* es la URL completa de la página actual. Mediante el uso de esta propiedad, se puede especificar la dirección de otras URL. Esto es equivalente a escribir la URL en el cuadro dirección de IE. Por ejemplo, para ir a la página de Internet Explorer desde la página actual, se utilizaría: *location.href* = **«http://www.microsoft.com/ie»**;.
- **protocol** El protocolo es el método que utiliza el navegador para extraer la URL. Para la página de red del Internet Explorer, el protocolo es *http*:. Otros protocolos comunes son *file:* y *ftp:*.
- **host** El nombre del servidor es el nombre de la máquina anfitriona en la cual reside la URL actual. En el caso del centro de IE, el nombre de la máquina es *www.microsoft.com*. Si en la URL se especifica un puerto (tal como *«www.micrsoft.com:8888»*), se incluye también.
- **hostname** El nombre de la máquina anfitriona en que reside la URL actual. A diferencia de la propiedad *host*, no se incluye el puerto, aun cuando se especifique.
- **hash** La propiedad *hash* incluye la sección de URL que prosigue al carácter *hash* («#») si existe.
- **search** La propiedad *search* incluye la sección de la URL que va después del signo de interrogación («?») si existe.
- **port** Si se especifica un *puerto* en la URL, su valor se encontrará en la propiedad *port*.
- **pathname** Esta propiedad contiene la ruta hasta la posición especificada dentro de la máquina anfitriona. Para el ejemplo de Internet Explorer, es: *ie*.

El objeto *location* contiene además dos métodos:

- **reload()** El método *reload()* no admite argumentos y simplemente da lugar a que la página actual se recargue. Este comportamiento es exactamente el mismo que si se pulsara en el botón refrescar o refresh de un navegador de la red.
- **replace(URL)** El método *replace(URL)* admite un argumento —una URL. Esto da lugar a que el navegador sustituya el documento actual por el especificado en el argumento dado como *URL*.

Objeto *history*

El objeto *history* contiene todas las URL que haya visitado el usuario durante una sesión —se considera una sesión todo el tiempo desde que se pusiera en marcha Internet Explorer. Nos referiremos a esto desde ahora en adelante como la lista histórica.

El objeto *history* admite una propiedad: *length*.

La propiedad *length* especifica el número de URL que están contenidas en el objeto historia actual. Las URL que se guardan son idénticas a las que se muestran en la lista histórica del navegador.

El objeto *history* tiene también tres métodos: *back( )*, *forward( )* y *go( )*.

Los métodos *forward( )* y *back( )* permiten al navegador avanzar y retroceder dentro de la lista histórica por programa. El método *back( )* es idéntico a pulsar en el botón retroceder de una ventana del navegador. Análogamente el método *forward( )* es idéntico a pulsar en el botón avanzar en una ventana del navegador. Ninguno de estos métodos admite argumentos. Por consiguiente, para retroceder una URL dentro de la historia, se utiliza el código siguiente:

```
window.history.back();
```

Además, el objeto *window* siempre es el objeto por omisión cuando se hacen guiones. Por consiguiente, si se desea, puede uno omitir la referencia al objeto ventana:

```
history.back();
```

El método *go( )* hace posible ir a un lugar concreto dentro de la historia del navegador, pasándole un argumento que indique el lugar al que deseamos ir. El método *go( )* se puede invocar de dos maneras. La primera consiste en pasar una URL parcial a la cual se desee ir. Por ejemplo, si se desea que uno ha accedido a una parte del centro de Internet Explorer y desea uno volver allí, se invocará al método *go( )* de la forma siguiente:

```
window.history.go("http://www.microsoft.com/ie");
```

O bien:

```
history.go("http://www.microsoft.com/ie");
```

Esto nos llevaría a la URL de la lista histórica que contenga **«http://www.microsoft.com/ie»**. Obsérvese que no es necesario que sea la URL completa; basta con que sea parte de ella.

La segunda forma de utilizar el método *go( )* consiste en especificar un número que se corresponda a la posición dentro de la lista histórica a la cual se desea acceder. Para acceder a la primera posición de la lista histórica, por ejemplo, se haría lo siguiente:

```
window.history.go(1)
```

O bien:

```
history.go(1);
```

Es importante recordar que la primera posición de la lista histórica se denota mediante 1, y no mediante el 0 que se utiliza para acceder a las colecciones y matrices.

Colección *frames*

La colección *frames* contiene todas las ventanas de cuadros contenidas en la ventana actual y que se están visualizando en el navegador. Es importante tener en cuenta que lo que contiene la colección *frames* no son los elementos de los marcos en sí, sino los objetos de tipo ventana apropiados a esos marcos.

Consideremos un ejemplo; supongamos que se desea recuperar el nombre del primer cuadro contenido en la ventana actual. Se utilizaría el código siguiente:

```
window.document.frames(0).name;
```

Objeto *screen*

Cuando se diseña un contenido para la red, suele ser incómodo no conocer el tamaño y las capacidades de la pantalla en la cual se visualizará el contenido. Por ejemplo, si no supiera que la pantalla en la que está trabajando sólo tiene 640 por 480 píxeles, sería agradable saber esto por anticipado si uno está intentando generar un contenido que requiera 800 por 600 píxeles.

El objeto *screen* nos permite recuperar este tipo de información. Disponemos de las propiedades siguientes:

- **height** La altura de la pantalla en píxeles.
- **width** La anchura de la pantalla en píxeles.
- **colorDepth** Contiene el número de bits de color por píxel para esa pantalla.
- **bufferDepth** Especifica si existe una cesta o no fuera de la pantalla.
- **updateInterval** Especifica la frecuencia, en milisegundos, con la cual se actualiza la pantalla.

Objeto *navigator*

El objeto *navigator* hace posible acceder a información general con respecto al programa navegador. Es importante determinar durante la ejecución lo que admite y lo que no admite el navegador, además de poder tomar decisiones basadas en el navegador que se esté ejecutando.

Por ejemplo, Netscape Communicator no admite gran parte de la funcionalidad contenida en Internet Explorer 4.0. Si se intenta utilizar esta funcionalidad, se producirán errores. Por consiguiente, quizá sea conveniente comprobar por anticipado si la funcionalidad que se desea existe antes de utilizarla.

También existe el infortunado hecho consistente en que aun cuando se supone que los programas de estándares funcionan todos del mismo modo, en realidad no es así. Comprobando el tipo de navegador con el cual estamos trabajando por anticipado —junto con el conocimiento de las incompatibilidades entre navegadores— puede uno adaptarse a esas diferencias durante la ejecución, en lugar de tener que distribuir versiones completamente distintas del programa.

El objeto *navigator* admite cinco propiedades importantes.

- **appName** Proporciona el nombre del navegador que está procesando el guión. Se accede a la propiedad *appName* de la siguiente manera:

```
navigator.appName
```

En el caso de Internet Explorer, el valor de la propiedad *appName* es «Microsoft Internet Explorer».

- **appVersion** Proporciona el número de versión del navegador y se accede a ella en la forma siguiente:

```
navigator.appVersion
```

En el caso de IE 4.0, se proporciona lo siguiente: «4.0 (compatible; MSIE 4.0; Windows 95)». La primera parte de la información es el número mayor y menor de versión del navegador, separado mediante un punto—toda información adicional acerca de la versión del navegador se proporcionará entre paréntesis. Obsérvese que una de las informaciones adicionales que se proporciona es el nombre de la plataforma en la que está contenida el navegador, que en este caso es Windows 95.

- **appCodeName** Proporciona el nombre de código de la aplicación por razones de compatibilidad, para mostrar que el navegador es compatible con Netscape Navigator, que fue el navegador dominante durante varios años. El valor proporcionado por IE 4.0 es «mozilla», que es el nombre en código del navegador de Netscape.

- **userAgent** Proporciona el agente de usuario, que es la cadena de extracto que se envía a través de HTTP como encabezado de agente de usuario cuando se está estableciendo comunicaciones con un servidor de la red:

```
Mozilla/4.0 (compatible; MSIE 4.0; Windows 95)
```

Observe una vez más que se envía «mozilla» junto con un número de versión. Esto se hace por razones de compatibilidad, porque hay una notable cantidad de contenido en la red que comprueba si uno está ejecutando una nueva versión de un navegador de Netscape y que utiliza esa información para determinar las capacidades de nuestro navegador.

- **cookieEnabled** Proporciona si se admiten o no «cookies» en este navegador. Las *cookies* se limitan a almacenar información en nuestra máquina para personalizar futuras excursiones hasta ese servidor. Sin embargo, ha habido una notable cantidad de debate acerca de los riesgos de seguridad que plantean los cookies, así que en la actualidad hay muchos navegadores que permiten desactivar los cookies. La propiedad *cookieEnabled* nos permite saber si se han desactivado los cookies. El valor de esta propiedad en una instalación por omisión de Internet Explorer 4.0 es «true».

Esto significa que los cookies están ciertamente habilitados en el navegador que esté ejecutando el guión.

* **javaEnabled** Proporciona true si está disponible la Java Virtual Machine en el navegador y falso en caso contrario.

Objeto *event*

El objeto *event* pone a nuestra disposición información relativa al suceso actual que se esté procesando. Un *suceso* es la forma de indicarnos del navegador que el usuario está interaccionando con el navegador.

El capítulo 7, «Gestión de sucesos», discute los sucesos y la gestión de sucesos con más detalle.

En el objeto *event* están disponibles las propiedades siguientes:

* **altKey** Es verdadero si la tecla Alt está pulsada cuando se desencadena el suceso; y falso en caso contrario.
* **button** El botón del ratón que se ha pulsado: 0 si no se ha pulsado ningún botón, 1 si era el botón izquierdo, 2 si era el botón derecho y 4 si se ha pulsado el botón central.
* **cancelBubble** Es verdadero si el suceso actual debe burbujear subiendo por la jerarquía de sucesos y falso en caso contrario.
* **clientX** La posición X del ratón con respecto a la zona cliente de la ventana.
* **clientY** La posición Y del ratón con respecto a la zona cliente de la ventana.
* **ctrlKey** Es verdadero si se ha pulsado la tecla de Control cuando se desencadenó el suceso y falso en caso contrario.
* **fromElement** El último elemento sobre el cual se haya pasado el ratón antes de que estuviera sobre éste.
* **keyCode** El código de la tecla que se haya pulsado cuando se desencadenara el suceso.
* **offsetX** La posición X del ratón cuando se desencadenara el suceso con respecto al contenedor que recibiera el suceso.
* **offsetY** La posición Y del ratón cuando se desencadenara el suceso con respecto al contenedor que recibiera el suceso.
* **reason** La situación actual del objeto de transferencia de datos. Puede ser uno de entre tres estados: 0 si los datos se han transferido con éxito, 1 si se ha abortado la transferencia de datos y 2 si se produjo un error durante la transmisión de datos.
* **returnValue** El valor proporcionado por el suceso.
* **screenX** La posición X del ratón con respecto al tamaño de la pantalla y no con respecto a la ventana del navegador.
* **screenY** La posición Y del ratón con respecto al tamaño de la pantalla y no con respecto a la ventana del navegador.
* **shiftKey** El estado de la tecla mayúsculas cuando se desencadenara el suceso. El valor es verdadero si estaba pulsada, y falso en caso contrario.
* **srcElement** El elemento que originalmente desencadenara el suceso que ahora se está gestionando.
* **srcFilter** El objeto filtro que haya desencadenado el suceso *onfilterchange*.
* **toElement** El elemento al cual haya pasado el ratón después de abandonar el actual.

- **type** El nombre del suceso en forma de cadena. El nombre del suceso se recupera sin el prefijo «on». Por consiguiente, «onmouseover» sería simplemente «mouseover».
- **x** La posición X del objeto ratón cuando el suceso se desencadenara con relación al objeto predecesor más próximo que se haya ubicado con posicionamiento de HEC.
- **y** La posición Y del objeto ratón cuando el suceso se desencadenara con relación al objeto predecesor más próximo que se haya ubicado con posicionamiento de HEC.

El objeto document

Así como el objeto *window* contiene toda la información pertinente con respecto de la ventana del navegador, el objeto *document* contiene toda la información que se pueda necesitar acerca del documento que esté mostrando el navegador en ese momento. La Figura 6.5 muestra la relación ente el objeto *document* y los objetos que contiene.

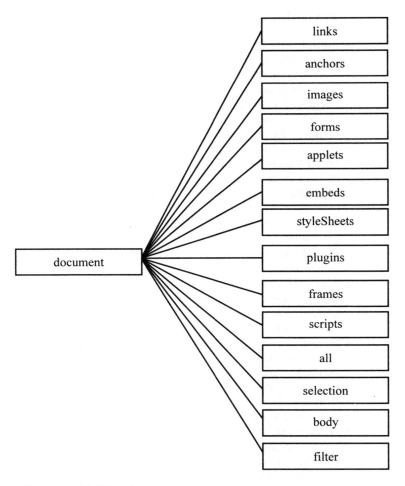

Figura 6.5 Estructura del objeto *document*.

Se puede acceder al objeto *document* de dos maneras. La primera y más correcta para acceder a él es a través del objeto *window* —recuerde que el objeto *document* está contenido en el objeto *window*. Por consiguiente, para acceder a la colección «*all*» del objeto *document* se utiliza la sintaxis siguiente:

```
window.document.all
```

Por compatibilidad con los navegadores más antiguos, sin embargo, existe un método alternativo para acceder al objeto *document* mediante el uso de la palabra reservada *document* en sí, seguida por aquellos métodos o propiedades a los que se desea acceder. Esto se debe al hecho consistente el objeto por omisión cuando se hacen guiones es el objeto *window* actual. En el caso del ejemplo «*all*» anterior, se utilizaría la sintaxis siguiente:

```
document.all
```

Esto proporciona la misma información que se obtendría si se hubiera insertado el objeto *window* delante de él, que es el objeto *document* que está visualizando esa ventana del navegador en ese momento. El procedimiento que se utilice es cuestión de gusto: si quiere uno ser tan específico como sea posible en el código, se utiliza *window.document.all*, y en caso contrario basta utilizar *document.all*.

Todas las colecciones, métodos, propiedades y sucesos admitidos en el objeto *document* se muestran en la Tabla 6.4. Todo el documento HTML que se esté visualizando estará contenido dentro de este objeto y es posible acceder a él a través de las colecciones contenidas en su interior.

Tabla 6.4 El objeto *document*

Colecciones	anchors, links, forms, all, applets, frames, images, scripts, embeds, plugins
Métodos	close, open, clear, write, writeln, rangeFromText, rangeFromElement, execCommand, queryCommandEnabled, queryCommandText, elementFromPoint, queryCommandSupported, queryCommandState, queryCommandIndeterm, createElement
Propiedades	alinkColor, linkColor, vlinkColor, mimeType, title, bgColor, link, vLink, aLink, cookie, lastModified, charset, location, referrer, fgColor, activeElement, strReadyState, domain, URL, fileSize, fileCreatedDate, fileModifiedDate, fileUpdatedDate
Sucesos	onclick, onmouseover, ondblclick, onkeypress, onmousedown, onmousemove, onmouseup, onkeydown, onkeyup, onmouseout, onreadystatechange, onhelp, onbeforeupdate, onafterupdate

Además de los datos que constituyen la página HTML, el objeto *document* tiene también una gran cantidad de información útil acerca del documento en sí, y que se expone mediante las propiedades del objeto *document*. La lista siguiente examina más detalladamente algunas de las propiedades más importantes:

- **linkColor** Esta propiedad es el color en que se visualizarán los enlaces estándar. este valor será como un valor RGB en hexadecimal, precedido por «#». El color de los enlaces por omisión en IE 4.0 es #0000FF, que es el valor hexadecimal correspondiente al azul.

- **vlinkColor** Es el color en el que se muestran los enlaces ya visitados. Este valor también se da como un valor RGB en hexadecimal. Su valor por omisión es de #FF0000, que es el valor hexadecimal correspondiente al rojo.
- **alinkColor** Es el color en el cual se muestran los guiones después de haber pulsado el ratón sobre ellos, pero antes de soltar el botón del ratón. El valor será en forma hexadecimal. El valor de este color por omisión para IE 4.0 es también #FF0000.
- **activeElement** Es el elemento que tiene nuestra atención en la actualidad.
- **URL** Esto documenta la URL completa como cadena.
- **mimeType** El estándar MIME permite especificar distintos visualizadores para diferentes tipos de contenidos. Por ejemplo, el tipo MIME de una imagen TIFF es «image/tiff». El tipo MIME estándar para los documentos HTML en IE 4.0 es «text/html».
- **title** La propiedad *title* es simplemente el nombre dado al documento dentro del marcador <TITLE> de HTML.
- **bgColor** La propiedad *bgColor* define el color de fondo del documento. El color por omisión es el valor hexadecimal correspondiente al blanco (#FFFFFF).
- **cookie** La propiedad *cookie* almacena el valor del cookie correspondiente a la página actual. En una página estándar HTML sin cookie, este valor está en blanco. Esta propiedad también se puede utilizar para crear un cookie para la página actual.
- **lastModified** La propiedad *lastModified* proporciona la fecha y hora en que se haya modificado por última vez este documento. Por ejemplo, si el archivo se modificó por última vez el 16 de junio de 1997 a las 11:24 de la mañana, entonces el valor de esta propiedad sería «06/16/97 11:24:00».
- **charset** El *charset* es el conjunto de caracteres con el cual está codificado este documento. Para los navegadores que hagan uso de la lengua inglesa, este valor será «iso-8859-1», que es el conjunto estándar de caracteres para el inglés.
- **location** La propiedad *location* es simplemente la URL que contiene este documento. Si por ejemplo se estuviera visualizando la página de Internet Explorer en www.microsoft.com, entonces este valor sería **«http://www.microsoft.com/ie»**.
- **referrer** La URL de la página que se visualizara antes de ésta. Por ejemplo, si se hubiera visualizado la página principal de Microsoft antes de visualizar la página de Internet Explorer, entonces este valor sería **«http://www.microsoft.com»**. Si no existe un página precedente, entonces el valor de esta propiedad está en blanco.
- **fgColor** La propiedad *fgColor* contiene el color que utilizará el texto HTML en el documento por omisión (si no se especifica el color del texto para esa sección de texto). Este valor también se especifica como un número de RGB en hexadecimal.
- **strReadyState** La propiedad *strReadyState* nos permite saber si la página se ha descargado o no por completo. Tiene cuatro valores posibles. El primer valor es «uninitialized», que es el valor que se tiene cuando el documento empieza a cargarse. A medida que se va cargando, el valor pasa a «loading». Y entonces, cuando ya se ha cargado una parte del documento suficiente para poder interactuar con él —por ejemplo, los enlaces admiten una pulsación antes de que las imágenes acaben de cargarse— el valor pasa a ser «interactive». Finalmente, cuando el documento ha terminado de cargarse, la propiedad *strReadyState* cambia a «complete».
- **domain** La propiedad *domain* proporciona el nombre del dominio del servidor de la red que está suministrando el documento. En el ejemplo del servidor de red de

Microsoft, este valor sería **«www.microsoft.com»**. Si no se está cargando el documento desde un servidor de la red, entonces este valor está en blanco.

- **fileSize**   La propiedad *fileSize* es la longitud del documento cargado en bytes.
- **fileCreatedDate**   La propiedad *fileCreatedDate* proporciona el día en que se ha creado el archivo. A diferencia de la propiedad *lastModified*, *fileCreatedDate* especifica la fecha. Por tanto, un ejemplo de fecha podría ser «Lunes, junio 17, 1997».
- **fileModifiedDate**   El *fileModifiedDate* es el día en que se modificó por última vez el archivo. Esto se parece mucho a la propiedad *lastModified*, salvo que no indica la hora en la que se modificó por última vez el documento. Al igual que la propiedad *fileCreatedDate*, la fecha se escribe en su forma explícita.
- **fileUpdatedDate**   A primera vista, podría parecer que la propiedad *fileUpdatedDate* es la misma que la propiedad *fileModifiedDate*; sin embargo, esto no es así. La propiedad *fileUpdatedDate* proporciona la fecha en que ese archivo ha sido recargado por el navegador local desde el servidor remoto. Al igual que *fileCreatedDate* y *fileModifiedDate*, *fileUpdatedDate* indica la fecha en su forma explícita.

Objeto *selection*

De forma muy parecida a un editor de textos o procesador de textos, Internet Explorer permite a los usuarios seleccionar un texto dentro del documento. Esto se hace pulsando el botón del ratón y arrastrando el puntero del ratón sobre el texto que el usuario quiera seleccionar.

La información relativa al texto que haya marcado el usuario en ese momento con el ratón estará disponible en el objeto *selection*. Esto puede ser útil si uno desea realizar alguna acción basándose en lo que haya seleccionado el usuario, quizá para marcarlo o para modificar su tipo de letra.

El objeto *selection* tiene una sola propiedad, *type*, que define el tipo de selección. Esto puede tomar dos valores: 0 si no hay un punto de inserción en la selección, o 1 si la selección es una selección de texto y existe realmente un punto de inserción.

El objeto *selection* posee los tres métodos siguientes:

- **clear**   Borra el contenido de la selección.
- **createRange**   Crea un intervalo de texto en la selección.
- **empty**   Deshace la selección actual.

Objeto *body*

El objeto *body* contiene información acerca de los elementos de HTML de que consta la parte visible del documento HTML en la ventana actual del navegador. El objeto *body* se corresponde con el elemento BODY en el documento HTML.

Véanse a continuación las propiedades contenidas del objeto *body*:

- **accessKey**   El acelerador correspondiente al cuerpo.
- **background**   La imagen de fondo del cuerpo.
- **bgColor**   El color del fondo del cuerpo.
- **bgProperties**   Las propiedades de la imagen de fondo, tales como si la imagen se desplaza o no en la página.

- **bottomMargin** El margen inferior en píxeles para el cuerpo de la página.
- **className** El nombre de clase HEC asociada al cuerpo de la página.
- **clientHeight** La altura del cuerpo en píxeles.
- **clientWidth** La anchura del cuerpo en píxeles.
- **document** El objeto documento para ese cuerpo.
- **id** El Identificador de HEC para el cuerpo.
- **innerHTML** El código de HTML situado entre los marcadores de principio y fin del cuerpo.
- **innerText** El código de HTML situado entre los marcadores de principio y fin del cuerpo representado puramente como texto.
- **isTextEdit** Si el intervalo de texto se puede o no editar. Verdadero si se puede, falso en caso contrario.
- **lang** El código ISO para el lenguaje que se esté utilizando. Obsérvese que no es el lenguaje de guiones, sino el lenguaje escrito que realmente se utilice.
- **language** Especifica el lenguaje de guiones de la computadora en el cual se ha escrito el guión en curso.
- **leftMargin** El margen izquierdo para toda la página representado en píxeles.
- **offsetHeight** La altura del cuerpo en píxeles, en relación con el predecesor.
- **offsetLeft** La posición izquierda del cuerpo en píxeles, con relación al predecesor.
- **offsetParent** El objeto que contiene el cuerpo y proporciona el desplazamiento.
- **offsetTop** La posición superior del cuerpo en píxeles, con relación al predecesor.
- **offsetWidth** La anchura del cuerpo en píxeles, con relación al predecesor.
- **parentElement** El elemento predecesor del cuerpo.
- **parentTextEdit** El elemento siguiente en la jerarquía de objetos sobre el cual se puede crear un intervalo de texto.
- **rightMargin** El margen derecho para toda la página representado en píxeles.
- **scroll** Si las barras de desplazamiento están activadas o desactivadas. Si es «yes» están activadas, si es «no» están desactivadas.
- **scrollHeight** La altura de desplazamiento del cuerpo en píxeles, incluyendo el contenido que no sea visible.
- **scrollLeft** La cantidad en píxeles existente entre el borde izquierdo del cuerpo y el borde izquierdo que sea visible en ese momento para el usuario del navegador.
- **scrollTop** La cantidad en píxeles existente entre el borde superior del cuerpo y el borde superior que sea visible en ese momento para el usuario del navegador.
- **scrollWidth** La altura de desplazamiento del cuerpo en píxeles, incluyendo el contenido que no sea visible.
- **sourceIndex** La posición del cuerpo en el índice de fuente del documento.
- **style** La hoja de estilo en línea para el cuerpo.
- **tabIndex** El índice de tabulación del cuerpo.
- **tagName** El marcador del elemento actual (el marcador del cuerpo).
- **text** El color del texto correspondiente al cuerpo.
- **title** Una indicación de herramienta para el cuerpo.
- **topMargin** El margen superior de toda la página representado en píxeles.

Véanse a continuación los métodos contenidos en el objeto *body:*

- **blur** Da lugar a que el objeto *body* pierda el foco del ratón y del teclado.
- **click** Simula que el usuario pulsara con el botón del ratón.

- **contains** Proporciona true si el elemento pasado como argumento está contenido en el cuerpo y falso en caso contrario.
- **createTextRange** Crea un intervalo del texto sobre el cuerpo.
- **focus** Da lugar a que el cuerpo reciba el foco del ratón y el teclado.
- **getAttribute** Proporciona el valor del atributo pasado como argumento.
- **insertAdjacentHTML** Inserta el código HTML pasado como argumento en el cuerpo.
- **insertAdjacentText** Inserta en el cuerpo el texto pasado como argumento.
- **removeAttribute** Elimina del cuerpo el atributo pasado como argumento.
- **scrollIntoView** Desplaza el cuerpo hasta que sea visible.
- **setAttribute** Da valor al atributo pasado como argumento.

Según se ha indicado anteriormente, el objeto *document* contiene todo el contenido de la página en sus distintas colecciones. La Figura 6.5 muestra la relación de las diferentes colecciones con el objeto documento. En las secciones siguientes se describirán con más detalle todas estas colecciones.

Colección *all*

La colección *all* es posiblemente la parte más importante del objeto *document*. Se trata del lugar en que se almacenan todos los elementos que forman el documento.

La forma más sencilla de utilizar la colección *all* es acceder a un elemento del documento través de su *id*. Por ejemplo, supongamos que se tiene el marcador siguiente en el documento HTML:

```
<P id=Parraprin style="font-weight: italic "> HTML Dinámico
```

Entonces se podría acceder a ese elemento mediante la colección *document.all* empleando la id del marcador:

```
var elem = document.all("Parraprin")
```

Para verificar que ahora se tiene seleccionado el elemento correcto, se utiliza una expresión lógica en una sentencia *if*:

```
if (Parraprin == elem)
{
    document.write("Seleccionado el elemento correcto");
}
```

Si se desea acceder a los elementos de la página de forma más general, se pueden seleccionar los elementos a través del método *tags()* de la colección. Por consiguiente, si se desea hallar todos los casos del marcador <H1> que aparezcan dentro de un documento, se puede utilizar el código siguiente:

```
var todosH1 = document.all.tags("H1");
```

Esto proporcionaría una colección que contendría todos los elementos <H1> deseados del documento.

En el objeto *document.all*, siempre estarán presentes varios elementos, aun cuando no se especifiquen explícitamente en el documento HTML. Se conocen con el nombre de elementos implícitos. Los cuatro elementos implícitos son:

- **HTML**   El elemento HTML suele especificarse mediante el marcador <HTML> situado en la parte superior del documento, y rodea a los demás elementos, indicando que son HTML.
- **HEAD**   El elemento HEAD se especifica mediante el marcador <HEAD> situado en la parte superior del documento, y contiene aquellos elementos que no vayan a formar parte de la porción visible de BODY del documento.
- **BODY**   El elemento BODY es la sección principal del documento HTML y se especifica mediante el marcador <BODY>. La sección BODY del documento HTML es el lugar en que se encuentran los elementos que forman el contenido del documento.
- **TBODY**   Finalmente, el elemento TBODY es aquél en el que se pueden encontrar las tablas de contenido. A diferencia de los tres elementos implícitos anteriores, que se reconocen explícitamente por parte de la mayoría de los navegadores de HTML, TBODY exige recordar que es un elemento implícito.

Colección *anchors*

La colección *anchors* contiene todos aquellos elementos que contengan el marcador <A>. Los marcadores de posición suelen utilizarse normalmente en documentos para especificar hiperenlaces, o como se indica en el ejemplo siguiente:

```
<A HREF="http://www.microsoft.com">El Centro de Microsoft </A>
```

Colección *applets*

La colección *applets* es un nombre relativamente incorrecto para lo que realmente contiene. A partir del nombre, uno pensaría que la colección *applets* solamente va a contener applets y en particular applets de Java.

En lugar de hacer esto, la colección *applets* contiene lo que Microsoft define como todos los objetos del documento. Una vez más, esto induce a confusión, por cuanto ya está definido un marcador <OBJECT> en HTML Dinámico, y el significado de la colección *applets* es más extenso que únicamente los elementos que utilicen el marcador <OBJECT>.

En realidad, los objetos que están contenidos en la colección *applets* son los siguientes:

- **applets**   Elementos con el marcador <APPLET>.
- **embeds**   Elementos con el marcador <EMBED>.
- **images**   Todas las imágenes del documento, que suelen especificarse con el marcador <IMG>.
- **objects**   Todo el elemento que utilice el marcador <OBJECT>.

- **intrinsic controls** Son los controles que están incorporados en Internet Explorer 4.0 por omisión.

Colección *forms*

La colección *forms* contiene todos los formularios que estén presentes en el documento. Se define un formulario como un elemento que utiliza el marcador FORM de HTML. El documento HTML *forms*. HTML Dinámico permitirá situar controles de interfaz de usuario fuera del formulario, pero es importante tener en cuenta que estos controles no estarán presentes en la colección *forms*.

Colección *images*

La colección *images* contiene todas las imágenes del documento. Se define una imagen como un elemento que haga uso del marcador IMG de HTML. Las imágenes que se producen sin un marcador IMG, tales como las de un *applet* de Java o un control de ActiveX, no estarán presentes en esta colección. Todas estas imágenes están almacenadas también en la colección *applets*.

Colección *links*

La colección *links* contiene todos los hiperenlaces del documento. Esta colección contiene todos los elementos de la colección *anchors*, más los elementos que utilicen el marcador <AREA>.

Colección *frames*

La colección *frames* contiene todos los marcos o cuadros del documento. Los cuadros se consideran como ventanas en sí en HTML, así que esta colección contiene elemento *window* en lugar de los objetos del elemento cuadro en sí.

Colección *scripts*

La colección *scripts* contiene todos los guiones del documento. Los guiones en sí están representados y se pueden recuperar como texto puro.

Colección *embeds*

La colección *embeds* contiene todo el contenido incrustado (aditamentos) del documento. Los aditamentos son programas que se han integrado con el navegador para incrementar su funcionalidad. Un buen ejemplo de aditamento es el Real Audio Player.

Colección *plugins*

Es un alias de la colección *embeds*.

Colección *filters*

La colección *filters* contiene todos los filtros multimedia de HTML Dinámico correspondientes a ese documento. Los filtros hacen posible modificar sobre la marcha el aspecto visible de cualquier elemento. Por ejemplo, existe un filtro de difusión que da lugar a que el contenido de un elemento se vuelva difuso. Los filtros multimedia de HTML Dinámico se tratan con detalle en el Capítulo 15, «Filtros multimedia y controles ActiveX.»

Colección *styleSheets*

La colección *styleSheets* contiene todas las hojas de estilos para este documento. Se tiene una hoja de estilo para cada aparición de un LINK o de un elemento de estilo en el documento.

Objeto TextRange

Además de la jerarquía de objetos de HTML Dinámico, existe un objeto especial que se utiliza con bastante frecuencia cuando se trabaja con la jerarquía de objetos. Este objeto es el objeto *TextRange,* que se utiliza para representar áreas de texto pertenecientes al documento.

En el nivel más bajo posible, todos los archivos de HTML están formados por texto puro. Este texto suele contener una gran cantidad de estilo asociado, pero fundamentalmente sigue siendo un texto puro. Los objetos *TextRange* nos permiten acceder directamente a ese texto.

Examine el siguiente código HTML que define unos cuantos marcadores que se mostrarán con distintos tamaños y estilos:

```
<BODY>
    <H1>Ejemplo</H1>
    <H2>TextRange</H2>
    <P><B>Este Ejemplo Examina los Intervalos de Tiempo</B>
</BODY>
```

Si creásemos un objeto del tipo *TextRange* para el marcador <BODY>, contendría el siguiente valor:

```
"Ejemplo TextRange Este Ejemplo Examina los Intervalos de Texto"
```

La forma más sencilla de pensar en los intervalos del texto consiste en considerar lo que es el texto en sí después de eliminar todos los marcadores. En otras palabras, la información textual pura contenida en el HTML que se está considerando.

Los objetos *TextRange* se discuten y se utilizan mucho en el Capítulo 10, «Contenido dinámico». El contenido dinámico es un método mediante el cual se puede realmente modificar lo que se está mostrando en la página en tiempo real. Los objetos *TextRange* nos permiten hallar texto en el documento que se quiera modificar.

Y a continuación...

Este capítulo ha discutido las muchas formas en que se puede acceder al modelo de objetos de HTML Dinámico. Aun cuando el material presentado aquí puede no parecer demasiado interesante, se trata de la estructura mediante la cual se accede a HTML Dinámico y mediante la cual se modifica.

Los beneficios del modelo de objetos de HTML Dinámico se tratarán con mucho más detalle cuando se aprenda a utilizar este modelo para modificar el estilo y el contenido del documento en tiempo real. Aprenderemos acerca de estos conceptos en los capítulos siguientes:

- Capítulo 7, «Gestión de sucesos», que trata de la importancia de la gestión de sucesos en los centros de red generados mediante HTML Dinámico.
- Capítulo 8, «Estilos dinámicos», que abarcará el proceso de modificación de estilo de nuestros elementos de HTML sobre la marcha.

Capítulo

Gestión de sucesos

Uno de los fundamentos de HTML Dinámico es su capacidad para interaccionar con el usuario. La *gestión de sucesos* es el procedimiento mediante el cual se lleva a cabo esa interacción con el usuario. Cada vez que un guión toma información del usuario, está utilizando la gestión de sucesos.

La gestión de sucesos se puede volver bastante complicada, pero su fundamento es bastante sencillo. El programa especifica los tipos de interacciones con el usuario en que esté interesado. Cada vez que el usuario lleva a cabo una de esas acciones, se notifica al programa que se ha producido esa acción.

En HTML Dinámico no solamente se especifica el tipo de interacción en que está uno interesado, sino también el ámbito de interacción. Por ejemplo, se puede especificar que solamente queremos que nos notifiquen ciertas acciones que le ocurran a un elemento específico de HTML, quizá a una imagen o a un cierto intervalo de tiempo. O bien, si se prefiere, es posible especificar que se desea recibir la notificación de las acciones correspondientes a todo el cuerpo de HTML completo.

- **Gestión de sucesos** Descubra lo que son los sucesos y cómo se pueden utilizar para hacer que sus páginas de HTML sean interactivas.
- **Enlazado de sucesos** Aprenda tres formas distintas de asociar sucesos a sus elementos de HTML: enlazado a través de elementos, SCRIPT...FOR y una sintaxis especial de VBScript.
- **Objeto window.event** Descubra la forma de utilizar el objeto window.event con objeto de averiguar muchos detalles concretos acerca del suceso que se ha producido.
- **Acciones por omisión** Hay muchos elementos de HTML que tienen asociadas acciones por omisión. HTML Dinámico permite redefinir esas acciones si así se desea. En este capítulo se discuten las técnicas para hacer esto.
- **Burbujeo de sucesos** Aprenda la forma en que HTML Dinámico desencadena sucesos no solamente basándose en los elementos en que se producen, sino también la forma en que envía el suceso a los predecesores del elemento. Averigüe la forma de controlar este proceso.

Sucesos

El concepto más fundamental de la gestión de sucesos es precisamente el concepto de suceso. Un *suceso* es una notificación del navegador referente a que el estado de las cosas ha cambiado de algún modo, y normalmente como consecuencia de que el usuario haya llevado a cabo una cierta acción.

Todos los tipos de sucesos se pueden generar y también se pueden gestionar mediante guiones. Muchos de los sucesos más comunes y gran parte de la forma en la que se gestionan con lenguajes de guiones se describirá posteriormente en este capítulo. Aunque existen muchos tipos de sucesos, los sucesos básicos se pueden descomponer en cuatro tipos distintos.

- **Sucesos de teclado** El suceso de teclado más básico es el que genera el usuario al pulsar una tecla. Sin embargo, existen sucesos distintos para la pulsación de una tecla y para el momento en que se suelta la tecla, y también sucesos para el caso en que se pulsen combinaciones de teclas, tales como A y la tecla de Mayúsculas, por ejemplo. También existe un suceso correspondiente a la situación en la que se pulse la tecla de ayuda.
- **Sucesos de ratón** Los sucesos de ratón son los tipos de sucesos más comunes en HTML Dinámico, porque la forma principal de interaccionar del usuario con las páginas de la red es a través del uso de un ratón. De forma muy similar a los sucesos del teclado, los sucesos para pulsar con el botón del ratón, para mantenerlo pulsado, y para soltarlo son todos ellos distintos—además, existe un suceso para el caso en que el usuario pulse dos veces con el botón del ratón. Por último, se pueden generar sucesos mediante el movimiento del ratón, independientemente de si se pulsa o no el botón del ratón.
- **Sucesos de foco** Se pueden generar sucesos cuando un elemento adquiere nuestra atención, y también cuando la pierde. Si no está familiarizado con el concepto de foco, se describirá más adelante en la sección «Sucesos de foco y selección», pero por el momento basta saber que el foco es un concepto que se utiliza para describir con cuál de los elementos de la página está interaccionando en este momento el usuario.
- **Sucesos de cambio de estado** Estos sucesos no son generados necesariamente por interacción con el usuario. Más bien, se pueden generar sucesos de cambio de estado cuando el estado del documento cambia de manera importante. Por ejemplo, se puede generar un suceso cuando el documento ya se ha cargado en proporción suficiente para que el usuario pueda interactuar con él, o también se puede generar otro suceso cuando ya se haya cargado por completo el documento.

Ya se han discutido algunos de los sucesos más comunes de entre los que se emplean en HTML Dinámico, tales como puedan ser *onclick*, *onmouseup* y *onmousedown*. Se trata de un subconjunto de una clase de sucesos generales de HTML Dinámico que serán posiblemente los sucesos que más se utilicen.

Estos sucesos generales están disponibles para todos los elementos del documento. Quizá existan elementos individuales que puedan poseer sucesos adicionales específicos para ellos, pero se garantiza que todos los tipos de elemento tendrán accesos a estos sucesos generales.

Los sucesos generales de los cuales se garantiza que están disponibles para todos los elementos son los sucesos de ratón y de teclado. Además de estos tipos de sucesos, los sucesos de foco y de cambio de estado se tratan también y los tipos de elementos con los cuales se pueden utilizar se discutirán a continuación.

Sucesos de ratón

Los sucesos de ratón están relacionados todos ellos con que el usuario lleve a cabo algún tipo de acción con el ratón. El usuario puede efectuar dos tipos generales de acciones con el usuario: pulsar con uno de los botones del ratón o desplazar el puntero del ratón dentro de la ventana del navegador.

Los primeros sucesos que se tratan en esta sección son los sucesos generados cuando el usuario pulsa con el botón del ratón. Estos sucesos relacionados con el botón del ratón se proporcionan según un orden preestablecido de la siguiente manera:

1. *onmousedown*
2. *onmouseup*
3. *onclick*
4. *ondblclick*

A continuación, se estudiarán los sucesos que se generan cuando el usuario mueve el ratón. De forma muy similar con los sucesos relacionados con el botón del ratón, los sucesos relacionados con el movimiento del ratón se producen por un orden específico:

1. *onmouseover*
2. *onmousemove*
3. *onmouseenter*

onmousedown

El suceso *onmousedown* se desencadena cuando el usuario pulsa un botón del ratón mientras éste se encuentra por encima del objeto. Una sutileza importante del suceso *onmousedown* es que se invoca antes del suceso *onclick*.

onmouseup

El suceso *onmouseup* se desencadena cuando el usuario suelta el botón del ratón cuando éste se encuentra por encima de un objeto. A diferencia del suceso *onmousedown*, el suceso *onmouseup* se invoca después del suceso *onclick*.

onclick

El suceso *onclick* se desencadena cuando el botón del ratón se pulsa y se suelta mientras éste se encuentra por encima de un objeto. La información acerca del botón del ratón que se haya pulsado estará disponible en la propiedad *window.event.button* (véase la sección posterior titulada «Objeto window.event»).

ondblclick

El suceso *ondblclick* se desencadena cuando se pulsa dos veces con el botón del ratón mientras éste se encuentra por encima de un objeto. El botón del ratón tiene que pulsarse dentro del intervalo de tiempo que el sistema admita como propio de pulsar dos veces.

onmouseover

El suceso *onmouseover* se desencadena cuando el usuario mueve el puntero del ratón de tal modo que éste entre dentro del alcance de un objeto. Entonces no volverá a desencadenarse de nuevo hasta después de que el usuario saque el puntero del objeto y vuelva a introducirlo en él.

HTML Dinámico siempre recuerda el último elemento por encima del cual haya estado el puntero del ratón antes de entrar en el elemento actual. El objeto que representa a este elemento está disponible en el objeto *window.event* en la forma *window.event.fromElement*.

onmousemove

El suceso *onmousemove* se desencadena siempre que el usuario mueve el puntero del ratón dentro del alcance del objeto. Es importante mantener el gestor de sucesos correspondiente a este suceso en la dimensión más pequeña posible, porque es fácil generar un elevado número de sucesos *onmousemove* si el usuario mueve mucho el puntero del ratón.

onmouseout

El suceso *onmouseout* se dispara cuando el usuario mueve el puntero del ratón para sacarlo del alcance del objeto. No volverá a desencadenarse de nuevo mientras el usuario no vuelva a meter el puntero dentro del alcance del objeto y vuelva a sacarlo. Esto significa que cada vez que el suceso *onmouseout* se desencadena, el usuario tiene que haber movido el puntero para que entrase en el alance del objeto.

HTML Dinámico siempre recuerda el siguiente elemento en el que entra el puntero del ratón después de abandonar el elemento que recibe el suceso *onmouseout*. El objeto que representa este elemento está disponible en el objeto *window.event* en la forma *window.event.toElement*.

Sucesos de teclado

Los sucesos de teclado son sucesos que se generan siempre que el usuario pulsa una tecla del teclado. Existen sucesos no sólo para la acción de pulsar una tecla en el teclado, sino también para pulsar la tecla y para soltar la tecla.

De manera similar a los sucesos de movimiento del ratón, los sucesos del teclado se generan también por un orden específico:

1. *onkeydown*
2. *onkeypress*
3. *onkeyup*

onkeydown El suceso *onkeydown* se genera siempre que el usuario pulse una tecla, pero antes de que la suelte. El valor de la tecla que se haya pulsado estará disponible en el objeto *window.event* en la forma *window.event.keyCode*. El valor contenido en *keyCode* es el valor de UNICODE asociado a esa tecla.

onkeypress El suceso onkeypress se genera siempre que el usuario pulsa y suelta una tecla. El valor de la tecla que se haya pulsado estará disponible en el objeto *window.event* en la forma *window.event.keyCode*. El valor contenido en la propiedad *keyCode* es el valor de UNICODE asociado a esa tecla.

Además, las propiedades *altKey, ctrlKey* y *shiftKey* están disponibles en el objeto *window.event*. Cada una de ellas es una propiedad booleana que recibe el valor verdadero si la tecla de modificador correspondiente ha sido pulsada al mismo tiempo que la tecla que diera lugar al suceso.

onkeyup El suceso *onkeyup* se genera siempre que el usuario suelta una tecla que se hubiera pulsado anteriormente. El valor de la tecla que se haya soltado estará disponible en el objeto *window.event* en la forma *window.event.keyCode*. El valor contenido en la propiedad *keyCode* es el valor de UNICODE asociado a esa tecla.

onhelp El suceso *onhelp* es un suceso especial que se desencadena cuando el usuario solicita ayuda pulsando una tecla relacionada con la ayuda en el teclado. HTML Dinámico define dos teclas como relacionadas con la ayuda. En primer lugar, se tiene la tecla HELP (ayuda). La segunda es la tecla F1, que es una tecla tradicionalmente utilizada para solicitar ayuda en Windows. Cualquiera de estas teclas generará el suceso *onhelp*.

Sucesos focus y selection

Los sucesos *focus* y *selection* proporcionan información general acerca de la forma en que el usuario interactúa con el documento. Estos documentos son especiales porque nos están notificando ciertas acciones que normalmente no indican a la aplicación que se necesita una respuesta. Sin embargo, quizá sea necesario seguir la pista de todas las acciones realizadas por el usuario, así que tener acceso a estos sucesos podría ser bastante útil.

El primer tipo de estos sucesos son los sucesos *focus*. Los sucesos de foco se generan cuando un usuario indica a la aplicación que está interactuando con un cierto elemento de la página. Esto se hace bien pulsando en el elemento o bien navegando hasta él mediante la tecla Tab. Este concepto puede parecer un poco abstracto, así que consideraremos un ejemplo del mundo real. Vaya a la orden Archivo, Abrir Menú en Internet Explorer. A continuación, pulse la tecla de Tabulador unas cuantas veces. Observará que se resalta un control distinto cada vez que se pulsa la tecla Tab. Cada vez que uno pulsa la tecla Tab, hay un control diferente que es el que recibe el foco.

Por otra parte, los *sucesos de selección* se generan cuando el usuario arrastra el ratón por encima de elementos de la página HTML. Cada vez que el usuario pulsa y arrastra el ratón por encima de un cierto intervalo de elementos de la página, se generan sucesos de selección. Las secciones siguientes proporcionan descripciones de los sucesos de foco y de selección.

onfocus El suceso *onfocus* se desencadena siempre que un elemento recibe la atención del usuario. Esto se hace bien pulsando en el elemento o bien navegando hasta él mediante la tecla Tab.

onblur El suceso *onblur* se desencadena siempre que un elemento pierde la atención del usuario. Este suceso se genera después de que el elemento ha perdido nuestra atención cuando el usuario pulsa en otro elemento, o cuando navega hasta otro elemento mediante la tecla Tab.

onselectstart El suceso *onselectstart* se desencadena siempre que el usuario ha indicado que desea comenzar una selección. Esto se hace cuando el usuario pulsa en el comienzo de la selección que desea empezar a seleccionar.

onselect El suceso *onselect* se desencadena siempre que el usuario llega a hacer realmente una selección. Esto se hace cuando el usuario mantiene pulsado el botón del ratón y lo arrastra por encima de los elementos que quiera seleccionar. El hecho de que la selección haya sido realizada se indicará haciendo que la zona seleccionada aparezca en vídeo invertido. Por ejemplo, si el texto normal de la página está en negro con fondo blanco, entonces el texto pasaría a ser blanco con fondo negro si estuviera seleccionado.

ondragstart El suceso *ondragstart* indica al guión que el usuario ha indicado que desea trasladar una zona seleccionada. Esto se hace cuando el usuario pulsa el botón del ratón encima de una zona que haya sido seleccionada, para después mover el ratón.

Sucesos de cambio de estado

Los *sucesos de cambio de estado* hacen posible averiguar el estado actual del documento. El estado del documento refleja la proporción de documento que ya se ha cargado. Dado que las conexiones de Internet varían en lo tocante a la velocidad de conexión, la cantidad de tiempo necesaria para cargar un documento no se conoce por anticipado. Estos sucesos hacen posible averiguar en qué parte de ese proceso se encuentra el documento actual.

onreadystatechange El suceso *onreadystatechange* se desencadena siempre que el documento alcanza un hito en su proceso de carga. Esto hace posible que el guión vaya siguiendo el documento a lo largo de toda su carga, y también permite tomar decisiones basándose en esta información.

Cuando se desencadena el suceso *onreadystatechange*, se puede acceder al estado actual del documento mediante la propiedad *readyState* del objeto *document*. La propiedad readyState puede tener los valores siguientes:

- **complete** El documento está totalmente cargado.
- **interactive** Se puede interaccionar con el documento aun cuando no está completamente cargado.
- **loading** El control se está cargando en ese momento.
- **unitialized** El documento está en proceso de descarga.

onload El suceso *onload* se desencadena cuando el documento acaba de cargarse. Esto significa que no sólo se ha cargado el archivo completo para el documento actual, sino también todos los elementos de ese documento. Lo cual indica que todos los elementos que requieran sus propias conexiones con el servidor (tales como imágenes y applets) habrán acabado de cargarse también.

onunload El suceso *onunload* se desencadena cuando el navegador descarga el documento. El documento se descarga siempre que el documento que está visualizando el usuario sufre una modificación. Esto se hace cuando el usuario especifica que es preciso cargar una nueva URL en el navegador. Además, se desencadena el suceso *onunload* cuando se pulsa en el botón de refresco, que vuelve a cargar el documento.

Suceso onabort

El suceso *onabort* es un suceso especial que solamente se utiliza con las imágenes (elementos IMG). Se desencadena cuando se detiene la carga de imágenes. La carga de una imagen se puede detener en dos circunstancias: si el usuario pulsa en el botón de parada del navegador, entonces se detiene la carga de todas las imágenes que se estén cargando; si el usuario pulsa en un enlace de una página antes de que se carguen todas las imágenes, se detiene la carga de esas imágenes.

Desencadenamiento de sucesos

Cuando se produce un suceso que el programa está buscando, tiene que existir algún proceso mediante el cual se notifique al programa que se ha producido ese suceso. Este proceso se conoce con el nombre de *desencadenamiento de sucesos*.

Se puede pensar que el desencadenamiento de sucesos es un puente entre las acciones que se están produciendo y nuestro programa. Cuando tiene lugar un suceso, el navegador tiene en cuenta si el documento es consciente de alguno de esos sucesos, y de ser así, desencadena la respuesta adecuada para el suceso por parte del documento. Cuando se produce un suceso, el elemento que desea recibirlo dispone de un procedimiento propio que se invoca y que ha sido asociado a ese suceso.

Considere un ejemplo sencillo: una imagen está recibiendo sucesos de pulsaciones del ratón. La primera vez que el usuario pulsa en la imagen, se genera un suceso que indica a la imagen que se ha pulsado en ella. Es importante tener en cuenta que se genera un suceso no sólo la primera vez que el usuario pulsa en la imagen, sino *todas* las veces que el usuario pulse en la imagen.

Por ejemplo, quizá sea necesario dar lugar a que un elemento de la página aparezca o desaparezca siempre que se pulse en una imagen. A efectos, se está transformando esta imagen en un botón que interactúa con el usuario. Dado que se desea hacer algo cada vez que se pulse en la imagen, es importante que recibamos un suceso nuevo cada vez que el usuario pulsa en ella.

Gestores de sucesos

Los sucesos se desencadenan después de haber sido generados por el navegador. Según se había indicado anteriormente, el desencadenamiento de sucesos se puede considerar como un puente. Los gestores de sucesos correspondientes al documento son el otro lado del puente. Los gestores de sucesos son procedimientos escritos en algún lenguaje de guiones que se invocan cuando se producen sucesos.

El *gestor de sucesos* es un procedimiento definido por el usuario y situado dentro del guión que se invoca cuando se produce un suceso. Se puede escribir en cualquier lenguaje que pueda interactuar con el mecanismo de guiones de Internet Explorer 4.0. Normalmente, se utiliza JavaScript o VBScript porque están incorporados en el Internet Explorer 4.0.

Dado que se pueden generar sucesos para todos los tipos de elementos de la página, e incluso para el documento en sí, los gestores de sucesos no se definen en un sentido general, sino que están asociados al elemento que recibirá el suceso. Por ejemplo, si se tiene una imagen que uno desea que reciba sucesos, se describirá un gestor de sucesos para las acciones que uno quiera llevar a cabo, y después se asociará ese suceso al elemento imagen (este enlazado se describe con más detalle en la sección «Asociación de sucesos»). Si desea implementar el escenario de botones descrito anteriormente, por ejemplo, será preciso asociar el suceso *onclick* a la imagen que quiera Vd. que responda cuando se pulse en ella.

La Figura 7.1 muestra la forma en que funcionan los sucesos, el desencadenamiento de sucesos y los gestores de sucesos.

Figura 7.1 El proceso de gestión de sucesos.

La Figura 7.1 representa un suceso que va a ser generado, en este caso, cuando el usuario pulse en una imagen. Entonces el navegador desencadena un suceso, que notifica al documento que se ha producido un suceso. Finalmente, se invoca al gestor de sucesos para esa imagen, lo cual permite que la imagen conozca que se ha pulsado en ella.

Gestión de sucesos anterior a HTML Dinámico

La capacidad de interactuar con el usuario no es exclusiva de HTML Dinámico. De hecho, la capacidad de realizar una gestión primitiva de sucesos ha existido desde la introducción de JavaScript en Netscape Navigator.

Dado que los métodos que utiliza HTML Dinámico para realizar la gestión de sucesos se derivan de JavaScript, resultaría conveniente examinar rápidamente la forma en que JavaScript gestiona sucesos. El Listado 7.1 visualiza todo el código de HTML y de JavaScript para esta interacción. Los segmentos de códigos que siguen se han numerado de acuerdo con su situación dentro del listado final.

Antes de HTML Dinámico, el método primario para utilizar y recibir sucesos consistía en utilizarlos con objetos situados dentro del formulario. El ejemplo siguiente define un formulario sencillo con este fin:

```
11. <FORM name="info">
12.     Nombre:
13.     <INPUT TYPE="text" name="user" value="">
14.     <INPUT TYPE="button" name="show" value="Haga Clic Aquí"
16. </FORM>
```

Este código define un formulario que contiene dos objetos: un campo para la entrada de textos y un botón. Antes del advenimiento de los lenguajes de guiones *inline*, los formularios se utilizaban sobre todo para comunicar información a guiones de CGI, lo cual, por cierto, sigue siendo una aplicación frecuente de estos formularios.

Comenzando con JavaScript, sin embargo, fue posible utilizar formularios interactivamente sin comunicar datos al servidor. Esto es una consideración importante, porque la comunicación a través de Internet (especialmente con un módem) puede ser muy lenta en algunas ocasiones.

Los lenguajes de guiones en línea (inline) permitían definir gestores de sucesos para los objetos dentro de formularios, y ejecutar un código de guiones específico para estos objetos. Esta funcionalidad hizo posible que la página fuera interactiva.

El ejemplo siguiente define una función que se invoca en JavaScript , «Saludo», que abre un cuadro de alerta con un saludo distinto, dependiendo de si se le pasa o no un nombre:

```
19. function Saludo(nombre)
20. {
21.     if (nombre.length == 0)
22.         alert("Buenos días Señor");
23.     else
24.         alert("Hola " + name);
25. }
```

La función *Saludo(nombre)* es el gestor de sucesos y se invoca siempre que se produce la interacción que uno espera. En este caso, la interacción que se espera es que el usuario pulse en el botón llamado Haga Clic Aquí de nuestro formulario, según se define en el código anterior.

La forma en que los sucesos se asocian a objetos dentro de un formulario en JavaScript es la siguiente: se añade la llamada a la función, con sus argumentos, como atributo del objeto GUI. En este caso, el objeto GUI es el botón Haga Clic Aquí, y el suceso que se desea es el suceso *onclick* que se desencadena cuando el usuario pulsa en el botón.

Ahora se asocia la función *Saludo(nombre)* con el formulario añadiendo la función de gestión de sucesos, *onclick* al botón de la definición del formulario:

```
11. <FORM NAME="info">
12.     Nombre:
13.     <INPUT TYPE="text" name="user" value="">
14.     <INPUT TYPE="button" name="show" value="Haga Clic Aquí"
15.         onclick="Saludo(document.info.user.value)">
16. </FORM>
```

A continuación, cuando se pulse en el botón Haga Clic Aquí, se invocará la función *Saludo(nombre)*. Tenga en cuenta que el valor que se pasa a la función *Saludo(nombre)* depende del valor de otro objeto dentro del formulario, el campo de entrada de textos cuyo atributo de nombre es «usuario». Los sucesos del campo de usuario tampoco están definidos, porque el único momento en que uno está interesado en hacer algo especial es cuando se pulsa en el botón. El código final para la interacción creada en los tres segmentos anteriores, preparado para ser ejecutado en Internet Explorer, se muestra en el Listado 7.1. La salida de este ejemplo se muestra en la Figura 7.2.

Listado 7.1 Registrar la entrada del usuario con gestión de sucesos

```
01. <HTML>
02.
03. <HEAD>
04.     <TITLE>
05.         Capítulo 7, Ejemplo 1
06.     </TITLE>
07. </HEAD>
08.
09. <BODY>
10.
11.     <FORM name="info">
12.         Nombre:
13.         <INPUT TYPE="text" name="user" value="">
14.         <INPUT TYPE="button" name="show" value="Haga Clic Aquí"
15.         onclick="Saludo(document.info.user.value)">
16.     </FORM>
17.
18.     <SCRIPT language="JavaScript">
19.     function Saludo(nombre)
20.     {
21.         if (nombre.length == 0)
22.             alert("Buenos días Señor");
23.         else
24.             alert("Hola " + name);
25.     }
26.     </SCRIPT>
27.
28. </BODY>
29. </HTML>
```

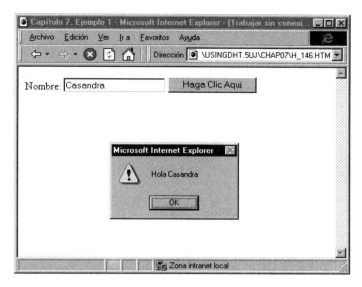

Figura 7.2 Gestión básica de sucesos en JavaScript.

Aunque ciertamente este método de gestión de sucesos es muy potente y ha añadido bastantes posibilidades de creación de guiones por parte de los clientes en formularios de HTML, falla sin embargo de forma fundamental: sólo funciona en guiones.

Originalmente, tenía sentido que estuviera limitado a los objetos situados en formularios porque los formularios contienen elementos que forman parte evidentemente de una interfaz de usuario. Sin embargo, esta limitación evita que el documento pueda responder a sucesos más sutiles, tal como que el usuario mueva el ratón por encima de una imagen o por encima de un segmento de texto. Precisamente, este tipo de gestión de sucesos es lo que ahora hace posible HTML Dinámico.

Gestión de sucesos en HTML Dinámico

La gestión de sucesos en HTML Dinámico se efectúa de forma muy parecida a las versiones anteriores de HTML que admitían los guiones en línea, pero con muchas extensiones importantes. Los guiones se pueden asociar a cualquier elemento de HTML, o incluso al documento en sí; además está disponible una mayor selección de sucesos.

Cuando se utiliza la gestión de sucesos en HTML Dinámico, hay que tener en cuenta varias cosas. El aspecto más importante que hay que considerar es el lugar al que uno quiere que vaya la información. En este aspecto se tienen muchas opciones. Se puede hacer que el suceso sea gestionado por los componentes siguientes:

- El elemento en que se produce
- El envoltorio en el que reside (por ejemplo, <DIV> o <SPAN>)
- El cuerpo del documento (<BODY>)
- Un elemento HTML (<HTML>)
- Otros lugares del objeto *document*

El elemento que recibe el suceso dependerá del diseño de nuestro programa y de lo que se quiera hacer. La jerarquía en que se pueden producir los sucesos se describe posteriormente en la sección «Burbujeo de sucesos», que debería hacer que estas decisiones de diseño resulten más claras.

Por el momento, considérese la primera opción: definir gestores de sucesos basados en elementos individuales. En este procedimiento, la forma más directa de definir un gestor de sucesos es incluirlo a través de atributos en línea, empleando la sintaxis siguiente:

```
<nombremarcador tipo_suceso="gestor_sucesos()">
```

El «nombremarcador» es el nombre del marcador que se vaya a utilizar (por ejemplo, <H1>, <P>, <IMG>, y así sucesivamente); «tipo de suceso» es el tipo de suceso que se está buscando; y «gestor_sucesos» es la función que hay que invocar cuando se produce ese suceso en el elemento.

Gestión de sucesos en acción

El Listado 7.2 situado al final de esta sección es un ejemplo concreto de la preparación de un gestor de sucesos basado en elementos individuales. Para empezar, este ejemplo comienza con un marcador <H1> sumamente básico:

```
<H1>Algún Texto de Encabezado </H1>
```

Este es el momento en que aparece la verdadera potencia de la gestión de sucesos. Observe que este elemento no se encuentra dentro de un formulario, y que no tiene un atributo ID para identificarlo de modo único en la página. Es lo mismo que cualquier otro elemento <H1> que se pudiera haber escrito en el pasado. Pero dado que es posible añadir sucesos a uno u otro elemento de forma individual, la adición de un suceso que no forma parte de un formulario resulta sencilla.

El código siguiente aplica la plantilla del ejemplo anterior para desencadenar un suceso cuando el usuario pulsa en el elemento y también para invocar a la función *hClicked()* de JavaScript cuando se pulsa con él en el ratón:

```
11. <H1 onclick="hClicked()">Algún Texto de Encabezado </H1>
```

Facilón, ¿verdad? El código siguiente escribe la función de JavaScript a la que hay que invocar cuando se pulsa en la imagen. En este caso, un cuadro de alerta indica al usuario que se ha pulsado en el encabezado:

```
13. function hClicked()
14. {
15.    alert("Se ha pulsado en un elemento de Encabezado de Texto ");
16. }
```

Ahora cada vez que el usuario pulse en el elemento <H1> con el ratón, se produce la secuencia siguiente:

1. Se genera un suceso de clic del ratón.
2. Se desencadena el suceso de clic del ratón.
3. El navegador comprueba si ese suceso va a ser gestionado por el elemento sobre el cual se encuentra el ratón.
4. Dado que el elemento H1 posee un gestor de sucesos, se invoca a esa función. En este caso, se invoca a *hClicked()*.
5. La función *hClicked()* produce un cuadro de alerta que informa al usuario de que se ha pulsado en el elemento.

Examine este código en el contexto de un documento HTML legal. La Figura 7.3 muestra la salida correspondiente a este documento cuando el usuario pulsa en el marcador <H1>.

Listado 7.2 Respondiendo a una interacción del usuario mediante gestión de sucesos

```
01.    <HTML>
02.
03.    <HEAD>
04.       <TITLE>
05.          Capítulo 7, Ejemplo 2
06.       </TITLE>
07.    </HEAD>
08.
09.    <BODY>
10.
11.       <H1 onclick="hClicked()">Algún Texto de Encabezado </H1>
12.       <SCRIPT language="JavaScript">
13.       function hClicked()
14.       {
15.          alert("Se ha pulsado en un elemento de Encabezado de Texto");
16.       }
17.       </SCRIPT>
18.
19.    </BODY>
20.    </HTML>
```

Compare el guión del Listado 7.2 con el guión del Listado 7.1 que lleva a cabo una acción similar con métodos previos a HTML Dinámico. Debería apreciar varias cosas:

- No ha sido preciso utilizar un formulario.
- El elemento que tiene asociado un suceso no es lo que normalmente se consideraría un elemento de interfaz de usuario.
- La sintaxis para enlazar el suceso es sorprendentemente similar.

Quizá lo más importante sea esto último. Microsoft se ha esforzado mucho por hacer que HTML Dinámico sea tan familiar como sea posible para los usuarios frecuentes de HTML.

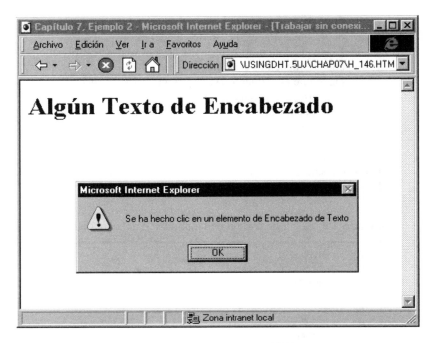

Figura 7.3 Gestión de sucesos en elementos arbitrarios de HTML.

Netscape ya había definido un método para gestionar sucesos en formularios. Cuando Microsoft decidió añadir la capacidad de que cualquier elemento de la página pudiera asociar sucesos al propio marcador, decidieron emplear un estándar y una forma conocida, para extender la gestión tradicional de sucesos, en lugar de aportar su propia forma exclusiva de hacer las cosas.

Enlazado de sucesos

El enlazado de una función con un suceso es simplemente la forma en la que HTML Dinámico alude al proceso de asignación de un gestor de sucesos a un elemento específico para un suceso específico.

Aun cuando el método de enlazado de gestores de sucesos a sucesos pertenecientes a elementos es bastante natural, HTML Dinámico es en realidad bastante flexible en la forma en la que nos permite enlazar sucesos.

Tres de las formas de enlazar una función con un suceso son:

- A través de elementos
- A través del método SCRIPT...FOR
- A través de una sintaxis especial de VBScript

Estas técnicas se describirán en las próximas secciones.

Enlazado de sucesos a través de elementos

Ya se ha aprendido el proceso de enlazado de procedimientos de gestión de sucesos con un elemento para un suceso concreto en la sección de «Gestión de sucesos en acción». Lo único que hay que hacer es asignar el nombre del gestor de sucesos a través del atributo que está asociado con el suceso.

Supongamos por ejemplo, que se tiene una imagen tal que uno desea que se desencadene un gestor de sucesos denominado *imgClick( )*, que deberá ser invocado siempre que se pulse con el ratón en la imagen. Entonces se utilizaría la siguiente sintaxis para hacerlo:

```
<IMG SRC="imagen.gif" onclick="imgClick()">
```

¿Cuándo sería útil este tipo de gestión de sucesos? Si fuéramos a construir un catálogo musical en línea, por ejemplo, quizá se necesitara visualizar una información especial cuando el usuario pulsara en la imagen de un CD.

Sin embargo, ¿qué es lo que se hace cuando se desea añadir más gestores de sucesos a un elemento? Lo único que hay que hacer es añadir otro atributo que contenga el nombre del suceso y la función que haya que invocar. Vamos a añadir un gestor de sucesos llamado *imgUp( )* que se invocará cuando se suelte el botón del ratón encima de la imagen:

```
<IMG SRC="imagen.gif" onclick="imgClick()"
                onmousemove="imgUp()">
```

Enlazado de sucesos a través de SCRIPT...FOR

El enlazado de gestores de sucesos mediante enlazado de elementos es la forma estándar de enlazar sucesos. Además, tiene muchas ventajas. En primer lugar, el enlazado de elementos hace uso de una sintaxis sencilla, en segundo lugar, y en muchos aspectos más importantes, nos permite ver los sucesos que están asociados a un elemento específico sin más que examinar el elemento en la página.

¿Por qué, entonces, tienen que haber formas alternativas de enlazar sucesos? Esto se debe a que el enlazado de gestores de sucesos por enlazado de elementos está limitado a los lenguajes que estén incorporados en el navegador.

Esto puede no parecer importante en la mayoría de los casos, y no lo es para HTML Dinámico sencillo. Sin embargo, si se utiliza HTML Dinámico para diseñar aplicaciones de calibre industrial —tal como Microsoft ha indicado claramente, este es el futuro que se prevé para HTML Dinámico— quizá sea necesario hacer que se asocien sucesos a otros lenguajes, tales como Java. Además, el lenguaje de computadora que está de moda siempre parece cambiar, así que es buena idea tener un método de enlazar sucesos que no haga la suposición de que se va a utilizar o bien JavaScript o bien VBScript.

En segundo lugar, se pueden enlazar sucesos con otras cosas que no son elementos simplemente de HTML. De hecho, si recuerda las definiciones del principio del capítulo, se pueden asociar sucesos al propio documento en sí. Esto significa que es enteramente posible que no exista un elemento de HTML que incluya el atributo del nombre del suceso y el gestor que hay que invocar.

Estas son las razones por las cuales se creó el método *SCRIPT...FOR* de asociar sucesos. Este método hace posible asociar sucesos a elementos de la página (y a objetos de la jerarquía del modelo de objetos de HTML Dinámico, tales como el objeto *document*) además de la sección del documento de HTML en el cual se crea el código para gestionar estos sucesos. Comenzaremos por utilizar el ejemplo de la imagen anterior dado en «Enlazado de sucesos a través de elementos», pero sin definir ningún suceso:

```
<IMG SRC="imagen.gif">
```

Ahora se desea asignar un gestor de sucesos que se invocará siempre que se pulse en la imagen, pero se encuentra uno con un dilema. ¿Cómo se puede hacer alusión a este elemento de la página desde algún otro lugar del documento HTML?

Evidentemente, se necesita alguna forma de asignar un nombre al elemento. Este método es el atributo ID.

El atributo ID hace posible asignar nombres individuales de identificación a cada elemento. Es muy fácil de usar: basta con añadir «id=» y después el ID que uno quiera darle a ese elemento. Para este ejemplo, se desea dar al marcador <IMG> un ID cuyo valor sea «miImg,» y esto se puede hacer de la forma siguiente:

```
<IMG ID="miIMG" SRC="imagen.gif">
```

Ahora ya se tiene una forma de hacer alusión al elemento desde cualquier lugar de la página. Examinemos la sintaxis del método de enlazado *SCRIPT...FOR:*

```
<SCRIPT FOR=id EVENT="tipo_suceso" LANGUAGE="lenguaje"
    // Código que hay que ejecutar cuando
    // se desencadene el suceso.
</SCRIPT>
```

Aquí se están estableciendo tres atributos importantes. El primero es el atributo FOR, que especifica la id del elemento u objeto al cual se está asociando el gestor de sucesos contenido dentro de la pareja de marcadores <SCRIPT>. Es importante tener en cuenta el uso de la id del elemento aquí («miIMG») y no el nombre del marcador (<IMG>).

El segundo atributo al que se da valor es EVENT, en el cual se especifica el suceso al cual se va a asociar el gestor de sucesos. Aun cuando se da la misma información, la especificación del suceso es un poquito más complicada que cuando se usa el método de enlazado a un elemento. Mediante el atributo EVENT, el nombre del suceso se trata como si fuera una función y no como un atributo. Esto significa que cuando se hace alusión al suceso en JavaScript, hay que posponer al nombre del suceso unos paréntesis, que encerrarán aquellos argumentos que pudiera tener ese suceso. Por ejemplo, la gestión de un suceso de pulsación del ratón empleando el método SCRIPT...FOR sería parecida a:

```
<SCRIPT FOR="algún_elemento" EVENT="onclick()" LANGUAGE="JAVASCRIPT">
//Código para gestionar el suceso
</SCRIPT>
```

Nota:

Cuando se está especificando el atributo EVENT es importante tener en cuenta que JavaScript respeta mayúsculas y minúsculas. Por consiguiente, es necesario enumerar los sucesos en minúsculas, porque en caso contrario el gestor de sucesos no quedará correctamente enlazado. VBScript no posee esta limitación, y se puede poner en mayúsculas lo que se desee, tal como sucede en OnClick(), onClick() *y así sucesivamente.*

El tercer atributo al que hay que dar valor es el atributo LANGUAGE. Este atributo especifica el nombre del lenguaje que se está utilizando en el gestor de sucesos. En el caso de Internet Explorer 4.0, los dos lenguajes de guiones que se utilizarán con más frecuencia son JavaScript y VBScript.

El código siguiente especifica el método *SCRIPT...FOR* para enlazar la IMG que se definía previamente:

```
<SCRIPT FOR=miImg EVENT="onclick()" LANGUAGE="JavaScript">
    // El mismo código que habría formado la función
    // imgClick() en el ejemplo anterior de enlazado
    // a través de un elemento.
</SCRIPT>
```

En general, posiblemente sea mejor idea utilizar el método de enlazado a través de elementos más que el método *SCRIPT...FOR*. En aquellos casos en los que sea necesario utilizar *SCRIPT...FOR,* sin embargo, tal como en el caso de gestionar sucesos en el objeto documento que no provengan de la interacción del usuario con elementos de la página, se debe incluir siempre un comentario que diga que se está enlazando el código a un elemento o un objeto por su ID.

Enlazado de sucesos a través de sintaxis especial de VBScript

Microsoft ha hecho un buen trabajo en todo HTML Dinámico para hacer que los procedimientos sean tan neutros como sea posible a efectos del lenguaje. Sin embargo, una excepción es la sintaxis especial de VBScript para enlazar sucesos. Además de los métodos estándar de enlazado de sucesos, VBScript posee un método exclusivo llamado sintaxis especial de VBScript.

La sintaxis especial de VBScript es parecida al método *SCRIPT...FOR* de enlazado, salvo que es mucho más sencilla y no se necesita suministrar tanta información para que gestione el suceso.

La sintaxis es clara. Se comienza por especificar un bloque SCRIPT con un atributo LANGUAGE que especifique VBScript. A continuación, se escribe el subprocedimiento de VBScript que uno quiera definir, utilizando una convención especial de denominación que enlaza el subprocedimiento con el elemento:

```
<SCRIPT LANGUAGE="VBScript"
    Sub IDelemento_Tiposuceso()
        ' El código del gestor de sucesos '
    End Sub
</SCRIPT>
```

Es importante tener en cuenta la forma en que se ha dado nombre al subprocedimiento. La primera parte del nombre es la ID del elemento para el cual se desea gestionar un suceso. Después se coloca un guión inferior «_». Finalmente, se indica el tipo del suceso que uno quiere gestionar, siguiéndolo con unos paréntesis y aquellos argumentos que pudiera admitir.

Para aclarar esto, examinemos un ejemplo concreto. El ejemplo siguiente duplica el enlazado de sucesos de los dos últimos ejemplos (de «Enlazado de sucesos a través de elementos» y «Enlazado de sucesos a través de SCRIPT...FOR») con esta nueva sintaxis:

```
<SCRIPT LANGUAGE="VBScript"
    Sub miIMG_onclick()
        ' Código para el gestor de sucesos, equivalente a
        ' el guión "onClick()" de los ejemplos anteriores
    End Sub
</SCRIPT>
```

Al ver este código por sí mismo en una página en HTML Dinámico uno puede sentir confusión si no conoce esta sintaxis. ¿Por qué? Porque utilizando esta sintaxis no resulta necesario especificar el nombre del gestor de sucesos ni en el elemento en sí, ni tampoco en el elemento SCRIPT que rodea al código. En su lugar, el suceso se asocia automáticamente a partir de su nombre. Los programadores de JavaScript que están asociados al enlazado explícito pueden no estar acostumbrados al enlazado automático.

La circunstancia especial que se está produciendo en la sintaxis especial de VBScript es que al definir el subprocedimiento dentro del guión con un nombre especial, ese subprocedimiento se enlaza *automáticamente* con el suceso que corresponde a su nombre. ¿Cómo sucede esto? El intérprete de VBScript va buscando los nombres de función del formulario, y se encarga él mismo de realizar el trabajo de enlazado cuando se carga el documento.

Nota:

La decisión de utilizar o no la sintaxis especial de VBScript es especialmente difícil. Resulta innegablemente cómoda; sin embargo, este método sólo funciona en VBScript, lo cual se opone al resto de la filosofía de HTML Dinámico de neutralidad con respecto al lenguaje.

El mejor consejo es seguir nuestra propia intuición. Si uno es programador de Visual Basic, el método IDelemento_Tiposuceso() *de especificación de sucesos le parecerá bastante natural. Sin embargo, si no tiene experiencia con Visual Basic, quizá necesite un poquito más de tiempo para comprender la lógica que subyace a esta sintaxis. En todo caso, si decide utilizar la sintaxis específica de VBScript, asegúrese de insertar comentarios para que los demás programadores, que quizá no conozcan la sintaxis, sepan lo que está pasando.*

Objeto window.event

Cuando se pasan sucesos en HTML Dinámico, no se pasa mucha información junto con ellos. Por ejemplo, el suceso *keypress* solamente nos indica que se ha pulsado una tecla, pero no la tecla concreta que se ha pulsado.

Dado que esta información no se pasa directamente, tiene que existir una forma alternativa de obtenerla. Esta información, y mucha más, queda a nuestra disposición mediante el objeto *event*, que es un descendiente del objeto *window* dentro del modelo de objetos de HTML Dinámico que se describía en el capítulo anterior. Se puede acceder al objeto *event* como a un objeto contenido en el objeto *window* (esto es, window.event).

El objeto *event* tiene muchas propiedades útiles para las situaciones de gestión de sucesos en que se necesita más información. Muchas de las propiedades tan sólo son útiles en algunas situaciones. La propiedad *keyCode*, por ejemplo, posiblemente no sea útil cuando se recibe un suceso de pulsación del ratón.

Aun cuando hay ciertas propiedades del objeto *window.event* que no son pertinentes para algunos sucesos, el objeto *window.event* queda a disposición de todos los sucesos. Se hace esto para mantener la consistencia y para asegurarse de que un gestor de sucesos genérico no espere nunca un objeto que no existe. El objeto *event* consta de las propiedades siguientes:

- *keyCode*
- *altKey*
- *ctrlKey*
- *shiftKey*
- *button*
- *cancelBubble*
- *fromElement*
- *returnValue*
- *srcElement*
- *toElement*
- *x*
- *y*

Las secciones siguientes tratan con más detalle todas y cada una de las propiedades del objeto event.

Propiedad *keyCode*

Aun cuando es agradable saber que se ha pulsado una tecla a través del suceso *keypress*, a veces es importante saber cuál es la tecla que se ha pulsado. La propiedad *keyCode* proporciona esta información.

Por ejemplo, suponga que está escribiendo un juego que admite entradas procedentes del teclado. Quizá necesite hacer que el juego lleve a cabo una acción diferente dependiendo de la tecla pulsada. La propiedad *keyCode* permite distinguir esta información.

Si se ha pulsado una tecla durante un suceso, la propiedad *keyCode* contiene el valor de esa tecla en forma de un entero. El valor de este entero es el código UNICODE de esa tecla.

Los valores que se generan para las teclas varían con el lenguaje. Los códigos de todos los lenguajes y otra discusión adicional de UNICODE se encontrarán en **http://www.unicode.org**.

Propiedad *altKey*

Cuando se genera un suceso, el navegador comprueba si estaba pulsada la tecla Alt. Entonces esta información se sitúa en la propiedad *Altkey,* que es un valor booleano que recibe el valor verdadero si la tecla Alt estaba pulsada y falso en caso contrario.

La propiedad *altKey* se puede utilizar de muchas formas. La primera y más evidente es detectar si el usuario ha pulsado una combinación *Alt+Tecla* (esto es, detectar si el usuario ha pulsado Alt y X a la vez).

Esta propiedad también es útil cuando se desea comprobar si se ha pulsado la tecla Alt mientras se producía algún otro tipo de suceso. Por ejemplo, quizá sea necesario realizar una acción si sólo se pulsa el botón del ratón, y otra si se estaba pulsando la tecla Alt cuando se pulsó con el botón del ratón. La propiedad *altKey* permite detectar estas acciones.

Propiedad *ctrlKey*

La propiedad *ctrlKey* es similar a la propiedad *altKey*. La propiedad *ctrlKey* contiene un valor booleano verdadero si se ha pulsado la tecla Control durante el suceso, o falso si la tecla de Control no se mantuvo pulsada durante el suceso.

Propiedad *shiftKey*

La propiedad *shiftKey* es similar a las propiedades *altKey* y *ctrlKey*. La propiedad *shiftKey* contiene un valor booleano que es verdadero si se ha mantenido pulsada la tecla Mayúsculas durante el suceso, o falso si no se mantuvo pulsada la tecla Mayúsculas durante el suceso.

Propiedad *button*

Cuando se recibe un suceso que de alguna forma indica que se ha pulsado con el botón del ratón (*onmousedown*, *onmouseup*, y demás), quizá se sepa que se ha pulsado con el botón, pero no con qué botón del ratón.

La propiedad *button* permite recuperar la información correspondiente al botón del ratón que se haya pulsado. Esto es útil si desea llevar a cabo una acción distinta, dependiendo del botón del ratón que se haya pulsado.

Por ejemplo, suponga que desea crear un control de interfaz de usuario que dé lugar a que aparezca información cuando el usuario pulse con el botón izquierdo sobre el elemento, y que haga que desaparezca cuando el usuario pulse con el botón derecho del ratón sobre el elemento. La propiedad *button* hace posible distinguir cuál de los botones se ha pulsado.

La propiedad *button* contiene un número que posee uno de entre cuatro valores que van desde 0 hasta 3. Los significados de estos valores son como sigue:

- **0** No se ha pulsado el botón
- **1** Sólo se pulsó el botón izquierdo del ratón
- **2** Sólo se pulsó el botón derecho del ratón
- **3** Se pulsaron ambos botones del ratón

Propiedad *cancelBubble*

Todos los sucesos de HTML Dinámico tienen la capacidad de «burbujear» hacia arriba a través de la jerarquía de contención de elementos hasta hallar un gestor de sucesos. La propiedad *cancelBubble* es una propiedad que se puede leer y escribir y que nos permite fijar o leer si el suceso va a seguir ascendiendo.

No se preocupe por comprender lo que significa «burbujear» hacia arriba a través de la jerarquía de contención en este momento. El burbujeo de sucesos se tratará con detalle posteriormente en este capítulo. Por el momento, tenga en cuenta simplemente que los sucesos no quedan limitados a los elementos en los cuales se producen.

Propiedad *fromElement*

Cuando se mueve el puntero del ratón en la ventana, el puntero del ratón va cruzando por muchos elementos distintos. La propiedad estándar para especificar el último elemento sobre el cual se haya movido el ratón antes de pasar a aquél que recibe el suceso es la propiedad *fromElement*.

Cuando se desencadena un suceso relacionado con el ratón, se sabe que el puntero del ratón se ha movido por encima del elemento que haya recibido el suceso. Sin embargo, no se sabe encima de qué elemento estaba el ratón antes de llegar al elemento sobre el cual se encuentre en ese momento.

La propiedad *fromElement* permite averiguar cuál es el último elemento sobre el que haya pasado el puntero del ratón. El valor de la propiedad *fromElement* contiene el último elemento sobre el que haya pasado en la forma de un objeto *element* (los objetos *element* se describen en el Capítulo 6, «Modelo de objetos de HTML Dinámico»).

Esta propiedad podría ser muy útil en toda una gama de circunstancias, y muy especialmente en las aplicaciones y juegos multimedia. Tanto si le ve una posible aplicación en la actualidad como si no, asegúrese de recordar la propiedad *fromElement*, porque cuando la necesite le ahorrará muchísimo trabajo.

Propiedad *returnValue*

En algunas ocasiones se necesita proporcionar un valor procedente de un suceso. Esto se puede hacer fácilmente en JavaScript asignando un valor proporcionado al gestor de sucesos que se haya definido. Entonces, quien invoque a ese gestor de sucesos puede decidir si va a utilizar o no el valor que se le proporcione.

Los valores proporcionados son útiles para modificar las acciones realizadas por omisión por los elementos. Modificando la propiedad *returnValue* para que tome el valor falso para un enlace HREF, por ejemplo, la acción por omisión (acceder al enlace especificado por el HREF) no se ejecutaría.

Lamentablemente, algunos lenguajes no permiten notificar sucesos mediante rutinas de procedimientos. Esto es un problema porque Microsoft desea mantener HTML Dinámico tan neutral como sea posible en lo tocante a lenguajes. La solución fue habilitar los valores proporcionados en forma de una propiedad.

La propiedad *returnValue* es una propiedad modificable que permite a nuestro gestor de sucesos fijar dinámicamente el valor que habrá que proporcionar, dando valor a esa propiedad. La propiedad *returnValue* no espera un determinado tipo de datos porque cabe esperar que proporcione casi cualquier tipo de información a la propiedad *returnValue* desde el gestor de sucesos.

Propiedad *srcElement*

El burbujeo de sucesos se mencionaba anteriormente en la descripción de la propiedad *cancelBubble*. La propiedad *srcElement* también está relacionada con el burbujeo de sucesos a través de la jerarquía de contención. El burbujeo de sucesos se tratará con más detalle posteriormente en este capítulo.

La propiedad *srcElement* contiene un objeto que es el elemento HTML que recibiera por primera vez el suceso. Por ejemplo, es posible que quien reciba este suceso sea <BODY>. Cuando el gestor de sucesos de este suceso intenta determinar en qué elemento ha arrancado el suceso, el elemento podría ser un <IMG> situado muy profundamente en su interior.

Esto significa que se pueden escribir gestores de sucesos «genéricos». Quizá se desee ocultar todo elemento que se encuentre en la página si se pulsa en él, por ejemplo. El gestor de sucesos de <BODY> puede utilizar la propiedad *srcElement* para averiguar cuál fue el elemento en el que se pulsara originalmente y ocultar ese elemento.

Propiedad *toElement*

La propiedad *toElement* es similar a la propiedad *fromElement*. Cuando se desencadena un *mouseout,* se sabe que el puntero del ratón ha abandonado el elemento. Sin embargo, no se sabe en qué elemento ha entrado el puntero del ratón.

La propiedad *toElement* hace posible averiguar cuál es el siguiente elemento sobre el que ha pasado el puntero del ratón. El valor de la propiedad *toElement* contiene ese elemento como un objeto del tipo *element*.

Se podría utilizar esta propiedad si se tuviera una aplicación en la cual fuera importante seguir la pista de todos los elementos sobre los cuales pasa el puntero del ratón. Los gestores de sucesos de cada objeto podrían entonces utilizar la propiedad *toElement* para comunicarse esta información entre sí.

Propiedad *x*

Cuando se desencadena un suceso, quizá sea necesario conocer cuál es la posición actual del ratón en ese momento. La propiedad *x* permite determinar esta información.

La propiedad *x* contiene la posición x del ratón en el momento en que se desencadena el suceso. Esta coordenada se calcula con relación al borde del documento y no en relación al borde de la pantalla. Esto significa que se puede tratar al documento como el espacio de coordenadas en el cual uno tiene que trabajar sin preocuparse por el lugar de la pantalla en que se encuentre situado en ese momento el navegador.

Esta propiedad podría ser bastante útil en un programa para juegos. Quizá se desee desplazar una nave hasta el lugar en el que se haya trasladado el puntero del ratón, por ejemplo. Esta propiedad proporciona la posición x en que reside en este momento el puntero del ratón.

Propiedad *y*

De forma muy similar a la propiedad *x* la propiedad *y* permite averiguar la posición y del ratón en el momento en que se desencadena el suceso. Esta coordenada también se calcula con respecto al borde del documento y no con respecto al borde de la pantalla.

De forma muy similar a la propiedad *x*, la propiedad *y* podría resultar bastante útil en un programa para juegos. Quizá se necesite trasladar una nave al lugar al que se haya trasladado el puntero del ratón, por ejemplo. Esta propiedad proporciona la posición y en la cual se encuentra en ese momento el puntero del ratón.

Redefinición de la gestión de sucesos por omisión

La capacidad de nuestros guiones para manejar sucesos de objetos HTML es una capacidad relativamente nueva en los navegadores de la red, pero la gestión de sucesos en general ya ha estado produciéndose entre bastidores en los navegadores desde sus primeros desarrollos.

Un ejemplo sencillo de gestión de sucesos que se produce en los navegadores es lo que ocurre cuando se pulsa en un enlace de ancla (<A>). El navegador registra que el usuario ha pulsado en el elemento de ancla, desencadena un suceso de pulsación del ratón en ese elemento, y comprueba después si existe una acción por omisión que haya que efectuar para una pulsación en el elemento de ancla. En el caso del marcador <A>, el navegador sabe que tiene que ir a la URL especificada por el marcador.

También se ha visto la forma en la que se puede utilizar la gestión de sucesos para hacer este tipo de cosas con cualquier elemento de la página que se desee; sin embargo, HTML Dinámico hace posible también redefinir el comportamiento por omisión de los marcadores que poseen mecanismos de gestión de sucesos ya incorporados.

La redefinición del comportamiento por omisión es en realidad bastante sencilla. Solamente hace falta asegurarse de hacer dos cosas:

Proporcionar un gestor de sucesos para el suceso que desencadene el comportamiento por omisión (por ejemplo, *onclick* para pulsar en un ancla).

Dar el valor falso a *window.event.returnValue*.

Al satisfacer estos dos requisitos, se cancela la acción por omisión, y en su lugar se ejecuta aquel código que se haya colocado en lugar del gestor de sucesos. El primer requisito es bastante sencillo. Dado que se está redefiniendo el comportamiento de una cierta acción, tiene sentido que haya que escribir un gestor de sucesos para ese suceso.

El segundo requisito es un poquito más sutil. Para hacer que el navegador no lleve a cabo la acción por omisión para ese suceso, hay que informar al navegador de que no debe llevar a cabo esa acción, o bien llevará a cabo ambas acciones. La señal para que el navegador no lleve a cabo el comportamiento por omisión consiste en dar a la propiedad *returnValue* del objeto *window.event* el valor falso.

La sintaxis siguiente hace uso de esta técnica para inhabilitar la capacidad del usuario para pulsar en un enlace de ancla:

```
<HTML>
<BODY>
<A id=miAncla onclick="aClicked()"
   HREF="http://sumáquina.com"
   onclick="aClicked()">
```

```
Su Máquina
</A>
<SCRIPT LANGUAGE="JavaScript">
function anclaPulsada() {
    window.event.returnValue = false;
}
</SCRIPT>
</BODY>
</HTML>
```

Cuando se carga este código Internet Explorer, el enlace del ancla parece un enlace normal. Está subrayado (a no ser que se haya desactivado el subrayado de enlaces), hace uso de los colores de enlaces, y así sucesivamente. Sin embargo, cuando se pulsa en él, no hace nada.

La línea importante a la que hay que prestar atención en este ejemplo es:

```
window.event.returnValue = false;
```

Esta línea da a la propiedad *returnValue* del *objeto window.event* el valor falso. Según se ha mencionado anteriormente, al dar el valor falso a esta propiedad se hace que el navegador omita la acción por omisión que en caso contrario habría ejecutado, y que en este caso habría consistido en seguir el enlace.

En este ejemplo, no hemos hecho que el gestor de sucesos hiciera nada salvo cancelar el comportamiento por omisión. Sin embargo, habría sido fácil añadir un código al gestor de sucesos para que proporcionase nuestro propio comportamiento.

Posiblemente sea buena idea proporcionar al menos algún tipo de suceso en lugar de la acción por omisión, porque en general resulta desconcertante para los usuarios el que los elementos de interfaz que están acostumbrados a utilizar en cierto modo dejen de funcionar. Por ejemplo, empleando el ejemplo anterior, muchos usuarios supondrían que el navegador ha dejado de funcionar y lo reiniciarían. Aun cuando lo único que se desee sea inhabilitar ese comportamiento, hay que intentar proporcionar algún tipo de información (quizá, algún cuadro de alerta, o en la barra de estado) que mencione que este elemento está inhabilitado.

La redefinición de las acciones por omisión de los elementos puede inducir a confusión, pero también puede ser muy potente. Supongamos por ejemplo que se está diseñando una aplicación para un Kiosco. Quizá se desee permitir que sólo se sigan los enlaces si el usuario se ha identificado, o si se ha proporcionado una contraseña. Mediante una redefinición de las acciones por omisión de los enlaces de ancla, se puede comprobar esta verificación antes de permitir que se siga el enlace.

Burbujeo de sucesos

Hasta el momento, toda la gestión de sucesos que se ha tratado estaba centrada en recepción de sucesos para elementos individuales. En la mayoría de las ocasiones, la gestión de sucesos para elementos individuales es más que suficiente.

Para aquellas ocasiones en que la gestión de sucesos para elementos individuales no baste, HTML Dinámico posee la capacidad de hacer subir los sucesos por la jerarquía de contención de HTML. En primer lugar, definamos lo que quiere decir la jerarquía de contención. El siguiente código de HTML es un ejemplo:

```
<HTML>
<BODY>
    <DIV id=miGrupo>
        <H1>La Imagen</H1>
        <IMG SRC="imagen.gif">
    </DIV>
</BODY>
</HTML>
```

La jerarquía de contención se define simplemente por lo que está contenido dentro de otras cosas. Si se examina el código HTML anterior, y se presta atención a los lugares donde comienzan y finalizan los marcadores, se apreciará que el marcador <HTML> rodea a todos los demás marcadores.

El siguiente marcador en profundidad, el marcador <BODY>, rodea al marcador <DIV>. Finalmente, el marcador <DIV> rodea a los elementos <IMG> y a los elementos <H1>. Esta jerarquía de contención se muestra en la Figura 7.4.

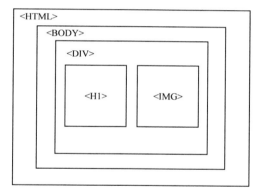

Figura 7.4 Estudio del burbujeo de sucesos.

El *burbujeo de sucesos* es el proceso de recorrido ascendente de esta jerarquía de contención, comenzando por el elemento que reciba el suceso. Supongamos que se pulsa en el marcador <H1> del ejemplo. Entonces el navegador lleva a cabo las siguientes acciones:

1. Comprueba si el elemento <H1> posee un gestor de sucesos correspondiente al tipo de suceso *onclick*. De ser así, lo ejecuta.
2. Comprueba si el predecesor del elemento <H1>, el elemento <DIV>, tiene un gestor de sucesos para este tipo de sucesos. De ser así, lo ejecuta.
3. Comprueba si el predecesor del elemento <DIV>, el elemento <BODY>, tiene un gestor de sucesos para este tipo de sucesos. De ser así, lo ejecuta.
4. Comprueba si el predecesor del elemento <BODY>, el objeto documento, tiene un gestor de sucesos para este tipo de sucesos. De ser así, lo ejecuta.

Un uso juicioso del burbujeo de sucesos puede hacer que nuestra vida como programadores sea mucho más sencilla, porque nos libera de tener que asociar gestores de sucesos a todos y cada uno de los elementos individuales.

Suponga por ejemplo que desea hacer que se invoque la función *hacerActualización()* de JavaScript cada vez que se pulse en los elementos <IMG> o <H1> del ejemplo anterior. Para hacer esto sin burbujeo de sucesos es preciso enlazarlos todos ellos en la forma siguiente:

```
<h1 onclick="hacerActualización()">La Imagen</h1>
<img SRC="imagen.gif" onclick="hacerActualización()">
```

Dado que estos dos elementos se encuentran situados jerárquicamente dentro de una pareja de marcadores <DIV>, sin embargo, y dado que uno sabe que los sucesos burbujean ascendiendo por la jerarquía de contención, basta en lugar de hacer esto con situar el enlace de sucesos en el marcador DIV, en la forma siguiente:

```
<div id=miGrupo onclick="hacerActualización()">
    <h1>La Imagen</h1>
    <img SRC="imagen.gif">
</div>
```

A continuación, cuando el usuario pulse en el elemento <H1> o en el elemento <IMG>, el navegador comprobará si poseen gestores de sucesos para *onclick*. No es así.

Sin embargo, a continuación el navegador comprueba si el predecesor de los elementos <H1> y <IMG> posee ese gestor de sucesos. Así es, así que entonces el navegador ejecuta el gestor *onclick* del elemento <DIV>para gestionar los sucesos de los elementos <H1> y <IMG>. Esto proporciona el mismo comportamiento que efectuar un enlazado con cada elemento individual, pero sin utilizar tanto código.

El ahorro de código y de complejidad de este ejemplo es relativamente mínimo. Sin embargo, el burbujeo de sucesos puede significar un enorme ahorro de tiempo con documentos ricos en sucesos. Imagine que tuviera varios centenares de elementos y que desease utilizar gestores de sucesos similares para ellos, y que tuviera que asignar individualmente los gestores de sucesos a todos y cada uno de esos elementos.

Descubriendo dónde ha comenzado el burbujeo de sucesos

Dado que el burbujeo de sucesos recorre todo el camino ascendiendo por la jerarquía, es posible que acaben por ser invocados unos cuantos gestores de sucesos. Si está uno escribiendo un gestor de sucesos correspondiente a la parte superior de la jerarquía, quizá resulte ventajoso conocer dónde ha comenzado a burbujear un suceso.

La propiedad *window.event.srcElement* permite obtener esta información. Cuando se recibe un suceso que ha burbujeado, la propiedad *srcElement* contiene el elemento de HTML que recibiera por primera vez el suceso antes de que empezara a ascender.

Cancelación del burbujeo de sucesos

HTML Dinámico hace burbujear los sucesos hasta la parte superior de la jerarquía de contención, salvo indicación expresa en contra, así que aun cuando el suceso se gestione en el nivel del elemento, seguirá llegando hasta la cima del objeto documento.

Esto puede resultar sorprendente, así que considere cómo funciona el burbujeo de sucesos en el ejemplo inicial de burbujeo de sucesos. La gestión de sucesos siempre comienza en el elemento en el cual se produce el suceso, así que si se ha pulsado en el elemento H1, entonces se desencadenará un suceso *onclick* para el elemento <H1>. Entonces se desencadenará el suceso *onclick* para el elemento <DIV> que rodea al elemento <H1>. ¿Qué sucede si sólo se desea que se proporcione el suceso al elemento <H1> y no al elemento <DIV>? La cancelación del burbujeo de sucesos permite hacer esto.

Normalmente, tiene sentido permitir que HTML Dinámico haga uso de su comportamiento por omisión. Se pueden encontrar casos, sin embargo, en los que se desee detener el burbujeo de sucesos en un punto concreto de la jerarquía. HTML Dinámico permite hacer esto mediante la propiedad *window.event.cancelBubble*.

La forma correcta de utilizar la propiedad *cancelBubble* consiste en enlazar un gestor de sucesos en aquel punto de la jerarquía en el que se desea que se detenga el burbujeo de sucesos. Entonces, en el gestor de sucesos, se da a la propiedad *window.event.cancelBubble* el valor verdadero.

La sintaxis siguiente añade este comportamiento al ejemplo anterior y da lugar a que el burbujeo de sucesos se detenga en el elemento <DIV>. En primer lugar, véase el elemento <DIV> en sí:

```
<DIV id=miGrupo onclick="hacerActualización()">
    <H1>La Imagen</H1>
    <IMG SRC="imagen.gif">
</DIV>
```

Ahora se desea cancelar el burbujeo en la función *hacerActualización()*. Esto da lugar a que los sucesos dejen de ascender después del elemento <DIV>:

```
<HTML>
<BODY>
<SCRIPT LANGUAGE="JavaScript">
function hacerActualización() {
    window.event.cancelBubble = true;
}
</SCRIPT>
<DIV id=miGrupo onclick="hacerActualización()">
    <H1>La Imagen</H1>
    <IMG SRC="imagen.giF">
</DIV>
</BODY>
</HTML>
```

Al cancelar el burbujeo de sucesos en el elemento <DIV>, se garantiza que los únicos gestores de sucesos que serán invocados si un usuario pulsa dentro del elemento <DIV> serán el gestor de sucesos correspondiente a <DIV> y el gestor de sucesos para cualquier elemento que pudiera estar anidado en su interior. Por consiguiente, ahora se pueden escribir gestores de sucesos para el elemento <BODY> sabiendo que nunca serán invocados para el elemento <DIV> que haya cancelado el burbujeo de sucesos.

Y a continuación...

La discusión de la gestión de sucesos en HTML Dinámico es el final de la sección de fundamentos de HTML Dinámico presente en este libro. Aun cuando el material que se ha presentado en este capítulo era ciertamente interesante, lo realmente excitante todavía está por llegar.

La parte siguiente, «Dentro de HTML Dinámico», abarca la parte realmente dinámica de HTML Dinámico, mediante la modificación del estilo y contenido de documentos sobre la marcha. Al igual que en muchos otros casos, sin embargo, el aprendizaje inicial de los fundamentos hará que el aprendizaje de los aspectos excitantes sea posteriormente más sencillo. Los capítulos de esta sección son como siguen:

- Capítulo 8, «Estilos dinámicos» El capítulo de estilos dinámicos le mostrará la forma de modificar el estilo HEC de cualquier elemento HTML de la página sobre la marcha.
- Capítulo 9, «Maquetación y posicionamiento» El capítulo de maquetación y posicionamiento le dará la capacidad de especificar exactamente el lugar de la página en que se desea que se sitúen sus elementos.
- Capítulo 10, «Contenido dinámico» El capítulo de contenido dinámico le mostrará la forma en que se puede utilizar HTML Dinámico para modificar realmente los elementos de HTML, y también el contenido de esos elementos de HTML sobre la marcha.

PARTE

Dentro de HTML Dinámico

Capítulo

Estilos dinámicos

Con un conocimiento previo de los guiones (bien en JavaScript o VBScript) y una cierta familiaridad con las Hojas de Estilo en Cascada, estamos preparados para empezar a utilizar las características de HTML Dinámico. Podría parecer que los capítulos anteriores han descrito muchas tecnologías diferentes, pero han evitado abordar directamente HTML Dinámico. Esta percepción podría ser relativamente precisa; sin embargo, HTML Dinámico no es una sola tecnología. Sin el modelo de objetos de HTML Dinámico, sin una gestión de sucesos, sin guiones y sin hojas de estilo, HTML Dinámico no existiría.

Este capítulo abarca la implementación de las características de HTML Dinámico conocidas con el nombre de *estilos dinámicos*. Los estilos dinámicos son exactamente lo que implica su nombre, una modificación dinámica de los elementos de estilo característicos de una página, por oposición a los cambios de características que ofrece HTML estático.

Por ejemplo, el cambio de estilo de los tipos de letra de una página es un estilo dinámico. Por supuesto, se pueden utilizar las Hojas de Estilo en Cascada para modificar el estilo de un tipo de letra en una página Web; sin embargo, si desea modificar el estilo del tipo de letra *después* de que se haya cargado la página, tendrá que hacer uso de HTML Dinámico. Este capítulo trata las bases de la manipulación de tipos de letra, del ocultamiento y visualización de elementos y del posicionamiento. Entonces estaremos preparados para aplicar estas capacidades a conceptos más avanzados en los capítulos posteriores.

- **Modificación de atributos de tipos de letra** HTML Dinámico proporciona mecanismos que permiten alterar los atributos de los tipos de letra de nuestras páginas, incluyendo la familia de tipos de letra, el estilo de ese tipo de letra y el color del tipo de letra.
- **Mostrar y ocultar elementos** HTML Dinámico permite mostrar y ocultar elementos basándose en capas y en conjunción con sucesos del ratón.
- **Posicionamiento HEC** Al añadir la especificación del posicionamiento de Hojas de Estilo en Cascada, HTML Dinámico hace posible el posicionamiento absoluto, el posicionamiento relativo, la capacidad de especificar muchos atributos de maquetación, incluyendo los índices Z.

Modificación de atributos de tipos de letra

Una de las formas más sencillas de añadir contenido dinámico a nuestras páginas Web es mediante el uso de tipos de letra dinámicos. Se pueden utilizar los tipos de letra dinámicos para ofrecer muchos efectos distintos en nuestras páginas, desde enlaces que cambian de color al pasar por encima de ellos hasta tipos de letra que cambian de estilo o que aumentan de tamaño cuando pasa por encima de ellos el puntero del ratón. Siga adelante con esta sección y descubra las bases de la manipulación de tipos de letra modificando dinámicamente los atributos de los tipos de letra.

Modificación de estilos de tipos de letra

La preparación de un estilo dinámico comienza por el objeto *style*. La propiedad *font* pertenece al objeto *style* y posee los valores siguientes: tamaño y tipo. Los elementos que se emplean en los ejemplos de esta sección heredan sus propiedades de la siguiente manera:

```
Style -> Font -> size, face
```

¿Qué significa esto en términos de especificación de atributos? Bien, en JavaScript se utilizaría la sintaxis siguiente para especificar el elemento que se va a alterar:

```
mitexto.style.color
```

En este ejemplo, *mitexto* corresponde a la ID del elemento que se está especificando, *style* se refiere al objeto y *color* se refiere al valor.

La primera tarea, cuando se modifica un atributo, consiste en definir el nuevo valor en una función de JavaScript, tal como la siguiente:

```
function onmouseover_mitexto() {
    mitexto.face = "serif";
}
```

Este bloque de código especifica una función denominada *«onmouseover_mitexto( )»*, que hace que el valor *«face»* del elemento *«mitexto»* reciba el valor *«serif»*.

El código que se utiliza para producir el efecto de conmutar entre un tipo de letra con serif y sin serif el ratón pasa por encima de él se muestra en el Listado 8.1.

Listado 8.1 Alteración de un estilo de tipo de letra con HTML Dinámico

```
01.   <HTML>
02.   <HEAD>
03.   <TITLE>Cambio de la Familia del Tipo de letra</TITLE>
04.   </HEAD>
05.
06.   <SCRIPT LANGUAGE="JavaScript">
07.
08.   function onmouseover_mitexto() {
```

```
09.        mitexto.style.fontFamily = "serif";
10.    }
11.
12. function onmouseout_mitexto() {
13.        mitexto.style.fontFamily = "sans-serif";
14.    }
15.
16.    </SCRIPT>
17.
18.    <DIV id=mitexto style="font-family: serif;font-size: 16pt"
19.    onmouseover="onmouseover_mitexto()"
20.    onmouseout="onmouseout_mitexto()">
21.    Conmutar entre tipo de letra con serif y sin serif.
22.    </DIV>
23.
24.    </BODY>
25.    </HTML>
```

La Figura 8.1 muestra los resultados del código final de HTML Dinámico que se puede ver en el Listado 8.1.

Figura 8.1 Utilización de HTML Dinámico para alterar la propiedad font-family basándose en un suceso del ratón.

El aspecto del código no tiene nada de especial, pero lo que lo hace distinto y dinámico es que el modelo de objetos de HTML Dinámico expone el elemento en los estilos utilizados en la página, lo cual quiere decir que se pueden manipular los parámetros del estilo mediante un lenguaje de guiones. Bastan dos funciones sencillas para definir el valor de fontFamily, una con *onmouseover()* y la otra con *onmouseout()*. Como quizá recordará del Capítulo 7, «Gestión de sucesos», cuando el elemento detecta los sucesos que se emplean para desencadenar el cambio, invoca a las funciones que están especificadas en las líneas 8–14:

```
onmouseover="onmouseover_mitexto()"
onmouseout="onmouseout_mitexto()">
```

La ejecución de estas funciones modifica el valor de fontFamily para producir el cambio de estilo en el tipo de letra que permite HTML Dinámico.

Modificación del tamaño de un tipo de letra

La modificación del tamaño de un tipo de letra puede ser una herramienta muy útil para los diseñadores, permitiendo hacer que el tipo de letra coincida con un logotipo, por ejemplo. Sin embargo, mediante los estilos dinámicos, se puede utilizar un método parecido al que se empleaba para manipular el tamaño de los elementos de texto en nuestras páginas. Se puede utilizar esto para crear un texto «creciente» o animado, o para resaltar palabras o frases de especial importancia dentro de un documento.

En el Listado siguiente se utilizan las funciones de JavaScript para manipular la propiedad *size* cuando el ratón entra y sale en el elemento, dando lugar a un texto que crece y se reduce. El código del Listado 8.2 va a producir los resultados que se muestran en la Figura 8.2.

Listado 8.2 Alteración del valor de size en un tipo de letra empleando HTML Dinámico

```
01.   <HTML>
02.   <HEAD>
03.   <TITLE>Cambio del tamaño de un tipo de letra</TITLE>
04.   </HEAD>
05.
06.   <SCRIPT LANGUAGE="JavaScript">
07.
08.   function onmouseover_mitexto() {
09.       mitexto.style.fontSize = "5";
10.   }
11.
12.   function onmouseout_mitexto() {
13.       mitexto.style.fontSize = "2";
14.   }
15.   </SCRIPT>
16.
17.   <DIV id=mitexto STYLE="font-size=2;
      ➥ color=blue;font-family=sans-serif"
18.   onmouseover="onmouseover_mitexto();"
```

```
19.    onmouseout="onmouseout_mitexto();">
20.    ¡Esto es un cambio dinámico de tamaño!
21.    </DIV>
22.
23.    </BODY>
24.    </HTML>
```

En el Listado 8.2, las funciones que se muestran en las líneas de la 8–14 se emplean para alterar el valor de la propiedad fontSize definida en la línea 17. Estas funciones se invocan cuando los usuarios hacen pasar el puntero del ratón por encima del texto en la pantalla, dando lugar a que el tamaño de ese tipo de letra aumente según se muestra en la Figura 8.2.

Figura 8.2 Utilización de HTML Dinámico para alterar el tamaño de los tipos de letra.

Modificación del color de un tipo de letra

También se puede modificar el atributo *color* empleando la misma técnica que se emplea-ba para los atributos *style* y *size*. Dado que *color* es también un valor de la propiedad *font*, también se puede manipular mediante JavaScript. La ventaja de esto es que se puede uti-lizar el color del tipo de letra para acentuar ciertas zonas de nuestras páginas y enlaces, o para llamar la atención en palabras o frases importantes. El código del Listado 8.3 da lugar a un texto que cambia de color mediante sucesos de ratón.

Listado 8.3 Manipulación de esquemas de color con HTML Dinámico

```
01.  <HTML>
02.  <HEAD>
03.  <TITLE>Cambios de color</TITLE>
04.  </HEAD>
05.
06.  <SCRIPT LANGUAGE="JavaScript">
07.
08.  function onmouseover_mitexto() {
09.      mitexto.style.color = "red";
10.  }
11.
12.  function onmouseout_mitexto() {
13.      mitexto.style.color = "blue";
14.  }
15.
16.  </SCRIPT>
17.
18.  <H2 id="mitexto" style="color: blue; font-family: sans-serif"
19.  onmouseover="onmouseover_mitexto();"
20.  onmouseout="onmouseout_mitexto();">
21.  ¡Esto es un cambio dinámico de color!</H2>
22.
23.
24.  </BODY>
25.  </HTML>
```

La Figura 8.3 representa la salida del Listado 8.3. Aunque la figura está en blanco y negro, puede apreciarse la idea general.

Figura 8.3 El color del tipo de letra va cambiando cuando el ratón pasa por encima del texto.

Los alias de sucesos que se ven en las líneas 19 y 20 del Listado 8.3 se utilizan para llamar a las funciones que se han definido para cambiar el color de nuestro tipo de letra cuando el ratón pasa por encima del texto. Las función, tal como se han definido en las líneas 8-14, modifican entonces la propiedad *style* del color para producir el efecto de un cambio de color en el texto, según se muestra en la Figura 8.3.

Como puede verse, alterar las propiedades y valores de elementos de HTML mediante HTML Dinámico no tiene por qué ser complicado; sin embargo, esto no significa que no pueda resultar potente. De hecho, la posibilidad de acceder directamente a objetos de una página después de haberlos cargado es una característica muy potente. A medida que vaya explorando HTML Dinámico en los capítulos subsiguientes, aprenderá que las mismas técnicas que permiten modificar el color de un tipo de letra hacen posible también emplear complejos controles multimedia de ActiveX, e incorporar datos activos a nuestros centros.

Estos efectos de texto se pueden utilizar para crear complejas interfaces de usuario, tales como tablas de contenido dinámicas para un centro. También existen otras técnicas importantes que se pueden emplear con estilos dinámicos, tal como la posibilidad de mostrar u ocultar elemento de la página. Cuando se combinan los estilos dinámicos con estos efectos de texto, se pueden crear interfaces complejas, tales como esquemas que se expanden y muestran cambios de color, y otros efectos para resaltar textos.

Mostrar y ocultar elementos

La capacidad de ocultar y revelar selectivamente elementos en nuestras páginas es una parte esencial de HTML Dinámico. Con la capacidad de seleccionar a nuestro arbitrio los elementos del centro que se muestran y cuando se le muestran a nuestra audiencia, se pueden crear nuevas interfaces de usuario y nuevas interacciones con el usuario que no eran posibles antes de HTML Dinámico.

Se pueden ocultar elementos de texto de la página, para revelarlos únicamente cuando el usuario pase el puntero del ratón por encima de una determinada zona de la página, para crear por ejemplo una «caza del tesoro». Mediante esa misma funcionalidad, se podría hacer que ciertos recursos resultaran más privados.

Aun hay algo más importante: se podría utilizar esta técnica para ocultar información que no fuese necesaria para el usuario, y que hiciera demasiado abigarrada la interfaz de usuario. Si se tiene una lista con topos, por ejemplo y se desea ahorrar espacio, expandiendo la lista sólo por interacción con el usuario, es posible ocultar el texto expandido en una situación normal. Cuando el usuario pase el puntero del ratón por encima de un asunto en que esté interesado, el texto expandido aparecerá en la pantalla.

Seleccionando los elementos a los que tiene acceso el usuario, y el momento en que tiene acceso a ellos, se puede crear toda una experiencia del usuario que depende de la forma en que se revela la información de nuestro centro. Para hacer esto, HTML Dinámico hace uso de la propiedad de posicionamiento HEC llamada *«visibility»* y nos permite enlazar la visibilidad de los elementos con entradas realizadas por el usuario a través del ratón. Esto permite mostrar y ocultar elementos de una página en función de lo que haga el usuario, lo cual es una forma excelente de construir interfaces de usuario y de aumentar la interactividad.

Visibilidad

Mostrar y ocultar elementos con HTML Dinámico es una función de la propiedad *visibility*. Con esta propiedad se puede especificar si un elemento va a ser visible («visible») o si va a estar oculto («hidden»). Si se decide que el elemento sea visible, aparecerá en la página con los demás elementos; si está oculto, el elemento no se expondrá en modo alguno.

No suponga que ocultar los elementos reduce el tiempo requerido para descargarlos, porque los elementos ocultos siguen descargándose en nuestra página; lo único que ocurre es que no se exponen en la pantalla. Mientras no se realice alguna tarea destinada a cambiar este atributo, los elementos permanecerán ocultos.

Revelar información basándose en sucesos del ratón

Mostrar y ocultar elementos es otra característica sencilla de HTML Dinámico. Al igual que otras especificaciones, lo que hace que esta característica sea especial y dinámica es que se puede hacer que los elementos sean visibles o queden ocultos después de que se ha cargado la página. De hecho, se pueden configurar los elementos de tal modo que alteren sus estilos basándose en una interacción con el usuario.

Por ejemplo, examinemos la siguiente función de JavaScript function:

```
function onmouseover_imagen() {

        imagen.style.visibility = "hidden";
}
```

Esta función especifica que si el ratón entra en su elemento *(la imagen),* entonces el elemento identificado como *imagen* recibirá el valor hidden para como valor de su propiedad visibility y, por tanto, desaparecerá.

Aunque quizá se desee hacer que los objetos y elementos desaparezcan con un control de tiempos, en la mayoría de las ocasiones se deseará dar valor al atributo basándose en sucesos del ratón, tales como *onmouseover(), onmouseout(), onmouseclick()* y demás, como se haría con efectos de texto, tales como la modificación del tamaño y color de un tipo de letra.

Teniendo esto en cuenta, examinemos una página que muestra un texto y una imagen, y después oculta la imagen basándose en el suceso *onmouseover()* cuando el usuario pasa el puntero del ratón por encima del texto. El código de esta interacción se muestra en el Listado 8.4.

Listado 8.4 Ocultar una imagen basándose en sucesos *onmouseover()*

```
01.    <HTML>
02.    <HEAD>
03.    <TITLE>Cambios de Color</TITLE>
04.    </HEAD>
05.    <BODY>
06.    <SCRIPT LANGUAGE="JavaScript">
07.
```

```
08.    function onmouseover_imagen() {
09.        imagen.style.visibility = "hidden";
10.        }
11.
12.    function onmouseout_imagen() {
13.        imagen.style.visibility = "visible";
14.        }
15.
16.    </SCRIPT>
17.
18.
19.    <DIV STYLE="color=blue; font-family=sans-serif;"
20.    onmouseover="onmouseover_imagen();"
21.    onmouseout="onmouseout_imagen();">
22.    ¡Pasa por encima del texto, y desaparezco!
23.    </DIV>
24.    <P>
25.    <IMG ID=imagen src="imagen.gif" visibility="visible">
26.
27.    </BODY>
28.    </HTML>
```

La Figura 8.4 muestra el resultado final de la interacción de un usuario con la imagen que aparece y desaparece, según se ha especificado en el Listado 8.4.

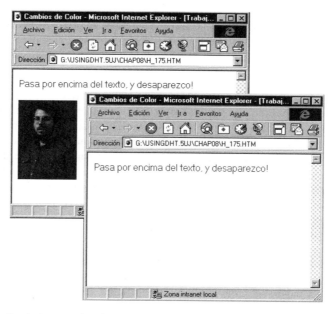

Figura 8.4 Ocultar la imagen basándose en un suceso *onmouseover()* y el texto que la acompaña.

Como puede verse, este código es parecido al código que se utilizaba para manipular textos mediante sucesos del ratón. Hay dos funciones de JavaScript definidas en las líneas 8–14 para mostrar y ocultar el elemento en cuestión. La imagen de la línea 25 tiene el valor «visible» en su propiedad de visibilidad y, cuando se gestiona el suceso del ratón en las líneas 19–23, se muestran u ocultan las imágenes correspondientes alterando la propiedad de visibilidad.

Diseño de un juego de Cucú-Tastas

Como puede apreciarse, mostrar y ocultar elementos no es tarea difícil. El único aspecto difícil es coordinar la visualización de múltiples imágenes y cosas parecidas. Para seguir adelante con los conceptos aprendidos hasta el momento, acompáñenos en el diseño de un juego de Cucú-Tastas con HTML Dinámico. En este juego, se ven las dos imágenes cuando se carga la página, pero cuando el usuario pasa el puntero del ratón por encima de la primera imagen, la segunda imagen desaparece, y viceversa. No es un juego complicado, pero ciertamente resuelve los problemas de coordinación de múltiples elementos y presenta un nuevo marcador: el marcador <DIV>.

El marcador <DIV> Este ejemplo presenta un nuevo marcador que se puede utilizar con HEC y con HTML Dinámico, llamado marcador <DIV> (división). Este marcador proporciona un mecanismo para agrupar propiedades de estilo para elementos que quizá no las tengan en común, o para elementos a los que quizá se quieran aplicar funciones de JavaScript.

Véase una forma de emplear el marcador <DIV>:

```
<DIV id=ejemplo STYLE="position:absolute; left:10%; top:30%; z-index: 1;
visibility:hidden; font-size: 7; color=green">
Que buen marcador
</DIV>
```

En este ejemplo, el marcador <DIV> especifica varias propiedades que serán heredadas por los elementos anidados, tales como el texto, si ese estilo se puede heredar. Empleando el atributo ID de <DIV>, se pueden utilizar guiones para manipular los estilos del marcador, que pueden ser heredados por cualquier elemento anidado, tal como un texto. Aun cuando este marcador suele conocerse con el nombre de marcador de división, se puede utilizar para agrupar elementos de tal modo que se puedan aplicar propiedades a los elementos en grupo, en lugar de hacerlo como elementos individuales. Esto puede reducir dramáticamente la cantidad de guiones necesarios para manipular los elementos, y además proporciona un mecanismo más cómodo para especificar los elementos que contienen propiedades que se quieren manipular.

Codificación del juego cucú-tastas El juego cucú-tastas consta de cinco partes: tres funciones JavaScript casi idénticas y dos marcadores <DIV> muy parecidos.

Cuando se carga la página por primera vez, las dos imágenes se visualizan normalmente y se limitan a esperar a que el usuario pase el puntero del ratón por encima de una de las imágenes. Los fragmentos de código del listado final pertenecen al Listado 8.5 y están numerados según su ubicación dentro de la sintaxis final del juego cucú-tastas.

Cada uno de los marcadores <DIV> especifica una de las «zonas» de la página, que consta de una línea de texto y una imagen:

```
31.    <DIV onmouseover="onmouseover_cucú();"
32.    onmouseout="onmouseout_todo();">
33.    <FONT id=mitexto color=blue face=sans-serif>
34.    ¡Cucú!
35.    </FONT>
36.    <P>
37.    <img id=imagen src="imagen.gif">
38.    </DIV>
```

La sintaxis anterior hace uso del marcador <DIV> para tratar tanto a la línea de texto como a las imágenes de igual modo a efectos de sucesos del ratón. Al agrupar todos los elementos en el marcador <DIV>, y especificar después los resultados del suceso de ratón para el marcador <DIV> en sí y no para cada elemento por separado, se ahorra gran cantidad de espacio y de tiempo.

Además del agrupamiento de elementos, se crea una serie de tres funciones para llevar a cabo tareas casi idénticas, según se muestra en la sintaxis siguiente:

```
08.    function onmouseover_cucú() {
09.
10.        mitexto.style.visibility = "visible";
11.        imagen.style.visibility = "visible";
12.        textogato.style.visibility = "hidden";
13.        minino.style.visibility = "hidden";
14.    }
```

Cada una de las funciones está diseñada para mostrar u ocultar una combinación de imágenes y texto. La primera función, *onmouseover_cucú()*, está preparada para mostrar la imagen superior al mismo tiempo que oculta la imagen inferior cuando el puntero del ratón está por encima de los elementos. Otra función, *onmouseover_tastas()* (que aparece en las líneas 23–28 del Listado 8.5), invierte este procedimiento para la imagen inferior, completando las secciones «cucú» y «tastas» del juego.

Si el ratón no está encima de ninguna de las imágenes, deberían verse todas las imágenes de la página. Aquí los elementos pueden compartir una función, *onmouseout()*, que muestra todas las imágenes de la página:

```
16.    function onmouseout_todo() {
17.        mitexto.style.visibility = "visible";
18.        imagen.style.visibility = "visible";
19.        textogato.style.visibility = "visible";
20.        minino.style.visibility = "visible";
21.    }
```

¡Y esto es todo lo que hay que hacer! El Listado 8.5 muestra el código del producto final ya terminado.

Listado 8.5 El HTML Dinámico del juego cucú-tastas

```
01.    <HTML>
02.    <HEAD>
03.    <TITLE>Cucú-tastas</TITLE>
04.    </HEAD>
05.    <BODY>
06.    <SCRIPT LANGUAGE="JavaScript">
07.
08.    function onmouseover_cucu() {
09.
10.        mitexto.style.visibility = "visible";
11.        imagen.style.visibility = "visible";
12.        textogato.style.visibility = "hidden";
13.        minino.style.visibility = "hidden";
14.    }
15.
16.    function onmouseout_todo() {
17.        mitexto.style.visibility = "visible";
18.        imagen.style.visibility = "visible";
19.        textogato.style.visibility = "visible";
20.        minino.style.visibility = "visible";
21.    }
22.
23.    function onmouseover_tastas() {
24.        mitexto.style.visibility = "hidden";
25.        imagen.style.visibility = "hidden";
26.        textogato.style.visibility = "visible";
27.        minino.style.visibility = "visible";
28.        }
29.    </SCRIPT>
30.
31.    <DIV STYLE="visibility: visible" onmouseover="onmouseover_cucú();"
32.    onmouseout="onmouseout_todo();">
33.    <FONT id=mitexto color=blue face=sans-serif>
34.    Cucú-tastas!
35.    </FONT>
36.    <P>
37.    <img id=imagen src="imagen.gif">
38.    </DIV>
39.
40.
41.    <DIV STYLE="visibility: visible" onmouseover="onmouseover_
       ➥ tastas();"
42.    onmouseout="onmouseout_todo();">
43.    <FONT id=textogato color=blue face=sans-serif>
44.    ¡Tastas!
45.    </FONT>
46.    <P>
47.    <img id=minino src="minino.gif">
```

```
48.    </DIV>
49.
50.    </BODY>
51.    </HTML>
```

La Figura 8.5 muestra el aspecto de la pantalla para el ejemplo cucú-tastas descrito en esta sección.

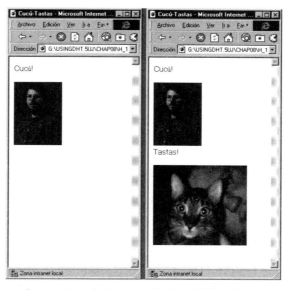

Figura 8.5 El juego cucú-tastas trata de la ocultación de múltiples elementos.

Esquemas colapsables

Ahora ya se ve la forma en que se puede emplear HTML Dinámico para manipular objetos HTML en la página, mediante el uso de lenguajes de guiones y de especificaciones de hojas de estilo. Esta es la potencia de HTML Dinámico —la capacidad de alterar objetos de la página. En realidad, es el resultado del modelo de objetos de HTML Dinámico, que expone los elementos HTML de tal modo que sea posible manipularlos.

Ya se ha visto la forma en que se pueden cambiar las propiedades de estilo de distintos elementos empleando lenguajes de guiones. Se ha visto la forma en que se pueden alterar las propiedades de los tipos de letra de un elemento, o la forma de mostrar y ocultar elementos basándose en una interacción con el usuario. También debemos estar algo más familiarizados con la forma en que se pueden utilizar los sucesos del ratón para controlar la forma en que se producen los cambios.

Son muchos los efectos diferentes que se pueden crear en nuestras páginas mediante una combinación de estas técnicas. Un efecto del que se puede pensar que tendría fantásticas aplicaciones prácticas es la idea de un esquema colapsable.

El concepto de esquema «colapsable» le resultará familiar con bastante probabilidad. Por ejemplo, el explorador de Windows hace uso de una variante de esquema colapsable para mostrar los ítems de una computadora cuando se explora el disco rígido.

Otro ejemplo sería disponer de una tabla de contenidos de nuestro centro que enumerase las áreas del centro, hasta llegar a páginas individuales, según se muestra en la Figura 8.6.

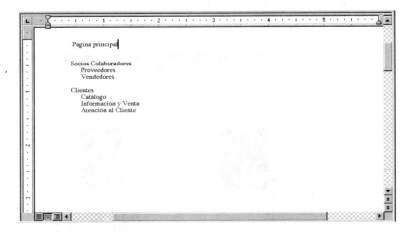

Figura 8.6 Una tabla de contenidos típica de un centro Web.

Este tipo de visualización en esquema podría ser una herramienta de navegación interesante, pero para grandes centros se podría volver rápidamente tan grande que su utilidad sería limitada. Una forma de evitar este inconveniente es mostrar únicamente los encabezados principales hasta que el usuario pulse en un encabezado de su elección. Empleando esta convención, los usuarios no tendrían que recorrer páginas dedicadas a usuarios comerciales para llegar a la página de atención al cliente. Para proseguir con este escenario, examine lo que se necesita para construir un esquema colapsable con HTML Dinámico.

En primer lugar, será preciso decidir cómo va a funcionar el esquema. Podríamos hacer que los elementos se expandieran cuando el ratón pasara por encima de los elementos, pero esto sería muy farragoso y resultaría confuso para los usuarios. Para nuestros propósitos, los siguientes ejemplos hacen uso de los sucesos *onclick* y *ondblclick*, para que los usuarios puedan pulsar en un elemento para expandirlo, y pulsar dos veces en un elemento para ocultarlo.

La sintaxis siguiente contiene la función que muestra los elementos cuando el usuario pulsa en un encabezado (los elementos reales que invocan estas funciones se indicarán más adelante):

```
09.  function mostraruno() {
10.  if (ÍtemNivelUno.style.visibility="hidden")
11.  ÍtemNivelUno.style.visibility="visible";
12.  }
```

La función *mostraruno()* en sí es muy sencilla. Se limita a comprobar si el elemento está ya oculto; de ser así, hace que aparezca el elemento dando a su visibilidad el valor «visible». Para ocultar el elemento, se puede utilizar la misma función con sus atributos invertidos.

A continuación, es necesario especificar los elementos de texto que van a aparecer en el esquema; hay que darles nombre y determinar los atributos de estilo que definirán el aspecto que va a tener el texto. Se trata de una aplicación perfecta para el marcador <DIV>, porque se pueden combinar varias propiedades distintas de tal modo que sea posible tratarlas como a una sola entidad. El código hace más y ocupa menos:

```
45.  <DIV id="ÍtemNivelUno" STYLE="visibility: hidden; margin:10px
     ➥ font-family: sans-serif; font-size: 3" onclick="mostrardos()"
     ➥ ondblclick="ocultardos()">
46.  Esto es un ítem de primer nivel.</DIV>
```

Este bloque de HTML establece la ID correspondiente al ítem de nivel 1 (para que después se pueda hacer referencia a su ID), y después fija las propiedades *STYLE* que afectan a su aspecto, tal como los estilos de tipos de letra y el sangrado del margen. También se observará que contiene los dos sucesos *onclick* y *ondblclick*, que se utilizan para modificar el elemento *siguiente*. Esto es importante porque al pulsar en el encabezado actual se muestra lo que está por debajo de él. Al pulsar en un elemento, un encabezado en este caso, se desencadena un cambio en las propiedades del siguiente elemento del esquema.

Y esto es todo lo que hay—vuelva a lavar y aclarar. Es necesario crear los ítems del esquema y hay que repetir las funciones *mostrar()* y *ocultar()* para cada ítem del esquema. El código que se utiliza para producir un ejemplo de esquema con tres niveles se muestra en el Listado 8.6.

Listado 8.6 Un ejemplo de esquema colapsable

```
01.  <HTML>
02.  <HEAD>
03.  <TITLE>Ejemplo de Esquema</TITLE>
04.  </HEAD>
05.  <BODY>
06.
07.  <SCRIPT LANGUAGE="JavaScript">
08.
09.  function mostraruno() {
10.  if (ÍtemNivelUno.style.visibility="hidden")
11.  ÍtemNivelUno.style.visibility="visible";
12.  }
13.
14.  function ocultaruno() {
15.  if (ÍtemNivelUno.style.visibility="visible")
16.          ÍtemNivelUno.style.visibility="hidden";
17.  }
18.
19.  function mostrardos() {
```

(continúa)

Listado 8.6 Un ejemplo de esquema colapsable *(Continuación)*

```
20.    if (ÍtemNivelDos.style.visibility="hidden")
21.         ÍtemNivelDos.style.visibility="visible";
22.    }
23.
24.    function ocultardos() {
25.    if (ÍtemNivelDos.style.visibility="visible")
26.         ÍtemNivelDos.style.visibility="hidden";
27.    }
28.
29.    function mostrartres() {
30.    if (ÍtemNivelTres.style.visibility="hidden")
31.         ÍtemNivelTres.style.visibility="visible";
32.    }
33.
34.    function ocultartres() {
35.    if (ÍtemNivelTres.style.visibility="visible")
36.         ÍtemNivelTres.style.visibility="hidden";
37.    }
38.
39.    </SCRIPT>
40.
41.    <DIV id="Title" onclick="mostraruno()" ondblclick="ocultaruno()">
42.    <FONT FACE=sans-serif SIZE=4>Se puede pulsar en el título</FONT>
43.    </DIV>
44.
45.    <DIV id="ÍtemNivelUno" STYLE="visibility: hidden; margin:10px"
       ➡ onclick="mostrardos()" ondblclick="ocultardos()">
46.    <FONT FACE=sans-serif SIZE=3>Esto es un ítem de primer
       ➡ nivel.</FONT>
47.
48.    <DIV id="ÍtemNivelDos" STYLE="visibility: hidden; margin:20"
       ➡ onclick="mostrartres()" ondblclick="ocultartres()">
49.    <FONT FACE=sans-serif SIZE=2>
50.    Esto es un ítem de segundo nivel.
51.    </FONT>
52.
53.    <DIV id="ÍtemNivelTres" STYLE="visibility: hidden; list-style:
       ➡ disc">
54.    <FONT FACE=sans-serif SIZE=1>
55.    Esto es un ítem muy pequeñito
56.    </FONT>
57.
58.    </DIV>
59.    </DIV>
60.    </DIV>
61.
62.    </BODY>
63.    </HTML>
```

La Figura 8.7 representa el resultado final de este Listado.

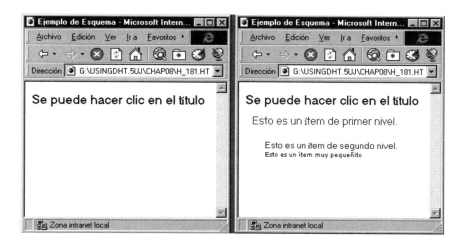

Figura 8.7 Se puede emplear HTML Dinámico para crear efectos de texto tales como esquemas colapsables.

Posicionamiento HEC

Antes de aprender a posicionar y manipular elementos mediante HTML Dinámico, es importante comprender la tecnología que subyace al posicionamiento de Hojas de Estilo en Cascada. Esta es la tecnología en que se basa el posicionamiento y maquetación de HTML Dinámico; para situar elementos con HTML Dinámico, es preciso utilizarla.

Como quizá recordará del Capítulo 4, «Introducción a las Hojas de Estilo en Cascada», la especificación de Hojas de Estilo en Cascada permite modificar las características de estilo para elementos HTML, con objeto de proporcionar un mejor control del diseño de páginas en HTML. HTML Dinámico se basa en las HEC como mecanismo para cambiar los estilos, pero también se basa en el posicionamiento HEC para controlar la maquetación de elementos en nuestras páginas Web.

El posicionamiento de Hojas de Estilo en Cascada no forma parte en realidad de la especificación original de HEC. Esto significa que no todos los navegadores que admitan HEC admitirán posicionamiento, y que no es seguro que el posicionamiento cambie siempre que lo hagan las HEC. Las tecnologías de HEC y de posicionamiento HEC están tan íntimamente relacionadas, sin embargo, que no es probable que la decisión de utilizar posicionamiento HEC dé lugar a muchos problemas. ¿Hasta qué punto es próxima la relación entre ambos? Bueno, en los ejemplos anteriores de este capítulo se ha aprendido a utilizar la propiedad *visibility*, que casualmente forma parte de la especificación de posicionamiento HEC. Así que ya lo ve, ya estaba utilizando una propiedad de posicionamiento HEC sin tener que aprender una nueva sintaxis. Las secciones siguientes proporcionan información acerca de los detalles del posicionamiento HEC y acerca de la forma de controlar la posición de los elementos de nuestras páginas para mejorar su presentación.

Posición

Cuando la página Web se presenta en una ventana del navegador, el navegador lee los elementos por orden y los va situando en la ventana en el mismo orden en que se hayan especificado en el documento. Se pueden utilizar los marcadores <P> y <BR> para imponer nuevos párrafos con objeto de controlar la maquetación y el flujo, y se pueden construir complicadas tablas para intentar crear una maquetación. Ninguna de esas soluciones es muy elocuente o muy graciosa. El elemento Position permite especificar la situación de los elementos dentro de la página, en relación con el tamaño de la ventana del navegador. Para establecer la posición hay tres métodos: posicionamiento estático, posicionamiento absoluto y posicionamiento relativo. Dado que el posicionamiento estático es el mismo método de posicionamiento que utilizan los navegadores para construir páginas normales de HTML, no se tratará aquí. El posicionamiento absoluto y el relativo son los métodos que nos interesan para los propósitos de este capítulo.

Posicionamiento absoluto El posicionamiento absoluto permite definir un «contenedor» en la página Web, en el cual se pueden situar elementos. La Figura 8.8 muestra la forma en que está relacionada con la ventana del navegador.

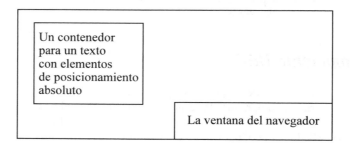

Figura 8.8 El posicionamiento absoluto crea un contenedor para elementos HTML.

Al crear un contenedor más pequeño o tela en la página, los diseñadores pueden controlar la forma en que se establecen los elementos en la página. Por ejemplo, el Listado 8.7 crea una columna de texto empleando posicionamiento absoluto.

Listado 8.7 Creación de una columna de texto mediante posicionamiento absoluto

```
01.     <HTML>
02.     <HEAD>
03.     <TITLE>Posicionamiento</TITLE>
04.     </HEAD>
05.     <BODY>
06.
07.
08.     <DIV id=PosiciónAb STYLE="position:absolute;
        ➥ left:10%;width:25%;top:10%">
09.
```

```
10.    Esto es un párrafo de texto al que se ha dado formato mediante
     ➥ posicionamiento absoluto.
11.    </DIV>
12.    <P>
13.    </BODY>
14.    </HTML>
```

El ejemplo anterior hace uso de la propiedad *STYLE* para dar valor a «*position:absolute*», lo cual crea un contenedor para los objetos situados dentro del elemento <DIV>. Se observarán también algunos otros valores: left (izquierda), width (anchura) y top (superior). Estos son los valores de posicionamiento que especifican dónde está situado el contenedor dentro de la página. En este caso, la posición absoluta del contenedor se define como un desplazamiento respecto a top y left, y a un cuarto de la anchura de la ventana. El resultado de este ejemplo de posicionamiento del Listado 8.7 se muestra en la Figura 8.9.

Figura 8.9 El posicionamiento absoluto aplicado a la creación de columnas en una maquetación.

Posicionamiento relativo El posicionamiento relativo funciona de modo similar al posicionamiento absoluto. Sigue siendo necesario definir un estilo y crear entonces un contenedor en el que situaremos nuestros elementos. La diferencia clave es que el posicionamiento relativo permite trasladar el contenedor. Esto es, se crea un contenedor de posicionamiento mediante «*position:relative*» y después se define el tamaño del contenedor.

Una de las otras diferencias fundamentales entre el posicionamiento absoluto y el relativo es que los elementos definidos con posicionamiento relativo se pueden modificar con el lenguaje de guiones. Esto hace posible la animación o desplazamiento de los elementos dentro de la página, sin más que alterar el elemento Position. Este tipo de animación se describe con más detalle en el Capítulo 13, «Introducción a multimedia».

Float La propiedad *float* se puede utilizar para determinar la forma en que se asociará un elemento a la ventana del navegador. Se podría considerar análogo a ajustar los elementos a la izquierda o derecha. Por ejemplo, en el Listado 8.8 la imagen y el texto están alineados al lado derecho del navegador empleando la propiedad *float*:

Listado 8.8   Utilización de la propiedad *float* para determinar la alineación de los elementos

```
01.    <HTML>
02.    <HEAD>
03.    <TITLE>Posicionamiento</TITLE>
04.    </HEAD>
05.    <BODY>
06.
07.    <DIV id=bouy STYLE="float:right;left:10%;width:25%;top:10%">
08.    <IMG SRC="imagen.gif">
09.    El texto y la imagen están alineados a la derecha del navegador
       ➥ mediante float
10.    </DIV>
11.    <P>
12.
13.    </BODY>
14.    </HTML>
```

La propiedad *float* del Listado 8.8 alinea los elementos con el lado derecho de la ventana del navegador, según se muestra en la Figura 8.10.

Figura 8.10   Alineación de elementos a la derecha empleando la propiedad float.

Width y height   Las propiedades *width* y *height* especifican el tamaño del contenedor de posicionamiento, bien sea con posicionamiento absoluto o relativo. Se puede usar cualquiera de las medidas admisibles, tales como pulgadas, milímetros, centímetros o píxeles. Además de valores, se puede especificar porcentajes como magnitudes. Los porcentajes son siempre en relación con la ventana del navegador. Por tanto, «width: 50 por ciento; height: 75 por ciento» crearía un contenedor de posicionamiento que tuviera la mitad de anchura de la ventana en curso y tres cuartas partes de su altura.

Estas propiedades se emplean para definir los límites del contenedor, y después se pueden situar otros elementos dentro de los elementos del contenedor. El código del Listado 8.9 demuestra la forma en que se definen las dimensiones del contenedor.

Listado 8.9 Definición de los límites del contenedor mediante las propiedades *width* y *height*

```
01.   <HTML>
02.   <HEAD>
03.   <TITLE>Altura y anchura de un contenedor</TITLE>
04.   </HEAD>
05.   <BODY>
06.
07.   <DIV id=PosiciónAb STYLE="position: relative; width: 100px;
      ➥ height: 100px; background-color: black">
08.   </DIV>
09.   <P>
10.   <DIV id=PosiciónAb STYLE="position: relative; width: 50%; height:
      ➥ 50%; background-color: red">
11.   </DIV>
12.   <P>
13.
14.   </BODY>
15.   </HTML>
```

La Figura 8.11 muestra la salida del Listado 8.9.

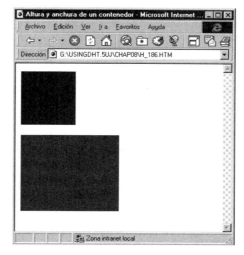

Figura 8.11 Las propiedades *width* y *height* permiten configurar las dimensiones de un contenedor Position.

En la línea 7 del Listado 8.9, se utilizan *width* y *height* para crear un contenedor con unas dimensiones de 100×100 píxeles. El fondo se pone en negro para que se pueda ver realmente el contenedor. Esto muestra la forma en que se pueden definir contenedores empleando medidas específicas. La línea 10 define las dimensiones del contenedor empleando porcentajes de la ventana predecesora. En este ejemplo, el contenedor se crea con unas dimensiones que son el 50 por ciento del tamaño de la ventana, con un fondo rojo para que se pueda ver el contenedor. La Figura 8.11 muestra ambos contenedores uno junto a otro para que se puedan ver las diferencias que existen en los métodos empleados para definir las dimensiones de estos contenedores mediante Position.

Top y left *Top* y *left* especifican la situación del contenedor dentro de la página. Se emplean estos dos valores para indicar la posición inicial de la esquina superior izquierda del contenedor, y siempre se especifican en relación con el lado superior e izquierdo de la ventana del navegador.

Por ejemplo, «left: 50px; top:35px» haría que comenzase un contenedor de estilos a 35 píxeles de la parte superior de la ventana del navegador y a 50 píxeles con respecto al lado izquierdo de la ventana.

El código del Listado 8.10 muestra la forma en que se puede especificar la «posición» de un contenedor de posicionamiento:

Listado 8.10 Posicionamiento mediante las propiedades *top* y *left*

```
01.   <HTML>
02.   <HEAD>
03.   <TITLE>Contenedores de Posicionamiento</TITLE>
04.   </HEAD>
05.   <BODY>
06.
07.   <DIV id=PosiciónAb STYLE="position: absolute; width: 100px;
      ➥ height: 100px; top: 50px; left: 50px; background-color: black">
08.   </DIV>
09.   <P>
10.   <DIV id=PosiciónAb STYLE="position: absolute; width: 100px;
      ➥ height: 100px; top: 50%; left: 50%; background-color: red">
11.   </DIV>
12.   <P>
13.
14.   </BODY>
15.   </HTML>
```

Los resultados del Listado 8.10 se muestran en la Figura 8.12.

Las líneas 7-8 del Listado 8.10 crean un contenedor de posicionamiento que tiene 100×100 píxeles y, a continuación las propiedades *top* y *left* sitúan el contenedor a 50 píxeles de la parte superior de la ventana del navegador y a 50 píxeles de su lado izquierdo. Acto seguido, en las líneas 10–11 se crea un contenedor parecido, pero se ubica basándose en un porcentaje del tamaño de la ventana (en este caso, el 50 por ciento del tamaño de la ventana).

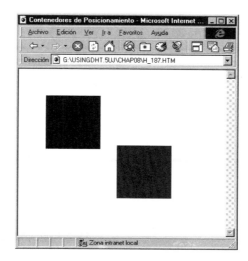

Figura 8.12 Las propiedades *top* y *left* permiten especificar la situación de un contenedor de posicionamiento con respecto a la esquina superior izquierda del elemento predecesor.

Desbordamiento

Por supuesto, no siempre es posible predecir la altura o anchura que habrá de tener un contenedor cuando se está diseñando la página. Lo que es peor, el texto puede cambiar y un contenedor que pudiera resultar suficiente puede pasar a resultar insuficiente. Para las situaciones de este tipo, se puede utilizar la propiedad *overflow* para crear un comportamiento por omisión a la hora de manejar esa información adicional.

La propiedad *overflow* admite los valores *«clip»* y *«scroll»*. El valor «clip» se limitará a cortar la información adicional, que no se llegará a visualizarse. Esto se podría utilizar, por ejemplo, para recortar una imagen.

Sin embargo, para el texto es probable que sea necesario utilizar el valor «scroll», que permitirá al usuario desplazar el contenido del contenedor para ver toda la información. El código HTML del Listado 8.11 muestra la forma en que funciona la propiedad *overflow*:

Listado 8.11 Manejo de un exceso de texto en el contenedor mediante la propiedad *overflow*

```
01.    <HTML>
02.    <HEAD>
03.    <TITLE>Desbordamiento</TITLE>
04.    </HEAD>
05.    <BODY>
06.
07.    <DIV id=Desplázalo STYLE="position: absolute; width: 100px;
       ➥ height: 100px; top: 25px; left: 25px; overflow: scroll">
08.    Esto es un texto que aparecerá en el contenedor que se ha definido.
```

(continúa)

Listado 8.11 Manejo de un exceso de texto en el contenedor mediante la propiedad *overflow* (Continuación)

```
09.  Como no cabe, se producirá un desbordamiento. Este ejemplo está
     ➥ desplazado.
10.  </DIV>
11.  <P>
12.
13.  </BODY>
14.  </HTML>
```

La Figura 8.13 muestra los resultados del Listado 8.11.

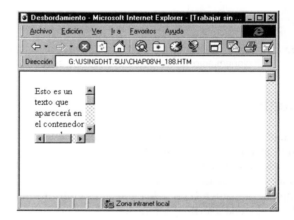

Figura 8.13 La propiedad *overflow* permite especificar la forma en que el contenedor va a tratar los datos que no encajen en la zona definida.

La línea 7 del Listado 8.11 crea un contenedor que tiene 100×100 píxeles. Sin embargo, el texto que se va a situar en el cliente es evidentemente mayor que esos 100×100 píxeles. Por tanto, al final de la línea 7, se emplea la propiedad *overflow* para especificar que el contenedor debe tener barras de desplazamiento que se podrán utilizar para visualizar todos los datos.

Z-Index

El índice Z (Z-index) se refiere al orden en que los elementos se van situando «unos sobre otros», en capas. El nombre proviene del sistema de coordenadas cartesianas (X,Y,Z), en donde Z se refiere al eje que controla la profundidad. El posicionamiento permite crear capas asignando un número de índice Z a los elementos, que determinará su capa efectiva dentro de la página.

Esta posibilidad de apilamiento permite a los diseñadores especificar la forma en que se tienen que superponer los elementos, lo cual se puede emplear para crear toda una gama de efectos de texto, y también para fundir elementos. Los índices Z se describen con más detalles en el Capítulo 9, «Maquetación y posicionamiento».

Y a continuación...

Esta parte del libro se concentra en los efectos que puede proporcionar HTML Dinámico para mejorar el aspecto de nuestras páginas, y en la forma de utilizar estas técnicas para crear nuevas interfaces de usuario y nuevos efectos multimedia.

Una vez vistos algunos de los estilos dinámicos y efectos básicos que se pueden crear por combinación de guiones y hojas de estilo, hay que percatarse de la gran importancia que tiene el modelo de objetos de HTML Dinámico con respecto a gran parte de esta funcionalidad. Estos efectos pueden ser sencillos, pero tal como se verá en capítulos posteriores, servirán como base para los ejemplos más complejos de la forma en que se puede utilizar HTML Dinámico para mejorar nuestra presencia en la red. Estas técnicas se tratan detalladamente en los capítulos restantes de esta parte del libro:

- Capítulo 9, «Maquetación y posicionamiento» Este capítulo describe y muestra la importancia del diseño dinámico mediante posicionamiento absoluto, posicionamiento relativo, propiedades de STYLE y el uso de capas.
- Capítulo 10, «Contenido dinámico» Este capítulo presenta los detalles y utilidades de modificar el contenido de una página Web durante la ejecución, las capacidades dinámicas que proporcionan los objetos y el modelo de objetos estructurado.

Capítulo

Maquetación y posicionamiento

Los estilos dinámicos representan los primeros pasos para construir nuevas interfaces y diseños con HTML Dinámico. Uno de los aspectos más interesantes de esta capacidad es el cliente que proporciona la maquetación y posicionamiento, este aspecto se había ignorado durante mucho tiempo en las primeras versiones de los navegadores, y recibe desde ahora una gran cantidad de atención.

El Capítulo 8, «Estilos dinámicos», nos ha proporcionado una visión general básica del posicionamiento, porque forma parte de los estilos dinámicos. El posicionamiento y la maquetación, sin embargo, son suficientemente significativos para merecer que se dedique todo un capítulo a su tratamiento.

El mecanismo de maquetación y posicionamiento que utiliza HTML Dinámico es una combinación de posicionamiento de Hojas de Estilo en Cascada y JavaScript/VBScript. La combinación de estas dos tecnologías proporciona la posibilidad de crear unas páginas que tengan una maquetación adaptable, ofrece mucha flexibilidad en el posicionamiento de elementos y permite controlar la posición del elemento después de que se ha cargado la página. HTML Dinámico hace esto aprovechando el posicionamiento de Hojas de Estilo en Cascada y propiedad *position*, que hace posible un posicionamiento absoluto y relativo de los objetos HTML.

- **Posicionamiento HEC** El borrador de trabajo relativo al posicionamiento HEC del W3C es el fundamento del posicionamiento de elementos mediante HTML Dinámico.
- **Posicionamiento absoluto** El posicionamiento absoluto permite a los diseñadores situar unos elementos de la página respecto a otros, o en relación con el posicionamiento por omisión de HTML, que se denomina posicionamiento estático.
- **Propiedades HEC** Las propiedades de posicionamiento HEC proporcionan los medios para especificar coordenadas, para tratar el desbordamiento de datos cuando un contenedor de posicionamiento es demasiado pequeño, para apilar elementos y para mostrar y ocultar elementos.
- **Capas** El posicionamiento HEC y HTML Dinámico admiten las capas a través de la propiedad *Z-index*.

• **Animación de capas** Mediante la combinación de capas, las propiedades de posicionamiento y un lenguaje de guiones se pueden crear interfaces multimedia e interactivas con posicionamiento HEC y HTML Dinámico.

Posicionamiento HEC

El posicionamiento de Hojas de Estilo en Cascada es un mecanismo para proporcionar información acerca de la situación de los elementos de una página, bien en relación con la ventana general del navegador o en relación con otros objetos de la página.

La especificación del posicionamiento HEC no forma parte realmente de la especificación de las Hojas de Estilo en Cascada y, por tanto, está sometido a cambios independientes de las HEC. Sin embargo, en la mayoría de las capacidades de HEC que se han adquirido en el Capítulo 4, «Introducción a las Hojas de Estilo en Cascada,» resultarán aplicables al posicionamiento HEC.

El posicionamiento absoluto y relativo son en realidad tipos de posicionamiento que se pueden implementar mediante la propiedad *position* de posicionamiento HEC. Cada tipo de posicionamiento ofrece unas ventajas distintas, dependiendo del tipo de maquetación y de elementos con que se esté trabajando. Esas ventajas se volverán más evidentes a medida que se vaya apreciando la forma en que se hace uso del posicionamiento en HTML Dinámico.

Propiedad position

La posibilidad de crear distintas maquetaciones mediante HTML Dinámico depende de la posibilidad de describir al navegador dónde tiene que estar situado un elemento dentro de una página. Una vez que se ha situado un elemento en una página, hay mecanismos mediante los cuales se puede especificar la forma en que ese elemento debe interactuar con otros elementos, tal como pueda suceder en el apilamiento de elementos.

Cuando un navegador examina el HTML que describe una página, los elementos se sitúan por el mismo orden en que se van leyendo del archivo. El comienzo de un archivo corresponde a la parte superior de una página Web ya terminada, así que a medida que se van leyendo secuencialmente ítems desde el principio hasta el final del archivo, esos ítems se van situando desde la parte superior de la página hasta la parte inferior. Este mecanismo de posicionamiento por omisión, que utilizan todos los navegadores desde Lynx hasta IE pasando por Netscape, se conoce con el nombre de *posicionamiento estático*. La Figura 9.1 muestra este mecanismo de posicionamiento por omisión.

Desafortunadamente, el posicionamiento estático que se halla en los navegadores es bastante limitado. Si utilizar trucos, tales como los espaciadores o las tablas, es casi imposible alinear correctamente unos elementos, tales como un pie de imagen y una foto. También es difícil crear cualquier tipo de maquetación en columnas. Además, los elementos no se pueden apilar ni tampoco se pueden tener elementos parcialmente superpuestos, lo cual hace que muchas de estas técnicas queden fuera del alcance de los diseñadores de la red.

Para abordar estos problemas, el posicionamiento HEC hace uso de dos tipos adicionales de posicionamiento: posicionamiento absoluto y posicionamiento relativo. Siempre que se habla de posicionamiento absoluto y relativo en HTML Dinámico, se está hablando realmente de posicionamiento HEC. HTML Dinámico pone la propiedad *position* de

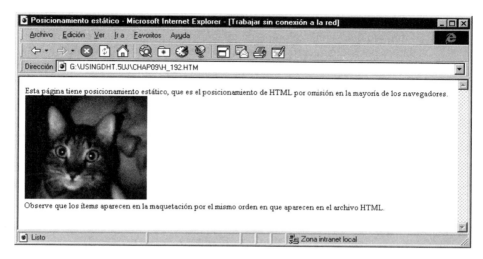

Figura 9.1 El mecanismo de posicionamiento por omisión de HTML, que es el posicionamiento estático, da lugar a una maquetación secuencial de los elementos.

STYLE a disposición de los guiones a través del modelo de objetos de HTML Dinámico, y hace uso del posicionamiento absoluto y del posicionamiento relativo para controlar la posición y la maquetación.

Posicionamiento absoluto

El primer tipo de posicionamiento HEC que se describirá aquí se conoce con el nombre de *posicionamiento absoluto*. Tal como implica su nombre, la característica especial del posicionamiento absoluto es su capacidad para especificar explícitamente el lugar en que irán dentro de la página los elementos de maquetación, empleando un sistema de coordenadas basado en la esquina superior izquierda de la ventana del navegador (o del elemento predecesor).

Nota:

Las coordenadas para el posicionamiento absoluto se dan siempre con respecto a la esquina superior izquierda del elemento predecesor, que suele ser la ventana del navegador. El eje X pasa por la parte superior del elemento predecesor, esto es, a lo ancho de la ventana del navegador. Sin embargo, lo que normalmente se consideraría como eje Y prosigue en realidad «elemento abajo», esto es, hacia la parte inferior de la ventana del navegador.

La situación de los elementos que se posicionan de forma absoluta permanece constante, aun cuando los elementos se solapen con otros elementos, e incluso si los usuarios modifican el tamaño de la ventana del navegador. El resultado es un cierto número de formas nuevas de crear maquetaciones, que se pueden crear situando los elementos de la página en situaciones precisas.

Se podría emplear el posicionamiento absoluto para solapar objetos colocándolos de tal modo que siempre compartieran una cierta pare de sus áreas. También se podría utilizar el posicionamiento absoluto para situar una indicación junto con una imagen, con objeto de conseguir que un cierto texto siempre apareciera con una determinada foto. El Listado 9.1 muestra la forma en que actuaría el posicionamiento:

Listado 9.1 Alineación de imágenes y pies de imagen mediante posicionamiento absoluto

```
01.  <HTML>
02.  <HEAD>
03.  <TITLE>Posicionamiento absoluto</TITLE>
04.  </HEAD>
05.  <BODY>
06.  <P>
07.
08.  Se ha dado formato a esta página con posicionamiento absoluto,
     ➥ que sitúa los elementos en puntos previamente determinados
     ➥ de la página.
09.
10.  <DIV id="ImagenPosAb" STYLE="position: absolute; left: 50px;
     ➥ top:150px">
11.  <IMG SRC="minino.gif">
12.  </DIV>
13.
14.
15.  <DIV id="TextoPosAb" STYLE="position: absolute; left: 250px;
     ➥ top:150px; width: 2in; color: blue">
16.  Observe que el segundo bloque de texto se ha situado junto a la
     ➥ imagen, independientemente del tamaño de la ventana.
17.  </DIV>
18.
19.  </BODY>
20.  </HTML>
```

Como puede apreciarse en la línea 10 del Listado 9.1, el uso de una nueva propiedad de *STYLE* denominada *position* y con el valor «absolute» denota que este elemento se va a situar empleando posicionamiento absoluto.

En esa misma línea se da la situación del elemento dentro de la página, empleando las propiedades *left* y *top* de STYLE. Estas propiedades admiten valores en píxeles, centímetros, pulgadas, puntos y demás para situar el elemento en un cierto punto de la página. Estas propiedades se discuten con más detalle posteriormente. La Figura 9.2 muestra la forma en que se sitúa la imagen a 50 píxeles del lado izquierdo de la ventana del navegador, y a 150 píxeles de la parte superior. La línea 15 define los valores del texto y después sitúa el texto junto a la imagen, empleando una vez más las propiedades *top* y *left*. El resultado del código es que el texto siempre se sitúa junto a la imagen y ambos elementos permanecerán en la misma posición, independientemente del tamaño de la ventana del navegador.

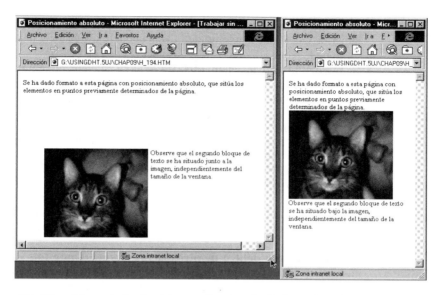

Figura 9.2 El posicionamiento absoluto permite a los diseñadores situar los elementos en puntos específicos de la página.

Cuando el usuario esté visualizando esta página, la imagen y el pie de imagen aparecerán siempre exactamente en la misma posición, aunque el cliente cambie el tamaño de la ventana del navegador.

Además, se puede modificar la posición de la imagen alterando los valores de las propiedades *«top»* y *«left»* y no pasará nada con la situación del pie de imagen. Al emplear posicionamiento absoluto, cada elemento se sitúa de forma explícita e independiente de la posición de los demás elementos.

Examinando con más detalle la línea 15 del Listado 9.1, se descubrirá que se está utilizando otra propiedad para el pie de página: *«width»*. Se puede utilizar esta propiedad para definir la anchura máxima que puede tener un elemento que reciba posicionamiento absoluto. El resultado del Listado 9.1 es que la anchura del pie de imagen se limita a 2 pulgadas. Al sobrepasar este límite de 2 pulgadas de anchura, el texto salta automáticamente a la línea siguiente.

Lo que sigue son algunos detalles más que habría que tener en cuenta en lo tocante a los elementos que reciban un posicionamiento absoluto:

- **Zona de flujo rectangular** El posicionamiento absoluto define una zona de flujo rectangular para el elemento especificado, que comienza en la página en las coordenadas *top-left* que se especifiquen. Esta zona de flujo se conoce también en ocasiones con el nombre de *contenedor de posicionamiento*.
- **Especificación de altura y anchura** Las propiedades *height* y *width* se pueden utilizar para definir el área total del rectángulo de flujo. Esto nos da aún más control con respecto al espacio que ocupa un elemento. Por ejemplo:

```
#miestilo {position: absolute;top: 1in;left: 1in; height: 3in;
➥ width: 5in}
```

Este código define un rectángulo de flujo que se sitúa a una pulgada de la parte superior y del lado izquierdo de la ventana del navegador y baja tres pulgadas a lo largo de la página, y cinco pulgadas hacia la derecha.

• **Se pueden anidar los elementos** Si se sitúa un elemento empleando la definición *miestilo* que se utilizaba en el ejemplo anterior, será posible anidar otro elemento con posicionamiento absoluto dentro del elemento anterior. Por ejemplo:

```
    <DIV id="miestilo">
<SPAN STYLE="position: absolute;top: 50px;left: 50px>
Un texto cualquiera
    </SPAN>
    </DIV>
```

Se podría utilizar este código para situar las palabras «un texto cualquiera» a 50 píxeles de la parte superior e inferior de la zona de 3×5 que ya se ha especificado en *miestilo*.

• **Posicionamiento dentro de otros elementos mediante top y left** Las zonas de flujo con posicionamiento absoluto siempre quedan definidas por el punto inicial de las partes superior e izquierda del elemento predecesor, tanto si ese predecesor es la ventana del navegador o algún otro elemento de posicionamiento absoluto en el que esté anidado el nuevo elemento.

Aprovechando estas características del posicionamiento absoluto se pueden crear maquetaciones interesantes, y puede uno estar seguro de que se visualizarán exactamente como uno quiera que se vean.

El Listado 9.2 incorpora algunas de las características del posicionamiento absoluto para crear una maquetación interesante. La salida de este código se ha mostrado en la Figura 9.3, que puede verse a continuación de este listado:

Listado 9.2 Creación de un maquetado compacto con efectos de solapamiento mediante el uso de posicionamiento absoluto

```
01.   <HTML>
02.   <HEAD>
03.   <TITLE>Ejemplo de posicionamiento absoluto</TITLE>
04.   </HEAD>
05.   <BODY>
06.   <P>
07.   <DIV id="Elemento1" STYLE="position: absolute; color: red; top:
      ➥2in; left 2in">
08.   <H1>Posicionamiento absoluto!</H1>
09.   <SPAN STYLE="position: absolute; color: blue; top: 30px; left:
      ➥25px; width: 2in">Este texto es un elemento anidado. Observe
      ➥que está situado dentro de la zona de flujo definida por el
      ➥marcador DIV.</SPAN>
10.   </DIV>
11.
12.   <DIV id="Elemento2" STYLE="position: absolute; top:15px; left:25px">
13.   <IMG SRC="minino.gif">
```

```
14.    </DIV>
15.
16.    <SPAN STYLE="position: absolute; color: green; top:25px; left:35px">
17.    <H2>Texto superpuesto con posicionamiento absoluto</H2>
18.    </SPAN>
19.
20.    </BODY>
21.    </HTML>
```

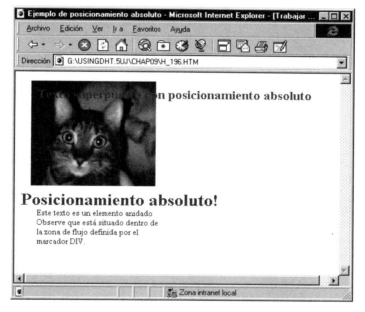

Figura 9.3   Un ejemplo de maquetación con solapamientos y elementos anidados empleando posicionamiento absoluto.

El código del Listado 9.2 y la salida resultante (consulte la Figura 9.3) muestran la forma en que se pueden situar unos elementos dentro de un mismo espacio para crear efectos de solapamiento, y también la forma en que se pueden anidar objetos de posicionamiento absoluto para un mejor control de la maquetación. En primer lugar, se crea en la línea 7 una zona de flujo mediante el marcador <DIV> y empleando posicionamiento absoluto. Esto produce una zona en que se pueden situar otros elementos anidados, como los marcadores <H1> y <SPAN> que van a continuación en las líneas 8 y 9. Por último, se sitúa la imagen en la línea 12 y después la línea 16 sitúa el texto que se superpone a la imagen.

El posicionamiento absoluto resulta especialmente indicado para situar elementos en una página y dejarlos allí. Una vez que los elementos se sitúan con posicionamiento absoluto, no se mueven, independientemente de los cambios habidos en la página. Supongamos que se quisiera aprovechar el posicionamiento HEC para animar los elementos de una página. Este es el momento en que resulta importante el posicionamiento relativo.

Posicionamiento relativo

El posicionamiento relativo es un híbrido de posicionamiento estático y posicionamiento absoluto. Igual que el posicionamiento estático, los elementos situados con posicionamiento relativo fluyen en la página por el mismo orden en que se vayan extrayendo del archivo HTML. Esto permite crear páginas de una forma más convencional, sin tener que situar explícitamente cada elemento.

Además, el posicionamiento relativo ofrece la posibilidad de especificar la posición de un elemento. Por ejemplo,

```
<BODY>
Este texto tendría un posicionamiento estático.
</BODY>
```

y

```
<SPAN STYLE="position: relative; color: green;">Este texto es como si
➥ fuera texto estático.
</SPAN>
```

son funcionalmente equivalentes. Ambas situarán el texto en la página de la misma manera.

El uso de posicionamiento relativo ofrece algunas ventajas evidentes. El posicionamiento relativo permite situar específicamente elementos en la página, de modo similar al posicionamiento absoluto. Además, el posicionamiento relativo permite situar elementos en la página con respecto a sus elementos predecesores. También existen ventajas propias del posicionamiento relativo en la capacidad de tratar a los elementos situados relativamente como si fuesen objetos, asignándoles capas mediante índices Z. Además, los elementos situados con posicionamiento relativo se puede trasladar mediante un lenguaje de guiones tal como JavaScript o VBScript. Los guiones para objetos con posicionamiento relativo entrarán en juego en el Capítulo 13, «Introducción a multimedia».

El Listado 9.3 muestra un ejemplo de maquetación montado mediante el uso de posicionamiento relativo. La salida de este listado se muestra en la Figura 9.4, que sigue inmediatamente a este listado:

Listado 9.3 Maquetación de una página utilizando posicionamiento relativo

```
01.   <HTML>
02.   <HEAD>
03.   <TITLE>Posicionamiento relativo</TITLE>
04.   </HEAD>
05.   <BODY>
06.   <P>
07.
08.   Se ha dado formato a esta página con posicionamiento relativo, lo
      ➥ cual permite que la maquetación fluya naturalmente, y permite
      ➥ mantener un cierto control.
09.
```

```
10.   <DIV id="ImagenPosRel" STYLE="position: relative">
11.   <IMG SRC="minino.gif">
12.   </DIV>
13.
14.   <DIV id="TextoPosRel" STYLE="position: relative; width: 2in;
      ➥ color: blue">
15.   Observe el formato que se aplica al texto 'pie de figura' bajo la
      ➥ imagen.
16. </DIV>
17.
18. </BODY>
19. </HTML>
```

Figura 9.4   El posicionamiento relativo hace fluir los elementos igual que el posicionamiento estático, pero permite un mayor control.

En el ejemplo precedente, las líneas 10 y 14 definen cada una un elemento que se sitúa
en la página empleando posicionamiento relativo. Cuando se examina la página final, ésta
se maqueta exactamente igual que si no se hubiera utilizado para nada el posicionamiento. Sin embargo, mediante el uso de posicionamiento para el objeto, ahora se podría añadir un guión que alterase la posición de los objetos —esto es algo que no resulta posible
cuando se emplea posicionamiento estático.

Las secciones siguientes examinan la mecánica del posicionamiento de elementos dentro
de la página y los atributos que se pueden retocar para desarrollar maquetaciones complejas.

Propiedad position

La propiedad *position* de STYLE determina el tipo de posicionamiento que empleará el
navegador para situar un elemento. El valor de *position* por omisión es static (estático),

que es el valor por omisión para HTML. La propiedad *position* se define mediante el atributo STYLE y emplea la sintaxis ya familiar de HEC:

```
<UN_ELEMENTO STYLE="position: value">
```

Los valores que se admiten son «*absolute*», «*relative*» y «*static*» según se muestra en las líneas siguientes:

```
<DIV STYLE="position: absolute">Yo soy absoluto</DIV>
<DIV STYLE="position: relative">Yo soy relativo</DIV>
<DIV STYLE="position: static">Yo soy estático</DIV>
```

Nota:

> *El valor static es el que toma por omisión la propiedad* position *y, por tanto, no suele ser necesario especificar el posicionamiento estático.*

Esto es todo lo que hay que hacer para definir el tipo de posicionamiento que emplea un elemento; sin embargo, quizá haya observado algunas otras propiedades que se han utilizado en los ejemplos anteriores y que sirven para definir dónde se situarán los elementos.

Propiedades left *y* top

Las propiedades *left* y *top* definen el lugar en que comienza la situación de un elemento posicionado. Si piensa en la ventana del navegador como si se tratase de una enorme retícula, entonces será necesario poder situar los elementos en esa retícula mediante el uso de algún sistema de coordenadas.

Las propiedades *left* y *top* admiten ambas tres clases de valores:

- **longitud** Esto es una unidad de medida tal como píxeles (píxel) o pulgadas (in), que se utilizará para situar la parte superior del elemento tratado. El uso de una longitud puede proporcionar un control muy preciso de la situación del elemento. Las unidades de medida se hallarán en la Tabla 4.2 del Capítulo 4.
- **porcentaje** Esto es un porcentaje que dará lugar a que el elemento se sitúe en relación con el tamaño del elemento predecesor.

  Por ejemplo, si el elemento predecesor es la ventana del navegador (lo cual sucede casi siempre), entonces un valor del «50 por ciento» situaría el elemento a media altura dentro de la página. Otro ejemplo sería una zona de flujo (contenedor de posicionamiento) que tuviera 500×500 píxeles. Un valor del 50 por ciento en este caso situaría el elemento descendiente a 250 píxeles, dentro de la zona de flujo de 500×500.
- **automático** El valor *auto* se limita a situar el elemento en el mismo lugar en que se situaría naturalmente si el flujo de la página careciera de posicionamiento.

Por tanto, mediante la determinación de las coordenadas izquierda (left) y superior (top), se puede situar cualquier elemento en cualquier lugar de la ventana del navegador;

sin embargo, la forma en que el posicionamiento absoluto y el posicionamiento relativo determinan el origen de coordenadas es diferente.

Para el posicionamiento absoluto, el origen de las coordenadas izquierda y superior es en relación con el objeto predecesor. Esto es, si se sitúa un ítem dentro de la ventana del navegador, entonces las coordenadas izquierda y superior comienzan en la esquina superior izquierda de la ventana del navegador. De hecho, en la mayor parte de las ocasiones los elementos de posicionamiento absoluto estarán situados en relación con la ventana del navegador; sin embargo, se pueden anidar dentro de otros elementos. También es importante observar que si los elementos de posicionamiento absoluto se sitúan empleando medidas, tales como pulgadas o píxeles, entonces su posición no cambiará si cambia de tamaño la ventana del navegador. Esto se puede utilizar para asegurar que la maquetación siga siendo proporcionalmente consistente, reteniendo la posición de todos los elementos, independientemente del tamaño que el usuario dé a la ventana. Si se tiene una página que es un diagrama a escala, por ejemplo, no se deseará que cambie la escala si el usuario modifica el tamaño de la ventana.

El posicionamiento relativo funciona de forma ligeramente distinta con respecto al posicionamiento absoluto. Para el posicionamiento relativo, el origen es la posición por omisión del elemento, lo cual significa que el punto de partida de *left* y de *top* depende del lugar en que estaría situado el elemento si el flujo se produjera sin posicionamiento.

Por tanto, el posicionamiento relativo hace que los elementos de la página fluyan igual que una página normal, de posicionamiento estático, en donde cada elemento tendrá una posición natural basada en la forma en que se extraiga del archivo HTML. Cuando se sitúa un elemento con posicionamiento relativo, todas las coordenadas se dan con respecto a esta posición natural. Otras características especiales del posicionamiento relativo pueden verse a continuación:

- Cuando se traslada un elemento que se haya ubicado con posicionamiento relativo, ese elemento mantendrá todas sus características de formato, tales como el color y el tipo de letra de su posición original.
- Cuando se traslada un elemento que se haya ubicado con posicionamiento relativo, todo elemento descendiente situado con respecto a él se trasladará también.
- Cuando se traslada un elemento que se haya ubicado con posicionamiento relativo, el espacio en que se fuera a representar originalmente no se borrará. Como consecuencia, será preciso tener en cuenta las capas y la situación cuando se animen elementos de posicionamiento relativo.

El código que sigue en el Listado 9.4 proporciona un ejemplo de la forma en que se muestran los diferentes tipos de posicionamiento cuando se sitúan los elementos empleando *top* y *left*. La Figura 9.5 muestra la salida de este código.

Listado 9.4 Representación de los valores *top* y *left* con posicionamiento absoluto y relativo

```
01.   <HTML>
02.   <HEAD>
03.   <TITLE>Ejemplos de Posicionamiento</TITLE>
04.   </HEAD>
05.   <BODY>
06.   <P>
07.   Este texto está situado con posicionamiento estático.
```

(continúa)

Listado 9.4 Representación de los valores *top* y *left* con posicionamiento absoluto y relativo
(Continuación)

```
08.   <P>
09.
10.   <DIV id="AB" STYLE="position: absolute; top: 50px; left: 50px;
      ➥ color: red">
11.   Este texto está situado con posicionamiento absoluto.</DIV>
12.
13.   <DIV id="REL" STYLE="position: relative; top: 50px; left: 50px;
      ➥ color: blue">
14.   Este texto está situado con posicionamiento relativo.</DIV>
15.
16.   </BODY>
17.   </HTML>
```

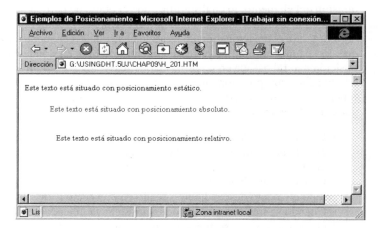

Figura 9.5 Tres elementos con definiciones similares, situados mediante posicionamiento estático, absoluto y relativo.

El Listado 9.4 contiene tres elementos de texto que se han colocado empleando posicionamiento estático, absoluto y dinámico. Si se examinan detalladamente las líneas 10 y 13 se observará que las coordenadas empleadas para situar los elementos absolutos y relativos son exactamente las mismas: *top:50; left:50*. Sin embargo, si se carga la página se observará que los elementos no se muestran unos encima de otros, sino que están ligeramente desplazados entre sí.

En el Listado 9.4, la línea estática de texto de la línea 7 se mostraría normalmente en la parte superior de la página. A continuación, el elemento situado de forma absoluta en las líneas 10 y 11 se muestra a 50 píxeles de la parte superior de la ventana, y a 50 píxeles del lado izquierdo de la ventana. Se han utilizado las mismas coordenadas para el elemento de posicionamiento relativo en las líneas 13 y 14.

En lugar de situarse con respecto a la ventana, el elemento de posicionamiento relativo se alinea en relación con el lugar en el que se habría situado el texto si el flujo hubiera sido automático (tal como sucede con el posicionamiento estático). Si el texto no tuviera ningún posicionamiento, se habría situado en el lado izquierdo de la ventana, por debajo del texto con posicionamiento absoluto. Por tanto, el desplazamiento de 50 píxeles comienza junto al lado izquierdo, y por debajo del texto de posicionamiento absoluto, lo cual da lugar a un desplazamiento todavía mayor.

Propiedades width *y* height

Además de especificar la posición de los elementos, también se puede especificar la zona que pueden ocupar los elementos. Si se piensa que el posicionamiento crea un contenedor rectangular para los elementos HTML, entonces las propiedades *top* y *left* definen el lugar en que comienza el rectángulo. ¿Cómo se determina el tamaño del rectángulo? Mediante el uso de las propiedades *width* y *height*.

La propiedad *width* define la anchura que tendrá el contenedor de posicionamiento y la propiedad *height* determina la altura que tendrá. Sin embargo, tenga en cuenta que como se define el valor *«top»* del contenedor rectangular con posicionamiento, la propiedad *height* determinará en realidad la distancia hacia abajo (dentro de la página) que se extenderá el contenedor de posicionamiento.

Estas dos propiedades admiten o bien unidades de medida o bien porcentajes como valores. Esto permite definir una zona que siempre tiene un tipo predeterminado, o un tamaño que cambia con respecto a la ventana del navegador. Mediante el uso combinado de las propiedades *width* y *height* se puede utilizar el posicionamiento para crear efectos, tales como columnas, según se muestra en el Listado 9.5 y en su Figura complementaria, la Figura 9.6.

Listado 9.5 Creación de una maquetación en columnas mediante las propiedades *width* y *height*

```
01.   <HTML>
02.   <HEAD>
03.   <TITLE>Texto en Columna</TITLE>
04.   </HEAD>
05.   <BODY>
06.   <P>
07.
08.   <DIV id="REL" STYLE="position: relative; top: 50px; left: 50px;
      ➥width: 2in; color: blue">
09.   Este texto se ha situado empleando posicionamiento relativo, pero
      ➥hace uso del marcador width para limitar el texto a una columna
      ➥de dos pulgadas. Se puede emplear este efecto para crear
      ➥columnas o para tener un mejor control del aspecto que tendrá
      ➥la página </DIV>
10.
11.   </BODY>
12.   </HTML>
```

En este ejemplo, en la línea 8, la propiedad *width* define un rectángulo que tiene una anchura de 2 pulgadas, así que cuando se inserte un texto en el marcador <DIV>, el resultado será una columna de texto.

Figura 9.6   Se puede utilizar la propiedad width para crear columnas.

Esta flexibilidad permite crear maquetaciones bastante complejas basándose en retículas o en columnas; sin embargo, hay que tener en cuenta algunas cosas importantes:

- El formato que se define en elementos de posicionamiento relativo se retiene cuando se trasladan los elementos. Por tanto, cuando se traslade una columna de 2 pulgadas, seguirá siendo una columna de 2 pulgadas, incluyendo los saltos de línea.
- Los contenedores con posicionamiento que se definen mediante las propiedades *top*, *left*, *height* y *width* tienen forma rectangular. Aun cuando la zona puede contener elementos que no sean de forma rectangular, el contenedor en sí es un rectángulo.

Entonces, ¿que sucede cuando se define un contenedor con posicionamiento, pero el contenedor es demasiado extenso para esa zona? Este es el momento en que entran en juego las propiedades *overflow* y *clip*.

Propiedad overflow

Aunque las propiedades *width* y *height* proporcionan más flexibilidad, hay ocasiones en que estos atributos pueden actuar en contra nuestra. Supongamos que se intenta crear una zona de texto que tenga 2 pulgadas de anchura y 1 pulgada de altura. No hay problema. ¿Qué sucede si se tiene un texto mayor que esta zona de dos pulgadas cuadradas? Por supuesto, se podrían utilizar los atributos de tipos de letra para hacer más pequeño el texto, pero la legibilidad disminuiría. En lugar de hacer esto, podemos basarnos en la propiedad *overflow*.

La propiedad *overflow* permite indicar al navegador la forma en que tiene que tratar los datos adicionales si se tiene un texto que sobrepasa la altura y anchura especificadas para el contenedor de posicionamiento. La propiedad *overflow* admite tres valores:

- **none**   Este valor indica que no hay que gestionar en modo alguno el exceso. El resultado será el tratamiento por omisión basado en el navegador que se esté utilizando.

- **clip** Cuando se da a la propiedad *overflow* el valor *clip*, los datos que no quepan en el contenedor serán ignorados sin más miramientos.
- **scroll** El valor *scroll* indica al navegador que limite la visualización a la zona del contenedor, pero que añada barras de desplazamiento para hacer que se pueda acceder al resto de los datos. Esto suele ser generalmente el método más deseable para gestionar los excesos de datos.

El Listado 9.6 muestra la forma en que se implementa la propiedad *overflow*. La Figura 9.7 muestra el tratamiento visual de unos datos que sobrepasan las limitaciones de espacio del contenedor definido en el Listado 9.6.

Listado 9.6 Tratamiento de datos excedentes

```
01.    <HTML>
02.    <HEAD>
03.    <TITLE>Desbordamiento</TITLE>
04.    </HEAD>
05.    <BODY>
06.  <P>
07.
08.    <DIV id="REL" STYLE="position: relative; top: 50px; left: 50px;
       ➥width: 2in; height: 1in; color: blue; overflow: scroll">
09.    Este texto se ha situado empleando posicionamiento relativo, pero
       ➥hace uso del marcador width para limitar el texto a una columna
       ➥de dos pulgadas, y el marcador height a para limitar la columna
       ➥a 1 pulgada. Dado que hay un 'desbordamiento' de texto, las
       ➥barras de desplazamiento permiten ver el resto del texto.</DIV>
10.
11.    </BODY>
12.    </HTML>
```

Figura 9.7 La propiedad *overflow* permite tratar datos más extensos que un contenedor de posicionamiento.

La línea 8 del Listado 9.6 especifica que la zona del contenedor tendrá 2 pulgadas por 1 pulgada y que el desbordamiento tiene que tratarse mediante una barra de desplazamiento.

Propiedad clip

El ejemplo anterior de tratamiento de un desbordamiento (Listado 9.6) abordaba el problema consistente en manejar demasiado texto; sin embargo, ¿que sucede si los datos que son demasiado grandes para el contenedor de posicionamiento resultan ser una imagen? En esta situación, será preciso hacer uso de las posibilidades de recorte.

La propiedad *clip* permite especificar una zona de recorte para datos e imágenes, a efectos, recorta las imágenes en su lugar. Para utilizar la propiedad *clip* con objeto de recortar una imagen, siga estos pasos:

1. Defina un contenedor y use posicionamiento absoluto para colocar el elemento que haya que recortar.
2. Utilice la propiedad *overflow* para especificar que los datos excedentes tienen que recortarse.
3. Utilice la propiedad *clip* para especificar la forma en que hay que recortar la imagen.

La propiedad *clip* admite dos valores:

- **auto** Si se selecciona este valor, la zona de recorte es la zona del contenedor.
- **rect** Si se selecciona este valor, se puede especificar un rectángulo de recorte dando las coordenadas de los lados superior, derecho, inferior e izquierdo del rectángulo, con respecto al origen del contenedor.

Las líneas siguientes definen un rectángulo de recorte de 3×2 cm., definiéndose el rectángulo a través de las coordenadas de su esquina superior izquierda, y de su esquina inferior derecha:

```
<DIV STYLE="position: absolute; overflow: clip; clip: rect(1cm 4cm 3cm
➥ 1cm)">
```

Este rectángulo de recorte se ha definido en relación con aquella zona que quede definida por top, left, width y height. El Listado 9.7 muestra un recorte haciendo uso de un tamaño de contenedor de 2×3 cm. La Figura 9.8 muestra la forma en que se recorta la imagen al utilizar esta especificación de recorte.

Listado 9.7 Recorte de una imagen mediante la propiedad *clip*

```
01.    <HTML>
02.    <HEAD>
03.    <TITLE>Recorte</TITLE>
04.    </HEAD>
05.    <BODY>
```

```
06.   <P>
07.
08.   <DIV id="REL" STYLE="position: absolute; top: 5px; left: 250px;
      ➥width: 5px; height 5px; overflow: clip; clip: rect(1cm 4cm 3cm
      ➥1cm)">
09.   <IMG SRC="enorme.gif">
10.   </DIV>
11.   <IMG SRC="enorme.gif">
12.   </BODY>
13.   </HTML>
```

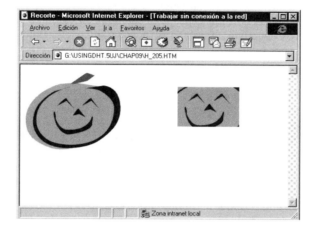

Figura 9.8 Se puede emplear el recorte para cortar las imágenes en su lugar.

Capas

Una de las características más importantes del posicionamiento HEC y de HTML Dinámico es la capacidad de situar elementos HTML en distintas capas que se pueden manipular. Aprovechando estas capas se consigue mostrar y ocultar elementos en la página, lo
cual es la base de muchos efectos de HTML Dinámico, tales como los esquemas que se
expanden y se colapsan.

La posibilidad de especificar la capa en que aparecerán los elementos contribuye a la
capacidad de solapar elementos, o de crear transiciones entre capas como respuesta a la
interacción con el usuario. Sin capas, la superposición de elementos sería casi imposible,
y sería difícil controlar los elementos que aparecieran en primer plano o en el fondo.

El apilamiento de elementos con HTML Dinámico y posicionamiento HEC es muy
sencillo, e implica tan sólo dos conceptos, los índices Z y la visibilidad.

Propiedad *z-index*

Si se considera que las propiedades *top* y *left* son el equivalente de las coordenadas X e Y,
entonces tiene sentido que las capas estén definidas mediante una coordenada Z, tal como

sucedería en un mundo de tres dimensiones. En esencia, lo único que se está haciendo con las capas es determinar cuál de ellas aparece delante de las otras que se alejan hacia el fondo.

El posicionamiento HEC determina las capas que aparecen en primer plano o en el fondo mediante la propiedad *z-index* , que permite especificar un identificador numérico para la capa de cada elemento. Los valores del índice Z pueden ser enteros positivos o negativos. La capa por omisión (el primer plano) tiene el índice 0, y los números crecientes denotan capas «más profundas». Si se tuvieran dos elementos definidos en la forma:

```
<DIV style="position: absolute; z-index: 3">Primer plano</DIV>
<DIV style="position: absolute; z-index: 7">Fondo</DIV>
```

el elemento que posee un valor de 3 como índice Z aparecería por delante del elemento cuyo índice Z es 7. Las capas se pueden especificar tanto con números positivos como con números negativos. También se pueden situar elementos en una misma capa haciendo iguales sus índices Z:

```
<DIV style="position: absolute; z-index: 5">Yo estoy</DIV>
<DIV style="position: absolute; z-index: 5">con el otro</DIV>
```

Nota:

Los elementos que tengan el mismo índice Z serán apilados por el navegador, y por tanto carecen de un orden preestablecido. Esto se puede utilizar para agrupar objetos que quizá no se superpongan entre sí, pero que queramos tener en una misma capa. Por ejemplo, si se tiene una ilustración de una pizza, la base podría estar en una capa, la salsa en otra, el queso en una tercera y quizá fuera conveniente tener los champiñones y las salchichas en otra capa llamada «ingredientes».

El Listado 9.8 y la figura asociada (Figura 9.9) muestran la aplicación que tiene asignar valores de *índices Z* a las capas.

Listado 9.8 Apilamiento de elementos HTML mediante el uso de índices Z

```
01.    <HTML>
02.    <HEAD>
03.    <TITLE>Capas</TITLE>
04.    </HEAD>
05.    <BODY>
06.    <P>
07.
08.    <DIV id="Capa1" STYLE="position: absolute; top: 10px; left:
       ➥ 10px;"> <H1>Capa Uno</H1></DIV>
09.    <DIV id="Capa2" STYLE="position: absolute; top: 20px; left: 20px;
       ➥ color: blue;"> <H1>Capa Dos</H1></DIV>
10.    <DIV id="Capa3" STYLE="position: absolute; top: 30px; left: 30px;
       ➥ color: red;"><H1>Capa Tres</H1></DIV>
11.    <DIV id="Capa4" STYLE="position: absolute; top: 40px; left: 40px;
       ➥ color: green;"><H1>Capa Cuatro</H1></DIV>
12.
```

```
13.   <DIV id="Capa1" STYLE="position: absolute; top: 10px; left: 210px;
      ➥ z-index: 4"><H1>Capa Uno</H1></DIV>
14.   <DIV id="Capa2" STYLE="position: absolute; top: 20px; left: 220px;
      ➥ color: blue; z-index: 3"><H1>Capa Dos</H1></DIV>
15.   <DIV id="Capa3" STYLE="position: absolute; top: 30px; left: 230px;
      ➥ color: red; z-index: 2"><H1>Capa Tres</H1></DIV>
16.   <DIV id="Capa4" STYLE="position: absolute; top: 40px; left: 240px;
      ➥ color: green; z-index: 1"><H1>Capa Cuatro</H1></DIV>
17.
18.   </BODY>
19.   </HTML>
```

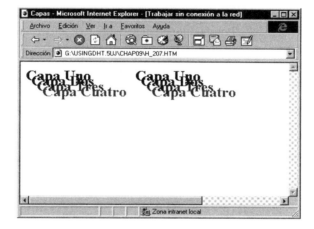

Figura 9.9   La modificación del valor del índice Z permite manipular la situación de un elemento por capas.

En el Listado 9.8, el primer conjunto de encabezados, que se definen en las líneas 8–11, está ordenado de forma natural, con el primer encabezado en la parte superior, el siguiente por debajo y así sucesivamente, hasta que se han visualizado todos los encabezados. En el segundo conjunto de encabezados, que se han definido en las líneas 13–16, se puede invertir la forma en que se muestran los encabezados mediante la asignación de un valor diferente del índice Z para cada elemento.

Propiedad *visibility*

Ahora que ya sabe poner los elementos en distintas capas, es posible que se pregunte que más se puede hacer con las capas. La posibilidad de crear capas es útil para los solapamientos y otros efectos de maquetación. Sin embargo, existe otra característica de las capas que proporciona aun más flexibilidad para el desarrollo de interfaces de usuario: la visibilidad.

La propiedad *visibility* permite especificar si una capa y su contenido son o no visibles en la página que se va a mostrar. La propiedad *visibility* admite dos valores: «visible» y «hidden».

Al modificar estos dos valores, se pueden ocultar los datos a los ojos del usuario, de tal modo que no aparezcan en la página, aunque seguirán cargándose. Se pueden mostrar esos datos al usuario en el momento oportuno, basándose en un suceso del usuario o en un intervalo de tiempo, sin posterior interacción con el servidor. Esta posibilidad de ocultar y mostrar los datos es una característica muy útil, sobre todo cuando se utiliza con esquemas expandibles tales como los que se mostraban en el Capítulo 8, «Estilos dinámicos».

Ocultar los elementos por capas no impide que se descarguen. Por tanto, si tiene grandes elementos ocultos, tenga en cuenta que seguirá siendo necesario un tiempo para que se descarguen esos elementos cuando el usuario llegue a su página y que esos elementos seguirán consumiendo memoria.

El Listado 9.9 proporciona un ejemplo de implementación de la propiedad *visibility*:

Listado 9.9 Utilización de la propiedad *visibility* para mostrar y ocultar capas de elementos

```
01.    <HTML>
02.    <HEAD>
03.    <TITLE>Visibilidad</TITLE>
04.    </HEAD>
05.    <BODY>
06.    <P>
07.
08.    <DIV id="uno" STYLE="position: absolute; top: 10px; left: 10px;
       ➥color: red; visibility: visible"><H1>Texto Visible</H1></DIV>
09.    <DIV id="dos" STYLE="position: absolute; top: 20px; left: 20px;
       ➥color: blue; visibility: hidden"><H1>Texto Oculto</H1></DIV>
10.
11.    <DIV id="tres" STYLE="position: absolute; top: 10px; left: 210px;
       ➥color: red; visibility: hidden"><H1>Texto Visible</H1></DIV>
12.    <DIV id="cuatro" STYLE="position: absolute; top: 20px; left: 220px;
       ➥color: blue; visibility: visible"><H1>Texto Oculto</H1></DIV>
13.
14.    </BODY>
15.    </HTML>
```

En este ejemplo, las líneas 8 y 9 crean los elementos de texto, que hacen uso de la propiedad *visibility* para mostrar una línea de texto y ocultar la otra. El proceso se invierte en las líneas 11 y 12 para mostrar lo fácil que es alterar la visibilidad de un elemento de la página. El resultado de intercambiar las propiedades de *visibilidad* de las líneas 8-9 por las líneas 11-12 se muestra en la Figura 9.10.

Como puede apreciarse, la capacidad de ocultar y mostrar el contenido de las capas es una característica muy potente. La Quinta Parte de este libro, «Multimedia y HTML Dinámico» hace un uso intensivo de la característica de visibilidad para poner información a disposición de los usuarios sin volver a cargar datos del servidor.

Figura 9.10 La conmutación del atributo de visibilidad hace que el texto oculto resulte invisible.

Desplazamiento de elementos

Ahora que ya está familiarizado con el posicionamiento HEC y con las propiedades que se utilizan para situar elementos en la página, este capítulo terminará con una demostración de la forma en que se puede utilizar HTML Dinámico para animar estos elementos.

El proceso para animar elementos con HTML Dinámico es bastante sencillo. Vamos a emplear funciones de JavaScript (o de VBScript) para manipular los parámetros que definen la situación de esos elementos. El resultado final es el desplazamiento de esos elementos por la página. Las líneas de los segmentos de código siguientes están numeradas según su situación dentro del código final, que se encuentra en el Listado 9.10.

En primer lugar, es preciso definir un elemento que se vaya a trasladar:

```
43.   <DIV id="GATO" STYLE="position: relative; top:-200; left:25px">
44.   <IMG SRC="minino.gif">
45.   </DIV>
```

Este código crea un elemento cuya ID es «GATO» y que en este momento está fuera de la página HTML, con un valor de «-200» para la propiedad *top*. El elemento en sí no se presentará en la página cuando ésta se esté cargando, pero vamos a desarrollar el guión adecuado para animarlo, de tal modo que «vuele» metiéndose en la página cuando ya esté cargada toda la página.

Ahora que ya se ha definido un elemento que se puede trasladar, hay que escribir el guión que desplazará la imagen. Lo que hay que hacer es manipular el valor de la propiedad *top* para trasladar la imagen desde fuera de la pantalla hasta que esté dentro de la pantalla. Se hará esto dando valores a las coordenadas correspondientes al valor de *top*, pasando de una situación fuera de la pantalla a otra dentro de ella. Este proceso comienza con una sencilla función para incrementar el valor de la propiedad *top*:

```
07.   function MoverElGato() {
09.        GATO.style.posTop += 1;
12.   }
```

La función *MoverElGato()* está muy bien, salvo que nada detiene la imagen en la página. Si se utilizase la función *MoverElGato()* por sí misma, la imagen comenzaría en las coordenadas situadas fuera de la parte visible de la página y seguiría saliendo de la página indefinidamente.

Lo que realmente se necesita es detener la imagen del gato en la parte superior de la página, digamos en la posición 15. Añadiendo una sentencia *if*, se indica a la función *MoverElGato()* que se detenga cuando el valor de la propiedad *top* llegue a los 15 píxeles:

```
07.   function MoverElGato() {
08.           if (GATO.style.posTop < 15) {
09.           GATO.style.posTop += 1;
11.           }
12.   }
```

Examine ahora el código correspondiente a esta animación y observe cómo funciona:

```
01.   <HTML>
02.   <HEAD>
03.   <TITLE>Mover el Gato</TITLE>
04.
05.   <SCRIPT>
06.
07.   function MoverElGato() {
08.       if (GATO.style.posTop < 15) {
09.           GATO.style.posTop += 1;
11.           }
12.   }
13.
29.   </SCRIPT>
30.   </HEAD>
31.
32.   <BODY onLoad="MoverElGato();">
33.
43.   <DIV id="GATO" style="position: relative; top:-200; left:25px">
44.   <IMG SRC="minino.gif">
45.   </DIV>
46.
47.   </BODY>
48.   </HTML>
```

Dentro de este código HTML, se ha añadido una línea (la línea 32) dentro del marcador <BODY> para invocar a la función *MoverElGato()* que desplaza la imagen.

Esta línea enlaza la función *MoverElGato()* con el suceso *onLoad,* que se produce cuando se carga la página. Si se visualiza esta página, se verá que la imagen del gato salta desde fuera de la pantalla hasta la posición final cuando se carga la página. ¿Por qué no vuela?

El problema es que los pasos se producen con excesiva rapidez para que los vea el ojo. Para crear una ilusión de desplazamiento continuo, es necesario añadir un método de JavaScript llamado *window.setTimeout()* que hace más lenta la función *MoverElGato()*:

```
07.  function MoverElGato() {
08.          if (GATO.style.posTop < 15) {
09.              GATO.style.posTop += 1;
10.          window.setTimeout("MoverElGato();", 1);
11.          }
12. }
```

La función *window.setTimeout()* admite dos argumentos, la función que se está temporizando y el valor de la pausa en milisegundos. Aquí se indica a la función *setTimeout()* que haga más lenta a la función *MoverElGato()* por valor de un milisegundo antes de cada paso. Este valor debería ser suficiente para mover de forma continua nuestro minino.

El código ya finalizado del Listado 9.10 añade unos cuantos elementos animados adicionales para crear toda una página con textos e imágenes móviles—un texto con desplazamiento y un bloque de texto que se mueve cuando se pulsa en él.

Listado 9.10 Textos e imágenes animados en una página mediante posicionamiento y Guiones —¡Vuela, minino, vuela!

```
01.  <HTML>
02.  <HEAD>
03.  <TITLE>Animación</TITLE>
04.
05.  <SCRIPT>
06.
07.  function MoverElGato() {
08.      if (GATO.style.posTop < 15) {
09.          GATO.style.posTop += 1;
10.      window.setTimeout("MoverElGato();", 1);
11.      }
12.  }
13.
14.  function DesplazarTexto() {
15.      if (CAPTION.style.posLeft > 25) {
16.      CAPTION.style.posLeft -= 1;
17.          window.setTimeout("DesplazarTexto();", 2);
18.      }
19.  }
20.
21.  function MoverBloqueTexto() {
22.      if (BLOCK.style.posLeft < 250) {
23.          BLOCK.style.posTop += 5;
24.      BLOCK.style.posLeft += 5;
25.      window.setTimeout("MoverBloqueTexto();", 1);
26.      }
27.  }
28.
29.  </SCRIPT>
30.  </HEAD>
31.
```

(continúa)

Listado 9.10 Textos e imágenes animados en una página mediante posicionamiento y Guiones —¡Vuela, minino, vuela! *(Continuación)*

```
32.   <BODY onLoad="MoverElGato();DesplazarTexto();">
33.
34.   <DIV id="BLOCK" style="position: relative; top:10; left:25px;
      ➥ width: 2in; color: blue; z-index: 2"
      ➥ onclick="MoverBloqueTexto();">
35.   Esto es un texto con formato de columna. Si pulsa en este texto,
      ➥ el texto se moverá, pero mantendrá su formato.
36.   </DIV>
37.
38.   <P>
39.   <DIV id="CAPTION" STYLE="position: relative; color: red; top: 12;
      ➥ left: 250px; z-index: 1">
40.   <H1>Desplazamos un texto para que se vea</H1>
41.   </DIV>
42.
43.   <DIV id="GATO" style="position: relative; top:-200; left:25px">
44.   <IMG SRC="minino.gif">
45.   </DIV>
46.
47.   </BODY>
48.   </HTML>
```

Cada uno de los elementos del Listado 9.10 posee una función en JavaScript que es la responsable de su desplazamiento. La imagen del gato entrará por la parte superior, y el texto entrará por la derecha. Por último, hay un párrafo de texto con formato que no se

Figura 9.11 Posición de los elementos antes de toda interacción con el usuario.

moverá mientras el usuario no pulse en él. El desplazamiento de este elemento es producido en realidad por una función asociada al elemento en sí mediante el código contenido
en las líneas 34-36.

Este código espera hasta que recibe una pulsación el ratón, y entonces llama a la función *MoverBloqueTexto()*, que es la que anima el texto. La Figura 9.11 muestra la página
final en acción, con el texto desplazándose y el gato moviéndose. La Figura 9.12 muestra
la ruta del bloque de texto después de pulsar en él.

Figura 9.12 Posiciones de los elementos a medida que se mueven por la pantalla.

Como puede apreciarse, la animación de objetos mediante HTML Dinámico es en
realidad un cruce entre el posicionamiento HEC y los guiones, y unos métodos adicionales a los que se accede a través del modelo de objetos. Tal como sucede con muchas
características de HTML Dinámico, sólo es posible la animación porque el modelo de
objetos de HTML Dinámico expone los elementos. El resultado final pueden ser unas
páginas más dinámicas, o incluso nuevas interfaces que se podrán emplear con tecnologías tales como el formato de definición de canales para crear nuevos recursos para
la red.

Y a continuación...

A medida que siga aprendiendo acerca de las características de HTML Dinámico, hallará
temas más complejos, desde la animación hasta una completa interacción con el usuario,
y por último multimedia avanzado con controles ActiveX y enlazado de datos. Tal como
se aprecia en este capítulo y en los precedentes, para aprovechar todo el potencial de
HTML Dinámico es necesario dominar una gran cantidad de tecnología subyacente. Los
resultados, finalmente, merecerán con creces el esfuerzo realizado.

Cuando siga adelante, le rogamos que se asegure de comprender bien todos los conceptos de cada capítulo antes de continuar. Al hacer esto, estará realmente preparado para los conceptos que se tratarán más adelante, y podrá construir centros sólidos e interesantes con HTML Dinámico. Por el momento, considere el Capítulo 10, «Contenido dinámico», en donde se exploran temas, tales como la sustitución de textos y la manipulación de los elementos de una página en tiempo real. La posibilidad de alterar el cliente dinámicamente, o sobre la marca, es una de las características más potentes de HTML Dinámico, y permite alterar virtualmente las propiedades, los estilos e incluso el significado del contenido de cualquier página Web.

Capítulo

Contenido dinámico

Los capítulos anteriores describían las debilidades del HTML tradicional, y las ventajas de HTML Dinámico. También se han estudiado algunos de los méritos de la implementación de HTML Dinámico realizada por Microsoft frente a la de otros fabricantes tales como Netscape. En ambos casos, hay un aspecto de HTML Dinámico que sigue diferenciándolo como una tecnología nueva e importante: la capacidad para manipular el contenido de la página después de que se ha cargado la página.

La capacidad de manipular textos, imágenes e incluso marcadores de una página Web después de haber sido cargada es una de las ventajas principales de HTML Dinámico. Esta característica, que se conoce con el nombre de *contenido dinámico*, hace posible trasladar imágenes dentro de la página, cambiar de estilo, sustituir imágenes, sustituir textos e incluso manipular los mismísimos marcadores de HTML que se emplean para describir la página.

La ventaja de este tipo de manipulación es que se puede manipular el contenido de páginas Web tanto por parte del autor de la página como por parte de quien la visualiza, después de que la página se haya cargado en su totalidad. Se puede alterar el contenido mediante guiones que se temporizan para ser ejecutados al cabo de una determinada cantidad de tiempo, o también se puede alterar el contenido mediante activadores situados en la interfaz de usuario, creándose así una nueva interfaz gráfica de usuario para la red que resulta similar a una aplicación real.

- **Contenido dinámico** Descubra la forma de utilizar HTML Dinámico para crear páginas Web con un contenido que cambia después de que la página se ha cargado, sin volver a entrar en contacto con el servidor de la red.
- **Contenido en ejecución** A diferencia de los métodos tradicionales, tales como los *cookies*, HTML Dinámico ofrece la posibilidad de manipular el contenido durante la ejecución, después de haber descargado la página desde el servidor.
- **Intervalos de texto** Los intervalos de texto proporcionan un mecanismo para seleccionar texto en una página de HTML, incluyendo los marcadores de HTML, y también permite sustituir el texto y los marcadores, y todo ello durante la ejecución.
- **Propiedades del modelo de objetos** Las propiedades del modelo de objetos denominadas innerHTML, outerHTML, innerText y outerText permiten una manipulación muy flexible de cualquier elemento de una página de la red.

Modificación del contenido durante la ejecución

Antes de la publicación de HTML Dinámico y de Internet Explorer 4.0, existían métodos para manipular el contenido de una página para un usuario individual. Se podían utilizar los *cookie* y otras características para pasar información al servidor acerca del entorno y estado del usuario. Entonces de podían modificar las páginas en función de los parámetros del usuario.

Esta es una característica muy potente para personalizar el contenido de las páginas para los usuarios; sin embargo, seguía sin ser posible alterar el HTML de una página una vez que ya se había cargado la página sin entrar en contacto con el servidor.

El modelo de objetos de HTML Dinámico modifica esta situación, por cuanto expone todos los elementos de una página para su manipulación a través de guiones. Específicamente, el objeto *TextRange* hace posible alterar cualquier marcador de HTML, o el contenido del marcador, mediante un guión. Esto hace posible realizar extensos cambios en toda una página, o seleccionar un único marcador para modificarlo. Este tipo de manipulación permite una total flexibilidad del contenido. Se pueden sustituir párrafos completos de una página, sin volver a entrar nunca en contacto con el servidor de red, acelerándose así la aportación de contenidos para los usuarios y aumentando al mismo tiempo la flexibilidad para los diseñadores.

Sustitución de elementos en una página ya existente

HTML Dinámico ofrece varios mecanismos para modificar el contenido de la página después de que se haya cargado la página. Ya se han visto varios ejemplos de esto empleando estilos dinámicos. Los estilos dinámicos afectan a la maquetación de la página después de que se haya cargado la página. La modificación de tipos de letra, de colores y de maquetados son todos ejemplos de estilos dinámicos, y en cierto sentido también de contenido dinámico.

Sin embargo, la verdadera potencia del contenido dinámico se encuentra realmente en la capacidad de cambiar los marcadores y el texto que forman la página. El proceso no es especialmente difícil, pero se trata de uno de los aspectos más importantes de HTML Dinámico. El contenido dinámico hace posible proporcionar una información actualizada continuamente en una página de red, lo cual resulta útil para aplicaciones, tales como el reloj de contenido dinámico, que se muestra en la Figura 10.1.

También se puede utilizar el contenido dinámico para modificar todo el contenido de una página sin entrar en contacto con el servidor. La posibilidad de crear un contenido dinámico se proporciona a través del modelo de objetos de HTML Dinámico, y mediante dos técnicas principales: los intervalos de texto y el modelo estructurado de objetos.

Nota:

En el texto se hará alusión al objeto TextRange *en la forma «TextRange» cuando se esté discutiendo un aspecto específico de utilización de ese objeto. Cuando se hable acerca de «intervalos» genéricos de texto, se hará alusión a ellos con el nombre de «intervalos de texto». Aun cuando esto pueda resultar aparentemente confuso, la diferencia resultará más clara en cuanto se empiece a saber más acerca del objeto* TextRange.

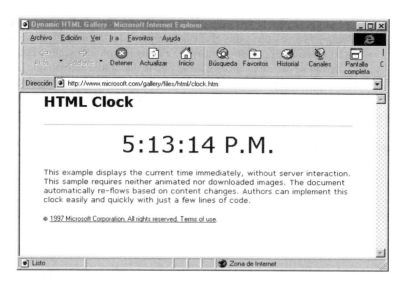

Figura 10.1 El reloj dinámico es un ejemplo de utilización de contenido dinámico en una página de red.

Modificación del texto

La capacidad de cambiar dinámicamente el contenido durante la ejecución hace posible toda una gama de efectos distintos en lo tocante al estilo y elementos gráficos de la página. Ya se ha visto la forma en que es posible utilizar HTML Dinámico para modificar la información relativa a estilos en una página, en el Capítulo 8, «Estilos dinámicos». Se pueden emplear estos efectos para cambiar los tipos de letra, los colores, y otras características de estilo de la página después de haberse cargado la página. Ahora bien, ¿cómo se cambia el contenido real de la página en sí? Este es el momento en que intervienen los objetos *TextRange*.

Objetos TextRange

Las páginas de HTML constan de marcadores de HTML, guiones, otros elementos definitorios y el texto de que consta el contenido de la página. Considérese, por ejemplo, el siguiente código HTML:

```
<HTML>
<TITLE>Ejemplo de Página</TITLE>
<BODY>

<H2>Esto es un ejemplo de página</H2>
<P>Esto es un ejemplo de texto</P>
<HTML>
</BODY>
```

Desde el punto de vista del código, todos los marcadores forman parte de la estructura del documento, mientras que el texto es la parte del documento conocida como *chorro*. En el ejemplo anterior, el chorro sería «Esto es un ejemplo de página. Esto es un ejemplo de texto». Cuando se define el chorro, no se puede distinguir el texto que se asocia a cada elemento del chorro. En otras palabras, no importa si el texto queda definido por el marcador <H2> o por el marcador <P>, es todo texto, independientemente del estilo que se le aplique.

El objeto *TextRange* permite seleccionar un chorro de texto y manipular después el chorro para cambiar el texto que aparece en la página. Los objetos de tipo *TextRange* se definen empleando el método *createTextRange()* según se muestra en la línea siguiente:

```
var unIntervalo = document.body.createTextRange();
```

Si se invocara este segmento con el ejemplo anterior de código básico en HTML, el objeto *TextRange* aparecería en la forma:

```
Esto es un ejemplo de página Esto es un ejemplo de texto
```

Una vez seleccionado el intervalo de texto, se puede utilizar toda una gama de métodos para manipular el objeto *TextRange* resultante. Estos métodos pueden seleccionar distintos trocitos de texto y pueden sustituirlos por un nuevo texto, proporcionándose así un verdadero contenido dinámico.

Propiedades y métodos del objeto *TextRange*

En los objetos *TextRange* se pueden utilizar un cierto número de propiedades y métodos que proporcionan la posibilidad de modificar el texto y los elementos de la página. Las secciones siguientes ofrecen un desglose de las propiedades y métodos que están disponibles, y de la forma en que funcionan.

Propiedades Se pueden utilizar dos propiedades del objeto *TextRange* para acceder a los datos que estén seleccionados dentro de un objeto *TextRange*. Estas propiedades afectan al texto y al HTML:

- **htmlText** La propiedad *htmlText* proporciona el fragmento de HTML correspondiente al segmento de texto seleccionado. Esta propiedad se emplea cuando se desea manipular el marcador. Por ejemplo:

  ```
  <P>Esto es el texto</H2>
  ```

  El texto de *htmlText* correspondiente al código anterior sería <H2> </H2>.
- **text** La propiedad *text* proporciona solamente el texto del marcador. Esta propiedad se utiliza si se desea alterar el contenido del marcador sin cambiar el marcador en sí. Por ejemplo:

  ```
  <H2> Esto es el texto </H2>
  ```

El texto del segmento de código anterior sería «Esto es el texto».

Métodos Existen varios métodos que se pueden utilizar para establecer y seleccionar objetos *TextRange*. La lista siguiente muestra algunas descripciones de los métodos y de la forma en que operan.

- **createTextRange()** El método *createTextRange()* se invoca para seleccionar un intervalo de texto. La creación de un objeto *TextRange* mediante este método crea un intervalo de texto para el elemento seleccionado que está limitado por el primer y último ítem de ese elemento. Posteriormente, cuando pase a los puntos inicial y final del intervalo, tenga en cuenta que no se pueden llevar los límites más allá de los límites iniciales del intervalo.

    El método *createTextRange()* también está limitado en lo tocante al número de elementos al que se puede aplicar. En la actualidad, el método *createTextRange()* sólo admite los elementos <BODY>, <INPUT TYPE=TEXT>, <TEXTAREA> y <BUTTON>.

- **duplicate()** Este método se invoca para crear un duplicado del contenido del objeto *TextRange*.

- **parentElement()** Al invocar a este método se proporciona el elemento predecesor del intervalo seleccionado, que puede emplearse para indicar el elemento que será reemplazado o manipulado por otros métodos del objeto *TextRange*.

- **inRange()** Este método se utiliza para comparar dos objetos *TextRange* con objeto de comprobar si uno está contenido dentro del otro, o para ver si ambos intervalos son iguales. Se puede utilizar esto como ayuda para hallar subcadenas dentro de intervalos.

- **isEqual()** Este método se emplea para comparar dos objetos *TextRange* seleccionados, con objeto de ver si su contenido es el mismo. Esto puede ser útil para comparar textos.

- **scrollIntoView()** Este método da lugar a que un objeto *TextRange* seleccionado se desplace hasta quedar a la vista.

- **setEndPoint()** Este método se emplea para seleccionar el punto final de un objeto *TextRange* basándose en el punto final de otro intervalo de texto.

- **compareEndPoints()** Este método se utiliza para determinar si dos objetos *TextRange* comparten o no un punto final común. El método proporciona un valor de −1 (menor), 0 (igual) ó 1 (mayor).

Métodos de movimiento del objeto *TextRange* Una vez que se ha seleccionado un objeto *TextRange*, es posible desplazar los puntos inicial y final del intervalo mediante el uso de métodos de movimiento del intervalo. Cuando se usan estos métodos, hay que entender que en realidad no se está desplazando el texto dentro de la página; lo que se está moviendo son los límites del intervalo en sí, afectando por tanto al texto seleccionado.

La lista siguiente contiene algunos de los métodos que se pueden emplear para trasladar objetos *TextRange*:

- **move()** Este método se utiliza para trasladar el intervalo de texto —pero no el texto en sí— un cierto número de unidades.

- **moveEnd()** Este método se utiliza para trasladar el punto final del *TextRange* actual. Esto resulta útil para truncar un texto situado dentro del intervalo al cual se aplique este método.

- **moveStart()** Este método se utiliza para modificar el punto inicial de un *TextRange*. Se usa en conjunción con el método *moveEnd( )* para refinar el texto seleccionado por un *TextRange*.
- **pasteHTML()** El método *pasteHTML( )* es un método huérfano que puede utilizarse para insertar texto HTML en un intervalo de texto.

Utilización de objetos TextRange *para un contenido dinámico*

La capacidad de manipular objetos *TextRange* es en realidad una característica muy potente de HTML. Las secciones siguientes proporcionan algunos ejemplos de los tipos de manipulación que se pueden llevar a cabo en objetos *TextRange*.

Modificación de todo un documento

Es posible que la mejor demostración de la potencia de los objetos *TextRange* sea la capacidad de manipular todo el contenido de una página con unas pocas líneas sencillas de código. Se podría utilizar esto para crear un efecto similar al de pasar las hojas de un libro, o para revelar la solución de un crucigrama, por ejemplo. El mecanismo básico para estos tipos de cambios es seleccionar el intervalo de texto correspondiente al documento, para después sustituirlo por el texto correspondiente a un nuevo documento. Las líneas de código para estos dos procesos se corresponden con su situación dentro del Listado 10.1.

En primer lugar, es necesario definir una página:

```
01.   <HTML>
02.   <HEAD>
13.   <BODY onclick="sustituirPágina()">
14.
15.   <H1>Intervalos de Texto</H1>
16.   Todo el texto de esta página se puede seleccionar y sustituir
17.   mediante el uso de intervalos de texto.
18.   </BODY>
19.
20.   </HTML>
```

Esto crea una página que invocará a una función denominada *sustituirPágina( )* cuando se pulse en la página. La página creada antes de invocar a la función *sustituirPágina( )* se muestra en la Figura 10.2.

A continuación hay que crear un guión que sustituya el contenido de la página:

```
06.   <SCRIPT LANGUAGE=JAVASCRIPT>
07.   function sustituirPágina() {
08.   var intervB = document.body.createTextRange();
09.   intervB.pasteHTML("<H1>Texto sustitutivo del contenido de la
      ➥ página.</H1>");
10.   }
11.   </SCRIPT>
```

Figura 10.2 Una sencilla página de la red.

Este guión crea una sencilla función *sustituirPágina()* que crea en primer lugar un objeto *TextRange* que contiene toda la página, mediante la línea siguiente:

```
var intervB = document.body.createTextRange();
```

Esta línea declara una variable *intervB* y después le da como valor el texto de la página, que es el texto contenido en el elemento BODY. A continuación, basta utilizar la función *pasteHTML()* para sustituir el contenido de la página:

```
intervB.pasteHTML("<H1>Texto sustitutivo del contenido de la
➥ página.</H1>");
```

Al invocar a este método se sustituye el objeto *TextRange* y se modifica el aspecto de la página. El Listado 10.1 muestra el código final, y los resultados que se obtienen al pulsar en la página se muestran en la Figura 10.3.

Listado 10.1 Sustitución de un documento completo empleando *TextRange*

```
01.   <HTML>
02.   <HEAD>
03.   <TITLE>Intervalos de Texto</TITLE>
04.   </HEAD>
05.
06.   <SCRIPT LANGUAGE=JAVASCRIPT>
07.   function sustituirPágina() {
08.   var intervB = document.body.createTextRange();
09.   intervB.pasteHTML("<H1>Texto sustitutivo del contenido de la
      ➥ página.</H1>");
10.   }
11.   </SCRIPT>
12.
```

(continúa)

Listado 10.1 Sustitución de un documento completo empleando *TextRange (Continuación)*

```
13.   <BODY onclick="sustituirPágina()">
14.
15.   <H1>Intervalos de Texto</H1>
16.   Todo el texto de esta página se puede seleccionar y sustituir
17.   mediante el uso de intervalos de texto.
18.   </BODY>
19.
20.   </HTML>
```

Figura 10.3 La nueva página después de modificar el objeto *TextRange*.

Borrado del contenido de una página

Según puede verse en el Listado 10.1, es fácil sustituir toda la página por un nuevo HTML; sin embargo, es igualmente sencillo no pegar nada en la página: esto equivale a borrar todo el contenido de la página. El efecto se muestra en el Listado 10.2.

Listado 10.2 Borrado del contenido de una página de la red

```
01.   <HTML>
02.   <HEAD>
03.   <TITLE>Intervalos de Texto</TITLE>
04.   </HEAD>
05.
06.   <SCRIPT LANGUAGE=JAVASCRIPT>
07.   function sustituirPágina() {
08.   var intervB = document.body.createTextRange();
09.   intervB.pasteHTML("");
10.   }
11.   </SCRIPT>
```

```
12.
13.    <BODY onclick="sustituirPágina()">
14.
15.    <H1>Intervalos de Texto</H1>
16.    Todo el texto de esta página se puede seleccionar y sustituir
17.    mediante el uso de intervalos de texto.
18.    </BODY>
19.
20.    </HTML>
```

En el Listado 10.2, la función *intervB.pasteHTML()* que se muestra en las líneas 7-10 selecciona y borra el texto de la página, según se ha definido en las líneas 15-18. La línea 8 hace uso del método *createTextRange()* para crear el intervalo de texto «intervB». Entonces, la línea 9 hace uso del método *pasteHTML()* para sustituir el contenido por una línea vacía, lo cual tiene el efecto de borrar el contenido de la página.

Sustitución del texto especificado

Aun cuando existen algunos casos en los que resultaría útil sustituir todo el contenido de una página, es mucho más frecuente el caso en que lo necesario es reemplazar segmentos individuales del texto. Para lograr esto, se pueden utilizar los métodos de movimiento del objeto *TextRange* para manipular los puntos iniciales y finales del intervalo de texto, lo cual tiene el efecto de reducir o seleccionar una parte limitada del chorro de texto. Obsérvese que las siguientes líneas de código hasta el final del listado se han numerado de modo que correspondan con su colocación original en el Listado 10.3.

El código siguiente define la página mostrada en la Figura 10.4:

```
01.    <HTML>
14.    <BODY onclick="sustituirPágina()">
15.
16.    <H1>Intervalos de Texto</H1>
17.    Los métodos de TextRanges se usan para sustituir los textos
    ➥ seleccionados.
18.    </BODY>
19.
20.    </HTML>
```

Entonces se puede definir una función que sustituya el texto, tal como se hacía en los Listados 10.1 y 10.2:

```
06.    <SCRIPT LANGUAGE=JAVASCRIPT>
07.    function sustituirPágina() {
08.    var intervB = document.body.createTextRange();
11.    }
12.    </SCRIPT>
```

En este momento, si se invoca la función *pasteHTML()*, tal como se hacía en la línea 9 del Listado 10.2, se reemplazará toda la página, lo cual no es el objetivo de este ejemplo.

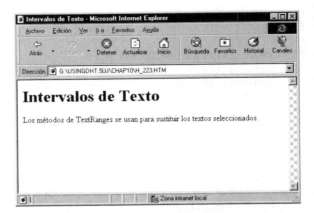

Figura 10.4 Una inocente página de la red.

Lo que hay que hacer es cambiar el texto de la página, que pasará de ser «Los métodos de TextRanges se usan para sustituir los textos seleccionados» a ser «Podemos utilizar. TextRanges para manipular textos».

La primera tarea consiste en reducir la selección del intervalo de texto. El objeto *TextRange* actual es:

```
Intervalos de Texto Los métodos de TextRanges se usan para sustituir los
textos seleccionados.
```

Ahora se puede emplear el método *moveStart()* para trasladar el punto inicial desde el elemento 0 a la 7.ª palabra. El resultado del código siguiente

```
09.   intervB.moveStart("Word", 7).
```

es que ahora el intervalo de texto pasa a ser

```
se usan para manipular textos.
```

Este es el texto que se quiere sustituir. Ahora lo único que hay que hacer es emplear la propiedad *text* para modificar el texto en la forma siguiente:

```
10.   intervB.text = "para manipular textos".
```

El Listado 10.3 muestra el código ya terminado y la Figura 10.5 muestra la página resultante.

Listado 10.3 Sustitución de un texto concreto dentro de una página

```
01.   <HTML>
02.   <HEAD>
03.   <TITLE>Intervalos de Texto</TITLE>
```

```
04.   </HEAD>
05.
06.   <SCRIPT LANGUAGE=JAVASCRIPT>
07.   function sustituirPagina() {
08.   var intervB = document.body.createTextRange();
09.   intervB.moveStart("Word", 7);
10.   intervB.text="para manipular textos.";
11.   }
12.   </SCRIPT>
13.
14.   <BODY onclick="sustituirPágina ()">
15.
16.   <H1>Intervalos de Texto</H1>
17.   Los métodos de TextRanges se usan para sustituir los textos
      ➥ seleccionados.
18.   </BODY>
19.
20.   </HTML>
```

Figura 10.5   Mediante los métodos de desplazamiento del objeto *TextRange* se puede reemplazar una parte señalada de la página cuando el usuario pulsa en ella.

Modelo de objetos estructurado

Los objetos *TextRange* pueden ser una técnica muy potente para manipular el texto de una página. Si se necesita reemplazar toda una página de una vez, los objetos *TextRange* serán lo indicado. Sin embargo, en ciertas ocasiones puede ser necesario modificar el contenido de un solo marcador. Similarmente, si lo que se desea es modificar el marcador en sí, habrá que recurrir al modelo de objetos.

El modelo de objetos ofrece cuatro propiedades muy importantes que ofrecen una amplia flexibilidad para manipular elementos y textos de HTML:

- innerText
- innerHTML

- outerText
- outerHTML

Las secciones siguientes estudian detalladamente la forma en que funcionan todas estas propiedades.

innerText

La propiedad *innerText* define o recupera el texto que se halle entre los marcadores inicial y final del elemento actual. Esta propiedad se utiliza de la forma siguiente:

```
elemento.innerText = "valor";
```

Suponga, por ejemplo, que se tiene el siguiente código en HTML:

```
<H2 ID="MiEncabezado">Este es mi encabezado</H2>
```

El valor *innerText* de esto sería «Este es mi encabezado». Al escribir el código

```
MiEncabezado.innerText="Un nuevo encabezado";
```

se modificaría el marcador <H2> para pasar a ser:

```
<H2 ID="MiEncabezado">Un nuevo encabezado</H2>
```

innerHTML

La propiedad *innerHTML* define el valor de todo HTML que esté contenido dentro de un elemento HTML especificado. Se usa de manera similar a la propiedad *innerText*:

```
elemento.innerHTML="valor";
```

Por ejemplo, supongamos que se tiene el siguiente código en HTML:

```
<P ID="MiTexto">Este es <B>mi</B> párrafo</P>
```

El valor de *innerHTML* para esto sería "<B>mi</B>". Escribiendo el código:

```
MiTexto.innerHTML="<I>tu</I>";
```

se modificaría el modelo <P> para pasar a ser:

```
<P ID="MiTexto">Este es <I>tu</I> párrafo</P>
```

outerText

La propiedad *outerText* se limita a definir el valor del texto del elemento actual, de manera similar a la propiedad *innerText*; sin embargo, *outerText* también incluye los marcadores de HTML que pueda contener el elemento como si fueran texto. Esta propiedad se utiliza de la manera siguiente:

```
elemento.outerText = "valor";
```

Por tanto, empleando nuestro código del ejemplo de *innerText*:

```
<H2 ID="MiEncabezado">Este es mi encabezado</H2>
```

El valor de *outerText* de esto sería "<H2>Este es mi encabezado</H2>". La diferencia entre el interior (inner) y el exterior (outer) es que *outerText* contiene los marcadores de HTML. Escribiendo el código:

```
MiEncabezado.outerText="<B>¡Esto ya no es un encabezado!</B>";
```

se modificaría el marcador <H2> para pasar a ser:

```
<B ID="MiEncabezado">¡Esto ya no es un encabezado!</B>
```

outerHTML

La propiedad *outerHTML* establece el valor de todo un elemento de HTML, incluyendo tanto el texto como el marcador HTML en sí. La relación entre *innerHTML* y *outerHTML* es como la existente entre *innerText* y *outerText*:

```
elemento.outerHTML = "valor";
```

Por ejemplo, suponga que se tiene el siguiente código en HTML:

```
<P ID="MiTexto">Este es <B>mi</B> párrafo</P>
```

El valor de *outerHTML* de esto sería "<P>Este es <B>mi</B> párrafo</P>". Escribiendo el código:

```
MiTexto.outerHTML="<H2>Este es <I>tu</I> encabezado</H2>";
```

se modificaría el marcador <P> para pasar a ser:

```
<H2 ID="MiTexto">Este es <I>tu</I> encabezado</H2>
```

Utilización del modelo de objetos para ofrecer un contenido dinámico

Ahora que ya estamos familiarizados con las propiedades del modelo de objetos, examinemos un ejemplo que modificará el texto de un marcador cuando se pulse en él, y después todo el marcador completo cuando se pulse dos veces. Las líneas de código sucesivas que se muestran a continuación se corresponden con su situación en el código final del Listado 10.4.

Lo primero que se necesita es diseñar la página básica, según se muestra en la Figura 10.6, mediante el código siguiente:

```
01.   <HTML>
02.   <HEAD>
17.   </HEAD>
18.   <BODY>
19.   <P>
20.   <H1 id=HEADLINE STYLE="color: red" onclick="CambiarTexto()";
      ➥ ondblclick="CambiarMarcador();">¡Esto es un encabezado de nivel
      ➥ 1! </H1>
21.   <P>
22.   Pulse en el texto anterior y verá como cambia.<BR>
23.   Pulse dos veces para hacer magia.
24.   </BODY>
25.   </HTML>
```

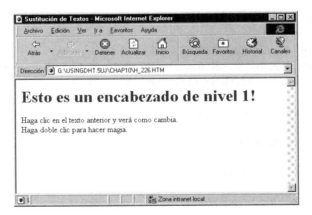

Figura 10.6 Una página de red de aspecto inocente, a la espera de una interacción.

En este ejemplo, primero se desea cambiar el texto del marcador cuando se pulsa en el encabezado, así que es preciso escribir una función que modifique el texto del marcador sin alterar el marcador en sí.

Para cambiar el texto de un marcador sin alterar el marcador, la propiedad *innerText* es perfecta. Si se aplica al encabezado esta propiedad, se puede sustituir el texto del encabezado manteniendo al mismo tiempo el marcador correspondiente a un encabezado de nivel uno. La función tiene este aspecto:

```
07.    function CambiarTexto() {
08.        HEADLINE.innerText = "¡Se cambia el texto con una sola
           ➥ pulsación!";
09.    }
```

Ahora cuando se invoque la función *CambiarTexto*(), la propiedad *innerText* modificará el encabezado, pero dejará intacto el formato, según se muestra en la Figura 10.7.

Para el paso siguiente de este ejemplo, se deseará sustituir el texto y el marcador que constituyen ahora el encabezado. Dado que se quiere reemplazar todo el elemento, y mantener el HTML, se utilizará la propiedad *outerHTML* para reemplazar todo el marcador según se muestra en la Figura 10.8. La segunda función tiene este aspecto:

```
11.    function CambiarMarcador() {
12.        HEADLINE.outerHTML = "<H3>¡Ahora es un encabezado de nivel
           ➥ 3!</H3>";
13.    }
```

¡Ya está! Ahora se tiene todo el código que se necesita para manipular los marcadores individuales del documento con objeto de crear algún contenido dinámico. El Listado 10.4 muestra el código ya terminado de esa página.

Listado 10.4   Una página que hace uso del modelo estructurado de objetos

```
01.    <HTML>
02.    <HEAD>
03.    <TITLE>Sustitución de Textos</TITLE>
04.
05.    <SCRIPT LANGUAGE=JavaScript>
06.
07.    function CambiarTexto() {
08.        HEADLINE.innerText = "¡Se cambia el texto con una sola
           ➥ pulsación!";
09.    }
10.
11.    function CambiarMarcador() {
12.        HEADLINE.outerHTML = "<H3>¡Ahora es un encabezado de nivel
           ➥ 3!</H3>";
13.    }
14.
15.    </SCRIPT>
16.
17.    </HEAD>
18.    <BODY>
19.    <P>
20.    <H1 id=HEADLINE STYLE="color: red" onclick="CambiarTexto()";
       ➥ ondblclick="CambiarMarcador();">¡Esto es un encabezado de nivel
       ➥ 1! </H1>
21.    <P>
22.    Pulse en el texto anterior y verá como cambia.<BR>
```

(continúa)

Listado 10.4 Una página que hace uso del modelo estructurado de objetos *(Continuación)*

```
23.    Pulse dos veces para hacer magia.
24.    </BODY>
25.    </HTML>
```

La Figura 10.7 muestra el resultado de cambiar el contenido de un marcador median-te la propiedad *innerText*. A la inversa, la Figura 10.8 muestra la forma en que se puede modificar realmente un marcador HTML mediante el uso de la propiedad *outerHTML*.

Figura 10.7 Modificación del contenido de un marcador mediante la propiedad *innerText*.

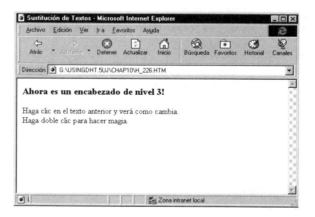

Figura 10.8 Modificación de un marcador mediante la propiedad *outerHTML*.

Según puede verse a partir de los resultados de las Figuras 10.7 y 10.8, el modelo estructurado de objetos proporciona un control mucho más fino de la manipulación de ele-mentos individuales dentro de una página, y hace posible manipular el contenido de casi cualquier marcador de la página de forma dinámica, exponiendo la potencia de HTML Dinámico.

Y a continuación...

Teniendo a nuestra disposición los estilos dinámicos y el contenido dinámico, es posible que se pregunte qué más puede ofrecer HTML Dinámico. A continuación, se estudiarán algunos de los temas avanzados de la Cuarta Parte, «Consciencia de los datos», que abarca los aspectos siguientes:

- Capítulo 11, «Introducción al enlazado de datos» Presenta los métodos que se utilizan para enlazar los datos con objetos de HTML, y la forma de crear la integración de datos empleando HTML Dinámico.
- Capítulo 12, «Utilización de objetos fuentes de datos» Discute algunas de las características avanzadas de la consciencia de datos, y la utilización de objetos fuentes de datos para crear aplicaciones de bases de datos totalmente operativas mediante HTML Dinámico.

PARTE

IV

Consciencia de los datos

Capítulo

Introducción al enlazado de datos

El enlazado de datos es una de las características clave de HTML. ¿Por qué? El trabajo con datos almacenados lejos del usuario es uno de los aspectos más dificultosos y frustrantes de la programación para la red. Las capacidades de HTML Dinámico para el enlazado de datos intentan hacer que este proceso sea mucho menos dificultoso.

Lo primero que hay que saber es lo que significa exactamente el término enlazado de datos y por qué es un aspecto importante de HTML Dinámico.

- **Enlazado de datos en el servidor** El enlazado de datos en el servidor no sólo es difícil de implementar desde la perspectiva del programador, sino que además posee graves problemas de escalabilidad. Aprenda las desventajas de este paradigma de contenido dinámico de frecuente implementación.
- **Extensiones de HTML para enlazado dinámico** Aprenda acerca de las extensiones de HTML propuestas para enlazado dinámico que presenta HTML Dinámico. Estas extensiones constan de tres atributos que hacen posible especificar dónde se obtendrán los datos (DATASRC), qué columna de datos es la que se considera (DATAFLD) y el formato de los datos que se van a recuperar (DATAFORMATAS).
- **Consumidores de datos** Descubra los distintos consumidores de datos y sus capacidades especiales, según se implementan en HTML Dinámico. Un consumidor de datos es el elemento de HTML al cual se aplican las extensiones de enlazado dinámico de datos propias de HTML para permitir que se carguen datos en ellos de forma dinámica.

Definición del enlazado de datos

En un sentido amplio, el *enlazado de datos* es el proceso mediante el cual se asocian unos datos a una página de HTML. Estos datos no provienen del HTML estático que forma la página; lo que ocurre es que estos datos son proporcionados por algún tipo de fuente externa de datos. Por ejemplo, los datos se podrían generar a través de una base de datos de un archivo de datos en un servidor de la red.

Los datos que se van a utilizar como piezas de la página de red que los mostrará pueden provenir de muchas fuentes, incluyendo entre ellas las siguientes:

- Un servidor de bases de datos local para el servidor Web.
- Algún tipo de suministro activo de datos.
- Un servidor remoto de bases de datos.
- Un archivo de texto del servidor Web.

Cuando se hace uso del enlazado de datos, los datos se transfieren de esas fuentes de datos a los elementos de la página de red que estén asociados a esos datos. Hay dos métodos generales para lograr esto. En primer lugar, el trabajo necesario para llevar a cabo el enlazado de datos se puede efectuar totalmente en el servidor. En segundo lugar, el enlazado de datos puede ser realizado por el cliente, delegando el trabajo del servidor en el cliente.

Enlazado de datos por parte del servidor

El deseo de recuperar dinámicamente datos del servidor ha sido una constante en la comunidad que programa la red desde hace bastante tiempo. De hecho, este deseo fue uno de los factores principales que contribuyeron al desarrollo de los formularios —son los elementos de interfaz de usuario que han estado presentes casi desde el principio de la red, y de los CGI.

Los guiones CGI (*common gateway interface* o interfaz común de pasarela) hacen posible que el usuario, normalmente mediante formularios, sea capaz de interactuar con la máquina servidora para obtener los datos a los que desea acceder. Este proceso funciona bastante bien en la red, y hay muchos centros comerciales y no comerciales que lo usan diariamente para proporcionar un contenido interactivo a los usuarios de la red.

Este proceso de colocación de formularios en el lado del cliente —dentro del navegador que se comunica mediante guiones CGI— se puede describir con el nombre de *enlazado de datos por parte del servidor*. El nombre proviene de la carga de recuperación de datos que soporta el servidor.

Examinemos la siguiente lista paso a paso para ver lo que sucede cuando se comunican datos al usuario a través de un enlazado por parte del servidor:

1. El usuario se conecta con un centro remoto empleando un navegador de la red que se ejecuta en su máquina local.
2. Se descarga la página Web en el navegador del usuario.
3. El usuario, normalmente a través de un formulario, selecciona los datos que quiere que se le presenten.
4. Este formulario ejecuta un guión CGI en el servidor.
5. El servidor ejecuta el guión CGI como un proceso por separado en la máquina en que funciona.
6. El guión CGI obtiene el subconjunto de datos al que tiene la capacidad de acceder y al cual desea acceder el usuario.
7. Estos datos se vuelven a comunicar a la máquina del usuario en forma de un nuevo documento HTML.
8. El navegador del usuario muestra la nueva página Web.

Primeros intentos de enlazado de datos por parte del cliente

Con la adición de JavaScript a Netscape Navigator 2.0, Netscape añadió una forma nueva —aun siendo primitiva— de acceder a los datos. JavaScript añadió la capacidad de descargar pequeños guiones al cliente, que serían ejecutados como programas puramente por parte del cliente, sin conectarse con el servidor.

El truco para utilizar esta nueva capacidad de programación, con objeto de llevar a cabo un enlazado de datos, consiste en incrustar los datos que haya que visualizar dentro del propio programa de JavaScript. Este método tiene muchas ventajas, de las cuales la más importante es que no requiere ninguna comunicación adicional con el servidor tras el contacto inicial.

Desafortunadamente, este método posee también varias desventajas importantes, entre las cuales se cuentan las siguientes:

- Una mayor complejidad de los guiones.
- Mayor mantenimiento de los guiones.
- Mantenimiento de los datos.
- Poco práctico.

De estos cuatro problemas, el mantenimiento de los datos y lo poco práctico que tiene el uso de este método son los más graves.

Cuando se incrustan los datos en el propio programa, lo que realmente se necesita es que un programador actualice los datos que están contenidos dentro del programa. El uso de esta primitiva forma de guiones por parte del cliente va completamente en contra de la forma en que deberían hacerse las cosas, la persona responsable de los datos es quien debería mantenerlos actualizados, y no la persona que proporcione el guión para presentar esos datos.

En lo tocante al aspecto práctico, suponga que tiene varios cientos de kilobytes de información y que quiere visualizarlos dinámicamente. No tiene sentido obligar al usuario del navegador Web a descargar todos los datos sólo para ver una pequeña fracción del total. Es importante tener en cuenta esta desventaja debido a que casi todo el mundo tiene conexiones relativamente lentas con la red.

Desventajas del enlazado de datos por parte del servidor

No tiene mucho sentido práctico utilizar datos incrustados en JavaScript para proporcionar datos al usuario por las razones mencionadas anteriormente. Es mucho más frecuente hacer que el navegador ejecute un guión CGI para recuperar los datos. Según se ha indicado anteriormente, esto se podría llamar enlazado de datos por parte del servidor.

El enlazado de datos por parte del servidor tiene muchas ventajas; sin embargo, también tiene muchas desventajas. Estas desventajas hacen que el enlazado de datos por parte del servidor no resulte práctico cuando la red empieza a crecer y los datos que se mantienen se expanden y resultan más costosos de manejar. Entre las desventajas del enlazado de datos por parte del servidor se cuentan las que siguen:

- Complejidad.
- Escalabilidad del servidor.

- Transacciones de ida y vuelta en el servidor.
- Recuperación parcial de datos.

Las ramificaciones de estas desventajas del enlazado de datos por parte del servidor se tratarán con detalle en las próximas secciones.

Complejidad del enlazado de datos por parte del servidor

El primer problema del enlazado de datos por parte del servidor es la complejidad que implica. Lo primero que hay que tener en cuenta es que en el cliente prácticamente no se mantiene estado alguno.

Nota: *El concepto de estado se refiere a la capacidad para llevar la cuenta de unas condiciones cambiantes. Considere, por ejemplo, un usuario que está navegando en un catálogo online. A medida que el usuario pasa de un objeto a otro, es necesario conocer el objeto que está visualizando el usuario en cada momento. Este tipo de datos son un ejemplo de seguimiento del estado.*

¿Por qué sucede esto? Piense en la forma en que se construye una página de la red. Básicamente, se trata de una entidad estática que representa un documento visual, documento éste que se presenta al usuario. Cuando el usuario lleva a cabo una acción que se le comunica al servidor, la acción se notifica en una de entre dos formas: a través de la URL que se solicita o bien mediante el método *POST/GET* cuando se utilizan formularios.

Por consiguiente, el único estado que se mantiene en la página de la red son los datos que está solicitando actualmente el usuario. Aun cuando esto es ciertamente una información útil, el cliente no puede llevar la cuenta de una información que le resultaría muy útil cuando se examinan grandes cantidades de datos. Por ejemplo, el cliente de la red no tiene idea de la fracción de la base de datos que se ha examinado hasta el momento, y no puede optimar de forma inteligente la forma en que se busca y visualiza la información.

Esto significa que toda la lógica de búsqueda y recuperación de esta información tiene que efectuarse en el servidor, mientras que la visualización tiene que hacerse en el cliente. Esto da lugar a mucha complejidad en el proceso de programación, porque el programador tiene que seguir la pista del estado del servidor remoto a través de las URL que se solicitan.

Además, esto añade una capa de complejidad si se desea mantener los criterios de búsqueda del usuario entre múltiples sesiones. Considere un ejemplo del mundo real: un motor de búsqueda basado en la red que efectúe una búsqueda de información muy costosa en términos de tiempo y de computación para un doctor. Esta búsqueda puede requerir varios minutos y una gran cantidad de tiempo del procesador en el servidor. Además, es muy posible que los doctores quieran visualizar estos datos a lo largo de un período de varias horas.

En este caso, lo cierto es que no se desea efectuar la búsqueda de nuevo cada vez que el doctor en cuestión vuelva a visualizar la información. Por consiguiente, decidimos reservar los resultados de la consulta basándonos en la URL de los resultados de la búsqueda —quizá lo hagamos asignando a cada búsqueda un número de ID único— y haciendo que el desarrollador le asigne un marcador.

Ya se puede apreciar que este proceso puede volverse bastante complicado. ¿Cómo se reserva la información? ¿Cómo se asegura uno de que se entrega la información correcta al doctor adecuado? ¿Qué problemas de flujo de datos hay que tener en cuenta?

Es posible que el asunto más importante, si se van a reservar los datos, es que hay que abordar toda una serie de circunstancia: ¿cuánto tiempo se reserva la información? ¿Qué se hace cuando se borra la reserva? ¿Cómo se borra la reserva? ¿Hay un programa de «limpieza» por separado, que revisa la sección de búsquedas del servidor de red?

Esta complejidad afecta a múltiples personas durante el proceso:

- **Programador(es) de HTML** Los programadores de HTML tienen que tener en cuenta, al escribir el código HTML, que quizá en ese momento sólo se esté visualizando un subconjunto de los datos. Los programadores de HTML tienen también que escribir unos guiones muy complicados para generar URL únicas que con toda probabilidad serán necesarias para efectuar búsquedas complicadas.
- **Programador(es) de CGI** Las vidas de los programadores de CGI se complican como consecuencia del hecho consistente en que tienen que considerar casi todos los segmentos del proceso. Los programadores de CGI tienen que decodificar una URL complicada para obtener los argumentos que les permitirán derivar el subconjunto de datos que se ha solicitado. Entonces el guión CGI tiene que recuperar esos datos de la fuente de datos, efectuando en muchos casos una la búsqueda de esos datos. Entonces el guión CGI tiene que traducir dinámicamente los datos a una forma que sea presentable para el cliente, normalmente en HTML.

Escalabilidad del servidor

El enlazado de datos por parte del servidor también plantea problemas graves en relación con la escalabilidad del acceso a datos en el servidor. ¿Por qué ocurre esto? El enlazado de datos por parte del servidor es bastante costoso en términos de memoria y de cálculo, debido a los muchos programas que llevan la cuenta de muchas cosas a la vez.

Nota:

La escalabilidad hace alusión a la capacidad del servidor para manejar cantidades crecientes de tráfico. Por ejemplo, si el método de enlazado de datos que se está empleando requiere el 25 por ciento del tiempo de UCP del servidor, entonces, el proceso funcionará muy bien si sólo hay unas pocas personas que lo utilicen en cada instante. Sin embargo, si hay 100 personas que intentan utilizarlo a la vez, funcionará bastante mal. Esto es un ejemplo de una solución que no es escalable. En general, cuanto menos recursos del servidor y menos ancho de banda se consuma, más escalable será la solución.

Considere la forma estándar en que se ejecutan los guiones CGI. El lenguaje de programación más frecuente para CGI es Perl. Siempre que se ejecuta un guión CGI escrito en Perl en el servidor, se ejecuta otro ejemplar del intérprete de Perl en la máquina que actúa como servidor.

Esto puede no parecer importante hasta que uno se da cuenta de que ese proceso de arranque de un nuevo intérprete se produce para *todos* y cada uno de los casos en que se invoca a un guión CGI. El intérprete de Perl no es un programa terriblemente grande, pero imagine lo que sucede cuando se están ejecutando miles de copias de ese programa al mismo tiempo. Para hacerse una idea, imagine que intentase arrancar varios centenares de copias de Netscape en su propia máquina.

Este problema de arrancar muchas copias del entorno en que se está ejecutando el programa de CGI se conoce desde hace mucho tiempo. De hecho, con objeto de reducir este problema, hay muchos servidores de la red que permiten ejecutar programas CGI mediante un método conocido con el nombre de *proceso interno,* y que no tiene que poner en marcha nuevas copias del intérprete. Obsérvese, sin embargo, que al hacer esto, el proceso de codificación y desarrollo para estos entornos se ha vuelto más complejo.

Desafortunadamente, el problema de arrancar los intérpretes de Perl en sí no es el único problema costoso relativo a la cantidad de tiempo de computación que se necesita para recuperar los datos correctos. También existe el problema de realizar las búsquedas en sí. Para hacerse una idea de esto, imagine que lleva a cabo varios centenares de procesos «buscar» a la vez en su propia máquina.

Tristemente, el problema de realizar todo este trabajo en el servidor carece de solución. Un método común para aliviar esta congestión consiste en repartir las solicitudes en múltiples servidores —haciendo que todos parezcan ser un mismo servidor. Sin embargo, observe una vez más que esto hace que el proceso de programación y mantenimiento de este entorno resulte mucho más complicado.

Además del coste computacional, hay que considerar que como el servidor tiene que llevar la cuenta de todo este estado, quizá necesite también disponer de grandes cantidades de espacio de almacenamiento para almacenar la información de estado —sobre todo si la búsqueda que vaya a realizar el usuario tiene que mantenerse entre sesiones.

Estos problemas de escalabilidad no sólo son problemáticos para el programador, sino también para los *Webmasters* y administradores de sistemas, que se tienen que enfrentar con la costosa tarea de mantener estas máquinas funcionando con velocidades razonables, y evitar que se queden sin espacio en disco.

Transacciones de ida y vuelta al servidor

Otro problema del enlazado de datos por parte del servidor es que es preciso realizar un viaje de ida y vuelta al servidor para casi cualquier cosa que solicite el usuario. Examine el flujo de información que se produce cuando un usuario hace una búsqueda en un catálogo que hayamos situando en nuestro centro de la red mediante enlazado de datos por parte del servidor

Suponga, por ejemplo, que tiene una tienda de discos y el usuario quiere buscar tres tipos distintos de amplificadores: mono, estéreo y *surround.*

1. El usuario inserta las palabras clave pertinentes en la pantalla de búsqueda de la tienda de discos, para buscar amplificadores mono. El navegador envía al servidor la información de búsqueda.
2. Se devuelven al navegador los datos de amplificadores mono.
3. El usuario inserta las palabras clave para buscar amplificadores estéreo y ejecuta la búsqueda. El navegador vuelve a enviar la información de búsqueda al servidor.
4. Se devuelven al navegador los datos de amplificadores estéreo.
5. El usuario inserta las palabras clave para buscar amplificadores *surround* y ejecuta la búsqueda. El navegador vuelve a enviar la información de búsqueda al servidor.
6. Se devuelven al navegador los datos de amplificadores *surround.*

Al examinar detalladamente el proceso que se produce en el ejemplo anterior, se aprecia que se necesitan tres viajes de ida y vuelta al servidor para estas búsquedas. De hecho, se precisa un viaje de ida y vuelta cada vez que se ejecuta una nueva búsqueda.

Además de los problemas de escalabilidad del servidor asociados a este proceso, también es importante considerar las implicaciones a efectos de la red. Dado que se produce un viaje de ida y vuelta por cada búsqueda, la red se congestiona bastante más de lo que sería necesario.

Una posible solución para este problema sería efectuar todas las búsquedas a la vez; sin embargo, esta solución plantea múltiples problemas. El primer problema que hay que resolver es la visualización de múltiples conjuntos de datos por parte del usuario si se efectúan todas las búsquedas a la vez. ¿Deben entrelazarse todos los datos entre sí, o habrá que descomponer los datos en otros subconjuntos?

En segundo lugar, y lo que es más importante, quizá el usuario no sepa cuando hace la primera búsqueda que va a querer hacer múltiples búsquedas. ¿Por qué tiene el usuario que verse obligado a pensar en hacer sus búsquedas menos costosas en términos de recursos, cuando lo único que desea el usuario es información?

Recuperación parcial de datos

Ya se han considerado muchos de los problemas relacionados con poner tanta responsabilidad en el servidor. Una elevada responsabilidad por parte del servidor da lugar a problemas de congestión en la red y obliga al servidor a llevar la cuenta del estado del cliente.

El último asunto es más problemático que lo que a primera vista pudiera parecer. Con bastante frecuencia, el documento no contiene los resultados completos que haya solicitado el usuario.

Los resultados no están en el contenido porque los navegadores se verían desbordados por los datos. Y los usuarios también se verían desbordados si se mostraran a la vez 100 páginas de datos, obligándoles a efectuar desplazamientos en una zona inmensa.

Para reducir este problema, la mayoría de los centros de la red que efectúan recuperaciones de datos descomponen en secciones los datos proporcionados. Véanse algunos ejemplos:

- Los centros más comunes de los que hacen uso del paradigma de división de resultados en secciones son los motores de búsqueda en la red. Si utilizamos nuestro navegador en uno de los motores de búsqueda más comunes, que crean un índice de la red para buscar algo corriente, el motor proporcionará centenares de resultados, si no son miles. Pero no se obtienen todos los resultados a la vez, sino que en su lugar se visualiza un subconjunto de los datos buscados, posiblemente entre 10 y 100 aciertos.
- Otro conjunto frecuente de centros que se enfrentan a esta situación son los catálogos *online*. Cuando uno busca computadoras portátiles, por ejemplo, se pueden solicitar todas las computadoras portátiles que cuesten entre ciento cincuenta mil y seiscientas mil pesetas. En la mayoría de los catálogos *online*, esto producirá alrededor de un centenar de portátiles, y normalmente sólo se proporcionarán unos 25 a la vez.
- Como ejemplo final se tienen los centros de noticias, en que uno puede buscar artículos archivados empleando palabras clave para especificar lo que se quiere recibir. Si se hace una búsqueda de artículos de contenidos frecuentes, lo más probable es que sólo se reciba un subconjunto de artículos de cada vez.

Este proceso de descomposición de los datos en bloques desde el servidor da lugar a todo tipo de problemas. En primer lugar, es más complicado desde el punto de vista de programación. En segundo lugar, obliga al servidor a llevar aún más la cuenta del estado del usuario. El servidor tiene que recordar el conjunto de datos que está visualizando el usuario en ese momento.

Por último, esta fragmentación de datos en secciones da lugar a problemas para el usuario. Suponga que ha efectuado una búsqueda en un centro, y que esa búsqueda ha producido unos resultados bastante próximos a los que se deseaban, pero el servidor no permite efectuar una búsqueda tan detallada como la que se necesitaba.

Quizá esté interesado solamente en portátiles que utilicen baterías de iones de litio, pero los motores de búsqueda del catálogo no permiten añadir esto a los criterios de búsqueda. En lugar de usar los motores, habrá que emplear la posibilidad de búsqueda del navegador para acceder a todos los resultados de la página que contengan la frase «iones de litio».

Desafortunadamente para el usuario, tendrá que pasar por un proceso largo y arduo para llegar hasta los datos deseados, porque tendrá que obtener el subconjunto, efectuar una búsqueda, obtener el subconjunto siguiente, y así sucesivamente.

Soluciones de enlazado de datos por parte del cliente

La mayoría de los problemas que se discuten en las secciones anteriores está relacionada con el hecho de que todo está almacenado en el servidor. ¿No sería bueno que gran parte de estos procesos se descargara en el cliente?

El enlazado de datos por parte del cliente permite efectuar esta delegación. De hecho, el enlazado de datos por parte del cliente ofrece varias ventajas que reducen directamente los problemas que se han discutido en las últimas secciones:

- **Reducción de los viajes de ida y vuelta al servidor** Dado que todo o casi todo el estado se almacena en el cliente, los únicos viajes de vuelta al servidor son para recuperar los datos en sí.
- **No hay necesidad de descomponer los datos en secciones** Dado que el cliente sólo necesita descargar los datos necesarios en un momento dado y que puede obtener fácilmente datos nuevos, no hay necesidad de dividir los datos en secciones que se descargarán en masa.
- **Escalabilidad** Dado que el grueso del trabajo se efectúa en el cliente, en el servidor es preciso hacer mucho menos trabajo. Esto beneficia mucho la escalabilidad del servidor.

El enlazado de datos por parte del cliente permite hacer exactamente esto. Nos permite seleccionar una fuente para los datos que se situarán en una página de la red, y entonces se sitúan automáticamente los datos de la fuente de datos en la página.

Una enorme ventaja del enlazado de datos por parte del cliente es que sólo requiere que se transmitan al navegador los nuevos datos que haya que situar en la página. Esto se debe a que al emplear enlazado de datos por parte del cliente los datos sólo están asociados a determinados elementos de la página. Por otra parte, cuando se usa CGI es preciso descargar toda una página nueva una vez efectuada la búsqueda de datos.

El uso del enlazado de datos por parte del cliente es mucho menos complicado, porque sólo es necesario utilizar el servidor de red para enviar contenidos. El cliente se puede comunicar directamente con una base de datos para pedir los contenidos que necesita, puede emplear un servicio de software intermedio (*middleware*) tal como ODBC, o bien puede cargar un archivo que contenga los datos a partir del servidor de red en sí.

Al reducir la carga que soporta el servidor, todo el proceso se vuelve mucho más escalable. El servidor de red se ve menos inundado de trabajo, porque el proceso de determinación de los datos que se necesitan se realiza en algún otro lugar, quizá en un sistema de base de datos relacional o en la máquina del cliente. En todo caso, el enlazado de datos por parte del cliente hace que el servidor se utilice para su propósito principal: servir documentos Web.

Además, el enlazado de datos por parte del cliente reduce de forma significativa el número de viajes de ida y vuelta que hay que hacer hasta el servidor. La página de la red puede, por ejemplo, descargar el índice de un catálogo para llevarlo al navegador. Este índice no se visualiza de inmediato, sino que va siendo mostrado poco a poco por elementos de la página, controlados mediante un guión. Esto significa que los datos se pueden visualizar dinámicamente y se pueden recorrer, sin volver a entrar en contacto con el servidor. Al reducir los viajes hasta el servidor, el impacto producido por el enlazado de datos sobre la red también se reduce drásticamente.

Dado que se pueden descargar los datos, y reservarlos en cierto sentido para su posterior visualización, la página de la red puede descargar todos los datos que necesita, en lugar de fragmentarlos en secciones. Esto significa que el estado de lo que se está visualizando se puede mantener en el cliente en lugar de estar en el servidor, ahorrando así valiosos recursos en el servidor.

Los recursos ahorrados en el servidor pueden ser de muchos tipos. Dado que las búsquedas no se hacen en el servidor, la computación intensiva en términos de procesador es delegada por el servidor. Además, el servidor no tiene que llevar la cuenta de gran parte de la información de estado del cliente y, por tanto, no tiene que reservar datos ni tiene que invertir tiempo del procesador para determinar cuál es el subconjunto que tiene que visualizar el cliente a continuación.

Dado que todos los datos se gestionan localmente, el usuario también puede (suponiendo que se lo permita la página de la red) decidir dinámicamente cuántos datos se van a mostrar de una vez. Esto significa, para una visualización más sencilla, que el usuario puede decidir que va a tener sólo entre 10 y 20 ítems visualizándose a la vez durante la mayor parte de sus interacciones con los datos. Alternativamente, el usuario también podría tener la opción de visualizar todos los datos a la vez.

Todas estas ventajas son importantes, pero la más evidente es la velocidad. Una de las quejas más extendidas en lo tocante a la red es su lentitud. Si se puede situar una mayor proporción de la inteligencia necesaria para la recuperación de datos y para las búsquedas en el cliente, las operaciones tenderán a ejecutarse con más rapidez y el usuario tendrá una experiencia de navegación más agradable.

Extensiones de enlazado de datos de HTML

El enlazado de datos mediante HTML hace posible presentar datos al usuario semiautomáticamente en distintos lugares del documento a través de elementos asociados a datos. Esta implementación es bastante flexible, y en su mayor parte resulta bastante sencilla de programar.

Por ejemplo, se puede definir un elemento <SPAN> en una página para asociarlo al campo «Nombre de producto en los datos», y otro elemento <SPAN> para asociarlo al campo «precio» de los datos. Esto dará lugar a que el precio y el nombre del producto se sitúen automáticamente en esos elementos mediante enlazado de datos.

El enlazado de datos con HTML tiene, sin embargo, un requisito importante, además de ser utilizado en un cliente que lo admita. El requisito es que los datos que se vayan a recuperar estén disponibles en forma tabular.

La *forma tabular* significa que los datos se pueden representar como filas y columnas, y que se puede acceder a cada columna individualmente. Se utiliza esta forma porque es fácil trabajar con ella, y se corresponde naturalmente con los tipos de accesos a datos que se efectúan normalmente en la red.

Nota: *Es importante no confundir el concepto de datos que los datos estén en forma tabular con el control de datos tabulares. La forma tabular es un término general que alude al tipo de datos que se están utilizando, mientras que el control de datos tabulares (que se tratará en el capítulo siguiente) es un control específico de ActiveX que se puede utilizar con enlazado de datos.*

Esto puede parecer un poquito abstracto, pero si se examina el siguiente ejemplo concreto se obtendrá una mejor comprensión de los datos tabulares. La tabla siguiente contiene datos que representan los precios de diferentes tipos de muebles en una tienda de mobiliario, junto con el precio y el color del ítem:

Tabla 11.1

Tipo	Color	Precio
sofá	verde	60.000 Pts.
cama	blanco	25.000 Pts.
escritorio	castaño	35.000 Pts.
silla	negro	7.500 Pts.
mesa	rojo	37.500 Pts.
sillón	tela	42.500 Pts.

La decisión de utilizar una tabla para representar estos datos es una buena forma de examinar si unos datos son o no tabulares. Obsérvese que cada columna se puede leer verticalmente y que se puede comprobar el estado de cada ítem con respecto al tipo de datos que se está almacenando. Por ejemplo, todos los colores están almacenados en la columna de colores.

Cada columna representa lo que se conoce con el nombre de un *campo* de la base de datos. Un campo indica lo que se representa en cada columna de la tabla. Por tanto, el primer campo de estos datos es el campo de tipo, el segundo es el campo de color y el tercero es el campo de precio.

De manera muy similar, se puede leer todo el estado de un ítem capturando una fila de la tabla. Es frecuente que los programadores llamen *registros* a las filas, porque las filas definen un registro completo de los datos de ese ítem.

En general, si los datos que se van a presentar encajan en una tabla tal como ésta, entonces son buenos candidatos para ser datos tabulares. Si por el contrario los datos no encajan bien con este paradigma, entonces quizá sea necesario considerar otras opciones, tales como volver a un enlazado de datos por parte del servidor, o quizá utilizar un objeto de ActiveX o una applet de Java para acceder a los datos.

Lo fundamental del enlazado de datos mediante HTML se puede resumir en dos conceptos clave:

- **Consumidores de datos** Los elementos de HTML que recuperan y muestran los datos deseados.
- **Fuentes de datos** El origen de los datos visualizados por los consumidores de datos.

Una fuente de datos puede ser algo tan complicado como tomar datos a través de llamadas SQL a una base de datos relacional, o tan sencillo como hacer uso de un archivo de texto que contenga datos tabulares.

El proceso mediante el cual se asocian los consumidores de datos a fuentes de datos se conoce con el nombre de *enlazado*. Este enlazado se especifica en el archivo de HTML que escribimos, mediante el uso de una sintaxis especial desarrollada específicamente para el enlazado de datos mediante HTML.

Examinemos rápidamente un ejemplo. El código siguiente define una fuente de datos y un consumidor de datos:

```
<OBJECT id="mueble"
    classid="clsid:333C7BC4-460F-11D0-BC04-0080C7055A83"
    <PARAM nombre="URLdatos" valor="mueble.txt">
</OBJECT>

<SPAN DATASRC="#furniture" DATAFLD="type"></SPAN>
```

La fuente de datos está definida mediante el elemento <OBJECT>. En este caso, se está utilizando el objeto fuente de datos con control de datos tabulares. No se preocupe por entender los parámetros de <OBJECT> en este momento. Los objetos fuentes de datos se estudiarán detalladamente en un capítulo posterior. Lo que es importante observar en este momento es que el elemento <OBJECT> está definiendo una fuente de datos y le está asignando la ID mueble.

Para que un elemento de HTML se comporte como consumidor de datos y para asociarlo a una fuente de datos tiene que ser capaz de especificar dos aspectos importantes de su naturaleza orientada a objetos. En primer lugar, el elemento HTML tiene que ser capaz de especificar la fuente de datos a la que está asociado. En segundo lugar, el elemento tiene que ser capaz de especificar cuál de las columnas de la fuente de datos hay que utilizar. El HTML necesario para especificar estas propiedades se describirá detalladamente en este capítulo.

En el ejemplo anterior, el consumidor de datos es el elemento <SPAN>. En este caso, la fuente de datos a la que se asocia es la fuente de datos mueble (de momento, ignore el #, que se discutirá posteriormente). La columna de la fuente de datos que se va a utilizar es la columna de tipo. Este proceso de enlazado del consumidor de datos se tratará detalladamente en las próximas secciones.

Consumidores de datos de valores individuales y de tablas repetidas

Hasta el momento, este capítulo ha tratado a todos los consumidores de datos (elementos de HTML preparados para recibir datos de una fuente de datos) como a entidades de un único tipo. Es muy cierto que todos los consumidores de datos reciben datos, pero existen dos tipos distintos de consumidores de datos: aquellos cuyo valor es un ítem individual y los que tienen como valor una tabla repetida.

Los consumidores de datos de un valor individual recuperan un único valor de cada vez dentro de la fila examinada por la fuente de datos. Este tipo de enlazado se conoce con el nombre de *enlazado de valor*. El valor recuperado representa el valor de un campo de la fila considerada. Por tanto, si estuviéramos en la primera fila de la Tabla 11 y se tuviera un enlace con el campo de tipo, el valor sería sofá.

El segundo tipo de consumidores de datos es el de tablas repetidas. Este tipo de consumidor de datos muestra *todo* el contenido de unos datos tabulares a la vez. Los campos no necesitan estar asociados a un elemento específico, porque los datos que se recuperan se tratan como un todo. Este tipo de enlazado se conoce con el nombre de *enlazado de conjunto*.

Para enlazar los elementos de HTML con valores de datos, es necesario disponer de alguna forma de especificar la fuente de datos y la columna de esa fuente de datos que haya que utilizar. La forma en que se asocian los elementos de HTML a los valores de los datos consiste en fijar atributos HTML de los elementos que se quieran asociar. Hay cuatro atributos nuevos que permiten efectuar este enlazado:

- **DATASRC** Especifica a qué fuente de datos debe asociarse.
- **DATAFLD** Especifica a qué parte de los datos hay que asociarse.
- **DATAPAGESIZE** Especifica el número de filas que hay que insertar cuando se usa el enlazado de tablas repetidas.
- **DATAFORMATAS** Especifica el formato con el cual se visualizan los datos asociados (ASCII, HTML, sin formato).

El atributo DATASRC

El atributo DATASRC permite especificar la fuente de datos con la cual hay que enlazarse. En otras palabras, este atributo indica de dónde van a provenir los datos con los que vamos a estar asociados. Según se indicaba anteriormente, los datos pueden estar asociados a un único valor (mediante enlazado de valores) o bien pueden asociarse a toda una tabla (mediante enlazado de conjunto).

El atributo DATASRC admite una id como valor. La id que admite debería ser la id de un objeto fuente de datos que se haya definido en algún otro lugar del documento HTML. La id a que se alude tiene que ser única dentro de la página.

Cuando se utiliza el atributo DATASRC para especificar un enlazado de conjunto con toda una tabla, no se tiene control sobre las filas que se visualizarán. Se repetirán todos los subelementos de la tabla hasta que se haya visualizado toda la fuente de datos.

Veamos un ejemplo:

```
<TABLE DATASRC="#muebles">
</TABLE>
```

El atributo DATASRC enlaza esta tabla con el objeto fuente de datos especificado por la id #muebles. Este objeto fuente de datos se ha especificado en algún otro lugar del archivo HTML. Los objetos fuente de datos se exploran en el Capítulo 12, «Utilización de objetos fuente de datos»

El atributo DATASRC se puede utilizar con los siguientes elementos de HTML: TABLE, SPAN, DIV, OBJECT, PARAM, INPUT, SELECT, TEXTAREA, IMG, MARQUEE, A, FRAME, IFRAME y BUTTON.

DATAFLD

Una vez que se ha especificado de dónde vendrán los datos mediante el atributo DATASRC, es preciso especificar con qué parte de los datos queremos efectuar la asociación. El atributo DATAFLD permite completar esta tarea.

El atributo DATAFLD permite especificar la clase de los datos tabulares con la cual se quiere asociar el elemento HTML especificado. Esta clase representa un campo que se buscará dentro de cada fila (o registro).

El atributo DATAFLD no puede recibir valores por sí mismo. Es preciso especificar un atributo DATASRC. Esto tiene sentido, porque no tiene lógica intentar asociar unos datos sin especificar de dónde van a provenir. El atributo DATASRC puede recibir un valor bien en el elemento que contiene el atributo DATAFLD o en sus predecesores.

El valor especificado mediante el atributo DATAFLD es el nombre de la clase de la tabla con la cual se establece en enlace. Por tanto, en el ejemplo de datos tabulares de la Tabla 11.1, el enlace afectaría a la primera clase de los datos tabulares, dando al atributo DATAFLD el valor tipo.

Examinemos un ejemplo que extiende el código de la sección anterior relativa a los atributos DATASRC:

```
<TABLE DATASRC="#muebles">
   <TR>
      <TD>
         <SPAN DATAFLD="tipo"></SPAN>
      </TD>
   </TR>
</TABLE>
```

El código adicional especifica la visualización de una sola columna de los datos tabulares que se están suministrando a partir del objeto fuente de datos: la columna de tipo.

Dado que se está especificando este campo de atributo de campo de datos dentro de una tabla, se tratará de un tipo de enlazado de datos de conjunto o repetido. Por omisión, se insertarán en la tabla todas las filas de los datos tabulares. Sin embargo, el atributo DATAPAGESIZE (que se trata en la sección siguiente), permite limitar el número de filas que se insertan.

Si se desea hacer un enlace con una sola columna y con un solo valor de cada vez, es preciso utilizar la siguiente sintaxis:

```
<SPAN DATASRC="#muebles" DATAFLD="tipo"></SPAN>
```

En lugar de mostrar todo el contenido de los datos tabulares de una sola vez, ahora se obtiene solamente un campo de una fila de cada vez, asociándolo a un elemento HTML de la página. Entonces se pueden recorrer las filas de datos tabulares accediendo a los métodos del objeto fuente de datos (véase Capítulo 12).

Los objetos DATAFLD se pueden utilizar con los siguientes elementos de HTML: SPAN, DIV, OBJECT, PARAM, INPUT, SELECT, TEXTAREA, IMG, MARQUEE, A, FRAME, IFRAME, BUTTON y LABEL.

DATAPAGESIZE

El atributo DATAPAGESIZE permite limitar el número de filas que se insertan a partir del objetos fuente de datos cuando se hace uso de un enlazado de tablas repetidas. Si no se especifica el atributo DATAPAGESIZE entonces se insertan en la tabla todas las filas del objeto fuente de datos

El atributo DATAPAGESIZE se utiliza siempre en conjunción con el atributo DATASRC. Sí, por ejemplo, se deseara especificar que deben colocarse en la tabla diez filas de la fuente de datos «#muebles», entonces se utilizaría el código siguiente:

```
<TABLE DATASRC="#muebles" DATAPAGESIZE=10>
```

DATAFORMATAS

El último atributo de enlazado de datos HTML al que se puede dar valor es el atributo DATAFORMATAS. El atributo DATAFORMATAS permite especificar precisamente la forma en que se representarán los datos que provienen del objeto fuente de datos.

El atributo DATAFORMATAS es opcional. Si no se especifica, el formato de datos por omisión es el de un texto ASCII. La importancia de este atributo depende de si se van a tratar o no datos que tengan un formato especial. Si va uno a trabajar tan sólo con texto estándar en ASCII, este atributo puede ignorarse en la práctica; sin embargo, merece la pena tenerlo en cuenta si alguna vez se necesita trabajar en alguno de los formatos especiales.

Los formatos que se pueden especificar mediante el atributo DATAFORMATAS son como sigue:

- **text** Especifica que los datos son texto en ASCII. Este tipo de datos se puede visualizar sin conversiones.
- **html** Especifica que los datos están en HTML. Esto informa al navegador de que quizá sea preciso analizar datos HTML antes de mostrarlos.
- **none** Especifica que los datos carecen de formato. Esto se podría utilizar si se aportasen datos tales como enteros largos.

El atributo DATAFORMATAS se utiliza con los siguientes elementos de HTML: SPAN, DIV, MARQUEE, BUTTON y LABEL.

Implementación de los atributos de enlazado de datos

Ya se han tratado todos los atributos de las extensiones de HTML para el enlazado de datos. Se han aprendido muchos conceptos y mucha sintaxis, así que ha llegado la hora de examinar un ejemplo del mundo real

En este ejemplo se tomarán unos datos tabulares, ya comentados y se visualizarán como una tabla repetida dentro de la página de la red. Este ejemplo muestra lo sencillo que es generar datos dinámicamente a través de un enlazado de datos con HTML.

En primer lugar, será necesario definir los datos que se utilizarán. Para este ejemplo, se van a emplear unos datos que describen mercancías de un almacén de muebles. Se proporcionarán tres aspectos de cada pieza de mobiliario: tipo de mueble, color y precio. El formato que se emplea para definir estos datos es bastante sencillo, pero esto se describirá detalladamente en el próximo capítulo.

Este es el archivo de muebles. Guarde estos datos como muebles.txt:

```
tipo,color,precio:INT
sofa,verde,30000
cama,blanca,85000
escritorio,castaño,35000
silla,negra,47500
mesa,roja, 17500
sillón,tela,42500
```

El Listado 11.1 muestra el documento HTML para el ejemplo (el nombre del archivo es ch11ex01.htm):

Listado 11.1 Enlazado de tabla repetida

```
01.    <HTML>
02.    <HEAD>
03.       <TITLE>
04.          Capítulo 11, Ejemplo 1
05.       </TITLE>
06.    </HEAD>
07.
08.    <BODY>
09.
10.    <OBJECT id="muebles"
11.          classid="clsid:333C7BC4-460F-11D0-BC04-0080C7055A83"
12.          border="0"
13.          width="0"
14.          height="0">
15.       <PARAM name="DataURL" value="muebles.txt">
16.       <PARAM name="UseHeader" value="True">
17.    </OBJECT>
18.
19.    <TABLE DATASRC="#muebles" border=1>
20.       <TR>
```

(continúa)

Listado 11.1 Enlazado de tabla repetida *(Continuación)*

```
21.          <TD>
22.             <SPAN DATAFLD="tipo"></SPAN>
23.          </TD>
24.          <TD>
25.             <SPAN DATAFLD="color"></SPAN>
26.          </TD>
27.          <TD>
28.             <SPAN DATAFLD="precio"></SPAN>
29.          </TD>
30.
31.       </TR>
32.    </TABLE>
33.
34.    </BODY>
35.    </HTML>
```

La salida para el ejemplo del Listado 11.1 se muestra en la Figura 11.1.

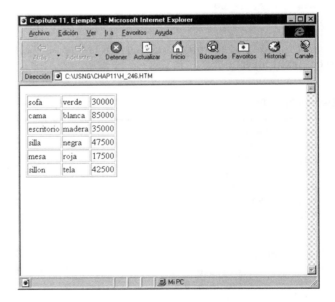

Figura 11.1 Salida de un enlazado de tabla repetida.

Todas las filas del archivo tabular de datos proporcionado se han insertado automáticamente en la tabla. Obsérvese que no ha sido preciso añadir nada más a la definición de la tabla para hacer que se llene automáticamente en un enlazado de tabla repetida.

El código de la tabla que se ha utilizado aquí con DATASRC (línea 19) y con DATAFLD (líneas 22, 25 y 28) se había discutido anteriormente en este capítulo. El código adicional es el elemento <OBJECT> de la línea 10. Este elemento especifica el archivo fuente de datos que se utiliza para el enlazado de datos. (Los objetos fuentes de datos se tratan detalladamente en el capítulo siguiente.)

El objeto fuente de datos <OBJECT> seguirá utilizándose para evitar que las cosas se vuelvan demasiado confusas. Tenga en cuenta simplemente que este objeto fuente de datos proporciona los datos de muebles en forma tabular, fila por fila.

Un aspecto interesante que hay que notar y que resulta un poco extraño es que cuando se define el objeto fuente de datos se le da el nombre de muebles, pero cuando se hace alusión a él en el atributo DATASRC se le llama #muebles.

Puede parecer un poco extraño, y de hecho lo es. La adición del signo de sostenido es tan sólo la forma en que la sintaxis de HTML Dinámico dice que «Esto es especial, esto es un objeto fuente de datos». Como todas las técnicas, HTML Dinámico tiene sus rarezas. No se preocupe, acuérdese simplemente de poner el signo de sostenido (#) delante de los objetos fuentes de datos cuando haga alusión a ellos en atributos de DATASRC.

Consumidores de datos

Ahora que ya se conocen los atributos que HTML Dinámico ha añadido para el enlazado dinámico, se pueden examinar con más detalle algunos de los elementos de HTML con los que se pueden emplear estos atributos.

Estos elementos se conocen con el nombre de consumidores de datos. Los consumidores de datos se han descrito anteriormente. Son elementos de HTML que pueden recibir datos de objetos fuentes de datos por enlazado.

DIV

Los marcadores <DIV> se utilizan en el enlazado de datos para mostrar un bloque de texto normal o de código HTML. Si no se especifica el atributo DATAFORMATAS, entonces los datos siempre se visualizan como texto ASCII puro.

Sin embargo, si se desea mostrar los datos como código HTML, es preciso establecer el formato de los datos. Esto se hace dando al atributo DATAFORMATAS el valor html.

Si cambia el texto subyacente en el objeto fuente de datos al cual se asocia el elemento <DIV> entonces cambiará el contenido del elemento <DIV>.

SPAN

El marcador <SPAN> se emplea de forma similar al marcador <DIV> salvo que es algo más limitado en lo tocante al contenido que puede mostrar. Lo mejor es utilizarlo para textos simples.

El elemento SPAN es limitado en tanto en cuanto no puede incluir marcadores de bloque de HTML. Si se necesita incluir este tipo de elemento, es probable que haya que utilizar un elemento <DIV>, porque SPAN está destinado principalmente a cantidades reducidas de texto.

De forma muy similar al marcador <DIV>, el marcador <SPAN> puede contener un texto ASCII text o un código en HTML. Si se va a utilizar HTML, hay que dar a DATA-

FORMATAS el valor html. También de modo similar al marcador <DIV>, cuando cambia el valor de una fila en los objetos fuentes de datos, también cambia el valor del texto en el elemento SPAN.

SPAN enlaza los datos de manera individual. El Listado 11.2 modifica el código del Listado 11.1 para mostrar solamente un valor de constructor de aplicaciones vez, empleando tan sólo un elemento SPAN. Guarde este archivo como ch11ex02.htm:

Listado 11.2 Enlazado de valor simple

```
01.   <HTML>
02.   <HEAD>
03.     <TITLE>
04.       Capítulo 11, Ejemplo 2
05.     </TITLE>
06.   </HEAD>
07.
08.   <BODY>
09.
10.   <OBJECT id="muebles"
11.       classid="clsid:333C7BC4-460F-11D0-BC04-0080C7055A83"
12.       border="0"
13.       width="0"
14.       height="0">
15.     <PARAM name="DataURL" value="muebles.txt">
16.     <PARAM name="UseHeader" value="True">
17.   </OBJECT>
18.
19.   <P><SPAN DATASRC="#muebles" DATAFLD="tipo"></SPAN>
20.   <P><SPAN DATASRC="#muebles" DATAFLD="color"></SPAN>
21.   <P><SPAN DATASRC="#muebles" DATAFLD="precio"></SPAN>
22.
23.   </BODY>
24.   </HTML>
```

La salida del código HTML del Listado 11.2 aparece en la Figura 11.2.

Lo que requiere más atención en este ejemplo es que las únicas líneas de HTML que se visualizan son las contenidas en el elemento SPAN. Este elemento se genera dinámicamente al cargar la columna de tipo de la fila actual del objeto fuente de datos. En este caso, el objeto fuente de datos es muebles y representa unos datos tabulares procedentes de la Tabla 11.1, vista anteriormente en este capítulo.

SELECT

El marcador <SELECT> de HTML permite al usuario hacer una selección. Es visualmente idéntico a un elemento de interfaz de usuario al que suele conocerse con el nombre de casilla para marcar. El valor de este elemento SELECT se puede asociar al valor de una columna perteneciente a un objeto fuente de datos.

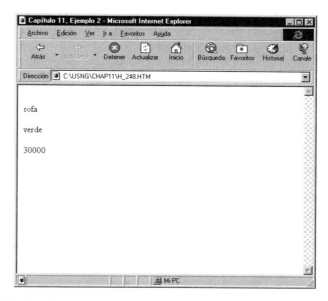

Figura 11.2 Salida del ejemplo de enlazado de valor simple.

La sintaxis del elemento SELECT, en realidad, es bastante sencilla con respecto al enlazado de datos. Basta añadir los atributos DATASRC y DATAFLD al elemento SELECT. Después se añaden las opciones para el elemento SELECT, asegurándose de que todos los posibles valores que se puedan cargar de la fuente de datos estén representados como opciones válidas:

```
<SELECT DATASRC="#muebles" DATAFLD="tipo">
    <OPTION>sofá
    <OPTION>cama
    <OPTION>escritorio
    <OPTION>silla
    <OPTION>mesa
    <OPTION>sillón
</SELECT>
```

MARQUEE

Un elemento MARQUEE es sencillamente una zona de texto que va desplazándose automáticamente. Los elementos MARQUEE suelen utilizarse para datos que cambien de forma regular, y que el autor de la página quiera proporcionar al usuario de forma abreviada.

Los elementos MARQUEE tienen un valor asociado a un objeto fuente de datos, que proporcionará el texto que se muestre en un rectángulo deslizante.

De forma muy parecida a los marcadores <DIV> y <SPAN>, se puede asociar tanto un texto ASCII como un código HTML procedente de un objeto fuente de datos a un elemento MARQUEE, dependiendo de si el atributo DATAFORMATAS ha recibido o no el valor HTML.

Normalmente, cuando se utilizan elementos MARQUEE, el texto se sitúa entre los marcadores <MARQUEE> y </MARQUEE> del archivo HTML. Este es el texto que irá pasando por el rectángulo deslizante. Sin embargo, si se usa el enlazado de datos, este texto se ignora y en su lugar se utilizan datos procedentes del objeto fuente de datos.

IMG

El texto no es el único tipo de datos que se puede utilizar con el enlazado de datos que proporciona HTML Dinámico. También se pueden asociar imágenes a una fuente de datos. Los datos reales de la imagen, sin embargo, no se recuperan del objeto fuente de datos.

En lugar de la imagen real, se utiliza un elemento IMG que se asocia al objeto fuente de datos. El valor que recupere se utilizará como URL para buscar la imagen que haya que visualizar. Entonces la imagen se carga a través de la URL, y se visualiza en el navegador.

Por ejemplo, supongamos que se necesita asociar una imagen a cada pieza de mobiliario del ejemplo de las secciones anteriores. Se podría hacer esto añadiendo una URL que señalara una imagen, y asociando esto a un marcador IMG de nuestra página.

APPLET

La posibilidad de cargar imágenes dinámicamente a través de un enlazado de datos es un concepto bastante potente; sin embargo, la capacidad de efectuar un enlazado de datos a través del marcador <APPLET> lleva la carga dinámica de imágenes un paso más allá, al admitir realmente la especificación dinámicamente de parámetros de contenido ejecutable por enlazado de datos.

El enlazado de datos con el marcador <APPLET> se usa especificando unos atributos DATASRC y DATAFLD dentro de las definiciones de los parámetros, según se define en la sintaxis siguiente:

```
<APPLET applet-info
   <PARAM NAME="login"
      VALUE=""
      DATASRC="#userinfo"
      DATAFLD="user_login"
   >
</APPLET>
```

Este código da lugar a que se especifique el parámetro login por enlazado de datos. El valor del parámetro login se carga de la columna user_login de la fila de datos tabulares que proporciona el objeto fuente de datos denominado userinfo.

Por ejemplo, se podría tener un applet 3D que permitiera al usuario dar vueltas a las piezas de mobiliario que examinasen en tres dimensiones. El enlazado hecho a través del marcador <APPLET> permite que los parámetros de ese applet (tal como el modelo 3D que hay que visualizar) se extraigan de un objeto fuente de datos.

Y a continuación...

Este capítulo ha presentado las capacidades y la sintaxis del enlazado de datos de HTML. Los detalles del lugar del que provienen los datos, sin embargo, no se han presentado. Esto se aprenderá en el:

- Capítulo 12, «Utilización de objetos fuentes de datos», lugar en que se aprenderá acerca de la forma de utilizar objetos fuentes de datos y del modo en que se utilizan con las extensiones de enlazado de datos propias de HTML.

Capítulo

12

Utilización de Objetos Fuentes de Datos

El Capítulo 11, «Introducción al enlazado de datos», trataba los aspectos de HTML Dinámico que permiten enlazar una información recuperada remotamente con los elementos de una página HTML.

Dado que los datos que se visualizan no forman parte del código HTML en sí, ni tampoco están en el guión asociado con la página, es preciso que sean generados por algo distinto de estos componentes.

La fuente de los datos que se utilizan en el enlazado de datos de HTML se consulta a través de lo que se conoce con el nombre de *Objeto Fuente de Datos*. Un Objeto Fuente de Datos es un objeto que contiene métodos que hacen posible que el control asociado a los datos recupere datos.

Estos Objetos Fuentes de Datos son, en su mayor parte, objetos genéricos de ActiveX. Lo que los hace especiales es que admiten interfaces que las extensiones de enlazado de datos de HTML examinan para tomar datos de ellos.

A final de este capítulo, se dispondrá de un firme conocimiento de los fundamentos de la utilización de objetos fuentes de datos, específicamente mediante el Control de Datos Tabulares.

- **Comprendiendo los Objetos Fuentes de Datos** Aprenda la utilización y características de los Objetos Fuentes de Datos y la forma en que encajan con HTML Dinámico.
- **Control de Datos Tabulares** Explore los detalles del Control de Datos Tabulares, que permite hacer enlazado de datos empleando únicamente archivos de datos almacenados en el servidor, sin necesidad de un servidor de bases de datos dedicado.
- **Clasificación** Aprenda a implementar una de las operaciones más fundamentales de los datos: las clasificaciones. El Control de Datos Tabulares incluye métodos sencillos pero potentes para ordenar datos. Puede ordenar tanto por orden ascendente como descendente, basándose en cualquier columna de los datos.

Objetos Fuentes de Datos (OFD o DSO)

Cuando Microsoft estaba desarrollando HTML Dinámico, una adición evidente al HTML del momento era el enlazado de datos por parte del cliente. Lo primero que había que considerar era la forma en que se extenderían los elementos de HTML para admitir el enlazado de datos. Afortunadamente, se trataba de un proceso bastante sencillo.

Dado que los elementos que se asociarían a los datos ya estaban definidos, el problema de la forma de extenderlos se reducía a dos decisiones:

Cómo extender los elementos

Qué elementos había que extender con la capacidad de enlazado de datos

Sin embargo, las decisiones relacionadas con la forma de proporcionar los datos eran mucho más difíciles. HTML está muy centrado en el cliente, y no se presta fácilmente a recibir un suministro remoto de datos. Por tanto, Microsoft tuvo que definir un método estándar para proporcionar esos datos desde el servidor hasta el cliente.

La solución de Microsoft para este dilema fue introducir una nueva clase de objeto en HTML que admite el envío de datos a los elementos de HTML que tienen datos asociados: el Objeto Fuente de Datos.

El Objeto Fuente de Datos es un objeto incrustado en la página HTML al que se le dan los parámetros relativos al lugar del que provendrán los datos, y el método mediante el cual habría que recuperarlos.

Responsabilidades de un Objeto Fuente de Datos

Los Objetos Fuentes de Datos tienen la responsabilidad de especificar cuatro aspectos fundamentales de la recuperación de datos, tal como se indica a continuación:

* La definición e implementación del mecanismo de transporte de datos
* El método utilizado para recuperar los datos solicitados
* La manipulación de los datos solicitados
* El modelo de objetos utilizado para acceder a los guiones

Especificación del mecanismo de transporte El Objeto Fuente de Datos tiene la responsabilidad de definir e implementar el mecanismo de transporte de datos mediante el cual se enviarán datos al navegador. Este mecanismo de transporte puede ser completamente independiente del transporte mediante el cual se haya descargado la página en el navegador.

Un mecanismo de transporte común es HTTP (Protocolo de Transferencia de Hipertextos). HTTP proporciona un protocolo de comunicación estándar que permite a los navegadores solicitar información (normalmente a través de solicitudes de URL) y a los servidores Web transferir información (normalmente páginas Web en HTML) entre sí.

Existen otros mecanismos comunes para el transporte de datos. Por ejemplo, NNTP (Protocolo de Transferencia de Noticias en Red), es el protocolo de transporte estándar para enviar y recibir noticias de Usenet. Si uno tiene un lector de noticias en su PC, tal como el Internet News Reader de Microsoft, será preciso especificar un servidor de noticias a través del cual se recibirán estas noticias. Entonces, el lector de noticias se comunica con el servidor de noticias a través de NNTP.

El envío y recepción de correo electrónico a través de Internet también tiene un mecanismo de transporte estándar. El protocolo que se emplea recibe el nombre de SMPT (Protocolo Simplificado de Transferencia de Correo). Cuando nuestro cliente de correo electrónico basado en un PC, tal como Eudora, envía o recibe correo electrónico, hace uso de SMTP.

Del mismo modo que las noticias de Usenet o el correo electrónico, existen protocolo para enviar tipos de datos tabulares a través de la red. Las aplicaciones que proporcionan los datos podrían ir desde programas de base de datos de sobremesa hasta avanzadas bases de datos relacionales basadas en SQL.

Desafortunadamente, casi todas las bases de datos hacen uso de algún protocolo exclusivo para comunicarse a través de las redes. El protocolo de transporte que se utiliza para comunicarse con una base de datos de Oracle, por ejemplo, será completamente distinto del protocolo utilizado para comunicarse con un servidor de bases de datos de Microsoft SQL.

Debido a estas diferencias en los protocolos de comunicaciones, se da a los Objetos Fuente de Datos libertad para comunicarse a través de cualquier método que deseen. Por ejemplo, los dos DSO que se incluyen con IE 4.0 hacen uso de métodos completamente distintos para recuperar datos. El Control de Datos Tabulares recupera un archivo de texto que contiene datos proporcionados por el servidor Web. Por su parte, el servicio remoto de datos hace uso de ODBC para comunicarse con los servidores de bases de datos con objeto de recuperar los datos.

La capacidad de utilizar protocolos de transporte absolutamente diferentes es un atributo positivo, porque no obliga a los Objetos Fuentes de Datos a comunicarse con una sola clase de proveedores de datos. Independientemente del protocolo, si es posible establecer comunicaciones a través de Internet, los Objetos Fuentes de Datos pueden hacer uso de él.

Esta independencia de protocolos significa que los objetos fuentes de datos no están limitados a las formas estándar de recuperación de datos. Hay muchos programadores que están acostumbrados a almacenes de datos que residen exclusivamente en bases de datos, y esperan que todos los Objetos Fuentes de Datos estén asociados a programas de bases de datos.

Sin embargo, esto no es así; el proveedor de datos puede ser casi cualquier cosa. Esta flexibilidad llega a su extremo con el Control de Datos Tabulares (TDC), que no hace uso de un verdadero programa de base de datos que funcione en la red. En lugar de hacer esto, el TDC emplea exclusivamente archivos sin formato que descarga a través de HTTP.

Esto puede parecer extraño, pero tiene bastante sentido. Si los datos con los cuales se efectuará un enlazado son casi todos estáticos, ¿por que hay que disponer de un programa de base de datos específico que los proporcione?

Especificación del método de recuperación El Objeto Fuente de Datos es el lugar en el que el usuario especifica el método que se empleará para recuperar los datos que se están solicitando. Esto puede parecer sospechosamente similar al protocolo de transporte (mecanismo de transporte de datos) utilizado, pero existe una diferencia sutil e importante.

El protocolo utilizado para transferir los datos suele ser transparente para el usuario. Por ejemplo, el protocolo utilizado para transferir tablas de un servidor SQL de Sybase se conoce con el nombre de TDS; sin embargo, no suele haber razón alguna para que el usuario de un Objeto Fuente de Datos que se conecte con un servidor SQL de Sybase tenga que ser consciente de esa información. Desde el punto de vista del usuario, el protocolo utilizado para transferir los datos queda oculto entre bastidores, y se encargan de el servidor y el controlador.

Por otra parte, la especificación del método empleado para recuperar los datos es la descripción comunicada por el cliente a la fuente de datos relativa a los datos en que está interesado el cliente exactamente. Los métodos mediante los que se hace esto variarán ampliamente entre distintos Objetos Fuentes de Datos. Por ejemplo, el Control de Datos Tabulares accede a los datos a través de un archivo de texto situado en el servidor Web, mientras que el servicio de datos remotos realiza el acceso a través de ODBC. El servicio de datos remotos (que suele emplearse en servidores de bases de datos relacionales basados en SQL) va más allá del ámbito de este libro, pero se hallará información relativa al RDS en la documentación de IE 4.0.

Por ejemplo, suponga que se va a conectar al mencionado servidor SQL de Sybase. Será preciso comunicar muchas informaciones distintas al Objeto Fuente de Datos antes de que sea posible recuperar información. Véase una lista de los parámetros que posiblemente resulten necesarios:

- El nombre del servidor.
- La dirección de Internet o el nombre cualificado de la máquina remota en que esté funcionando el servidor.
- El puerto TCP/IP en que se esté ejecutando actualmente el servidor en la máquina remota.
- El nombre de la base de datos del servidor en que se quiera efectuar la consulta.
- La consulta SQL que se quiera ejecutar en el servidor.

Estos parámetros de datos son imprescindibles debido a la naturaleza de los servidores de bases de datos relacionales que procesan las consultas SQL. Para unas aplicaciones cliente-servidor robustas, se requiere este tipo de potencia y de flexibilidad. Aquellos programadores que estén acostumbrados a tratar con este tipo de servidores estarán acostumbrados a proporcionar este tipo de información.

Además, la sintaxis de una consulta SQL en sí puede ser bastante complicada. La sintaxis SQL es una forma de acceder a los campos de unos datos tabulares empleando una sintaxis que intenta aproximarse al lenguaje natural, con más o menos éxito. La consulta siguiente, por ejemplo, selecciona todos los campos «tipo_m» de una tabla SQL llamada «MUEBLES» en los que ese tipo de mueble tiene un precio menor que 50.000 pesetas:

```
SELECT tipo_m FROM MUEBLES WHERE PRECIO < 500
```

Aun cuando esto es un ejemplo sencillo de consulta SQL, se puede apreciar que este método de especificación de los datos que hay que recuperar puede volverse bastante farragoso. Esto no es un comentario negativo respecto de SQL, sino sólo una indicación de que en algunos casos será el equivalente de emplear una perforadora neumática cuando lo que se necesitaba era un destornillador.

Dado que HTML Dinámico no requiere que los Objetos Fuentes de Datos posean un método para especificar la forma en que se van a recuperar los datos deseados, resulta mucho más flexible en ese sentido. Por ejemplo, la especificación de los datos que se desean empleando Control de Datos Tabulares es mucho más sencillo que utilizar un Objeto Fuente de Datos que se conecte con un servidor SQL.

Por ejemplo, para especificar la fuente de datos para el Control de Datos Tabulares habría que especificar un solo parámetro. Hay que especificar de dónde van a venir los datos. Este parámetro se da como una URL, y el archivo que contenga los datos tabulares se descargará hasta el Objeto Fuente de Datos en el cliente. Por ejemplo, se podría utilizar la siguiente URL para indicar unos datos residentes en nuestra máquina:

http://sumaquina.com/ardatos.txt

La posibilidad de recuperar este tipo de datos tabulares con una sintaxis tan sencilla y sin necesidad de tener un servidor de bases de datos es en realidad bastante más importante que lo que pudiera parecer a primera vista. Es un gran ejemplo de la forma en que algo sencillo puede ser sumamente potente.

Quizá se necesite hacer un prototipo de un centro empleando un archivo de texto que contenga muestras de datos, sin preocuparse por las excentricidades asociadas a los servidores SQL, por ejemplo. Normalmente, los servidores SQL requieren bastantes recursos y experiencia en su administración; sin embargo, es frecuente que lo único que se necesite sea leer filas de datos tabulares que puedan cambiar de manera regular. En este caso, se puede utilizar el Control de Datos Tabulares con archivos que residan en el servidor, ahorrando recursos y complejidades para el programador. Además, si en un futuro se cambiara a un método de acceso a los datos más potente, el único código que habrá que cambiar en el cliente es la especificación del Objeto Fuente de Datos en sí.

Especificación de la manipulación de los datos solicitados El Objeto Fuente de Datos es responsable de todas las *manipulaciones* que se apliquen a los datos. ¿Qué quiere decir esto de manipulaciones? Cuando se accede a unos datos, es frecuente que surja la necesidad de presentarlos con una forma distinta de aquella en que se nos hayan proporcionado inicialmente.

Un buen ejemplo de manipulación de datos es ordenar los resultados proporcionados por el Objeto Fuente de Datos. Cuando se reciban los datos por primera vez, los datos pueden estar ordenados o sin ordenar, dependiendo del Objeto Fuente de Datos que se esté empleando.

Casi todos los Objetos Fuente de Datos definirán métodos que permitan ordenar por varias secciones del resultado proporcionado. Por ejemplo, suponga que tiene una base de datos que contiene tipos, colores y precios de diferentes peces tropicales. La tabla siguiente muestra un ejemplo del tipo de datos que podrían aparecer en esta base de datos:

Tabla 13.1 Datos de peces tropicales de la base de datos

Tipo	Color	Precio
Damisela	Rojo	695
Tiburón	Gris	2.295
Anguila	Negro	1.895
Róbalo	Azul	2.895
Raya	Gris	5.495

Si quisiéramos ordenar los datos, se utilizarían los métodos del Objeto Fuente de Datos relativos a la clasificación. Como mínimo, casi todos los Objetos Fuentes de Datos permitirán clasificar por orden ascendente y descendente, basándose en uno de los campos del resultado. Por tanto, se podría hacer una clasificación basada en el tipo, color o precio de los peces tropicales.

Además, los Objetos Fuentes de Datos especifican el filtrado de los datos que puedan contener. El filtrado es importante si se desea especificar un subconjunto de los datos basado en ciertos criterios. Por ejemplo, se podrían filtrar los peces tropicales proporcionando el subconjunto de tipos de peces que tengan el valor azul en la columna de color (para los datos del ejemplo, se trataría del tiburón y el róbalo).

Especificación del modelo de objetos para acceder a los guiones El Objeto Fuente de Datos especifica el modelo de objetos que se empleará para acceder a los guiones. La importancia de los modelos de objetos se trata en el Capítulo 6, «Modelo de objetos de HTML Dinámico».

En síntesis, el modelo de objetos consta de las propiedades, métodos, sucesos y objetos que puede utilizar un lenguaje de guiones para acceder al material que encapsula.

Para un Objeto Fuente de Datos, el modelo de objetos especifica todas las formas en que el usuario puede interactuar con el DSO. Por ejemplo, todas las capacidades de clasificación y filtrado suelen exponerse a través de propiedades a las que se dan valores, seguidas por métodos que ejecutan los cambios.

De forma muy parecida a las manipulaciones que se pueden hacer en los datos a través del Objeto Fuente de Datos, el modelo de objetos que expone y admite el Objeto Fuente de Datos suele depender de decisiones tomadas por las personas que hayan programado el Objeto Fuente de Datos. Esto significa que los métodos utilizados para filtrar y ordenar pueden cambiar en los distintos Objetos Fuentes de Datos.

Sin embargo, tiene que admitirse un nivel básico de funcionalidad. Esta funcionalidad se especifica mediante el API OLE-DB de Microsoft, que es un API mínimo que requiere que los Objetos Fuentes de Datos proporcionen un nivel mínimo de funcionalidad. Se hallará más información acerca del API OLE-DB API en **http://www.microsoft.com/oledb/default.htm**.

El hecho de que los Objetos Fuentes de Datos sean imprescindibles para implementar la especificación OLE-DB API muestra un aspecto importante y limitante del uso de Objetos Fuentes de Datos. Los Objetos Fuentes de Datos son objetos del Modelo de Objetos de Componentes de Microsoft (COM), y se conocen normalmente con el nombre de objetos de ActiveX.

Los Objetos Fuentes de Datos son objetos ActiveX, lo cual es a la vez una ventaja y una desventaja, dependiendo del punto de vista que se adopte. Si se es defensor de ActiveX, o no se tiene especial preocupación por las capacidades multiplataforma o la seguridad, entonces basarse en ActiveX puede no ser óbice.

DSO: Compatibilidad multiplataforma y de lenguaje

Aun cuando los Objetos Fuentes de Datos son objetos ActiveX, Microsoft se está preocupando mucho de que se puedan escribir Objetos Fuentes de Datos en toda una gama de lenguajes.

Microsoft va a proporcionar Objetos Fuentes de Datos escritos en Java empleando JavaBeans (que se exponen automáticamente como objetos ActiveX) o a través de Visual Basic o Visual C++. Los lenguajes que pueden implementar Objetos Fuentes de Datos no tienen más restricciones que la necesidad de implementar la interfaz COM requerida para crear el objeto ActiveX.

Si las capacidades multiplataforma son importantes, hay que considerar seriamente la posibilidad de utilizar e implementar los Objetos Fuentes de Datos con Java. Desafortunadamente, los Objetos Fuentes de Datos escritos en C++ y en Visual Basic están indisolublemente unidos a la plataforma en que hayan sido compilados.

Sin embargo, los objetos ActiveX escritos en Java se pueden utilizar en cualquier plataforma que admita ActiveX. Microsoft ha hecho pública su intención de admitir ActiveX en Internet Explorer 4.0 para Windows, Macintosh y muchas plataformas UNIX. Este apoyo abarcará la mayoría de las plataformas importantes, reduciendo posibles miedos en lo tocante a problemas relacionados con la multiplicidad de plataformas.

Bases del Control de Datos Tabulares

El Control de Datos Tabulares (TDC) es un sencillo Objeto Fuente de Datos que se incluye con Internet Explorer 4.0. El TDC tiene la clara ventaja de que no requiere un servidor por separado (tal como una base de datos relacional) que le proporcione los datos.

En lugar de utilizar un servidor remoto para efectuar sus consultas, el Control de Datos Tabulares descarga los archivos de datos a través de HTTP (o directamente si el archivo se encuentra en la máquina local), y después extrae del mismo los datos necesarios. Entre las ventajas de este método para acceder a los datos se cuentan las siguientes:

- No requiere un servidor por separado para acceder a los datos.
- Dado que el archivo es transmitido por el servidor Web empleando métodos HTTP estándar, no es preciso efectuar modificaciones en el servidor Web.
- El tiempo de procesamiento necesario para manipular los datos con objeto de incluirlos en los formularios adecuados para su visualización por enlazado de datos afecta al cliente y no al servidor, dando lugar a una gran reducción de la carga del servidor.
- Se necesitan menos viajes de ida y vuelta a través de la red que si los datos se proporcionaran desde un servidor de base de datos, porque el Control de Datos Tabulares descarga todo el archivo de datos de una sola vez.

El Control de Datos Tabulares también tiene algunas desventajas.

- Dado que se descarga todo el archivo en el cliente, se necesitan más recursos por parte del cliente.
- Dado que se carga todo el archivo, en conjunto puede emplearse más ancho de banda de la red que si la búsqueda de datos se efectuase en el servidor.
- Las manipulaciones y consultas que se pueden aplicar a los datos son sumamente limitadas, porque el Control de Datos Tabulares ofrecido por este Objeto Fuente de Datos no es un motor de base de datos avanzado.
- El Control de Datos Tabulares es estrictamente una forma de acceso «sólo lectura». Si se necesita volver a escribir los datos en el servidor, en un proceso estándar del tipo cliente-servidor, entonces el Control de Datos Tabulares no basta.

Por estas razones, la decisión de utilizar o no el Control de Datos Tabulares depende de la sencillez de las acciones que uno quiera desarrollar con él. Si nuestras tareas de acceso a datos pertenecen a muchas de las categorías siguientes, será preciso considerar seriamente la utilización del Control de Datos Tabulares:

- Sólo se necesita leer datos remotos, y no se prevé la necesidad de escribir o sustituir datos remotos.
- Los datos globales que se quieren recibir (todas las filas en conjunto) son relativamente poco voluminosos, y su descarga no será problema para el cliente ni para el ancho de banda de la red, teniendo en cuenta que muchos usuarios pueden estar conectándose con módem de 28,8 K.
- Las búsquedas que hay que efectuar en los datos son sencillas. De hecho, si lo único que se necesita es leer una fila de cada vez, este es el tipo de acceso a datos en que más brilla el Control de Datos Tabulares.
- Estamos aprendiendo a trabajar con Objetos Fuentes de Datos o deseamos refrescar nuestro conocimiento de las peculiaridades relacionadas con los objetos fuentes de datos en un ejemplo sencillo.

Para los propósitos de este libro, el Control de Datos Tabulares proporciona una excelente forma de aprender a trabajar con Objetos Fuentes de Datos. Además de ser fácil de utilizar, se tiene la garantía de que funcionará con todas las máquinas de los usuarios, independientemente del software que estén ejecutando, porque el Control de Datos Tabulares puede leer directamente los archivos que contengan los datos.

Utilización del Control de Datos Tabulares

El Control de Datos Tabulares es bastante fácil de usar. Según se indicara anteriormente, los Objetos Fuentes de Datos son objetos de ActiveX. Los métodos para especificar el objeto ActiveX de Control de Datos Tabulares son similares a los métodos descritos en el Capítulo 13, «Introducción a multimedia», cuando se habla acerca de la utilización de controles multimedia.

La sintaxis básica que se utiliza en el archivo HTML para el Control de Datos Tabulares consta de un marcador <OBJECT> que especifica que habrá un objeto dentro de este marcador. A continuación, se especifica la CLASSID de este control. En el caso del Control de Datos Tabulares, la CLASSID es «333C7BC4-460F-11D0-BC04-0080C7055A83». A continuación, se especifican los atributos HTML que indican la representación visual del objeto. En el caso de un control de Objeto Fuente de Datos, no se desea tener una representación visual, así que se dan valores a los atributos en consecuencia.

La preparación de un objeto para que no tenga representación visual implica dar valores a tres atributos. El primer atributo es el atributo BORDER, y especifica el tamaño del borde que rodeará al control. Dado que no se desea que el usuario vea nada que represente al objeto, se da a este atributo el valor 0.

El atributo siguiente es el atributo WIDTH, que especifica la anchura del control en píxeles. Se da a este atributo el valor 0. El atributo HEIGHT especifica la altura del control en píxeles. En este caso, también se le da el valor 0.

Todo Objeto Fuente de Datos tiene que dar valor a su atributo ID. Este atributo proporciona al Objeto Fuente de Datos un identificador al que se puede hacer referencia a través del atributo DATASRC de las extensiones de enlazado de datos de HTML Dinámico, a las cuales podrán a su vez referirse los elementos que admitan enlazado de datos.

Examinemos la escueta definición de OBJECT que se ha descrito hasta el momento:

```
<OBJECT id="coches"
    CLASSID="clsid:333C7BC4-460F-11D0-BC04-0080C7055A83"
```

```
        BORDER="0"
        WIDTH="0"
        HEIGHT="0">
</OBJECT>
```

Esta sintaxis define la referencia básica de objeto para el Control de Datos Tabulares. Además de la referencia básica, los dos parámetros que es preciso especificar son «DataUrl» y «UseHeader».

El primer parámetro es el más importante, y especifica la URL que contiene los datos que se quieren recuperar, y con los que hay que efectuar un enlazado. Este parámetro es el parámetro «DataUrl y puede contener tanto una URL absoluta como una relativa. Es frecuente especificar tan sólo el nombre del archivo de datos, al cual se hará referencia automáticamente como si fuera una URL relativa:

```
<param name="DataURL" value="coches.txt">
```

El próximo parámetro que hay que especificar es el parámetro «UseHeader». Este parámetro define si el archivo de datos posee o no una línea de encabezado que contiene los nombres de los campos de que consta cada fila de los datos tabulares. El formato del archivo de datos se discute más extensamente en la sección denominada «Propiedades del archivo de Control de Datos Tabulares». Normalmente, se le dará el valor *true* (verdadero), según se indica a continuación:

```
<param name="UseHeader" value="True">
```

Ahora que se conocen las bases de la utilización del Control de Datos Tabulares, examinemos un ejemplo de TDC en acción. En primer lugar, es preciso especificar el archivo de datos que se va a utilizar. Se trata de un archivo de texto estándar cuyo nombre es «coches.txt»:

```
tipo,año:INT,precio:INT
Chevy Nova,1986,1000
Infiniti Q45,1993,12000
Nissan Maxima,1989,4500
Ford Taurus, 1991, 6200
Toyota Camry, 1994, 8300
Honda Accord, 1995, 9200
Volkswagen Beetle, 1970, 800
```

El archivo HTML del Listado 12.1 se llama «ch12ex01.htm» y se enlaza de registro en registro (o de fila en fila) con la fuente de datos tabulares, empleando el Control de Datos Tabulares que se ha construido.

Listado 12.1 Utilización básica del Control de Datos Tabulares

```
01.   <HTML>
02.   <HEAD>
03.      <TITLE>
04.          Capítulo 12, Ejemplo 1
```

(continúa)

Listado 12.1 Utilización básica del Control de Datos Tabulares *(Continuación)*

```
05.      </TITLE>
06.    </HEAD>
07.
08.    <BODY>
09.
10.    <OBJECT id="coches"
11.         CLASSID="clsid:333C7BC4-460F-11D0-BC04-0080C7055A83"
12.         BORDER="0"
13.         WIDTH="0"
14.         HEIGHT="0">
15.       <PARAM NAME="DataURL" value="coches.txt">
16.       <PARAM NAME="UseHeader" value="True">
17.    </OBJECT>
18.
19.    <H1>Tipo de Coche:</H1>
20.    <INPUT TYPE=text
21.         DATASRC=#coches
22.         DATAFLD="tipo">
23.
24.    <H1>Año del Coche:</H1>
25.    <INPUT TYPE=text
26.         DATASRC=#coches
27.         DATAFLD="año">
28.
29.    <H1>Precio del Coche:</H1>
30.    <INPUT TYPE=text
31.         DATASRC=#coches
32.         DATAFLD="precio">
33.
34.    </BODY>
35.    </HTML>
```

El resultado de este ejemplo se muestra en la Figure 12.1. Este ejemplo proporciona una visión de la utilización del Control de Datos Tabulares y será la base del resto de los ejemplos a lo largo de este capítulo. El único código significativo que se ha añadido aquí, salvo por las referencias de objetos descritas anteriormente, es el enlazado de datos con objetos HTML, que se describía detalladamente en el Capítulo 11, «Introducción al enlazado de datos».

El Objeto Fuente de Datos se prepara en las líneas 10–17. El Control de Datos Tabulares se especifica mediante la CLASSID de la línea 11, y se definen sus propiedades en las líneas 15 y 16. Una vez definido el Objeto Fuente de Datos, es preciso realizar el enlazado de datos.

En este caso, se enlazan con los datos tres campos INPUT de HTML. El primero se asocia con el campo «tipo» (línea 22), el segundo con el campo «año» (línea 27) y el tercero con el campo «precio» (línea 32).

Recorriendo los datos mediante el Control de Datos Tabulares

En una parte anterior de este capítulo aprendemos que los Objetos Fuentes de Datos son los responsables de efectuar manipulaciones en los datos recuperados. Una de estas manipulaciones es el acto de seguir la pista del lugar en que se está produciendo el enlazado dentro del conjunto actual de datos tabulares.

Figura 12.1   Resultado del ejemplo de Control de Datos Tabulares básico.

En el Capítulo 11, se aprendía acerca del concepto de enlazado de valores frente al enlazado de conjuntos. Cuando se hace uso del enlazado de tablas, el consumidor de datos basado en tablas recupera absolutamente todos los datos de la fuente de datos son recuperados por, y por omisión se muestra la totalidad de los datos, pero ciertos atributos de HTML permiten visualizarlos por grupos individuales.

La situación, cuando se hace uso de un enlazado por valores, es bastante distinta. Con enlazado por valores, sólo el registro (o fila) actual está disponible en un momento dado. Esto significa que cuando la página se muestra por primera vez sólo están disponibles los campos del primer registro proporcionado por el Objeto Fuente de Datos.

Esta noción de que sólo está disponible un registro de cada vez se conoce con el nombre de *enlazado de registro en curso*. Cuando sólo está enlazado el registro actual, tiene que existir alguna forma de desplazare por la fuente de datos para que esto sea realmente útil.

El Control de Datos Tabulares admite los métodos estándar para recorrer un conjunto de datos que requieren los Objetos Fuentes de Datos. Los dos métodos importantes que se tratarán aquí son *MoveNext()* y *MovePrevious()*.

El método *MoveNext()* pasa a la próxima fila dentro del Objeto Fuente de Datos en curso. A la inversa, el método *MovePrevious()* pasa a la fila que viniera antes de la actual dentro del Objeto Fuente de Datos.

Estos métodos no están disponibles a través del Objeto Fuente de Datos en sí. Lo que sucede es que todo Objeto Fuente de Datos contiene un objeto denominado *recordset*. Los métodos de desplazamiento se pueden utilizar a través de este objeto *recordset*.

Por tanto, para avanzar un registro dentro de un Control de Datos Tabulares denominado «piezas», se emplearía la siguiente orden de JavaScript:

```
piezas.recordset.MoveNext();
```

Para retroceder un registro, hasta el registro anterior dentro del mencionado Control de Datos Tabulares, se utilizaría este código en JavaScript:

```
piezas.recordset.MovePrevious()
```

Con objeto de facilitar este tipo de desplazamientos, el Objeto Fuente de Datos lleva la cuenta de un puntero de la fila actual que está asociada a la página. El puntero también está disponible para los programas escritos en nuestro lenguaje de guiones.

Se puede acceder a este puntero a través del Objeto Fuente de Datos que esté utilizando (que en este caso es el Control de Datos Tabulares) mediante la propiedad *«Absolute-Position»* del objeto *recordset* contenido en el Objeto Fuente de Datos correspondiente. Una cosa importante que hay que tener en cuenta es que la propiedad *AbsolutePosition* empieza a contar registros en el 1. Por tanto, el primer registro se encontraría en la posición 1.

Por consiguiente, si se desea almacenar la posición actual del puntero de registros correspondiente al Control de Datos Tabulares «piezas» en la variable «reg_actual» de JavaScript, será preciso utilizar la sintaxis siguiente:

```
var reg_actual = piezas.recordset.AbsolutePosition;
```

Cuando se desplaza el puntero del registro en curso mediante los métodos *MoveNext()* o *MovePrevious()*, el HTML asociado a los datos es actualizado automáticamente con el contenido de la nueva fila. Se actualizarán todos los campos cuyo DATASRC señale a este Objeto Fuente de Datos.

De manera muy similar a la propiedad *AbsolutePosition*, el Objeto Fuente de Datos también lleva la cuenta del número de registros disponibles. Esta información está almacenada en la propiedad *«RecordCount»*, y se accede a ella en la forma siguiente:

```
piezas.recordset.RecordCount
```

Examinemos un ejemplo concreto. Se va a utilizar el archivo de datos del ejemplo anterior (coches.txt). Guarde el siguiente archivo HTML, que aparece en el Listado 12.2, con el nombre de «ch12ex02.htm».

Listado 12.2 Recorrido de un recordset

```
01.    <HTML>
02.    <HEAD>
03.       <TITLE>
04.          Capítulo 12, Ejemplo 2
05.       </TITLE>
```

```
06.    </HEAD>
07.
08.    <BODY>
09.
10.    <OBJECT id="coches"
11.           classid="clsid:333C7BC4-460F-11D0-BC04-0080C7055A83"
12.           border="0"
13.           width="0"
14.           height="0">
15.      <param name="DataURL" value="coches.txt">
16.      <param name="UseHeader" value="True">
17.    </OBJECT>
18.
19.    <SCRIPT LANGUAGE=JavaScript>
20.
21.    function avanzaCoches() {
22.
23.        if (coches.recordset.AbsolutePosition !=
24.                coches.recordset.RecordCount) {
25.            coches.recordset.MoveNext();
26.        }
27.    }
28.
29.    function retrocedeCoches() {
30.
31.        if (coches.recordset.AbsolutePosition > 1) {
32.                coches.recordset.MovePrevious();
33.        }
34.    }
35.
36.    </SCRIPT>
37.
38.
39.    <INPUT TYPE=BUTTON
40.                id=Anterior
41.                VALUE=" <- "
42.                onclick="retrocedeCoches()">
43.
44.    <INPUT TYPE=BUTTON
45.                id=Siguiente
46.                VALUE=" -> "
47.                onclick="avanzaCoches()">
48.    <P>
49.    <H1>Tipo de Coche:</H1>
50.    <INPUT TYPE=text
51.                DATASRC=#coches
52.                DATAFLD="tipo">
53.
54.    <H1>Año del Coche:</H1>
55.    <INPUT TYPE=text
56.                DATASRC=#coches
```

(continúa)

Listado 12.2 Recorrido de un recordset *(Continuación)*

```
57.                  DATAFLD="año">
58.
59.  <H1>Precio del Coche:</H1>
60.  <INPUT TYPE=text
61.                  DATASRC=#coches
62.                  DATAFLD="precio">
63.
64.  </BODY>
65.  </HTML>
```

El resultado de este código HTML se muestra en la Figura 12.2. Cada vez que se pulsa en el botón de la flecha hacia la izquierda, se muestra el registro anterior de los datos tabulares. Cada vez que se pulsa en el botón de la flecha hacia la derecha, se muestra el registro siguiente. La flecha izquierda no puede retroceder más allá del principio de los registros, y la flecha derecha no puede avanzar mas allá del final. El fragmento de listado siguiente es el encargado de definir el botón de la flecha hacia la izquierda:

```
39.  <INPUT TYPE=BUTTON
40.      id=Next
41.      VALUE=" —> "
42.      onclick="avanzaCoches()">
```

Figura 12.2 Resultado de efectuar desplazamientos en el ejemplo de recordset.

Estas cuatro líneas de código crean un elemento INPUT que representa un botón con una indicación que deja claro que da lugar a un movimiento hacia adelante. Este código también prepara un gestor de sucesos que se ejecutará cuando se pulse en él.

El gestor de sucesos que invoca el botón siguiente es «*avanzaCoches()*»:

```
21.  function avanzaCoches() {
22.
23.      if (coches.recordset.AbsolutePosition !=
24.              coches.recordset.RecordCount) {
25.          coches.recordset.MoveNext();
26.      }
27.  }
```

La función *avanzaCoches()* comprueba en primer lugar si la posición actual (AbsolutePosition) es igual al número de registros que hay en este Control de Datos Tabulares. Si no es así, se puede avanzar un registro.

Si estamos en el último registro del Objeto Fuente de Datos, sin embargo, no se hace nada. ¿Por qué? No queremos intentar ir más allá del número de registros disponibles, así que primero se hace una comprobación. Si no se hace primero la comprobación y se intenta seguir adelante cuando estamos ya al final, se producirá un error de ejecución.

La función «*retrocedeCoches()*» funciona de forma similar. Está asociada al botón anterior que tiene como marca una flecha hacia la izquierda:

```
29.  function retrocedeCoches() {
30.
31.      if (coches.recordset.AbsolutePosition > 1) {
32.              coches.recordset.MovePrevious();
33.      }
34.  }
```

La función *retrocedeCoches()* comprueba en primer lugar si el registro actual es posterior a 1. Los registros presentes en Objetos Fuentes de Datos se tratan a partir del «1», así que se comprueba primero el registro actual para verificar que sea posterior a 1.

Si el registro actual es posterior al 1, entonces se toma como registro actual el registro anterior, mediante el método «*MovePrevious()*». Sin embargo, si el registro actual es el 1, no se hace nada. No se hace nada porque no queremos intentar retroceder mas allá del primer registro.

Propiedades del archivo de Control de Datos Tabulares

Muchas de las propiedades que admite el Control de Datos Tabulares están relacionadas con el archivo que leerá para recuperar los datos que tienen que presentarse para ser enlazados. Este archivo se analiza en filas y columnas y es la representación de los datos tabulares deseados.

Propiedad Charset La primera propiedad que admite el Control de Datos Tabulares es el conjunto de caracteres que se utilizarán para el archivo de datos. Se representa mediante la propiedad *Charset* (tdcObject representa un Objeto Control de Datos Tabulares genérico):

```
var cSet = tdcObject.Charset;
```

Si se están ejecutando los guiones dentro de Internet Explorer 4.0 y en un lenguaje de habla inglesa, el conjunto de caracteres normal que proporcionará esta propiedad será «-8859-1». Si se está ejecutando algún lenguaje que no sea el inglés, esta propiedad proporcionará el tipo de conjunto de caracteres correspondiente a ese lenguaje.

Propiedad Language   La propiedad *Language* es similar a la propiedad *CharSet*, salvo que en lugar de especificar los tipos de caracteres que hay que utilizar, especifica el lenguaje en sí en que se ha escrito el archivo de datos. Se accede a esta propiedad en la forma siguiente:

```
var Leng = tdcObject.Language;
```

Aun cuando el inglés de los Estados Unidos de América y el de Gran Bretaña hacen uso de los mismos caracteres, estos idiomas son ligeramente distintos. Por esta razón, en los Estados Unidos de América esta propiedad será «eng-us».

Propiedad UseHeader   La propiedad *UseHeader* del Control de Datos Tabulares especifica si la primera línea del archivo de datos va a contener o no una línea de encabezado con los nombres de cada columna (y posiblemente el tipo de datos que represente esa columna).

La propiedad *UseHeader* es una propiedad booleana y se accede a ella de la manera siguiente:

```
tdcObject.UseHeader = valor_booleano;
```

La línea de encabezado se especifica de manera muy similar a los datos en sí, con el mismo campo delimitador (que por omisión es una coma) y el mismo delimitador de columna (que por omisión es un retorno de carro).

Vamos a examinar un ejemplo de archivo de datos que representa la línea de productos de un fabricante de herramientas:

```
NombrePieza,EnAlmacen:Int,Precio:Float
Martillo,20,699.50
Perforadora,150,4999.50
Torno,27,28895.50
Prensa,10,153222.50
```

Suponiendo que a la propiedad *UseHeader* se le haya dado el valor true, la primera línea se interpretará como línea de encabezado. Se definen tres campos, de la forma siguiente:

- **NombrePieza**   Una cadena de texto que representa el nombre de la pieza en la base de datos de la compañía.
- **EnAlmacén**   El número de piezas de este tipo que hay en el inventario en este momento, representado en forma de valor entero.
- **Precio**   El precio en pesetas y céntimos de este objeto en la compañía, representado en forma de un valor de coma flotante.

Obsérvese que el tipo de datos de cada campo se ha especificado después del nombre del campo, y se separa del nombre del campo mediante dos puntos. Los tipos válidos disponibles son los siguientes:

- **Boolean** Un valor lógico que puede ser o bien true o bien false.
- **Date** Un valor que representa un día del año.
- **Float** Un número de coma flotante. Los números de coma flotante son los que contienen cifras decimales (por ejemplo, 25,624, 901,20, y demás).
- **Int** Un valor que puede contener cualquier valor entero. Los enteros son números que no pueden contener cifras decimales.
- **String** Cualquier texto que se pueda representar en forma de una cadena de caracteres. Las sentencias de este párrafo, por ejemplo, son a su vez cadenas —*string* es el tipo de datos por omisión para el campo si no se especifica ninguno.

La razón principal por la que uno puede necesitar especificar el tipo de datos que está almacenado en el campo está relacionada con el orden de clasificación. Esto se debe a que las cadenas se van a ordenar de forma distinta a los números, y podrían dar lugar a resultados aparentemente incorrectos.

Propiedad DataURL La propiedad *DataURL* especifica la ubicación del archivo de datos que se utilizará para los datos tabulares en el Control de Datos Tabulares. El valor de esta propiedad puede ser cualquier URL válida que el navegador Web pueda utilizar para acceder al archivo de datos.

Esta propiedad se especifica normalmente en el marcador <OBJECT> según se indica a continuación:

```
<OBJECT id="coches"
    ...>

    <PARAM NAME="DataURL" value="coches.txt">

    ...
</OBJECT>
```

También es posible especificar después esta propiedad dinámicamente en los guiones, según se indica a continuación:

```
tdcObject.DataURL = "barcos.txt";
```

Cuando se modifica la propiedad *DataURL* de un guión de esta manera, el Control de Datos Tabulares elimina automáticamente los datos tabulares actuales y los sustituye por el nuevo archivo que se ha especificado.

Esta capacidad resulta útil si se desea utilizar un mismo Control de Datos Tabulares para múltiples archivos de datos. Si se dispone de múltiples conjuntos de datos y nunca se necesita acceder a todos ellos a la vez, está claro que dar valores a la propiedad *DataURL* de un Control de Datos Tabulares es una forma eficiente de hacerlo.

Propiedad FieldDelim La propiedad *FieldDelim* especifica el carácter que se va a utilizar para separar entre sí los campos de datos. Este concepto se conoce con el nombre de delimitación de campos. El carácter que se utiliza por omisión es la coma («,»); sin embargo, el carácter delimitador de campos podría ser cualquier carácter ASCII válido. El ejemplo siguiente especifica que el carácter delimitador de campos va a ser «|»:

```
tdcObject.FieldDelim = "|"
```

Si se fuera a utilizar este carácter para delimitar los campos, el archivo de datos empleado como ejemplo en la sección «Propiedad UseHeader» se modificaría en la forma siguiente:

```
NombrePieza | EnAlmacén:Int | Precio:Float
Martillo | 20 | 699.50
Perforadora | 150 | 4999.50
Torno | 27 | 28895.50
Prensa | 10 | 153222.50
```

Propiedad RowDelim   La propiedad *RowDelim* es muy parecida a la propiedad *FieldDelim*, salvo que en lugar de especificar el delimitador entre campos especifica el delimitador existente entre filas de los datos tabulares.

Veamos la forma en que se utiliza la propiedad *RowDelim*. Suponga que deseara modificar el delimitador de columnas de tal modo que fuera un «*». Entonces, se utilizaría la siguiente sintaxis:

```
tdcObject.RowDelim = "*";
```

Entonces (suponiendo que también se estuviera utilizando el delimitador de campos empleado anteriormente) el archivo de datos tendría el aspecto siguiente:

```
NombrePieza | EnAlmacén:Int | Precio:Float*
Martillo | 20 | 699.50*
Perforadora | 150 | 4999.50*
Torno | 27 | 28895.50*
Prensa | 10 | 153222.50*
```

Clasificación con Control de Datos Tabulares

La clasificación es una de las operaciones que más frecuentemente se aplican a los datos. Quizá recuerde de una parte anterior del capítulo que el Objeto Fuente de Datos es responsable de todas las clasificaciones que se apliquen a los datos.

El Control de Datos Tabulares admite dos tipos de clasificaciones: *ascendente* y *descendente*.

La clasificación ascendente ordena los datos de menor a mayor si se está empleando un número, y por valor ASCII (la *a* antes de la *z*) si se está empleando una cadena.

Una clasificación descendente organiza los datos de mayor a menor si se está empleando un número, y ordena por valor ASCII (la *z* va antes que la *a*) si se está empleando una cadena.

Adicionalmente, se puede especificar la columna por la cual se quiera hacer la clasificación. Esto significa que no hay que decidir cuál de las columnas se pondrá en primer lugar en el archivo de datos, porque se puede ordenar por cualquier columna.

La especificación de la clasificación puede hacerse tanto en la definición de <OBJECT> para el Objeto Fuente de Datos como en un guión. El ejemplo del Listado 12.3 coloca la especificación de clasificación en la definición de <OBJECT>.

Este es el archivo de datos que hay que usar. Guarde este archivo con el nombre mue-bles.txt:

```
tipo,color,precio:INT
sofa,verde,30000
cama,blanca,85000
escritorio,castaño,35000
silla,negra,47500
mesa,roja, 17500
sillón,tela,42500
```

El Listado 12.3 muestra el documento HTML para especificar el orden de clasifica-ción de los datos. Guarde este archivo con el nombre de «ch12ex03.htm». La Figura 12.3 muestra el resultado de este ejemplo.

Listado 12.3 Ejemplo de clasificación

```
01.    <HTML>
02.    <HEAD>
03.       <TITLE>
04.          Capítulo 12, Ejemplo 3
05.       </TITLE>
06.    </HEAD>
07.
08.    <BODY>
09.
10.    <OBJECT id="muebles"
11.          CLASSID="clsid:333C7BC4-460F-11D0-BC04-0080C7055A83"
12.          BORDER="0"
13.          WIDTH="0"
14.          HEIGHT="0">
15.    <PARAM NAME="DataURL" VALUE="muebles.txt">
16.    <PARAM NAME="UseHeader" VALUE="True">
17.    <PARAM NAME="Sort" VALUE="precio">
18.    </OBJECT>
19.
20.    <TABLE DATASRC="#muebles" BORDER=1>
21.       <TR>
22.          <TD>
23.             <SPAN DATAFLD="tipo"></SPAN>
24.          </TD>
25.          <TD>
26.             <SPAN DATAFLD="color"></SPAN>
27.          </TD>
28.          <TD>
29.             <SPAN DATAFLD="precio"></SPAN>
30.          </TD>
31.
```

(continúa)

Listado 12.3 Ejemplo de clasificación *(Continuación)*

```
32.        </TR>
33.    </TABLE>
34.
35.    </BODY>
36.    </HTML>
```

Figura 12.3 Resultado del ejemplo de clasificación.

En su mayor parte, este ejemplo debería resultar familiar porque hace uso de muchos de los conceptos tratados detalladamente en los dos capítulos anteriores.

La adición de este listado está relacionada con el parámetro de clasificación. El parámetro «Sort» especifica por cuál de las columnas de los datos tabulares hay que ordenar. En este caso, se necesita generar una tabla que esté ordenada por el precio de la pieza, así que se especifica la columna «precio»:

```
17.      <PARAM NAME="Sort" VALUE="precio">
```

También se puede especificar si se va clasificar por orden ascendente o descendente. Si se quiere utilizar el orden descendente y no el ascendente, se pone un signo menos (-) delante del nombre de la columna en la propiedad «Sort». Por ejemplo, si desea utilizar una clasificación por orden descendente en el ejemplo, cambie la línea 17 para dejarla en la forma siguiente:

```
17.      <PARAM NAME="Sort" VALUE="-precio">
```

Y a continuación...

Este capítulo ha tratado la utilización de Objetos Fuentes de Datos en HTML Dinámico junto con las extensiones de enlazado de datos de HTML. El capítulo ha hecho especial hincapié en el Control de Datos Tabulares porque es el Objeto Fuente de Datos más fácil de entender, y se tiene la certeza de que funcionará en cualquier máquina en que se pueda ejecutar Internet Explorer 4.0 porque el Control de Datos Tabulares no requiere un servidor especial para acceder a los datos.

La próxima sección del libro tratará los aspectos multimedia de HTML Dinámico. Estos aspectos multimedia son en muchos sentidos el aspecto más interesante de HTML Dinámico, porque permiten incluir efectos visuales avanzados en las páginas Web de una forma sencilla.

- Capítulo 13, «Introducción a multimedia» Presenta efectos multimedia básico en HTML Dinámico, tales como la animación de elementos HTML en nuestras páginas Web.
- Capítulo 14, «Transiciones multimedia» Ofrece una visión general de los efectos que se pueden utilizar para pasar de un elemento HTML a otro.
- Capítulo 15, «Filtros multimedia y controles ActiveX» Muestra la forma de utilizar filtros para especificar efectos visuales interesantes tales como la difusión en nuestros elementos HTML. Además, se describirá la utilización de controles multimedia de ActiveX en nuestros documentos.

PARTE

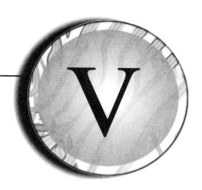

V

Multimedia
y HTML Dinámico

Capítulo

Introducción a multimedia

Una de las características de HTML Dinámico que no se han tratado con excesivo detalle en los capítulos anteriores son los efectos multimedia que se admiten con Internet Explorer 4.0. Se puede lograr un cierto número de efectos especiales nuevos aprovechando diferentes tecnologías de HTML Dinámico, y en este capítulo se examinarán algunas de estas características.

La implementación de muchos de los controles multimedia no es trivial, así que este capítulo ofrecerá una descripción en profundidad de algunas técnicas multimedia que se pueden crear sin los controles multimedia de ActiveX. Entonces se presentarán los efectos que se presentarán con más detalle en el Capítulo 14, «Transiciones multimedia», y en el Capítulo 15, «Filtros multimedia y controles ActiveX».

- **Multimedia con guiones** Aprenda a utilizar métodos de JavaScript para crear efectos multimedia sin utilizar ActiveX.
- **Rotación de textos y de objetos** Los controles ActiveX de HTML Dinámico permiten manipulaciones de los elementos de la página, tales como las rotaciones.
- **Gráficos estructurados** El control de gráficos estructurados permite crear dibujos 2D y primitivas gráficas.
- **Efectos de animación con rutas** Además de la animación a través de guiones, el control de animación de rutas permite animar objetos a lo largo de una ruta.
- **Transiciones** HTML Dinámico presenta todo un conjunto de nuevos controles ActiveX para proporcionar transiciones multimedia. Además, se pueden crear algunos efectos de transición empleando guiones.
- **Filtros** Explore los controles multimedia de ActiveX que permiten aplicar filtros a objetos de nuestras páginas, para crear una sorprendente variedad de efectos multimedia.

Efectos multimedia con HTML Dinámico

Antes de discutir los tipos de efectos multimedia, tales como los filtros y transiciones, que se pueden conseguir empleando controles ActiveX, es importante comprender lo que se puede lograr mediante HTML Dinámico haciendo uso de guiones y de posicionamientos.

Como quizá recordará de los ejemplos del Capítulo 9, «Maquetación y posicionamiento», es posible manipular imágenes y textos en la página alterándo las propiedades y atributos del posicionamiento Hojas de Estilo en Cascada. Se utiliza JavaScript junto con posicionamiento HEC para desplazar imágenes sobre la pantalla y para mover elementos dentro de la página. Estas mismas técnicas se pueden aplicar a otras propiedades de posicionamiento para crear efectos tales como escalados, transiciones y animaciones. Las técnicas multimedia básicas que se implementan con posicionamiento y guiones se describirán en las secciones siguientes.

Escalado de imágenes

Un sencillo efecto que se puede crear con HTML Dinámico y posicionamiento HEC es el *escalado de una imagen.* El escalado de una imagen implica ampliar o reducir la imagen con respecto a su tamaño original. El código que va apareciendo progresivamente está numerado según su posición en el código final del Listado 13.1.

Lo primero que hay que hacer es definir la imagen a la que se va a dar escala:

```
21.   <IMG id="DameEscala" STYLE="position: relative; top:25; left:25;
      ➡ width: 195px; height: 171px;" onclick="escaladoGato();"
      ➡ SRC="gatito.gif">
```

Se puede definir la imagen empleando el marcador <IMG> y los elementos de posicionamiento HEC. La imagen se sitúa en la página mediante la propiedad *position*, y después se especifican las dimensiones de altura y anchura que posea el contenedor de posicionamiento; en este caso serán 195×171 píxeles.

Al especificar la anchura y altura del contenedor de posicionamiento con el mismo tamaño que la imagen, la imagen se mostrará normalmente. Para dar escala a la imagen, sólo hace falta manipular los valores de las propiedades *width* y *height*. Se pueden modificar los valores de las propiedades *width* y *height* escribiendo una función en JavaScript para modificar esos valores:

```
07.   function escaladoGato() {
08.       if (DameEscala.style.pixelWidth < 250) {
09.         DameEscala.style.pixelWidth +=1;
10.       DameEscala.style.pixelHeight += 1;
11.       window.setTimeout("escaladoGato();", 1);
12.       }
13.   }
```

La función *escaladoGato( )* hace uso de una sentencia *if* para determinar el momento en que se detendrá este ejercicio de escalado, y después incrementa la altura y la anchura por valor de un píxel. Al incrementar ambas propiedades de la imagen por un mismo valor, se mantendrán sincronizadas las proporciones de la imagen. Si se desea alargar la imagen o hacerla más ancha, se puede modificar una de las propiedades sin alterar la otra. Finalmente, se utiliza el método *window.setTimeout( )* para detenerse brevemente entre pasos sucesivos, de tal modo que la animación resulte visible.

El Listado 13.1 muestra el código para dar escala a la imagen y la Figura 31.1 muestra el resultado del ejercicio.

Listado 13.1 Escalado de una imagen

```
01.    <HTML>
02.    <HEAD>
03.    <TITLE>Escalado de Imágenes</TITLE>
04.
05.    <SCRIPT>
06.
07.    function escaladoGato() {
08.        if (DameEscala.style.pixelWidth < 250) {
09.            DameEscala.style.pixelWidth +=1;
10.            DameEscala.style.pixelHeight += 1;
11.            window.setTimeout("escaladoGato();", 1);
12.        }
13.    }
14.
15.    </SCRIPT>
16.
17.    <BODY>
18.    <P>
19.    <SPAN STYLE="position: absolute; top: 5; left: 5; color: red">
       ➥Pulse en la imagen para ajustar la escala.</SPAN>
20.    <P>
21.    <IMG id="DameEscala" STYLE="position: relative; top:25; left:25;
       ➥width: 195px; height: 171px;" onclick="escaladoGato();"
       ➥SRC="gatito.gif">
22.
23.    </BODY>
24.    </HTML>
```

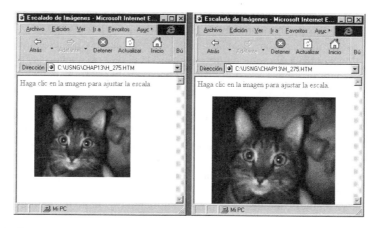

Figura 13.1 Escalado de una imagen mediante DHTML y posicionamiento HEC.

Esta técnica de escalado se podría utilizar para ampliar una foto con objeto de mostrar más detalle, tal como en una página de miniaturas para una lección de historia del arte. Las imágenes se mostrarían en miniatura, y cuando se pulsara en una de ellas el usuario podría ver la imagen con su tamaño real. Además, en una parte posterior de este capítulo se examinará la forma en que se podría utilizar esta técnica para crear una transición multimedia sin ActiveX.

Transiciones

Microsoft ofrece un cierto número de controles multimedia basados en ActiveX que permiten acceder a algunas transiciones bastante complejas; sin embargo, hay ocasiones en que quizá se desee tan sólo una transición sencilla. Y con probabilidad aún mayor, habrá ocasiones en que no sintamos deseos de pasar por las dificultades que implica ActiveX.

Mediante el uso de técnicas, tales como el truco del escalado que se trataba en la sección anterior, se pueden construir transiciones que son rápidas, tienen buen aspecto y se realizan mediante guiones sencillos.

Examine, por ejemplo, una modificación que se le puede hacer al ejemplo de escalado anterior. En primer lugar, dado que es posible ampliar la imagen, tiene sentido que la imagen también pueda reducirse. ¿Por qué no reducimos la imagen hasta que desaparezca? Entonces la imagen ya no estará en la página y el efecto será que habremos creado una transición.

Para crear este efecto de transición, se efectuarán pequeños cambios en el código del Listado 13.1. En primer lugar, será necesario modificar las sentencias de las funciones que incrementan las propiedades de *anchura* y *altura* de tal modo que pasen a decrementarlas en lugar de incrementarlas. Una modificación de la línea 9 del Listado 13.1 da lugar a que la función de escalado funcione a la inversa:

```
09.      DameEscala.style.pixelWidth +=1;
```

pasa a ser

```
09.      DameEscala.style.pixelWidth -=1;
```

Ahora lo único que se necesita es asegurar que la imagen desaparezca. Esto se puede conseguir implementando las propiedades *overflow* y *clip*.

Según recordará del Capítulo 9, «Maquetación y posicionamiento», la propiedad *overflow* controla el modo en que se gestiona el recorte cuando la imagen es demasiado grande para la zona. La propiedad *clip* hace posible definir una zona de recorte. Por tanto, se añaden estas propiedades al objeto imagen:

```
21.    <IMG ID="DameEscala" STYLE="position: relative; top:25; left:25;
    ➥ width: 195px; height: 171px; overflow: clip; clip: auto;
    ➥ " onclick="escaladoGato();" SRC="gatito.gif">
```

Esta línea asegura que la imagen se recorte. Dado que el valor de recorte es *auto,* la imagen se recortará según los límites del contenedor de posicionamiento, de tal modo que al reducir el contenedor de posicionamiento mediante los valores de las propiedades *width* y *height*, la imagen se reducirá hasta desaparecer. El Listado 13.2 muestra el código final utilizado para crear este efecto.

Listado 13.2 Un efecto de reducción en HTML Dinámico

```
01.    <HTML>
02.    <HEAD>
03.    <TITLE>Una transición sin ActiveX</TITLE>
04.
05.    <SCRIPT>
06.
07.    function escaladoGato() {
08.        if (DameEscala.style.pixelWidth > 0) {
09.            DameEscala.style.pixelWidth -=1;
10.        DameEscala.style.pixelHeight -= 1;
11.        window.setTimeout("escaladoGato();", 1);
12.        }
13.    }
14.
15.    </SCRIPT>
16.
17.    <BODY>
18.    <P>
19.    Pulse para reducir al gato.
20.    <P>
21.    <IMG id="DameEscala" STYLE="position: relative; top:25; left:25;
       ➡ width: 195px; height: 171px; overflow: clip; clip: auto;
       ➡ " onclick="escaladoGato();" SRC="gatito.gif">
22.
23.    </BODY>
24.    </HTML
25.    </HTML>
```

Los resultados del guión de imagen visto en el Listado 13.2 se muestran en la Figura 13.2.

Figura 13.2 La inversión del proceso de escalado reduce la imagen.

Aun cuando hay aplicaciones en las cuales podría ser necesario el escalado de imágenes, también existe un cierto número de técnicas de transición que podrían hacer uso del escalado de una imagen, tal como un falso borrado.

Transiciones con escalado

Ahora que ya se conoce la forma de escalar imágenes en ambos sentidos, sería útil crear una transición que hiciera uso de estas técnicas. Para esta transición, la imagen original se reducirá a un punto; entonces la segunda imagen crecerá a partir de ese punto. Quizá haya visto transiciones similares en viejas películas o programas de televisión. Aun cuando se pueden conseguir transiciones similares empleando controles de ActiveX, hay muchos usuarios que han desactivado ActiveX por posibles problemas de seguridad. El uso de transiciones puramente basadas en HTML Dinámico asegura que resulten visibles para un mayor número de usuarios. Además, estos tipos de transiciones se pueden adaptar fácilmente para utilizarlas con canales CDF, bien como medios de transición o como elementos de interfaz de usuario. El código que se verá a continuación se ha numerado de acuerdo con su ubicación en el código final del Listado 13.3.

En primer lugar, es preciso definir los dos elementos que se utilizarán en la transición:

```
30.   <IMG id="DameEscala" STYLE="position: absolute; top:25; left:25;
      ➡width: 195px; height: 171px; overflow: clip; clip: auto;"
      ➡onclick="escaladoGato(); " SRC="gatito.gif">
31.
32.   <IMG id="EscalaDos" STYLE="position: absolute; top:25; left:25;
      ➡width: 0px; height: 0px; overflow: clip; clip: auto;"
      ➡onclick="escaladoGato(); " SRC="enorme.gif">
```

Tal como sucede con los ejemplos de escalado, estos marcadores especifican lo siguiente:

- El tipo de posicionamiento.
- La ubicación del elemento.
- Los parámetros del contenedor de posicionamiento.
- Los atributos de desbordamiento y recorte.
- La función que hay que invocar para que comience la transición.
- La ubicación de ambas imágenes.

A continuación, se crea la función que hará que se reduzca la primera imagen:

```
07.   function escaladoGato() {
08.       if (DameEscala.style.pixelWidth > 0) {
09.           DameEscala.style.pixelWidth -=1;
10.       DameEscala.style.pixelHeight -= 1;
11.       window.setTimeout("escaladoGato();", 1);
12.       otraEscala();
13.       }
14.   }
```

Esta función es idéntica a la función de reducción del Listado 13.2 con una sola excepción: al final de la función, se invoca a *otraEscala( )*, que es la función que se utilizará para ampliar la segunda imagen en el lugar de la primera. Véase la función que se invoca para hacer crecer la segunda imagen

```
16.    function otraEscala() {
17.        if (DameEscala.style.pixelWidth < 150) {
18.            EscalaDos.style.pixelWidth +=1;
19.        EscalaDos.style.pixelHeight += 1;
20.        }
21.    }
```

Y no hay más. Con las funciones *escaladoGato( )* y *otraEscala( )* puestas en su sitio y los elementos definidos adecuadamente, se tiene una transición que hará que una imagen desaparezca y que aparezca otra que ocupará su lugar. El código final se muestra en el Listado 13.3, y la Figura 13.3 muestra los resultados finales.

Listado 13.3 Una transición de escalado sin ActiveX

```
01.    <HTML>
02.    <HEAD>
03.    <TITLE>Una Transición sin ActiveX</TITLE>
04.
05.    <SCRIPT>
06.
07.    function escaladoGato() {
08.        if (DameEscala.style.pixelWidth > 0) {
09.            DameEscala.style.pixelWidth -=1;
10.        DameEscala.style.pixelHeight -= 1;
11.        window.setTimeout("escaladoGato();", 1);
12.        otraEscala();
13.        }
14.    }
15.
16.    function otraEscala() {
17.        if (DameEscala.style.pixelWidth < 150) {
18.            EscalaDos.style.pixelWidth +=1;
19.        EscalaDos.style.pixelHeight += 1;
20.        }
21.    }
22.
23.    </SCRIPT>
24.
25.    <BODY>
26.    <P>
27.    <SPAN STYLE="position: absolute; top: 210; left: 25; color: green;
       ➡ ">Pulse en el gato para convertirlo en calabaza.</SPAN>
28.    <P>
29.
```

(continúa)

Listado 13.3 Una transición de escalado sin ActiveX *(Continuación)*

```
30.   <IMG id="DameEscala" STYLE="position: absolute; top:25; left:25;
   ➥ width: 195px; height: 171px; overflow: clip; clip: auto;"
   ➥ onclick="escaladoGato(); " SRC="gatito.gif">
31.
32.   <IMG id="EscalaDos" STYLE="position: absolute; top:25; left:25;
   ➥ width: 0px; height: 0px; overflow: clip; clip: auto;"
   ➥ onclick="escaladoGato(); " SRC="enorme.gif">
33.   </BODY>
34.   </HTML>
```

Figura 13.3 La primera imagen desaparece en el vacío y una segunda imagen va creciendo en su lugar.

Las transiciones multimedia como ésta ofrecen una forma más interesante de ir cambiando de imágenes. Por ejemplo, podríamos tener un garaje que estuviera especializado en la restauración de automóviles antiguos. Se podría utilizar este tipo de transición para saltar entre fotos de nuestro trabajo, antes y después de la restauración. O bien, si se fuera a desarrollar un canal CDF, se podría también utilizar este tipo de transición para crear un efecto de película para el contenido de nuestro canal.

Efectos de pulsar y arrastrar

Además de los efectos automatizados que se pueden utilizar para darle chispa a nuestras páginas con HTML Dinámico, quizá sea necesario aprovechar otros tipos de dispositivos multimedia que pudieran estar en nuestro centro. Recuerde la demostración del Alien Head vista en una parte anterior del libro, y que se trataba de un juego que funcionaba tal como el Sr. Patata. En la demostración de Alien Head, los usuarios podían pulsar en ciertos elementos y arrastrarlos hasta una cabeza con objeto de crear una cara.

Arrastrar un elemento de una página, cambiar de posición un elemento basándose en sucesos del ratón y manipular imágenes son todos ellos efectos útiles para construir nuevos diseños de interfaces gráficas de usuario. ¿Cómo se lograban esos efectos en la demostración de Alien Head? El código que finaliza en el Listado 13.4 examina los pasos que se necesitan para crear un HTML Dinámico que se puede emplear para cambiar la posición de una imagen dentro de una página. Los distintos segmentos de código se han numerado de acuerdo con su ubicación final en el Listado 13.4.

En este ejemplo se va a crear una función que permite al usuario pulsar en una imagen y arrastrarla dentro de una página de la red. Este tipo de interacción se consigue diseñando una función que captura el suceso del ratón cuando se pulsa en la imagen, y que después recupera las coordenadas del puntero del ratón. Estas coordenadas se utilizarán para cambiar la posición de las imágenes dentro de la página.

En primer lugar, es preciso definir los dos elementos que se van a situar en la página:

```
24.    <IMG id="DINERO" STYLE="position: relative; top: 25px ; left: 25px;
    ➥ z-index: 2;" onmousemove="MoverObjeto();" SRC="dinero.gif">
26.    <IMG id="CLIP" STYLE="position: relative; top: 50px; left: 25px;
    ➥ z-index: 1;" onmousemove="MoverObjeto();" SRC="clips.gif">
```

Estos marcadores de imagen sitúan las imágenes en la página, y fijan las capas de tal modo que las imágenes se superpongan correctamente. Además, estas líneas hacen uso de *onmousemove=«MoverObjeto()»*; para especificar la función que debe invocarse cuando se traslade el elemento. La decisión de utilizar *onmousemove* es importante, porque el suceso *mouseMove* permitirá acceder a los sucesos de objetos de la ventana que se pueden emplear para las coordenadas.

Esto es todo lo que hay que hacer en lo tocante al documento en sí, pero es preciso escribir la función que va a trasladar los elementos.

La función *MoverObjeto()* tiene que desempeñar varias tareas. En primer lugar, tiene que asegurarse de que se ha pulsado el botón del ratón para trasladar el objeto. Entonces tiene que recuperar las coordenadas del puntero de ratón, para volver a aplicar esas coordenadas al objeto. La función *MoverObjeto()* se define mediante el código siguiente:

```
07.    function MoverObjeto() {
08.        if (window.event.button == 1) {
09.            var elementoFuente, nuevoy, nuevox;
10.            elementoFuente = window.event.elementoFuente;
11.            nuevox=window.event.x - (elementoFuente.width/2);
12.            nuevoy=window.event.y - (elementoFuente.height/2);
13.            elementoFuente.style.posTop = nuevoy;
14.            elementoFuente.style.posLeft = nuevox;
15.            window.event.returnValue = false;
16.        }
17.    }
```

Una rápida ojeada a la función revela también que las ID de las imágenes que se van a trasladar no están enumeradas en ningún otro lugar de la página, porque queremos estar seguros de que la función no sea especificar para ninguna imagen concreta. Si se escribiera una función que solamente trasladara una imagen, entonces sería preciso repetir la función para todas las imágenes de la página. Esto no es muy transportable. Con la función definida en las líneas 7-17, toda imagen de la página se podría trasladar fácilmente sin escribir un código adicional. Para ayudarle a entender lo que está sucediendo en las 11 líneas de código precedentes, los párrafos siguientes diseccionan la función.

En primer lugar, se necesita algún mecanismo para asegurar que las acciones de «arrastre» de la función sólo se realicen si está pulsado el botón del ratón. En caso contrario, no sería posible tomar y dejar el ratón durante el movimiento. Para lograr esto, se utilizará la propiedad *window.event.button* que proporciona un valor cuando se pulsan los botones del ratón. Para determinar si se ha pulsado con el botón izquierdo del ratón, se puede utilizar una sentencia *if* que comprueba si el valor de *window.event.button* es o no igual a 1:

```
07.  function MoverObjeto() {
08.      if (window.event.button == 1) {
16.      }
17.  }
```

Ahora podemos estar seguros de que sean cuales fueren las acciones incluidas en la sección *if*, sólo se ejecutarán si se pulsa el botón del ratón. A continuación, se definirán las variables que se emplearán en la función para llevar la cuenta de la información:

```
09.      var elementoFuente, nuevoy, nuevox;
```

Ahora que se tienen las variables, es preciso hacer algo con ellas. Lo primero es darle algún valor a *elementoFuente*:

```
10.      elementoFuente = window.event.srcElement;
```

Esta asignación crea una llave que se puede emplear para hacer alusión al objeto que se va a trasladar. El valor que se da es igual al valor que pasará a la función el método *window.event.srcElement*. Este método pasará la ID del elemento en que se pulse, así que se puede utilizar *elementoFuente* tal como si fuera lo mismo que la ID del objeto.

Las dos asignaciones siguientes pueden inducir a confusión a primera vista:

```
11.      nuevox=window.event.x - (elementoFuente.width/2);
12.      nuevoy=window.event.y - (elementoFuente.height/2);
```

Se trata de las variables que determinan cuál debe ser el nuevo valor para las coordenadas X e Y del objeto que se está trasladando. Para comprender mejor este proceso, examina la siguiente serie de pasos, que desglosa el total de la transacción:

1. En primer lugar, podría parecer que bastaría con utilizar *window.event.x* para especificar la coordenada X; sin embargo, esto no nos permite asegurar que la coordenada X siempre estará relacionada con la imagen que se esté trasladando. Esto es, una vez que el cursor del rutina abandone el área de la imagen, la imagen dejará de moverse, y el rango de desplazamiento sería limitado.
2. También es necesario que se pueda trasladar el objeto con respecto al centro del mismo, y no con respecto a su parte inferior o a su parte superior. La forma de lograr esta alineación es tomar la anchura de todo el elemento, y dividirla por dos para estar en el centro de la imagen.
3. A continuación, se resta de la coordenada X la posición del cursor, lo cual nos da una nueva coordenada verdadera basada en el centro de la imagen.
4. Los tres pasos anteriores se repiten para determinar la coordenada Y.

Ya estamos en la recta final de la función *MoverObjeto()*. Ahora se tienen los valores para la nueva posición X *(nuevox)* y para la nueva posición Y *(nuevoy)*. Lo único que se necesita es hacer la asignación a las propiedades de posición *superior* e *izquierda* de la imagen que se está trasladando:

```
13.      elementoFuente.style.posTop = nuevoy;
14.      elementoFuente.style.posLeft = nuevox;
```

Estas líneas hacen uso de la variable *elementoFuente* para especificar el elemento al que se hace referencia. A continuación, se especifica que se va a modificar un elemento de estilo *(posTop y posLeft)* y se le asignan nuevos valores. ¡Ahora las imágenes se mueven! Sin embargo, hay una última línea:

```
15.      window.event.returnValue = false;
```

Es posible ejecutar el guión sin esta línea, pero quizá se observe algún comportamiento extraño. Las imágenes se animan a saltos, y a veces no se mueven. Este comportamiento se debe a las características de la gestión de sucesos de HTML Dinámico. Al dar el valor false a la propiedad *Value* que se proporciona, se cancela la gestión de sucesos por omisión, dando lugar a una transición suave. El guión de la función *MoverObjeto()* aparece en las líneas 5-19 del Listado 13.4.

Finalmente, si se ensamblan todos los segmentos de código, el código final para tomar y arrastrar imágenes se muestra en el Listado 13.4.

Listado 13.4 Tomar y arrastrar imágenes con HTML Dinámico

```
01.   <HTML>
02.   <HEAD>
03.   <TITLE>Arrastre con HTML Dinámico </TITLE>
04.
05.   <SCRIPT>
06.
07.   function MoverObjeto() {
08.       if (window.event.button == 1) {
09.       var elementoFuente, nuevoy, nuevox;
10.       elementoFuente = window.event.elementoFuente;
11.       nuevox=window.event.x - (elementoFuente.width/2);
12.       nuevoy=window.event.y - (elementoFuente.height/2);
13.       elementoFuente.style.posTop = nuevoy;
14.       elementoFuente.style.posLeft = nuevox;
15.       window.event.returnValue = false;
16.       }
17.   }
18.
19.   </SCRIPT>
20.   </HEAD>
21.
22. <BODY>
```

(continúa)

Listado 13.4   Tomar y arrastrar imágenes con HTML Dinámico *(Continuación)*

```
23.
24.    <IMG id="DINERO" STYLE="position: relative; top: 25px ; left: 25px;
   ➥ z-index: 2;" onmousemove="MoverObjeto();" SRC="dinero.gif">
25.
26.    <IMG id="CLIP" STYLE="position: relative; top: 50px; left: 25px;
   ➥ z-index: 1;" onmousemove="MoverObjeto();" SRC="clips.gif">
27.
28.    </BODY>
29.    </HTML>
```

La Figura 13.4 muestra los resultados de este ejemplo de HTML Dinámico. Es posible pulsar en cualquiera de los elementos, y la imagen cambia de lugar arrastrándola por la página.

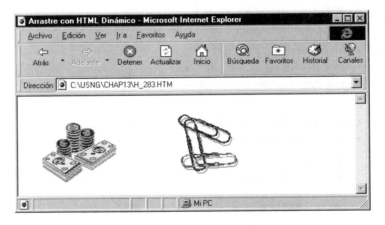

Figura 13.4   HTML Dinámico hace posible la animación pulsando y arrastrando.

Presentación de los controles multimedia de ActiveX

Ahora que ya se ha visto la forma de utilizar HTML Dinámico para crear efectos multimedia en nuestras páginas, cabe sentir curiosidad por saber hasta dónde llegan estas posibilidades. En realidad, y disponiendo de un tiempo suficiente, se pueden generar efectos multimedia muy bonitos y atractivos mediante el uso de posicionamiento y de guiones. Sin embargo, algunos efectos no son realmente posibles empleando tan sólo guiones y posicionamiento.

Por ejemplo, no sería posible llevar a cabo transformaciones complejas con imágenes empleando únicamente los guiones. ¿Qué ocurre si se quiere difuminar o invertir una imagen? Por la misma regla, quizá fuera necesario hacer que una imagen se disolviera para dar lugar a otra. Estos tipos de efectos son excelentes aplicaciones de multimedia, y pueden resultar útiles en nuestras páginas; por consiguiente, Microsoft ha proporcionado un mecanismo denominado controles multimedia para crear efectos sorprendentes.

Los controles multimedia de HTML Dinámico son controles de ActiveX que se pueden utilizar y manipular en conjunción con HTML Dinámico para crear efectos multimedia en tiempo real. El resto de este capítulo presenta estos controles y sus aplicaciones. La utilización de controles se trata en los Capítulos 14 y 15.

Rotación de textos y objetos

El primer grupo de controles multimedia está destinado a funciones similares al posicionamiento; sin embargo, son ligeramente más avanzados. Todos estos controles se pueden aplicar a cualquier tipo de elemento, y ofrecen un cierto número de parámetros muy personalizables.

- **Rotate**   El control Rotate permite hacer girar un objeto en cualquier dirección. Se puede utilizar este control para rotar imágenes y texto, según se muestra en la Figura 13.5.

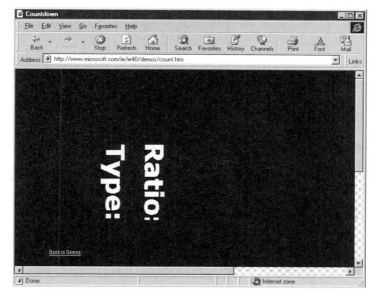

Figura 13.5   Se pueden utilizar controles multimedia para crear efectos tales como textos rotados.

- **Translate**   El control Translate permite controlar la situación de un elemento dentro de la página. Cuando se utiliza junto con un secuenciador, este control se puede utilizar para crear complejos efectos de animación y vuelo, que son independientes de la máquina y bastante flexibles.
- **Scale**   El control Scale permite dar escalados a los elementos. Aun cuando este efecto se puede conseguir sin ActiveX, el control Scale ofrece algunas mejoras de ajuste y de rendimiento que no son posibles si uno se basa exclusivamente en los guiones.

Gráficos estructurados

Entre los controles multimedia más potentes se cuentan los controles gráficos estructurados. Estos controles hacen posible generar gráficos en la pantalla empleando técnicas y primitivas gráficas. Esta funcionalidad permite crear complejas imágenes gráficas vectoriales, así como elementos que se pueden manipular fácilmente empleando otros controles multimedia.

Entre los controles gráficos estructurados se tienen varios controles destinados a llevar a cabo las funciones gráficas básicas necesarias para producir elementos utilizables:

- **Oval** El control Oval permite crear un óvalo cuando se proporcionan al control las coordenadas adecuadas. El óvalo se puede construir a partir de líneas, o puede tener un color de relleno. El control Oval también permite crear círculos.
- **Rect** El control Rect permite crear un polígono rectangular cuando se proporcionan al control las coordenadas adecuadas. El rectángulo se puede construir a partir de líneas, o puede tener un control de rellano. Los usuarios también pueden crear cuadrados empleando el control.
- **Fills** El control Fills permite crear llenados personalizados para diferentes elementos. Los llenados se pueden aplicar a elementos construidos con los controles Oval y Rect.
- **Lines** Además de las formas poligonales, el control Lines permite crear líneas que se pueden enlazar entre sí para crear toda una gama de gráficos.

Efectos de animación con ruta

En los capítulos anteriores y en los ejemplos de este capítulo se ha visto que resulta posible animar elementos de una página empleando guiones y posicionamiento HEC. El uso de esta metodología para hacer que un objeto siga una ruta predeterminada, sin embargo, puede ser bastante difícil. Y tampoco es fácil hacer que un objeto repita una ruta empleando este método.

Empleando los controles de Ruta, se puede realmente crear una ruta que el objeto seguirá en su desplazamiento. Esto permite crear animaciones complejas con gran precisión, y se puede animar cualquier objeto de tal modo que siga una ruta. Los controles Path son los siguientes:

- **pthRect** El control pthRect permite especificar una forma rectangular que se utilizará como ruta de movimiento del elemento.
- **pthOval** El control pthOval permite especificar una forma oval que se utilizará como ruta de movimiento del elemento.
- **pthPolygon** El control pthPolygon permite crear una forma poligonal que se utilizará como ruta para animar un objeto. Se podría emplear este control para crear rutas de movimiento basadas en pentágonos, octógonos y demás.
- **pthPolyline** El control pthPolyline permite describir una ruta de movimiento que está construida a partir de múltiples segmentos de líneas. Esto hace posible crear rutas de movimiento que son casi completamente arbitrarias, y no están limitadas a seguir formas geométricas tal como sucedía con las demás rutas.

Transiciones

La lista que contiene esta sección es una breve descripción de las transiciones que están disponibles en HTML Dinámico mediante el uso de controles multimedia de ActiveX. Estas transiciones y sus implementaciones se tratan con más detalle en el Capítulo 14. Todas las transiciones implican modificar la imagen que se muestra entre dos imágenes, haciendo uso del método descrito. En lugar de efectuar una transición entre dos imágenes, sin embargo, se podría crear una transición entre una imagen y una zona blanca o negra, para crear un efecto de fundido a blanco o a negro.

Se hallarán ejemplos visuales de todas estas transiciones en **http://www.microsoft. com/ie/ie40/demos/transall.htm.** Lo que sigue son las transiciones que proporcionan HTML Dinámico e Internet Explorer:

- **Box In** Superpone una imagen con otra desde el centro, en forma de cuadro, hasta que la imagen original se ve sustituida por la segunda imagen.
- **Box Out** Ofrece el mismo efecto que Box In, salvo que el cuadro parece reducirse hasta desaparecer en el centro de la imagen.
- **Circle In** Parecido a la transición Box In, salvo que la imagen se sustituye en una trama circular en lugar de ocurrir en un cuadro.
- **Circle Out** Parecido a Box Out, salvo que tiene forma de círculo.
- **Wipe Up** Conmuta entre dos imágenes, desplazando la segunda sobre la primera desde la parte inferior de la imagen hasta la superior.
- **Wipe Down** Conmuta entre dos imágenes, desplazando la segunda sobre la primera desde la parte superior de la imagen hasta la inferior.
- **Wipe Right** Conmuta entre dos imágenes, desplazando la segunda sobre la primera desde la parte derecha de la imagen hasta la izquierda.
- **Wipe Left** Conmuta entre dos imágenes, desplazando la segunda sobre la primera desde la parte izquierda de la imagen hasta la derecha.
- **Vertical Blinds** Crea tiras de la segunda imagen sobre la primera, como una persiana vertical que se abre, hasta que la segunda imagen sustituye a la primera.
- **Horizontal Blinds** Crea tiras de la segunda imagen sobre la primera, como una persiana horizontal que se abre, hasta que la segunda imagen sustituye a la primera.
- **Checker Board Across** Sustituye la primera imagen por la segunda mediante una trama de tablero de ajedrez, comenzando por la izquierda y avanzando hacia la derecha.
- **Checker Board Down** Sustituye la primera imagen por la segunda mediante una trama de tablero de ajedrez, comenzando por la superior y avanzando hacia la parte inferior.
- **Random Dissolve** Sustituye los píxeles de la primera imagen por píxeles de la segunda imagen en una trama aleatoria, hasta que la imagen se sustituye por completo. Este efecto también se puede emplear con imágenes blancas o negras para crear un efecto de «fundido».
- **Split Vertical In** Conmuta de la imagen uno a la imagen dos partiendo la segunda imagen y borrando simultáneamente desde los lados izquierdo y derecho.
- **Split Vertical Out** Conmuta de la imagen uno a la imagen dos partiendo en dos la primera imagen y desplazando hacia fuera las dos mitades hasta revelar la segunda imagen.

- **Split Horizontal In**   Conmuta de la imagen uno a la imagen dos partiendo en dos la segunda imagen y borrando simultáneamente desde las partes superior e inferior.
- **Split Horizontal Out**   Conmuta de la imagen uno a la imagen dos partiendo en dos la primera imagen y desplazando las dos mitades hacia las partes superior e inferior de la pantalla, hasta revelar la segunda imagen.
- **Strips Left Down**   Revela la segunda imagen de una serie de dos en forma de unas tiras que avanzan desde la esquina superior derecha de la pantalla hasta la esquina inferior izquierda.
- **Strips Left Up**   Revela la segunda imagen de una serie de dos en forma de unas tiras que avanzan desde la esquina inferior derecha de la pantalla hasta la esquina superior izquierda.
- **Strips Right Down**   Revela la segunda imagen de una serie de dos en forma de una serie de tiras que avanzan desde la esquina superior izquierda hasta la esquina inferior derecha.
- **Strips Right Up**   Revela la segunda imagen de una serie de dos en forma de una serie de tiras que avanzan desde la esquina inferior izquierda hasta la esquina superior derecha.
- **Random Bars Horizontal**   Sustituye la primera imagen mostrando aleatoriamente barras horizontales de la segunda imagen.
- **Random Bars Vertical**   Sustituye la primera imagen mostrando aleatoriamente barras verticales de la segunda imagen.

Filtros

Los efectos de transición ofrecen alternativas para conmutar entre varias imágenes. Los controles Filter ofrecen también características para la manipulación de imágenes, permitiendo a los diseñadores que apliquen efectos a las imágenes dentro de la ventana del navegador, en lugar de tener que cambiar toda una imagen nueva.

Por ejemplo, con HTML estándar, para difuminar una imagen sería necesario tener dos versiones de la imagen: una nítida y otra difusa. Entonces sería preciso conmutar de alguna forma entre las dos imágenes para dar la impresión de que la imagen se difuminaba. Empleando los controles Filter de HTML Dinámico, se puede alterar realmente la imagen sin cargar una nueva imagen en absoluto, de forma muy parecida a la aplicación de un filtro a la imagen empleando una herramienta de manipulación de imágenes tal como Photoshop. El resultado es la posibilidad de manipular imágenes en menos tiempo, y consumiendo menos recursos del sistema (tales como ancho de banda y espacio en disco). Estos filtros se tratan con más detalle en el Capítulo 15.

HTML Dinámico ofrece varios controles Filter a través de ActiveX. Entre ellos se cuentan los siguientes:

- **FlipH**   Permite dar la vuelta a una imagen con respecto al eje horizontal. El resultado es parecido a dar la vuelta a la página, pero sigue viéndose la imagen por el otro lado.
- **FlipV**   Permite dar la vuelta a una imagen con respecto al eje vertical.
- **Gray**   Transforma todos los píxeles de color de una imagen en el tono de gris correspondiente. Hay 256 niveles de gris, y el resultado es la misma imagen pero sin detalles de color.

- **Invert** Hace que se invierta la imagen seleccionada, o bien que el color de cada píxel de la imagen se cambie por el color inverso del original.
- **Xray** Combina los efectos de otros filtros. Convierte esa imagen en una imagen de niveles de gris, y además reduce la profundidad de color de la imagen, de 256 niveles de gris a sólo 16.
- **Alpha** Hace posible emplear efectos de canal en las imágenes, del tipo de especificar la opacidad de una imagen, y también permite que los fondos u otras imágenes se vean a través de la imagen.
- **Blur** Hace posible aplicar una difusión de movimiento a un objeto, con parámetros mediante los cuales se puede especificar la dirección del movimiento y la intensidad de la difusión.
- **Chroma** Permite seleccionar un color de una imagen que hará las veces del color transparente. Es un efecto similar al de ChromaKey en televisión, que suele emplearse para cambiar el fondo.
- **Drop Shadow** Crea un borde sombreado en torno a la imagen o elemento. Entre los parámetros se cuentan el color de la sombra y el desplazamiento.
- **Glow** Crea un efecto de brillo en torno al objeto especificado.
- **Mask** Hace que todos los píxeles transparentes de un objeto se vuelvan opacos, y que los posibles píxeles opacos se vuelvan transparentes; a efectos invierte la imagen y deja un «agujero» donde estuviera previamente la imagen.
- **Shadow** Crea una sombra de la imagen u objeto en una dirección y color especificados.
- **Wave** Distorsiona la imagen empleando una onda senoidal con efecto de crear un efecto de ondulación en la imagen.

Y a continuación...

Llegados aquí, la potencia de HTML Dinámico debería resultar evidente. La capacidad de manipular el contenido de una página, tanto mientras se está cargando como después de haber sido cargada, ya resulta atractiva por sí misma. Mediante el uso de estilos y contenidos dinámicos, se pueden cambiar y manipular las páginas para crear nuevos entornos y experiencias para el cliente. También tenemos ya una idea de lo que se puede hacer con HTML Dinámico empleando hojas de estilo, posicionamiento y guiones. Todas estas técnicas tienen su valor, y constituyen el fundamento de HTML Dinámico.

- Capítulo 14, «Transiciones multimedia» Proporciona una visión general de la técnica multimedia que está incorporada en HTML Dinámico. Aprenda a crear efectos multimedia con HTML Dinámico, y algunas de las características diseñadas especialmente para multimedia, tales como los controles multimedia de ActiveX.
- Capítulo 15, «Filtros multimedia y controles ActiveX» Proporciona un detallado tratamiento de los filtros y controles multimedia que reúnen las técnicas de ActiveX y HTML Dinámico.

Capítulo

14

Transiciones multimedia

Los aspectos de HTML Dinámico tratados hasta el momento ofrecen bastante control en lo tocante a dónde y cómo se van a visualizar los elementos visuales en la pantalla. Se pueden añadir y borrar elementos, es posible mostrarlos y ocultarlos, y se puede, incluso, modificar sus posiciones en tiempo real.

HTML Dinámico, sin embargo, ofrece una gama de efectos multimedia mucho más amplia que la simple capacidad de manipular el estilo y contenido de un elemento. Entre los ejemplos de estas capacidades adicionales se cuentan las transiciones, los filtros y el control de rutas.

Todas estas capacidades extendidas están implementadas en Internet Explorer 4.0 en la forma de objetos de ActiveX. Se accede a la mayoría de estos objetos incrustándolos mediante el marcador <OBJECT> en nuestros documentos HTML. Sin embargo, las transiciones y los filtros son tan importantes que Microsoft ha añadido una sintaxis propia a los atributos de estilo de HTML para hacer que sea posible utilizarlos de una manera sencilla.

Una *transición* es un control que hace posible mostrar u ocultar un elemento visual a lo largo de un período de tiempo especificado. Recuerde la última vez que haya estado viendo un programa de televisión o una película, y el momento en que la pantalla hizo un fundido a negro. Ha sido una transición de la imagen a negro. Algunos de los otros controles multimedia que están disponibles se tratarán en el próximo capítulo.

- **Introducción a las transiciones** Aprenda la forma en que las transiciones hacen posible crear efectos interesantes cuando se pasa de un elemento de la página a otro.
- **El arte de la transición** Aprenda lo sencillo que es crear transiciones trabajando con un ejemplo básico.
- **Tipos de transiciones** Explore los 24 tipos distintos de transiciones, que ofrecen toda una gama de efectos interesantes tales como borrados, fundidos y disoluciones.

¿Por qué son importantes estos controles? Ofrecen un grado de control sin paralelo con respecto a la presentación visual de contenido HTML, tal como las imágenes. Anteriormente, si se deseaba crear una transición, la única opción consistía en utilizar o bien una modificación desde el servidor o bien un GIF animado.

La posibilidad de realizar este tipo de efectos dentro de HTML tiene varias ventajas desde el punto de vista del servidor. En primer lugar, significa que sólo es preciso almacenar una copia de la imagen, en lugar de anticipar todas las posibles circunstancias.

En segundo lugar, y posiblemente sea más importante, no hay que hacer viajes de ida y vuelta al servidor para este tipo de efecto multimedia. Todo el trabajo se realiza desde el cliente, minimizándose tanto el tráfico de red como los recursos consumidos en el servidor.

Utilización de transiciones

Según se indicaba anteriormente, las transiciones hacen posible especificar la forma en que un objeto va a ser mostrado u ocultado a lo largo de un período de tiempo predeterminado. Las transiciones son similares a las que se pueden haber visto en un programa de televisión, o en una película: disoluciones, fundidos, acercamientos o alejamientos, y cosas por el estilo.

Para utilizar una transición, es preciso especificar en qué parte del documento HTML se va a producir la transición. El lugar más frecuente para hacer esto es el interior de un marcador de contenedor. Normalmente, será necesario efectuar la transición entre un elemento y otro, y los marcadores de contenedor tales como el marcador <DIV> son la forma que tiene HTML de agrupar elementos.

La propiedad *FILTER* de las HEC especifica la transición que se va a utilizar. Esto podría parecer extraño a primera vista, porque existe una separación lógica entre las transiciones y los filtros. Sin embargo, en lo que concierne a HTML Dinámico, una transición es un caso especial de filtro.

¿Por qué sucede esto? Piense que el marcador <DIV> es su propio elemento visual, con dos elementos superpuestos en su interior. Sólo uno de estos elementos se podrá mostrar en un instante de tiempo dado. La transición muestra el elemento oculto, simultáneamente oculta el elemento que se esté visualizando en ese momento. Por otra parte, un filtro hace posible modificar el aspecto de un elemento visual.

De esta manera, una transición es un filtro que opera a lo largo de un período de tiempo. Es la lente a través de la cual dos elementos que normalmente se verían sólo de forma independiente pueden verse ahora al mismo tiempo.

Preparación del documento HTML para una transición

La propiedad *FILTER* recibe el valor *revealTrans()* cuando se quiere preparar el elemento DIV para utilizar transiciones. Todos los segmentos de código de esta sección está numerados según su ubicación en el código final para esta transición, que está en el Listado 14.1. El siguiente fragmento de código empieza a construir el elemento DIV dando valor a la propiedad *FILTER*:

```
31.    <DIV id="transEx"
35.       STYLE="FILTER:revealTrans()">
47.    </DIV>
```

Dado que se van a colocar los elementos uno encima de otro, tiene sentido atreverse a utilizar un posicionamiento absoluto para asegurar que los elementos queden realmente apilados uno sobre otro. La anchura de este elemento DIV recibirá el valor *500,* y a la altura se le dará el valor *350*. El fondo se pondrá en negro (*black*). Como la propiedad STYLE de este elemento ya ha recibido un valor, basta con añadir esta información de HEC al STYLE:

```
31.    <DIV id="transEx"
33.       STYLE="POSITION:ABSOLUTE;WIDTH:500;HEIGHT:350;
34.             background-color:black;
35.             FILTER:revealTrans()">
47.    </DIV>
```

Ahora que ya está preparado el elemento DIV, es necesario decidir lo que se va a situar dentro del elemento. El ejemplo de este capítulo hace uso de una imagen de un tigre (véase Figura 14.1) denominada «tigre.jpg».

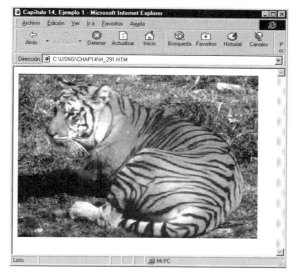

Figura 14.1 Utilización de una sencilla imagen de un tigre para realizar transiciones multimedia.

Para hacer que las imágenes de este capítulo sean tan claras como sea posible, este ejemplo efectúa una transición a negro en lugar de pasar a otra imagen. Comenzaremos por añadir la imagen del tigre, fijando su posición de forma *absoluta,* con una anchura de *500,* una altura de *350* y fondo negro (*black*).

Además, hay que asegurarse de que la imagen se sitúe en la esquina superior izquierda del elemento DIV, de modo que se da el valor *0* a la propiedad *top* y también a la propiedad *left*.

```
37.    <IMG id="ImageFrm"
38.       STYLE="POSITION:ABSOLUTE;WIDTH:500;HEIGHT:350;
39.          TOP:0;LEFT:0"
40.       SRC="tigre.jpg">
```

Ahora bien, dado que se desea efectuar una transición a negro, hay que tener un elemento, que no será otra cosa que una reserva de espacio, y que sea precisamente negro. La forma más sencilla de hacer esto es precisamente utilizar otro elemento DIV.

Comenzaremos por crear este elemento DIV y situarlo en la posición *0* a la izquierda y *0* por arriba para que se superponga exactamente a la imagen del tigre. Por esta misma razón, es necesario que el elemento tenga una anchura de *500,* una altura de *350* y un fondo *black*:

```
42.    <DIV id="FadeTo"
43.       STYLE="POSITION:ABSOLUTE;WIDTH:500;HEIGHT:350;
44.            TOP:0;LEFT:0;
45.          BACKGROUND:black">
47.    </DIV>
```

Dado que este es el elemento que será el final de la transición, es necesario que inicialmente no sea visible. Esto se hace dando a la propiedad VISIBILITY del estilo de HEC de ese elemento el valor *hidden*:

```
42.    <DIV id="FadeTo"
43.       STYLE="POSITION:ABSOLUTE;WIDTH:500;HEIGHT:350;
44.            TOP:0;LEFT:0;
45.            BACKGROUND:black
46.            VISIBILITY:hidden">
47.    </DIV>
```

Esto es casi el último paso del trabajo necesario para el cuerpo del documento. Lo último que se necesita es un activador que desencadene la transición. Esta necesidad se puede satisfacer definiendo una función llamada *comenzarTrans()* que sea invocada cuando se haga clic en el elemento DIV que contiene la transición. El código siguiente enlaza la función *comenzarTrans()* con el elemento DIV y construye la versión final del cuerpo del documento:

```
29.    <BODY>
30.
31.    <DIV id="transEx"
32.       onclick="comenzarTrans()"
33.       STYLE="POSITION:ABSOLUTE;WIDTH:500;HEIGHT:350;
34.            background-color:black;
35.            FILTER:revealTrans()">
36.
37.          <IMG id="ImageFrm"
38.            STYLE="POSITION:ABSOLUTE;WIDTH:500;HEIGHT:350;
39.                 TOP:0;LEFT:0"
40.            SRC="tigre.jpg">
41.
42.          <DIV id="FadeTo"
43.            STYLE="POSITION:ABSOLUTE;WIDTH:500;HEIGHT:350;
44.                 TOP:0;LEFT:0;
45.                 BACKGROUND:black
46.                 VISIBILITY:hidden">
```

```
47.          </DIV>
48.
49.  </DIV>
50.
51.  </BODY>
```

Guiones para la transición

Ahora es necesario construir la función *comenzarTrans( )* que se evalúa cuando se pulsa en el marcador <DIV> que la contiene. Cuando se está controlando una transición, hay que asegurar que se consideren cuatro aspectos del control:

- El método *Apply( )* de la transición tiene que ser invocado para que comience la transición.
- Hay que determinar el tipo de transición que tiene que ejecutarse.
- El elemento de destino de la transición debe recibir el valor visible, y el elemento desde el cual se vaya a hacer la transición tiene que recibir el valor oculto.
- Se invoca al método *play( )* de la transición, pasando como argumento la velocidad de la transición.

Para controlar estos aspectos de las transiciones, es necesario tener una referencia del objeto de transición en sí. Este objeto puede proporcionarse a partir del elemento que contenga la transición mediante la colección de filtros:

```
transEx.filters
```

Dado que en este caso sólo se ha definido una transición, se necesita el primer elemento de esta colección, que se puede proporcionar a través de *item(0)*:

```
transEx.filters.item(0)
```

Según se ha mencionado anteriormente, lo primero que hay que hacer en el guión es llamar al método *Apply( )* de la transición. Esto indica al navegador que no actualice el contenido del elemento que la contiene, porque se va a producir una transición.

La función *comenzarTrans( )* comienza por invocar al método *Apply( )* de la transición:

```
09.  function comenzarTrans() {
10.
12.      transEx.filters.item(0).Apply();
13.
24.  }
```

A continuación, hay que determinar el tipo de *transition* que se va a ejecutar. Hay una propiedad del objeto transición denominada *Transition* a la que se da un valor que depende de la transición deseada. La propiedad *Transition* puede contener un entero entre 0 y 23, en donde cada número corresponde a un tipo particular de transición. Los tipos de transiciones se han enumerado en la Tabla 14.1, y todas ellas se describirán detalladamente más adelante en este capítulo:

Tabla 14.1 Tipos de transiciones

Nombre de la transición	ID entera
Box In	0
Box Out	1
Circle In	2
Circle Out	3
Wipe Up	4
Wipe Down	5
Wipe Right	6
Wipe Left	7
Vertical Blinds	8
Horizontal Blinds	9
Checkerboard Across	10
Checkerboard Down	11
Random Dissolve	12
Split Vertical In	13
Split Vertical Out	14
Split Horizontal In	15
Split Horizontal Out	16
Strips Left Down	17
Strips Left Up	18
Strips Right Down	19
Strips Right Up	20
Random Bars Horizontal	21
Random Bars Vertical	22
Random	23

Para este ejemplo, defina el valor 12 como tipo de transición, lo cual dará lugar a que se produzca una transición del tipo Random Dissolve. La transición Random Dissolve hace que desaparezca el elemento del que parte la transición, píxel por píxel, de una forma aleatoria tal como la que se muestra en la Figura 14.2. La sintaxis para definir la transición Random Dissolve es como sigue:

```
09.   function comenzarTrans() {
10.
12.       transEx.filters.item(0).Apply();
13.
14.       // Se fija como transición Random Dissolve
15.       transEx.filters.item(0).Transition = 12;
16.
24.   }
```

El paso siguiente es conmutar la visibilidad de los dos elementos entre los que se efectuará la transición. Esto informa al control de transiciones acerca del elemento del que parte la transición, y el elemento al que llega. En este caso, se hace que la imagen del tigre quede oculta, y que se visualice la zona negra (lo cual se consigue dando a su propiedad *visibility* una cadena en blanco como valor):

```
09.    function comenzarTrans() {
10.
12.        transEx.filters.item(0).Apply();
15.        transEx.filters.item(0).Transition = 12;
16.
17.        // Se preparan los elementos para la transición
18.        ImageFrm.style.visibility = "hidden";
19.        FadeTo.style.visibility = "";
24.    }
```

Esto puede parecer un poco desconcertante a primera vista, porque parece implicar que se van a intercambiar los dos elementos inmediatamente. ¿Por qué parece que sea así? En todos los demás casos, cuando se conmuta la visibilidad de un ítem, el cambio se ejecuta de manera inmediata.

Este es un caso especial porque el método *Apply()* de la transición ha sido invocado con anterioridad. Este método da lugar a que el navegador suspenda temporalmente los cambios inmediatos del estado de visibilidad de aquellos objetos que estén contenidos dentro del elemento afectado por la transición. Ahora lo único que resta por hacer es la transición en sí.

El paso final de la transición es hacer que la transición se ejecute realmente. Esto se consigue mediante el método *play()* de la transición. Al método *play()* se le pasa un argumento—*speed*.

El argumento *speed* especifica el número de segundos que debe durar la transición. En este caso, se da al número de segundos el valor 5:

```
09.    function comenzarTrans() {
10.
12.        transEx.filters.item(0).Apply();
15.        transEx.filters.item(0).Transition = 12;
18.        ImageFrm.style.visibility = "hidden";
19.        FadeTo.style.visibility = "";
20.
21.        // Ejecutar la transición
22.        transEx.filters.item(0).play(5);
23.
24.    }
```

Esto significa que las transiciones durarán 5 segundos, y al cabo de este tiempo el elemento de partida habrá desaparecido por completo, mientras que el elemento de destino de la transición será completamente visible.

Implementación de la transición

Ahora que ya se conoce HTML y las porciones de los guiones que corresponden a las transiciones, vamos a examinar directamente una transición. El Listado 14.1 pone en un archivo de ejemplo (ch14ex01.htm) el cuerpo y las partes relativas a la transición:

Listado 14.1 Creación de una transición Random Dissolve entre imágenes

```
01.    <HTML>
02.    <HEAD>
03.       <TITLE>
04.          Capítulo 14, Ejemplo 1
05.       </TITLE>
06.
07.       <SCRIPT LANGUAGE="JavaScript">
08.
09.       function ComenzarTrans() {
10.
11.           // Comienza el proceso de definición de la transición
12.           transEx.filters.item(0).Apply();
13.
14.           // Se fija como transición Random Dissolve
15.           transEx.filters.item(0).Transition = 12;
16.
17.           // Se preparan los elementos para la transición
18.           ImageFrm.style.visibility = "hidden";
19.           FadeTo.style.visibility = "";
20.
21.           // Ejecutar la transición
22.           transEx.filters.item(0).play(5);
23.
24.       }
25.       </SCRIPT>
26.    </HEAD>
27.
28.
29.    <BODY>
30.
31.    <DIV id="transEx"
32.        onclick="comenzarTrans()"
33.        STYLE="POSITION:ABSOLUTE;WIDTH:500;HEIGHT:350;
34.              background-color:black;
35.              FILTER:revealTrans()">
36.
37.           <IMG id="ImageFrm"
38.              STYLE="POSITION:ABSOLUTE;WIDTH:500;HEIGHT:350;
39.                    TOP:0;LEFT:0"
40.              SRC="tigre.jpg">
41.
42.           <DIV id="FadeTo"
```

```
43.                    STYLE="POSITION:ABSOLUTE;WIDTH:500;HEIGHT:350;
44.                        TOP:0;LEFT:0;
45.                        BACKGROUND:black;
46.                        VISIBILITY:hidden">
47.           </DIV>
48.
49.    </DIV>
50.
51.    </BODY>
52.    </HTML>
```

La Figura 14.2 muestra esta transición en acción. Cuando se carga la página por primera vez, sólo se ve la imagen del tigre. En cuanto el usuario pulsa en el tigre, sin embargo, se desencadena la transición y el tigre hace un lento fundido a negro.

Figura 14.2 La imagen del tigre hace un fundido a negro.

En este ejemplo, la transición comienza cuando el usuario hace clic en la imagen; sin embargo, esta no es la única forma en que se pueden desencadenar las transiciones.

Se puede asociar cualquier suceso a la función con objeto de hacer que comience la transición. Quizá se desee que comience la transición siempre que el usuario haga pasar el puntero del ratón por encima del elemento al que esté asociada. También se podría desencadenar la transición con un elemento diferente —quizá con un botón que se haya identificado como el controlador de la transición. Vuelva al Capítulo 7, «Gestión de sucesos», para más ejemplos de los tipos de sucesos a los que sería posible asociarlo.

Tipos de transiciones

En los documentos de HTML Dinámico están disponibles muchos tipos de transiciones. La selección de la que hay que utilizar puede producir confusión. Esta sección, describe las distintas transiciones disponibles, y ofrece ejemplos de todas ellas en acción.

Para que sea más sencillo introducir estas transiciones en nuestro documentos de HTML Dinámico, se proporcionará con cada ejemplo un ejemplo de marcador <DIV> que se puede poner directamente en los documentos de HTML Dinámico.

Además de especificar el tipo de transición que hay que ejecutar mediante la propiedad *Transition* del objeto *transition* externamente, se puede también especificar el tipo de transición como un argumento de la función *revealTrans()*. Para especificar el tipo de transición de esta manera, seguimos especificando la transición dando a la propiedad *Transition* el valor correspondiente a la transición deseada. Sin embargo, en lugar de hacerlo en un guión, se hace esto como un argumento de la función *revealTrans()*:

```
revealTrans(Transition = <id_transicion>)
```

Por tanto, si se quisiera dar el valor 1 al tipo de transición del Listado 14.1 (dando lugar a una transición Box Out) dentro del elemento DIV, se utilizaría el código siguiente:

```
<DIV id="transEx"
    onclick="comenzarTrans()"
    STYLE="POSITION:ABSOLUTE;WIDTH:500;HEIGHT:350;
        background-color:black;
        FILTER:revealTrans(Transition=1)"> // Se fija la transición
```

Los ejemplos de las secciones siguientes, relativos a todos y cada uno de los tipos de transiciones, proporcionan la versión adecuada de este elemento DIV. Entonces se pueden copiar y pegar estos elementos en el ejemplo del Listado 14.1. La única modificación adicional que será preciso hacer en el ejemplo es eliminar la línea que determina la transición dentro de la función *comenzarTrans()* porque ya no será necesaria. Por tanto, elimine la línea 15 del ejemplo dado en el Listado 14.1, porque se da valor al tipo de transición en *revealTrans()*:

```
transEx.filters.item(0).Transition = 12;
```

Box In

Mediante la transición Box In (véase Figura 14.3), el elemento de destino de la transición sustituye al elemento de partida de la transición, partiendo del exterior y avanzando hacia el interior dentro de un cuadro. Esto da lugar a que desaparezca la imagen original, que se transforma en un cuadro cada vez más pequeño.

La transición Box In tiene una ID de transición cuyo valor es *0*, según se muestra en el siguiente elemento DIV:

```
<DIV id="transEx"
    onclick="comenzarTrans()"
```

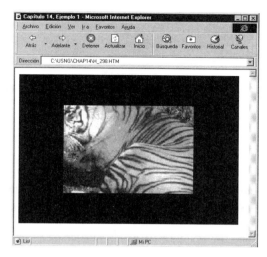

Figura 14.3 Utilización de la transición Box In para ocultar el tigre.

```
STYLE="POSITION:ABSOLUTE;WIDTH:500;HEIGHT:350;
    background-color:black;
    FILTER:revealTrans(Transition=0)">
```

Box Out

La transición Box Out (véase Figura 14.4) es exactamente la inversa de la transición Box In. Cuando se ejecuta la transición Box Out, el elemento de destino de la transición empieza siendo un cuadrito pequeño. Este cuadro se hace cada vez mayor, hasta sustituir por completo al elemento del que partiera la transición.

Figura 14.4 Utilización de la transición Box Out para ocultar al tigre.

La transición Box Out tiene un valor de transición igual a 1, según se muestra en el siguiente elemento DIV:

```
<DIV id="transEx"
    onclick="comenzarTrans()"
    STYLE="POSITION:ABSOLUTE;WIDTH:500;HEIGHT:350;
        background-color:black;
        FILTER:revealTrans(Transition=1)">
```

Circle In

La transición Circle In (véase Figura 14.5) da lugar a que el elemento del que parte la transición se vea en una ventana circular cada vez más pequeña, hasta que desaparece por completo. Mientras sucede esto, la imagen de destino de la transición va ocupando al área creciente que rodea al círculo que desaparece.

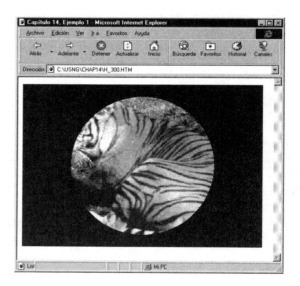

Figura 14.5 Utilización de la transición Circle In para ocultar al tigre.

La transición Circle In posee un valor de transición igual a 2, según se muestra en el siguiente elemento DIV:

```
<DIV id="transEx"
    onclick="comenzarTrans()"
    STYLE="POSITION:ABSOLUTE;WIDTH:500;HEIGHT:350;
        background-color:black;
        FILTER:revealTrans(Transition=2)">
```

Circle Out

La transición Circle Out (véase Figura 14.6) es exactamente la inversa de la transición Circle In. Cuando se ejecuta la transición Circle In, el elemento de destino de la transición empieza siendo un pequeño círculo. Este círculo va creciendo cada vez más hasta que sustituye al elemento de partida de la transición.

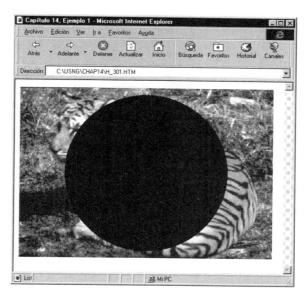

Figura 14.6   Utilización de la transición Circle Out para ocultar al tigre.

La transición Circle Out posee un valor de transición igual a 3, según se muestra en el siguiente elemento DIV:

```
<DIV id="transEx"
    onclick="comenzarTrans()"
    STYLE="POSITION:ABSOLUTE;WIDTH:500;HEIGHT:350;
        background-color:black;
        FILTER:revealTrans(Transition=3)">
```

Wipe Up

La transición Wipe Up (véase Figura 14.7) da lugar a que el elemento de destino de la transición sustituya al elemento de partida como si se hiciera un borrado hacia arriba en la pantalla. Esto se hace sustituyendo líneas horizontales de la imagen que va a ser sustituida una por una, comenzando por la parte inferior.

La transición Wipe Up posee un valor de transición igual a 4, según se muestra en el siguiente elemento DIV:

Figura 14.7 Utilización de la transición Wipe Up para ocultar al tigre.

```
<DIV id="transEx"
    onclick="comenzarTrans()"
    STYLE="POSITION:ABSOLUTE;WIDTH:500;HEIGHT:350;
        background-color:black;
        FILTER:revealTrans(Transition=4)">
```

Wipe Down

La transición Wipe Down (véase Figura 14.8) es lo contrario de la transición Wipe In. En lugar de hacer que el elemento original empiece a ser sustituido por la parte inferior, avanzando hacia arriba, el elemento se sustituye horizontalmente, pero empezando por la parte superior del mismo.

Figura 14.8 Utilización de la transición Wipe Down para ocultar al tigre.

La transición Wipe Down posee un valor de transición igual a 5, según se muestra en el siguiente elemento DIV:

```
<DIV id="transEx"
    onclick="comenzarTrans()"
    STYLE="POSITION:ABSOLUTE;WIDTH:500;HEIGHT:350;
        background-color:black;
        FILTER:revealTrans(Transition=5)">
```

Wipe Right

La transición Wipe Right (véase Figura 14.9) es parecida a las transiciones Wipe Up y Wipe Down, salvo que se emplean líneas verticales. En primer lugar, se sustituye la línea vertical del elemento original situada más a la izquierda, y después se va avanzando de igual modo hacia la derecha.

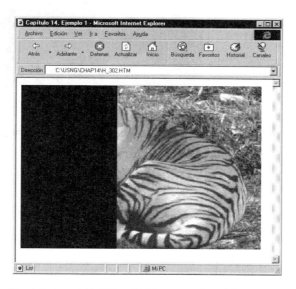

Figura 14.9 Utilización de la transición Wipe Right para ocultar al tigre.

La transición Wipe Right posee un valor de transición igual a 6, según se muestra en el siguiente elemento DIV:

```
<DIV id="transEx"
    onclick="comenzarTrans()"
    STYLE="POSITION:ABSOLUTE;WIDTH:500;HEIGHT:350;
        background-color:black;
        FILTER:revealTrans(Transition=6)">
```

Wipe Left

La transición Wipe Left (véase Figura 14.10) lo contrario de la transición Wipe Right. En lugar de hacer que la sustitución de líneas verticales comience por el lado izquierdo del elemento, las líneas de ese elemento se van sustituyendo empezando por el lado derecho.

Figura 14.10   Utilización de la transición Wipe Left para ocultar al tigre.

La transición Wipe Left posee un valor de transición igual a 7, según se muestra en el siguiente elemento DIV:

```
<DIV id="transEx"
    onclick="comenzarTrans()"
    STYLE="POSITION:ABSOLUTE;WIDTH:500;HEIGHT:350;
        background-color:black;
        FILTER:revealTrans(Transition=7)">
```

Vertical Blinds

La transición Vertical Blinds (véase Figura 14.11) funciona de forma muy parecida a las varillas que puede uno tener en una ventana. Imagine que el elemento de partida de la transición está pintado en las varillas, y que el elemento de destino de la transición está colocado tras las mismas.

Ahora, imagínese que sitúa las varillas de tal modo que no se vea, mostrando así lo que queda tras ellas. Esto se parece al proceso que se emplea en la transición Vertical Blinds. El elemento de partida de la transición se descompone en segmentos verticales de igual tamaño, y después estos segmentos se van sustituyendo por líneas verticales individuales, hasta formar el elemento de destino de la transición.

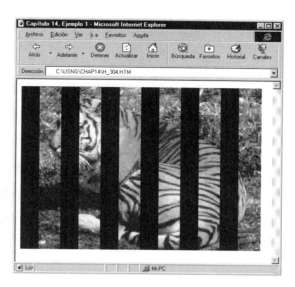

Figura 14.11 Utilización de la transición Vertical Blinds para ocultar al tigre.

La transición Vertical Blinds posee un valor de transición igual a 8, según se muestra en el siguiente elemento DIV:

```
<DIV id="transEx"
    onclick="comenzarTrans()"
    STYLE="POSITION:ABSOLUTE;WIDTH:500;HEIGHT:350;
        background-color:black;
        FILTER:revealTrans(Transition=8)">
```

Horizontal Blinds

La transición Horizontal Blinds (véase Figura 14.12) es muy parecida a la transición Vertical Blinds, salvo que el elemento del que parte la transición se descompone en segmentos horizontales iguales, y después estos segmentos se sustituyen línea por línea por el elemento de destino.

La transición Horizontal Blinds posee un valor de transición igual a 9, según se muestra en el siguiente elemento DIV:

```
<DIV id="transEx"
    onclick="comenzarTrans()"
    STYLE="POSITION:ABSOLUTE;WIDTH:500;HEIGHT:350;
        background-color:black;
        FILTER:revealTrans(Transition=9)">
```

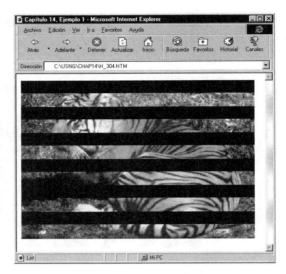

Figura 14.12 Utilización de la transición Horizontal Blinds para ocultar al tigre.

Checkerboard Across

La transición Checkerboard Across (véase Figura 14.13) descompone la imagen original en una trama parecida a un tablero de ajedrez, con cuadrados alternativos que contienen trozos de los elementos original y de destino. A continuación, aparecen cuadros que contienen trozos del elemento de destino de la transición y que crecen horizontalmente hasta que sustituyen por completo al elemento de partida de la transición.

Figura 14.13 Utilización de la transición Checkerboard Across para ocultar al tigre.

La transición Checkerboard Across posee un valor de transición igual a 10, según se muestra en el siguiente elemento DIV:

```
<DIV id="transEx"
    onclick="comenzarTrans()"
    STYLE="POSITION:ABSOLUTE;WIDTH:500;HEIGHT:350;
        background-color:black;
        FILTER:revealTrans(Transition=10)">
```

Checkerboard Down

La transición Checkerboard Down (véase Figura 14.14) es muy parecida a la transición Checkerboard Across, salvo que los cuadros alternativos que contienen piezas del elemento de destino crecen verticalmente en lugar de hacerlo horizontalmente, sustituyendo eventualmente al elemento del que partiera la transición.

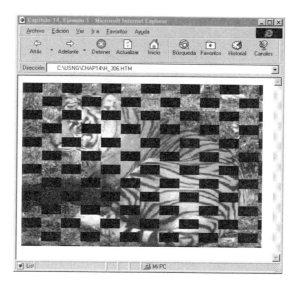

Figura 14.14 Utilización de la transición Checkerboard Down para ocultar al tigre.

La transición Checkerboard Down posee un valor de transición igual a 11, según se muestra en el siguiente elemento DIV:

```
<DIV id="transEx"
    onclick="comenzarTrans()"
    STYLE="POSITION:ABSOLUTE;WIDTH:500;HEIGHT:350;
        background-color:black;
        FILTER:revealTrans(Transition=11)">
```

Random Dissolve

La transición Random Dissolve (véase Figura 14.15) comienza por seleccionar aleatoriamente píxeles del elemento del que parte la transición, y va sustituyéndolos por píxeles del
elemento de destino de la transición. Este proceso se repite hasta que se ha sustituido toda
la imagen de que parte la transición.

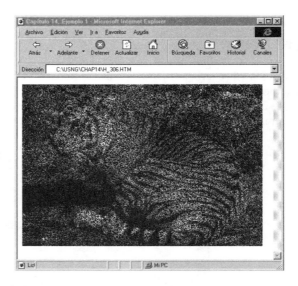

Figura 14.15 Utilización de la transición Random Dissolve para ocultar al tigre.

La transición Random Dissolve posee un valor de transición igual a 12, según se
muestra en el siguiente elemento DIV:

```
<DIV id="transEx"
    onclick="comenzarTrans()"
    STYLE="POSITION:ABSOLUTE;WIDTH:500;HEIGHT:350;
        background-color:black;
        FILTER:revealTrans(Transition=12)">
```

Split Vertical In

La transición Split Vertical In (véase Figura 14.16) es muy parecida a una combinación de
las transiciones Wipe Right y Wipe Left funcionando al mismo tiempo. La transición
comienza por sustituir una línea vertical de los lados derecho e izquierdo de elemento de
partida de la transición y prosigue hacia adentro hasta que el elemento queda completamente reemplazado.

La transición Vertical In posee un valor de transición igual a 13, según se muestra en
el siguiente elemento DIV:

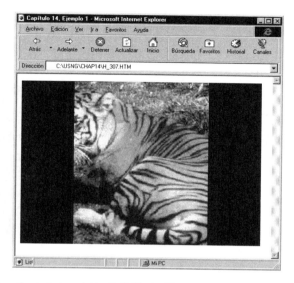

Figura 14.16 Utilización de la transición Split Vertical In para ocultar al tigre.

```
<DIV id="transEx"
    onclick="comenzarTrans()"
    STYLE="POSITION:ABSOLUTE;WIDTH:500;HEIGHT:350;
        background-color:black;
        FILTER:revealTrans(Transition=13)">
```

Split Vertical Out

La transición Split Vertical Out (véase Figura 14.17) es lo contrario de la transición Split Vertical In. Comienza por dividir el elemento verticalmente en dos partes, sustituyendo las dos líneas verticales situadas en el centro. Después avanza hacia los lados, sustituyendo otras líneas verticales hacia los bordes izquierdo y derecho de la pantalla hasta que el elemento de partida de la transición queda completamente sustituido.

La transición Split Vertical Out posee un valor de transición igual a 14, según se muestra en el siguiente elemento DIV:

```
<DIV id="transEx"
    onclick="comenzarTrans()"
    STYLE="POSITION:ABSOLUTE;WIDTH:500;HEIGHT:350;
        background-color:black;
        FILTER:revealTrans(Transition=14)">
```

Split Horizontal In

La transición Split Horizontal In (véase Figura 14.18) es como una combinación de las transiciones Wipe Up y Wipe Down funcionando al mismo tiempo. La transición comien-

Figura 14.17 Utilización de la transición Split Vertical Out para ocultar al tigre.

za por sustituir una línea vertical de las partes superior e inferior del elemento de partida de la transición y prosigue hacia adentro hasta que el elemento queda sustituido en su totalidad.

Figura 14.18 Utilización de la transición Split Horizontal In para ocultar al tigre.

La transición Split Horizontal In posee un valor de transición igual a 15, según se muestra en el siguiente elemento DIV:

```
<DIV id="transEx"
    onclick="comenzarTrans()"
    STYLE="POSITION:ABSOLUTE;WIDTH:500;HEIGHT:350;
        background-color:black;
        FILTER:revealTrans(Transition=15)">
```

Split Horizontal Out

La transición Split Horizontal Out (véase Figura 14.19) es lo contrario de la transición Split Horizontal In. Comienza por dividir el elemento horizontalmente en dos, sustituyendo las dos líneas horizontales situadas en el centro. A continuación avanza hacia fuera, sustituyendo más líneas horizontales hacia los bordes superior e inferior de la pantalla, hasta que el elemento de partida de la transición queda sustituido en su totalidad.

Figura 14.19 Utilización de la transición Split Horizontal Out para ocultar al tigre.

La transición Split Horizontal Out posee un valor de transición igual a 16, según se muestra en el siguiente elemento DIV:

```
<DIV id="transEx"
    onclick="comenzarTrans()"
    STYLE="POSITION:ABSOLUTE;WIDTH:500;HEIGHT:350;
        background-color:black;
        FILTER:revealTrans(Transition=16)">
```

Strips Left Down

Una buena forma de imaginar una transición del tipo Strips Left Down (véase Figura 14.20) es pensar que se trata de un borrado que comienza en la esquina superior derecha del elemento de partida de la transición y va borrando diagonalmente hacia abajo y hacia la izquierda, reemplazando la imagen de partida a medida que va pasando.

Figura 14.20 Utilización de la transición Strips Left Down para ocultar al tigre.

La transición Strips Left Down posee un valor de transición igual a 17, según se muestra en el siguiente elemento DIV:

```
<DIV id="transEx"
    onclick="comenzarTrans()"
    STYLE="POSITION:ABSOLUTE;WIDTH:500;HEIGHT:350;
        background-color:black;
        FILTER:revealTrans(Transition=17)">
```

Strips Left Up

La transición Strips Left Up (véase Figura 14.21) es muy parecida a la transición Strips Left Down, salvo que comienza en la esquina inferior derecha del elemento que se vaya a reemplazar. A continuación va sustituyéndolo por el elemento de destino de la transición, borrando hacia arriba y hacia la izquierda.

La transición Strips Left Up posee un valor de transición igual a 18, según se muestra en el siguiente elemento DIV:

```
<DIV id="transEx"
    onclick="comenzarTrans()"
    STYLE="POSITION:ABSOLUTE;WIDTH:500;HEIGHT:350;
        background-color:black;
        FILTER:revealTrans(Transition=18)">
```

Figura 14.21 Utilización de la transición Strips Left Up para ocultar al tigre.

Strips Right Down

La transición Strips Right Down (véase Figura 14.22) es muy parecida a la transición Strips Right Up, salvo que comienza en la esquina superior izquierda del elemento que se vaya a reemplazar. A continuación va sustituyendo ese elemento por el elemento de destino de la transición, borrando hacia abajo y hacia la derecha.

Figura 14.22 Utilización de la transición Strips Right Down para ocultar al tigre.

La transición Strips Right Down posee un valor de transición igual a 19, según se muestra en el siguiente elemento DIV:

```
<DIV id="transEx"
   onclick="comenzarTrans()"
   STYLE="POSITION:ABSOLUTE;WIDTH:500;HEIGHT:350;
      background-color:black;
      FILTER:revealTrans(Transition=19)">
```

Strips Right Up

La transición Strips Right Up (véase Figura 14.23) es muy parecida a la transición Strips Right Down, salvo que comienza por la esquina inferior izquierda del elemento que se vaya a sustituir. Entonces sustituye ese elemento por el elemento de destino de la transición, borrando hacia arriba y hacia la derecha.

Figura 14.23 Utilización de la transición Strips Right Up para ocultar al tigre.

La transición Strips Right Up posee un valor de transición igual a 20, según se muestra en el siguiente elemento DIV:

```
<DIV id="transEx"
   onclick="comenzarTrans()"
   STYLE="POSITION:ABSOLUTE;WIDTH:500;HEIGHT:350;
      background-color:black;
      FILTER:revealTrans(Transition=20)">
```

Random Bars Horizontal

La transición Random Bars Horizontal (véase Figura 14.24) es una de las transiciones más interesantes. Selecciona aleatoriamente líneas horizontales de distintas anchuras en el elemento de partida de la transición y las sustituye por otras líneas de igual tamaño pertenecientes al elemento de destino de la transición. Este proceso se repite hasta que finaliza la transición entre los dos elementos.

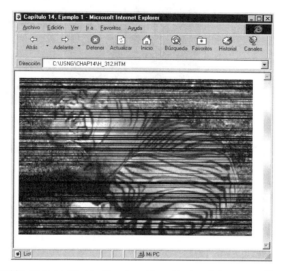

Figura 14.24 Utilización de la transición Random Bars Horizontal para ocultar al tigre.

La transición Random Bars Horizontal posee un valor de transición igual a 21, según se muestra en el siguiente elemento DIV:

```
<DIV id="transEx"
    onclick="comenzarTrans()"
    STYLE="POSITION:ABSOLUTE;WIDTH:500;HEIGHT:350;
        background-color:black;
        FILTER:revealTrans(Transition=21)">
```

Random Bars Vertical

La transición Random Bars Vertical (véase Figura 14.25) es muy parecida a la transición Random Bars horizontal, en la que se emplean líneas verticales en lugar de líneas horizontales. Selecciona aleatoriamente líneas verticales de distintas anchuras en el elemento de partida de la transición y las sustituye por otras líneas de igual tamaño pertenecientes al elemento de destino de la transición. Este proceso se repite hasta que finaliza la transición entre los dos elementos.

La transición Random Bars Vertical posee un valor de transición igual a 22, según se muestra en el siguiente elemento DIV:

Figura 14.25   Utilización de la transición Random Bars Vertical para ocultar al tigre.

```
<DIV id="transEx"
   onclick="comenzarTrans()"
   STYLE="POSITION:ABSOLUTE;WIDTH:500;HEIGHT:350;
      background-color:black;
      FILTER:revealTrans(Transition=22)">
```

Random

La transición Random selecciona aleatoriamente una de las 23 transiciones posibles y la ejecuta. Si se busca un efecto que cambie cada vez que se ejecute, se trata de éste.

La transición Random posee una ID de transición 23, según se muestra en el siguiente elemento DIV:

```
<DIV id="transEx"
   onclick="comenzarTrans()"
   STYLE="POSITION:ABSOLUTE;WIDTH:500;HEIGHT:350;
      background-color:black;
      FILTER:revealTrans(Transition=23)">
```

Y a continuación...

Las transiciones son posiblemente los controles multimedia más importantes que ofrece HTML Dinámico, pero los filtros y otros controles multimedia no se quedan muy atrás en importancia.

El Capítulo 15, «Filtros multimedia y controles ActiveX», discute estos controles multimedia y las formas en que pueden mejorar todavía más nuestros documentos de HTML Dinámico.

Capítulo

15

Filtros multimedia
y controles ActiveX

Además de las transiciones, HTML Dinámico ofrece una buena cantidad de efectos adicionales que se pueden aplicar a elementos HTML.

Estos efectos se pueden desglosar en dos clases generales, que se diferencian por la forma en que se especifican y se controla desde el interior de los documentos de HTML Dinámico.

La primera clase de efectos multimedia es una extensión de Microsoft para las HEC. Estos efectos se especifican en un bloque de estilo, o bien mediante el atributo STYLE de un elemento. Ya se ha visto este tipo de efecto en el último capítulo, a efectos de las transiciones. Los filtros se especifican de manera muy parecida, y serán lo primero que se describa en este capítulo.

La segunda clase de efectos multimedia tiene que añadirse a través de un marcador <OBJECT>. Estos controles multimedia son objetos de ActiveX y se tratan igual que cualquier otro objeto de ActiveX que se pueda usar, salvo que se tiene la garantía de que estarán presentes en todas las instalaciones de Internet Explorer 4.0, porque se incluyen con él.

Aun cuando estos controles no son menos potentes, ciertamente, que las transiciones y los filtros, resultan más complicados porque es preciso utilizar una cierta cantidad de sintaxis para trabajar con ellos. Esto puede resultar especialmente confuso si nunca se ha trabajado anteriormente con objetos de ActiveX.

- **Diferenciar entre objetos multimedia** Distinguir entre transiciones, filtros y otros objetos multimedia.
- **Filtros** Aprender los motivos subyacentes, el impacto y las técnicas para establecer filtros en nuestros documentos HTML.
- **Tipos de filtros** Descubrir los detalles y la forma de implementar todos los filtros multimedia que ofrece HTML Dinámico. Los filtros son uno de los aspectos fundamentales de HTML Dinámico, y puede ser muy útil conocer los tipos de filtros que existen.

Nota:

Es importante tener en cuenta que las transiciones y los efectos de filtros también son controles de ActiveX. Sin embargo, al hacer que sea posible acceder a ellos a través de la propiedad STYLE de los elementos que los utilizan, resultan mucho más fáciles de especificar y de controlar. Además, hay mucha más probabilidad de que se duplique su funcionalidad en otros navegadores, aun cuando esos navegadores no admitan ActiveX.

Presentación de los filtros

Un *filtro* es un control que permite aplicar directamente efectos al contenido de un ele mento. Por ejemplo, un filtro de difusión permite hacer que un elemento se difumine has ta el grado que se especifique.

En HTML Dinámico están disponibles muchos tipos de filtros. La lista siguient muestra los filtros que están disponibles en la actualidad, y que se describirán individua mente a lo largo del resto de este capítulo:

- X-Ray (Rayos X)
- Drop Shadow (Sombra lateral)
- Flip Horizontal (Vuelta horizontal)
- Flip Vertical (Vuelta vertical)
- Grayscale (Escala de grises)
- Invert (Invertir)
- Lights (Luces)
- Mask (Máscara)
- Motion Blur (Difusión de movimiento)
- Opacity (Opacidad)
- Shadow (Sombra)
- Wave (Ondas)
- Glow (Brillo)
- Chromakey (Cámara croma)

De forma muy similar a las transiciones, la capacidad de aplicar filtros por parte de cliente es una gran ventaja para los desarrolladores de HTML. Antes de HTML Dinámi co, manipular la forma en que se iba a visualizar una imagen requería efectuar la manipu lación antes del momento en que se efectuase la carga (o en situaciones sofisticadas, qu zá fuera preciso efectuar la manipulación mediante un guión CGI), cuando se iba a enví la imagen al usuario.

La generación de una imagen con el efecto deseado de forma anticipada produce gra cantidad de problemas por parte del servidor. Por una parte, es preciso adivinar y gener cualquier efecto que se quiera realizar antes del momento de la carga.

Al cargar en el servidor todos los efectos que se puedan aplicar a la imagen, se produ cen problemas de escalabilidad y de disco en el mismo. Es preciso consumir recursos d almacenamiento para almacenar todas las posibles imágenes. Además, se efectúa un viaj de ida y vuelta al servidor cada vez que se desea un nuevo efecto para la imagen, y de es modo se congestiona la red y se limita la escalabilidad.

Preparación de filtros en HTML

La adición de filtros a un documento de HTML Dinámico es una tarea bastante sencilla. Lo primero que hay que hacer es especificar un contenedor para el elemento al cual se va a aplicar el filtro.

Normalmente, será preciso utilizar un elemento <DIV> como contenedor del elemento al que se aplicará el filtro, porque es el contenedor más versátil. Será preciso dar a este contenedor una ID única mediante la cual pueda hacerse referencia a él, porque el filtro estará asociado al contenedor, y no directamente a la imagen a la cual se aplicará el filtro. Este es un aspecto importante. Piense que el contenedor que encapsula al elemento que se va a filtrar viene a ser como una lente a través de la cual se filtra el elemento. Este enfoque tiene una ventaja principal: se pueden aplicar los mismos filtros a cualquier cosa que se pueda situar dentro del contenedor, y esto puede cambiar siempre que se desee (véase Capítulo 10, «Contenido dinámico»). El ejemplo siguiente asigna a la ID del contenedor el valor «filtEx».

Para ver efectivamente la diferencia entre antes y después de ejecutar el filtro, el ejemplo siguiente retarda la ejecución del filtro hasta que el usuario pulsa el botón del ratón en el contenedor. La función que se invocará es *comenzarFiltro()*.

Este ejemplo también utiliza posicionamiento absoluto para ubicar la imagen en una posición arbitraria de la pantalla. En la práctica, es buena idea acostumbrarse a hacer esto por si acaso se desea situar múltiples elementos en el contenedor, ya que esto permite apilarlos (véase Capítulo 9, «Maquetación y posicionamiento»).

Dados estos requisitos, lo primero que se necesita es construir el elemento <DIV> requerido en la forma siguiente:

```
<DIV id="filtEx"
   STYLE="POSITION:ABSOLUTE;TOP:100;LEFT:200; WIDTH:450;HEIGHT:300"
   ➥ onclick="comenzarFiltro()">
</DIV>
```

A continuación, será preciso situar el elemento al que se quiera aplicar el filtro dentro de este elemento <DIV>. Este capítulo hace uso de una imagen como elemento del filtro; sin embargo, se puede utilizar cualquier tipo de elemento. Se utiliza siempre la imagen de un águila, *«águila.jpg»*, a lo largo de todo el capítulo, para que se pueda tener una buena comprensión de los efectos que se logran mediante los filtros (véase Figura 15.1).

El siguiente fragmento de código del Listado 15.1 (que se muestra completo en la sección siguiente, «Filtro X-Ray») añade un elemento IMG que especifica la imagen del águila para el elemento <DIV>:

```
18.   <DIV id="filtEx"
19.        STYLE="POSITION:ABSOLUTE;TOP:100;LEFT:200;WIDTH:450;HEIGHT:
             300"
20.        onclick="comenzarFiltro()">
21.
22.     <IMG id="laImg" SRC="águila.jpg"
23.
24.   </DIV>
```

Figura 15.1 Una imagen de un águila, preparada para ser filtrada.

Aunque sea difícil de creer, hasta aquí llega todo el HTML que se necesita para poder utilizar filtros. Ahora que ya se tiene un contenedor mediante el cual se podrá utilizar el filtro, basta con escribir una función en JavaScript que determine el filtro que haya que emplear.

A diferencia de las transiciones, la especificación del filtro que hay que emplear es algo más complicado que utilizar simplemente un número de una lista. El filtro se determina especificando el filtro a través de la propiedad *id.style.filter* del objeto *container*.

El valor dado a la propiedad *id.style.filter* variará de unos filtros a otros. Examinemos ahora la sección siguiente, que construye un ejemplo en torno al filtro X-Ray; este ejemplo se utilizará a lo largo del resto del capítulo para todos los filtros.

Filtro X-Ray

El filtro X-Ray (véase Figura 15.2) hace que el elemento filtrado tome el aspecto que tendría si se le hiciera una radiografía. Se consigue este efecto traduciendo el elemento a una representación visual en blanco y negro con muy poca profundidad de color, e invirtiendo los colores del elemento (el negro se convierte en blanco, etcétera); así se consigue un efecto de negativo fotográfico.

Cuando se determina el filtro en HTML Dinámico mediante la propiedad *id.style.filter*, el valor que se pasa es una cadena que contiene la función de filtro.

Una *función de filtro* es el nombre del filtro seguido por los posibles argumentos que pueda contener como parámetros de la función. Ya se ha visto un ejemplo de esto con las transiciones del Capítulo 14, «Transiciones multimedia».

El filtro X-Ray se especifica fijando *xray()* como tipo de filtro. Esta función de filtro admite un argumento, «enabled», al que se le da el valor *0* o *1* dependiendo de si se desea que el filtro tenga efecto *(1)* o no *(0)*.

En este caso, se desea habilitar el filtro, así que se da a la función de filtro el valor *1* en la forma siguiente:

```
filtEx.style.filter = "xray(enabled = 1)";
```

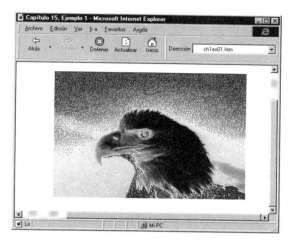

Figura 15.2 Aplicación del filtro X-Ray a la imagen del águila.

Como se desea que este filtro sólo se ejecute cuando se pulse el botón del ratón en el contenedor, es necesario preparar el filtro dentro del gestor de sucesos de *comenzarFiltro( )* en la forma siguiente (está tomado de la sintaxis final, en el Listado 15.1):

```
09.   function comenzarFiltro() {
10.       filtEx.style.filter = "xray(enabled=1)";
11.   }
```

En cuanto se fija el tipo de filtro del objeto *container*, el filtro se ejecuta.

Nota:

Hay una diferencia importante entre trabajar con transiciones y trabajar con filtros: cuando se trabaja con una transición, es necesario invocar a métodos del objeto de transición para indicar que se va a ejecutar una transición; pero en el caso de los filtros, el mero hecho de fijar el filtro lo ejecuta.

Ahora que ya se han creado todas las piezas requeridas para implementar el filtro X-Ray, es el momento de reunirlas en un ejemplo y examinar los resultados. Guarde el archivo siguiente con el nombre de «ch15ex01.htm»:

Listado 15.1 Implementación de un filtro básico

```
01.   <HTML>
02.   <HEAD>
03.       <TITLE>
04.           Capítulo 15, Ejemplo 1
05.       </TITLE>
06.
```

(continúa)

Listado 15.1 Implementación de un filtro básico *(Continuación)*

```
07.        <SCRIPT LANGUAGE="JavaScript">
08.
09.        function comenzarFiltro() {
10.            filtEx.style.filter = "xray(enabled=1)";
11.        }
12.        </SCRIPT>
13.
14.    </HEAD>
15.
16.    <BODY>
17.
18.    <DIV id="filtEx"
19.          STYLE="POSITION:ABSOLUTE;TOP:100;LEFT:200;WIDTH:450;HEIGHT:
           ➥ 300"
20.          onclick="comenzarFiltro()">
21.
22.        <IMG id="laImg" SRC="águila.jpg">
23.
24.    </DIV>
25.
26.    </BODY>
27.    </HTML>
```

Aun cuando el Listado 15.1 muestra el código para el filtro X-Ray en su totalidad, las secciones siguientes relativas a los filtros individuales sólo proporcionan la definición de la función *comenzarFiltro()* que aparece en las líneas 9-11 dentro de los marcadores <SCRIPT>. La definición de la función que se proporciona con cada filtro se puede copiar y pegar en el Listado 15.1 para generar las figuras de los ejemplos que se proporcionan con cada filtro.

Filtro Drop Shadow

El filtro Drop Shadow (véase Figura 15.3) sitúa una silueta coloreada del elemento que se está filtrando por detrás del elemento. La función de filtro que se pasa para el filtro Drop Shadow es *dropshadow()*.

Se pueden controlar los aspectos siguientes de la silueta modificando los parámetros correspondientes de la función de filtro:

- **offx** El número de píxeles que se desplaza la sombra según el eje X. Si se especifica un valor positivo, la sombra se desplaza hacia la derecha. Si se especifica un valor negativo, el desplazamiento es hacia la izquierda.
- **offy** El número de píxeles que se desplaza la sombra según el eje Y. Si se especifica un valor positivo, la sombra se desplaza hacia abajo. Si se especifica un valor negativo, el desplazamiento es hacia arriba.

Figura 15.3 Aplicación del filtro Drop Shadow a la imagen del águila.

- **color** El color de la sombra, expresado en el formato estándar de HTML, #RRGGBB.
- **enabled** *0* si el filtro está inhabilitado, *1* si está habilitado.

Supongamos, por ejemplo, que se quiere que aparezca una sombra lateral tal como si se hubiera colocado una luz ligeramente encima y a la izquierda del elemento. Observe que la sombra lateral no afecta para nada al elemento al que se le aplica; se limita a ponerle una sombra. Parámetro tanto, hay que asegurarse de que el objeto contenedor en que esté el elemento sea ligeramente mayor que el elemento al que se aplique la sombra.

A efectos ilustrativos, y para hacer que el efecto no sea demasiado ostensible, hay que limitarse a unos efectos relativamente pequeños, de unos 10 píxeles. Dado que la luz brillará desde arriba y a la izquierda, la sombra debería aparecer debajo y a la derecha. Esto significa que habrá que hacer que los desplazamientos *offx* y *offy* sean positivos. Por tanto, se dará a *offx* el valor *10*, y también se dará el valor *10* a *offy*.

La sombra se puede pintar de cualquier color que se desee. Este ejemplo aplica una sombra de un tono gris medio. El gris medio en formato RGB es #888888 (los códigos de color RGB Hexadecimal se tratan en el Apéndice F, «Carta hexadecimal adecuada para navegadores»). El código siguiente reúne todo esto en la función de filtro:

```
dropshadow(offx=10,offy=10,color=#888888,enabled=1)
```

Por último, hay que situar esta función de filtro en la función *comenzarFiltro()*, preparada para pegarla en el código HTML del Listado 15.1 en las líneas 9-11. Los resultados de ejecutar este filtro aplicándolo a la imagen del águila se muestran en la Figura 15.3.

```
function comenzarFiltro() {
    filtEx.style.filter = "dropshadow(offx=10,offy=10,color=#888888,
    ➥ enabled=1)";
}
```

Filtro Flip horizontal

El filtro Flip horizontal (véase Figura 15.4) toma los píxeles que forman el elemento al que se aplica el filtro e invierte su orden, dando la impresión de que se ha dado la vuelta al elemento con respecto a su eje horizontal.

Este efecto se crea tomando la primera línea vertical de la imagen y haciendo que pase a ser la última línea vertical; después se toma la segunda y se hace que sea la penúltima línea vertical y esto se repite a lo largo de toda la imagen.

La función del filtro Flip horizontal se representa mediante *fliph()* y solamente admite un argumento, «enabled», que recibe el valor *0* si el filtro está inhabilitado o el valor *1* si el filtro está habilitado.

La siguiente línea de código muestra la versión estándar de esta función de filtro:

```
fliph(enabled=1)
```

Por último, hay que situar esta función de filtro en la función *comenzarFiltro()*, preparada para pegarla en el código HTML del Listado 15.1 en las líneas 9-11. Los resultados de ejecutar el filtro Flip Horizontal aplicándolo a la imagen del águila se muestran en la Figura 15.4.

Figura 15.4 Aplicación del filtro Flip horizontal a la imagen del águila.

```
function comenzarFiltro() {
    filtEx.style.filter = "fliph(enabled=1)";
}
```

Filtro Flip vertical

El filtro Flip vertical (véase Figura 15.5) es muy parecido al filtro Flip horizontal, salvo que invierte el elemento según su eje vertical, dando la impresión de que se ha dado la vuelta al elemento con respecto a su eje vertical.

Figura 15.5 Aplicación del filtro Flip vertical a la imagen del águila.

Este efecto se consigue tomando la primera línea horizontal de la imagen y haciendo que pase a ser la última línea horizontal; después se toma la segunda y se hace que pase a ser la penúltima línea horizontal, y el proceso se repite a lo largo de toda la imagen.

La función de filtro Flip vertical se representa mediante *flipv()* y admite solamente un argumento, «enabled», que recibe el valor *0* si el filtro está inhabilitado o el valor *1* si el filtro está habilitado.

La siguiente línea de código muestra la versión estándar de esta función de filtro:

```
flipv(enabled=1)
```

Por último, hay que situar esta función de filtro en la función *comenzarFiltro()*, preparada para pegarla en el código HTML del Listado 15.1 en las líneas 9-11. Los resultados de ejecutar el filtro Flip Vertical aplicándolo a la imagen del águila se muestran en la Figura 15.5.

```
function comenzarFiltro() {
    filtEx.style.filter = "flipv(enabled=1)";
}
```

Filtro Grayscale

El filtro Grayscale (véase Figura 15.6) toma el elemento al que se vaya a aplicar el filtro y elimina toda la información de color que contenga ese elemento. Esto hace que parezca que el elemento se estuviera visualizando en un monitor en blanco y negro.

Es importante tener en cuenta que la visualización del elemento en tonos de gris es distinta de su visualización en blanco y negro. En una imagen en blanco y negro se emplean solamente dos colores, y esto da lugar a una gran difuminación. Sin embargo, cuando el elemento se muestra en una escala de grises, se selecciona un tono de gris para representar cada color.

Figura 15.6   Aplicación del filtro Grayscale a la imagen del águila.

La función de filtro Grayscale se representa mediante *gray()* y admite un solo argumento, «enabled», que recibe el valor *0* si el filtro está inhabilitado o el valor *1* si el filtro está habilitado.

La siguiente línea de código muestra la versión estándar de esta función de filtro:

```
gray(enabled=1)
```

Por último, hay que situar esta función de filtro en la función *comenzarFiltro()*, preparada para pegarla en el código HTML del Listado 15.1 en las líneas 9-11. Los resultados de ejecutar el filtro Grayscale aplicándolo a la imagen del águila se muestran en la Figura 15.6.

```
function comenzarFiltro() {
    filtEx.style.filter = "gray(enabled=1)";
}
```

Filtro Invert

El filtro Invert (véase Figura 15.7) da lugar a que el elemento aparezca como si fuera un negativo fotográfico del elemento. Se consigue este efecto invirtiendo los valores de *matiz, saturación* y *brillo* del elemento.

El filtro Invert se representa mediante *invert()* y admite un solo argumento , «enabled», que recibe el valor *0* si el filtro está inhabilitado o el valor *1* si el filtro está habilitado.

La siguiente línea de código muestra la versión estándar de la función de filtro Invert:

```
invert(enabled=1)
```

Por último, es necesario colocar la función del filtro Invert en la función *comenzarFiltro()*, que está preparada para pegarla en el código HTML del Listado 15.1 en las líneas 9–11. Los resultados de aplicar el filtro Invert aplicándolo a la imagen del águila se muestran en la Figura 15.7.

Figura 15.7 Aplicación del filtro Invert a la imagen del águila.

```
function comenzarFiltro() {
    filtEx.style.filter = "invert(enabled=1)";
}
```

Filtro Lights

El filtro Lights (véase Figura 15.8) es uno de los filtros más interesantes y atractivos que ofrece HTML Dinámico. Normalmente, todos los elementos de la página se muestran con el mismo brillo, tal como si hubiera una luz ambiental genérica que fuera la misma para todos los elementos de la página.

Figura 15.8 El filtro Lights con una fuente de luz ambiental y puntual.

El filtro Lights permite cambiar esto mediante la aplicación de fuentes a nuestro elemento tal como si fueran las únicas luces que iluminaran al elemento.

La preparación de la función de filtro Lights es bastante sencilla. La función de filtro para el filtro Lights es *light()* y admite un solo argumento, «enabled», que recibe el valor *0* si el filtro está inhabilitado o el valor *1* si el filtro está habilitado.

La siguiente línea de código muestra la versión estándar de la función de filtro Lights:

```
light(enabled=1)
```

El filtro Lights se vuelve bastante más interesante cuando se considera que es preciso añadir luces para que iluminen el elemento que se esté filtrando. El filtro Lights Filter dispone de varios tipos de luces que se pueden aplicar al elemento, y que se proporcionan mediante variaciones de luz ambiental y puntual.

La luz ambiental se le añade al filtro invocando al método *addAmbient()* del filtro. La luz ambiental es parecida a cualquier luz difusa que pueda uno tener en su hogar. Es una luz que ilumina un cierto área, pero que no parece provenir de ningún sitio concreto. El método *addAmbient()* admite cuatro argumentos:

- **R** El valor rojo de la luz, expresado como un grado de saturación. El valor puede oscilar entre *0,* que es el mínimo, y *255,* que es el máximo.
- **G** El valor verde de la luz, expresado como un grado de saturación. El valor puede oscilar entre *0,* que es el mínimo, y *255,* que es el máximo.
- **B** El valor azul de la luz, expresado como un grado de saturación. El valor puede oscilar entre *0,* que es el mínimo, y *255,* que es el máximo.
- **strength** La intensidad de la luz que brilla sobre el elemento, expresada como un entero desde *0* hasta *255;* la intensidad se incrementa con el valor del entero.

Cuando se añade luz ambiental al filtro, no sólo se puede especificar la intensidad de la luz, sino también el color de la luz. Por tanto, si se desea aproximar la luz del sol, y no una luz blanca pura, se puede añadir a la luz un poquito de amarillo. Se podría, incluso, aproximar el efecto de una luz roja pura que iluminase al elemento. Esta capacidad no está limitada a la luz ambiental, sino que se puede utilizar también con todas las fuentes de luz que se generen.

El ejemplo siguiente utiliza el método *addAmbient()* para crear una luz ambiental de intensidad relativamente alta, y de un color azul grisáceo:

```
addAmbient(200,200,255,150)
```

También se puede aplicar a la imagen una fuente de luz puntual. La *luz puntual* es una fuente de luz que se puede situar en una posición específica del espacio 3D situado sobre la imagen; toda la luz que se genere surgirá desde ese punto hacia fuera.

La luz puntual hace posible crear efectos interesantes, porque su intensidad es máxima en el foco y decrece rápidamente a medida que se aleja. Una buena forma de imaginar una fuente de luz puntual es pensar en una lámpara pequeña en una habitación muy oscura. Las áreas que rodean a la lámpara están iluminadas brillantemente, pero los objetos situados a cinco metros no están muy bien iluminados, si es que resultan visibles.

Las luces puntuales se generan mediante la función *addPoint()* del filtro Lights. El método *addPoint()* admite siete argumentos:

- **x** La coordenada x de la fuente de luz. El alcance de esta coordenada dependerá del tamaño del elemento.
- **y** La coordenada y de la fuente de luz. El alcance de esta coordenada dependerá del tamaño del elemento.
- **z** La coordenada z de la fuente de luz. Este valor se corresponde con la distancia vertical respecto al elemento al que se quiera que esté la fuente de luz.
- **R** El valor rojo de la luz, expresado como un grado de saturación. El valor puede oscilar entre *0*, que es el mínimo, y *255*, que es el máximo.
- **G** El valor verde de la luz, expresado como un grado de saturación. El valor puede oscilar entre *0*, que es el mínimo, y *255*, que es el máximo.
- **B** El valor azul de la luz, expresado como un grado de saturación. El valor puede oscilar entre *0*, que es el mínimo, y *255*, que es el máximo.
- **strength** La intensidad de la luz que brilla sobre el elemento, expresada como un entero desde *0* hasta *255;* la intensidad se incrementa con el valor del entero.

El ejemplo siguiente crea una fuente de luz puntual cuya coordenada x es de *50*, y cuya coordenada y es de *50*, estando la fuente de luz a 25 píxeles «por encima» del elemento. La luz será una luz blanca pura, y tendrá una intensidad relativamente elevada:

```
addPoint(50,50,25,255,255,255,250);
```

Por último, es necesario colocar la función del filtro Lights en la función *comenzar-Filtro()*, que está preparada para pegarla en el código HTML del Listado 15.1 en las líneas 9–11. Los resultados de aplicar el filtro Lights a la imagen del águila se han mostrado anteriormente en la Figura 15.8.

```
function comenzarFiltro() {
    filtEx.style.filter = "light(enabled=1)";
    filtEx.filters.item(0).addAmbient(200,200,255,150);
    filtEx.filters.item(0).addPoint(50,50,25,255,255,255,250);
}
```

Filtro Motion Blur

El filtro Motion Blur (véase Figura 15.9) intenta aproximar lo que se podría ver si se tomara una instantánea en el momento de pasar muy deprisa por delante del elemento. La imagen que se obtendría no sólo estaría difuminada: resultaría borrosa en una dirección perceptible.

La función de filtro Motion Blur se especifica mediante *blur()* y admite cuatro argumentos:

- **direction** El parámetro de dirección especifica la dirección de movimiento del elemento difuminado. El valor por omisión, que es de *0*, especifica que se mueve directamente hacia arriba. Los valores posibles se especifican en incrementos de *45* grados en el sentido de las agujas del reloj *(45,90,135,180,225,270,315)*, en donde *90* indica la derecha, *180* es hacia abajo, y *270* es hacia la izquierda.
- **strength** El parámetro de intensidad especifica cuántos píxeles se va a difuminar la imagen. Cuanto mayor sea el parámetro, más difusa resultará la imagen.

Figura 15.9 Aplicación del filtro Motion Blur a la imagen del águila.

- **add** El parámetro de adición puede recibir o bien el valor *0* o bien el valor *1*. Si se le da el valor *0,* la imagen se suma con la imagen difuminada por movimiento; si se le da el valor *1,* sólo se muestra la imagen difuminada por el movimiento. La imagen resultará más reconocible si se especifica que hay que añadir la imagen.
- **enabled** *0* si el filtro está inhabilitado, *1* si está habilitado.

El ejemplo siguiente construye un filtro Blur que produce borrosidad hacia arriba y hacia la derecha, con un difuminado relativamente fuerte de 15 píxeles. Para ver claramente los efectos del difuminado, es necesario fijar el parámetro de *adición* de tal modo que no se sume la imagen original:

```
blur(direction=45,strength=15,add=0,enabled=1)
```

Por último, es necesario colocar la función del filtro Motion Blur en la función *comenzarFiltro()*, que está preparada para pegarla en el código HTML del Listado 15.1 en las líneas 9–11. Los resultados de aplicar el filtro Motion Blur a la imagen del águila se han mostrado anteriormente en la Figura 15.9.

```
function comenzarFiltro() {
    filtEx.style.filter = "blur(direction=45,strength=15,add=0,
    ➥ enabled=1)";
}
```

Filtro Opacity

El filtro Opacity (véase Figura 15.10) hace posible determinar el grado de transparencia que va a tener el elemento. Cuanto más transparente sea la imagen, más etérea resulta, más difícil resulta verla, y menos opaca es. A medida que se vuelve más débil para nuestra vista, se pueden colocar cosas por debajo y se pueden apreciar a través de ella.

Figura 15.10 Aplicación del filtro Opacity a la imagen del águila.

El filtro Opacity se especifica mediante *alpha( )*, que admite dos argumentos:

- **opacity** El grado de transparencia. *0* es completamente transparente, mientras que *100* es completamente opaco.
- **enabled** *0* si el filtro está inhabilitado, *1* si está habilitado.

El código siguiente construye un filtro Opacity que muestra el elemento con una transparencia media:

```
alpha(opacity=50,enabled=1)
```

Por último, es necesario colocar la función del filtro Opacity en la función *comenzar-Filtro( )*, que está preparada para pegarla en el código HTML del Listado 15.1 en las líneas 9–11. Los resultados de aplicar el filtro Opacity a la imagen del águila se habían mostrado anteriormente en la Figura 15.10.

```
function comenzarFiltro() {
    filtEx.style.filter = "alpha(opacity=50,enabled=1)";
}
```

Filtro Shadow

El filtro Shadow (véase Figura 15.11) produce una silueta opaca del elemento a lo largo de uno de los bordes del elemento. El filtro Shadow es bastante parecido al filtro Drop Shadow salvo que en lugar de formar la sombra mediante un desplazamiento, la construye directamente a partir del borde y en una sola dirección.

El filtro Shadow Se especifica mediante *shadow( )*, que admite tres argumentos:

- **color** El color de la silueta, dado en el formato RGB de HTML.
- **direction** El parámetro de dirección especifica la dirección de la sombra que se construirá. El valor por omisión, que es de *0,* especifica que apunta exactamente

Figura 15.11 Aplicación del filtro Shadow a la imagen del águila.

hacia arriba. Los posibles valores se especifican en incrementos de grados en el sentido de las agujas del reloj (*45,90,135,180,225,270,315*), en donde *90* indica la derecha, *180* es hacia abajo y *270* es hacia la izquierda.

- **enabled** *0* si el filtro está inhabilitado, *1* si está habilitado.

El ejemplo siguiente construye un filtro Shadow que produce una sombra morada en el lado inferior derecho del elemento. Dado que la dirección se da en grados en sentido inverso a las agujas del reloj, es necesario especificar *135* como dirección:

```
shadow(color=#FF0088,direction=135,enabled=1)
```

Por último, es necesario colocar la función del filtro Shadow en la función *comenzar-Filtro()*, que está preparada para pegarla en el código HTML del Listado 15.1 en las líneas 9–11. Los resultados de aplicar el filtro Shadow a la imagen del águila se mostraban anteriormente en la Figura 15.11.

```
function comenzarFiltro() {
    filtEx.style.filter = "shadow(color=#FF0088,direction=135,
                            enabled=1)";
}
```

Filtro Wave

El filtro Wave (véase Figura 15.12) es uno de los filtros más interesantes, porque permite deformar la imagen tal como si hubiera pasado una ola por encima de ella. La mejor manera de visualizar los efectos de este filtro es imaginar que se hubiera puesto una imagen del elemento en una bandera, y que estuviera soplando un viento fuerte. Parece que hubiera ondas que estuvieran recorriendo el elemento.

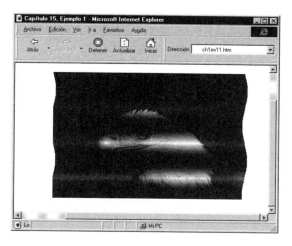

Figura 15.12 Aplicación del filtro Wave a la imagen del águila.

El filtro Wave se especifica mediante *wave()*, que admite seis argumentos:

- **freq** La freq (frecuencia) es el número de ondas que se quiere que aparezcan en el elemento cuando se ejecute el filtro.
- **strength** Este parámetro es la intensidad de las ondas que se aplicarán a la imagen. Los límites de la intensidad dependen del tamaño del elemento, pero el intervalo entre *0* y *10* suele producir efectos interesantes.
- **phase** La onda que recorre el elemento es una onda senoidal. La fase hace posible establecer un desplazamiento para esa onda en forma de seno. Los valores disponibles van desde *0* hasta *100,* en donde *25* determina una fase de 90 grados.
- **lightstrength** Permite especificar la intensidad de la luz aplicada a las ondas, en forma de un porcentaje entre *0* y *100*.
- **add** El parámetro de adición puede recibir o bien el valor *0* o bien el valor *1*. Si se le da el valor *0,* entonces se añade la imagen a la imagen filtrada por la onda; en caso contrario, sólo se muestran la imagen filtrada por la onda. Si se especifica que es preciso añadir la imagen, entonces la imagen será más reconocible.
- **enabled** *0* si el filtro está inhabilitado, *1* si está habilitado.

El ejemplo siguiente crea un filtro Wave que contiene dos ondas bastante fuertes. Se va a mantener la onda con su fase normal, y no se le aplicará luz alguna a la onda (se mantendrá la intensidad de luz normal del elemento). Por último, con objeto de acentuar la onda, no se utilizará el parámetro de adición para añadir una copia de la imagen original a la imagen alterada:

```
wave(freq=2,strength=6,phase=0,lightstrength=0,add=0,enabled=1)
```

Por último, es necesario colocar la función del filtro Wave en la función *comenzarFiltro()*, que está preparada para pegarla en el código HTML del Listado 15.1 en las líneas 9-11. Los resultados de aplicar el filtro Wave a la imagen del águila se han mostrado anteriormente en la Figura 15.12.

```
function comenzarFiltro() {
   filtEx.style.filter = "wave(freq=2,strength=6,phase=0,lights
➡ trength=0,add=0, enabled=1)";
}
```

Filtro Glow

El filtro Glow (véase Figura 15.13) produce una silueta radiante en torno a la parte exterior del elemento, a lo largo de los bordes de la parte inferior derecha del elemento. Esta silueta radiante hace que parezca que el elemento está brillando.

Figura 15.13 Aplicación del filtro Glow a la imagen del águila.

El filtro Glow se especifica mediante *glow()*, que admite tres argumentos:

- **color**   El color de la silueta, dado en formato RGB de HTML.
- **strength**   Este parámetro indica la intensidad del brillo que se va a aplicar. El parámetro puede oscilar entre *0* (para un brillo mínimo) y *100* (brillo máximo).
- **enabled**   *0* si el filtro está inhabilitado, *1* si está habilitado.

El ejemplo siguiente construye un filtro Glow que aplica un brillo rojizo al elemento, con una intensidad de 50 (la mitad de la intensidad máxima).

```
glow(color=#FF0000,strength=50,enabled=1)
```

Por último, es necesario colocar la función del filtro Glow en la función *comenzarFiltro()*, que está preparada para pegarla en el código HTML del Listado 15.1 en las líneas 9–11. Los resultados de aplicar el filtro Glow a la imagen del águila se han mostrado anteriormente en la Figura 15.13.

```
function comenzarFiltro() {
    filtEx.style.filter  =  "glow(color=#FF0000,strength=50,enabled=1)";
}
```

Filtro Chromakey

El filtro Chromakey es muy parecido al efecto de «pantalla azul» que quizá se haya visto en documentales acerca de la realización de efectos especiales en las películas. El efecto Chromakey también se utiliza en los informes del tiempo en televisión. El hombre o mujer del tiempo parece estar delante de un mapa del tiempo, pero en realidad están delante de una pantalla o muro azul, sobre el cual pondrá un mapa una computadora.

La forma en que se logra este efecto en el filtro de color de HTML Dinámico consiste en seleccionar un color que será transparente para el filtro. Este color se volverá transparente en todo el elemento, y todo lo que aparezca por debajo de los píxeles que tengan ese color resultará visible a través de ellos.

El filtro Chromakey se especifica mediante la función *chroma()*, que admite dos argumentos:

- **color** El color que se hará transparente en el elemento. Se especifica en el formato RGB estándar de HTML.
- **enabled** *0* si el filtro está inhabilitado, *1* si está habilitado.

El ejemplo siguiente muestra una función de filtro Chromakey que fija como color Chromakey el rojo puro:

```
chroma(color=#FF0000,enabled=1)
```

Por último, es necesario colocar la función del filtro Chromakey en la función *comenzarFiltro()*, que está preparada para pegarla en el código HTML del Listado 15.1 en las líneas 9-11.

```
function comenzarFiltro() {
    filtEx.style.filter = "chroma(color=#FF0000,enabled=1)";
}
```

Los objetos multimedia de ActiveX

Además de los filtros y transiciones que están disponibles en HTML Dinámico, el programador de HTML Dinámico dispone de otros controles multimedia. Estos controles multimedia están agrupados en el API de controles DirectAnimation de Microsoft, que se incluye con Internet Explorer 4.0.

A diferencia de los clientes de transición y de filtro, estos controles DirectAnimation no están integrados sin solución de continuidad en HTML como propiedades de las HEC. En lugar de hacer esto, se han especificado como objetos genéricos de ActiveX.

El uso de objetos de ActiveX es un poquito lioso, así que tómese su tiempo para familiarizarse con la forma en que se utilizan los objetos de ActiveX en Internet Explorer 4.0.

El marcador que se utiliza para especificar un control en Internet Explorer 4.0 es el marcador <OBJECT>, y normalmente admite tres propiedades:

- **ID** La identificación exclusiva que se quiere dar a los controles de tal modo que se pueda hacer referencia a ellos desde otros elementos de HTML. Esta ID se comporta del mismo modo que la propiedad ID en otros elementos.
- **CLASSID** La propiedad CLASS ID es la forma en que se selecciona el control que se va a utilizar. Es el Talón de Aquiles de la utilización de los controles ActiveX, porque los identificadores pueden ser bastante complicados y difíciles de recordar. Un ejemplo de CLASSID es «CLDID:37992B41-F5E3-11CF-97DF-00A0C90FEE5».
- **PARAM** La propiedad PARAM es la forma en que se pasan propiedades al control ActiveX. El nombre de la propiedad se pasa como el atributo «NAME» del marcador <PARAM> y el valor que se quiere utilizar se pasa como la propiedad «VALUE». Por tanto, si se deseara pasar el valor *3* a la propiedad Tick, se utilizaría el siguiente PARAM—<PARAM NAME=Tick VALUE=3>.

Aun cuando el uso de controles ActiveX puede resultar un poco lioso y complicado en ocasiones, lo cierto es que pueden resultar bastante potentes. Una ventaja añadida es que el API DirectAnimation está incluido en Internet Explorer 4.0 así que puede uno estar seguro de que sus controles estarán disponibles.

Entre los controles DirectAnimation de ActiveX que se proporcionan con Internet Explorer 4.0 se cuentan los siguientes:

- **Path Control** Anima un elemento a lo largo de una ruta.
- **Structured Graphics Control** Proporciona un entorno que hace posible la construcción de objetos relativamente sofisticados de dibujo lineal.
- **Sequencer Control** Habilita una serie de acciones que se le podrán aplicar al documento HTML a lo largo de un periodo de tiempo.
- **Sprite Control** Anima una imagen según las instrucciones que se especifiquen, basándose en los cuadros contenidos dentro de la imagen.

La discusión detallada de los controles DirectAnimation va más allá del alcance de este libro, pero si tiene usted la intención de efectuar desarrollos multimedia de alto bordo, quizá merezca la pena investigarlos. Existe una información detallada acerca de los controles DirectAnimation en el centro de Microsoft situado en: **http://www.microsoft.com/msdn/sdk/ inetsdk/help/dxmedia/jaxa/default.htm.**

Y a continuación...

Este capítulo pone punto final a la discusión del matrimonio de los efectos multimedia y HTML Dinámico. Aun cuando estos temas avanzados pueden resultar difíciles de captar en un primer momento, merece decididamente la pena aprenderlos con detalle, porque añaden mucho a nuestros programas de HTML Dinámico.

La parte siguiente del libro discutirá la aplicación de las tecnologías que se han aprendido a lo largo del libro a situaciones del mundo. Se tratará detalladamente el proceso que va desde el diseño hasta la implementación.

- Capítulo 16, «Ponerle la cola al burro» Describe la construcción de un juego sencillo paso a paso. Este juego hará uso de una gestión básica de sucesos, del posicionamiento de elementos y de la detección de colisiones.
- Capítulo 17, «Explicación del baloncesto» Examina un curso interactivo que explica algunos de los detalles más sutiles del baloncesto.
- Capítulo 18, «Construcción de un catálogo *online*» Examina la forma en que se pueden utilizar HTML Dinámico para crear un catálogo *online* con toda una gama de funcionalidades.
- Capítulo 19, «Construcción del juego de vídeo Smashout» Crea una versión totalmente operativa de un juego del tipo de «romper ladrillos», con detección de colisiones, que muestra a las claras la potencia de HTML Dinámico.

PARTE

VI

HTML Dinámico del mundo real

Capítulo

Ponerle la cola al burro

Esta sección del libro presenta un cierto número de implementaciones del mundo real basadas en HTML. Estos ejemplos están destinados a mostrar la forma en que se pueden utilizar los procedimientos de HTML Dinámico aprendidos con objeto de crear nuevas y excitantes aplicaciones para contenidos basados en la World Wide Web.

El capítulo comienza mostrando la forma en que se diseña un juego inocente de «Ponerle la cola al burro». El juego muestra la forma en que se puede utilizar HTML Dinámico para crear una interfaz y la forma en que se construyen guiones para darle operatividad.

Y ya sin más dilación, sumérjase en la construcción de aplicaciones reales que aprovechan las ventajas proporcionadas por las capacidades de HTML Dinámico.

- **Maquetación** Aplicar posicionamientos y capas para crear un tablero para jugar.
- **Interfaces de usuario** Aplicar posicionamientos y elementos móviles para crear la interfaz de un juego.
- **Contadores** Aprender a crear un mecanismo de recuento para llevar la cuenta de los sucesos del juego.
- **Detectar la situación de un elemento** Utilizar posicionamientos y guiones para detectar el posicionamiento de un elemento dentro de un juego de computadora creado con HTML.

Comprensión del juego

En este capítulo se va a desarrollar una versión de HTML Dinámico del clásico juego infantil, «Ponerle la cola al burro», en que un desafortunado burro ha perdido la cola. El objeto del juego es volver a poner la cola en su lugar, en la parte posterior del burro. Por supuesto, sería demasiado sencillo limitarse a coger la cola y ponerla en su sitio. En el juego tradicional, consiguientemente, el jugador ve disminuidas sus capacidades por una venda que le impide ver donde está el burro mientras le pone la cola. El proceso normal consta de uno o dos intentos, y después el jugador queda eliminado.

La versión electrónica del juego también tiene un burro que ha perdido la cola. Al jugador se le dan tres colas (tres oportunidades) para volver a ponerle la cola al burro, devolviendo así al burro su fe en la raza humana. Si el jugador fracasa, será amonestado electrónicamente por su error en el cuidado de este animal. Por supuesto, pedir al jugador que se ponga una venda antes de empezar su turno sería excesivo, así que será necesario desarrollar algún mecanismo de vendado electrónico. Además, la automatización de la venda eliminará las posibles tentaciones de hacer trampas. Pero no hace trampas nunca, ¿verdad?

Vemos ahora la forma en que se va a disponer el tablero para jugar, y después de aprenderá la forma de crear guiones para que funcione el juego.

Maquetación del juego

La estructura del juego es sencilla. Básicamente, se va a construir un tablero que contendrá todos los elementos para este jueguecito, y después se irá colocando cada elemento individualmente. Entre los elementos que se necesitarán para el juego se cuentan los siguientes:

- Un título
- El burro
- Unas reglas
- Un contador de intentos
- Un botón para reiniciar
- Las colas

Ahora hay que disponer estos elementos. Las secciones siguientes muestran la forma en que se hace esto.

Estructuración del documento

El primer paso para crear el juego consiste en crear un tablero o zona de juego. Para hacer esto, se necesita utilizar la estructura del documento HTML, y después se creará un único marcador <DIV> que hará las veces de tablero, y que también servirá como contenedor de posicionamiento para los demás elementos de la página.

El Listado 16.1 muestra la estructura básica del documento del juego, y el marcador <DIV> que se utiliza para definir la zona de juego.

Listado 16.1 Estructuración del tablero y del documento

```
01.   <HTML>
02.   <HEAD>
03.   <TITLE>Ponerle la cola al burro</TITLE>
04.   </HEAD>
05.   <BODY>
06.
07.   <EMBED STYLE="display: none" autostart="TRUE" loop="FALSE"
      ➥ SRC="burro.wav">
```

```
08.
09.    <DIV id="Tablero" STYLE="position: absolute; top: 10; left: 10;
       ➥ width: 550; height: 400; border: solid; border-color: red;
       ➥ background: black; z-index: -1;">
10.    </DIV>
11.
12.    </BODY>
13.    </HTML>
```

Dentro de este listado se observará posiblemente otro marcador especial que crear el sonido «jiii-jaaa» del burro cuando se carga inicialmente el juego en la línea 7. El marcador <EMBED> invoca al reproductor ActiveMovie de Microsoft, pero oculta el elemento de sonido en sí en la pantalla del jugador. Una vez puesto en su lugar el tablero, estamos preparados para empezar a añadir elementos al juego.

Posicionamiento de elementos estáticos

Quizá recuerde las descripciones del Capítulo 9, «Maquetación y posicionamiento». Aquí se van a aplicar los principios descritos en aquel capítulo en una aplicación real, bueno, divertida al menos. El primer paso para maquetar el juego consiste en situar los elementos que vayan a ser estacionarios y que no estarán sometidos a ningún tipo de interactividad. En este caso, los elementos son como sigue:

- El burro
- Las reglas
- El título del juego

La maquetación de estos elementos consiste simplemente en definir un objeto para cada múltiple, empleando el marcador <SPAN>, para después posicionar el elemento mediante el uso de un posicionamiento absoluto. Los resultados de este ejercicio se muestran en el Listado 16.2.

Listado 16.2 Posicionamiento de elementos estáticos tales como el título, el burro y las reglas

```
01.    <SPAN id="TítuloJuego" STYLE="position: absolute; top: 25; left:
       ➥ 25; color: red; font-family: sans-serif">
02.    <H1>¡Ponle la cola al burro!</H1>
03.    </SPAN>
04.
05.    <SPAN id="Burro" STYLE="position: absolute; top: 75; left: 25">
06.    <IMG SRC="pobrebu.jpg">
07.    </SPAN>
08.
09.    <SPAN id="Reglas" STYLE="position: absolute; top: 100; left: 300;
       ➥ width: 200; color: red; font-family: sans-serif; visibility:
       ➥ visible">
```

(continúa)

Listado 16.2 Posicionamiento de elementos estáticos tales como el título, el burro y las reglas *(Continuación)*

```
10.   Pulse en una cola para comenzar el juego. Cuando pulse en una
      ➥ cola,
11.   la pantalla se pondrá en negro. ¡Intente poner la cola
      ➥ correctamente en
12.   la parte posterior del burro, para así devolverle su cola!
13.   <P>
14.   ¡Pulse en cualquier cola para comenzar el juego!
15.   </SPAN>
```

En este listado se puede ver que todos los elementos están firmemente asentados en la página, y si se insertan todos estos elementos en el seno del tablero de juego que se define en la línea 1, entonces no será necesario volver a manipularlos. La Figura 16.1 muestra estos elementos en su posición final, y el juego empieza a tomar la forma de una versión operativa del clásico juego de niños.

Figura 16.1 El tablero de juego con los elementos estáticos en su lugar.

Posicionamiento de elementos dinámicos

Ahora que ya están puestos en su sitio los elementos estáticos, ha llegado el momento de añadir dos de los elementos que recibirán instrucciones del usuario. Estos dos elementos son lo siguientes:

- El contador Intentos
- El botón Restaurar

Todos estos elementos desempeñan una misión importante en el juego. El contador de intentos sigue siendo visible aunque el jugador tenga la venda puesta, así que el jugador siempre sabe cuantas oportunidades le quedan para ayudar al pobre burro.

El botón Restaurar también sigue siendo visible a lo largo del juego, porque a fin de cuentas un usuario frustrado siempre debe tener la oportunidad de volver a empezar. El Listado 16.3 muestra la forma de codificar estos dos elementos en la página.

Listado 16.3 Posicionamiento de contenido dinámico: el contador, la venda y el botón Restaurar

```
01.    <SPAN id="Counter" STYLE="position: absolute; top: 325; left:
       ➥ 325; color: red; font-family: sans-serif; z-index: 1">
02.    <H2>Intentos = 3</H2>
03.    </SPAN>
04.
05.    <IMG id="ponvenda" STYLE="position: absolute; top: 25; left: 15;
       ➥ display: none" SRC="ponvenda.gif">
06.
07.    <INPUT TYPE=BUTTON VALUE="Restaurar Juego" STYLE="position:
       ➥ absolute; top: 360; left: 330; z-index: 1" onclick="restaurar();">
```

Como se observará, estos elementos se han situado del mismo modo que los demás elementos: empleando el posicionamiento de HEC. Además se ha añadido un valor de la propiedad *z-index* para asegurar que sigan estando encima, independientemente de lo que suceda durante el desarrollo del juego. Al hacer esto, se permite que el jugador siempre conozca su estado, y que siempre pueda abandonar el juego. Quizá se observe también que se ha añadido un elemento llamado «ponvenda» en la línea 5, y al que se le ha dado el valor «none». Este elemento actúa como método para poner la venda al jugador durante el juego. Básicamente, es una zona negra opaca que oculta al burro a los ojos del jugador. Los elementos de cola seguirán siendo visibles por encima de la venda, al igual que el botón Restaurar y el contador Intentos. El usuario podrá arrastrar las colas al lugar que considere oportuno para ellas. Mediante el uso de índices z y de posicionamientos, podemos asegurar que los elementos que deban ser visibles sigan siéndolo, para proteger la funcionalidad del juego. La Figura 16.2 muestra el aspecto que tiene el juego después de añadir los nuevos elementos dinámicos.

Posicionamiento de las colas

Ahora ya sólo queda un conjunto de elementos dinámicos —las colas— por situar sobre el tablero antes de empezar a crear los guiones que dan operatividad al juego.

Las colas de burro se situarán exactamente igual que se hiciera con los demás elementos, con posicionamiento de HEC y con índices Z para asegurarse de que sigan siendo visibles durante todo el juego. El código del Listado 16.4 muestra la forma en que se situarán las colas.

Figura 16.2 El tablero de juego después de añadir los elementos dinámicos.

Listado 16.4 Posicionamiento de las colas

```
01.  <IMG id="cola1" STYLE="position: relative; top: 275; left: 50;
     ➥visibility: visible; z-index: 1" onmousemove="Movercola();"
     ➥onclick="contar(); " SRC="lacola.gif">
02.
03.  <IMG id="cola2" STYLE="position: relative; top: 275; left: 100;
     ➥visibility: visible; z-index: 1" onmousemove="Movercola();"
     ➥onclick="contar(); " SRC="lacola.gif">
04.
05.  <IMG id="cola3" STYLE="position: relative; top: 275; left: 150;
     ➥visibility: visible; z-index: 1" onmousemove="Movercola();"
     ➥onclick="contar();" SRC="lacola.gif">
```

Sin embargo, hasta este momento sólo el botón Restaurar ha resuelto la gestión de sucesos basándose en la interacción con el usuario. Dado que es necesario que las colas se muevan cuando se pulse en ellas, y que se dejen caer en su posición, será preciso asociar con ellas determinados sucesos. En este caso, hay dos sucesos que realmente estén relacionados con las colas, según se muestra en el Listado 16.4 en las líneas 1, 3 y 5:

```
onmousemove="Movercola();" onclick="contar();"
```

Este código se limita a enlazar la función *Movercola()* con la cola durante el suceso *onmousemove*. Por tanto, siempre que se pulsa el botón sobre la cola, y se está moviendo el ratón, la función *Movercola()* realiza su tarea. Este es buen sitio, también, para situar en el un suceso que decremente el contador de Intentos, porque cada vez que se pulsa en una cola y se mueve la tal cola, se está consumiendo una oportunidad. Enlazando la función *contar( )*, que llega la cuenta del número de intentos, con pulsar el ratón, está uno seguro de que cuando un jugador pulsa en una cola para moverla, está consumiendo una de sus oportunidades. ¡Así se construye el juego! El aspecto final, ya completo con las colas, es el que se muestra en la Figura 16.3.

Figura 16.3 Se muestra el aspecto ya terminado de «Ponerle la cola al burro».

Guiones operativos

Ahora que ya está preparado por completo el tablero, y que están en su lugar todos los elementos que se necesitarán para el juego, es el momento de empezar a escribir los guiones y las funciones necesarios para jugar. La Tabla 16.1 enumera los diferentes elementos de funcionalidad que se necesitan en el juego, así como las funciones necesarias para implementarlos.

Tabla 16.1 Elementos necesarios para poner la cola al burro

Funcionalidad necesaria	Función que la implementará
Capacidad de arrastrar y soltar colas de burro	Movercola()
Mecanismo para detectar el momento en que la cola se ha colocado correctamente	detectar()
Mecanismo para llevar la cuenta del número de oportunidades consumidas por el juego	contar()
Forma de vender electrónicamente los ojos del jugador	ponvenda()

(continúa)

Tabla 16.1   Elementos necesarios para poner la cola al burro *(Continuación)*

Funcionalidad necesaria	Función que la implementará
Forma de quitarle la venda	verdenuevo()
Mensaje apesadumbrado para jugadores que pierden	losentimos()
Mensaje de felicitación para ganadores del juego	ganador()
Forma de restaurar el juego para el ejercicio siguiente	restaurar()

Movercola()

La primera función que es necesario crear es la función *Movercola( )*. Esta función crea el medio mediante el cual se pueden arrastrar y soltar las colas de burro en el tablero.

Para hacer esto, es necesario hacer uso del código de animación que se escribió para trasladar imágenes en el Capítulo 13 (véase listado 13.4), «Introducción a multimedia». El Listado 16.5 muestra el código que lleva a cabo el movimiento.

Listado 16.5   Creación de la función para arrastrar y soltar colas

```
01.  function Movercola() {
02.      if (window.event.button == 1) {
03.      ponvenda();
04.      var elemFuente, nuevoy, nuevox;
05.      elemFuente = window.event.srcElement;
06.      nuevox=window.event.x - (elemFuente.width/2);
07.      nuevoy=window.event.y - (elemFuente.height/2);
08.      elemFuente.style.posTop = nuevoy;
09.      elemFuente.style.posLeft = nuevox;
10.      window.event.returnValue = false;
11.      window.event.cancelBubble = true;
12.      }
13.  }
```

Básicamente, la función *Movercola( )* utiliza una sentencia *if* para asegurarse de que se pulse el botón del ratón mientras se esté trasladando el elemento. A continuación, la propiedad del objeto *srcElement* recupera las propiedades de posición X e Y para la cola. Finalmente, se calculan nuevos valores para las posiciones x e y basándose la posición actual del ratón, y se le asignan esos valores a la cola, así que la cola se mueve junto con el ratón.

El resultado final es una cola en la que se puede pulsar mientras se mantiene pulsado el botón del ratón, la cola se puede arrastrar a cualquier lugar del tablero.

detectar()

La siguiente función que hay que construir es la función *detectar()*. Cuando el ejercicio sitúa una cola en el tablero, en una posición de la cual opina que es la posición correcta de la cola, tiene que haber alguna forma en que el juego pueda comprobar si el jugador está o no en lo cierto. La función *detectar()* hace esto según se muestra en el Listado 16.6.

Listado 16.6 La función *detectar()* que determina si la cola está o no en el burro

```
01.   function detectar() {
02.       var cola1x = cola1.style.posTop;
03.       var cola1y = cola1.style.posLeft;
04.       var cola2x = cola2.style.posTop;
05.       var cola2y = cola2.style.posLeft;
06.       var cola3x = cola3.style.posTop;
07.       var cola3y = cola3.style.posLeft;
08.
09.       if ((cola1x > 135) && (cola1x < 155) && (cola1y > 235) &&
          ➥ (cola1y < 260))
10.           ganador();
11.       if ((cola2x > 135) && (cola2x < 155) && (cola2y > 210) &&
          ➥ (cola2y < 235))
12.           ganador();
13.       if ((cola3x > 135) && (cola3x < 155) && (cola3y > 190) &&
          ➥ (cola3y < 215))
14.           ganador();
15.       if (intentos == 0)
16.       losentimos();
17.   }
```

La función *detectar()* define en primer lugar las variables que se van a utilizar para llevar la cuenta de la situación de cada cola —una, dos y tres. Dado que cada elemento se puede situar independientemente, es necesario monitorizarlos de manera independiente.

Una vez que se han definido las variables, y después de obtener sus valores a partir de los respectivos objetos cola, el paso siguiente consiste en ver si están o no en el lugar correcto del burro al que pertenecen. Esto se consigue mediante una serie de sentencias que examinan si las coordenadas X e Y de la cola están situadas dentro de un rango de coordenadas aceptables en la parte posterior del burro. Más exactamente, si la cola está bien situada, entonces la función *detectar()* declara ganador al jugador y el juego concluye. Sin embargo, si el valor no es un valor ganador, la función no hace nada y el juego prosigue hasta que el jugador ha consumido todas sus oportunidades.

contar()

Dado que se limita a los jugadores a sólo tres oportunidades para poner correctamente la cola al burro, es necesario algún mecanismo para crear un contador que lleve la cuenta de los turnos jugados por cada jugador. El código del Listado 16.7 muestra la función *contar()* que se emplea con este fin.

Listado 16.7 La función *contar()* lleva la cuenta del número de intentos

```
01.    function contar() {
02.        intentos — ;
03.        if (intentos == 2) {
04.            Counter.innerHTML = "<H2>Intentos = 2</H2>";
05.            detectar();
06.        }
07.        if (intentos == 1) {
08.            Counter.innerHTML = "<H2>Intentos = 1</H2>";
09.            detectar();
10.        }
11.        if (intentos == 0) {
12.            verdenuevo();
13.            Counter.innerHTML = "<H2>Intentos = 0</H2>";
14.            detectar();
15.        }
16.    }
```

La función *contar()* en si es bastante sencilla. Hace uso de la variable «intentos» (a la que se le da un valor inicial de 3) para llevar la cuenta de los turnos del jugador. Cada vez que el usuario pulsa en una cola, se invoca a la función *contar()* que resta un turno de la variable «intentos». La función comprueba entonces el turno, y altera el texto correspondiente al contador de Intentos en consecuencia, empleando el objeto *innerHTML* para manipular el HTML de la página.

El resultado es un contador que no sólo lleva la cuenta de los turnos que ha consumido el jugador, sino que también actualiza los intentos restantes para el jugador a medida que avanza el juego.

ponvenda()

Según se ha mencionado anteriormente, esta versión de «Ponerle la cola al burro» no sería un «ciberjuego» muy eficiente si se pidiera al usuario que se pusiera una venda antes de empezar a jugar. Por tanto, lo que se hace es crear una venda electrónica que se le «pone» al jugador cuando selecciona una cola para empezar una jugada. El Listado 16.8 muestra la sencilla función que cambia el valor de la propiedad *display* en el objeto *ponvenda* haciendo que se visualice el mismo.

Listado 16.8 La función *ponvenda*

```
01.    function ponvenda() {
02.        ponvenda.style.display = "";
03.    }
```

El resultado de llamar a esta función es una venda «virtual» que permita que el jugador que intenta poner la cola al burro lo haga sin ver la imagen real del burro, según se muestra en la Figura 16.4.

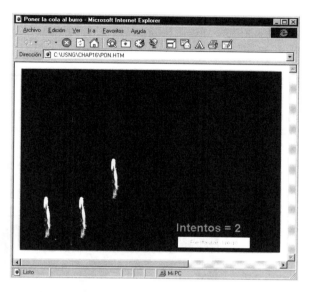

Figura 16.4 El juego en funcionamiento, con la venda puesta.

vendenuevo()

Por supuesto, aun cuando uno quiera que el jugador esté vendado para jugar, no es cuestión de dejarle a oscuras para siempre. El Listado 16.9 muestra la función *vendenuevo( )* que elimina la venda electrónica, por ejemplo si el jugador gana, o si pierde, o si se restaura el juego.

Listado 16.9 La función *vendenuevo* «quita» la venda

```
01.   function vendenuevo() {
02.       ponvenda.style.display = "none";
03.   }
```

losentimos()

Por supuesto, no todo el mundo puede resultar ganador. Habrá ocasiones en que ni siquiera el veterinario más experimentado sea capaz de poner correctamente la cola al burro. Para estas lamentables ocasiones, es necesario tener preparado un mensaje de consolación, para consolar el atribulado espíritu del jugador, y hacerle saber delicadamente que ha perdido. El Listado 16.10 muestra la función que llama a una función *alert()* para notificar al jugador que tendrá que volver a empezar.

Listado 16.10   La función para mostrar un mensaje a quienes no tengan la fortuna de ganar

```
01.   function losentimos() {
02.       alert("¡Lo sentimos! ¡Otra vez será!");
03.   }
```

El resultado de no poner bien la cola es un mensaje que nos desea suerte para la próxima vez, según se muestra en la Figura 16.5.

Figura 16.5   La función *losentimos()* notifica a los jugadores sus resultados poco afortunados.

ganador()

Dado que este juego no conlleva un esfuerzo mental abrumador, casi todos los jugadores conseguirán dominar hasta cierto punto el juego con relativa rapidez. En tal caso, es preciso proporcionar alguna función que felicite al jugador por su victoria, según se muestra en el Listado 16.11.

Listado 16.11   La función *ganador()*, para felicitarle por su victoria

```
01.   function ganador() {
02.       verdenuevo();
```

```
03.        Burro.innerHTML = "<IMG SRC=burro.jpg>";
04.        cola1.style.visibility = "hidden";
05.        cola2.style.visibility = "hidden";
06.        cola3.style.visibility = "hidden";
07.        alert("¡Has ganado!");
08.    }
```

Sin embargo, se observará que la función *ganador()* hace un poquito más que enviar al usuario un mensaje de felicitación a través de una alerta. Además de los parabienes, la función oculta las colas, porque una de ellas se ha colocado correctamente. Además la imagen del pobre burro con la cola se sustituye por la imagen del burro con la cola bien puesta. Entonces, y sólo entonces, se visualiza el mensaje de alerta correspondiente a ese trabajo bien hecho, según se muestra en la Figura 16.6.

Figura 16.6 La función *ganador()* felicita a los ganadores.

restaurar()

Ahora que ya se dispone del grueso de las funciones necesarias para proporcionar la funcionalidad del juego, sigue siendo necesaria una función que devuelva al juego su estado original. Este botón Restaurar podría ser empleado por un jugador que se sintiera frustrado por el juego, o por un juego que hubiera acabado de jugar y quisiera volver a lanzar el juego para otra partida.

El Listado 16.12 muestra la función *restaurar()*, que modifica todos los valores para los elementos originales, devolviéndoles sus valores por omisión.

Listado 16.12 La función *restaurar()*, para volver a empezar

```
01.  function restaurar() {
02.
03.      intentos = 3;
04.      verdenuevo();
05.      cola1.style.posTop = 275;
06.      cola1.style.posLeft = 50;
07.      cola1.style.visibility = "visible";
08.      cola2.style.posTop = 275;
09.      cola2.style.posLeft = 100;
10.      cola2.style.visibility = "visible";
11.      cola3.style.posTop = 275;
12.      cola3.style.posLeft = 150;
13.      cola3.style.visibility = "visible";
14.      Counter.innerHTML = "<H2>Intentos = 3</H2>";
15.      Burro.innerHTML = "<IMG SRC=pobrebu.jpg>";
16.  }
```

En primer lugar, la función restaura el número de intentos que tiene el jugador a 3 (línea 3) y después elimina toda posible venda que pudiera existir (línea 4). A continuación, las colas se devuelven a sus posiciones originales, y a su estado inicial de visibilidad (líneas 5-13), de tal modo que el juego queda preparado para que un nuevo jugador pulse y comience a jugar. Finalmente, el contador de intentos en pantalla se restaura para que el jugador sepa cual es su turno actual (línea 14) y después se priva de su cola al pobre burro (línea 15). Voilà! El juego está listo para volver a jugar.

¡La última página!

Combinando en un único archivo todas las funciones y todo el maquetado de elementos, estamos en situación de crear la versión totalmente operativa del juego de «Ponerle la cola al burro». El Listado 16.13 muestra el código final para el juego en todo su esplendor.

Listado 16.13 Código completo para poner la cola al burro

```
001.  <HTML>
002.  <HEAD>
003.  <TITLE>Poner la cola al burro</TITLE>
004.
005.  <SCRIPT LANGUAGE="JavaScript">
006.  var intentos = 3;
007.
008.  function Movercola() {
009.          if (window.event.button == 1) {
010.          ponvenda();
011.          var elemFuente, nuevoy, nuevox;
012.          elemFuente = window.event.elemFuente;
```

```
013.            nuevox=window.event.x - (elemFuente.width/2);
014.            nuevoy=window.event.y - (elemFuente.height/2);
015.            elemFuente.style.posTop = nuevoy;
016.            elemFuente.style.posLeft = nuevox;
017.            window.event.returnValue = false;
018.            window.event.cancelBubble = true;
019.            }
020. }
021.
022. function detectar() {
023.            var cola1x = cola1.style.posTop;
024.            var cola1y = cola1.style.posLeft;
025.        var cola2x = cola2.style.posTop;
026.            var cola2y = cola2.style.posLeft;
027.            var cola3x = cola3.style.posTop;
028.            var cola3y = cola3.style.posLeft;
029.
030.            if ((cola1x > 135) && (cola1x < 155)
031. && (cola1y > 235) && (cola1y < 260))
032.                    ganador();
033.            if ((cola2x > 135) && (cola2x < 155)
034. && (cola2y > 210) && (cola2y < 235))
035.                    ganador();
036.            if ((cola3x > 135) && (cola3x < 155)
037. && (cola3y > 190) && (cola3y < 215))
038.                    ganador();
039.        if (intentos == 0)
040.                losentimos();
041. }
042.
043. function contar() {
044.            intentos--;
045.        if (intentos == 2) {
046.                Counter.innerHTML = "<H2>Intentos = 2</H2>";
047.                detectar();
048.        }
049.        if (intentos == 1) {
050.                Counter.innerHTML = "<H2>Intentos = 1</H2>";
051.                detectar();
052.        }
053.        if (intentos == 0) {
054.                vendenuevo();
055.                Counter.innerHTML = "<H2>Intentos = 0</H2>";
056.                detectar();
057.        }
058.    }
059.
060. function ponvenda() {
061.            ponvenda.style.display = "";
062. }
063.
```

(continúa)

Listado 16.13 Código completo para poner la cola al burro *(Continuación)*

```
064. function verdenuevo() {
065.         ponvenda.style.display = "none";
066.
067. }
068.
069. function losentimos() {
070.         alert("¡Lo sentimos! ¡Otra vez será!");
071. }
072.
073. function ganador() {
074.         vendenuevo();
075.         Burro.innerHTML = "<IMG SRC=burro.jpg>";
076.         cola1.style.visibility = "hidden";
077.         cola2.style.visibility = "hidden";
078.         cola3.style.visibility = "hidden";
079.         alert("¡¡Has ganado!!");
080. }
081.
082. function restaurar() {
083.
084.         intentos = 3;
085.         vendenuevo();
086.         cola1.style.posTop = 275;
087.         cola1.style.posLeft = 50;
088.         cola1.style.visibility = "visible";
089.         cola2.style.posTop = 275;
090.         cola2.style.posLeft = 100;
091.         cola2.style.visibility = "visible";
092.         cola3.style.posTop = 275;
093.         cola3.style.posLeft = 150;
094.         cola3.style.visibility = "visible";
095.         Counter.innerHTML = "<H2>Intentos = 3</H2>";
096.         Burro.innerHTML = "<IMG SRC=pobrebu.jpg>";
097. }
098.
099. </SCRIPT>
100. </HEAD>
101. <BODY>
102.
103. <EMBED STYLE="display: none" autostart="TRUE" loop="FALSE"
     ➥ SRC="burro.wav">
104.
105. <DIV id="Tablero" STYLE="position: absolute; top: 10; left:10;
     ➥ width: 550; height: 400; border: solid; border-color: red;
     ➥ background: black; z-index: -1;">
106.
107. <SPAN id="TítuloJuego" STYLE="position: absolute; top: 25; left:
     ➥ 25; color: red; font-family: sans-serif">
108. <H1>¡Ponle la cola al burro!</H1>
109. </SPAN>
```

```
110.
111. <SPAN id="Burro" STYLE="position: absolute; top: 75; left: 25">
112. <IMG SRC="pobrebu.jpg">
113. </SPAN>
114.
115. <SPAN id="Reglas" STYLE="position: absolute; top: 100; left: 300;
     ➥ width: 200; color: red; font-family: sans-serif; visibility:
     ➥ visible">
116. Pulse en una cola para comenzar el juego. Cuando pulse en,
117. una cola, la pantalla se pondrá en negro. ¡Haga lo que pueda para
     ➥ poner
118. la cola en la parte posterior del burro y devolverle su estado
     ➥ natural!
119. <P>
120. ¡Pulse en cualquier cola para que empiece el juego!
121. </SPAN>
122.
123. <SPAN id="Counter" STYLE="position: absolute; top: 325; left:
     ➥ 325; color: red; font-family: sans-serif; z-index: 1">
124. <H2>Intentos = 3</H2>
125. </SPAN>
126.
127. <IMG id="ponvenda" STYLE="position: absolute; top: 25; left: 15;
     ➥ display: none" SRC="ponvenda.gif">
128.
129. <INPUT TYPE=BUTTON VALUE="Restaurar Juego" STYLE="position:
     ➥ absolute; top: 360; left: 330; z-index: 1"
     ➥ onclick="restaurar();">
130.
131. </DIV>
132.
133. <IMG id="cola1" STYLE="position: relative; top: 275; left: 50;
     ➥ visibility: visible; z-index: 1" onmousemove="Movercola();
     ➥ " onclick="contar();" SRC="lacola.gif">
134.
135. <IMG id="cola2" STYLE="position: relative; top: 275; left: 100;
     ➥ visibility: visible; z-index: 1" onmousemove="Movercola();
     ➥ " onclick="contar();" SRC="lacola.gif">
136.
137. <IMG id="cola3" STYLE="position: relative; top: 275; left: 150;
     ➥ visibility: visible; z-index: 1" onmousemove="Movercola();
     ➥ " onclick="contar();" SRC="lacola.gif">
138.
139. </BODY>
140. </HTML>
```

Con todos los elementos en su lugar, el juego total está contenido en un archivo de HTML, y sin embargo proporciona un nivel de interactividad con el usuario que no sería posible con HTML tradicional. La Figura 16.7 muestra el juego después de haber jugado.

Figura 16.7   El juego final después de una entretenida partida de «Ponerle la cola al burro».

Y a continuación...

Aun cuando pueda no parecer un aplicación potente, Ponerle la cola al burro demuestra algunas técnicas de interfaz que se podrían aplicar para construir aplicaciones de HTML Dinámico mucho más avanzadas, y basadas en los mismos principios subyacentes. En lugar de poner la cola al pobre animalejo, por ejemplo, se nos podría pedir que simulásemos la reparación de un reactor nuclear, y el «juego» consistiría en llevar la cuenta de la situación y orden de las reparaciones efectuadas. Entonces se podría revisar ese trabajo a efectos de seguridad, sin poner en peligro la vida de nadie. Hay muchos usuarios que también están familiarizados con las disecciones «virtuales» que efectúan los alumnos de biología. Este tipo de aplicación se podría revisar fácilmente para incorporar HTML Dinámico, con objeto de hacer que la experiencia fuese más interactiva, más divertida y, sobre todo, una mejor experiencia de aprendizaje para los alumnos.

Ahora que ya se ha visto la forma en que HTML Dinámico puede funcionar en una aplicación de la vida real, es el momento de examinar algunos otros ejemplos.

- El Capítulo 17, «Explicación del baloncesto», examina un curso programado que analiza algunos detalles sutiles del baloncesto.
- El Capítulo 18, «Construcción de un catálogo *online*», examina la forma en que se puede utilizar HTML Dinámico para crear un catálogo *online* con toda una gama de posibilidades.
- El Capítulo 19, «Construcción del juego de vídeo Smashout», pone digno broche y colofón creando una versión totalmente operativa de un juego de «romper ladrillos», con su detección de colisiones completa, que demuestra toda la potencia de HTML Dinámico.

Capítulo

Explicación del baloncesto

Las páginas de HTML poseen muchas aplicaciones diferentes. A lo largo del texto se han ido examinando pequeñas aplicaciones e ideas relativas a la forma en que se puede utilizar HTML Dinámico. A continuación examinaremos la forma en que se podría utilizar la técnica para crear un curso programado y una aplicación de demostración que podría emplearse como herramienta de ventas o como herramienta educativa.

Una de las actividades más frecuentes en el mundo de los negocios consiste en hacer demostraciones. De hecho, las demostraciones son algo con lo que estamos familiarizados desde los comienzos de nuestra escolarización. El aprendizaje se logra frecuentemente a través de algún tipo de presentación, y cuando más interesante, divertida e interactiva sea la presentación, más provecho obtendrá de ella el observador.

Este capítulo aplica HTML Dinámico para construir una sencilla explicación interactiva del baloncesto.

- **Posicionamiento de elementos** Aplicar posicionamiento de HEC y HTML Dinámico para crear una demostración interactiva.
- **Control de la visibilidad** Utilización de capas y de la visibilidad para crear explicaciones gráficas.
- **Construcción de una interfaz de usuario** Construir una interfaz de usuario intuitiva para un curso programado o demostración.

Esta demo está destinada a mostrar las características de HTML Dinámico, y los usuarios que la empleen para aprender más acerca del baloncesto lo harán bajo su propia responsabilidad. Sobre todo los afiliados a la NBA.

En esta demostración se va a crear un diagrama simplificado de una cancha de baloncesto, con sus marcas, y también algunas imágenes de las distintas indicaciones que podría hacer un árbitro en el transcurso de un juego. Entonces el usuario podrá seleccionar distintos elementos, tales como la línea de tres puntos, o una falta por pasos, para obtener una explicación de lo que significan esas marcas o esa falta. Por supuesto, se podría dar el mismo tipo de instrucción en un formato estático de HTML. La información sería la misma, pero la interacción con el usuario no sería tan absorbente, ni tan eficiente. Consiguientemente, vamos a ver cómo se puede crear un curso programado de baloncesto.

Creación de las imágenes

Aun cuando uno podría no pensar inmediatamente en crear la imágenes para la presentación cuando se está considerando HTML Dinámico, esta es una parte importante del diseño del producto final. De hecho, en este ejemplo se van a necesitar varias imágenes, y tendrán que funcionar en capas, así que sólo mediante un cuidadoso maquetado y una cuidada construcción de las imágenes podremos estar seguros de que funcionarán conjuntamente.

Por ejemplo, la creación de la cancha de baloncesto require las imágenes siguientes:

- La cancha
- Línea media
- Línea de tres puntos
- Punto de castigo
- La zona
- La cesta

Todas estas imágenes tienen que tener la misma forma y exactamente las mismas dimensiones, para que al situarlos en capas sus elementos se alineen tal como sucedería en una cancha de baloncesto. Según puede verse en la Figura 17.1, estos elementos se crearon inicialmente en Photoshop, definiendo las dimensiones de todos los GIF como 432×288 píxeles, para que todos los elementos se alineen correctamente.

A continuación, es preciso crear los iconos que se emplean para representar las distintas indicaciones que podría hacer el árbitro en el transcurso del juego. Aunque estas imágenes no se van a superponer, su tamaño también es importante desde el punto de vista de la interfaz. Cuando se visualicen varios iconos del árbitro para que el usuario seleccione alguno de ellos, será preciso hacerlo de tal forma que el acceso resulte sencillo, proporcionando al mismo tiempo una maquetación consistente. Para hacer esto, se necesitan de nuevo imágenes que tengan las mismas dimensiones. La Figura 17.2 muestra la forma en que se han editado las imágenes del árbitro para que sean consistentes, dando a todos los iconos unas dimensiones de 120×105 píxeles.

Por supuesto, antes de empezar a crear las imágenes, hay que tener una idea aproximada del aspecto que va a tener la página ya maquetada. Para este ejemplo, es necesario empezar por la cancha de baloncesto como elemento principal de la página, y construir a partir de esto. Esto servirá de ayuda para decidir acerca del tamaño relativo, y para determinar la forma en que van a encajar las cosas en conjunto.

Maquetación de la página

Lo primero que hay que hacer para crear este curso programado es maquetar los elementos de la cancha. Es un proceso bastantes sencillo, pero hay un par de cosas que habrá que vigilar con especial cuidado.

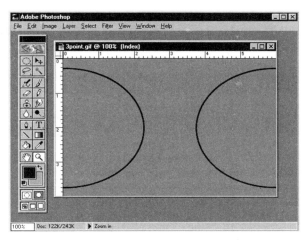

Figura 17.1 Maquetación de la línea de tres puntos para el curso programado.

Figura 17.2 Creación de iconos consistentes para la interfaz del árbitro.

En primer lugar, es necesario crear el maquetado de la cancha, y después se añadirá el maquetado de los iconos que aparecen junto a ella. Las secciones siguientes muestran la forma de llevar a cabo esta serie de tareas.

Posicionamiento del maquetado inicial

El maquetado inicial de la cancha es bastante sencillo. En primer lugar, es necesario emplear un posicionamiento absoluto para asegurarse de que todos los elementos de la cancha se encuentren exactamente en la misma posición. Sin embargo, si sólo se hace esto es posible que no se puedan ver correctamente todos los elementos.

Para asegurar que todos los elementos funcionen correctamente, será necesario utilizar índices z para situar a cada elemento en su propia capa, según se muestran en la siguiente línea de código:

```
<IMG id="Cancha" STYLE="position: absolute; top: 25px; left: 25; z-index:
➥ 0; visibility: visible;" SRC="cancha.gif">
```

Esto es todo lo que hay que hacer. El Listado 17.1 muestra el código que crea la maquetación de la cancha, y la Figura 17.3 muestra la cancha en sí.

Listado 17.1 Maquetación de la cancha de baloncesto

```
01.   <IMG ID="Cancha" style="position: absolute; top: 25px; left: 25;
      ➥ z-index: 0; visibility: visible;" SRC="Cancha.gif">
02.   <IMG ID="Punto" style="position: absolute; top: 25px; left: 25;
      ➥ z-index: 1 visibility: visible;" SRC="3puntos.gif">
03.   <IMG ID="MediaCan" style="position: absolute; top: 25px; left:
      ➥ 25; z-index: 2 visibility: visible;" SRC="MediaCan.gif">
04.   <IMG ID="puntolan" style="position: absolute; top: 25px; left:
      ➥ 25; z-index: 3; visibility: visible;" SRC="puntolan.gif">
05.   <IMG ID="zona" style="position: absolute; top: 25px; left: 25;
      ➥ z-index: 4; visibility: visible;" SRC="zona.gif">
06.   <IMG ID="Canasta" style="position: absolute; top: 25px; left: 25;
      ➥ z-index: 5; visibility: visible;" SRC="Canasta.gif">
07.   <IMG ID="Pantalla" style="position: absolute; top: 25px; left:
      ➥ 25; z-index: 0; visibility: hidden;" SRC="Can-Pan.gif">
08.
09.   <DIV ID="Title" STYLE="position: absolute; top: 325; left: 50;
      ➥ font-family: sans-serif; color: orange; visibility: visible;">
10.   <H1>Curso Programado de Baloncesto</H1>
11.   </DIV>
```

En este código, las líneas de la 1 a la 7 especifican la situación de distintos elementos, tales como la cesta o la zona. Las líneas de la 9 a la 11 especifican la situación del título de este curso programado. Son aplicaciones sencillas de los marcadores <IMG> y <DIV>, pero entrarán en juego posteriormente, cuando se muestren y oculten estos elementos basándose en los valores de su propiedad de *visibilidad*.

Creación de un cuadro con desplazamiento

Una vez terminado el maquetado de la cancha, se puede pasar a maquetar el cuadro con desplazamiento que contiene las imágenes del árbitro, y los iconos correspondientes a los elementos de la cancha. En una sección posterior, «Guiones operativos", se añadirá la funcionalidad que permite a los usuarios pulsar en un icono de este cuadro para obtener una explicación de la indicación o de alguna marca de la cancha. Por el momento, daremos formato a los iconos.

Figura 17.3 Maquetación de la cancha de baloncesto ya terminada.

Dado que van a aparecer juntos varios iconos, y que no deseamos visualizarlos todos la vez en la pantalla, es necesario crear un cuadro con desplazamiento para que contenga los iconos. Los usuarios pueden ir desplazando los iconos, y pulsar en un icono para recibir una explicación detallada.

La creación del cuadro con desplazamiento aprovecha el marcador <DIV> y el atributo OVERFLOW. En primer lugar, se utilizará el marcador <DIV> para crear un elemento contenedor general que encerrará las imágenes de todos los iconos. Como quizá recordará del Capítulo 9, «Maquetado y posicionamiento», mediante el uso de posicionamiento HEC se pueden anidar los marcadores <DIV> lo cual hace posible tratar a cada imagen como si fuese un elemento por separado, anidando todo en un elemento mas extenso denominado «Oficial» en este ejemplo porque se refiere a los iconos del árbitro:

```
<DIV id="Oficial" STYLE="position: absolute; top: 25; left: 475;
➥ height: 340; width: 145; overflow: scroll">
</DIV>
```

Por supuesto, no van a caber todos los iconos en este contenedor de 340¥145; sin embargo, como quizá recordará del Capítulo 8, «Estilos dinámicos», se puede especificar la forma en que los objetos contenedores gestionan los excesos de datos mediante la propiedad *overflow*. Al dar a esta propiedad el valor «scroll» se puede crear automáticamente un lugar con desplazamiento para los iconos.

Lo único que queda por hacer es dar formato a los iconos en sí:

```
<IMG id="Ref1" STYLE="border: none; border-width: thin; border-color:
➥ orange; " onclick="mostrarObjeto(); resaltar()";
➥ ondblclick="restaurar()"; SRC="alaire.gif">
```

Se empieza por dar nombre a los iconos con una ID única. Esto es importante para llevar la cuenta de las imágenes posteriormente. A continuación, se especifican los elementos STYLE para los iconos; en este caso se trata de una información relativa a los bordes. Posteriormente, cuando los usuarios pulsen en el icono, será necesario resaltar el icono mediante un borde, así que se incluye la información del borde ahora, y se da al borde el valor «none».

El resultado es que el borde no se muestra en este momento, pero ya están en su sitio los elementos necesarios para resaltar el icono en el futuro.

Se observará también que aquí aparecen dos ítems destinados a la gestión de sucesos: onclick=«mostrarObjeto(); highlight();» y ondblclick=«restaurar()» son funciones que se crearán posteriormente en la sección «Guiones operativos» para gestionar lo que sucede cuando un usuario pulsa en un icono, y lo que sucede cuando pulsan dos veces. Cuando el usuario pulsa en un icono, es necesario emplear la función *mostrarObjeto()* para revelar la explicación del icono, y la función *resaltar()* para resaltar el icono. Cuando el usuario pulsa dos veces, hay que restaurar el icono y la cancha. El Listado 17.2 muestra el aspecto que tiene el cuadro de desplazamiento de los iconos, y la Figura 17.4 muestra el maquetado final del cuadro de desplazamiento de iconos.

Listado 17.2 Maquetado de la cancha de baloncesto

```
01.   <DIV ID="oficial" STYLE="position: absolute; top: 25; left: 475;
      ➡ height: 340; width: 145; overflow: scroll">
02.   <IMG ID="Ref1" style="border: none; border-width: thin;
      ➡ border-color: orange;" onclick="mostrarObjeto(); resaltar()";
      ➡ ondblclick="restaurar()"; SRC="alaire.gif">
03.   <IMG ID="Ref2" style="border: none; border-width: thin;
      ➡ border-color: orange;" onclick="mostrarObjeto(); resaltar()";
      ➡ ondblclick="restaurar()"; SRC="3seg.gif">
04.   <IMG ID="Ref3" style="border: none; border-width: thin;
      ➡ border-color: orange;" onclick="mostrarObjeto(); resaltar()";
      ➡ ondblclick="restaurar()"; SRC="lanzar.gif">
05.   <IMG ID="Ref4" style="border: none; border-width: thin;
      ➡ border-color: orange;" onclick="mostrarObjeto(); resaltar()";
      ➡ ondblclick="restaurar()"; SRC="falta.gif">
06.   <IMG ID="Ref5" style="border: none; border-width: thin;
      ➡ border-color: orange;" onclick="mostrarObjeto(); resaltar()";
      ➡ ondblclick="restaurar()"; SRC="unomuno.gif">
07.   <IMG ID="Ref6" style="border: none; border-width: thin;
      ➡ border-color: orange;" onclick="mostrarObjeto(); resaltar()";
      ➡ ondblclick="restaurar()";SRC="posesion.gif">
08.
09.   <IMG ID="Cancha1" style="border: none; border-width: thin;
      ➡ border-color: orange;" onclick="mostrarObjeto(); resaltar()";
      ➡ ondblclick="restaurar()";SRC="Can-Peq.gif">
10.   <IMG ID="Cancha2" style="border: none; border-width: thin;
      ➡ border-color: orange;" onclick="mostrarObjeto(); resaltar()";
      ➡ ondblclick="restaurar()";SRC="Med-Peq.gif">
11.   <IMG ID="Cancha3" style="border: none; border-width: thin;
      ➡ border-color: orange;" onclick="mostrarObjeto(); resaltar()";
      ➡ ondblclick="restaurar()";SRC="pun-peq.gif">
```

```
12.    <IMG ID="Cancha4" style="border: none; border-width: thin;
    ➥border-color: orange;" onclick="mostrarObjeto(); resaltar()";
    ➥ondblclick="restaurar()";SRC="zona-peq.gif">
13.    <IMG ID="Cancha5" style="border: none; border-width: thin;
    ➥border-color: orange;" onclick="mostrarObjeto(); resaltar()";
    ➥ondblclick="restaurar()";SRC="3pt-peq.gif">
14.    </DIV>
```

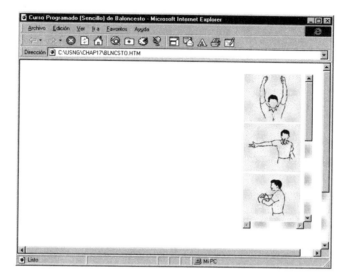

Figura 17.4 El cuadro de selección de iconos ya terminado.

La combinación del código procedente de los Listados 17.1 y 17.2 da lugar a la terminación de la maquetación de este curso programado. El resultado final es la interfaz ya terminada, preparada para poner los guiones, según se muestra en la Figura 17.5.

Dar formato a las explicaciones

Ahora que ya están dispuestos la cancha y los iconos, es necesario situar un último elemento: las explicaciones de las marcas de la cancha y las indicaciones del árbitro. Para maquetar las indicaciones, se hará uso una vez más del marcador <DIV> para crear una única entidad a partir de múltiples marcadores.

Para hacer esto, primero se crea un elemento que superpone las explicaciones a la cancha, creando un elemento contenedor para el resto del texto de la explicación. Entonces se puede dar formato al texto de la explicación en sí, y se puede dar un encabezado para la explicación de tal modo que queden alineados en el lugar correcto dentro del curso programado.

También será necesario hacer uso de la propiedad de *visibilidad* para ocultar las explicaciones hasta que el usuario seleccione el icono correspondiente. El Listado 17.3 muestra un ejemplo de la forma en que se construyen las explicaciones.

Figura 17.5 El maquetado final del curso programado de baloncesto.

Listado 17.3 Maquetado de una explicación

```
01.    <DIV ID="Exp4Can" STYLE="position: absolute; top: 25px; left:
       ➥ 25px; height: 500px; width: 450px; font-family: sans-serif;
       ➥ visibility: hidden" onclick="restaurar();">
02.    <IMG ID="Im4Can" STYLE="position: absolute; z-index: 1;
       ➥ visibility: visible;" SRC="zona.gif">
03.    <SPAN ID="Texto4Can" style="position:absolute; top: 25px;
       ➥ left:75px">
04.    La zona es el área que se encuentra bajo la canasta.<br>
05.    En la parte superior se encuentra la línea de falta, y<br>
06.    los jugadores atacantes sólo pueden ocupar la zona durante<br>
07.    un máximo de tres segundos continuos.
08.    </SPAN>
09.
10.    <SPAN ID="Enc4Can" STYLE="position: absolute; top: 300; left: 25;
       ➥ font-family: sans-serif;">
11.    <H1>La zona</H1>
12.    </SPAN>
13.    </DIV>
```

El Listado 17.3 hace uso del marcador <DIV> de la línea 1 para crear un contenedor
general para una de las explicaciones de las marcas de la cancha. En la línea 3, el marcador <SPAN> se utiliza para situar las explicaciones escritas correspondientes a esa marca
de la cancha. La línea 10 vuelve a hacer uso del marcador <SPAN> para situar el encabezado de la explicación.

Hay que observar que toda la explicación consta de tres elementos distintos: la imagen de la explicación, el encabezado y el texto. Todos estos elementos se han agrupado en un único elemento empleando el marcador <DIV>. Esto hace posible dar precisión al maquetado del elemento, posicionando cada elemento exactamente donde se quiera que esté, según se muestra en la Figura 17.6.

También se observará que se están preparando las explicaciones para recibir y procesar sucesos. Al final de la línea 1, el gestor de sucesos *onclick=«restaurar();»* prepara la explicación para que sea restaurada cuando el usuario pulse en la explicación. Por supuesto, en este preciso momento no haría nada, pero lo hará dentro de muy poco tiempo.

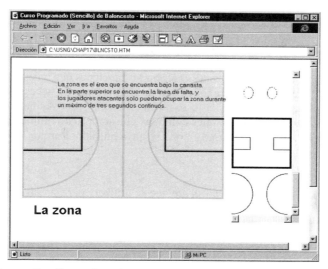

Figura 17.6 Una explicación con formato.

Guiones operativos

Una vez tenidos todos los elementos en su lugar, lo único que queda para completar el curso programado de baloncesto es crear los guiones que le dan su operatividad. Para lograr esto, se necesitará dar guiones a un cierto número de tareas. La Tabla 17.1 enumera los distintos elementos de funcionalidad que se necesitan en el juego y las funciones necesarias para implementarlos.

Tabla 17.1 Guiones requeridos para el curso programado de baloncesto

Funcionalidad necesaria	Función que la implementa
Mostrar y ocultar explicaciones	mostrarObjeto() ocultarObjeto()
Poner en gris la cancha	mostrarCanchaPantalla() ocultarCanchaPantalla()

(continúa)

Tabla 17.1 Guiones requeridos para el curso programado de baloncesto *(Continuación)*

Funcionalidad necesaria	Función que la implementa
Resaltar selecciones	resaltar()
	norresaltar()
Restaurar el curso programado	restaurar()

Las secciones siguientes muestran la forma en que se construye cada una de estas funciones.

mostrarObjeto() y ocultarObjeto()

La primera tarea de la lista es escribir las funciones que muestran y ocultan las explicaciones

Para visualizar la explicación, lo primero que se necesita saber es el elemento en que ha pulsado el usuario. Esto se puede conseguir aprovechando el hecho de que la ventana registrará los sucesos, tales como las pulsaciones de rutina, y que pondrá a nuestra disposición la ID del elemento en que se haya pulsado. Por tanto, el código siguiente:

```
var elemFuente;
```

declara la variable *elemFuente* que se utilizará para seguir la pista del elemento en que se haya pulsado. A continuación, la línea:

```
elemFuente = window.event.srcElement;
```

asigna a la variable *elemFuente* la ID obtenida a partir de *window.event.srcElement*. Con el valor del elemento que ha generado el suceso, se puede utilizar la variable *elemFuente* para determinar en cuál de los iconos se ha pulsado.

Para determinar en qué icono se ha pulsado, y la explicación que hay que mostrar, es necesario utilizar una serie de sentencias *if...then*:

```
if (elemFuente.id == "Ref1")
        Ref1Exp.style.visibility = "visible";
```

Este código compara la ID del elemento en que se ha pulsado con los nombres que se hayan asignado a cada elemento. A partir de las ID proporcionadas por *elemFuente* y de los nombres que se les hayan asignado a esos elementos, se puede fijar la propiedad de *visibilidad* para que resulte visible la explicación correspondiente. Esto hará que se visualicen las explicaciones completas. El Listado 17.4 muestra una versión truncada de la función ya terminada.

Listado 17.4 La función mostrarObjeto()

```
01.    function mostrarObjeto() {
02.
03.        restaurar();
```

```
04.        mostrarCanchaPantalla();
05.        var elemFuente;
06.        elemFuente = window.event.elemFuente;
07.        if (elemFuente.id == "Ref1")
08.            Exp1Arb.style.visibility = "visible";
09.    ...
10.
11.    if (elemFuente.id == "Cancha1")
12.        Exp1Can.style.visibility = "visible";
13.    ...
14.    if (elemFuente.id == "Cancha5")
15.        Exp5Can.style.visibility = "visible";
16.
17.    }
```

Quizá se observe que antes de que la función determine en cuál de los iconos se ha pulsado, y antes de mostrar su explicación, primero llama a las funciones *restaurar()* y *mostrarCanchaPantalla()* de las líneas 3 y 4.

La función *restaurar()* restaura la aplicación, para asegurarse de que estén en orden todos los elementos antes de visualizar una nueva información. La función *mostrarCanchaPantalla()* pone en gris aquellos elementos de la cancha que no son necesarios. Estas dos funciones se tratan con todo detalle en la siguiente sección del capítulo.

Para ocultar las explicaciones, se puede utilizar exactamente la misma función del Listado 17.4 con un pequeño cambio. En lugar de utilizar las sentencias *if* para dar a la propiedad de *visibilidad* el valor «visible», se le dará a la propiedad de *visibilidad* el valor «hidden». En otras palabras, todas las líneas que sean de la forma:

```
Exp1Can.style.visibility = "visible";
```

pasarán a ser

```
Exp1Can.style.visibility = "hidden";
```

Modificando una sola propiedad, se altera la funcionalidad de toda la función.

mostrarCanchaPantalla() y ocultarCanchaPantalla()

Cuando se muestran las explicaciones, se desea que los elementos de la cancha aparezcan «en gris», para que no interfieran con la legibilidad de la explicación. Esto es parecido a visualizar una imagen en un diseño gráfico de tal modo que tenga un aspecto más claro en la página. Al hacer esto se hace posible mantener la colocación de los elementos que existiesen originalmente, y colocar texto sobre estos elementos de modo que resulte legible. En muchas interfaces gráficas de usuario se utiliza una técnica similar para indicar que un botón, un control o un elemento no están disponibles. Por ejemplo, no se puede pulsar en un botón que esté «en gris» en un cuadro de diálogo. Para hacer esto, es necesario ocultar los elementos de la cancha, y hay que sustituirlos por la imagen de pantalla de la cancha.

Como ejercicio, intente implementar una técnica similar empleando un filtro multi-media.

La función que escriba ocultará todas las imágenes de la cancha, y después hará que la propiedad de *visibilidad* de la imagen de pantalla sea «visible». El Listado 17.5 muestra el código completo para esta funcionalidad.

Listado 17.5 Poner la cancha en gris

```
01.   function mostrarCanchaPantalla() {
02.
03.       Title.style.visibility = "hidden";
04.       Cancha.style.visibility = "hidden";
05.       Punto.style.visibility = "hidden";
06.       MediaCan.style.visibility = "hidden";
07.       puntolan.style.visibility = "hidden";
08.       zona.style.visibility = "hidden";
09.       Canasta.style.visibility = "hidden";
10.       Pantalla.style.visibility = "visible";
11.   }
```

Por supuesto, *mostrarCanchaPantalla()* es una función bastante sencilla, y se puede duplicar para crear la función que hace que la cancha vuelva a su estado normal. Sin más que invertir las sentencias de la forma

```
Canasta.style.visibility = "hidden";
```

pasando a ser

```
Canasta.style.visibility = "visible";
```

donde corresponda, se puede crear una función similar a *mostrarCanchaPantalla()* denominada *ocultarCanchaPantalla()*, y que en esencia se limita a restaurar la cancha.

resaltar() y norresaltar()

Según se ha mencionado anteriormente, cuando el usuario pulsa un icono, es necesario que ese icono quede resaltado para reforzar la explicación dada para el icono.

Para lograr esto, es necesario crear dos funciones: una denominada *resaltar()* que crea un borde en torno al icono en que se ha pulsado, y otra llamada *norresaltar()* que elimina ese borde.

El Listado 17.6 muestra la función *resaltar()* que vuelve a hacer uso de la variable *elemFuente*.

Listado 17.6 La función resaltar()

```
01.   function resaltar() {
02.
03.       var elemFuente;
04.       elemFuente = window.event.elemFuente;
05.       elemFuente.style.border = "solid";
06.
07.   }
```

La función *resaltar()* hace uso de la variable *elemFuente* para determinar la ID del elemento en que se ha pulsado, y que en este caso es uno de los iconos. Entonces, dado que el borde ya forma parte de la definición del estilo de ese icono, es posible manipularlo directamente con la línea 5, que toma la propiedad de *borde* del icono y hace que pase de ser «none» a valer «solid», produciendo como efecto el que el icono quede resaltado. Se puede transformar esta función en la función *norresaltar()* volviendo a cambiar la propiedad de *borde* de la línea 5:

```
elemFuente.style.border = "none";
```

En efecto, esta línea restaura el borde de modo que sea «none,» y deja el icono sin resaltar.

restaurar()

Durante la visualización de las distintas explicaciones de las señales del árbitro y de las marcas de la cancha, hay ocasiones en que sería agradable restaurar la aplicación para asegurarse de que todo esté funcionado correctamente, y de que todo está preparado para pasar al ejemplo siguiente. La función *restaurar()* desempeña esta función.

Tal como sucedía con todas las funciones tratadas anteriormente, la funcionalidad de la función *restaurar()* es bastante clara. Se limita a llevar todos los elementos a sus estados originales en una sola función, para que no sea preciso hacerlo manualmente. Lo primero que hay que hacer es ocultar la imagen de la cancha atenuada, invocando a la función *ocultarCanchaPantalla()*.

A continuación, es preciso invocar a la función *norresaltar()* para asegurar que el elemento resaltado en ese momento deje de estarlo.

A continuación, se pasa a una serie de sentencias que restauran la visibilidad original de todos los elementos. El proceso se repite simplemente para todos los elementos de la página. El Listado 17.7 muestra el código final (truncado) para la función *restaurar()*.

Listado 17.7 La función restaurar()

```
01.   function restaurar() {
02.
03.       ocultarCanchaPantalla();
04.       norresaltar();
```

(continúa)

Listado 17.7 La función restaurar() *(Continuación)*

```
05.      Title.style.visibility = "visible";
06.      Exp1Arb.style.visibility = "hidden";
07.      ...
08.      Exp6Arb.style.visibility = "hidden";
09.      Ref1.style.border = "none";
10.  ...
11.      Ref6.style.border = "none";
12.
13.      Exp1Can.style.visibility = "hidden";
14.      ...
15.  Exp5Can.style.visibility = "hidden";
16.
17.  Cancha1.style.border = "none";
18.  ...
19.      Cancha5.style.border = "none";
20.  }
```

¡La última página!

Ahora que ya se han completado las funciones del curso programado de baloncesto, es el momento de ensamblarlo todo para forma el código final, según se muestra en el Listado 17.8. Dentro de un documento típico de HTML, se enumeran primero las funciones, que irán seguidas por todos los detalles de maquetación para los elementos de la cancha, los iconos y por último las explicaciones. Todas las piezas encajan entre sí para crear el código final del curso programado de baloncesto, que se muestra en el Listado 17.8.

Listado 17.8 Código final del curso programado de baloncesto

```
001.  <HTML>
002.  <HEAD>
003.  <TITLE>Curso Programado (Sencillo) de Baloncesto</TITLE>
004.
005.  <SCRIPT>
006.
007.  function mostrarObjeto() {
008.
009.      restaurar();
010.      mostrarCanchaPantalla();
011.      var elemFuente;
012.      elemFuente = window.event.elemFuente;
013.      if (elemFuente.id == "Ref1")
014.          Exp1Arb.style.visibility = "visible";
015.      if (elemFuente.id == "Ref2")
016.          Exp2Arb.style.visibility = "visible";
017.      if (elemFuente.id == "Ref3")
018.          Exp3Arb.style.visibility = "visible";
```

```
019.        if (elemFuente.id == "Ref4")
020.            Exp4Arb.style.visibility = "visible";
021.        if (elemFuente.id == "Ref5")
022.            Exp5Arb.style.visibility = "visible";
023.        if (elemFuente.id == "Ref6")
024.            Exp6Arb.style.visibility = "visible";
025.        if (elemFuente.id == "Cancha1")
026.            Exp1Can.style.visibility = "visible";
027.        if (elemFuente.id == "Cancha2")
028.            Exp2Can.style.visibility = "visible";
029.        if (elemFuente.id == "Cancha3")
030.            Exp3Can.style.visibility = "visible";
031.        if (elemFuente.id == "Cancha4")
032.            Exp4Can.style.visibility = "visible";
033.        if (elemFuente.id == "Cancha5")
034.            Exp5Can.style.visibility = "visible";
035. }
036.
037. function ocultarObjeto() {
038.
039.        ocultarCanchaPantalla();
040.
041.        norresaltar();
042.        var elemFuente;
043.        elemFuente = window.event.elemFuente;
044.        if (elemFuente.id == "Ref1")
045.            Exp1Arb.style.visibility = "hidden";
046.        if (elemFuente.id == "Ref2")
047.            Exp2Arb.style.visibility = "hidden";
048.        if (elemFuente.id == "Ref3")
049.            Exp3Arb.style.visibility = "hidden";
050.        if (elemFuente.id == "Ref4")
051.            Exp4Arb.style.visibility = "hidden";
052.        if (elemFuente.id == "Ref5")
053.            Exp5Arb.style.visibility = "hidden";
054.        if (elemFuente.id == "Ref6")
055.            Exp6Arb.style.visibility = "hidden";
056.        if (elemFuente.id == "Cancha1")
057.            Exp1Can.style.visibility = "hidden";
058.        if (elemFuente.id == "Cancha2")
059.            Exp2Can.style.visibility = "hidden";
060.        if (elemFuente.id == "Cancha3")
061.            Exp3Can.style.visibility = "hidden";
062.        if (elemFuente.id == "Cancha4")
063.            Exp4Can.style.visibility = "hidden";
064.        if (elemFuente.id == "Cancha5")
065.            Exp5Can.style.visibility = "hidden";
066. }
067.
068. function mostrarCanchaPantalla() {
069.
```

(continúa)

Listado 17.8 Código final del curso programado de baloncesto *(Continuación)*

```
070.        Title.style.visibility = "hidden";
071.        Cancha.style.visibility = "hidden";
072.        Punto.style.visibility = "hidden";
073.        MediaCan.style.visibility = "hidden";
074.        puntolan.style.visibility = "hidden";
075.        zona.style.visibility = "hidden";
076.        Canasta.style.visibility = "hidden";
077.        Pantalla.style.visibility = "visible";
078. }
079.
080. function ocultarCanchaPantalla() {
081.
082.        Title.style.visibility = "visible";
083.        Cancha.style.visibility = "visible";
084.        Punto.style.visibility = "visible";
085.        MediaCan.style.visibility = "visible";
086.        puntolan.style.visibility = "visible";
087.        zona.style.visibility = "visible";
088.        Canasta.style.visibility = "visible";
089.        Pantalla.style.visibility = "hidden";
090  }
091.
092. function restaurar() {
093.
094.        ocultarCanchaPantalla();
095.        noresaltar();
096.        Title.style.visibility = "visible";
097.        Exp1Arb.style.visibility = "hidden";
098.        Exp2Arb.style.visibility = "hidden";
099.        Exp3Arb.style.visibility = "hidden";
100.        Exp4Arb.style.visibility = "hidden";
101.        Exp5Arb.style.visibility = "hidden";
102.        Exp6Arb.style.visibility = "hidden";
103.        Ref1.style.border = "none";
104.        Ref2.style.border = "none";
105.        Ref3.style.border = "none";
106.        Ref4.style.border = "none";
107.        Ref5.style.border = "none";
108.        Ref6.style.border = "none";
109.
110.        Exp1Can.style.visibility = "hidden";
111.        Exp2Can.style.visibility = "hidden";
112.        Exp3Can.style.visibility = "hidden";
113.        Exp4Can.style.visibility = "hidden";
114.        Exp5Can.style.visibility = "hidden";
115.        Cancha1.style.border = "none";
116.        Cancha2.style.border = "none";
117.        Cancha3.style.border = "none";
```

```
118.     Cancha4.style.border = "none";
119.     Cancha5.style.border = "none";
120. }
121.
122. function resaltar() {
123.
124.     var elemFuente;
125.     elemFuente = window.event.elemFuente;
126.     elemFuente.style.border = "solid";
127. }
128.
129. function norresaltar() {
130.
131.     var elemFuente;
132.     elemFuente = window.event.elemFuente;
133.     elemFuente.style.border = "none";
134.
135. }
136.
137. </SCRIPT>
138. </HEAD>
139. <BODY>
140.
141. <IMG ID="Cancha" style="position: absolute; top: 25px; left: 25;
     ➥ z-index: 0; visibility: visible;" SRC="Cancha.gif">
142. <IMG ID="Punto" style="position: absolute; top: 25px; left: 25;
     ➥ z-index: 1 visibility: visible;" SRC="3puntos.gif">
143. <IMG ID="MediaCan" style="position: absolute; top: 25px; left:
     ➥ 25; z-index: 2 visibility: visible;" SRC="MediaCan.gif">
144. <IMG ID="puntolan" style="position: absolute; top: 25px; left:
     ➥ 25; z-index: 3; visibility: visible;" SRC="puntolan.gif">
145. <IMG ID="zona" style="position: absolute; top: 25px; left: 25;
     ➥ z-index: 4; visibility: visible;" SRC="zona.gif">
146. <IMG ID="Canasta" style="position: absolute; top: 25px; left: 25;
     ➥ z-index: 5; visibility: visible;" SRC="Canasta.gif">
147. <IMG ID="Pantalla" style="position: absolute; top: 25px; left:
     ➥ 25; z-index: 0; visibility: hidden;" SRC="Can-Pan.gif">
148.
149. <DIV ID="Title" STYLE="position: absolute; top: 325; left: 50;
     ➥ font-family: sans-serif; color: orange; visibility: visible;">
150  <H1>Curso Programado de Baloncesto</H1>
151. </DIV>
152.
153. <!- El marcador DIV siguiente especifica el cuadro con
154.     desplazamiento para las señales del árbitro. ->
155.
156. <DIV ID="oficial" STYLE="position: absolute; top: 25; left: 475;
     ➥ height: 340; width: 145; overflow: scroll">
157. <IMG ID="Ref1" style="border: none; border-width: thin;
     ➥ border-color: orange;" onclick="mostrarObjeto(); resaltar()";
     ➥ ondblclick="restaurar()"; SRC="alaire.gif">
```

(continúa)

Listado 17.8 Código final del curso programado de baloncesto *(Continuación)*

```
158.  <IMG ID="Ref2" style="border: none; border-width: thin;
      ➥ border-color: orange;" onclick="mostrarObjeto(); resaltar()";
      ➥ ondblclick="restaurar()"; SRC="3seg.gif">
159.  <IMG ID="Ref3" style="border: none; border-width: thin;
      ➥ border-color: orange;" onclick="mostrarObjeto(); resaltar()";
      ➥ ondblclick="restaurar()"; SRC="lanzar.gif">
160.  <IMG ID="Ref4" style="border: none; border-width: thin;
      ➥ border-color: orange;" onclick="mostrarObjeto(); resaltar()";
      ➥ ondblclick="restaurar()"; SRC="falta.gif">
161   <IMG ID="Ref5" style="border: none; border-width: thin;
      ➥ border-color: orange;" onclick="mostrarObjeto(); resaltar()";
      ➥ ondblclick="restaurar()"; SRC="unomuno.gif">
162.  <IMG ID="Ref6" style="border: none; border-width: thin;
      ➥ border-color: orange;" onclick="mostrarObjeto(); resaltar()";
      ➥ ondblclick="restaurar()"; SRC="posesion.gif">
163.
164.  <IMG ID="Cancha1" style="border: none; border-width: thin;
      ➥ border-color: orange;" onclick="mostrarObjeto(); resaltar()";
      ➥ ondblclick="restaurar()"; SRC="Can-Peq.gif">
165.  <IMG ID="Cancha2" style="border: none; border-width: thin;
      ➥ border-color: orange;" onclick="mostrarObjeto(); resaltar()";
      ➥ ondblclick="restaurar()"; SRC="Med-Peq.gif">
166.  <IMG ID="Cancha3" style="border: none; border-width: thin;
      ➥ border-color: orange;" onclick="mostrarObjeto(); resaltar()";
      ➥ ondblclick="restaurar()"; SRC="pun-peq.gif">
167.  <IMG ID="Cancha4" style="border: none; border-width: thin;
      ➥ border-color: orange;" onclick="mostrarObjeto(); resaltar()";
      ➥ ondblclick="restaurar()"; SRC="zona-peq.gif">
168.  <IMG ID="Cancha5" style="border: none; border-width: thin;
      ➥ border-color: orange;" onclick="mostrarObjeto(); resaltar()";
      ➥ ondblclick="restaurar()"; SRC="3pt-peq.gif">
169.  </DIV>
170.
171.  <!- Los marcadores DIV siguientes definen la situación y el texto
172.      de las explicaciones para las señales del árbitro. ->
173.
174.  <DIV ID="Exp1Arb" STYLE="position: absolute; top: 75; left: 75;
      ➥ height: 500; width: 450; font-family: sans-serif; visibility:
      ➥ hidden;" onclick="restaurar();">
175.
176.  <SPAN ID="Text1Arb">
177.  Cuando se detiene el juego, ante ciertas faltas,<br>
178.  87 y al principio del juego, se señala saque al aire. <br>
179.  Dos jugadores intentan llevar la pelota a su lado<br>
180.  de la cancha y a sus compañeros de equipo<br>
181.  </SPAN>
182.  <SPAN ID="Enc1Arb" STYLE="position: absolute; top: 250; left: 0;
      ➥ font-family: sans-serif;">
183.  <H1>Saque al aire</H1>
184.  </SPAN>
```

```
185. </DIV>
186.
187. <DIV ID="Exp2Arb" STYLE="position: absolute; top: 75; left: 75;
  ➥ height: 500; width: 450; font-family: sans-serif; visibility:
  ➥ hidden" onclick="restaurar();">
188.
189. <SPAN ID="Text2Arb">
190. Se produce una falta de tres segundos ("pasos") cuando un
  ➥ miembro<br>
191. del equipo atacante está bajo la canasta durante un tiempo<br>
192. superior a tres segundos.<br>
193. </SPAN>
194. <SPAN ID="Enc2Arb" STYLE="position: absolute; top: 250; left: 0;
  ➥ font-family: sans-serif;">
195. <H1>Falta por pasos</H1>
196. </SPAN>
197. </DIV>
198.
199. <DIV ID="Exp3Arb" STYLE="position: absolute; top: 75; left: 75;
  ➥ height: 500; width: 450; font-family: sans-serif; visibility:
  ➥ hidden" onclick="restaurar();">
200.
201. <SPAN ID="Text3Arb">
202. Se produce una falta de posesión (traveling) cuando un<br>
203. jugador que regateaba deja de hacerlo, pero sigue avanzando.<br>
204. Cuando el jugador deja de avanzar, regatear, tiene que pasar<br>
205. la pelota.
206. </SPAN>
207. <SPAN ID="Enc3Arb" STYLE="position: absolute; top: 250; left: 0;
  ➥ font-family: sans-serif;">
208. <H1>Posesión (traveling)</H1>
209. </SPAN>
210. </DIV>
211.
212. <DIV ID="Exp4Arb" STYLE="position: absolute; top: 75; left: 75;
  ➥ height: 500; width: 450; font-family: sans-serif; visibility:
  ➥ hidden" onclick="restaurar();">
213.
214. <SPAN ID="Text4Arb">
215. Cuando un jugador establece contacto físico<br>
216. con otro jugador mientras está en juego la pelota<br>
217. se produce una falta personal. Existen otros tipos de<br>
218. faltas, tales como la falta intencionada o la falta técnica.
219. </SPAN>
220. <SPAN ID="Enc4Arb" STYLE="position: absolute; top: 250; left: 0;
  ➥ font-family: sans-serif;">
221. <H1>Falta Personal</H1>
222. </SPAN>
223. </DIV>
224.
225.
```

(continúa)

Listado 17.8 Código final del curso programado de baloncesto *(Continuación)*

```
226. <DIV ID="Exp5Arb" STYLE="position: absolute; top: 75; left: 75;
     ➥height: 500; width: 450; font-family: sans-serif; visibility:
     ➥hidden" onclick="restaurar();">
227.
228. <SPAN ID="Text5Arb">
229. El uno más uno se produce para ciertos tipos de<br>
230. de faltas. El jugador puede efectuar un lanzamiento,<br>
231. y se le permite hacer otro si encesta.<br>
232. uno más.
233. </SPAN>
234. <SPAN ID="Enc5Arb" STYLE="position: absolute; top: 250; left: 0;
     ➥font-family: sans-serif;">
235. <H1>Uno más uno</H1>
236. </SPAN>
237. </DIV>
238.
239. <DIV ID="Exp6Arb" STYLE="position: absolute; top: 75; left: 75;
     ➥height: 500; width: 450; font-family: sans-serif; visibility:
     ➥hidden" onclick="restaurar();">
240.
241. <SPAN ID="Text6Arb">
242. Se produce cuando un entrenador o un miembro del equipo<br>
243. solicita tiempo. Los árbitros también pueden solicitar un<br>
244. tiempo muerto, que no irá contra ninguno de los dos equipos.
245. </SPAN>
246. <SPAN ID="Enc6Arb" STYLE="position: absolute; top: 250; left: 0;
     ➥font-family: sans-serif;">
247. <H1>Tiempo Muerto</H1>
248. </SPAN>
249. </DIV>
250.
251. <DIV ID="Exp1Can" STYLE="position: absolute; top: 25px; left:
     ➥25px; height: 500px; width: 450px; font-family: sans-serif;
     ➥visibility: hidden" onclick="restaurar();">
252. <IMG ID="Im1Can" STYLE="position: absolute; z-index: 1;
     ➥visibility: visible;" SRC="Canasta.gif">
253. <SPAN ID="Texto1Can" style="position:absolute; top: 50px;
     ➥left:75px">
254. Los jugadores marcan puntos para sus equipos haciendo<br>
255. que la pelota entre en la Canasta. Una Canasta vale<br>
256. dos puntos, salvo en las situaciones de tres puntos y<br>
257. en determinadas faltas.
258. </SPAN>
259.
260. <SPAN ID="Enc1Can" STYLE="position: absolute; top: 300; left: 25;
     ➥font-family: sans-serif;">
261. <H1>La Canasta</H1>
262. </SPAN>
263. </DIV>
264.
```

```
265.  <DIV ID="Exp2Can" STYLE="position: absolute; top: 25px; left:
      ➥25px; height: 500px; width: 450px; font-family: sans-serif;
      ➥visibility: hidden" onclick="restaurar();">
266.  <IMG ID="Im2Can" STYLE="position: absolute; z-index: 1;
      ➥visibility: visible;" SRC="MediaCan.gif">
267.  <SPAN ID="Texto2Can" style="position:absolute; top: 40px;
      ➥left:30px">
268.  La línea media divide la cancha <br>
269.  en dos partes iguales.
270.  </SPAN>
271.
272.  <SPAN ID="Enc2Can" STYLE="position: absolute; top: 300; left: 25;
      ➥font-family: sans-serif;">
273.  <H1>La línea media</H1>
274.  </SPAN>
275.  </DIV>
276.
277.  <DIV ID="Exp3Can" STYLE="position: absolute; top: 25px; left:
      ➥25px; height: 500px; width: 450px; font-family: sans-serif;
      ➥visibility: hidden" onclick="restaurar();">
278.  <IMG ID="Im3Can" STYLE="position: absolute; z-index: 1;
      ➥visibility: visible;" SRC="puntolan.gif">
279.  <SPAN ID="Texto3Can" style="position:absolute; top: 50px;
      ➥left:75px">
280.  Se utiliza el punto de lanzamiento en situaciones
281.  de pelota al aire y para tiros de personales.<br>
282.  </SPAN>
283.
284.  <SPAN ID="Enc3Can" STYLE="position: absolute; top: 300; left: 25;
      ➥font-family: sans-serif;">
285.  <H1>Punto de Lanzamiento</H1>
286.  </SPAN>
287.  </DIV>
288.
289.  <DIV ID="Exp4Can" STYLE="position: absolute; top: 25px; left:
      ➥25px; height: 500px; width: 450px; font-family: sans-serif;
      ➥visibility: hidden" onclick="restaurar();">
290.  <IMG ID="Im4Can" STYLE="position: absolute; z-index: 1;
      ➥visibility: visible;" SRC="zona.gif">
291.  <SPAN ID="Texto4Can" style="position:absolute; top: 25px;
      ➥left:75px">
292.  La zona es el área que se encuentra bajo la canasta.<br>
293.  En la parte superior se encuentra la línea de falta, y<br>
294.  los jugadores atacantes solo pueden ocupar la zona durante<br>
295.  un máximo de tres segundos continuos.
296.  </SPAN>
297.
298.  <SPAN ID="Enc4Can" STYLE="position: absolute; top: 300; left: 25;
      ➥font-family: sans-serif;">
299.  <H1>La zona</H1>
300.  </SPAN>
```

(continúa)

Listado 17.8 Código final del curso programado de baloncesto *(Continuación)*

```
301.  </DIV>
302.
303.  <DIV ID="Exp5Can" STYLE="position: absolute; top: 25px; left:
      ➥ 25px; height: 500px; width: 450px; font-family: sans-serif;
      ➥ visibility: hidden" onclick="restaurar();">
304.  <IMG ID="Im5Can" STYLE="position: absolute; z-index: 1;
      ➥ visibility: visible;" SRC="3puntos.gif">
305.  <SPAN ID="Texto5Can" style="position:absolute; top: 100px;
      ➥ left:75px">
306.  Las canastas que se hacen desde más allá de la línea de tres
      ➥ puntos<br>
307.  valen tres puntos, a diferencia de los dos puntos normales
      ➥ de una<br>
308.  canasta.
309.  </SPAN>
310.
311.  <SPAN ID="Enc5Can" STYLE="position: absolute; top: 300; left: 25;
      ➥ font-family: sans-serif;">
312.  <H1>La línea de tres puntos</H1>
313.  </SPAN>
314.  </DIV>
315.
316.  </BODY>
317.  </HTML>
```

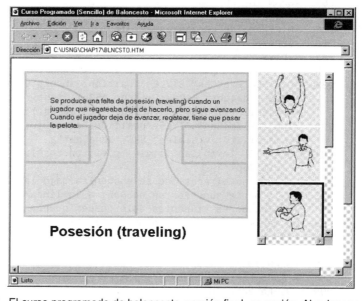

Figura 17.7 El curso programado de baloncesto, versión final, en acción. Al pulsar en un icono se muestra una explicación de ese aspecto del juego.

Cuando se reúne todo, se tiene la aplicación final, que se muestra en la Figura 17.7.

Ahora el curso programado arranca en el estado que se muestra en la Figura 17.5, y está preparado para la interacción con el usuario. Al pulsar en cualquiera de los iconos del cuadro de desplazamiento situado a la derecha, se da una explicación de las indicaciones del árbitro, o de la marca de la cancha. El usuario puede restaurar el curso programado pulsando en la explicación, o volviendo a pulsar en el mismo icono. O bien, el usuario puede pulsar en otro icono para aprender más acerca del juego.

Por supuesto, el curso programado de baloncesto no servirá de ayuda en las próximas selecciones para la NBA; sin embargo, es un ejemplo bastante atractivo de la forma en que se puede crear un curso programado interactivo, con la funcionalidad de una aplicación, en una sencilla página de HTML Dinámico que se descarga de manera rápida y eficientes.

Y a continuación...

Ya tenemos «entre pecho y espalda» varios ejemplos prácticos relativos a la forma en que se puede utilizar HTML Dinámico para incrementar la interactividad, y para añadir atractivos multimedia a presentaciones y explicaciones. Hasta el momento, se han estudiado aspectos en que HTML Dinámico puede mejorar o revitalizar aplicaciones que seguirían siendo posibles, aún de forma limitada, con HTML Dinámico. Pero antes de lanzarse al agua y empezar a rediseñar todas sus páginas con HTML Dinámico, examine los Capítulos 18 y 19:

- El Capítulo 18, «Construcción de un catálogo *online*», examina la forma en que se puede utilizar HTML Dinámico para crear un catálogo online con notable funcionalidad.
- El Capítulo 19, «Construcción del juego de vídeo Smashout», sirve de digno broche y colofón, creando una versión completamente operativa de un juego del estilo de «rompeladrillos», con su detección de colisiones, que muestra claramente la potencia de HTML Dinámico.

Capítulo

Construcción de un calálogo *online*

El enlazado de datos es uno de los aspectos del mundo real más importantes para HTML Dinámico. Este capítulo pone en práctica el enlazado de datos en una aplicación que aparece con cierta frecuencia en la World Wide Web, un catálogo *online*.

A lo largo de este capítulo, se construirá un catálogo *online* para una compañía ficticia de instrumentos musicales denominada Burnham Brothers. Burnham Brothers construye toda una gama de instrumentos musicales de distintas categorías y con una amplia variedad de precios.

Para esta aplicación, se supondrá que Burnham Brothers desea crear un catálogo que ofrece a sus clientes potenciales varias características clave:

- **Diseño** Explorar el proceso de diseño de una aplicación que hace uso de enlazado de datos.
- **Enlazado de tablas** Utilizar tablas repetidas para visualizar todos los elementos del catálogo de una sola vez.
- **Clasificación y filtrado** Aprenda a utilizar clasificaciones y filtros para mejorar sus aplicaciones.
- **Enlazado de registro actual** Explore la utilización del enlazado de registro actual para mostrar información detallada acerca de un producto de cada vez.

- Burnham Brothers desea que sus clientes puedan tener una visión general de su línea de productos, permitiendo al cliente que vea una «tabla de contenidos» que contiene sus productos.
- Dado que muchos de estos clientes sólo van a tener interés por ciertos tipos de instrumentos, Burnham Brothers desea que el cliente pueda seleccionar aquellos tipos de instrumentos que va a mostrar la tabla.
- Algunos clientes van a tener limitaciones de precios. Por tanto, Burnham Brothers quiere que el cliente pueda limitar los productos visibles basándose en el precio.
- Además de la tabla de productos, Burnham Brothers quiere que el cliente pueda navegar a través de otra visualización diferente, que muestra un producto de cada vez, con información completa para cada producto.

Este capítulo construirá el proyecto en tres pasos. En el primer paso, se construirán los fundamentos básicos. Este paso incluye determinar cuáles son los datos que se requieren para la aplicación, construir el archivo básico de HTML, y mostrar una tabla básica que contiene los productos.

En el segundo paso se añadirá más funcionalidad a la visión de los productos en forma de tabla, ofreciendo al usuario dos opciones avanzadas. En primer lugar, el usuario podrá ordenar los productos basándose en criterios seleccionados. En segundo lugar, el usuario podrá filtrar los productos basándose en el tipo de producto y en coste máximo.

Por último, se añadirá una vista por productos. La vista por productos muestra un solo producto de cada vez, y tiene botones de navegación para recorrer la línea de productos. Esta característica admite también el filtrado desde la vista de tabla.

Sentando las bases

Cuando se desarrolla una aplicación como esta, es importante concentrarse al principio en las bases, y hacer que funcionen antes de pasar a características más sofisticadas. Esto asegura que no esté uno al 80 por ciento del proceso de desarrollo cuando se de cuenta de que se ha cometido un error básico al principio que impide que se siga adelante.

En esta sección, además de establecer el HTML básico, se aprenderán tres aspectos fundamentales importantes para un código *online*:

- Determinar qué objeto fuente de datos se va a utilizar.
- Establecer la estructura de datos que contendrá los productos y su información.
- Especificar la forma tabular que se utilizará para visualizar los productos.

HTML Básico

Dado que en esta aplicación se va a emplear HTML Dinámico, es necesario comenzar con la plantilla de código que contiene cualquier documento de HTML, y hay que especificar que esta es una aplicación de catálogo:

```
<HTML>
<HEAD>
    <TITLE>Catálogo</TITLE>
</HEAD>
<BODY>
</BODY>
</HTML>
```

Además, es necesario añadir dentro del cuerpo un encabezado básico para indicar que esta es la aplicación de catálogo para la compañía Burnham Brothers:

```
<H1>Burnham Brothers</H1>
<H2>Catálogo de Productos</H2>
```

Especificación de la fuente de datos

Una de las decisiones más importantes que hay que tomar en el desarrollo de un catálogo es la forma de recuperar los datos que contienen las descripciones de los productos, o los datos que pudiera contener el catálogo. Esto se puede hacer de muchas maneras.

Se podría utilizar un guión CGI en el servidor para recuperar los datos. Esta es una forma muy corriente de recuperación de datos en la red, y está disponible una gran cantidad de ejemplos de código que muestran la forma de hacer esto. Según se describía en el Capítulo 11, «Introducción al enlazado de datos», este método tiene muchos inconvenientes.

Uno de los grandes beneficios de HTML Dinámico es su capacidad intrínseca para efectuar enlazado de datos a través de Objetos Fuentes de Datos junto con las extensiones de enlazado de datos para HTML. Estos aspectos de HTML Dinámico se emplearán en el ejemplo de este capítulo, y así se podrá aprender la sencilla utilización propia de las estructuras para el enlazado de datos.

Para el catálogo se va a emplear un objeto fuente de datos. La siguiente decisión importante es cuál de los objetos fuentes de datos se va a utilizar. Esta decisión se apoya en el lugar en que vayan a estar almacenados los datos.

Si los datos que se van a recuperar están almacenados en una base de datos relacional, tal como Microsoft SQL Server o un RDBMS de Oracle, posiblemente sea necesario utilizar el Advanced Data Connector que se incluye con Internet Explorer 4.0.

Sin embargo, los requisitos del catálogo *online* de Burnham son mucho más sencillos. Es necesario tener una lista de productos junto con información relativa a ellos, que será fácil de obtener a través de un enlazado de datos. El control de datos tabulares, que también se envía con Internet Explorer 4.0, es precisamente lo que necesitamos.

El control de datos tabulares se trató con cierto detalle en el Capítulo 12, «Utilización de objetos fuentes de datos», así que los únicos aspectos del control de datos tabulares que se tratarán aquí son los que no se han descrito anteriormente.

El control de datos tabulares va a ser del tipo estándar. En primer lugar, es preciso colocar los productos que se van a visualizar en un archivo denominado «items.txt». Dado que va a ser necesario aplicar clasificaciones y filtros a esos datos, también se especificará que hay un encabezado en el archivo de datos. Llamaremos a la fuente de datos «lista_elem» porque contendrá una lista de los elementos que hay en el archivo de datos:

```
<OBJECT id=lista_elem CLASSID="clsid:333C7BC4-460F-11D0-BC04-0080C7055A83">
    <PARAM NAME="DataURL" VALUE="items.txt">
    <PARAM NAME="UseHeader" VALUE="True">
</OBJECT>
```

Preparación del archivo de datos

Burnham Brothers decide que quiere que en el catálogo estén disponibles cinco aspectos de cada producto, como sigue:

- **Producto**   El nombre del producto.
- **Tipo**   El tipo del producto. Burnham Brothers produce tres tipos de productos: viento, percusión y cuerda.
- **Precio**   El precio del producto.

- **Características** Posibles características especiales del producto.
- **Imagen** Una imagen que representa al producto.

Dado que se va a utilizar un encabezado para el archivo de datos, tiene sentido utilizar unos nombres de columna que se ajusten a cada uno de estos aspectos. Dado que la estructura del archivo de datos para el control de datos tabulares es muy sencilla, se podría enumerar el nombre de cada columna separándolo mediante comas, y esto bastaría, según se muestra en la línea siguiente:

```
Producto,Tipo,Precio,Características,Imagen
```

Sin embargo, este es un lugar en que es buena idea planear por anticipado. Dado que posteriormente se harán clasificaciones, hay que asegurarse de que las columnas se ordenen correctamente. El método de clasificación por omisión es alfabético, y en todos los casos menos uno este método debería bastar.

El caso en que no funcionará correctamente la clasificación alfabética es «Precio». Dado que el precio va a estar representado mediante un número, se desea que se ordene como tal. Adicionalmente, el precio podría contener céntimos, así que hay que tener esto en cuenta.

El tipo de datos que hay que especificar para «Precio» con objeto de hacer que se ordene numéricamente es «FLOAT» porque los precios se ordenan igual que los número de coma flotante como consecuencia de la coma decimal:

```
Producto,Tipo,Precio:FLOAT,Características,Imagen
```

Ahora que ya se ha preparado el encabezado, es el momento de especificar unos datos que se emplearán como ejemplo. Es necesario asegurar que se tendrán unos productos que varíen ampliamente en lo tocante a su precio, y que estén representados todos los tipos de productos (viento, percusión, y cuerda). Construya un archivo llamado «items.txt» que contenga estos datos:

```
Producto,Tipo,Precio:FLOAT,Características,Imagen
Acordeón,viento,249.95,Madera de cerezo,<IMG SRC=images/Acordeón.gif>
Guitarra acústica,cuerda,149.95,Tallada a mano,<IMG SRC=images/
↪acústica.gif>
Címbalos,percusión,79.95,Aleación especial titanio/cobre,
↪<IMG SRC=images/címbalo.gif>
Tuba,viento,379.95,Válvulas sobredimensionadas,<IMG SRC=images/
↪tuba.gif>
Piano de cola,cuerda,4299.95,Incluye silla,<IMG SRC=images/piano.gif>
Guitarra eléctrica,cuerda,423.95,Se afina automáticamente,
↪<IMG SRC=images/guitarra.gif>
Arpa,cuerda,799.95,Incluye soporte,<IMG SRC=images/arpa.gif>
Saxofón,viento,549.95,Todo en cobre,<IMG SRC=images/saxofón.gif>
Tambor,percusión,455.95,anillos de cobre,<IMG SRC=images/tambor.gif>
Trompeta,viento,699.95,Incluye sordina profesional,<IMG SRC=images/
↪trompeta.gif>
Tuba,viento,899.95,Construcción especial aleación platino,
↪<IMG SRC=images/tuba.gif>
```

```
Violin,cuerda,1499.95,Cuerdas especiales Austria,<IMG SRC=images/
➥ violin.gif>
```

Especificación de la vista de tabla

Ya se sabe por la especificación que los Burnham Brothers quieren que la visualización principal de los datos sea a través de una tabla. Además, desean que la tabla contenga los tres aspectos de cada producto:

- Nombre del producto
- Tipo del producto
- Precio del producto

Ya se han preparado el objeto fuente de datos y el archivo de datos, así que lo único que falta es proporcionar alguna forma de visualizar los datos. Este es un lugar perfecto para utilizar el enlazado de tabla repetida propio de HTML Dinámico, porque se genera automáticamente una fila de la tabla para cada uno de los productos del archivo de datos.

Comenzaremos por especificar una tabla que tome sus datos del objeto fuente de datos (lista_elem) y la llamaremos «tablaelem». Además, será preciso especificar una columna de la tabla para el nombre del producto, asociada a la columna «Producto» del conjunto de datos. También será necesario asociar una fila a «Tipo» y a «Precio», según se muestra en el código siguiente:

```
<TABLE ID=tablaelem datasrc=#lista_elem>
    <TBODY>
        <TR>
            <TD><SPAN DATAFLD="Producto"></SPAN></TD>
            <TD><SPAN DATAFLD="Tipo"></SPAN></TD>
            <TD><SPAN DATAFLD="Precio"></SPAN></TD>
        </TR>
    </TBODY>
</TABLE>
</DIV>
```

Una vez más, si estos conceptos no le resultan familiares, le recomendamos encarecidamente retroceder hasta los Capítulos 11 y 12, que describen las bases del enlazado de datos y los objetos fuentes de datos.

Esta definición de tabla da lugar a la creación de una fila de la tabla por cada fila que haya en el objeto fuente de datos, y también a la visualización del Producto, Tipo y Precio para cada una de estas filas.

Fundamentos del catálogo online

Ahora que ya se dispone del código suficiente para poner en marcha una versión básica de la aplicación de catálogo, ha llegado el momento de montar la aplicación creada hasta el momento, en un archivo denominado «catalog1.htm» según se muestra en el Listado 18.1:

Listado 18.1 Fundamentos del catálogo *online*

```
01.   <HTML>
02.   <HEAD>
03.      <TITLE>Catálogo</TITLE>
04.   </HEAD>
05.   <BODY>
06.
07.   <H1>Burnham Brothers</H1>
08.   <H2>Catálogo de productos</H2>
09.
10.   <OBJECT id=lista_elem CLASSID="clsid:333C7BC4-460F-11D0-BC04-
      ➥ 0080C7055A83">
11.      <PARAM NAME="DataURL" VALUE="items.txt">
12.      <PARAM NAME="UseHeader" VALUE="True">
13.   </OBJECT>
14.
15.   <TABLE id=tablaelem datasrc=#lista_elem>
16.      <TBODY>
17.         <TR>
18.            <TD><SPAN DATAFLD="Producto"></SPAN></TD>
19.            <TD><SPAN DATAFLD="Tipo"></SPAN></TD>
20.            <TD><SPAN DATAFLD="Precio"></SPAN></TD>
21.         </TR>
22.      </TBODY>
23.   </TABLE>
```

La Figura 18.1 muestra la salida generada cuando se ejecuta el código del Listado 18.1. Aun cuando no hemos acabado en modo alguno, este código genera información suficiente para saber que vamos por buen camino.

Figura 18.1 Resultado del fundamento del catálogo *online*.

En primer lugar, se sabe que el objeto fuente de datos control de datos tabulares funciona, porque se están generando datos. En segundo lugar, se sabe que el archivo de datos se ha construido correctamente, porque se han transferido todas las filas a la aplicación, que las ha mostrado.

Ahora se tienen todos los productos del catálogo *online* visualizados en la tabla. El paso siguiente será añadir la capacidad de filtrar y ordenar estos productos.

Adición de capacidades de clasificación y filtrado

Ya se tienen en marcha los aspectos básicos de enlazado de datos de la aplicación, sin embargo, la aplicación no es interactiva en modo alguno. En más de un sentido, se tiene el equivalente de una página de la red estática, con unos cuantos datos escritos rígidamente en su interior.

Sin embargo, incluso en una fase tan temprana del proyecto, ya estamos muy por delante de la codificación rígida de datos. Si se desea cambiar los productos visualizados en este página, lo único que hay que cambiar son los listados de productos que constan en «items.txt»; no hay que tocar la página de HTML.

En esta sección se añadirán dos métodos para interactuar con esta visión de los productos en forma de tabla:

- Clasificar la tabla por producto, tipo o precio.
- Filtrar la tabla por tipo o precio máximo.

Al llegar al final de esta sección se conocerán claramente unos tipos de capacidades de aplicación que sería difícil lograr empleando el HTML habitual. Sin embargo, mediante el uso de HTML Dinámico la adición de estas posibilidades es casi sencilla.

Clasificación de datos por columnas

Lo primero que se necesita es establecer un mecanismo mediante el cual el usuario pueda ordenar la tabla de productos basándose en el nombre del producto, el tipo o el precio.

Comenzaremos este proceso añadiendo un encabezado de tabla a la tabla repetida, y especificando que este encabezado de tabla va a contener una sola fila:

```
<THEAD><TR>
</TR>
```

Ahora es necesario crear un encabezado de columna para cada una de las columnas de al tabla. Al examinar los resultados de la sección anterior, quizá haya observado que las columnas no eran suficientemente amplias para acomodar los datos que contenían, lo cual daba lugar a un aspecto poco grato visualmente. Se puede corregir esto haciendo que el primer encabezado tenga 150 píxeles de ancho, esto es más que suficiente para acomodar los nombres de los productos:

```
<TD WIDTH=150>
```

Ahora hay que mostrar el nombre del encabezado de columna. Dado que va a ser lo mismo que el nombre de la columna y no una fila real en el conjunto de datos, hay que asegurarse de que el encabezado de columna esté decididamente separado de los otros elementos que vienen por debajo de el. Se puede lograr esto haciendo que el encabezado de columna esté en negrita, que sea de color azul, y que esté escrito con un tipo de letra sin serif. Además, dado que se quiere que el usuario pueda pulsar en el encabezado de columna para ordenar por ese criterio, se va a subrayar para dar al usuario una indicación visual para que pulse en él:

```
<B><U><FONT COLOR=BLUE FACE="ARIAL,HELVETICA">Producto
</FONT></U></B>
```

Por último, dado que se quiere que el usuario pueda pulsar en el encabezado, se necesita alguna forma de asignar a este encabezado un gestor de sucesos. La forma más sencilla de hacer esto es utilizar un marcador <DIV>. A continuación se le da al encabezado una ID de «producto» y se hace que se invoque a la función *onclick_producto()* siempre que se pulse en él:

```
<TD WIDTH=150><DIV id=producto onclick="onclick_producto()">
          <B><U><FONT COLOR=BLUE FACE="ARIAL,HELVETICA">
          Producto</FONT></U></B></DIV></TD>
```

A continuación es necesario repetir este proceso para los encabezados «Tipo» y «Precio». Para el encabezado tipo, se invoca a la función *onclick_tipo()*, y para el encabezado precio, se llama a la función *onclick_precio()*:

```
<TD WIDTH=150><DIV id=tipo onclick="onclick_tipo()">
          <B><U><FONT COLOR=BLUE FACE="ARIAL,HELVETICA">
          Tipo</FONT></U></B></DIV></TD>
<TD WIDTH=150><DIV id=precio onclick="onclick_precio()">
          <B><U><FONT COLOR=BLUE FACE="ARIAL,HELVETICA">
          Precio</FONT></U></B></DIV></TD>
```

Para efectuar una clasificación mediante el Control de Datos Tabulares, es preciso hacer dos cosas:

- Especificar la columna por la cual hay que ordenar, dando valor a la propiedad *SortColumn* del Control de Datos Tabulares.
- Ejecutar la clasificación invocando al método *Reset()* del control de datos tabulares.

Comenzaremos por construir la función *onclick_producto()*. En primer lugar, es necesario hacer que la propiedad *SortColumn* tome el valor «Producto»:

```
function onclick_producto() {
   lista_elem.SortColumn = "Producto"
   ...
}
```

A continuación, hay que llamar al método *Reset()* del control de datos tabulares para que se ejecute realmente la clasificación:

```
function onclick_producto() {
    lista_elem.SortColumn = "Producto"
    lista_elem.Reset()
}
```

Increíble pero cierto, esto es todo lo que se necesita para tener la clasificación en marcha. Ahora habrá que crear las funciones necesarias para hacer los mismo mediante las funciones *onclick_tipo()* y *onclick_precio()*:

```
function onclick_tipo() {
    lista_elem.SortColumn = "Tipo"
    lista_elem.Reset()
}
function onclick_precio() {
    lista_elem.SortColumn = "Precio"
    lista_elem.Reset()
}
```

Si ahora se pulsa en cualquiera de los encabezados de la tabla, la lista de productos se ordenará siguiendo ese criterio. Si se pulsa en el encabezado «Precio», por ejemplo, los productos se ordenarán según su precio (véase Figura 18.2).

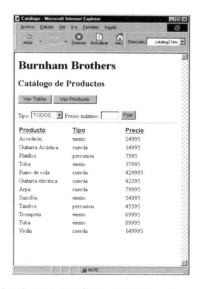

Figura18.2   Preparación de los datos del catálogo *online* por categorías.

Especificación del control de interfaz de usuario para el filtrado

Acto seguido, es necesario añadir los controles que eventualmente harán posible el filtrado de datos basado en criterios del usuario. La especificación de esta aplicación indica que estos dos criterios son el tipo del producto y el precio del producto.

Comenzaremos por crear los controles para filtrar por tipos. Llamaremos «Tipo» a este cliente. En primer lugar, se construye una etiqueta para el control, que lo identifica como control para el tipo de producto que está asociado con el control Tipo:

```
<LABEL FOR=Tipo>Tipo: </LABEL>
```

A continuación, es necesario crear el control que permite al usuario especificar el tipo de producto que hay que mostrar. Los tres tipos de productos son precisamente viento, cuerda y percusión. Además de mostrar estos tipos, se desea que el usuario pueda especificar la visualización de todos los productos.

Dado que el usuario está limitado a cuatro opciones, se utilizará un *control SELECT*. El control SELECT es un cuadro de lista abatible que permite al usuario seleccionar una opción de la lista.

Se van a ofrecer al usuario cuatro opciones: TODOS, viento, cuerda y percusión. Como se quiere que la lista de productos se filtre cada vez que cambie el control, habrá que preparar la función *onchange_tipof()* para que sea invocada siempre que el usuario seleccione un ítem:

```
<SELECT id=Tipo onchange="onchange_tipof()">
   <OPTION SELECTED>TODOS
   <OPTION>Viento
   <OPTION>Cuerda
   <OPTION>Percusión
</SELECT>
```

Ahora se empleará un proceso similar para especificar los controles que prepararán el filtro adecuado para el precio máximo. El nombre del control que hace posible que el usuario fije el precio se va a llamar «Max». Una vez más, será preciso establecer una etiqueta para este control:

```
<LABEL FOR=Max>Precio máximo: </LABEL>
```

A continuación, se necesita el control que permite al usuario especificar un precio. A diferencia del control *Tipo,* el usuario no está limitado a un cierto número de opciones. Es posible que el usuario quiera establecer como valor máximo una cantidad arbitraria, tabla como 73.253 pesetas. Como consecuencia de este factor impredecible, es necesario hacer uso de un control HTML adecuado para la inserción de texto, con un valor de width igual a *50* para admitir números que puedan llegar hasta los cientos de miles de pesetas:

```
<INPUT id=Max TIPO=TEXT value="" STYLE="width:50">
```

Por último, una vez que el usuario inserte la cantidad máxima de pesetas, será necesario proporcionar alguna forma en que el usuario pueda indicar a la aplicación que debe ejecutar el filtro. Añada un botón con el rótulo «Fijar» que llama a la función *onchange_max()* siempre que se pulse en él:

```
<INPUT TIPO=BUTTON id=Go value="Fijar" onclick="onchange_max()">
```

Filtrado basado en el tipo de producto

Una vez que se han construido los controles que permiten al usuario especificar el filtro que hay que utilizar, es necesario construir las funciones que realmente ejecutarán el filtro.

El filtrado es muy parecido a la clasificación, salvo que hay que hacer cuatro cosas para preparar el filtro que se utilizará:

- Fijar los criterios que se aplicarán al filtro a través de la propiedad *FilterCriterion* del control de datos tabulares. Este criterio está basado en operadores de comparación. Por tanto, para la igualdad se utiliza «=», para la desigualdad se utiliza «<>», y así sucesivamente.
- Fijar la columna que se filtrará a través de la propiedad *FilterColumn* del control de datos tabulares.
- Fijar la propiedad *FilterValue* que contiene los datos que se van a filtrar. Si no se desea filtrar los datos, se le da el valor «no data».
- Invocar al método *Reset()* del control de datos tabulares, que se invoca para ejecutar el filtro.

Comenzaremos por construir la función *onchange_tipof()*. Se puede empezar por dar a la columna de filtro el valor «Tipo» porque ya se sabe que será necesario filtrar con respecto al tipo de producto:

```
function onchange_tipof() {
    lista_elem.FilterColumn = "Tipo"
}
```

A continuación, es necesario fijar el filtro basándose en la opción que seleccione el usuario. Los controles SELECT están basados en cero, así que si el usuario selecciona la primera opción, ésta será 0. El índice de la opción seleccionada está disponible a través de la propiedad *selectedIndex* del control.

Comenzaremos por el índice 0, que se corresponde con la opción ALL. Cuando se selecciona ALL, el usuario desea ver todos los tipos, así que hay que dar a la propiedad *FilterCriterion* el valor «<>» (distinto) y a la propiedad *FilterValue* el valor «no value», lo cual asegura que se muestren todos los valores:

```
if (Tipo.selectedIndex == 0) {
    lista_elem.FilterCriterion = "<>"
    lista_elem.FilterValue = "no value"
}
```

A continuación, si el usuario selecciona la opción viento, el índice que se proporciona es 1. Es necesario dar a *FilterCriterion* el valor «=» y a *FilterValue* el valor «viento»:

```
else if (Tipo.selectedIndex == 1) {
    lista_elem.FilterCriterion = "="
    lista_elem.FilterValue = "viento"
}
```

Si el usuario selecciona la opción cuerda, el índice proporcionado es 2. Hay que dar a
FilterCriterion el valor «=» y a *FilterValue* el valor «cuerda»:

```
else if (Tipo.selectedIndex == 2) {
    lista_elem.FilterCriterion = "="
    lista_elem.FilterValue = "cuerda"
}
```

Por último, si el usuario selecciona la opción percusión, el índice proporcionado es 3.
Es necesario dar a *FilterCriterion* el valor «=» y a *FilterValue* el valor «percusión»:

```
else {
    lista_elem.FilterCriterion = "="
    lista_elem.FilterValue = "percusión"
}
```

Una vez configuradas todas las propiedades del filtro, es necesario ejecutar realmente
el filtro. El filtro se ejecuta mediante el método *Reset()*:

```
lista_elem.Reset()
```

El resultado de seleccionar la opción «Viento» para filtrar los productos se ha mostrado en la Figura 18.3.

Filtrado de datos basado en un coste máximo

Ahora vamos a crear la función *onchange_max()* que se invoca siempre que el usuario fija
un precio máximo para los productos.

Esta función tiene que hacer cuatro cosas para filtrar los productos basándose en el
precio introducido:

- Dar a *FilterColumn* el valor «Precio» porque se va a filtrar por precio.
- Dar a *FilterCriterion* el valor menor que (<) porque se desea mostrar todos los pro-
  ductos que estén por debajo de un cierto precio.
- Dar a *FilterValue* el valor con respecto al cual haya que filtrar, y que estará conteni-
  do en la propiedad *value* del control «Max».
- Invocar al método *Reset()* del control de datos tabulares para que ejecute el filtro.

La función siguiente lleva a cabo estas cuatro acciones:

```
function onchange_max() {
    lista_elem.FilterColumn="Precio"
    lista_elem.FilterCriterion="<"
    lista_elem.FilterValue=Max.value;

    lista_elem.Reset()
}
```

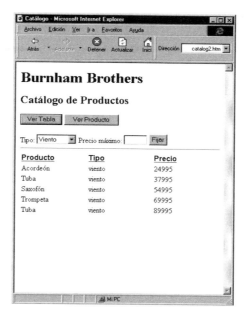

Figura 18.3   Filtrado por tipos con la opción «Viento».

Revisión de fundamentos del catálogo *online*

Este es un buen momento para detenerse a examinar lo que se ha conseguido hasta el momento. El Listado 18.2 muestra el código para la aplicación de catálogo *online* hasta este momento (guarde este archivo con el nombre de catalog2.htm):

Listado 18.2   El catálogo *online* con los mecanismos de clasificación de datos ya instalado (catalog2.htm)

```
01.   <HTML>
02.   <HEAD>
03.      <TITLE>Catálogo</TITLE>
04.   </HEAD>
05.   <BODY>
06.
07.   <SCRIPT LANGUAGE=JavaScript>
08.   function onclick_producto() {
09.   lista_elem.SortColumn = "Producto"
10.   lista_elem.Reset()
11.   }
12.
13.   function onclick_tipo() {
14.       lista_elem.SortColumn = "Tipo"
15.       lista_elem.Reset()
```

(continúa)

Listado 18.2 El catálogo *online* con los mecanismos de clasificación de datos ya instalado (catalog2.htm) *(Continuación)*

```
16.  }
17.
18.  function onclick_precio() {
19.      lista_elem.SortColumn = "Precio"
20.      lista_elem.Reset()
21.  }
22.
23.
24.  function onchange_tipof() {
25.      lista_elem.FilterColumn = "Tipo"
26.      if (Tipo.selectedIndex == 0) {
27.          lista_elem.FilterCriterion = "<>"
28.          lista_elem.FilterValue = "no value"
29.      } else if (Tipo.selectedIndex == 1) {
30.          lista_elem.FilterCriterion = "="
31.          lista_elem.FilterValue = "viento"
32.      } else if (Tipo.selectedIndex == 2) {
33.          lista_elem.FilterCriterion = "="
34.          lista_elem.FilterValue = "cuerda"
35.      } else {
36.          lista_elem.FilterCriterion = "="
37.          lista_elem.FilterValue = "percusión"
38.      }
39.
40.      lista_elem.Reset()
41.  }
42.
43.  function onchange_max() {
44.      lista_elem.FilterColumn="Precio"
45.      lista_elem.FilterCriterion="<"
46.      lista_elem.FilterValue=Max.value;
47.
48.      lista_elem.Reset()
49.  }
50.
51.
52.  </SCRIPT>
53.
54.  <H1>Burnham Brothers</H1>
55.  <H2>Catálogo de Productos</H2>
56.
57.  <OBJECT id=lista_elem CLASSID="clsid:333C7BC4-460F-11D0-BC04-
     ➥ 0080C7055A83">
58.          <PARAM NAME="DataURL" VALUE="items.txt">
59.          <PARAM NAME="UseHeader" VALUE="True">
60.  </OBJECT>
61.
62.  <LABEL FOR=Tipo>Tipo: </LABEL>
63.
```

```
64.    <SELECT ID=Tipo onchange="onchange_tipof()">
65.        <OPTION SELECTED>ALL
66.        <OPTION>Viento
67.        <OPTION>Cuerda
68.    <OPTION>Percusión
69.    </SELECT>
70.
71.    <LABEL FOR=Max>Precio máximo: </LABEL>
72.
73.    <INPUT id=Max TIPO=TEXT value="" STYLE="width:50">
74.
75.    <INPUT tipo=BUTTON id=Go value="Fijar" onclick="onchange_max()">
76.    <HR>
77.
78.
79.    <TABLE id=tablaelem datasrc=#lista_elem>
80.        <THEAD><TR>
81.            <TD WIDTH=150><DIV ID=producto onclick="onclick_producto()">
82.                        <B><U><FONT COLOR=BLUE FACE="ARIAL,HELVETICA">
83.                        Producto</FONT></U></B></DIV></TD>
84.            <TD WIDTH=150><DIV ID=tipo onclick="onclick_tipo()">
85.                        B><U><FONT COLOR=BLUE FACE="ARIAL,HELVETICA">
86.                        Tipo</FONT></U></B></DIV></TD>
87.            <TD WIDTH=150><DIV ID=precio onclick="onclick_precio()">
88.                        <B><U><FONT COLOR=BLUE FACE="ARIAL,HELVETICA">
89.                        Precio</FONT></U></B></DIV></TD>
90.        </TR></THEAD>
91.        <TBODY>
92.            <TR>
93.                <TD><SPAN DATAFLD="Producto"></SPAN></TD>
94.                <TD><SPAN DATAFLD="Tipo"></SPAN></TD>
95.                <TD><SPAN DATAFLD="Precio"></SPAN></TD>
96.            </TR>
97.        </TBODY>
98.    </TABLE>
99.    </DIV>
```

Ya se ha avanzado bastante con respecto a la versión básica de la parte anterior del capítulo. Lo que antes fuera una página estática de la red, sin interacción con el usuario, puede ahora ser modificada por el usuario de varias maneras:

- El usuario puede ordenar por cualquier columna de la tabla.
- El usuario puede filtrar los productos por tipos de productos.
- El usuario puede filtrar los productos por precio máximo.

La Figura 18.4 muestra los resultados de utilizar el filtro de precio máximo con un valor de 60.000 pesetas.

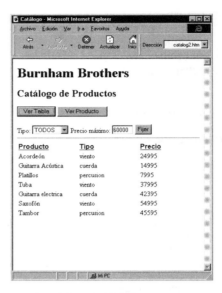

Figura 18.4 Filtrado con un precio máximo de 60.000 pesetas.

Proporcionar una información detallada del producto

Ya está terminada casi toda la funcionalidad que requiere el usuario para visualizar los productos de Burnham Brothers a través de una tabla. Lo siguiente que hay que hacer es abordar el otro punto de vista que han solicitado en Burnham Brothers, el punto de vista de producto.

Es necesario añadir la funcionalidad relacionada con el punto de vista de producto en varios pasos:

1. Fijar un mecanismo para conmutar entre los puntos de vista de producto y de tabla.
2. Añadir el punto de vista de producto en sí de los datos.
3. Navegar dentro del punto de vista de producto.

Conmutar entre el punto de vista de producto y el de tabla

El primer aspecto del punto de vista de producto que abordaremos es la conmutación entre el punto de vista de tabla y el punto de vista de producto. Esto se puede conseguir de varias maneras.

El primer método que se podría utilizar es hacer que el punto de vista de tabla sea una página HTML, y el punto de vista de producto otra página HTML. Esto tiene la ventaja de hacer una división clara entre los dos puntos de vista. Al hacer que sean páginas distintas, cada una de ellas será más reducida.

Sin embargo, hacer dos páginas distintas tiene dos desventajas. Una de las razones por las cuales el uso de HTML Dinámico es tan potente es que se puede reducir el número de nuevos accesos al servidor. Pero exigir un nuevo acceso para conmutar entre lo que en esencia son dos representaciones distintas de un mismo conjunto de datos elimina este beneficio.

La otra desventaja de utilizar dos páginas distintas es que resultará necesario comunicar la información entre los dos puntos de vista. Es necesario que el filtro actual siga en vigor en los puntos de vista de tabla y de producto. Para conseguir esto empleando dos páginas, por ejemplo, sería necesario proporcionar algún otro método externo (a través del servidor, o bien pasando parámetros a través de la URL) para llevar la cuenta de este estado.

Resulta mucho más sencillo y eficiente hacer que ambas visiones de los datos formen parte de una misma página, y hacer que sólo se muestre una u otra en cada instante. Este enfoque permite utilizar el mismo control de datos tabulares para ambas vistas, y compartir casi todo el HTML.

Comenzaremos por definir dos botones que conmutarán entre los dos puntos de vista. El primer botón mostrará el punto de vista de tabla invocando a la función *mostrarTabla()*, y el segundo mostrará el punto de vista de producto invocando a función *mostrarActual()*:

```
<INPUT TIPO=BUTTON VALUE="Ver Tabla" onclick="mostrarTabla()">
<INPUT TIPO=BUTTON VALUE="Ver Producto" onclick="mostrarActual()">
```

Dado que se va a mostrar y a ocultar el punto de vista de tabla y de producto, es necesario incluirlos en un marcador que permitirá mostrar u ocultar todo su contenido. El marcador <DIV> funciona perfectamente con este fin. Ponga el código del punto de vista de tabla dentro de un elemento <DIV> con una ID de «Ver_Tabla»:

```
<DIV id="Ver_Tabla">
    ... el código para el punto de vista de tabla ...
</DIV>
```

Cuando se cree el punto de vista de producto, también se creará un elemento DIV para albergar el punto de vista de producto. El número de la ID par el punto de vista de producto será «Ver_Producto,» que denota la visualización del producto considerado en ese momento.

Sabido esto, ha llegado el momento de construir las funciones necesarias para mostrar cada uno de estos productos. A primera vista, quizá parezca que la propiedad a la que habrá quedar valor aquí para mostrar y ocultar cada uno de los puntos de vista es la propiedad *visibility* de las HEC

La propiedad *visibility*, sin embargo, no basta para nuestros propósitos. La propiedad *visibility* determina si un elemento se muestra o no, pero no afecta a su posición. Si se utilizara aquí, uno de los puntos de vista estaría siempre encima del otro, y cuando se ocultara aparecería una zona en blanco en su lugar.

En lugar de hacer esto, es necesario emplear la propiedad *display* de las HEC, que hace posible eliminar por completo la visualización de un elemento dentro de una página HTML cuando se le da el valor *none*.

Consiguientemente, se puede crear la función *mostrarTabla()* haciendo que el punto de vista de tabla se visualice y el punto de vista de producto no se visualice, en la forma siguiente:

```
function mostrarTabla() {
    Ver_Tabla.style.display="";
    Ver_Producto.style.display="none";
}
```

A la inversa, se puede crear la función *mostrarActual()* haciendo que el punto de vista de tabla no se visualice y que el punto de vista de producto se visualice, en la forma siguiente:

```
function mostrarActual() {
    Ver_Tabla.style.display="none";
    Ver_Producto.style.display="";
}
```

Adición del punto de vista de producto

El punto de vista de producto tiene que mostrar un producto de cada vez. Es necesario incluir toda la información que esté disponible acerca de ese producto. Es necesario mostrar cinto aspectos distintos de cada producto.

- Una imagen que representa el producto.
- El nombre del producto.
- El tipo del producto.
- El precio del producto.
- El características del producto.

Hay que empezar por especificar un elemento <DIV> que contenga el punto de vista de para que la función *mostrarActual()* pueda mostrarlo y ocultarlo. Daremos a este elemento <DIV> la ID «Ver_Producto». Además, como se desea que la aplicación arranque con el punto de vista de tabla, es necesario dar a la propiedad *display* de HEC STYLE el valor «none»:

```
<DIV id="Ver_Producto" STYLE="display:none">
    ... El código para visualizar el producto actual
</DIV>
```

A continuación, hay que empezar a mostrar los distintos aspectos del producto. Comenzaremos por la imagen que representa al producto. Si se vuelve a examinar el archivo de datos de los productos, se observará que los campos de la columna «Imagen» son elemento IMG de HTML.

Al estructurar los datos de esta manera, se puede utilizar la propiedad DATAFORMATAS de enlazado de datos de HTML para indicar al navegador que tiene que mostrar el HTML asociado a ese elemento de datos. Por tanto, esos elementos IMG que se especifican dentro de «items.txt» darán lugar a que se visualice una imagen real.

Esto se va a conseguir mediante un marcador <DIV> que especifica que la fuente de datos (DATASRC) será *#lista_elem,* que el campo de datos (DATAFLD) que se desea es «Imagen,» y por último que el formato de los datos (DATAFORMATAS) es «html»:

```
<DIV DATASRC=#lista_elem DATAFLD="Imagen"
    DATAFORMATAS="html"></DIV><br>
```

A continuación, es necesario mostrar el nombre del producto. Proporcionaremos un rótulo junto al nombre del producto para que el usuario sepa lo que significa esa línea concreta. Haremos que resalte este rótulo mediante el marcador <STRONG> para distinguirlo del nombre real del producto.

Es necesario utilizar un marcador <SPAN> en lugar de un marcador <DIV> porque sólo se cargarán datos de texto. Por último, la DATASRC será *#lista_elem* y el DATAFLD será «Producto»:

```
<STRONG>Producto: </STRONG><SPAN DATASRC=#lista_elem
                          DATAFLD="Producto"></SPAN><br>
```

Se aplica el mismo proceso para las columnas «Tipo», «Precio», y «Características» de la fuente de datos:

```
<STRONG>Tipo: </STRONG><SPAN DATASRC=#lista_elem
                      DATAFLD="Tipo"></SPAN><br>
<STRONG>Precio: </STRONG><SPAN DATASRC=#lista_elem
                        DATAFLD="Precio"></SPAN><br>
<STRONG>Características: </STRONG><SPAN DATASRC=#lista_elem
                               DATAFLD="Características"></SPAN><br>
```

Navegando por el punto de vista de producto

Dado que sólo se muestra un producto a la vez en el punto de vista de producto, se necesitará un método para ir pasando por todos los productos cuando estemos en este punto de vista.

Utilizaremos un método sencillo de navegación, que emplea dos botones, «Anterior» y «Siguiente», para pasar a los elementos anterior y siguiente respectivamente. Comenzaremos por definir los dos botones. El botón «Anterior» invocará a la función *ante()* y el botón «Siguiente» llamará a la función *sigte()*:

```
<INPUT TIPO=BUTTON VALUE="Anterior" onclick="ante()">
<INPUT TIPO=BUTTON VALUE="Siguiente" onclick="sigte()">
```

Acto seguido, es preciso definir la función *sigte()*. Lo primero que hay que tener en cuenta cuando se está trabajando con objetos fuentes de datos registro por registro es el concepto de *conjunto de registros*. Este conjunto de registros contiene la información que representa el estado actual del objeto fuente de datos.

Por ejemplo, el conjunto de registros contiene el número de registros almacenados en este objeto fuente de datos en ese momento. Observe que el número de registros no es necesariamente el número de registros que se hubieran cargado originalmente, porque el número de registros puede verse modificado por los filtros aplicados a nuestros datos.

Lo primero que hay que hacer en la función *sigte()* es conseguir el conjunto de registros para el control de datos tabulares del objeto fuente de datos. Cada objeto fuente de datos tiene una propiedad *recordset* que contiene el conjunto de registros. Hay que dar a la variable *«rs»* el valor de esta propiedad:

```
function sigte() {
    var rs = lista_elem.recordset;
    ... resto de la función sigte()
}
```

Ahora es necesario pasar al registro siguiente del control de datos tabulares; sin embargo, primero hay que asegurarse de que no se haya llegado al final de los registros disponibles.

Compruebe esto asegurándose de que la posición actual (representada por la propiedad *AbsolutePosition* del conjunto de registros) no sea igual a la última posición (representada por la propiedad *RecordCount* del conjunto de registros).

Si no se ha llegado al último registro, se empleará el método *MoveNext()* del conjunto de registros para pasar al siguiente registro. Sin embargo, si estamos en el último registro, se mostrará un cuadro de alerta para indicar al usuario esta situación:

```
if (rs.AbsolutePosition != rs.RecordCount)
        rs.MoveNext()
    else
        alert("Estamos al final")
```

Es necesario seguir un proceso similar con la función *ante()*. Pasaremos al registro anterior (mediante el método *MovePrevious()* del conjunto de registros) a no ser que estemos en la primera posición. Las posiciones de los conjuntos de registros comienzan en 1, así que hay que asegurarse de que la *AbsolutePosition* actual no sea antes de llamar a *MovePrevious()*:

```
function ante() {
    var rs = lista_elem.recordset;
    if (rs.AbsolutePosition != 1)
        rs.MovePrevious()
    else
        alert("En primera posición")
}
```

¡La última página!

Ya está terminado el catálogo, cumpliendo todas las especificaciones proporcionadas por Burnham Brothers. El Listado 18.3 muestra la versión final del código para el catálogo *online* con clasificación de datos y con la posibilidad de información detallada (guarde este archivo como «catálogo.htm»):

Listado 18.3 El catálogo *online* final de Burnham Brothers

```
001. <HTML>
002. <HEAD>
003.    <TITLE>Catálogo</TITLE>
004. </HEAD>
005. <BODY>
006.
007. <SCRIPT LANGUAGE=JavaScript>
008. function onclick_producto() {
009.    lista_elem.SortColumn = "Producto"
010.    lista_elem.Reset()
```

```
011. }
012.
013. function onclick_tipo() {
014.     lista_elem.SortColumn = "Tipo"
015.     lista_elem.Reset()
016. }
017.
018. function onclick_precio() {
019.     lista_elem.SortColumn = "Precio"
020.     lista_elem.Reset()
021. }
022.
023.
024. function onchange_tipof() {
025.     lista_elem.FilterColumn = "Tipo"
026.     if (Tipo.selectedIndex == 0) {
027.         lista_elem.FilterCriterion = "<>"
028.         lista_elem.FilterValue = "no value"
029.     } else if (Tipo.selectedIndex == 1) {
030.         lista_elem.FilterCriterion = "="
031.         lista_elem.FilterValue = "viento"
032.     } else if (Tipo.selectedIndex == 2) {
033.         lista_elem.FilterCriterion = "="
034.         lista_elem.FilterValue = "cuerda"
035.     } else {
036.         lista_elem.FilterCriterion = "="
037.         lista_elem.FilterValue = "percusión"
038.     }
039.
040.     lista_elem.Reset()
041. }
042.
043. function onchange_max() {
044.     lista_elem.FilterColumn="Precio"
045.     lista_elem.FilterCriterion="<"
046.     lista_elem.FilterValue=Max.value;
047.
048.     lista_elem.Reset()
049. }
050.
051. function mostrarTabla() {
052.     Ver_Tabla.style.display="";
053.     Ver_Producto.style.display="none";
054. }
055.
056. function mostrarActual() {
057.     Ver_Tabla.style.display="none";
058.     Ver_Producto.style.display="";
059. }
060.
061. function sigte() {
```

(continúa)

Listado 18.3 El catálogo *online* final de Burnham Brothers *(Continuación)*

```
062.      var rs = lista_elem.recordset;
063.      if (rs.AbsolutePosition != rs.RecordCount)
064.              rs.MoveNext()
065.      else
066.          alert("Estamos al final")
067. }
068.
069. function ante() {
070.      var rs = lista_elem.recordset;
071.      if (rs.AbsolutePosition != 1)
072.          rs.MovePrevious()
073.      else
074.          alert("En primera posición")
075. }
076.
077.
078. </SCRIPT>
079.
080. <H1>Burnham Brothers</H1>
081. <H2>Catálogo de Productos</H2>
082. <INPUT TIPO=BUTTON VALUE="Ver Tabla" onclick="mostrarTabla()">
083. <INPUT TIPO=BUTTON VALUE="Ver Producto" onclick="mostrarActual()">
084. <BR><BR>
085.
086. <OBJECT id=lista_elem CLASSID="clsid:333C7BC4-460F-11D0-BC04-
     ➥ 0080C7055A83">
087.          <PARAM NAME="DataURL" VALUE="items.txt">
088.          <PARAM NAME="UseHeader" VALUE="True">
089. </OBJECT>
090.
091.      <LABEL FOR=Tipo>Tipo: </LABEL>
092.
093.      <SELECT id=Tipo onchange="onchange_tipof()">
094.          <OPTION SELECTED>TODOS
095.          <OPTION>Viento
096.          <OPTION>Cuerda
097.          <OPTION>Percusión
098.      </SELECT>
099.
100.      <LABEL FOR=Max>Precio máximo: </LABEL>
101.
102.      <INPUT id=Max TIPO=TEXT value="" STYLE="width:50">
103.
104.      <INPUT TIPO=BUTTON id=Go value="Fijar" onclick="onchange_max()">
105. <HR>
106.
107. <DIV id="Ver_Tabla">
108. <TABLE id=tablaelem datasrc=#lista_elem>
109.      <THEAD><TR>
```

```
110.            <TD WIDTH=150><DIV ID=producto onclick="onclick_producto()">
111.                    <B><U><FONT COLOR=BLUE FACE="ARIAL,HELVETICA">
112.                    Producto</FONT></U></B></DIV></TD>
113.            <TD WIDTH=150><DIV ID=tipo onclick="onclick_tipo()">
114.                    <B><U><FONT COLOR=BLUE FACE="ARIAL,HELVETICA">
115.                    Tipo</FONT></U></B></DIV></TD>
116.            <TD WIDTH=150><DIV ID=precio onclick="onclick_precio()">
117.                    <B><U><FONT COLOR=BLUE FACE="ARIAL,HELVETICA">
118.                    Precio</FONT></U></B></DIV></TD>
119.        </TR></THEAD>
120.        <TBODY>
121.            <TR>
122.                <TD><SPAN DATAFLD="Producto"></SPAN></TD>
123.                <TD><SPAN DATAFLD="Tipo"></SPAN></TD>
124.                <TD><SPAN DATAFLD="Precio"></SPAN></TD>
125.            </TR>
126.        </TBODY>
127. </TABLE>
128. </DIV>
129.
130. <DIV id="Ver_Producto" STYLE="display:none">
131.
132. <DIV DATASRC=#lista_elem DATAFLD="Imagen"
     ➥ DATAFORMATAS="html"></DIV><br>
133. <STRONG>Producto: </STRONG><SPAN DATASRC=#lista_elem
     ➥ DATAFLD="Producto"> </SPAN><br>
134. <STRONG>Tipo: </STRONG><SPAN DATASRC=#lista_elem DATAFLD="Tipo">
     ➥ </SPAN><br>
135. <STRONG>Precio: </STRONG><SPAN DATASRC=#lista_elem DATAFLD=
     ➥ "Precio"> </SPAN><br>
136. <STRONG>Características: </STRONG><SPAN DATASRC=#lista_elem
     ➥ DATAFLD="Características"> </SPAN><br>
137. <BR>
138.
139. <INPUT TIPO=BUTTON VALUE="Anterior" onclick="ante()">
140. <INPUT TIPO=BUTTON VALUE="Siguiente" onclick="sigte()">
141. </DIV>
142. </BODY></HTML>
```

El resultado de revisar un producto específico en el punto de vista de producto actual se ha mostrado en la Figura 18.5.

Y a continuación...

Este capítulo ha mostrado la forma de construir un catálogo *online* partiendo de cero. Ya se tienen todos los requisitos básicos, pero quizá el lector quiera intentar añadir nuevas características al catálogo para aumentar su experiencia. Véanse algunas ideas que se podría intentar añadir al catálogo:

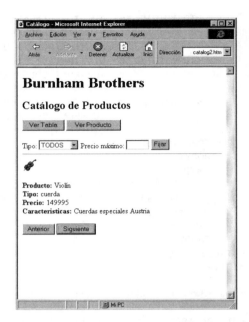

Figura 18.5 Visualización de información de productos en el catálogo final *online* de Burnham Brothers.

- La capacidad de seleccionar un elemento en el punto de vista de tabla y hacer que aparezca en el punto de vista de producto.
- Construir una «cesta de la compra» que permita al usuario hacer selecciones dentro del catálogo.
- Añadir filtros más sofisticados al catálogo. Por ejemplo, se podría permitir que el usuario estableciera un precio mínimo para los objetos.

Este capítulo ha mostrado los sofisticados tipos de aplicaciones que se pueden crear con un código sorprendentemente breve en HTML Dinámico. Puede utilizar esto como plataforma para crear sus propias aplicaciones útiles e interesantes de enlazado de datos con HTML Dinámico.

Ahora que ya se ha creado una aplicación práctica del mundo real con HTML Dinámico, es el momento de divertirse un poquito. El Capítulo 19, «Construcción del juego de vídeo Smashout», construye un juego de vídeo en HTML Dinámico partiendo de cero y con muy poquito código. Las características del juego de vídeo muestran la forma de utilizar gestión de sucesos, posicionamiento absoluto y detección de colisiones.

Capítulo

19

Construcción del juego de vídeo Smashout

La programación de juegos de vídeo es uno de los proyectos más ambiciosos que se puede abordar en el campo de la programación. No sólo requiere seguir la pista de lo que está pasando, sino una cuidadosa atención a los tiempos, y al movimiento.

En pocas palabras, la programación de un juego de vídeo es lo último que cabría esperar que pudiera hacerse en HTML y JavaScript; sin embargo, eso es exactamente lo que se hará en este capítulo.

A lo largo del capítulo se va a desarrollar un juego de vídeo llamado *Smashout*. Smashout es un juego relativamente sencillo que consiste en hacer botar una pelota en una raqueta, intentando alcanzar los blancos, y sin permitir que la pelota escape por la parte inferior de la pantalla.

Aun cuando la programación de juegos de vídeo puede llegar a ser difícil y compleja, los conceptos y el código de este capítulo se mantienen en el nivel más sencillo posible, para hacer que resulten comprensibles. De hecho, todo el juego de Smashout requiere algo menos de dos páginas de código.

- **Diseño** Aprenda el proceso que lleva al diseño de un juego de vídeo.
- **El terreno de juego** Explore los pasos necesarios para construir el terreno de juego en que se desarrollará el juego.
- **Animación** Aprenda a poner el juego en movimiento por animación.
- **Seguir la pista** Explore la forma de seguir la pista de diferentes aspectos del juego, tales como el número de vidas que le quedan al jugador.

Reglas del juego

El juego Smashout tiene lugar en un terreno de juego rectangular. Dentro de este terreno de juego hay tres clases de objetos:

- **El jugador** El jugador está representado por una raqueta de 60 píxeles de ancho por 15 píxeles de alto (véase Figura 19.1) situada cerca de la parte inferior del terreno de juego. Esta raqueta se puede mover hacia los bordes izquierdo y derecho del terreno de juego.

Figura 19.1   El jugador representado por una paleta.

- **Los blancos**   Hay dieciséis blancos rectangulares (véase Figura 19.2) que están situados en la parte superior de la pantalla. Estos blancos tienen 75 píxeles de ancho por 15 píxeles de alto. Los blancos desaparecen cuando los golpea la pelota.

Figura 19.2   Un blanco.

- **La pelota**   La pelota está situada en el centro del terreno de juego (véase Figura 19.3). La pelota tiene 13 píxeles de ancho por 12 píxeles de alto. Cuando comienza el juego, la pelota se está moviendo hacia la parte superior de la pantalla.

El objetivo del juego es destruir los 16 blancos de la parte superior de la pantalla sin permitir que la pelota escape por la parte inferior del terreno de juego. Se evita que la pelota escape haciendo que el jugador la golpee con la raqueta, manteniéndola así en juego.

El jugador recibe tres «vidas» para destruir los 16 blancos. Cada vez que la pelota escape por la parte interior de la pantalla, el jugador pierde una vida. Cuando ya ha perdido las tres vidas, termina el juego.

Figura 19.3 La pelota.

Si el jugador consigue alcanzar los 16 blancos antes de perder las tres vidas, sin embargo, entonces el jugador gana el juego. Si el jugador quiere jugar de nuevo, al pulsar en el botón comenzar se regeneran los 16 blancos, y vuelve a empezar el juego.

Dificultades de la programación de juegos de vídeo

En la programación de juegos de vídeo es necesario considerar varias dificultades:

- **Temporización** El primer aspecto, y el más importante de la programación de juegos de vídeo es la temporización. Para que el usuario perciba la experiencia como algo natural y fluido, toda la animación y toda la interacción con el usuario tiene que ofrecer la apariencia de que se estuviera produciendo en tiempo real. Tiene que parecer que la pelota se mueve, por ejemplo, y cuando pulse en un blanco, ese blanco tiene que desaparecer de inmediato.
- **Monitorización del estado del juego** El segundo aspecto de programación de juegos de vídeo que hay que tener en cuenta es que es preciso monitorizar con exactitud el estado del juego. Sería desconcertante que aparecieran dos pelotas en la pantalla, o que los blancos desaparecieran y reaparecieran aleatoriamente.
- **Velocidad del juego** Por último, es necesario considerar la velocidad del juego. Si es posible, la velocidad del juego debería ser la misma en todas las computadoras. Si esto no fuera posible, habrá que probar el juego en el mayor número posible de computadoras, y tendremos que limitarnos a una velocidad intermedia.

Todos estos aspectos aparecerán durante el desarrollo de Smashout. Aun cuando ninguno de ellos es insuperable, ciertamente indican la razón por la cual la programación de juegos puede ser una de las disciplinas más difíciles de dominar.

Construcción del terreno de juego

Comenzaremos por construir el terreno de juego en sí, colocando los objetos del juego en su interior. Todos los componentes del juego serán imágenes representadas mediante elementos IMG.

Ya se han descrito los objetos *blanco*, *pelota* y *jugador*. Ahora hay que considerar los otros aspectos que están presentes en el juego:

- Pared izquierda
- Pared derecha
- Pared superior
- Pared inferior

Las paredes izquierda y derecha se representan mediante lado.gif (véase Figura 19.4). Las paredes superior e inferior se representan mediante base.gif (véase Figura 19.5). Todas las paredes tendrán un grosor de diez píxeles.

Figura 19.4 La pared lateral.

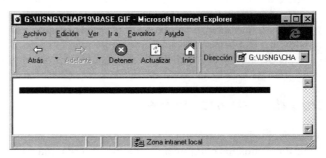

Figura 19.5 La pared superior.

Posicionamiento de los objetos del juego

Ahora que ya se tienen los objetos imagen que se emplearán en el juego, hay que decidir donde se van a situar estas imágenes. Se necesita construir un terreno de juego que tenga 400 píxeles de ancho y 450 píxeles de alto, y hay que colocarlo a 10 píxeles de la parte superior y a 10 píxeles del lado derecho de la pantalla, de tal modo que el terreno de juego quede ligeramente desplazado con respecto a los bordes izquierdo y superior del navegador.

Posicionamiento de los lados superior, izquierdo, derecho e inferior   Comenzaremos por situar el lado superior del terreno de juego en la posición que se encuentra a 10 de la izquierda y 10 de arriba. Esto desplaza el terreno de juego 10 píxeles hacia el interior del navegador. Asignaremos la ID «arriba» al objeto *arriba*:

```
<IMG ID=arriba  SRC="base.gif"
            STYLE="position:absolute;top:10;left:10">
```

A continuación, hay que situar la pared inferior del terreno de juego, que hace uso del mismo GIF que el objeto *arriba*. Como se desea que el terreno de juego tenga 450 píxeles de alto, se situará este GIF a 460 píxeles de la parte superior. El GIF se sitúa a 460 píxeles y no a 450 para tener en cuenta los 10 píxeles de que consta la parte superior del terreno de juego.

```
<IMG ID=abajo   SRC="base.gif"
            STYLE="position:absolute;top:460;left:10">
```

Ahora vamos a empezar a situar los lados. En primer lugar, se situará el lado izquierdo del terreno de juego a 10 píxeles del lado izquierdo de la pantalla, para desplazarlo hacia adentro. También será necesario desplazar el lado izquierdo del terreno de juego 20 píxeles con respecto a la parte superior de la pantalla, para compensar la anchura de la pared superior:

```
<IMG ID=izda    SRC="lado.gif"
            STYLE="position:absolute;top:20;left:10">
```

Se lleva a cabo una ubicación similar para el lado derecho del terreno de juego, que debería estar a 20 propiedad de la parte superior de la pantalla y a 400 píxeles del lado izquierdo de la pantalla:

```
<IMG ID=dcha    SRC="lado.gif"
            STYLE="position:absolute;top:20;left:400">
```

Posicionamiento de los blancos   Ahora que ha se se ha construido el terreno de juego, se pueden situar los blancos que intentará alcanzar el jugador. Es necesario crear cuatro filas de cuatro blancos, para lo cual se utilizará la imagen «barra.gif». Cada blanco tendrá 75 píxeles de ancho y 15 píxeles de alto. Comenzaremos por situar los blancos a 40 píxeles de la parte superior de la pantalla.

Se van a crear 16 elementos IMG distintos, uno por cada blanco. Cada blanco tendrá una ID que empieza por «barra» y acaba por el número del blanco —el primer blanco será «barra1» y el último será «barra16».

Para situar el primer blanco, colóquelo a 40 píxeles de la parte superior de la pantalla. Será necesario encajar cuatro de estos blancos horizontalmente en la pantalla, así que situaremos el primer blanco junto al lado izquierdo del terreno de juego en la posición horizontal 35:

```
<IMG id=barra1 SRC="barra.gif"
            STYLE="position:absolute;top:40;left:35">
```

Para situar el segundo blanco, colóquelo a 90 píxeles a la derecha del primer blanco para dejar un poco de espacio entre los blancos:

```
<IMG id=barra2 SRC="barra.gif"
            STYLE="position:absolute;top:40;left:125">
```

La colocación del tercer blanco implica el mismo proceso, añadir 90 píxeles a la posición derecha del segundo blanco:

```
<IMG id=barra3 SRC="barra.gif"
            STYLE="position:absolute;top:40;left:215">
```

Por último, se aplica esta misma lógica al cuarto blanco, situándolo a 90 píxeles a la derecha del tercer blanco.

```
<IMG id=barra4 SRC="barra.gif"
            STYLE="position:absolute;top:40;left:305">
```

Se aplica este mismo proceso a la segunda, tercera y cuarta fila de blancos. La segunda fila se coloca a 70 píxeles de la parte superior; la tercera fila va a 100 píxeles de la parte superior, y la cuarta fila está a 130 píxeles de la parte superior. El código de las filas segunda, tercera y cuarta se muestra en la sección siguiente, «Fundamentos del juego Smashout». El primer blanco de la segunda fila, por ejemplo, se situaría mediante el código siguiente:

```
<IMG id=barra5 SRC="barra.gif"
            STYLE="position:absolute;top:70;left:35">
```

Posicionamiento del jugador El paso siguiente en la construcción de los componentes del terreno de juego que consiste en situar la raqueta del jugador en la pantalla. Será necesario situar la raqueta cerca de la parte inferior del terreno de juego. También tiene sentido hacer que la posición por omisión de la raqueta del jugador esté en el punto medio del terreno de juego, en el eje horizontal:

```
<IMG id=jugador
    SRC="jugador.gif" STYLE="position:absolute;top:410;left:210">
```

Posicionamiento de la pelota Por último, es necesario situar la imagen de la pelota que el jugador va a intentar golpear. Hay que situarla a medio camino entre la raqueta del jugador y los blancos y sobre el eje horizontal del terreno de juego. Se asignará a la pelota un índice z de −1 para asegurar que siempre aparezca por detrás de los demás objetos del juego:

```
        <IMG id=pelota SRC="pelota.gif"
            STYLE="position:absolute;z-index:-1;top:235;left:210">
        </DIV>
```

Fundamentos del juego Smashout

Llegados aquí, ya se ha construido todo el terreno de juego y se han situado todos los componentes visuales que forman el juego. Es buen momento para detenerse y examinar lo que se ha logrado hasta el momento. Guarde el archivo siguiente con el nombre de «smashout1.htm»:

Listado 19.1 Construcción del terreno de juego

```
01.    <HTML>
02.    <HEAD>
03.    <TITLE>Smashout</TITLE>
04.
05.    <BODY>
06.
07.    <DIV>
08.    <IMG id=arriba      SRC="base.gif"
09.                        STYLE="position:absolute;top:10;left:10">
10.    <IMG id=abajo       SRC="base.gif"
11.                        STYLE="position:absolute;top:460;left:10">
12.    <IMG id=izda        SRC="lado.gif"
13.                        STYLE="position:absolute;top:20;left:10">
14.    <IMG id=dcha        SRC="lado.gif"
15.                        STYLE="position:absolute;top:20;left:400">
16.
17.    <IMG id=barra1      SRC="barra.gif"
18.                        STYLE="position:absolute;top:40;left:35">
19.    <IMG id=barra2      SRC="barra.gif"
20.                        STYLE="position:absolute;top:40;left:125">
21.    <IMG id=barra3      SRC="barra.gif"
22.                        STYLE="position:absolute;top:40;left:215">
23.    <IMG id=barra4      SRC="barra.gif"
24.                        STYLE="position:absolute;top:40;left:305">
25.
26.    <IMG id=barra5      SRC="barra.gif"
27.                        STYLE="position:absolute;top:70;left:35">
28.    <IMG id=barra6      SRC="barra.gif"
29.                        STYLE="position:absolute;top:70;left:125">
30.    <IMG id=barra7      SRC="barra.gif"
31.                        STYLE="position:absolute;top:70;left:215">
32.    <IMG id=barra8      SRC="barra.gif"
33.                        STYLE="position:absolute;top:70;left:305">
34.
35.    <IMG id=barra9      SRC="barra.gif"
```

(continúa)

Listado 19.1 Construcción del terreno de juego *(Continuación)*

```
36.                           STYLE="position:absolute;top:100;left:35">
37.     <IMG id=barra10    SRC="barra.gif"
38.                           STYLE="position:absolute;top:100;left:125">
39.     <IMG id=barra11    SRC="barra.gif"
40.                           STYLE="position:absolute;top:100;left:215">
41.     <IMG id=barra12    SRC="barra.gif"
42.                           STYLE="position:absolute;top:100;left:305">
43.
44.     <IMG id=barra13    SRC="barra.gif"
45.                           STYLE="position:absolute;top:130;left:35">
46.     <IMG id=barra14    SRC="barra.gif"
47.                           STYLE="position:absolute;top:130;left:125">
48.     <IMG id=barra15    SRC="barra.gif"
49.                           STYLE="position:absolute;top:130;left:215">
50.     <IMG id=barra16    SRC="barra.gif"
51.                           STYLE="position:absolute;top:130;left:305">
52.
53.
54.     <IMG id=jugador
55.         SRC="jugador.gif"   STYLE="position:absolute;top:410;left:210":
56.
57.     <IMG id=pelota SRC="pelota.gif" STYLE="position:absolute;z-index:
        ➥ -1;top:235;left:210">
58.     </DIV>
59.
60.     </BODY>
61.     </HTML>
```

La Figura 19.6 muestra el resultado de smashout1.htm. Aunque todavía no hemo
empezado con la lógica de la animación del juego, se sabe exactamente el aspecto que va
a tener el juego, y se pueden ver ya todos los elementos esenciales de que consta.

Animación del juego Smashout

Una vez que se ha construido el terreno de juego y se ha añadido la raqueta del jugador
los blancos y la pelota, es momento empezar a hacer que el juego sea interactivo. Empe
zaremos por hacer posible que el usuario interactúe con la raqueta del jugador.

Animación de la raqueta del jugador con sucesos del ratón

Para desplazar la raqueta siempre que el jugador mueva el ratón, es necesario añadir suce
sos del ratón. Para hacer esto, es necesario capturar sucesos del ratón en todo el terreno de
juego. ¿Cuál es el único elemento que rodea a todo el terreno de juego? El elemento
BODY.

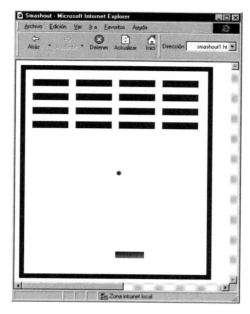

Figura 19.6 El terreno de juego de Smashout.

Se desea que la raqueta del jugador se mueva siempre que se mueva el ratón, así que es necesario capturar el suceso *onmousemove* desde el elemento BODY. Cuando se mueva el ratón, deseamos que sucedan varias cosas, así que es necesario abstraer el código de estas acciones en una función denominada *moverJugador()*:

```
<BODY onmousemove="moverJugador()">
```

Ahora es preciso escribir la función *moverJugador()*. Se desea que la raqueta siga al ratón, pero sólo se quiere que siga al ratón horizontalmente, porque la raqueta sólo debe moverse horizontalmente. Para lograr esto, es preciso recuperar la posición X del ratón cuando este se mueva. Esta posición está disponible a través de la propiedad *x* del objeto *window.event* que está disponible dentro del gestor de sucesos:

```
function moverJugador() {
    var posx = window.event.x;
        ... El resto de la función moverJugador()...
}
```

La próxima cosa que hay que hacer es mover la raqueta del jugador a la posición X a que se traslade el ratón. Esto se puede hacer dando a la posición *jugador.style.posLeft* el valor de la posición *posx* que se reciba del objeto *window.event*.

Sin embargo, no se puede fijar ciegamente la posición X de la raqueta del jugador. ¿A qué se debe esto? La razón es que se van a obtener los sucesos del ratón a partir del elemento BODY, que informa acerca de los movimientos del ratón dentro de toda la ventana del navegador. Si se ubicara la raqueta en cualquier posición recibida, la raqueta del jugador saldría de los límites del terreno de juego.

Para evitar que suceda esto, es necesario comprobar primero que la posición X que se vaya a utilizar para definir el posicionamiento de la raqueta del jugador quede dentro de los límites del terreno de juego:

```
if ((posx >= 20) && (posx <= 350))
jugador.style.posLeft = posx;
```

Puesta en marcha del juego

Dado que el juego va a implicar una animación a la cual tiene que responder el usuario, se necesita un mecanismo para que el usuario ponga en marcha el juego. Sin esta funcionalidad, el usuario se vería sorprendido porque el juego empezaría sin intervención del jugador.

Construya un botón de «Comenzar Juego» al lado derecho del terreno de juego, que será el que realmente de lugar al comienzo del juego. Al pulsar este botón, el usuario invocará a la función *iniciar()* que pone en marcha el código que da vida al juego:

```
<INPUT TYPE=BUTTON VALUE="Comenzar Juego" STYLE="position:absolute;
➥ top:10;left:450" onclick="iniciar()">
```

El paso siguiente consiste en escribir la función *iniciar*. Lo primero que habrá que hacer es asegurarse de que la pelota se encuentra en una posición inicial correcta:

```
function iniciar() {

    pelota.style.posTop = 235;
    pelota.style.posLeft = 210;

}
```

A continuación, hay que poner la pelota en movimiento. Abstraeremos esta funcionalidad en una función denominada *moverPelota()* (esta función se define en la sección siguiente):

```
moverPelota();
```

Puesta en marcha de la pelota

A diferencia del movimiento de la raqueta del jugador, el movimiento de la pelota tiene que estar controlado totalmente por los guiones que forman el programa Smashout. Hay que prestar mucha atención a varios aspectos del movimiento de la pelota, entre los cuales se incluyen:

- Llevar la cuenta de la velocidad y la dirección de la pelota.
- Modificar la posición de la pelota para dar una ilusión de movimiento.
- Disponer de un mecanismo que haga posible que la animación de la pelota se produzca a intervalos regulares, haciendo que la animación sea suave.

En primer lugar se necesita un mecanismo para seguir la pista de la velocidad y dirección de la pelota. El movimiento de la pelota se produce en dos dimensiones, así que cada vez que se mueve, la pelota se desplaza una cierta cantidad en la dirección X y una cierta cantidad en la dirección Y. Hay que construir unas variables llamadas «dx» y «dy» que contendrán lo que se mueve la pelota cada vez que se invoca a la función *moverPelota( )*:

```
var dx;
var dy;
```

Un valor positivo de «dx» significa que la pelota se está moviendo hacia la derecha, y un valor negativo de «dx» significa que se está moviendo hacia la izquierda. De forma muy similar, un valor positivo de «dy» significa que la pelota se mueve hacia abajo, y un valor negativo de «dy» significa que la pelota se mueve hacia arriba.

Cuando el usuario ponga en marcha el juego, deseamos que la pelota empiece a moverse hacia arriba y hacia a la izquierda, para dar al jugador un poco de tiempo para que se prepare antes de que llegue la pelota. Además, queremos que la pelota sólo se mueva unos pocos píxeles para dar una impresión de movimiento suave. Por tanto, se da a «dx» un valor de *–4,* lo cual hace que la pelota se desplace lentamente hacia la izquierda y se da a «dy» el valor *–4,* dando lugar a que la pelota se desplace lentamente hacia arriba.

Dado que se desean estos valores de movimiento al principio del juego, es necesario darlos en la función *iniciar( )*:

```
function iniciar() {

    ...

    dx = -4;
    dy = -4;

}
```

Ahora ya estamos preparados para comenzar a escribir la función *moverPelota( )*. El propósito principal de esta función es desplazar la pelota, así que comenzaremos la función añadiendo el valor de «dy» a la propiedad *posTop* de la pelota, y el valor «dx» a la propiedad *posLeft* of la pelota:

```
function moverPelota() {

    pelota.style.posTop += dy;
    pelota.style.posLeft += dx;

}
```

A partir de ahora, siempre que se invoque a la función *moverPelota( )*, la pelota se desplazará ligeramente en la dirección especificada por «dx» y «dy». Sin embargo, observe que tal como está hecho el código en este momento, la función *moverPelota( )* se invocará una sola vez.

Se podría volver a invocar a la función *moverPelota( )* desde dentro de la propia función *moverPelota( )*, y esto haría que la pelota se animase; sin embargo, no se tendría absolutamente ningún control de la frecuencia con que se desplazaría la pelota. En una máquina rápida, la pelota se movería tan rápidamente que no llegaríamos a verla.

Afortunadamente, JavaScript ofrece una alternativa en el método *setTimeout()* del objeto *window*. El método *setTimeout()* admite tres argumentos:

- La función que hay que invocar.
- La cantidad de tiempo en milisegundos que hay que esperar antes de invocarla.
- El lenguaje en que está escrita la función.

En este caso, se desea que se invoque a la función *moverPelota()*. La cantidad de tiempo que hay que esperar es algo más difícil. Las pruebas nos han mostrado que el tiempo de espera de *setTimeout()* necesario para obtener una animación suave está entre 5 y 20 milisegundos.

Para este juego, seleccionaremos un valor que esté a medio camino dentro de este intervalo —13 milisegundos. Si se desea acelerar el juego, se reducirá este valor. A la inversa, si se desea hacerlo más lento, será preciso incrementar este valor.

Por último, hay que dar como nombre del lenguaje en que está escrita la función *moverPelota()* el valor «JavaScript» porque este es el lenguaje de guiones que se ha empleado en el ejemplo Smashout. Ponga esta llamada a *setTimeout()* al final de la función *moverPelota()*:

```
window.setTimeout("moverPelota()", 13, "JavaScript");
```

Comprobar si la pelota ha alcanzado una pared

Ya tenemos la pelota en movimiento, pero lamentablemente no hay nada que la detenga. Si se ejecutase el código tal como está, la pelota flotaría por el lado superior izquierdo del terreno de juego y saldría por el borde de la ventana del navegador.

Para evitar que suceda esto, es necesario disponer de algún tipo de proceso que se asegure de que la pelota permanezca en el terreno de juego. Se puede hacer esto añadiendo un código a la función *moverPelota()*, situado antes de actualizar la posición de la pelota.

El primer conjunto de circunstancias que hay que vigilar implica que la pelota golpee los bordes del terreno de juego. Es necesario comprobar cuatro posibilidades:

- La pelota golpea el lado izquierdo del terreno de juego.
- La pelota golpea el lado derecho del terreno de juego.
- La pelota golpea la parte superior del terreno de juego.
- La pelota golpea la parte inferior del terreno de juego.

Para comprobar estas posibilidades, es necesario disponer de las posiciones actuales X e Y de la pelota. Construya unas variables locales en la función *moverPelota()* para recuperar estos datos:

```
var px = pelota.style.posLeft;
var py = pelota.style.posTop;
```

En primer lugar, vamos a ver si la pelota ha chocado con el lado derecho o izquierdo de la pantalla. En ambos casos, será preciso invertir la dirección X de la pelota. Si esto no tiene sentido para usted, piense unos instantes.

Si la pelota se está desplazando hacia la derecha y choca con la pared derecha, entonces empezará a moverse hacia la izquierda. A la inversa, si la pelota se desplaza hacia la izquierda y alcanza la pared izquierda, será necesario que empiece a desplazarse hacia la derecha. Si la pelota se encuentra a la izquierda de la posición 20 según X, entonces ha alcanzado la pared izquierda; si se encuentra a la derecha de la posición 392 según X, entonces ha golpeado la pared derecha, según indican las líneas de código siguientes:

```
if ((px < 20) || (px > 392)) {
    dx = -dx;
}
```

Como segunda comprobación hay que ver si la pelota ha golpeado la parte superior de la pantalla. Se puede hacer esto verificando si la posición Y de la pelota es menor que 10. Si la pelota alcanza la parte superior de la pantalla, será preciso invertir su dirección según Y:

```
else if (py < 10) {
    dy = -dy;
}
```

Por último, si la pelota golpea la parte inferior de la pantalla, entonces el jugador pierde una vida. Añadiremos la lógica para llevar la cuenta de las vidas en la parte siguiente del capítulo; por el momento, detendremos la animación volviendo de la función y asegurándonos de que la función *moverPelota()* no vuelva a llamar de nuevo al método *setTimeout()*.

```
else if (py > 450) {
    return;
}
```

Comprobar si la pelota ha golpeado la raqueta o algún blanco

En este momento, la pelota irá rebotando dentro del terreno de juego hasta que alcance la parte inferior del terreno de juego, momento en que se detendrá. El paso siguiente es comprobar si la pelota ha golpeado algún objeto situado dentro del terreno de juego.

Hay que comprobar dos objetos para ver si la pelota los ha golpeado:

- La raqueta del jugador.
- Un blanco.

El proceso de comprobación necesario para determinar si un objeto móvil ha chocado con otro objeto se denomina *detección de colisiones,* y puede ser uno de los aspectos más peliagudos de la programación de juegos. Se pueden utilizar distintos algoritmos para comprobar si dos objetos se superponen, pero esos algoritmos se vuelven complicados con mucha facilidad. De hecho, si hubiera que realizar la detección de colisiones manualmente, la programación del juego Smashout estaría más allá de los límites de este libro.

Afortunadamente, HTML Dinámico viene en nuestra ayuda con un método contenido en el objeto documento denominado *elementFromPoint()*. Este método permite averiguar qué elemento de HTML está presente en cualquier punto dado. Mediante el uso de las posiciones X e Y de la pelota como argumentos del método *elementFromPoint()*, se puede averiguar con qué elemento se esta superponiendo la pelota.

En este momento, quizá esté pensando que el elemento que reside precisamente en el punto en que está situada la pelota es la pelota en sí. Sin embargo, recuerde que se ha dado al índice z de la pelota el valor -1, asegurándose así de que esté por detrás de todos los demás elementos. Por tanto, el elemento proporcionado por *elementFromPoint()* será el elemento con el que choque la pelota. Se utilizarán las variables «px» and «py» que ya se han definido en la función *moverPelota()* para pasárselas al método *elementFromPoint()*:

```
var alcanzado = document.elementFromPoint(px,py);
```

En primer lugar, hay que asegurarse de que se haya proporcionado algún elemento en la variable «alcanzado». Se puede comprobar esto viendo si el contenido de «alcanzado» es null:

```
if (alcanzado != null) {
```

A continuación, será preciso efectuar la comprobación siguiente, que consiste en ver si se ha golpeado la raqueta del jugador. Si la ID del elemento que ha golpeado la pelota es la raqueta del jugador, se invierte la dirección Y de la pelota:

```
if (alcanzado.id == "jugador") {
    dy = -dy;
}
```

A continuación, hay que comprobar si la pelota ha golpeado alguno de los blancos. El método más sencillo para comprobar esto es ver si la ID del elemento golpeado por la pelota es la ID de alguno de los blancos. Sin embargo, este método tiene una gran desventaja: comprobar las 16 ID sería relativamente lento, y es importante hacer que la cantidad de código existente en la función *moverPelota()* sea la más pequeña posible, porque se va a repetir muchas veces por segundo.

En lugar de hacer esto, se puede hacer algo más complicado. La ID no es el único aspecto del blanco que es distinto de todos los demás elementos del terreno de juego. El blanco es el único elemento de la página que tiene 75 píxeles de ancho. Por tanto, se puede ver si la anchura del elemento golpeado es de 75 píxeles. Si lo es, sabremos que se ha golpeado un blanco.

Si se ha golpeado un blanco, entonces hay que hacer dos cosas. En primer lugar, hay que quitar el blanco de la pantalla dando el valor «none» a su atributo *display*. En segundo lugar, hay que invertir la dirección Y de la pelota:

```
else if (alcanzado.width == 75) {
    alcanzado.style.display = "none";
    dy = -dy;
}
```

Fundamentos de la animación del juego Smashout

En este momento, se tiene una cantidad de código suficiente para que sea posible jugar. Guarda el código siguiente con el nombre «smashout2.htm»:

Listado 19.2 Animación del juego Smashout

```
001.  <HTML>
002.  <HEAD>
003.  <TITLE>Smashout</TITLE>
004.
005.  <SCRIPT LANGUAGE="JavaScript">
006.  var dx;
007.  var dy;
008.
009.  function iniciar() {
010.
011.      dx = -4;
012.      dy = -4;
013.      pelota.style.posTop = 235;
014.      pelota.style.posLeft = 210;
015.      moverPelota();
016.
017.  }
018.
019.  function moverPelota() {
020.      var px = pelota.style.posLeft;
021.      var py = pelota.style.posTop;
022.      var alcanzado = document.elementFromPoint(px,py);
023.
024.      if ((px < 20) || (px > 392)) {
025.          dx = -dx;
026.      } else if (py < 10) {
027.          dy = -dy;
028.      } else if (py > 450) {
029.          return;
030.      }
031.
032.      if (alcanzado != null) {
033.          if (alcanzado.id == "jugador") {
034.              dy = -dy;
035.          } else if (alcanzado.width == 75) {
036.          alcanzado.style.display = "none";
037.              dy = -dy;
038.          }
039.      }
040.
041.      pelota.style.posTop += dy;
042.      pelota.style.posLeft += dx;
043.
```

(continúa)

Listado 19.2 Animación del juego Smashout *(Continuación)*

```
044.      window.setTimeout("moverPelota()", 13, "JavaScript");
045. }
046.
047. function moverJugador() {
048.      var posx = window.event.x;
049.      if ((posx >= 20) && (posx <= 350))
050.          jugador.style.posLeft = posx;
051. }
052.
053. </SCRIPT>
054. </HEAD>
055. <BODY onmousemove="moverJugador()">
056.
057. <DIV>
058. <IMG id=arriba   SRC="base.gif"
059.                  STYLE="position:absolute;top:10;left:10">
060. <IMG id=abajo    SRC="base.gif"
061.                  STYLE="position:absolute;top:460;left:10">
062. <IMG id=izda     SRC="lado.gif"
063.                  STYLE="position:absolute;top:20;left:10">
064. <IMG id=dcha     SRC="lado.gif"
065.                  STYLE="position:absolute;top:20;left:400">
066.
067. <IMG id=barra1   SRC="barra.gif"
068.                  STYLE="position:absolute;top:40;left:35">
069. <IMG id=barra2   SRC="barra.gif"
070.                  STYLE="position:absolute;top:40;left:125">
071. <IMG id=barra3   SRC="barra.gif"
072.                  STYLE="position:absolute;top:40;left:215">
073. <IMG id=barra4   SRC="barra.gif"
074.                  STYLE="position:absolute;top:40;left:305">
075.
076. <IMG id=barra5   SRC="barra.gif"
077.                  STYLE="position:absolute;top:70;left:35">
078. <IMG id=barra6   SRC="barra.gif"
079.                  STYLE="position:absolute;top:70;left:125">
080. <IMG id=barra7   SRC="barra.gif"
081.                  STYLE="position:absolute;top:70;left:215">
082. <IMG id=barra8   SRC="barra.gif"
083.                  STYLE="position:absolute;top:70;left:305">
084.
085. <IMG id=barra9   SRC="barra.gif"
086.                  STYLE="position:absolute;top:100;left:35">
087. <IMG id=barra10  SRC="barra.gif"
088.                  STYLE="position:absolute;top:100;left:125">
089. <IMG id=barra11  SRC="barra.gif"
090.                  STYLE="position:absolute;top:100;left:215">
091. <IMG id=barra12  SRC="barra.gif"
092.                  STYLE="position:absolute;top:100;left:305">
093.
```

```
094.   <IMG id=barra13   SRC="barra.gif"
095.                      STYLE="position:absolute;top:130;left:35">
096.   <IMG id=barra14   SRC="barra.gif"
097.                      STYLE="position:absolute;top:130;left:125">
098.   <IMG id=barra15   SRC="barra.gif"
099.                      STYLE="position:absolute;top:130;left:215">
100.   <IMG id=barra16   SRC="barra.gif"
101.                      STYLE="position:absolute;top:130;left:305">
102.
103.
104.   <IMG id=jugador
105.      SRC="jugador.gif"   STYLE="position:absolute;top:410;left:210">
106.
107.   <IMG id=pelota SRC="pelota.gif" STYLE="position:absolute;z-index:
       ➥ -1;top:235;left:210">
108.   </DIV>
109.
110.   <INPUT TYPE=BUTTON VALUE="Comenzar Juego"
       ➥ STYLE="position:absolute;top:10;left:450"
111.   onclick="iniciar()">
112.
113.   </BODY>
114.   </HTML>
```

Intente jugar un rato. Ponga en marcha el juego pulsando el botón Comenzar Juego. Está presente casi toda la mecánica del juego, pero observe lo que sucede cuando la pelota llega a la parte inferior de la pantalla: el juego se detiene (véase Figura 19.7). En la sección siguiente del capítulo se añadirá la lógica necesaria para resolver este tipo de situaciones.

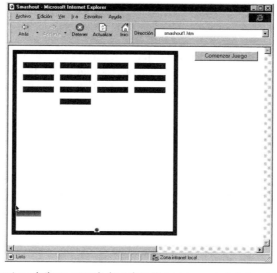

Figura 19.7 Smashout se detiene cuando la pelota llega a la parte inferior del terreno de juego.

Adición de la lógica del juego

Ahora que ya se tiene implementada la funcionalidad básica del juego, es necesario añadir más lógica al juego para decir al programa lo que tiene que hacer en las situaciones siguientes:

- Cuando el jugador pierde una vida.
- Cuando el jugador gana el juego.

Perder una vida y posiblemente el juego

Por convención, el jugador comenzará con 3 vidas. Para llevar la cuenta de las vidas del jugador, se utilizará una variable global llamada «vidas»:

```
var vidas;
```

A continuación, queremos que el jugador sepa cuántas vidas tiene en cualquier momento dado. Por tanto, es necesario poner un SPAN de texto que enumere el número de vidas a la derecha del terreno de juego. Daremos a este marcador una ID igual a «mostrar_vidas» para que sea posible modificarlo dinámicamente:

```
<B><SPAN id=mostrar_vidas STYLE="position:absolute;top:50;left:450">
➥ Vidas:</SPAN></B><BR>
```

¿Cuando habrá que determinar el número de vidas que tiene el jugador? Siempre que el jugador ponga en marcha el juego. El juego arrancaba cuando se llamaba a la función *iniciar()*, así que se fijará el número de vidas como 3 en esa función:

```
vidas = 3;
```

Es necesario hacer que el jugador sepa que tiene 3 vidas al principio del juego, así que hay que también hay que dar el valor *«Vidas: 3»* a la propiedad *innerHTML* del elemento *mostrar_vidas* en la función *iniciar()*. Esto se hace añadiendo el número de vidas a la cadena «Vidas:» mediante el operador '+':

```
mostrar_vidas.innerHTML = "Vidas: " + vidas;
```

¿Cómo pierde una vida el jugador? Siempre que la pelota golpea la parte inferir del terreno de juego. Para añadir esta funcionalidad, haga que la función *moverPelota()* llame a una función denominada *perderVida()* siempre que la pelota se escape por la parte interior del terreno de juego:

```
si (py > 450) {
    perderVida(); // llamada a perderVida()
    return;
}
```

Ahora es necesario definir la función *perderVida()*. Lo primero que se necesita es reducir la variable «vidas» en 1 unidad. A continuación, habrá que actualizar el indicador «Vidas»:

```
function perderVida() {

    vidas-;
    mostrar_vidas.innerHTML = "Vidas: " + vidas;

}
```

Ahora el jugador comienza con una vida nueva. ¿Qué hay que hacer? En primer lugar, se devuelve la pelota a su posición de partida original, como sigue:

```
pelota.style.posTop = 235;
pelota.style.posLeft = 210;
```

A continuación, se comprueba si le queda alguna vida al jugador. De ser así, habrá que volver a poner en marcha la pelota mediante una llamada a la función *moverPelota()*. Sin embargo, si el jugador ha agotado sus vidas, el juego debe informar al jugador de que el juego ha finalizado. La pelota no debe volver a empezar a moverse (véase Figura 19.8):

```
if (vidas > 0) {
    moverPelota();
} else {
    alert("Juego Terminado");
}
```

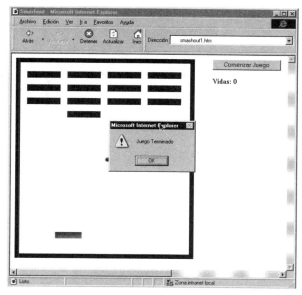

Figura 19.8 Indicar al jugador que la partida ha terminado.

Ganar la partida

El jugador gana la partida cuando elimina todos los blancos. Por tanto, hay que proporcionar un mecanismo que lleve la cuenta del número de blancos que queden en juego. Comenzaremos por definir una variable global denominada «blancos»:

```
var blancos;
```

A continuación en la función *iniciar()* function, se fija el número de blancos como 16 porque al principio de cualquier juego se utilizan siempre 16 blancos:

```
blancos = 16;
```

A continuación, hay que restar 1 de «blancos» en la función *moverPelota()* si se ha golpeado un blanco. Además, si no quedasen blancos, tiene que aparecer un cuadro de mensajes que le diga al usuario «¡Has ganado!» (véase Figura 19.9):

```
} else if (alcanzado.width == 75) {

    .... resto del código para golpear un blanco ...

    blancos—;
    if (blancos == 0) {
        alert("¡Has ganado!");
        return;
    }

}
```

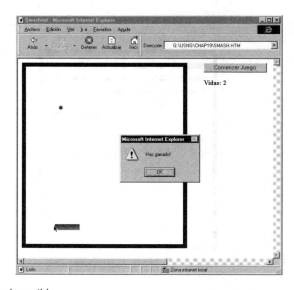

Figura 19.9 Ganar la partida.

Por último, cuando se reinicie el juego, hay que asegurarse de que se muestren todos los blancos. Esto se puede lograr añadiendo una llamada a *mostrarBlancos()* dentro de la función *iniciar()*:

```
mostrarBlancos();
```

Para definir la función *mostrarBlancos()*, lo único que hay que hacer es dar a la propiedad *display* del STYLE de todos los blancos el valor «», que indica al navegador que los haga visibles:

Listado 19.3 Volver a hacer visibles los blancos

```
01.    function mostrarBlancos() {
02.
03.        barra1.style.display = "";
04.        barra2.style.display = "";
05.        barra3.style.display = "";
06.        barra4.style.display = "";
07.        barra5.style.display = "";
08.        barra6.style.display = "";
09.        barra7.style.display = "";
10.        barra8.style.display = "";
11.        barra9.style.display = "";
12.        barra10.style.display = "";
13.        barra11.style.display = "";
14.        barra12.style.display = "";
15.        barra13.style.display = "";
16.        barra14.style.display = "";
17.        barra15.style.display = "";
18.        barra16.style.display = "";
19.
20.    }
```

¡La última página!

Increíble pero cierto, ya hemos acabado de programar Smashout. Esta es la versión final del código (guarde este archivo con el nombre «smashout.htm»):

Listado 19.4 Código final de Smashout

```
001.    <HTML>
002.    <HEAD>
003.    <TITLE>Smashout</TITLE>
004.
005.    <SCRIPT LANGUAGE="JavaScript">
006.    var blancos;
```

(continúa)

Listado 19.4 Código final de Smashout *(Continuación)*

```
007. var vidas;
008. var dx;
009. var dy;
010.
011. function iniciar() {
012.
013.     blancos = 16;
014.     vidas = 3;
015.     dx = -4;
016.     dy = -4;
017.     mostrarBlancos();
018.     pelota.style.posTop = 235;
019.     pelota.style.posLeft = 210;
020.     mostrar_vidas.innerHTML = "Vidas: " + vidas;
021.     moverPelota();
022.
023. }
024.
025. function mostrarBlancos() {
026.
027.     barra1.style.display = "";
028.     barra2.style.display = "";
029.     barra3.style.display = "";
030.     barra4.style.display = "";
031.     barra5.style.display = "";
032.     barra6.style.display = "";
033.     barra7.style.display = "";
034.     barra8.style.display = "";
035.     barra9.style.display = "";
036.     barra10.style.display = "";
037.     barra11.style.display = "";
038.     barra12.style.display = "";
039.     barra13.style.display = "";
040.     barra14.style.display = "";
041.     barra15.style.display = "";
042.     barra16.style.display = "";
043.
044. }
045.
046. function moverPelota() {
047.     var px = pelota.style.posLeft;
048.     var py = pelota.style.posTop;
049.     var alcanzado = document.elementFromPoint(px,py);
050.
051.     if ((px < 20) || (px > 392)) {
052.         dx = -dx;
053.     } else if (py < 10) {
054.         dy = -dy;
055.     } else if (py > 450) {
056.         perderVida();
```

```
057.            return;
058.        }
059.
060.     if (alcanzado != null) {
061.         if (alcanzado.id == "jugador") {
062.             dy = -dy;
063.         } else if (alcanzado.width == 75) {
064.             alcanzado.style.display = "none";
065.             dy = -dy;
066.             blancos—;
067.             if (blancos == 0) {
068.                 alert("¡Has ganado!");
069.                 return;
070.             }
071.         }
072.     }
073.     pelota.style.posTop += dy;
074.     pelota.style.posLeft += dx;
075.
076.     window.setTimeout("moverPelota()", 13, "JavaScript");
077. }
078.
079. function perderVida() {
080.
081.     vidas—;
082.     mostrar_vidas.innerHTML = "Vidas: " + vidas;
083.
084.     pelota.style.posTop = 235;
085.     pelota.style.posLeft = 210;
086.
087.     if (vidas > 0) {
088.         moverPelota();
089.     } else {
090.         alert("Juego Terminado");
091.     }
092. }
093.
094. function moverJugador() {
095.     var posx = window.event.x;
096.     if ((posx >= 20) && (posx <= 350))
097.         jugador.style.posLeft = posx;
098. }
099.
100. </SCRIPT>
101. </HEAD>
102. <BODY onmousemove="moverJugador()">
103.
104. <DIV>
105. <IMG id=arriba    SRC="base.gif"
106.                   STYLE="position:absolute;top:10;left:10">
107. <IMG id=abajo     SRC="base.gif"
```

(continúa)

Listado 19.4 Código final de Smashout *(Continuación)*

```
108.                     STYLE="position:absolute;top:460;left:10">
109. <IMG id=izda       SRC="lado.gif"
110.                     STYLE="position:absolute;top:20;left:10">
111. <IMG id=dcha       SRC="lado.gif"
112.                     STYLE="position:absolute;top:20;left:400">
113.
114. <IMG id=barra1     SRC="barra.gif"
115.                     STYLE="position:absolute;top:40;left:35">
116. <IMG id=barra2     SRC="barra.gif"
117.                     STYLE="position:absolute;top:40;left:125">
118. <IMG id=barra3     SRC="barra.gif"
119.                     STYLE="position:absolute;top:40;left:215">
120. <IMG id=barra4     SRC="barra.gif"
121.                     STYLE="position:absolute;top:40;left:305">
122.
123. <IMG id=barra5     SRC="barra.gif"
124.                     STYLE="position:absolute;top:70;left:35">
125. <IMG id=barra6     SRC="barra.gif"
126.                     STYLE="position:absolute;top:70;left:125">
127. <IMG id=barra7     SRC="barra.gif"
128.                     STYLE="position:absolute;top:70;left:215">
129. <IMG id=barra8     SRC="barra.gif"
130.                     STYLE="position:absolute;top:70;left:305">
131.
132. <IMG id=barra9     SRC="barra.gif"
133.                     STYLE="position:absolute;top:100;left:35">
134. <IMG id=barra10    SRC="barra.gif"
135.                     STYLE="position:absolute;top:100;left:125">
136. <IMG id=barra11    SRC="barra.gif"
137.                     STYLE="position:absolute;top:100;left:215">
138. <IMG id=barra12    SRC="barra.gif"
139.                     STYLE="position:absolute;top:100;left:305">
140.
141. <IMG id=barra13    SRC="barra.gif"
142.                     STYLE="position:absolute;top:130;left:35">
143. <IMG id=barra14    SRC="barra.gif"
144.                     STYLE="position:absolute;top:130;left:125">
145. <IMG id=barra15    SRC="barra.gif"
146.                     STYLE="position:absolute;top:130;left:215">
147. <IMG id=barra16    SRC="barra.gif"
148.                     STYLE="position:absolute;top:130;left:305">
149.
150.
151. <IMG id=jugador
152.    SRC="jugador.gif"  STYLE="position:absolute;top:410;left:210">
153.
154. <IMG id=pelota SRC="pelota.gif" STYLE="position:absolute;z-index:
     ➥ -1;top:235;left:210">
155. </DIV>
156.
```

```
157.   <INPUT TYPE=BUTTON VALUE="Comenzar Juego"
       ➥ STYLE="position:absolute;top:10;left:450"
158.      onclick="iniciar()">
159.   <B><SPAN id=mostrar_vidas STYLE="position:absolute;top:50;
       ➥ left:450">Vidas:</SPAN></B><BR>
160.
161.   </BODY>
162.   </HTML>
```

Y a continuación...

Este capítulo ha mostrado la forma de construir un juego de vídeo relativamente complejo partiendo de cero. Los requisitos básicos están implementados, pero quizá el lector quiera intentar añadir nuevas características al juego para adquirir experiencia. Véanse a continuación unas cuantas ideas que podrían añadirse al juego Smashout:

- Llevar la cuenta del número de blancos que ha alcanzado el jugador durante el juego, mediante un algoritmo de marcador.
- Incrementar la velocidad de la pelota cada vez que el jugador termine un nivel.
- Utilizar un GIF animado para la pelota o para algunos de los blancos, lo cual incrementaría el atractivo visual del juego.
- Añadir blancos especiales que hicieran otras cosas al ser alcanzados. Por ejemplo, construir un blanco tal que, al ser alcanzado, hiciera aparecer una segunda pelota.
- Mejorar el algoritmo de rebote. En el juego actual, el movimiento de la pelota es predecible. Se puede añadir una cierta aleatoriedad al rebote de la pelota, para hacer más errático su movimiento.

Ciertamente, el camino recorrido a lo largo de este libro es bastante considerable. Hemos empezado por aprender las bases de la programación y de la maquetación en HTML Dinámico. En el trayecto se han aprendido muchos de los aspectos importantes de HTML Dinámico, tales como los estilos dinámicos, los contenidos dinámicos y el enlazado de datos.

Esperamos que los últimos capítulos le hayan dado ideas acerca de la forma en que se pueden utilizar los conceptos de HTML Dinámico que ha aprendido, para hacer sus páginas mucho más atractivas, efectivas e interactivas. Deseamos de todo corazón que puede llegar muy lejos con HTML Dinámico. Hay todo un nuevo mundo que espera para ser explorado.

Ahora que ya ha examinado HTML Dinámico con cierto detalle, es probable que quiera empezar a construir sus propios programas en HTML Dinámico. El Apéndice G, «Consejos y utilidades de HTML Dinámico», hará esto más sencillo al presentar una gran cantidad de código que se puede copiar y pegar fácilmente en nuestros propios programas de HTML Dinámico.

PARTE

Apéndices

Apéndice

Elementos y atributos de HTML

Existe un cierto número de marcadores de HTML que se utilizan en conjunción con HTML Dinámico para crear páginas y aplicaciones interactivas. Las secciones siguientes dan un listado completo de los marcadores de HTML que se pueden utilizar con HTML Dinámico, y describen su funcionalidad, los valores que admiten (si los hubiere), y un breve ejemplo de código para mostrar la forma en que se implementan.

<!-- -->

Los signos <!-- y --> son los marcadores de principio y final de comentario para HTML. Los comentarios van precedidos por <!--, que indica a los navegadores que ignoren el texto que pueda haber hasta llegar al --> que marca el final del comentario.

```
<!-- Esto es un comentario de HTML
este <B> marcador </B> será ignorado -->
```

<!DOCTYPE>

El marcador <!DOCTYPE> especifica el tipo de información encerrado en un documento, incluyendo el *lenguaje* de marcación y el número de versión. Dado que la especificación de HTML se está actualizando constantemente (en este momento se está desarrollando la versión 4.0), es buena idea utilizar este marcador para que el navegador siempre interprete correctamente nuestras páginas.

```
<!DOCTYPE HTML PUBLICO "-//W3C//DTD HTML 3.2//EN">
```

<A>

El marcador de ancla, <A>, denota un enlace de hipertexto. Requiere la especificación de un NAME o de una ubicación HREF. El marcador de ancla admite los siguientes atributos y valores:

> **ACCESSKEY**=*clave*
> **CLASS**=*nombreclase*
> **DATAFLD**=*nombrecolumna*
> **DATASRC**=*#ID*
> **HREF**=*url*
> **ID**=*valor*
> **LANG**=*lenguaje*
> **LANGUAGE=JAVASCRIPT | JSCRIPT | VBSCRIPT | VBS**
> **METHODS**=*método-http*
> **NAME**=*nombre*
> **REL**=*«hojadeestilos»*
> **REV**=*«hojadeestilos»*
> **STYLE**=*propiedades-css1*
> **TARGET**=*nombre_ventana* | **_blank** | **_parent** | **_self** | **_top**
> **TITLE**=*texto*
> **URL**=*url*

```
<A HREF="http://www.miservidor.com">
```

<ADDRESS>

El marcador <ADDRESS> especifica la dirección del autor de la página o de quien sea responsable de la gestión de la página. El texto encerrado en el marcador estará en cursiva. El marcador <ADDRESS> admite los siguientes valores y atributos:

> **CLASS**=*nombreclase*
> **ID**=*valor*
> **LANG**=*lenguaje*
> **LANGUAGE=JAVASCRIPT | JSCRIPT | VBSCRIPT | VBS**
> **STYLE**=*propiedades-css1*
> **TITLE**=*texto*

```
<ADDRESS>dgublran@bluemarble.net</ADDRESS>
```

<APPLET>

El marcador <APPLET> sitúa un ejecutable en página de la red. Estos ejecutables pueden adoptar en la actualidad la forma de aplicaciones (applets) de Java o de ActiveX; sin embargo, el marcador no está limitado a estas formas. El marcador <APPLET> admite los siguientes valores y atributos:

> **ALIGN=ABSBOTTOM | ABSMIDDLE | BASELINE | BOTTOM | LEFT |**
> **MIDDLE | RIGHT | TEXTTOP | TOP**
> **ALT**=*texto*
> **CLASS**=*nombreclase*
> **CODE**=*nombrearchivo*

    CODEBASE=*url*
    DATAFLD=*nombrecolumna*
    DATASRC=*#ID*
    HEIGHT=*n*
    HSPACE=*n*
    ID=*valor*
    NAME=*nombre*
    SRC=*url*
    STYLE=*propiedades-css1*
    TITLE=*texto*
    VSPACE=*n*
    WIDTH=*n*

```
<APPLET CODE="mijava.class"
NAME="miApplet"
    WIDTH=500
    HEIGHT=500>
</APPLET>
```

<AREA>

El marcador <AREA> especifica la forma de un área «blanco» en un mapa de imagen situado en el cliente.

El marcador <AREA> admite los siguientes valores y atributos:

    ALT=*texto*
    CLASS=*nombreclase*
    COORDS=*coordenadas*
    HREF=*url*
    ID=*valor*
    LANG=*lenguaje*
    LANGUAGE=JAVASCRIPT I **JSCRIPT** I **VBSCRIPT** I **VBS**
    NOHREF
    SHAPE=CIRC I **CIRCLE** I **POLY** I **POLYGON** I **RECT** I **RECTANGLE**
    STYLE=*propiedades-css1*
    TARGET=*nombre_ventana* I **_blank** I **_parent** I **_self** I **_top**
    TITLE=*texto*

```
<AREA SHAPE="RECT" COORDS="0, 0, 75, 125"
➥ HREF="http://www.miservidor.com">
```

<B>

El marcador <B> denota un texto en negrita.

```
<B>Este texto se mostrará en negrita</B>
```

<BASE>

El marcador <BASE> especifica la URL base de un documento. El marcador <BASE> admite los siguientes valores y atributos:

CLASS=*nombreclase*
HREF=*url*
ID=*valor*
LANG=*lenguaje*
TARGET=*nombre_ventana* | **_blank** | **_parent** | **_self** | **_top**
TITLE=*texto*

```
<BASE HREF="http://www.miservidor.com/estedoc.html">
```

<BASEFONT>

El marcador <BASEFONT> especifica un tipo de letra por omisión para la visualización de un documento. El marcador <BASEFONT> admite los siguientes valores y atributos:

CLASS=*nombreclase*
COLOR=*color*
FACE=*font*
ID=*valor*
LANG=*lenguaje*
SIZE=*n*
TITLE=*texto*

```
<BASEFONT FACE="Times" SIZE=3>
```

<BGSOUND>

El marcador <BGSOUND> permite especificar el sonido de fondo de una página. El marcador <BGSOUND> admite los siguientes valores y atributos:

BALANCE=*n*
CLASS=*nombreclase*
ID=*valor*
LANG=*lenguaje*
LOOP=*n*
SRC=*url*
TITLE=*texto*
VOLUME=*n*

```
<BGSOUND SRC="http://www.miservidor.com/misonido.bienalto">
```

\<BIG>

El marcador \<BIG> especifica el tipo de letra tendría que mostrarse «más grande» en relación con el tipo de letra actual. El marcador \<BIG> admite los siguientes valores y atributos:

CLASS=*nombreclase*
ID=*valor*
LANG=*lenguaje*
LANGUAGE=**JAVASCRIPT** I **JSCRIPT** I **VBSCRIPT** I **VBS**
STYLE=*propiedades-css1*
TITLE=*texto*

```
Si este texto es normal, entonces <BIG>¡este texto es más grande!</BIG>
```

\<BLOCKQUOTE>

El marcador \<BLOCKQUOTE> hace posible especificar una cita entre comillas que se resaltará con respecto al texto normal. El marcador \<BLOCKQUOTE> admite los siguientes valores y atributos:

CLASS=*nombreclase*
ID=*valor*
LANG=*lenguaje*
LANGUAGE=**JAVASCRIPT** I **JSCRIPT** I **VBSCRIPT** I **VBS**
STYLE=*propiedades-css1*
TITLE=*texto*

Shakespeare no escribió:

```
<BLOCKQUOTE>Codificar o no,
Nunca es la cuestión.</BLOCKQUOTE>
```

\<BODY>

El marcador \<BODY> especifica el principio y el final de la sección principal del cuerpo de un documento HTML. El marcador \<BODY> admite los siguientes valores y atributos:

ACCESSKEY=*cadena*
ALINK=*color*
BACKGROUND=*url*
BGCOLOR=*color*
BGPROPERTIES=FIXED
BOTTOMMARGIN=*píxeles*
CLASS=*nombreclase*
ID=*valor*

LANG=*lenguaje*
LANGUAGE=JAVASCRIPT I **JSCRIPT** I **VBSCRIPT** I **VBS**
LEFTMARGIN= *píxeles*
LINK=*color*
RIGHTMARGIN= *píxeles*
SCROLL=YES I **NO**
STYLE=*propiedades-css1*
TEXT=*color*
TITLE=*string*
TOPMARGIN=*n*
VLINK=*color*

```
<HTML>
<BODY BACKGROUND="mifondo.gif">
</BODY>
</HTML>
```

*
*

El marcador <BR> impone un salto de línea.

```
Esto es<BR>
un salto anormal de línea.
```

<BUTTON>

El marcador <BUTTON> muestra un botón en la página, cuyo nombre es el especificado entre los marcadores inicial y final. El marcador <BUTTON> admite los siguientes valores y atributos:

ACCESSKEY=*string*
CLASS=*nombreclase*
DATAFLD=*nombrecolumna*
DATAFORMATAS=HTML I **TEXT**
DATASRC=*#ID*
DISABLED
ID=*valor*
LANG=*lenguaje*
LANGUAGE=JAVASCRIPT I **JSCRIPT** I **VBSCRIPT** I **VBS**
STYLE=*propiedades-css1*
TITLE=*texto*
TYPE=BUTTON I **RESET** I **SUBMIT**

```
<BUTTON TYPE="RESET">¡Restáurame!</BUTTON>
```

<CAPTION>

El marcador <CAPTION> especifica una leyenda para un elemento TABLE. El marcador <CAPTION> admite los siguientes valores y atributos:

ALIGN=BOTTOM | CENTER | LEFT | RIGHT | TOP
CLASS=*nombreclase*
ID=*valor*
LANG=*lenguaje*
LANGUAGE=JAVASCRIPT | JSCRIPT | VBSCRIPT | VBS
STYLE=*propiedades-css1*
TITLE=*texto*
VALIGN=BOTTOM | TOP

```
<TABLE>
<CAPTION VALIGN=BOTTOM>
La tabla anterior muestra marcadores de HTML.
</CAPTION>
...
</TABLE>
```

<CENTER>

El marcador <CENTER> alinea el texto y los elementos que contenga con el centro de la página.

```
<CENTER>Este texto estará centrado.</CENTER>
```

<CITE>

El marcador <CITE> especifica una cita de un material de referencia. El texto se muestra en cursiva.

```
Todo el mundo utilizará DHTML dentro de poco.
<CITE>¿Dónde has ido hoy?</CITE> Por Gil Bates
```

<CODE>

El marcador <CODE> especifica que el texto que contiene es un listado de código o un fragmento de código. El texto se muestra en un tipo de letra pequeño y de anchura fija (monopaso).

```
<CODE>
  mifuncion(){
    var fulano, mengano;
```

```
            mengano= fulano*1;
            alert("¡Esto no hace absolutamente nada!");
        }
    </CODE>
```

<COL>

El marcador <COL> especifica los parámetros de columna para elementos de tipo TABLE. El marcador <COL> admite los siguientes valores y atributos:

ALIGN=CENTER | LEFT | RIGHT
CLASS=*nombreclase*
ID=*valor*
SPAN=*n*
STYLE=*propiedades-css1*
TITLE=*texto*
VALIGN=BASELINE | BOTTOM | MIDDLE | TOP
WIDTH=*n*

```
<TABLE>
<COL ALIGN=CENTER>
<TR>
<TD>Esto está centrado</TD>
</TR>
</TABLE>
```

<COLGROUP>

El marcador <COLGROUP> agrupa múltiples definiciones <COL>. El marcador <COL-GROUP> admite los siguientes valores y atributos:

ALIGN=CENTER | LEFT | RIGHT
CLASS=*nombreclase*
ID=*valor*
SPAN=*n*
STYLE=*propiedades-css1*
TITLE=*texto*
VALIGN=BASELINE

```
<TABLE>
<COLGROUP SPAN=2 ALIGN=CENTER>
<TR>
<TD>Columna Uno</TD>
<TD>Columna Dos</TD>
</TR>
</TABLE>
```

<DD>

El marcador <DD> denota la definición en una lista de definiciones. Suele tener un sangrado con respecto a la lista de definiciones. Acuda a las secciones relativas a los marcadores <DT> y <DL> para un ejemplo de código HTML.

<DFN>

El marcador <DFN> marca el primer ejemplar de la definición de un término, al que se hará referencia posteriormente en el texto.

```
<DFN>DHTML es HTML Dinámico, que es una variante de HTML</DFN>
```

<DIR>

El marcador <DIR> denota un listado de directorio. Los ítems se especifican mediante el marcador <LI>.

```
<DIR>
<LI>Ítem Uno
<LI>Ítem Dos
</DIR>
```

<DIV>

El marcador <DIV> crea elementos contenedores que se pueden tratar como una sola entidad mediante HTML Dinámico o HEC. El marcador <DIV> admite los siguientes valores y atributos:

ALIGN=CENTER | **LEFT** | **RIGHT**
CLASS=*nombreclase*
DATAFLD=*nombrecolumna*
DATAFORMATAS=HTML | **TEXT**
DATASRC=*#ID*
ID=*valor*
LANG=*lenguaje*
LANGUAGE=JAVASCRIPT | **JSCRIPT** | **VBSCRIPT** | **VBS**
STYLE=*propiedades-css1*
TITLE=*texto*

```
<DIV id="Contenedor1" STYLE="color: red">
Todos los marcadores.
<B>y textos</B>
situados dentro del marcador <PRE>DIV</PRE> se<BR>
tratan como un solo elemento.
</DIV>
```

<DL>

El marcador <DL> denota una lista de definiciones, o una lista de términos y de las definiciones que los acompañan. El marcador <DL> admite los siguientes valores y atributos:

```
<DL>
<DT>HTML Dinámico
<DD>Una mezcla de HTML y guiones.
<DT>Microsoft
<DD>Una compañía que crea versiones de HTML Dinámico
</DL>
```

<DT>

El marcador <DT> denota un término de definición para su inclusión en una lista de definiciones. Consulte la sección anterior relativa al marcador <DL> para un ejemplo de código HTML en que interviene el marcador <DT>.

<EM>

El marcador <EM> especifica énfasis. Casi todos los navegadores representan el marcador de énfasis en cursiva.

```
<EM>Esto irá en cursiva.</EM>
```

<EMBED>

El marcador <EMBED> incrusta documentos o aplicaciones de cualquier tipo en una página de la red. Si el elemento incrustado requiere un visualizador por separado, el usuario tiene que tener instalado el visualizador para poder ver correctamente ese elemento. El marcador <EMBED> admite los siguientes valores y atributos:

ALIGN=ABSBOTTOM | ABSMIDDLE | BASELINE | BOTTOM | LEFT | MIDDLE | RIGHT | TEXTTOP | TOP
ALT=*texto*
CLASS=*nombreclase*
CODE=*nombrearchivo*
CODEBASE=*url*
HEIGHT=*n*
HSPACE=*n*
ID=*valor*
NAME=*nombre*
SRC=*url*
STYLE=*propiedades-css1*
TITLE=*texto*

```
    VSPACE=n
    WIDTH=n

<EMBED CODE="mijava.class"
NAME="miApplet"
   WIDTH=500
   HEIGHT=500
   ALT="Su navegador no admite el marcador EMBED">
</EMBED>
```

<FONT>

El marcador <FONT> especifica una información de tipo de letra en un documento. El marcador <FONT> admite los siguientes valores y atributos:

CLASS=*nombreclase*
COLOR=*color*
FACE=*tipo de letra*
ID=*valor*
LANG=*lenguaje*
LANGUAGE=JAVASCRIPT | JSCRIPT | VBSCRIPT | VBS
SIZE=*n*
STYLE=*propiedades-css1*
TITLE=*texto*

```
<FONT SIZE=4 COLOR=RED>
Este texto es pequeño y rojo.
</FONT>
```

<FORM>

El marcador <FORM> especifica la información para construir formularios en una página HTML. El marcador <FORM> admite los siguientes valores y atributos:

ACTION=*url*
CLASS=*nombreclase*
ENCTYPE=*codificación*
ID=*valor*
LANG=*lenguaje*
LANGUAGE=JAVASCRIPT | JSCRIPT | VBSCRIPT | VBS
METHOD=GET | POST
NAME=*nombre*
STYLE=*propiedades-css1*
TARGET=*nombre_ventana* | **_blank** | **_parent** | **_self** | **_top**
TITLE=*texto*

```
<FORM ACTION="http://www.miservidor.com/find.cgi" METHOD="POST">
La definición del formulario aparecería aquí.
</FORM>
```

<FRAME>

El marcador <FRAME> define un elemento FRAME individual dentro de un FRAME-SET. El marcador <FRAME> admite los siguientes valores y atributos:

BORDERCOLOR=*color*
CLASS=*nombreclase*
DATAFLD=*nombrecolumna*
DATASRC=*#ID*
FRAMEBORDER=NO | YES | 0 | 1
HEIGHT=*n*
ID=*valor*
LANG=*lenguaje*
LANGUAGE=JAVASCRIPT | JSCRIPT | VBSCRIPT | VBS
MARGINHEIGHT=*píxeles*
MARGINWIDTH=*píxeles*
NAME=*nombre_ventana* | **_blank** | **_parent** | **_self** | **_top**
NORESIZE=NORESIZE | RESIZE
SCROLLING=AUTO | NO | YES
SRC=*url*
TITLE=*texto*
WIDTH=*n*

```
<FRAME FRAMEBORDER=2 SRC="http://www.miservidor.com/micuadro.html">
```

<FRAMESET>

El marcador <FRAMESET> especifica información acerca del número y tipo de cuadros que hay en un documento. El marcador <FRAMESET> se puede utilizar también para crear cuadros dentro de cuadros. El marcador <FRAMESET> admite los siguientes valores y atributos:

BORDER= *píxeles*
BORDERCOLOR=*color*
CLASS=*nombreclase*
COLS=*anchuras de columna*
FRAMEBORDER=NO | YES | 0 | 1
FRAMESPACING=*espaciado*
ID=*valor*
LANG=*lenguaje*
LANGUAGE=JAVASCRIPT | JSCRIPT | VBSCRIPT | VBS
ROWS=*alturas de fila*
TITLE=*texto*

```
<FRAMESET COLS="50%, 50%">
<FRAME SRC="http://www.miservidor.com/marcouno.html">
<FRAME SRC="http://www.miservidor.com/marcodos.html">
</FRAMESET>
```

<HEAD>

El marcador <HEAD> especifica la sección de encabezado de un documento HTML. Es frecuente colocar los guiones en el encabezado para asegurar que se carguen antes que el resto del contenido de la página.

```
<HTML>
<HEAD>
<TITLE>Mi Página</TITLE>
</HEAD>
<BODY>
Información de la Página.
</BODY>
</HTML>
```

<H1>, <H2>, <H3>, <H4>, <H5>, <H6>

Los marcadores <H1>…<H6> especifican encabezados que van desde el tamaño más grande, <H1>, hasta el mas pequeño, <H6>. Los encabezados incluyen también un retorno de carro por omisión.

```
<H1>El nivel 1 es el encabezado más grande</H1>
<H3>Esto es un encabezado de nivel 3, y es más pequeño</H3>
```

<HR>

El marcador <HR> traza una línea de regla horizontal en la página, y se puede variar su alineación, anchura y grosor. También se puede utilizar una URL para especificar una imagen como línea de regla. El marcador <HR> admite los siguientes valores y atributos:

ALIGN=CENTER | LEFT | RIGHT
CLASS=*nombreclase*
COLOR=*color*
ID=*valor*
LANG=*lenguaje*
LANGUAGE=JAVASCRIPT | JSCRIPT | VBSCRIPT | VBS
NOSHADE
SIZE=*n*
SRC=*url*
STYLE=*propiedades-css1*
TITLE=*texto*
WIDTH=*n*

```
<HR ALIGN=CENTER WIDTH="75%">
La línea anterior ocupa el 75% de la ventana y está centrada.
```

<HTML>

El marcador <HTML> especifica que el contenido del documento está definido empleando el Lenguaje de Marcación para Hipertextos.

```
<HTML>
Esto es un documento HTML.
</HTML>
```

<I>

El marcador <I> especifica un texto en cursiva.

```
<I>Este texto está en cursiva</I>
```

<IMG>

El marcador <IMG> inserta un elemento gráfico en la página. El marcador <IMG> admite los siguientes valores y atributos:

ALIGN=ABSBOTTOM | ABSMIDDLE | BASELINE | BOTTOM | LEFT | MIDDLE | RIGHT | TEXTTOP | TOP
ALT=*texto*
BORDER=*n*
CLASS=*nombreclase*
DATAFLD=*nombrecolumna*
DATASRC=*#ID*
DYNSRC=*url*
HEIGHT=*n*
ISMAP
LANG=*lenguaje*
LANGUAGE=JAVASCRIPT | JSCRIPT | VBSCRIPT | VBS
LOOP=*n*
LOWSRC=*url*
NAME=*nombre*
SRC=*url*
STYLE=*propiedades-css1*
TITLE=*texto*

```
<IMG SRC="alguna-imagen.gif">
```

<INPUT>

El marcador <INPUT> define una zona de entrada en un formulario para admitir entradas de datos efectuadas por el usuario. El marcador <INPUT> admite los siguientes valores y atributos:

ACCESSKEY=*clave*
CLASS=*nombreclase*
DISABLED
ID=*valor*
LANG=*lenguaje*
LANGUAGE=JAVASCRIPT | JSCRIPT | VBSCRIPT | VBS
MAXLENGTH=*n*
NAME=*nombre*
READONLY
SIZE=*n*
SRC=*url*
STYLE=*propiedades-css1*
TABINDEX=*n*
TITLE=*texto*
TYPE=BUTTON | CHECKBOX | FILE | HIDDEN | IMAGE | PASSWORD | RADIO | RESET | SUBMIT | TEXT
VALUE=*valor*

```
<FORM>
<INPUT NAME="Nombre de Usuario" TYPE=TEXT VALOR="Escriba su Login:">
</FORM>
```

<LABEL>

El marcador <LABEL> define un rótulo para elementos que admitan sucesos, tales como los botones. El marcador <LABEL> admite los siguientes valores y atributos:

ACCESSKEY=*clave*
CLASS=*nombreclase*
DATAFLD=*nombrecolumna*
DATAFORMATAS=HTML | TEXT
DATASRC=*#ID*
FOR=*ID*
ID=*valor*
LANG=*lenguaje*
LANGUAGE=JAVASCRIPT | JSCRIPT | VBSCRIPT | VBS
STYLE=*propiedades-css1*
TITLE=*texto*

<LI>

El marcador <LI> denota un ítem de lista en cualquier número de tipos de listas incluyendo las listas numeradas, las listas ordenadas y las listas desordenadas.

```
<UL>
<LI>Ítem de lista Uno
<LI>Ítem de lista Dos
</UL>
```

<LINK>

El marcador <LINK> enlaza entre sí dos documentos, tal como sucede cuando se utiliza una hoja de estilos HEC global. El marcador <LINK> admite los siguientes valores y atributos:

DISABLED
HREF=*url*
ID=*valor*
REL=*hojadeestilos*
TITLE=*texto*
TYPE=«*texto*/css»

```
<LINK REL=hojadeestilos HREF="miestilo.hec" TYPE="text/css">
```

<MAP>

El marcador <MAP> define las áreas «blanco» para un mapa del cliente. El marcador <MAP> admite los siguientes valores y atributos:

DISABLED
HREF=*url*
ID=*valor*
REL=*hojadeestilos*
TITLE=*texto*
TYPE=«*texto*/css»

```
<MAP HREF="http://www.miservidor.com/mimapa.gif">
<AREA SHAPE="RECT" COORDS="0, 0, 75, 125">
</MAP>
```

<MARQUEE>

El marcador <MARQUEE> crea una marquesina especial de texto para una página. El marcador <MARQUEE> admite los siguientes valores y atributos:

BEHAVIOR=ALTERNATE | SCROLL | SLIDE
BGCOLOR=*color*
CLASS=*nombreclase*
DATAFLD=*nombrecolumna*
DATAFORMATAS=HTML | TEXT
DATASRC=#*ID*
DIRECTION=DOWN | LEFT | RIGHT | UP
HEIGHT=*n*
HSPACE=*n*
ID=*valor*
LANG=*lenguaje*
LANGUAGE=JAVASCRIPT | JSCRIPT | VBSCRIPT | VBS
LOOP=*n*
SCROLLAMOUNT=*n*
SCROLLDELAY=*milisegundos*
STYLE=*propiedades-css1*
TITLE=*texto*
TRUESPEED
VSPACE=*n*
WIDTH=*n*

```
<MARQUEE BEHAVIOR=SCROLL LOOP=4 SCROLLDELAY=500>
¡Qué marcador tan molesto!
</MARQUEE>
```

<META>

El marcador <META> proporciona información adicional del documento, tal como palabras reservadas para los motores de búsqueda. También se puede utilizar este marcador para proporcionar un nivel rudimentarios de control del documento, obligando al navegador a que cargue el contenido de la página cada cierto tiempo. El marcador <META> admite los siguientes valores y atributos:

CONTENT=*descripción*
HTTP-EQUIV=*respuesta*
NAME=*nombre*
TITLE=*texto*
URL=*url*

```
<META HTTP-EQUIV="REFRESH" CONTENT=10>
```

<NOBR>

El marcador <NOBR> impone que el texto se muestre sin saltos de línea.

```
<NOBR>Este texto se mostraría en una sola línea, aun cuando le
➥ añadiéramos todo el alfabeto desde la a hasta la z.</NOBR>
```

<NOSCRIPT>

El marcador <NOSCRIPT> muestra información alternativa para aquellos navegadores que no admitan un lenguaje de guiones.

```
<NOSCRIPT>¿Por qué lee usted acerca de DHTML si su
navegador no admite guiones?</NOSCRIPT>
```

<OBJECT>

El marcador <OBJECT> hace posible construir un objeto HTML por combinación de distintos marcadores de HTML. Entonces el objeto está disponible para los métodos de los guiones según el modelo de objetos de HTML Dinámico, de modo parecido a la creación de objetos empleando <DIV> o <SPAN>. El marcador <OBJECT> admite los siguientes valores y atributos:

ACCESSKEY=*clave*
**ALIGN=ABSBOTTOM | ABSMIDDLE | BASELINE | BOTTOM | LEFT |
MIDDLE | RIGHT | TEXTTOP | TOP**
CLASS=*nombreclase*
CLASSID=*id*
CODE=*url*
CODEBASE=*url*
CODETYPE=*tipo de medio*
DATA=*url*
DATAFLD=*nombrecolumna*
DATASRC=*#ID*
HEIGHT=*n*
ID=*valor*
LANG=*lenguaje*
LANGUAGE=JAVASCRIPT | JSCRIPT | VBSCRIPT | VBS
NAME=*nombre*
STYLE=*propiedades-css1*
TABINDEX=*n*
TITLE=*texto*
TYPE=*tipo-MIME*
WIDTH=*n*

```
<OBJECT ID="MiObjeto">
<H1>Un Objeto</H1>
<IMG SRC="objeto.gif">
<HR>
</OBJECT>
```

<OL>

El marcador <OL> crea una lista ordenada con los ítems que se especifican empleando el marcador <LI>.

```
<OL>
<LI>Ítem Uno de la lista ordenada
<LI>Ítem Dos de la lista ordenada
</OL>
```

<OPTION>

El marcador <OPTION> crea opciones para seleccionarlas en los formularios, cuando se usa en conjunción con la sección SELECT. El marcador <OPTION> admite los siguientes valores y atributos:

CLASS=*nombreclase*
ID=*valor*
LANGUAGE=JAVASCRIPT | JSCRIPT | VBSCRIPT | VBS
SELECTED
TITLE=*texto*
VALUE=*valor*

Acuda a la sección relativa al marcador <SELECT> para ver un ejemplo de HTML que muestra el marcador <OPTION> tal como se implementa en HTML.

<P>

El marcador <P> denota el comienzo de un párrafo nuevo.

```
<P>Esto es un párrafo
<P>Esto es un párrafo nuevo
```

<PARAM>

El marcador <PARAM> especifica parámetros <APPLET> o <EMBED>. El marcador <PARAM> admite los siguientes valores y atributos:

DATAFLD=*nombrecolumna*
DATAFORMATAS=HTML | TEXT
DATASRC=#*ID*
NAME=*nombre*
VALUE=*valor*

```
<APPLET CODE="MiApple.class" WIDTH=500 HEIGHT=500>
<PARAM NAME=LOCATION VALOR="ESPAÑA">
<PARAM NAME=SKILL VALOR="EXPERTO">
<PARAM NAME=SPEED VALOR="FAST">
</APPLET>
```

<PRE>

El marcador <PRE> especifica un texto preformateado. El texto se reproducirá con el mismo espaciado y los mismos saltos de línea, con un tipo de letra monopaso.

```
<PRE>
El marcador PRE
    iría
    bien
    para
    una poesía
    ver.
</PRE>
```

<S>

El marcador <S> especifica un texto tachado.

```
<S>Este texto está tachado</S>
```

<SCRIPT>

El marcador <SCRIPT> define elementos de guiones en una página. Cuando se utiliza HTML Dinámico, los guiones pueden estar en JavaScript o en VBScript. El marcador <SCRIPT> admite los siguientes valores y atributos:

CLASS=*nombreclase*
EVENT=*nombresuceso*
FOR=*elemento*
ID=*valor*
LANGUAGE=JAVASCRIPT | JSCRIPT | VBSCRIPT | VBS
SRC=*url*
TITLE=*texto*

```
<SCRIPT LANGUAGE=JAVASCRIPT>
    function escaladoGato() {
        if (EscalaMe.style.pixelWidth > 0) {
            EscalaMe.style.pixelWidth -=1;
        EscalaMe.style.pixelHeight -= 1;
        window.setTimeout("escaladoGato();", 1);
        escalador();
        }
}
</SCRIPT>
```

<SELECT>

El marcador <SELECT> permite crear un cuadro de lista abatible, con distintos ítems que se podrán seleccionar y que se denotan mediante el marcador <OPTION>. El marcador <SELECT> admite los siguientes valores y atributos:

ACCESSKEY=*clave*
ALIGN=ABSBOTTOM | ABSMIDDLE | BASELINE | BOTTOM | LEFT | MIDDLE | RIGHT | TEXTTOP | TOP
CLASS=*nombreclase*
DATAFLD=*nombrecolumna*
DATASRC=*#ID*
DISABLED
ID=*valor*
LANG=*lenguaje*
LANGUAGE=JAVASCRIPT | JSCRIPT | VBSCRIPT | VBS
MULTIPLE
NAME=*nombre*
SIZE=*n*
STYLE=*propiedades-css1*
TABINDEX=*n*
TITLE=*texto*

```
<SELECT NAME="Comidas" SIZE=1>
<OPTION VALOR="1">Pollo
<OPTION VALOR="2">Ternera
<OPTION VALOR="3" SELECTED>Vegetariano
</SELECT>
```

<SMALL>

El marcador <SMALL> especifica que el texto será más pequeño en relación con el tamaño normal del texto.

```
Si esto es texto normal...<SMALL>entonces esto es texto pequeño</SMALL>
```

<SPAN>

El marcador <SPAN> crea un objeto similar al marcador <DIV>. El marcador <SPAN> admite los siguientes valores y atributos:

CLASS=*nombreclase*
DATAFLD=*nombrecolumna*
DATAFORMATAS=HTML | TEXT
DATASRC=*#ID*
ID=*valor*

LANG=*lenguaje*
LANGUAGE=JAVASCRIPT | JSCRIPT | VBSCRIPT | VBS
STYLE=*propiedades-css1*
TITLE=*texto*

```
<SPAN ID="EspecRef"><IMG SRC="esquema.gif"></SPAN>
```

<STRONG>

El marcador <STRONG> remarca un texto. La mayoría de los navegadores representa este marcador mediante letra negrita.

```
<STRONG>¡Esto está en negrita!</STRONG>
```

<STYLE>

El marcador <STYLE> se utiliza con las Hojas de Estilo en Cascada para determinar parámetros de estilo para los elementos. El marcador <STYLE> admite los siguientes valores y atributos:

DISABLED
TITLE=*texto*
TYPE=*«text/css»*

```
<STYLE>
P {color: red; font-family: sans-serif}
H3 {color: blue}
</STYLE>
```

<SUB>

El marcador <SUB> crea un texto con formato de subíndice.

```
<SUB>Este texto es un subíndice</SUB>
```

<SUP>

El marcador <SUP> crea un texto con formato de superíndice.

```
El 2<SUP>o</SUP> ejemplo.
```

<TABLE>

El marcador <TABLE> permite organizar el código HTML y el texto en tablas. El marcador <TABLE> admite los siguientes valores y atributos:

ALIGN=CENTER | LEFT | RIGHT
BACKGROUND=*url*
BGCOLOR=*color*
BORDER=*n*
BORDERCOLOR=*color*
BORDERCOLORDARK=*color*
BORDERCOLORLIGHT=*color*
CELLPADDING=*n*
CELLSPACING=*n*
CLASS=*nombreclase*
COLS=*n*
DATAPAGESIZE=*n*
DATASRC=#*ID*
FRAME=ABOVE | BELOW | BORDER | BOX | INSIDES | LHS | RHS | VOID | VSIDES
HEIGHT=*n*
ID=*valor*
LANG=*lenguaje*
LANGUAGE=JAVASCRIPT | JSCRIPT | VBSCRIPT | VBS
RULES=ALL | COLS | GROUPS | NONE | ROWS
STYLE=*propiedades-css1*
TITLE=*texto*
WIDTH=*n*

```
<TABLE>
<TR>
<TD>Esta es la fila 1, entrada 1.</TD>
<TD>Esta es la fila 1, entrada 2.</TD>
</TR>
<TR>
<TD> Esta es la fila 2, entrada 1.</TD>
<TD> Esta es la fila 2, entrada 2.</TD>
</TR>
</TABLE>
```

<TD>

El marcador <TD> una única entrada de una tabla. El marcador <TD> admite los siguientes valores y atributos:

ALIGN=CENTER | LEFT | RIGHT
BACKGROUND=*url*
BGCOLOR=*color*
BORDERCOLOR=*color*
BORDERCOLORDARK=*color*
BORDERCOLORLIGHT=*color*
CLASS=*nombreclase*

> **COLSPAN**=*n*
> **ID**=*valor*
> **LANG**=*lenguaje*
> **LANGUAGE=JAVASCRIPT | JSCRIPT | VBSCRIPT | VBS**
> **NOWRAP**
> **ROWSPAN**=*n*
> **STYLE**=*propiedades-css1*
> **TITLE**=*texto*
> **VALIGN=BASELINE | BOTTOM | CENTER | TOP**

Acuda a la sección relativa al marcador <TABLE> para ver la forma en que se implementa <TD> en un código HTML.

<TEXTAREA>

El marcador <TEXTAREA> crea una zona para que los usuarios inserten datos de texto en un formulario (como en los cuadros para «comentarios»). El marcador <TEXTAREA> admite los siguientes valores y atributos:

> **ACCESSKEY**=*clave*
> **ALIGN=ABSBOTTOM | ABSMIDDLE | BASELINE | BOTTOM | LEFT |**
> **MIDDLE | RIGHT | TEXTTOP | TOP**
> **CLASS**=*nombreclase*
> **COLS**=*n*
> **DATAFLD**=*nombrecolumna*
> **DATASRC**=#*ID*
> **DISABLED**
> **ID**=*valor*
> **LANG**=*lenguaje*
> **LANGUAGE=JAVASCRIPT | JSCRIPT | VBSCRIPT | VBS**
> **NAME**=*nombre*
> **READONLY**
> **ROWS**=*n*
> **STYLE**=*propiedades-css1*
> **TABINDEX**=*n*
> **TITLE**=*texto*
> **WRAP=OFF | PHYSICAL | VIRTUAL**

```
<FORM METHOD="POST">
<TEXTAREA NAME=COMENTARIOS ROWS=10>
</TEXTAREA>
</FORMS>
```

<TITLE>

El marcador <TITLE> especifica el título de una página HTML.

```
<HTML>
<TITLE>Alguna página genérica</TITLE>
</HTML>
```

<TR>

El marcador <TR> especifica una nueva fila de una tabla. El marcador <TR> admite los siguientes valores y atributos:

ALIGN=CENTER | LEFT | RIGHT
BGCOLOR=*color*
BORDERCOLOR=*color*
BORDERCOLORDARK=*color*
BORDERCOLORLIGHT=*color*
CLASS=*nombreclase*
ID=*valor*
LANG=*lenguaje*
LANGUAGE=JAVASCRIPT | JSCRIPT | VBSCRIPT | VBS
STYLE=*propiedades-css1*
TITLE=*texto*
VALIGN=BASELINE | BOTTOM | CENTER | TOP

Acuda a la sección relativa al marcador <TABLE> para ver la forma en que se implementa <TR> en un código HTML.

<TT>

El marcador <TT> especifica un texto de «teletipo» que se mostrará como texto normal con tipo de letra monopaso.

```
<TT>¡Este texto es muy normal!</TT>
```

<U>

El marcador <U> especifica un texto que se mostrará subrayado.

```
<U>Este texto está subrayado</U>
```

<UL>

El marcador <UL> crea una lista desordenada.

```
<UL>
<LI>Ítem Uno de la Lista
<LI>Ítem Dos
</UL>
```

Apéndice

B

HEC y atributos
de posicionamiento de HEC

Este apéndice proporciona una visión general de los atributos y propiedades de las Hojas de Estilo en Cascada del posicionamiento de Hojas de Estilo en Cascada que pone a nuestra disposición HTML Dinámico. Para más información acerca de HEC y de posicionamiento de HEC, consulte lo siguiente:

W3C Recommendation (REC-CSS1-961217) Cascading Style Sheets, Level 1
http://www.w3.org/pub/WWW/TR/REC-CSS1

W3C Working Draft (WD-positioning-970131)
Positioning HTML Elements with Cascading Style Sheets
http://www.w3.org/TR/WD-positioning

Propiedades de las Hojas de Estilo en Cascada

Las propiedades siguientes se pueden utilizar en cualquier navegador que admita la especificación HEC-1, incluyendo las versiones de Internet Explorer 3.x o superior y las versiones de Netscape Communicator 4.x o superior. Se enumeran todas las propiedades de las HEC, que van acompañadas por sus correspondientes valores.

Tipos de letra

Las propiedades de tipos de letra de las HEC hacen posible la manipulación de los tipos de letra que se muestran en las páginas Web. Estas propiedades permiten una completa personalización de los tipos de letra que se utilizan, desde el tamaño de la letra hasta su estilo y el tipo de letra empleado. El apoyo de los navegadores para las características de tipo de letra es bastante robusto; sin embargo, cuando especifique tipos de letra, tenga en cuenta que sigue siendo preciso que ese tipo de letra esté instalado en la máquina del usuario para que sea visualizado correctamente por el navegador.

font   La propiedad *font* permite especificar las características del tipo de letra que se utilizará en un estilo. Admite los valores siguientes: *font-family, font-weight, font-style, font-size, font-variant, line-height*. Todos estos valores se pueden fijar independientemente, pero la propiedad *font* ofrece una abreviatura para especificar muchas propiedades en una sola declaración:

Utilización:
```
font: font-family | font-weight | font-style | font-size | font-variant
➡| line-height
```

Ejemplo:
```
font: times-roman bold italic small
```

font-family   La propiedad *font-family* permite especificar el nombre del tipo de letra que se utilizará para visualizar el texto de un estilo. El nombre de ese tipo de letra puede ser específico (tal como Times, Ariel) o bien un nombre de familia genérico (tal como Serif, Cursive). Tenga en cuenta que no todas las máquinas tendrán todas las familias instaladas; por tanto, se pueden proporcionar familias de tipos de letra alternativas separando las entradas mediante comas. Los nombres de familias genéricas que se admiten son los siguientes:

* Serif
* Sans-serif
* Monospace
* Cursive
* Fantasy

Utilización:
```
font-family: nombre-familia | familia-genérica
```

Ejemplo:
```
font-family: Times, serif
```

font-weight   La propiedad *font-weight* permite especificar el peso del tipo de letra visualizado. Admite palabras reservadas y también valores numéricos. Los valores que se admiten son los siguientes: (Nota: Normal = 400, Bold =700):

* 100, 200, 300, 400, 500, 600, 700, 800, 900
* normal
* bold
* bolder
* lighter

Utilización:
```
font-weight: valor
```

Ejemplos:
```
font-weight: bold
font-weight: 400
```

font-style La propiedad *font-style* permite especificar el estilo con el cual se visualizará el tipo de letra. Los valores admisibles para esta propiedad son los siguientes:

- normal
- italic
- oblique

Utilización:
```
font-style: estilo
```

Ejemplo:
```
font-style: italic
```

font-size La propiedad *font-size* permite especificar el tamaño del tipo de letra visualizado. Admite los valores como un tamaño absoluto que se especifica mediante una palabra reservada, una longitud, un tamaño relativo o un porcentaje. Las palabras reservadas para el tamaño absoluto son las siguientes:

- xx-small
- x-small
- small
- medium
- large
- x-large
- xx-large

La longitud representa la longitud de una letra expresada en unidades, tal como un tamaño en puntos. Los valores relativos y de porcentajes dependen del contexto, y se establece el tamaño del tipo de letra en relación con el tamaño de un tipo de letra anterior, o del contenedor (tal como la ventana del navegador). Se puede establecer el tamaño relativo mediante las siguientes palabras reservadas:

- smaller
- larger

Utilización:
```
font-size: tamaño-absoluto | tamaño-relativo | longitud | porcentaje
```

Ejemplos:
```
font-size: x-large
font-size: 24pt
font-size: 120%
```

font-variant La propiedad *font-variant* permite especificar una versión en versalitas de ese tipo de letra. Esta propiedad admite solamente dos valores: normal y small-caps.

Utilización:
```
font-variant: normal | small-caps
```

Ejemplo:
```
font-variant: small-caps
```

line-height La propiedad *line-height* permite especificar la altura de una línea de texto Admite tres tipos de valores:

- **normal** Esto es un valor de palabra reservada y el valor por omisión, que especifica que la altura de la línea debería ser la normal para ese tipo de letra.
- **number** Esto es un valor en unidades que especifica una altura de línea.
- **porcentaje** Esto determina la altura de la línea en relación con el tamaño de la ventana.

Utilización:
```
font-height: normal | número | porcentaje
```

Ejemplo:
```
font-height: 20%
```

Fondos

Las Hojas de Estilo de HEC pueden manipular la información relativa al fondo. Esto se puede utilizar para especificar distintas características para el fondo, incluyendo colores e imágenes.

background La propiedad *background* permite especificar las características del fondo de una página. La propiedad *background* en sí representa un método abreviado para especificar todos los valores en un solo marcador; también se puede dar valor a los atributos mediante las propiedades individuales. La propiedad *background* admite los valores siguientes: *color*, *url*, *repeat*, *scroll*, *position*, y la palabra reservada «transparent».

Utilización:
```
background: transparent | color | url | repeat | scroll | position
```

Ejemplo:
```
background: red http://www.images.com/mono.gif
```

background-color La propiedad *background-color* permite especificar un valor de color para el fondo de la página. Esta propiedad admite un valor de *color* y también admite la palabra reservada «transparent».

Utilización:
```
background-color: transparent | color
```

Ejemplo:
```
background-color: red
```

background-image La propiedad *background-image* permite especificar una imagen para utilizarla como fondo de una página. Admite la situación de la imagen en forma de una URL, y el valor por omisión es *none*.

Utilización:
```
background-image: none | url
```

Ejemplo:
```
background-image: micara.gif
```

background-repeat La propiedad *background-repeat* permite especificar la forma en que se repetirá una imagen de fondo. La propiedad admite como valor distintas palabras reservadas: *repeat*, *repeat-x*, *repeat-y* y *no-repeat*.

Utilización:
```
background-repeat: repeat | repeat-x | repeat-y | no-repeat
```

Ejemplo:
```
background-repeat: repeat-x
```

background-attachment La propiedad *background-attachment* permite especificar la forma en que se va a tratar un fondo asociado. Admite como valores las palabras reservadas *scroll* y *fixed*.

Utilización:
```
background-attachment: scroll | fixed
```

Ejemplo:
```
background-attachment: fixed
```

background-position La propiedad *background-position* permite especificar la posición de un elemento de fondo dentro de la página.

Utilización:
```
background-position: porcentaje | length | top | center | bottom | left |
➥ right
```

Ejemplo:
```
background-position: 75%
```

Bordes

Los bordes de los elementos se pueden manipular con los atributos siguientes de las HEC. Los bordes de las HEC son similares a los bordes de cualquier elemento de HTML que admita un parámetro de borde, tales como las imágenes o las tablas.

border La propiedad *border* permite especificar distintos atributos de los bordes con una propiedad. La propiedad *border* admite varios tipos de valores de palabras reservadas para la *border-width* y *border-style*.

Utilización:
```
border: border-width | border-style | color
```

Ejemplos:
```
border: 75% solid red
```

border-top, border-bottom, border-left, border-right Estas propiedades del borde permiten especificar diferentes valores para cada uno de los lados del borde, lo cual da lugar a toda una gama de técnicas de bordes.

Utilización:
```
border-location: border-width | border-style | color
```

Ejemplos:
```
border-top: 50px solid blue
border-left: 100px dashed green
```

border-color La propiedad *border-color* permite especificar un valor de color para el borde. La propiedad *border-color* admite todas las palabras reservadas o especificaciones estándar de color.

Utilización:
```
border-color: color
```

Ejemplo:
```
border-color: green
```

border-style La propiedad *border-style* hace posible seleccionar un estilo de visualización para el borde. Entre los valores de las palabras reservadas que admite esta propiedad se cuentan *none, dotted, dashed, solid, double, groove, ridge, inset* y *outset*.

Utilización:
```
border-style: palabra reservada
```

Ejemplo:
```
border-style: dashed
```

border-width, border-top-width, border-bottom-width, border-left-width, border-right-width Las propiedades de *border-width* permiten especificar la anchura de todo el borde o de segmentos individuales del borde. Se puede especificar el borde con unidades de medida, porcentajes o palabras reservadas. Entre los valores de las palabras reservadas que se admiten se cuentan *thin, medium* y *thick*.

Utilización:
```
border-width: longitud | palabra reservada
```

Ejemplos:
```
border-width: 50%
border-width: thin
```

Formato del texto

El formato del texto permite especificar la manera en que se dará formato a distintos aspectos del texto en nuestras páginas. Se pueden manipular atributos tales como el espaciado de letra y de línea para crear aspectos especiales.

word-spacing La propiedad *word-spacing* hace posible cambiar la cantidad de separación que aparecerá entre las palabras. Los valores de esta propiedad se pueden definir como *normal,* para que no haya efecto alguno o como cualquier unidad de medida aceptable para las HEC.

> *Utilización:*
> ```
> word-spacing: normal | longitud
> ```

> *Ejemplo:*
> ```
> word-spacing: .5in
> ```

letter-spacing La propiedad *letter-spacing* permite especificar la cantidad de separación que aparecerá entre las letras de una página. Tal como sucede con la propiedad *word-spacing*, se puede especificar su valor como *normal* o como alguna unidad de medida de las HEC.

> *Utilización:*
> ```
> letter-spacing: normal | longitud
> ```

> *Ejemplo:*
> ```
> letter-spacing: 3px
> ```

text-decoration La propiedad *text-decoration* permite especificar cualquier estilo especial que sea necesario aplicar al texto. Admite los valores de varias palabras reservadas, entre los que se cuentan *none, underline, overline* y *line-through*.

> *Utilización:*
> ```
> text-decoration: palabra reservada
> ```

> *Ejemplo:*
> ```
> text-decoration: underline
> ```

vertical-align La propiedad *vertical-align* permite especificar la forma en que se van a alinear verticalmente los elementos, en relación con la línea base del texto. El valor de esta propiedad se puede especificar como un porcentaje o como una palabra reservada. Entre las palabras reservadas se cuentan *baseline, sub, super, top, text-top, middle, bottom* y *text-bottom*.

> *Utilización:*
> ```
> vertical-align: palabra reservada | porcentaje
> ```

> *Ejemplo:*
> ```
> vertical-align: baseline
> ```

text-transform   La propiedad *text-transform* permite especificar transformaciones que se le aplicarán al texto, con objeto de manipular las mayúsculas y minúsculas. Entre los valores de las palabras reservadas admisibles se cuentan *capitalize*, *uppercase*, *lowercase* y *none*.

Utilización:
```
text-transform: palabra reservada
```

Ejemplo:
```
text-transform: capitalize
```

text-align   La propiedad *text-align* permite especificar la forma en que se alinearán los elementos de texto en una página. Entre los valores de las palabras reservadas admisibles se cuentan *left*, *right*, *center* y *justify*.

Utilización:
```
text-align: left | right | center | justify
```

Ejemplo:
```
text-align: justify
```

text-indent   La propiedad *text-indent* permite especificar la forma en que se sangran los elementos de una página. Se puede dar el valor como un porcentaje de la anchura de la página o como una unidad de medida HEC.

Utilización:
```
text-indent: length | porcentaje
```

Ejemplo:
```
text-indent: 1in
```

margin   La propiedad *margin* permite especificar todos los valores de los márgenes de una página, si se desean márgenes uniformes. Se pueden especificar los valores como un porcentaje de la ventana (o elemento predecesor) o como una unidad de medida de HEC.

Utilización:
```
margin: length | porcentaje | auto
```

Ejemplo:
```
margin: 1in
```

margin-top, margin-bottom, margin-left, margin-right   Estas propiedades de los *márgenes* ofrecen el mismo control de márgenes que proporciona el marcador <MARGIN>, pero dan más control sobre cada margen individual. Se pueden dar valores como porcentajes o como unidades de medida HEC.

Utilización:
```
margin-top: longitud | porcentaje | auto
```

Ejemplo:
```
margin-top: auto
```

padding La propiedad *padding* permite especificar la cantidad de espacio de relleno que se dejará entre un elemento y su margen o borde. El relleno se puede especificar como un porcentaje de la anchura de la ventana (o elemento predecesor) o como una unidad de medida HEC.

Utilización:
```
padding: longitud | porcentaje
```

Ejemplo:
```
padding: 25%
```

padding-top, padding-bottom, padding-left, padding-right Estas propiedades de relleno ofrecen la misma funcionalidad que la propiedad *padding*, pero ofrecen más flexibilidad. También se puede especificar los valores como porcentajes o como unidades de medida HEC.

Utilización:
```
padding-top: longitud | porcentaje
```

Ejemplo:
```
padding-top: 15px
```

Formato de maquetación

Las propiedades *layout formatting* permiten especificar valores para los elementos de maquetación, como puede ser un contenedor de posicionamiento. Esto nos da la flexibilidad necesaria para diseñar complicadas maquetaciones que serán reproducidas fielmente en distintos navegadores.

width La propiedad *width* permite especificar la anchura de un elemento o contenedor de posicionamiento. Se puede dar a la anchura cualquier unidad de medida HEC válida, un porcentaje de la ventana (o elemento predecesor) o *auto*.

Utilización:
```
width: medida | porcentaje | auto
```

Ejemplo:
```
width: 250px
```

height La propiedad *height* permite definir la altura de un elemento o contenedor de posicionamiento. Se puede especificar la altura en cualquier unidad válida de medida HEC, o se le puede dar el valor *auto*.

Utilización:
```
height: medida | auto
```

Ejemplo:
```
height: 100px
```

float   La propiedad *float* permite especificar elementos que deben hacerse «float» al lado de otros elementos. Si se hace flotar una imagen a la derecha, por ejemplo, se conseguirá que el texto se adapte al lado izquierdo de la imagen. Entre las palabras reservadas se cuentan *none*, *left* y *right*.

Utilización:
```
float: none | left | right
```

Ejemplo:
```
float: left
```

clear   La propiedad *clear* permite especificar dónde se pueden o no hacer flotar elementos. Esta propiedad hace posible que el diseñador especifique una zona que tendrá que dejarse libre. Entre las palabras reservadas se cuentan *none*, *left*, *right* y *both*.

Utilización:
```
clear: none | left | right | both
```

Ejemplo:
```
clear: both
```

display   La propiedad *display* permite especificar cómo se ha de visualizar un elemento en la página. Entre los valores de las palabras reservada admisibles se cuentan *block*, *inline*, *list-item* y *none*. Al seleccionar un valor de visualización del bloque se da lugar a que el elemento aparezca en un nuevo cuadro, típico de elementos tales como marcadores de encabezado (por ejemplo, <H2>). *Inline* también da lugar a la creación de un nuevo cuadro; sin embargo, se mantiene el elemento en la misma línea, sin imponer un retorno de carro. *List-item* da lugar a que el ítem sea tratado como si estuviera en una lista, de forma parecida a utilizar el marcador <LI>. Los usuarios deberían tener en cuenta que la palabra reservada *none* hará que ese ítem no se muestre en modo alguno.

Utilización:
```
display: block | inline | list-item | none
```

Ejemplo:
```
display: none
```

white-space   La propiedad *white-space* permite determinar la forma en que se ha de tratar el espacio en blanco en una página. Esta propiedad sólo admite los valores de tres palabras reservadas: *normal*, *pre* o *nowrap*.

Utilización:
```
white-space: normal ¦ pre ¦ nowrap
```

Ejemplo:
```
white-space: normal
```

Formato de listas

Los valores de formato de listas hacen posible especificar el aspecto de las listas y la forma en que aparecerán los rótulos de los elementos de las listas.

list-style La propiedad *list-style* permite especificar todos los atributos de estilo de las listas en un único marcador de propiedad. Admite como valores las palabras reservadas *type*, *image* y *position*.

> *Utilización:*
> ```
> list-style: palabra reservada | position | url
> ```
>
> *Ejemplo:*
> ```
> list-style: disc inside
> ```

list-style-type La propiedad *list-style-type* permite especificar el tipo de topo que se utilizará para los elementos de la lista. El valor se da como palabra reservada. Entre las palabras reservadas admisibles se cuentan *disc*, *circle*, *square*, *decimal*, *lower-roman*, *upper-roman*, *lower-alpha*, *upper-alpha* y *none*.

> *Utilización:*
> ```
> list-style-type: palabra reservada
> ```
>
> *Ejemplo:*
> ```
> list-style-type: square
> ```

list-style-image La propiedad *list-style-image* permite especificar un archivo de imagen que se utilizará como topo de la lista. Esto permite crear topos personalizados para nuestros diseños, y especificar la imagen empleando una URL.

> *Utilización:*
> ```
> list-style-image: url
> ```
>
> *Ejemplo:*
> ```
> list-style-image: mipunto.gif
> ```

list-style-position La propiedad *list-style-position* permite especificar la forma en que se alinearán los topos junto a los elementos de la lista. Las palabras reservadas son *inside* y *outside*.

> *Utilización:*
> ```
> list-style-position: palabra reservada
> ```
>
> *Ejemplo:*
> ```
> list-style-position: inside
> ```

Pseudoclases

HEC ofrece varias pseudoclases, que son clases definidas automáticamente por el entorno del navegador. Es posible utilizar las pseudoclases para especificar estilos para los pseudoelementos enlace, activo y visitado; entonces se aplican automáticamente las clases a los elementos en el documento correspondiente. Véanse a continuación las pseudoclases definidas en la actualidad y su utilización:

- *:link* La pseudoclase *:link* representa un enlace.
- *:active* La pseudoclase *:active* representa un enlace activo o un enlace en el que se está pulsando. Se puede utilizar esto para crear efectos especiales cuando un usuario siga un enlace.
- *:visited* La pseudoclase *:visited* representa un enlace que ya ha sido visitado.

En la actualidad, sólo el marcador de ancla <A> hace uso de las pseudoclases.

Utilización:
```
ELEMENT:link {definición de estilo}
```

Ejemplos:
```
A:link {color: red}
A:visited {color: gray}
```

Pseudoelementos

Los pseudoelementos son parecidos a las pseudoclases por cuanto representan una forma taquigráfica de fijar los estilos para elementos que ya han sido definidos por el navegador. En la actualidad, los dos pseudoelementos son los siguientes:

- *:first-line* El pseudoelemento *:first-line* representa la primera línea de un bloque de texto, tal como un párrafo.
- *:first-letter* El pseudoelemento *:first-letter* representa la primera letra de un elemento de texto.

Se pueden utilizar estos pseudoelementos para crear efectos de texto tales como las capitulares e introducciones.

Utilización:
```
ELEMENT:first-line {definición de estilo}
```

Ejemplos:
```
P:first-line {text-transform: uppercase}
P:first-letter {font-size:200%; color: red}
```

Colores

La propiedad *color* se puede aplicarse a un cierto número de atributos HEC distintos. La propiedad *color* admite 128 colores diferentes, que están enumerados en el Apéndice F, «Carta hexadecimal adecuada para navegadores».

También se pueden controlar más sutilmente los colores empleando valores hexadecimales o valores de color RGB. Esto da a los diseñadores un mayor control con respecto a los colores exactos que se visualizarán en la pantalla.

Tabla B.1 Códigos de color RGB y hexadecimal

Especificadores de color	Código del valor
Color Hex	#RGB
Color Hex	#RRGGBB
Color RGB	rgb(R, G, B)
Porcentaje RGB	rgb(r%, g%, b%)

Utilización:
```
color: palabra reservada | #RGB | #RRGGBB | rbg(R, G, B) | rgb(r%, g%, b%)
```

Ejemplos:
```
color: red
color: #550000
color: rgb(100%, 5%, 5%)
```

Unidades

Para los atributos HEC que requieren un valor físico, resulta útil, si no imprescindible, aplicar una unidad de medida al valor para tener un control más explícito. HEC ofrece una amplia gama de unidades de medida:

Tabla B.2 Unidades de medida HEC

Unidad	Símbolo	Equivalente
Puntos	pt	1/72 pulgada
Picas	pc	12 puntos
Ems	em	
X-Height	ex	
Píxeles	px	
Milímetros	mm	
Centímetros	cm	
Pulgadas	in	2,54 cm

Atributos de posicionamiento HEC

La sintaxis para especificar valores y atributos de posicionamiento HEC es idéntica a la de HEC-1. Se pueden utilizar las propiedades siguientes con el atributo STYLE para especificar la situación de los elementos en una maquetación de página. El uso del Posicionamiento HEC se trata con detalle en el Capítulo 9, «Maquetación y posicionamiento».

Propiedad *position*

La propiedad *position* permite especificar el estilo de posicionamiento que empleará el navegador cuando se posicione un elemento. El valor por omisión de HTML es «static»; sin embargo, se admiten dos valores:

- **absolute** El posicionamiento absoluto visualiza el elemento en la página de acuerdo con la posición que especifiquen las coordenadas.
- **relative** El posicionamiento relativo fluye como el posicionamiento estático; sin embargo, se pueden dar coordenadas. La colocación del elemento será entonces relativa a su posición fluida normalmente.

Utilización:
```
position: valor
```

Ejemplo:
```
position: absolute
```

Propiedades top y left Las propiedades *top* y *left* permiten especificar la ubicación de un elemento posicionado. Estas propiedades se refieren a la medida hecha desde la parte superior izquierda del elemento predecesor, tal como puede ser una ventana del navegador. Los valores admiten medidas con unidades o valores de porcentajes.

Utilización:
```
top: value
left: value
```

Ejemplos:
```
top: 1cm
left: 20%
```

Propiedades width y height Las propiedades *width* y *height* permiten especificar la anchura y la altura de un elemento contenedor de posicionamiento. La altura y la anchura se especifican siempre con respecto al origen del elemento, tal como lo especifican las propiedades *top* y *left*. Las propiedades *width* y *height* admiten también unidades de medida o porcentajes.

Utilización:
```
width: value
height: value
```

Ejemplos:
```
width: 15pc
height: 75%
```

overflow

La propiedad *overflow* permite especificar la forma en que se tratará el exceso de datos para aquellos contenedores de posicionamiento a los que se hayan dado unos valores de anchura y altura. La propiedad *overflow* admite estos tres valores:

- **none** Esto permite mostrar todos los datos, ignorando a estos efectos las restricciones de altura y anchura.
- **clip** Esto da lugar a que se trunquen los datos de acuerdo con los parámetros definidos por la propiedad *clip*.
- **scroll** Este valor añade barras de desplazamiento al contenedor, permitiendo así que se visualicen todos los datos por desplazamiento.

Utilización:
```
overflow: valor
```

Ejemplo:
```
overflow: scroll
```

clip

La propiedad *clip* permite definir una zona de recorte si se da a la propiedad *overflow* el valor *clip*. La propiedad *clip* admite un valor de forma, o un valor de «automáticamente». Si se le da el valor «automáticamente», entonces la zona de recorte se define como la zona del contenedor. En caso contrario, se puede especificar un «rect» como forma, junto con las coordenadas respecto al origen, definiéndose así el rectángulo de recorte:

```
rect(arriba derecha abajo izquierda)
```

Utilización:
```
clip: valor
```

Ejemplo:
```
clip: rect(1cm 3cm 4cm 1cm)
```

z-index

La propiedad *z-index* permite especificar una capa para los elementos posicionados. La capa por omisión es 0, y los números crecientes se van poniendo en primer plano. Los números negativos también se admiten. La superposición de aquellos elementos que compartan el índice z estará definida por el navegador.

Utilización:
`z-index: valor`

Ejemplo:
`z-index: 1`

visibility

La propiedad *visibility* permite especificar si un elemento es no o visible en este instante. Admite dos valores: *visible* y *hidden*.

Nota:

Es importante tener en cuenta que los elementos ocultos (hidden) *siguen siendo descargados y ocupan espacio en la página, pero se visualizan como si fueran transparentes.*

Utilización:
`visibility: valor`

Ejemplo:
`visibility: hidden`

Apéndice

Utilización de VBScript
en lugar de JavaScript

Como quizá haya observado, este libro se centra casi exclusivamente en JavaScript; sin embargo, los guiones en VBScript son decididamente una alternativa viable para JavaScript en Internet Explorer 4.0.

Este apéndice muestra una breve introducción a las características y sintaxis de VBScript. Se ha intentado en lo posible mantener la estructura y los ejemplos similares al Capítulo 5, «Introducción a JavaScript», para que sea posible pasar fácilmente de uno a otro y comparar las diferencias existentes entre ambos lenguajes.

Introducción a VBScript

VBScript fue desarrollado por Microsoft como alternativa de JavaScript para hacer guiones en los navegadores. Desciende de Visual Basic de Microsoft, y comparte gran parte de su sintaxis.

A lo largo del libro, los guiones se han programado en JavaScript. Para que el navegador sepa que el guión va a utilizar VBScript en lugar de JavaScript, es preciso dar al parámetro LANGUAGE el valor «VBScript» dentro del marcador <SCRIPT>:

```
<SCRIPT LANGUAGE="VBScript">
   ... El guión ...
</SCRIPT>
```

El siguiente guión «Hola mundo» es un buen punto de partida para aprender VBScript:

```
<HTML>
<HEAD>
   <TITLE>
   Hola Mundo en VBScript
   </TITLE>
</HEAD>
<BODY>
```

```
<SCRIPT LANGUAGE="VBScript">

    document.write("Hola mundo")

</SCRIPT>

</BODY>
</HTML>
```

Si le resulta desconocido el marcador <SCRIPT>, de una ojeada al Capítulo 5, que lo describe con más detalle. Examine la única línea del documento que contiene código en VBScript:

```
document.write("Hola mundo")
```

Se puede utilizar VBScript para imprimir cualquier HTML que se desee, y no sólo un texto normal. Intente sustituir el VBScript del ejemplo anterior por lo siguiente:

```
<SCRIPT LANGUAGE="VBScript">

    document.write("<H1> Hola mundo </H1>")

</SCRIPT>
```

Asegúrese de recargar la página HTML para que se actualice el guión. Observe que ahora «Hola mundo» se ha mostrado como un encabezado de HTML y no como un texto normal.

Comentarios

Los comentarios de VBScript se especifican por líneas individuales. Cuando quiera empezar un comentario, utilice el carácter de comilla sencilla ('); todo lo que inserte hasta el final de la línea será ignorado por el intérprete de VBScript.

Vamos a añadir un comentario al ejemplo del guión «Hola mundo»:

```
<SCRIPT LANGUAGE="VBScript">

    'Escribir "Hola Mundo" como en encabezado de nivel 1 en el documento
    document.write("<H1>Hola mundo</H1>")

</SCRIPT>
```

Operadores

VBScript proporciona una amplia gama de operadores para trabajar con los datos. Los operadores se emplean para construir expresiones. Los tipos de operadores estándar que se utilizan en VBScript son los aritméticos, lógicos y de comparación.

Operadores aritméticos

Los operadores aritméticos se utilizan para realizar las operaciones matemáticas habituales que todos hemos utilizado desde nuestra niñez, pero escritas en su forma completa. Por ejemplo, la expresión numérica correspondiente a «dos y tres» es:

```
2 + 3
```

La Tabla C.1 enumera las operaciones comunes disponibles que se pueden aplicar a números en VBScript.

Tabla C.1 Operadores aritméticos en VBScript

Operador	Ejemplo	Definición
+	3 + 3	Suma
–	12 – 4	Resta
*	22 * 3	Multiplicación
/	18 / 4	División
Mod	18 Mod 4	Módulo: el resto tras la división. Aquí el resultado sería 2 porque 18 entre 4 son cuatro y el resto es 2.
–	–(12 * 3)	Negación unaria: el inverso de la expresión que sigue al signo. Por ejemplo, aquí el resultado sería –36. El inverso de un número negativo es un número positivo.

Si se tiene una expresión que contenga más de un conjunto de operaciones, es posible agruparlas mediante paréntesis ('(' y ')'). Esto explicita el orden en que se evaluarán las expresiones. La expresión aritmética siguiente hace uso de paréntesis para indicar la prioridad:

```
((36 * 12) % 15) – (32 * 12) /3))
```

Operadores lógicos y de comparación

Una expresión lógica (o booleana) es una expresión tal que, al ser evaluada, produce un resultado que es o bien verdadero o bien falso. Hay varias maneras de generar expresiones booleanas, pero la más común consiste en utilizar operadores lógicos o de comparación que al ser evaluados proporcionan un resultado que es o bien verdadero o bien falso. (véase Tabla C.2). Examinaremos a continuación algunas expresiones booleanas:

```
True And False
```

Esta expresión produce el valor falso al ser evaluada porque uno de los lados no es verdadero, y el operador And requiere que sean verdaderos los dos lados para que la expresión produzca el valor verdadero al ser evaluada.

```
26 < 50
```

La expresión anterior, sin embargo, produce el valor verdadero al ser evaluada, porque 26 es ciertamente menor que 50.

```
(26 < 50) Or False
```

El uso del operador Or hace que esta expresión sea un poco menos restrictiva que And, por cuanto sólo necesita que sea verdadero un lado, así que esta expresión produce el valor verdadero cuando se evalúa.

Por último,

```
Not (10 <> 4)
```

produce el valor falso al ser evaluada. Este tipo de expresión nos hace pensar un poco —10 no es igual a 4, lo cual es verdadero, pero el operador NOT produce lo contrario, que es falso. La Tabla C.2 enumera los operadores lógicos y de comparación que emplea VBScript.

Tabla C.2 Operadores lógicos y de comparación

Operador	Utilización
And	(exp1 And exp2) proporciona verdadero si tanto exp1 como exp2 son verdaderos, y falso en caso contrario.
Or	(exp1 Or exp2) proporciona verdadero si exp1 o exp2 son verdaderos.
Not	(Not exp) proporciona falso sólo si exp1 es verdadero, o verdadero si exp1 es falso.
=	(exp1 = exp2) proporciona verdadero si exp1 es igual a exp2.
<>	(exp1 <> exp2) proporciona verdadero si exp1 no es igual a exp2.
>	(exp1 > exp2) proporciona verdadero si exp1 es mayor que exp2.
>=	(exp1 >= exp2) proporciona verdadero si exp1 es mayor o igual que exp2.
<	(exp1 < exp2) proporciona verdadero si exp1 es menor que exp2.
<=	(exp1 < exp2) proporciona verdadero si exp1 es menor o igual que exp2.

Variables

Cuando estamos trabajando con datos, suele resultar ventajoso disponer de un lugar en que se puedan almacenar temporalmente esos datos. VBScript permite utilizar variables para almacenar los datos mientras se esté ejecutando el programa. Las variables tienen un nombre y un valor. El valor de la variable puede cambiar con el tiempo.

Definición y denominación de variables

La definición de variables en VBScript es bastante sencilla. Se utiliza la palabra reservada «Dim» delante del nombre de la variable que se quiera definir. Por tanto, si se desea declarar una variable llamada «Posicion» [1] se puede utilizar el código siguiente:

```
Dim posicion
```

Las variables pueden recibir casi cualquier nombre, con tal de que sigamos las reglas siguientes:

1. El nombre de la variable tiene que empezar por una letra.
2. El nombre no puede incluir puntos («.»).
3. El nombre no puede sobrepasar los 255 caracteres.
4. No puede haber otra variable de igual nombre.

Véanse unos cuantos ejemplos de nombres de variable válidos:

```
Dim posicion_x
Dim_pos
Dim opcion32
Dim respuesta_42
```

Véanse unos cuantos ejemplos de nombres de variable incorrectos:

```
Dim 99globos       'va en contra de la primera regla
Dim huevos.chorizo 'va en contra de la segunda regla
```

A diferencia de JavaScript, VBScript no distingue entre mayúsculas y minúsculas. Esto significa que dos variables podrían parecer diferentes, pero serían la misma variable. Las dos sentencias siguientes, por ejemplo, crearían la misma variable:

```
Dim resPrueba
Dim ResPrueba
```

Modificación del valor de una variable

Para dar un nuevo valor a una variable, una vez que ha sido creada, hay que utilizar el operador de asignación (=). El nombre de la variable se pone en el lado izquierdo de la sentencia. La expresión que denota el valor que habrá que asignar a la variable se pone en el lado derecho de la sentencia. Considere el ejemplo sencillo que se da a continuación (suponiendo que ya se hubiera creado la variable «posActual»):

```
posActual = 10
```

---

[1] Téngase en cuenta que este lenguaje no admite signos diacríticos (acentos, diéresis, cedilla) en sus identificadores. *N. del T.*

Esto da a «posActual» el valor 10. Las variables pueden contener cualquier tipo de datos que se desee. A diferencia de JavaScript, en VBScript no hay definición del tipo de una variable. Todas las variables que se definan en JavaScript serán automáticamente del tipo *Variant*. El *Variant* es un tipo de dato que se ajusta automáticamente a cualquier dato que queramos que contenga.

Desde el punto de vista del programador, solo hay un tipo de datos, pero internamente el tipo de datos *Variant* puede contener muchos tipos distintos de datos. Esto tipos de datos se conocen con el nombre de subtipos de *Variant* y suele ser útil conocer los intervalos de valores que pueden contener nuestras variables. La Tabla C.3 enumera los subtipos del tipo de datos *Variant*:

Tabla C.3 Subtipos de Variant

Subtipo	Descripción
Boolean	Contiene o bien True o bien False.
Byte	Contiene un entero del intervalo que va desde 0 hasta 255.
Integer	Contiene un entero del intervalo que va desde –32768 hasta 32767.
Currency	Desde –922337203685477.5808 hasta 922337203685477.5807.
Long	Contiene un entero del intervalo que va desde –2147483648 hasta 2147483647.
Single	Con tiene un número de coma flotante y precisión sencilla del intervalo que va desde –3.402823E38 hasta –1.401298E-45 para valores negativos; y desde 1.401298E-45 hasta 3.402823E38 para valores positivos.
Double	Con tiene un número de coma flotante y precisión doble del intervalo que va desde –1.79769313486232E308 hasta –4.94065645841247E-324 para valores negativos; y desde 4.94065645841247E-324 hasta 1.79769313486232E308 para valores positivos.
Date (Time)	Contiene un número que representa una fecha entre el 1 de enero del año 100 y el 31 de diciembre de 9999.
String	Contiene una cadena de longitud variable que puede tener hasta unos dos mil millones de caracteres de longitud.
Object	Contiene un objeto.

Como todas las variables son del tipo *Variant* y el tipo *Variant* puede contener distintos tipos de valores, se pueden poner distintos tipos de datos en una misma variable en momentos distintos:

```
posActual = True
posActual = "fulano"
```

Todas las expresiones que se han visto hasta el momento están formadas por datos constantes, pero no hay razón por la que no se pueda utilizar también una variable en la expresión. El intérprete se limita a sustituir la variable por su valor en la expresión. Por tanto, suponiendo que «posActual» tenga el valor 10, la sentencia

```
posActual = posActual + 10
```

da a posActual el valor 20, sumando 10 al valor actual de la variable.

Procedimientos

Suele ser útil recoger secciones de código un grupo al que se puede invocar una y otra vez. De forma muy parecida a una variable, se le puede dar un nombre a este agrupamiento de código. Estos grupos de código que se pueden invocar suelen conocerse con el nombre de procedimientos.

VBScript tiene dos tipos distintos de procedimientos: *procedimientos Sub* y *funciones*. La diferencia entre ellos es que los procedimientos Sub no pueden proporcionar valores, pero las funciones sí pueden.

Las funciones y los procedimientos Sub se invocan empleando sus nombres, que irán seguidos inmediatamente por unos paréntesis que encierran a los argumentos que pudieran admitir. Si existe un procedimiento llamado *fulano()* que admite el argumento denominado «mengano», por ejemplo, se utilizará la sintaxis siguiente para invocar al procedimiento:

```
fulano(mengano)
```

Escritura de nuestros propios procedimientos Sub

La escritura de procedimientos Sub propios es muy sencilla. Se empieza por la palabra reservada «Sub» que irá seguida por el nombre del procedimiento, seguido por los argumentos que pueda admitir, encerrados entre paréntesis.

A continuación, se adjunta el código que se quiera ejecutar siempre que se invoque a ese procedimiento. Por último, se pone «End Sub» en una línea independiente para indicar que ha finalizado la definición del procedimiento Sub.

Comenzaremos por definir un procedimiento Sub llamado *imprimeLo*:

```
Sub imprimeLo(elTexto)
End Sub
```

Esto es una definición de procedimiento válida, aun cuando desde luego no hace gran cosa. ¿Qué queremos hacer dentro de este procedimiento Sub? Supongamos que se desea imprimir la cadena «elTexto» en el documento:

```
Sub imprimeLo(elTexto)

    document.write(elTexto)

End Sub
```

Desde ahora, siempre que se quiera invocar al procedimiento, basta con utilizar la palabra reservada «Call» seguida por el nombre del procedimiento, y seguida por una lista delimitada por comas de los argumentos escritos entre paréntesis. Por tanto, si se quisiera utilizar *imprimeLo* para imprimir «Hooolaaa» en el documento, se utilizaría el código siguiente:

```
Call imprimeLo("Hooolaaa")
```

Proporcionar valores a través de funciones

Aun cuando los procedimientos Sub son bastante útiles, tienen una desventaja grave: no pueden proporcionar valores. Cuando uno quiere proporcionar un valor, hay que utilizar una función. Las funciones son bastante parecidas a los procedimientos, salvo que utilizan la palabra reservada «Function» y proporcionan un valor.

La forma que tienen las funciones de proporcionar valores es un poco especial. Para proporcionar valores, hay que utilizar el nombre de la función como si fuese una variable, empleándolo como valor proporcionado. El código siguiente muestra una función sencilla que admite un número y proporciona el cuadrado de ese número a la expresión que la haya invocado:

```
Function cuadrado(numEntrada)
    cuadrado = numEntrada * numEntrada
End Function
```

No existe la limitación de proporcionar únicamente números en las funciones. De hecho, todo dato que pueda almacenar un tipo Variant se podrá proporcionar a través una función definida por el usuario.

Control de flujo

Con el VBScript presentado hasta este momento, todo programa que se pudiera escribir será lineal. Esto es, el programa comienza en la primera línea, pasa a la siguiente y así sucesivamente.

La programación, en muchos sentidos, tiene que ver con la toma de decisiones. Lo que se haga en una circunstancia puede no ser lo mismo que se haría en otra. Además, quizá se quiera hacer algo una y otra vez, pero hasta este momento la única forma de hacerlo sería poner las sentencias que se quisieran repetir en una función, y llamar a esa función una y otra vez (o peor, copiar y pegar las sentencias que se quisieran repetir muchas veces).

El concepto de alterar lo que hace el programa en un punto dado basándose en condiciones variables se denomina *control de flujo*. VBScript proporciona muy buen control del flujo del programa mediante sentencias condicionales tales *if...else* y las sentencias repetitivas, tales como los bucles *for* y *while*.

Las sentencias condicionales como *if...else* permiten tomar decisiones relativas a cuál de entre muchos caminos posibles recorrerá nuestro programa. Por otra parte, la sentencias repetitivas, tales como *for* y *while*, dan la opción de ejecutar una y otra vez una sección de código.

If...Then...Else

El concepto más básico del control de flujo es la ramificación basada en una expresión condicional. Esto parece complicado, pero sólo quiere decir que hay que utilizar una expresión lógica (¿se acuerda de las que se veían anteriormente en este apéndice?) para decidir si se sigue un camino u otro.

La sentencia *if* se construye empleando la palabra reservada «if» seguida por las sentencias que haya que ejecutar si esa expresión lógica es verdadera. Por último, la línea *End If* indica que la sentencia *if* está completa. Veamos algunos ejemplos concretos:

```
Dim x
x = 10
Dim y
y = 25;

If x < y Then
    document.write("x es menor que y")
End If

If x <> y Then
    document.write("x no es igual a y")
End If

If x >= y Then
    document.write("x es mayor o igual que y")
End If

If x = y Then
    document.write("y es igual a y")
End If
```

En el primer caso, se imprime «x es menor que y» en la página porque 10 es menor que 25, lo cual es cierto, así que se ejecuta la sentencia incluida en la sentencia *if*. Por la misma lógica, la segunda sentencia *if* hace que en pantalla se imprima «x no es igual a y». Para las dos sentencias *if* del final, no se imprime nada, porque sus expresiones lógicas son falsas, así que no se ejecuta la sentencia que las sigue.

Una sentencia *if* puede ir seguida por más de una línea de código; por tanto, se utiliza la estructura *End If* . Todo el código que se encuentre entre el *Then* y el *End If* se ejecutará si la expresión lógica proporciona el valor verdadero. Examine el ejemplo siguiente (suponiendo que las variables x e y fueran las mismas del ejemplo anterior):

```
If (x = y) Or (x < y) Then
    document.write("x es menor que y ")
    document.write(" o x es igual a y")
End If
```

En este caso, se imprime «x es menor que y o x es igual a y» porque la expresión lógica es verdadera (hágalo si no le resulta evidente, porque este tipo de razonamientos le permitirá acostumbrarse rápidamente a entender las condicionales), y el bloque que la sigue contiene las dos sentencias que se ejecutarán por su orden.

También se puede construir una sentencia condicional *If...Then...Else* añadiendo la palabra reservada «Else» al final de una sentencia *if*. En este caso, el programa ejecutará las sentencias que siguen a la expresión lógica si la expresión es verdadera, o las sentencias que siguen a la palabra reservada «Else» si la expresión es falsa. Examine este otro ejemplo (suponiendo de nuevo que x e y tuvieran los mismos valores que en el primer ejemplo):

```
If x = y Then
    document.write("y es igual a y")
Else
    document.write("x no es igual a y")
End If
```

En este caso se imprime «x no es igual a y». ¿Por qué? La expresión lógica es falsa (porque 10 no es igual a 25) así que no se ejecuta la sentencia que sigue a la expresión. Sin embargo, como la expresión era falsa, se ejecuta la sentencia que sigue a la palabra reservada «Else», lo cual hace que se imprima «x no es igual a y».

Bucles For...Next

El bucle *For...Next* es la sentencia repetitiva más sencilla. Esta sentencia repetitiva permite ejecutar una sentencia (o un bloque) un número dado de veces, basándose en un contador y en una expresión con la cual se compara el contador.

El bucle *for* se construye empezando por la palabra reservada «For» seguida por el número de una variable contador, seguida por el intervalo que recorrerá la variable. Por ejemplo, si se desea que el bucle se ejecute 10 veces, se utilizará el intervalo «1 to 10». Por último se ponen las sentencias que hay que ejecutar. El final del bucle *for* se especifica mediante la palabra reservada «Next».

Esto parece un poquito complicado, así que vamos a intentar construir un bucle *for* sencillo. Supongamos que se desea escribir todos los números del 1 al 10. El bucle *for* que se podría utilizar para hacerlo es como sigue:

```
Dim contador
For contador = 1 to 10
    document.write(contador)
    document.write("<br>") 'Escribimos un <br> para separar las líneas
Next
```

Aunque este bucle *for* es muy sencillo, ciertamente podríamos complicar bastante la lógica del bucle empleando la palabra reservada «Step», que indica el paso por cuyo valor se incrementará el contador cada vez que se ejecute. Se podría hacer que el bucle comenzara en 64, por ejemplo, para después y restando 1 del contador hasta que la variable contador fuera igual a 1:

```
For contador = 64 To 1 Step -1
```

Bucles While...Wend

Un bucle *While...Wend* es muy parecido a un bucle *For...Next*, salvo que sólo tiene un caso de prueba. Por tanto, hay que asegurarse de que las condiciones vayan cambiando durante la ejecución del bucle *while* para asegurar que el caso de prueba llegue a no ser válido (proporcione el valor falso).

El bucle *While...Wend* se construye empleando la palabra reservada «While», seguida por una expresión lógica como caso de prueba, después la sentencia o sentencias que haya que ejecutar en cada pasada, y por último la palabra reservada «Wend» para indicar el final del bucle. El caso de prueba se comprueba antes de la(s) sentencia(s) cada vez que se ejecuta el bucle *while*.

Será necesario dar un valor inicial a la variable contador desde el exterior del bucle *While...Wend* (suponiendo que se esté empleando una variable contador y no alguna otra forma de comprobar la finalización del bucle), y en algún lugar dentro del bucle *While... Wend*, será necesario asegurar que se actualice la variable contador.

El código siguiente construye un bucle *while* que se comporta del mismo modo que el primer ejemplo de bucle:

```
Dim contador
contador = 1

While contador <= 10

    document.write(contador)
    document.write("<br>") // Escribimos un <br> para separar las líneas
    contador = contador + 1
Wend
```

En primer lugar, antes de llegar al bucle *while* en sí, se crea la variable contador y se le da un valor inicial igual a 1 porque no hay una sección del bucle *while* que esté reservada para crear e iniciar la variable contador. A continuación, se comprueba el caso de prueba ya dentro del bucle *while*. Si el caso de prueba resulta verdadero, se ejecuta el cuerpo del bucle (esto es, la sentencia o bloque que lo sigue). Observe que se suma 1 al contador al final del cuerpo, asegurando así que la condición del caso de prueba cambie después de cada pasada por el bucle.

Constantes

VBScript hace posible definir nombres para aquellos valores que se usen con frecuencia. Por ejemplo, supongamos que se sabe que la anchura de la imagen con la que va a trabajar nuestro programa en VBScript es de 350 píxeles. Se podría ir poniendo continuamente 350 a lo largo de todo el código siempre que fuera necesario utilizar la altura.

Sin embargo, resultaría mucho más legible y fácil de entender si fuera posible aludir a esa anchura en la forma «anchoImag». VBScript ofrece esta posibilidad mediante las *constantes*.

Las constantes se definen de forma muy parecida a las variables, salvo que en lugar de utilizar la palabra reservada «Dim» se emplea la palabra reservada «Const». Por tanto, si se quisiera emplear el ejemplo anterior y definir una constante «anchoImag» que tuviera el valor 350, se utilizaría el código siguiente:

```
Const anchoImag = 350
```

En este apéndice se describirán cuatro tipos de constantes de VBScript:

- Constantes de color.
- Constantes de fecha/hora.
- Constantes de formato de fecha.
- Constantes de cadena.

Constantes de color

VBScript proporciona unas cuantas constantes incorporadas que se pueden utilizar en nuestros programas. Sirven de mucha ayuda porque uno puede aludir a las cosas por su nombre en lugar de emplear algún valor más extraño. Por ejemplo, se puede especificar el color negro mediante «vbBlack» en lugar de escribir «&h00». La Tabla C.4 enumera las constantes de color incorporadas que se utilizan en VBScript.

Tabla C.4 Constantes de color

Constante	Valor	Descripción
vbBlack	&h00	Negro
vbBlue	&hFF0000	Azul
vbCyan	&hFFFF00	Morado
vbGreen	&hFF00	Verde
vbMagenta	&hFF00FF	Violeta
vbRed	&hFF	Rojo
vbWhite	&hFFFFFF	Blanco
vbYellow	&hFFFF	Amarillo

Constantes de fecha/hora

Se pueden utilizar las constantes de fecha/hora siempre que se esté trabajando con las funciones de datos de VBScript en lugar de utilizar los números asociados a sus valores. La Tabla C.5 enumera las constantes de fecha/hora que se emplean en VBScript.

Tabla C.5 Constante de Fecha/hora

Constante	Valor	Descripción
vbSunday	1	Domingo
vbMonday	2	Lunes
vbTuesday	3	Martes
vbWednesday	4	Miércoles
vbThursday	5	Jueves
vbFriday	6	Viernes
vbSaturday	7	Sábado
vbFirstJan1	1	(Por omisión) se utiliza la semana en que se produce el 1 de enero.
vbFirstFourDays	2	Se usa la primera semana que tenga al menos cuatro días en el año nuevo.
vbFirstFullWeek	3	Se usa la primera semana completa del año.

Constante	Valor	Descripción
vbUseSystem	0	Se utiliza el formato de fecha contenido en la configuración regional de nuestra computadora.
vbUseSystemDayOfWeek	0	Se usa el día de la semana especificado en la configuración de nuestro sistema como primer día de la semana.

Constantes de formato de fecha

Se pueden utilizar las constantes de formato de fecha siempre que se necesiten formatos o conversiones en lugar de los valores. La Tabla C.6 enumera las constantes de formato de fecha incorporadas que se emplean en VBScript.

Tabla C.6 Constantes de formato de fecha

Constante	Valor	Descripción
vbGeneralDate	0	Mostrar una fecha o una hora. Si el número es un número real, mostrar la fecha y la hora. Si no hay parte fraccionaria, se muestra sólo la fecha. Si no hay parte entera, sólo se muestra la hora. El aspecto de la fecha y hora está determinado por la configuración de nuestro sistema.
vbLongDate	1	Mostrar una fecha empleando el formato largo de fecha especificado en la configuración regional de nuestra computadora.
vbShortDate	2	Mostrar una fecha empleando el formato corto de fecha especificado en la configuración regional de nuestra computadora
vbLongTime	3	Mostrar una hora empleando el formato largo de hora especificado en la configuración regional de nuestra computadora.
vbShortTime	4	Mostrar una hora empleando el formato corto de hora especificado en la configuración regional de nuestra computadora.

Constantes de cadenas

Las constantes de cadenas pueden resultar útiles cuando se están construyendo cadenas, o cuando se está escribiendo en el documento. La Tabla C.7 enumera las constantes de cadenas incorporadas que se emplean en VBScript.

Tabla C.7   Constantes de cadenas

Constante	Valor	Descripción
vbCr	Chr(13)	Retorno de carro
vbCrLf	Chr(13) + Chr(10)	Combinación de retorno de carro y salto de línea.
vbFormFeed	Chr(12)	Salto de página; útil en plataformas que no sean MS Windows.
vbLf	Chr(10)	Salto de línea.
vbNewLine	Chr(13) & Chr(10)	Carácter nuevalínea específico de plataforma; Chr(10), según sea lo correcto para la plataforma.
vbNullChar	Chr(0)	Carácter que tiene el valor 0.
vbNullString	Cadena cuyo valor es 0	Útil para invocar procedimientos externos.
vbTab	Chr(9)	Tabulador horizontal.
vbVerticalTab	Chr(11)	Tabulador vertical; útil en plataformas que no sean MS Windows.

Y a continuación...

Con VBScript, Microsoft ofrece un competidor viable y potente de JavaScript. Aun cuando JavaScript es en la actualidad más popular entre los programadores de la red, VBScript permite que los millones de programadores que tienen experiencia con Visual Basic aprovechen sus capacidades en la red.

Si necesita aprender más acerca de VBScript, el mejor lugar para empezar es el centro de red de Microsoft, Visual Basic Scripting Edition. Este centro está disponible en **http://www.microsoft.com/vbscript** y ofrece extensos cursos programados y documentación junto con grandes cantidades de código en VBScript.

Apéndice

Guiones para objetos, colecciones, métodos y propiedades

Este apéndice describirá los objetos, métodos y propiedades del modelo de objetos de HTML Dinámico. El modelo de objetos de HTML Dinámico permite que la página HTML actual e incluso la ventana del navegador en si se traten como si fueran una gran colección de objetos.

Estos objetos están disponibles a través de la jerarquía de objetos de HTML Dinámico. Esta jerarquía se muestra en la Figura D.1. El modelo de objetos de HTML Dinámico y su jerarquía de objetos se exploran en el Capítulo 6, «Modelo de objetos de HTML Dinámico».

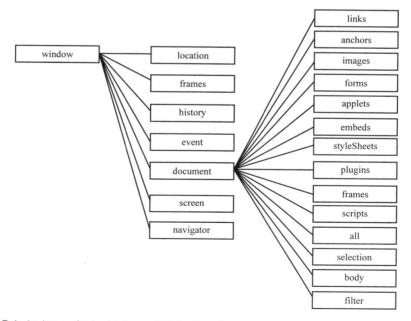

Figura D.1 La jerarquía de objetos de HTML Dinámico.

Objeto window

El objeto *window* representa una ventana abierta del navegador. Se puede utilizar para acceder al resto del documento, para recorrer el navegador, para ejecutar guiones y para llevar a cabo muchas otras funciones que estén representadas por la ventana del navegador en sí.

El objeto *window* contiene las propiedades siguientes:

- **client** El objeto *navigator*.
- **closed** Verdadero si la ventana está abierta, falso si está cerrada.
- **defaultStatus** El mensaje por omisión de la barra de estado.
- **dialogArguments** Valor que se pasa a un diálogo modal.
- **dialogHeight** La altura del diálogo modal en curso.
- **dialogLeft** La situación izquierda del diálogo modal en curso.
- **dialogTop** La situación superior del diálogo modal en curso.
- **dialogWidth** La anchura del diálogo modal en curso.
- **document** El objeto *document* para esa ventana.
- **event** El objeto *event* para esa ventana.
- **history** El objeto *history* para esa ventana.
- **length** El número de elementos que hay en la colección ventana.
- **location** El objeto *location* para esa ventana.
- **name** El nombre de la ventana.
- **navigator** El objeto *navigator* para esa ventana.
- **offscreenBuffering** Un booleano que vale true si está activado el tampón externo, y false en caso contrario.
- **opener** Una referencia de la ventana que haya abierto esta ventana.
- **parent** El objeto *parent* de la ventana.
- **returnValue** El valor proporcionado por el diálogo modal en curso.
- **self** Una autorreferencia del objeto *window* en sí.
- **status** El mensaje de estado de la parte inferior de la ventana.
- **top** La ventana de primer plano.
- **window** Una ventana que desciende de esta ventana, tal como un marco.

El objeto *window* contiene los métodos siguientes:

- **alert()** Abre un cuadro de alerta que contiene un botón OK y un mensaje que se proporciona por programa.
- **blur()** Hace que la ventana actual del navegador pierda foco y desencadena el suceso onblur().
- **clearInterval()** Cancela un intervalo fijado previamente mediante setInterval.
- **clearTimeout()** Borra una temporización fijada previamente con setTimeout.
- **close()** Cierra la ventana del navegador.
- **confirm()** Abre un cuadro de diálogo de confirmación con un mensaje dado por programa y un botón OK.
- **execScript()** Ejecuta un guión (por omisión es JavaScript).
- **focus()** Hace que la ventana del navegador reciba el foco del ratón y del teclado.
- **navigate()** Muestra la URL pasada como argumento.

- **open()** Abre una nueva ventana con la URL pasada como argumento.
- **prompt()** Muestra un cuadro de diálogo de petición con un campo de entrada editable por el usuario y un mensaje.
- **scroll()** Desplaza la ventana hasta la posición X e Y proporcionadas como argumento.
- **setInterval()** Evalúa repetidamente la expresión proporcionada después de un número de milisegundos que se proporciona como argumento.
- **setTimeout()** Evalúa la expresión proporcionada después de un número de milisegundos especificado como argumento.
- **showHelp()** Muestra un archivo de ayuda situado en la URL especificada.
- **showModalDialog()** Crea un cuadro de diálogo modal en la URL especificada.

Objeto *location*

El objeto *location* contiene toda la información relativa a la posición de lo que esté mostrando la ventana en ese momento, y todos los detalles de esa posición (puerto, protocolo y demás). El objeto *location* contiene las propiedades siguientes:

- **hash** La sección de href que sigue al símbolo #.
- **host** La parte hostname:port de la URL.
- **hostname** El hostname (nombre del servidor) de la URL.
- **href** Toda la URL.
- **pathname** La ruta del archivo (o posiblemente del objeto) que va tras la tercera barra.
- **port** El puerto de la URL.
- **protocol** La parte de protocolo de la URL.
- **search** La porción de búsqueda de la URL que va tras el símbolo?

El objeto *location* contiene los métodos siguientes:

- **ssign()** Fija como URL el argumento proporcionado.
- **reload()** Recarga la URL en curso.
- **replace()** Sustituye el documento en curso por la URL dada como argumento.

Objeto *frames*

La colección *frames* contiene todas las ventanas de marcos contenidos en la ventana actual que se esté mostrando en el navegador. Es importante observar que lo que está contenido en la colección *frames* no son los elementos de los marcos en sí, sino los objetos ventana asociados a esos marcos.

Objeto *history*

El objeto *history* contiene información relativa a todas las URL que haya visitado recientemente el navegador.

El objeto *history* contiene una sola propiedad, *length*, que indica el número de URL almacenadas actualmente en el objeto *history*.

El objeto *history* contiene los métodos siguientes:

- **back()** Da lugar a que el navegador retroceda un lugar en la historia. Es lo mismo que pulsar en el botón Atrás del navegador.
- **forward()** Da lugar a que el navegador avance un lugar en su historia. Es lo mismo que pulsar en el botón Adelante del navegador.
- **go()** Hace que el navegador vaya a un punto concreto de la historia, basado en una URL parcial que se le pasa como argumento.

Objeto *screen*

El objeto *screen* permite averiguar las capacidades y tamaño de la pantalla en la que se visualizará el contenido. Por ejemplo, suele ser conveniente conocer por anticipado el tamaño de la pantalla para saber si el contenido va a encajar o no en la pantalla. Las propiedades del objeto *screen* permiten averiguar esta clase de información.

El objeto *screen* contiene las propiedades siguientes:

- **height** La altura de la pantalla en píxeles.
- **width** La anchura de la pantalla en píxeles.
- **colorDepth** La profundidad de color contiene el número de bits de color por píxel de la pantalla.
- **bufferDepth** Especifica si existe o no un tampón invisible.
- **updateInterval** La propiedad *updateInterval* especifica la frecuencia, en milisegundos, con que se actualiza la pantalla.

Objeto *navigator*

El objeto *navigator* contiene información acerca de las capacidades del navegador en sí.

El objeto *navigator* contiene las propiedades siguientes:

- **appCodeName** El nombre del código del navegador.
- **appName** El nombre del navegador.
- **appVersion** La versión del navegador.
- **cookieEnabled** Un booleano que represente si el navegador está activado para los cookies desde el lado del cliente.
- **userAgent** La cadena de agente de usuario que envía el navegador al servidor a través de HTTP cuando se establece una conexión.

El objeto *navigator* contiene los métodos siguientes:

- **javaEnabled()** Proporciona true si Java está habilitado en el navegador utilizado; y false si Java no está habilitado.
- **taintEnabled()** Proporciona true si está disponible el tintado de datos, y false en caso contrario. Este método siempre proporciona false en Internet Explorer 4.0.

Objeto *event*

El objeto *event* contiene gran cantidad de información acerca del estado del navegador, que puede ser útil para los programas cuando se desencadene el suceso.

El objeto *event* contiene las propiedades siguientes:

- **altKey** Verdadero si estaba pulsada la tecla Alt cuando se produjera el suceso, falso en caso contrario.
- **button** El botón del ratón que se ha pulsado: 0 si no se ha pulsado ningún botón, 1 si se ha pulsado el botón izquierdo, 2 si se ha pulsado el botón derecho y 4 si se ha pulsado el botón intermedio.
- **cancelBubble** Verdadero si el suceso actual tiene que burbujear por la jerarquía de sucesos, falso en caso contrario.
- **clientX** La posición X del ratón en relación con la zona cliente de la ventana.
- **clientY** La posición Y del ratón en relación con la zona cliente de la ventana.
- **ctrlKey** Verdadero si estaba pulsada la tecla Ctrl cuando se produjera el suceso, falso en caso contrario.
- **fromElement** El último elemento sobre el que ha estado el ratón antes de estar sobre el presente elemento.
- **keyCode** El código de la tecla que se ha pulsado cuando se produjera el suceso.
- **offsetX** La posición X del ratón cuando se produjo el suceso en relación con el contenedor que haya recibido el suceso.
- **offsetY** La posición Y del ratón cuando se produjo el suceso en relación con el contenedor que haya recibido el suceso.
- **reason** La situación actual del objeto de transferencia de datos. Puede encontrarse en uno de entre tres estados: 0, los datos se han transferido con éxito; 1, se abortó la transferencia de datos, y 2, hubo un error en la transmisión de datos.
- **returnValue** El valor proporcionado por el suceso.
- **screenX** La posición X del ratón en relación con el tamaño de la pantalla, y no de la ventana del navegador.
- **screenY** La posición Y del ratón en relación con el tamaño de la pantalla, y no de la ventana del navegador.
- **shiftKey** El estado de la tecla Mayúsculas cuando se produjo el suceso. El valor es verdadero si estaba pulsada, falso en caso contrario.
- **srcElement** El elemento que haya desencadenado originalmente el suceso que ahora se está gestionando.
- **srcFilter** El objeto *filter* que haya desencadenado el suceso *onfilterchange*.
- **toElement** El elemento al que haya pasado el ratón después de abandonar el elemento actual.
- **type** El nombre del suceso en forma de cadena. El nombre del suceso se obtiene sin el prefijo «on». Consiguientemente, «onmouseover» sería solamente «mouseover.»
- **X** La posición X del objeto *mouse* cuando se haya desencadenado el suceso, en relación con el objeto predecesor más próximo que se haya situado mediante Posicionamiento HEC.
- **Y** La posición Y del objeto *mouse* cuando se haya desencadenado el suceso, en relación con el objeto predecesor más próximo que se haya situado mediante Posicionamiento HEC.

Objeto *document*

El objeto *document* representa el documento HTML que se esté visualizando actualmente en la ventana del navegador. Se puede utilizar el objeto *document* para obtener información acerca del documento y modificar el contenido del documento.

El objeto *document* contiene las propiedades siguientes:

- **activeElement** El elemento que posee el foco.
- **alinkColor** El color del enlace activo.
- **bgColor** El color de fondo de la página.
- **body** El objeto *body* para este documento.
- **cookie** El valor de cadena del cookie actual.
- **domain** El dominio de seguridad del documento.
- **fgColor** El color del texto del documento.
- **lastModified** La fecha de la última modificación del documento.
- **linkColor** El color de los enlaces en el documento.
- **location** El objeto *location* para este documento.
- **parentWindow** La ventana que contiene a este documento.
- **readyState** El estado actual del documento. Los valores posibles son los siguientes:

  - **complete** Si el documento está cargado.
  - **interactive** Si el documento no está completamente cargado pero el usuario puede interactuar con él.
  - **loading** Si el documento está en el proceso de descarga.
  - **uninitialized** cuando el documento está en el proceso de descarga pero todavía no está cargado en la ventana del navegador.

- **referrer** La URL de la posición visualizada antes que la actual.
- **selection** El objeto *selection* para este documento.
- **title** El título de este documento.
- **URL** La URL de este documento.
- **vlinkColor** El color de los enlaces ya visitados en este documento.

El objeto *document* contiene los métodos siguientes:

- **clear()** Borra el chorro de salida del documento y transmite al documento los datos que estuvieran en el chorro.
- **close()** Cierra el chorro de salida del documento.
- **createElement()** Crea un nuevo elemento IMG u OPTION.
- **elementFromPoint()** Dada una posición X e Y como argumentos, este método proporciona el elemento situado en ese punto.
- **execCommand()** Ejecuta un mandato aplicado a una selección o intervalo de texto.
- **open()** Abre un chorro que recoge la salida de métodos *write* o *writeln*.
- **queryCommandEnabled()** Proporciona true si el mandato que se le pasa como argumento está habilitado, false en caso contrario.

- **queryCommandIndeterm()** Proporciona true si el mandato que se le pasa se encuentra en un estado indeterminado.
- **queryCommandState()** Proporciona true si el mandato que se le pasa ya ha sido ejecutado.
- **queryCommandSupported()** Proporciona true si el mandato que se le pasa es admitido por el navegador.
- **queryCommandText()** Proporciona la cadena asociada al mandato pasado como argumento.
- **queryCommandValue()** Proporciona el valor del mandato pasado como argumento.
- **write()** Escribe en el documento la expresión HTML pasada como argumento.
- **writeln()** Escribe en el documento la expresión HTML pasada como argumento, seguida por un retorno de carro.

Objeto *selection* El objeto *selection* permite que los guiones accedan a la información que el usuario haya resaltado en ese momento con el ratón.

El objeto *selection* contiene una propiedad, *type*, que indica el tipo de la selección. La propiedad *type* puede tener uno de entre dos valores —0, si no hay un punto de inserción para la selección, ó 1, si la selección es una selección de texto y de hecho hay un punto de inserción.

El objeto *selection* contiene los métodos siguientes:

- **clear()** Borra el contenido de la selección.
- **createRange()** Crea un intervalo de texto asociado a la selección.
- **empty()** Deja sin seleccionar la selección actual.

Objeto *body* El objeto *body* contiene información acerca de los elementos HTML que forma la parte visible del documento HTML en la ventana actual del navegador.

El objeto *body* contiene las propiedades siguientes:

- **accessKey** El equivalente de teclado para el cuerpo.
- **background** La imagen que se encuentra en el fondo del cuerpo.
- **bgColor** El color de fondo del cuerpo.
- **bgProperties** Las propiedades de la imagen de fondo, tales como si la imagen se desplaza o no en la página.
- **bottomMargin** El margen inferior en píxeles para el cuerpo de la página.
- **className** El nombre de la clase HEC asociada al cuerpo de la página.
- **clientHeight** La altura del cuerpo en píxeles.
- **clientWidth** La anchura del cuerpo en píxeles.
- **document** El objeto *document* del cuerpo.
- **id** El identificador HEC del cuerpo.
- **innerHTML** El código HTML que se encuentra entre los marcadores inicial y final del cuerpo.
- **innerText** El código HTML code que se encuentra entre los marcadores inicial y final del cuerpo, representado sólo como texto.
- **isTextEdit** Si el intervalo de texto se puede o no modificar. True si se puede, false en caso contrario.
- **lang** El código ISO del lenguaje que se está empleando. Observe que no se trata del lenguaje de guiones, sino del lenguaje escrito que se esté empleando.

- **language** Especifica el lenguaje de guiones de computadora en que está escrito el guión considerado.
- **leftMargin** El margen izquierdo de toda la página representado en píxeles.
- **offsetHeight** La altura del cuerpo en píxeles, en relación con el predecesor.
- **offsetLeft** La posición izquierda del cuerpo en píxeles, en relación con el predecesor.
- **offsetParent** El objeto que contiene el cuerpo y proporciona el desplazamiento.
- **offsetTop** La posición superior del cuerpo en píxeles, en relación con el predecesor.
- **offsetWidth** La anchura del cuerpo en píxeles, en relación con el predecesor.
- **parentElement** El elemento predecesor del cuerpo.
- **parentTextEdit** El siguiente elemento dentro de la jerarquía de objetos en que se puede crear un intervalo de texto.
- **rightMargin** El margen derecho de toda la página representado en píxeles.
- **scroll** Si las barras de desplazamiento están activadas o no. Si vale «yes», están activadas; si vale «no» están desactivadas.
- **scrollHeight** La altura de desplazamiento del cuerpo en píxeles, incluyendo el contenido que no sea visible.
- **scrollLeft** El espacio en píxeles que media entre el borde izquierdo del cuerpo y el borde izquierdo visible actualmente para el usuario en la ventana del navegador.
- **scrollTop** El espacio en píxeles que media entre el borde superior del cuerpo y el borde superior visible actualmente para el usuario en la ventana del navegador.
- **scrollWidth** La altura de desplazamiento del cuerpo en píxeles, incluyendo el contenido no visible.
- **sourceIndex** La posición del cuerpo en el índice de origen del documento.
- **style** La hoja de estilo interna del cuerpo.
- **tabIndex** El índice de tabulación del cuerpo.
- **tagName** El marcador del elemento actual (el marcador de cuerpo).
- **text** El color del texto del cuerpo.
- **title** Una descripción para el cuerpo.
- **topMargin** El margen superior de toda la página medido en píxeles.

El objeto *body* contiene los métodos siguientes:

- **blur()** Hace que el objeto *body* pierda el foco del ratón y del teclado.
- **click()** Simula que el usuario hace clic con el ratón.
- **contains()** Proporciona true si el elemento pasado como argumento está contenido en el cuerpo, false en caso contrario.
- **createTextRange()** Crea un intervalo de texto formado por el cuerpo.
- **focus()** Hace que el cuerpo reciba el foco del teclado y del ratón.
- **getAttribute()** Proporciona al valor del atributo pasado como argumento.
- **insertAdjacentHTML()** Inserta en el cuerpo el código HTML que se pasa como argumento.
- **insertAdjacentText()** Inserta en el cuerpo el texto pasado como argumento.
- **removeAttribute()** Elimina del cuerpo el atributo pasado como argumento.
- **scrollIntoView()** Desplaza el cuerpo hasta que queda a la vista.
- **setAttribute()** Da valor al atributo pasado como argumento.

Colección *anchors* La colección *anchors* contiene todos los elementos que contiene un marcador <A>. Las anclas se utilizan normalmente en los documentos para especificar enlaces de centros remotos, tal como en el ejemplo siguiente:

```
<A HREF="http://www.microsoft.com">Central de Microsoft</A>
```

Colección *links* La colección *links* contiene todos los hiperenlaces del documento. Esta colección contiene todos los elementos de la colección *anchors*, y además todos los elementos que hacen uso del marcador <AREA>.

Colección *images* La colección *images* contiene todas las imágenes del documento. Se define un imagen como cualquier elemento que se utilice en el marcador IMG de HTML. Las imágenes que se producen sin el marcador IMG, tales como las procedentes de un applet en Java o de un control ActiveX no estarán presentes en esta colección. Todas estas imágenes están contenidas también en la colección *applets*.

Colección *forms* La colección *forms* contiene todos los formularios que estén presentes en el documento. Se define un formulario como cualquier elemento que haga uso del marcador FORM de HTML. HTML Dinámico permite colocar clientes de interfaz de usuario fuera de los formularios, pero es importante tener en cuenta que esos controles no formarán parte de la colección *forms*.

Colección *applets* Dado el uso del término applets en esa colección, podría parecer que sólo contiene applets de Java. Lo cierto es que la colección *applets* contiene todos los «objetos» del documento.

Microsoft define los elementos siguientes como «objetos» que aparecerán en la colección *applets*:

- **applets** Elementos que tienen el marcador <APPLET>.
- **embeds** Elementos que tienen el marcador <EMBED>.
- **images** Todas las imágenes del documento, que normalmente se especificarán con el marcador <IMG>.
- **objects** Todo elemento que utilice el marcador <OBJECT>.
- **intrinsic controls** Son los controles incorporados en Internet Explorer 4.0 por omisión.

Colección *embeds* La colección *embeds* contiene todo el contenido incrustado (aditamentos, *plugins*) del documento. Los *plugins* son programas que se han integrado con el navegador para incrementar su funcionalidad. Un buen ejemplo de *plugin* es Real Audio Player.

Colección *styleSheets* La colección *styleSheets* contiene todas las hojas de estilo del documento en curso. Existe una hoja de estilo por cada aparición de un elemento LINK o de estilo en el documento.

Colección *plugins* La colección *plugins* es un alias de la colección *embeds*.

Colección *frames* La colección *frames* contiene todos los marcos del documento. En HTML, los marcos se consideran ventanas a su vez, así que esta colección contiene objetos *window* en lugar de los elementos del marco en sí.

Colección *scripts* La colección *scripts* contiene todos los guiones del documento. Los guiones en sí están representados como un texto puro y se pueden recuperar como un texto puro.

Colección *all* La colección *all* abarca todo el contenido de la página. Esto se hace incluyendo todos los elementos de HTML que constituyan el documento.

Colección *filters* La colección *filters* contiene todos los filtros multimedia de HTML Dinámico que haya en el documento. Los filtros permiten modificar el aspecto visible de cualquier elemento sobre la marcha. Por ejemplo, un filtro *blur* hace que el contenido de un elemento se vuelva difuso.

Y a continuación...

Los guiones de objetos, métodos, propiedades y colecciones constituyen los fundamentos de HTML Dinámico, y merece la pena estudiarlos detalladamente. El Capítulo 6 presenta estos objetos, métodos, propiedades y colecciones, y explora la forma en que encajan con el resto de HTML Dinámico.

Apéndice

Centro Web *online* de Edición Especial HTML Dinámico

El centro Web de Edición Especial HTML Dinámico se hallará en **http://www.que-corp.com/**. Este centro tiene como misión ofrecer enlaces de las referencias citadas en el texto, y también servirá como fuente para el código y los ejemplos que se han utilizado en este libro. Todas las páginas dadas como ejemplos están en el centro, y el código fuente de estos ejemplos se puede descargar también en forma de un archivo zip.

Utilización del centro Web

Para aprovechar por completo el centro Web de Edición Especial HTML Dinámico, es importante hacer uso de la última versión de Internet Explorer 4.0 de Microsoft. Dado que HTML Dinámico no es en la actualidad un estándar admitido en Internet, la mayoría de las técnicas de este centro son aplicables únicamente a Internet Explorer. Aun cuando algunas de las técnicas podrían funcionar con Netscape Navigator, la implementación de HTML Dinámico hecha por Netscape no es tan robusta como la de Microsoft, así que los usuarios de Netscape tendrán que proceder con cautela. El centro está dividido en tres secciones:

- Recursos *online*.
- Ejemplos de los capítulos de HTML Dinámico.
- Archivos Zip del código.

Recursos online

La sección de recursos *online* del centro contiene enlaces de centros populares de HTML Dinámico, materiales de referencia y otros cursos programados que podrán encontrarse en la red. Estos enlaces están divididos en tres secciones:

- **HTML Dinámico** Esta sección contiene enlaces de centros dedicados a HTML Dinámico, y de materiales de referencia para HTML Dinámico.

- **Hojas de Estilo en Cascada** Esta sección contiene enlaces de materiales de referencia para las Hojas de Estilo en Cascada y para el posicionamiento HEC.
- **Lenguajes de guiones** Esta sección contiene enlaces de materiales de referencia para JavaScript y VBScript.

HTML Dinámico

HTML Dinámico es tanto una colección de tecnologías como una nueva tecnología, destinada a incrementar la funcionalidad del navegador. Dado que todavía no existe un estándar de HTML Dinámico, es importante conocer los cambios de las versiones propias de los distintos fabricantes. Si se conocen las últimas implementaciones de HTML Dinámico, será posible mantener actualizadas nuestras páginas, para que el centro tenga siempre su mejor aspecto.

En las secciones siguientes se hallarán enlaces de los centros de red de HTML Dinámico más importantes en la actualidad. Visite frecuentemente estos centros, en busca de materiales de referencia y de noticias de última hora en lo tocante a HTML Dinámico.

Página principal de HTML Dinámico de Microsoft La página principal de HTML Dinámico de Microsoft forma parte de la Microsoft Site Builder Network. En esta página se hallarán cursos programados, FAQ, noticias y enlaces de otros recursos de HTML Dinámico. Esta es una de las páginas más exhaustivas de la red en lo tocante a HTML Dinámico.

http://www.microsoft.com/workshop/author/dhtml/

Microsoft Dynamic HTML Gallery Microsoft Dynamic HTML Gallery es un centro de demostración de lo que se puede hacer, y se está haciendo, con HTML Dinámico. Esta página es un excelente recurso para ver como se hacen las cosas, y para generar ideas relativas a la forma en que HTML Dinámico puede mejorar nuestros centros.

http://microsoft.com/gallery/files/html/

Microsoft Internet Client SDK Microsoft Internet Client SDK es un recurso exhaustivo para desarrolladores, en todos los aspectos del desarrollo de centros para la red. Considere este centro como la referencia final y la última autoridad para HTML Dinámico.

http://microsoft.com/msdn/sdk/inetsdk/help/default.htm

Microsoft Data Source Object Gallery Microsoft Data Source Object Gallery contiene ejemplos relativos a la forma en que se puede integrar información de una base de datos en un centro de red. Si se está estudiando la consciencia de datos y las características de enlazado de datos de HTML Dinámico, este centro es un recurso valioso.

http://microsoft.com/gallery/files/datasrc/

The DHTMLZone DHTMLZone es un centro de Macromedia dedicado a seguir la pista de HTML Dinámico. Contiene artículos, noticias, ejemplos y demostraciones de HTML Dinámico en la red, incluyendo la implementación de Netscape.

http://www.dhtmlzone.com/

W3C Document Object Model   La página W3C Document Object Model señala las especificaciones técnicas del modelo de objetos en que está basado HTML Dinámico. Este centro es una excelente referencia técnica.

http://www.microsoft.com/workshop/prog/ie4/dom.htm

Hojas de Estilo en Cascada

La tecnología de Hojas de Estilo en Cascada es parte integrante de HTML Dinámico. dado que las hojas de estilo tienen importancia capital para DHTML, también hay que ser consciente de las tendencias y cambios habidos en las recomendaciones de HEC y de posicionamiento HEC.

Los centros siguientes pueden proporcionar noticias, información y materiales de referencia relacionados con las Hojas de Estilo en Cascada.

W3C Cascading Style Sheets Home Page   Style Sheets Home Page del World Wide Web Consortium contiene enlaces de materiales de todo tipo relacionados con las Hojas de Estilo en Cascada, incluyendo referencias técnicas, cursos programados y recortes de prensa.

http://www.w3.org/Style/

W3C Cascading Style Sheets Level 1 Recommendation   Esta es la recomendación oficial de las Hojas de Estilo en Cascada, según lo ha determinado el W3C. Es la referencia técnica final para las HEC.

http://www.w3.org/pub/WWW/TR/WD-css1

W3C CSS Positioning Proposal   Aquí se hallará la propuesta de trabajo en curso para la recomendación de posicionamiento de Hojas de Estilo en Cascada. Dado que es un borrador de trabajo, quizá sea necesario revisarlo periódicamente para estar al día en lo tocante a posibles cambios.

http://www.w3.org/TR/WD-positioning

Microsoft Guide to Style Sheets   Microsoft Guide to Style Sheets contiene cursos programados e información específica para la implementación de Microsoft de las hojas de estilo en Internet Explorer.

http://www.microsoft.com/workshop/author/css/css-f.htm

Microsoft Style Sheets Gallery   Microsoft Style Sheets Gallery forma parte de la Site Builder Network, y ofrece demostraciones de lo que están haciendo los diseñadores con las Hojas de Estilo. Es buen lugar para generar ideas y para ver «cómo se hace».

http://www.microsoft.com/gallery/files/styles/default.htm

Microsoft Typography Style Sheet Demo Pages Otro centro de tipo «galería» para estilos, creado por Microsoft y que demuestra lo que se pueden hacer con las HEC, especialmente en lo tocante a tipografía y composición.

http://www.microsoft.com/truetype/css/gallery/entrance.htm

Lenguajes de guiones

HTML Dinámico hace mucho uso de los lenguajes de guiones, tanto JavaScript como VBScript. Dado que JavaScript y VBScript no son exclusivos de HTML Dinámico, se podrían hacer cambios en los lenguajes de guiones que afectasen a nuestras páginas de DHTML. Un conocimiento actualizado del lenguajes de guiones que seleccionemos podría evitar problemas. Las páginas de las secciones siguientes proporcionan lugares de referencia para ambos lenguajes.

Netscape JavaScript Guide Netscape JavaScript Guide proporciona información y cursos programados de JavaScript, el lenguaje de guiones que se utiliza en este libro. Este centro es un buen lugar para aprender JavaScript y para buscar ejemplos.

http://home.netscape.com/eng/mozilla/3.0/handbook/javascript/index.html

Netscape JavaScript Reference Netscape JavaScript Reference es una referencia exhaustiva de JavaScript. Es de naturaleza técnica, pero también será un recurso valioso cuando se codifique en JavaScript.

http://developer.netscape.com/library/documentation/communicator/jsref/index .htm

Microsoft JScript Home Microsoft JScript Home es la guía de JavaScript hecha por Microsoft. Aun cuando los centros de Netscape tienden a ser más exhaustivos, este centro puede resultar útil para ver cuáles son las versiones y características de JavaScript que están implementadas en los productos de Microsoft.

http://www.microsoft.com/jscript

Microsoft VBScript Home Microsoft VBScript Home es un excelente punto de partida para recursos de VBScript. El centro contiene enlaces de cursos programados, ejemplos y materiales de referencia.

http://www.microsoft.com/vbscript

Centros interesantes de DHTML

Además de todos los recursos que están disponibles para HTML Dinámico, también resulta ventajoso ver lo que están haciendo en otros centros. Lo que sigue es una lista de centros que son centros «interesantes» de HTML Dinámico. ¿Qué los hace interesantes? Para empezar, el hecho de que utilicen HTML Dinámico. Pero estos centros siempre muestran formas nuevas e innovadoras de utilizar HTML Dinámico para mejorar nuestros propios centros.

Project Cool   Project Cool es un centro que ofrece recursos y herramientas para desarrolladores de Internet. El centro contiene lecciones de HTML Dinámico, y muchos ejemplos.

http://www.projectcool.com/developer/

ActiveIE   ActiveIE es algo más que una página de HTML Dinámico. Dado que HTML Dinámico es sólo una de las muchas características nuevas de Internet Explorer 4.0, este centro ofrece demostraciones de nuevas características y contiene enlaces de documentación, FAQ y demás.

http://www.activeIE.com

IE4 Globe   El IE4 Globe es otro centro de red que ofrece demostraciones de las nuevas características de Internet Explorer 4.0. Gran parte de él está dedicada a HTML Dinámico, y muestra recortes de prensa, ejemplos y referencias.

http://www.pconline.com/~mf5/ie4/

Ejemplos de código

Los ejemplos siguientes de Aplique HTML Dinámico se pueden ver en el centro, y se corresponden con los listados de código numerados que aparecen en el texto.

Capítulo 4:   Introducción a las Hojas de Estilo en Cascada

- Un ejemplo de hoja de estilo global (global.css)
- Un ejemplo de hoja de estilo local (local.css)
- 4.1   Un ejemplo de definiciones de estilo en conflicto (ch04ex01.htm)
- 4.2   Anidamiento de estilos (ch04ex02.htm)
- 4.3   Más anidamiento de estilos (ch04ex03.htm)

Capítulo 5:   Introducción a JavaScript

- 5.1   Hola mundo en JavaScript (ch05ex01.htm)
- 5.2   Modificación del contenido de una variable (ch05ex02.htm)
- 5.3   Utilización de la función Eval (ch05ex03.htm)
- 5.4   Construcción de funciones propias (ch05ex04.htm)
- 5.5   Un programa de fechas en JavaScript (ch05ex05.htm)

Capítulo 6: Modelo de objetos de HTML Dinámico

- 6.1 Recuento de párrafos mediante la colección *document.all* (ch06ex01.htm)
- 6.2 Examen de las propiedades de un elemento (ch06ex02.htm)

Capítulo 7: Gestión de sucesos

- 7.1 Gestión básica de sucesos en JavaScript (ch07ex01.htm)
- 7.2 Gestión de sucesos en elementos arbitrarios de HTML (ch07ex02.htm)

Capítulo 8: Estilos dinámicos

- 8.1 Modificación de un estilo de tipo de letra (ch08ex01.htm)
- 8.2 Modificación del tamaño de un tipo de letra(ch08ex02.htm)
- 8.3 Modificación del color de un tipo de letra (ch08ex03.htm)
- 8.4 Ocultamiento de un elemento mediante *visibility* (ch08ex04.htm)
- 8.5 Ejemplo Cucú-Tastas (peekaboo.html)
- 8.6 Un esquema en expansión (outline.html)

Capítulo 9: Maquetación y posicionamiento

- 9.1 Un ejemplo de posicionamiento absoluto (ch09ex01.htm)
- 9.2 Un ejemplo de posicionamiento relativo (ch09ex02.htm)
- 9.3 Un ejemplo de posicionamiento estático (ch09ex03.htm)
- 9.4 Comparaciones de posicionamiento (ch09ex04.htm)
- 9.5 Ejemplo de columna (ch09ex05.htm)
- 9.6 Ejemplo de desbordamiento (ch09ex06.htm)
- 9.7 Ejemplo de recorte (ch09ex07.htm)
- 9.8 Ejemplo de capas (ch09ex08.htm)
- 9.9 Otro ejemplo (ch09ex09.htm)
- 9.10 Ejemplo de visibilidad (ch09ex10.htm)
- 9.11 Ejemplo de animación (ch09ex11.htm)

Capítulo 10: Contenido dinámico

- 10.1 Intervalos de texto (ch10ex01.htm)
- 10.2 Borrado de una página mediante intervalos de texto (ch10ex02.htm)
- 10.3 Manipulación de texto mediante intervalos de texto (ch10ex03.htm)
- 10.4 Modificación de estilos y contenidos con intervalos de texto (ch10ex04.htm)

Capítulo 11: Introducción al enlazado de datos

- 11.1 Enlazado de tabla repetida (ch11ex01.htm)
- 11.2 Enlazado de valor único (ch11ex02.htm)

Capítulo 12: Utilización de Objetos Fuentes de Datos

- 12.1 Navegación en un conjunto de registros (ch12ex01.htm)
- 12.2 Ejemplo de clasificación (ch12ex02.htm)

Capítulo 13: Introducción a multimedia

- 13.1 Escalado de una imagen (ch13ex01.htm)
- 13.2 Reducción de una imagen por escalado (ch13ex02.htm)
- 13.3 Utilización del escalado para crear una transición (ch13ex03.htm)
- 13.4 Desplazamiento de imágenes por posicionamiento (ch13ex04.htm)

Capítulo 14: Transiciones multimedia

- 14.1 Creación de una transición entre imágenes (ch14ex01.htm)

Capítulo 15: Filtros multimedia y controles ActiveX

- 15.1 Filtro X-Ray (ch15ex01.htm)
- 15.2 Filtro Drop Shadow (ch15ex02.htm)
- 15.3 Filtro Flip Horizontal (ch15ex03.htm)
- 15.4 Filtro Flip Vertical (ch15ex04.htm)
- 15.5 Filtro Gray (ch15ex05.htm)
- 15.6 Filtro Invert (ch15ex06.htm)
- 15.7 Filtro Lights (ch15ex07.htm)
- 15.8 Filtro Blur (ch15ex08.htm)
- 15.9 Filtro Alpha (ch15ex09.htm)
- 15.10 Filtro Shadow (ch15ex10.htm)
- 15.11 Filtro Wave (ch15ex11.htm)

Capítulo 16: Ponerle la cola al burro

- Ponerle la cola al burro (PinTheTail.html)

Capítulo 17: Explicación del baloncesto

- Explicación del baloncesto (BBTutorial.html)

Capítulo 18: Construcción de un catálogo *online*

- 18.1 Fundamentos del Catálogo *online* (catalog1.htm)
- 18.2 El catálogo *online* con el mecanismo de clasificación ya instalado (catalog2.htm)
- 18.3 El catálogo *online* de Burnham Brothers, versión final (catalog.htm)

Capítulo 19: Construcción del juego de vídeo Smashout

Apéndice G: Consejos y utilidades de HTML Dinámico

Archivo Zip del código fuente

Todo el código fuente y los archivos de imágenes correspondientes a los ejemplos utilizados en Edición Especial HTML Dinámico se hallarán en el archivo CompleteCode.zip.

Nota: *Para los usuarios de Macintosh, sigue siendo posible descargar y descomprimir el archivo .zip empleando StuffIt Expander.*

Este archivo contiene todos los ejemplos de código utilizados, y todos los archivos de gráficos necesarios. Se puede descargar y extraer en el disco local, para eliminar tiempos de descarga y hacer posible la edición y modificación del código.

Apéndice

Carta hexadecimal adecuada para navegadores

Ofrecer una página monocromática en la red puede significar, en la mayoría de los casos, una muerte instantánea en lo que a traer visitantes a nuestro centro se refiere. Una utilización sensata y estéticamente atractiva del color puede dar profundidad e incluso ayudar a estructurar la información de una página.

Con las hojas de estilo para la red, el color se vuelve un asunto aún más importante debido a la interacción entre el texto y el fondo. Para llegar a un esquema de colores que tenga éxito para nuestro centro, hay que asegurarse de que todos los navegadores muestren de igual modo los colores de nuestro centro.

Dos de las formas en que se puede especificar el color en código HTML para nuestra página son indicar su valor RGB en hexadecimal e indicar un nombre de color. Por ejemplo, para especificar que un tipo de letra debería aparecer como BlueViolet, se utilizaría el valor RGB dentro del código tal como se muestra en la línea siguiente:

```
<font color= "#8A2BE2">
```

De igual modo, se podría especificar ese mismo color empleando su nombre de color, según se muestra en la línea siguiente:

```
<font color= "BlueViolet">
```

Independientemente del modo de especificar el color que se emplee en nuestro código HTML, la tabla siguiente ofrece una referencia completa de los colores X11 que admiten las versiones actuales de los navegadores de red de Microsoft y de Netscape, y que empleará la mayoría de los visitantes de nuestro centro. Cada color se indica mediante un nombre de color, el código RGB en hexadecimal y el código decimal que se puede emplear para especificar ese color en Photoshop o en cualquier software de tratamiento de imágenes que se pueda estar utilizando.

Tabla F.1 Carta hexadecimal adecuada para navegadores

Nombre del color	Código RGB	Código decimal
AliceBlue	#F0F8FF	240,248,255
AntiqueWhite	#FAEBD7	250,235,215
Aqua	#00FFFF	0,255,255
Aquamarine	#7FFFD4	127,255,212
Azure	#F0FFFF	240,255,255
Beige	#F5F5DC	245,245,220
Bisque	#FFE4C4	255,228,196
Black	#000000	0,0,0
BlanchedAlmond	#FFEBCD	255,235,205
Blue	#0000FF	0,0,255
BlueViolet	#8A2BE2	138,43,226
Brown	#A52A2A	165,42,42
BurlyWood	#DEB887	222,184,135
CadetBlue	#5F9EA0	95,158,160
Chartreuse	#7FFF00	127,255,0
Chocolate	#D2691E	210,105,30
Coral	#FF7F50	255,127,80
CornflowerBlue	#6495ED	100,149,237
Cornsilk	#FFF8DC	255,248,220
Crimson	#DC143C	220,20,60
Cyan	#00FFFF	0,255,255
DarkBlue	#00008B	0,0,139
DarkCyan	#008B8B	0,139,139
DarkGoldenrod	#B8860B	184,134,11
DarkGray	#A9A9A9	169,169,169
DarkGreen	#006400	0,100,0
DarkKhaki	#BDB76B	189,183,107
DarkMagenta	#8B008B	139,0,139
DarkOliveGreen	#556B2F	85,107,47
DarkOrange	#FF8C00	255,140,0
DarkOrchid	#9932CC	153,50,204
DarkRed	#8B0000	139,0,0
DarkSalmon	#E9967A	233,150,122
DarkSeagreen	#8FBC8F	143,188,143
DarkSlateBlue	#483D8B	72,61,139
DarkSlateGray	#2F4F4F	47,79,79
DarkTurquoise	#00CED1	0,206,209
DarkViolet	#9400D3	148,0,211
DeepPink	#FF1493	255,20,147
DeepSkyBlue	#00BFFF	0,191,255
DimGray	#696969	105,105,105
DodgerBlue	#1E90FF	30,144,255
FireBrick	#B22222	178,34,34
FloralWhite	#FFFAF0	255,250,240
ForestGreen	#228B22	34,139,34
Fuchsia	#FF00FF	255,0,255
Gainsboro	#DCDCDC	220,220,220
GhostWhite	#F8F8FF	248,248,255

Nombre del color	Código RGB	Código decimal
Gold	#FFD700	255,215,0
Goldenrod	#DAA520	218,165,32
Gray	#808080	128,128,128
Green	#008000	0,128,0
GreenYellow	#ADFF2F	173,255,47
Honeydew	#F0FFF0	240,255,240
HotPink	#FF69B4	255,105,180
IndianRed	#CD5C5C	205,92,92
Indigo	#4B0082	75,0,130
Ivory	#FFFFF0	255,255,240
Khaki	#F0E68C	240,230,140
Lavender	#E6E6FA	230,230,250
LavenderBlush	#FFF0F5	255,240,245
LawnGreen	#7CFC00	124,252,0
LemonChiffon	#FFFACD	255,250,205
LightBlue	#ADD8E6	173,216,230
LightCoral	#F08080	240,128,128
LightCyan	#E0FFFF	224,255,255
LightGoldenrodYellow	#FAFAD2	250,250,210
LightGreen	#90EE90	144,238,144
LightGrey	#D3D3D3	211,211,211
LightPink	#FFB6C1	255,182,193
LightSalmon	#FFA07A	255,160,122
LightSeaGreen	#20B2AA	32,178,170
LightSkyBlue	#87CEFA	135,206,250
LightSlateGray	#778899	119,136,153
LightSteelBlue	#B0C4DE	176,196,222
LightYellow	#FFFFE0	255,255,224
Lime	#00FF00	0,255,0
LimeGreen	#32CD32	50,205,50
Linen	#FAF0E6	250,240,230
Magenta	#FF00FF	255,0,255
Maroon	#800000	128,0,0
MediumAquamarine	#66CDAA	102,205,170
MediumBlue	#0000CD	0,0,205
MediumOrchid	#BA55D3	186,85,211
MediumPurple	#9370DB	147,112,219
MediumSeaGreen	#3CB371	60,179,113
MediumSlateBlue	#7B68EE	123,104,238
MediumSpringGreen	#00FA9A	0,250,154
MediumTurquoise	#48D1CC	72,209,204
MediumVioletRed	#C71585	199,21,133
MidnightBlue	#191970	25,25,112
MintCream	#F5FFFA	245,255,250
MistyRose	#FFE4E1	255,228,225
Moccasin	#FFE4B5	255,228,181
NavajoWhite	#FFDEAD	255,222,173
Navy	#000080	0,0,128
OldLace	#FDF5E6	253,245,230

(continúa)

Tabla F.1 Carta hexadecimal adecuada para navegadores *(Continuación)*

Nombre del color	Código RGB	Código decimal
Olive	#808000	128,128,0
OliveDrab	#6B8E23	107,142,35
Orange	#FFA500	255,165,0
OrangeRed	#FF4500	255,69,0
Orchid	#DA70D6	218,112,214
PaleGoldenrod	#EEE8AA	238,232,170
PaleGreen	#98FB98	152,251,152
PaleTurquoise	#AFEEEE	175,238,238
PaleVioletRed	#DB7093	219,112,147
PapayaWhip	#FFEFD5	255,239,213
PeachPuff	#FFDAB9	255,218,185
Peru	#CD853F	205,133,63
Pink	#FFC0CB	255,192,203
Plum	#DDA0DD	221,160,221
PowderBlue	#B0E0E6	176,224,230
Purple	#800080	128,0,128
Red	#FF0000	255,0,0
RosyBrown	#BC8F8F	188,143,143
RoyalBlue	#4169E1	65,105,225
SaddleBrown	#8B4513	139,69,19
Salmon	#FA8072	250,128,114
SandyBrown	#F4A460	244,164,96
SeaGreen	#2E8B57	46,139,87
Seashell	#FFF5EE	255,245,238
Sienna	#A0522D	160,82,45
Silver	#C0C0C0	192,192,192
SkyBlue	#87CEEB	135,206,235
SlateBlue	#6A5ACD	106,90,205
SlateGray	#708090	112,128,144
Snow	#FFFAFA	255,250,250
SpringGreen	#00FF7F	0,255,127
SteelBlue	#4682B4	70,130,180
Tan	#D2B48C	210,180,140
Teal	#008080	0,128,128
Thistle	#D8BFD8	216,191,216
Tomato	#FF6347	255,99,71
Turquoise	#40E0D0	64,224,208
Violet	#EE82EE	238,130,238
Wheat	#F5DEB3	245,222,179
White	#FFFFFF	255,255,255
WhiteSmoke	#F5F5F5	245,245,245
Yellow	#FFFF00	255,255,0
YellowGreen	#9ACD32	154,205,50

Apéndice

Consejos y utilidades de HTML Dinámico

El mundo de HTML Dinámico, aun cuando está en su infancia, se ha expandido enorme-mente desde la presentación de los primeros navegadores que admitían la manipulación dinámica de contenido en documentos HTML. Ahora el ojo del público está en Internet Explorer 4.0, el nuevo navegador y la nueva actualización de sistema operativo de Micro-soft. Si ha evaluado Internet Explorer 4.0 a través de sus versiones previas, comprenderá las dificultades implicadas en el intento de hacer que todo funcionara. Además, dada la escasez de documentación en determinadas ocasiones, la tarea del escritor y del desarro-llador resultaba aún mas difícil que con Internet Explorer 3.0

Este apéndice está basado en el navegador Internet Explorer 4.0, Platform Preview Re-lease 2, que refleja el elevado número de características y ventajas de este navegador. Es pro-bable que la mayor parte de la información contenida en este apéndice no cambie en las ver-siones posteriores. Este apéndice, aun cuando tiene la intención de ofrecer un suplemento del material contenido en el libro, no es en modo alguno una guía de todas las maravillas que se pueden hacer con HTML Dinámico y Internet Explorer 4.0. Ciertamente, el apéndice propor-ciona un foco que permitirá acercarse más a una utilización completa de HTML Dinámico.

Este apéndice proporciona varias aplicaciones de HTML Dinámico, indicaciones, consejos y trucos. Algunos se pueden insertar directamente en una aplicación, y otros se podrán aprovechar con pequeñas modificaciones. Hay otras partes de este apéndice que muestran procedimientos que servirán de ayuda para construir aplicaciones útiles, y otros programas que servirán de ayuda para entender mejor HTML Dinámico y Internet Explo-rer 4.0. Esta información está organizada en la forma siguiente:

- **Utilización de lenguajes de guiones** Los lenguajes de guiones son la savia de HTML Dinámico. Esta sección muestra la forma de utilizarlos del mejor modo posi-ble y presenta algunos conceptos avanzados de programación.
- **Utilización de efectos visuales** Esta sección muestra algunos ejemplos únicos de la funcionalidad de HTML Dinámico en lo tocante a efectos visuales, incluyendo un asistente de filtros y formas interesantes de utilizar el API DirectDraw.
- **Conseguir información del navegador y del documento** Esto es siempre una característica importante, y especialmente para quienes desarrollen contenidos diná-

micos. Esta sección mostrará la forma de acceder a la información del navegador y del documento, y también la forma de manipularla.

- **Aprender más** Esta sección nos orienta hacia recursos adicionales, pero además muestra la forma de analizar ejemplos escritos por otras personas.

Lenguajes de guiones

Dado que los lenguajes de guiones son la savia de HTML Dinámico, es preciso disponer de una completa comprensión de sus aplicaciones, incluyendo el momento en que se debe utilizar una característica específica o un determinado tipo de sintaxis en un lenguaje de guiones o cuando es preferible utilizar un determinado lenguaje de guiones. En la actualidad, Internet Explorer 4.0 admite dos lenguajes de guiones: VBScript y JavaScript.

Todo lo que se incluye en una página HTML se considera *inline*, y lo mismo sucede con los lenguajes de guiones. Los lenguajes de guiones *inline* hacen uso de un arquitectura de «cajas», lo cual significa que están limitados en lo tocante al acceso y utilización que les está permitido en lo tocante al navegador, y a la computadora en última instancia. Esta característica de seguridad no hace que JavaScript o VBScript sean muy potentes en comparación con otros lenguajes, pero sí hace que resulten perfectamente válidos para HTML Dinámico. Por ejemplo, JavaScript suele considerarse un lenguaje de guiones «de caja» como VBScript, pero en los últimos tiempos se han desvelado algunos defectos de seguridad en JavaScript debido a que posee una flexibilidad similar a la de C. Sin embargo, Internet Explorer remedia estos defectos de seguridad.

Uno de los propósitos de esta sección es familiarizarnos con la forma en que se comparan técnicamente JavaScript y VBScript, junto con las ventajas e inconvenientes de cada uno de estos lenguajes. Esto se ilustrará mediante varios ejemplos, que también nos ayudarán a entender mejor HTML Dinámico. Con frecuencia, lo bien o mal que resulte un lenguaje en su utilización parece ser lo más importante, pero una falta de comprensión del funcionamiento interno de ambos lenguajes puede suponer una grave limitación para el desarrollador. Esta sección ofrecerá varios aspectos importantes y frecuentemente ignorados de los lenguajes de guiones: cómo se puede optimar la utilización de cada uno de estos lenguajes de guiones; la recursividad y los procesos infinitos, y lo que probablemente sea más importante: la gestión de errores y la forma en que se puede efectuar una «salida ordenada» para el usuario cuando se produce un error en una de nuestras páginas.

Selección del lenguaje de guiones óptimo

La determinación del lenguaje de guiones que hay que utilizar puede ser tan sencilla como determinar cuál de los lenguajes es el que ofrece mejor funcionalidad para la tareas o aplicación deseada. La toma de esta decisión también se puede complicar cuando se está creando toda una especificación de programa en el seno de una especificación de proyecto, con requisitos y definiciones de procedimientos de primer nivel, y cosas parecidas. Con una gama tan amplia de problemas respecto al lenguaje que se utilizará ¿cómo puede uno tomar una decisión?

Considere este ejemplo: se tiene un formulario para enviar los datos de la página, y se quiere hacer esto manualmente porque se desea un control adicional en lo tocante a la forma en que se transmiten los datos. Por tanto, no se puede enviar el formulario por el procedimiento habitual (el botón Submit). Se desea utilizar el método GET para enviar el formulario: ¿cómo se podría hacer esto? En primer lugar, se sabe que el método GET no admite la mayoría de los caracteres no alfanuméricos, y que utiliza una conversión de texto a ASCII para estos caracteres, traduciendo el valor ASCII entero a un valor hexadecimal. Por tanto, si un usuario enviase los datos «Juan Diz», por ejemplo, sería necesario utilizar el guión para transmitir esto en la forma «Juan%20Diz» en donde %20 es la conversión a hexadecimal del 32, que es el carácter ASCII correspondiente al espacio. Este problema tiene varias soluciones posibles. El primer ejemplo examina una solución en VBScript:

```
'Esto debería estar incrustado en un bloque de guión
...
sub ConvertirParaEnviar(MiCadena)
'Este procedimiento Sub se usa para determinar
'la longitud de una cadena que se pasa a través
'del argumento MiCadena y se usa para analizar la
'cadena para hallar los caracteres que no son
'adecuados para trasmitirlos mediante GET
...
longitMiCadena = len(MiCadena)
for i = 1 to longitMiCadena
    MiLetraActual = left(MiCadena, i)
    ConvertirLetra(MiLetraActual)
    cadCadenaNueva = cadCadenaNueva & MiLetraActual
loop
...
function ConvertirLetra(MiLetra)
'Esta función admite un solo carácter y determina
'si ese carácter no es válido
select case MiLetra
case "!"
        ConvertirLetra = "%21"
Case chr$(32)
        ConvertirLetra = "%20"
...
end select
end function
```

El programa funciona según se describe en el siguiente algoritmo:

1. El procedimiento Sub denominado *ConvertirParaEnviar(MiCadena)* es invocado externamente desde otra parte del programa. Este procedimiento Sub admite un argumento que es la cadena que habrá que codificar.
2. El procedimiento Sub *ConvertirParaEnviar()* determina la longitud de la cadena.
3. Hace uso de esta longitud para recorrer todas las letras de la cadena.
4. En el proceso de recorrido se invoca al procedimiento *Sub ConvertirLetra (MiLetra)* que admite un único carácter como argumento.
5. *ConvertirLetra()* traduce todos los caracteres incorrectos al código hexadecimal adecuado.
6. Se construye una nueva cadena que es adecuada para ser transmitida.

Esta tarea no es demasiado difícil de programar, y posiblemente se podría codificar una aplicación como esta en menos de una hora; sin embargo, la función *escape()* de JavaScript hace esto automáticamente, según se muestra en el ejemplo siguiente:

```
Function ConvertirCadena(MiCadena)
{
//Esta función traduce una cadena y analiza los caracteres no válidos
return escape(MiCadena);
}
```

Basta un par de líneas en JavaScript para lograr lo mismo que se hacía en el ejemplo de VBScript, y si se hubiera codificado ese programa, se habría ahorrado un cierto tiempo en el caso de haber conocido la función. Quizá el lector no conozca JavaScript: ¿qué se puede hacer? Bueno, puede uno resignarse a utilizar el método anterior de JavaScript. Observe también que se puede reutilizar un procedimiento para realizar tareas similares.

Por el momento, tenga en cuenta que la necesidad de una cantidad excesiva de guiones que puede uno encontrar en un lenguaje puede verse reducida significativamente en otro lenguaje. Si se desea traducir fácilmente números entre decimal, octal o hexadecimal, por ejemplo, entonces hay que utilizar VBScript. Por regla general, VBScript tiene mejor manipulación de cadenas. Si se desea un mejor control a la hora de crear nuestros propios objetos, JavaScript tiene la capacidad de crear objetos, pero VBScript no la posee. Por otra parte, VBScript tiene muy buena interfaz con los controles ActiveX y con las applets de Java, y también tiene muy buen manejo de errores. La mejor manera de determinar que lenguaje es el más apropiado para nuestras necesidades puede ser invertir 15 o 20 minutos leyendo la documentación, para ver exactamente lo que puede ofrecer cada lenguaje de guiones.

Recursividad

La recursividad consiste en repetir un proceso una y otra vez. En programación, la recursividad es una herramienta maravillosa. Mediante el uso de recursividad en HTML Dinámico se pueden construir aplicaciones bastante potentes. Desafortunadamente, cuando los manuales describen la recursividad, suelen limitarse a aplicaciones tales como calcular el factorial de un número. El lugar en que la recursividad tiene mayor efecto en HTML Dinámico es en la animación y en los efectos cambiantes en diferentes elementos de una página.

En esta sección se verán algunas aplicaciones básicas de la recursividad, incluyendo un signo de «neón» que se puede colocar directamente en cualquier documento. Este ejemplo se presentará tanto en VBScript como en JavaScript. En cada listado de código se utilizarán algunas características específicas de cada lenguaje para implementar el signo de neón, y se pondrán de manifiesto esas características. La implementación se esas características se utilizará después para poner de manifiesto las ventajas e inconvenientes de cada lenguaje.

Control de la recursividad en VBScript   La recursividad no es difícil de implementar en JavaScript ni en VBScript. De hecho, la recursividad puede ser tan sencilla como implementar un bucle en la forma siguiente:

```
<SCRIPT LANGUAGE="VBSCRIPT">
'Iniciamos las variables
dim x
x = 99
'preparamos los bucles
do until x = -1
    alert x & " botellas de cerveza en la pared"
    x = x -1
loop
</SCRIPT>
```

El bucle *do* repite las sentencias que contiene, y va reduciendo cien veces el número de botellas de cerveza, hasta que finalmente el bucle concluye. Este bucle no resulta práctico para esta tarea, porque evita que el usuario haga ninguna otra cosa; sin embargo, el bucle *do* será útil en otras ocasiones, por ejemplo para obligar a un usuario a que inserte alguna información.

Hay otra forma de recursividad que implica a un procedimiento Sub que se invoca a sí mismo hasta que resulta verdadera una condición dada:

```
<SCRIPT LANGUAGE="VBSCRIPT">
'invoca al procedimiento Sub recursivo
call comprobarNombre()

sub comprobarNombre()
'Esta sub comprueba si es válido un nombre
    InsertaMe = inputbox("Escriba su nombre", "Nombre:")
    if InsertaMe = "Mi Nombre" then
        exit sub
    else
        call comprobarNombre()
    end if
end sub
</SCRIPT>
```

En el listado anterior, el VBScript llama a un procedimiento Sub denominado *comprobarNombre()* que muestra un cuadro de entrada en la pantalla y pide un nombre al usuario. Si el nombre no es válido, entonces se llama continuamente al procedimiento Sub *comprobarNombre()* y se muestra continuamente el cuadro de entrada hasta que se inserta un nombre válido, que en este caso es «Mi Nombre». Esto es una recursividad práctica en acción, pero quizá el lector se pregunte lo que esto tiene que ver con HTML Dinámico. La forma en que la recursividad se presta a HTML Dinámico se mostrará en el ejemplo siguiente.

El signo de neón es un montón de texto que va pasando por un conjunto predefinido de colores, pero lo importante es que esta tarea se realiza por recursividad, empleando hojas de estilo, guiones y el modelo de objetos de guión. La recursividad es lo que hace que giren los engranajes en el listado siguiente, y da lugar al comportamiento perpetuo del desplazamiento de colores. La recursividad de VBScript se muestra en el Listado G.1.

Listado G.1 Programación recursiva en VBScript

```
001. <HTML>
002. <HEAD>
003. <TITLE>Operaciones recursivas en VBScript
004. </TITLE>
005. <SCRIPT LANGUAGE="VBScript">
006. 'iniciación de variables globales
007. 'lngMiTiempo se usa para dar valor inicial a la función setTimeout
008. 'strMiMatrizColor contiene los colores
009. 'intContadorColor se usa para seguir el color seleccionado
010. 'intQueEstilo se usa para determinar si el texto debe o no
011. ' parpadear, o si debe cambiar de color
012. 'bolVarVis se usa para determinar si el texto de CEstilos()
013. ' debe ser o no visible
014. 'intVelocidad sirve para especificar la velocidad de span1
015.
016. dim intContadorColor, lngMiTiempo, IntBorraLongMat, _
017.     intVelocidad, intQueEstilo, objMiSpan, bolVarVis
018. IntBorraLongMat = 4
019. dim strMiMatrizColor(4)
020. intContadorColor = 0
021. intVelocidad = 1000
022. intQueEstilo = 0
023. bolVarVis = true
024. strMiMatrizColor(0) = "#FF89F9"
025. strMiMatrizColor(1) = "#8FF6FF"
026. strMiMatrizColor(2) = "#8E76FF"
027. strMiMatrizColor(3) = "#FF25B3"
028. strMiMatrizColor(4) = "#70FF85"
029. 'Se pueden añadir tantos colores o tan pocos como se quiera a
     ➥ strMiMatrizColor()
030. 'modificando la declaración de la matriz, añadiendo la variable
     ➥ matricial
041. 'que tiene el color y modificando IntBorraLongMat para que tenga
     ➥ como valor
042. 'el mayor índice utilizable de la matriz.
043. </SCRIPT>
044.
045. <BODY BGCOLOR="#FFE0E7"
046.     onload="VBScript: lngMiTiempo = _
047.             setTimeout('call CambiarEstiloColor()',1000)">
048.
049. <SPAN id="span1"
050.     STYLE="font-size: .5in;
051.             font-family:signet roundhand ATT;
052.             font-weight:bold">Entre por aquí
053. </SPAN>
054.
055. <SCRIPT LANGUAGE="VBSCRIPT">
056. 'Esta referencia de objeto alude objeto de estilo del marcador
     ➥ llamado "span1",
057. 'y se usa para que el programa sea más eficiente y fácil
     ➥ de escribir.
```

```
058.  set objMiSpan = document.all.span1.style
059.
060.  sub CambiarEstiloColor()
061.  'Este es el procedimiento Sub principal que se usa para determinar
062.  'cual es el estilo que hay que visualizar, mediante intQueEstilo.
063.
064.  select case intQueEstilo
065.     case 0
066.        CColores
067.     case 1
068.        CEstilos
069.     end select
070.  end sub
071.
072.
073.  sub CColores()
074.  'CColores() se utiliza para visualizar un conjunto de colores
      ➥ predefinidos
075.  'de strMiMatrizColor() en el marcador span1. Se emplea un sencillo
      ➥ método
076.  'de comprobación para asegurar que la matriz no sobrepase sus
      ➥ límites.
077.     objMiSpan.visibility = "visible"
078.     objMiSpan.color = strMiMatrizColor(intContadorColor)
079.     if intContadorColor + 1 > IntBorraLongMat then
080.        intContadorColor = 0
081.     else
082.        intContadorColor = intContadorColor + 1
083.     end if
084.     lngMiTiempo = setTimeout("CambiarEstiloColor",intVelocidad)
085.
086.  end sub
087.
088.  sub CEstilos()
089.  'CEstilos() se utiliza para conmutar rápidamente la visibilidad del
      ➥ marcador
090.  'span1, comienza con una velocidad inicial de 250 milisegundos
      ➥ (rápido)
091.     objMiSpan.color = "red"
092.     intVelocidad = 250
093.     VelocidadTxt.value = intVelocidad
094.     if bolVarVis = true then
095.        objMiSpan.visibility = "hidden"
096.        bolVarVis = false
097.     else
098.        objMiSpan.visibility = "visible"
099.        bolVarVis = true
100.     end if
101.     lngMiTiempo = setTimeout("CambiarEstiloColor",intVelocidad)
102.  end sub
103.  </SCRIPT></BODY></HTML>
```

El Listado G.1 tiene las partes siguientes:

- El encabezado del documento especificado por el marcador <HEAD> que incluye información relevante acerca del documento (marcador <TITLE>), y un bloque de guión que se especifica mediante el marcador <SCRIPT> que define todas las variables y constantes que se emplearán en el programa. Estas variables y constantes se han documentado por completo en el listado.
- El cuerpo del documento incluye primariamente el marcador <SPAN> que se utiliza para el signo de neón y para el bloque de guiones, que contiene el programa principal.
- El bloque de guiones contiene tres procedimientos Sub y una declaración de objeto. También se han documentado en el código.

Si está familiarizado con el objeto *document*, las propiedades de las hojas de estilo y con VBScript, entonces ya sabrá lo que se está haciendo en el código. De no ser así, presente especial atención a las líneas 45-47 y a la línea 84 del Listado G.1:

```
045. <BODY BGCOLOR="#FFE0E7"
046.     onload="VBScript: lngMiTiempo = _
047.         setTimeout('call CambiarEstiloColor()',1000)">
084. lngMiTiempo = setTimeout("CambiarEstiloColor",intVelocidad)
```

La primera línea del código anterior se ve una sola vez en todo el documento. Está asociada al suceso *onload* del marcador<BODY>. Esto significa que el código contenido en el atributo *onload*="..." será ejecutado cuando se cargue el documento. El código está incluido en el marcador, lo cual es una de las distintas formas en que se puede añadir un guión a nuestro documento HTML (véase el Apéndice C, «Utilización de VBScript en lugar de JavaScript» para más información). El lenguaje de guiones que se utilizará aquí es VBScript, y esto se denota mediante la sentencia «VBScript: ...» del suceso *onload*. A continuación, puede ver que a la variable *lngMiTiempo* se le da el valor producido por una llamada a función, que forma parte del objeto *window* llamado *setTimeout*. En esencia, la función *setTimeout* espera un período de tiempo especificado (en la línea 47, 1000 milisegundos o 1 segundo) y después ejecuta la sentencia especificada que consiste en llamar al procedimiento Sub *CambiarEstiloColor()*.

Consejo:
JavaScript es el lenguaje por omisión para Internet Explorer 4.0, lo cual significa que si se crea un bloque de guión con los marcadores <SCRIPT> y </SCRIPT> sin especificar ningún atributos, se utilizará JavaScript. De manera similar, cuando se especifica un código de sucesos internos para distintos elementos, JavaScript es el lenguaje por omisión y uno tiene que utilizar o bien método algunSuceso=«VBScript: ...aquí está el código...», en donde se especifica el lenguaje seguido por las sentencias dentro del atributo suceso en sí, o bien es preciso añadir el atributo LANGUAGE=«VBScript» al marcador para el cual se quiera gestionar el suceso.

La segunda línea de código se ve dos veces, una en el procedimiento Sub *CColores()* y otra en el procedimiento Sub *CEstilos()*. Hace lo mismo que hacía en el listado de código anterior, salvo que la cantidad de tiempo que hay que esperar no está «soldada» dentro de la función. En lugar de hacer esto, adopta la forma de una variable denominada *intVelocidad*. Como *intVelocidad* puede cambiar, también puede cambiar la cantidad de tiempo en la función *setTimeout( )*.

Los dos casos de la función *setTimeout( )* (líneas 84 y 101) hacen lo mismo; invocan al procedimiento Sub *CambiarEstiloColor( )*. El procedimiento Sub *CambiarEstiloColor( )* (línea 60) contiene una estructura de selección de caso que determina el tipo de efecto que hay que aplicar al marcador <SPAN> (span1) que se mencionaba. Si es la primer opción de la estructura de selección de caso, entonces el efecto aplicado a span1 es el de un signo de neón —un cambio de color. Si es la segunda opción, entonces span1 parpadea rápidamente.

La recursividad del programa entra en acción cuando se invoca a *CColores( )* o bien a *CEstilos( )*; cada una de ellas tiene un efecto distinto sobre span1, y la función *setTimeout( )* que está al final de cada procedimiento Sub vuelve a llamar a la función *CambiarEstilo-Color( )*, que determina el estilo que hay que utilizar, y así sucesivamente. La variable *intQueEstilo* determina el estilo que hay que utilizar. El estilo solo se puede modificar por una intervención del usuario. Por tanto, si se tiene como valor inicial de of *intQueEstilo* el valor «0», entonces span1 seguirá comportándose como un signo de neón. Si se cambia el valor de *intQueEstilo* para que sea «1», entonces span1 parpadea rápidamente.

Es muy fácil jugar con la velocidad y la visualización del marcador <SPAN> para crear distintos efectos, insertando las líneas siguientes inmediatamente debajo de </SPAN> en el documento:

```
<HR>
<INPUT TYPE="button" NAME="btnVelocidad" VALUE="Cambiar Velocidad"
    onclick="VBScript: intVelocidad = VelocidadTxt.value">
<INPUT TYPE="text" NAME="VelocidadTxt" VALUE="1000"
    TITLE="A número más alto, cambio más lento"><BR>
<INPUT TYPE="button" NAME="btnEstilo" VALUE="Cambiar Estilo"
    onclick="VBScript: if intQueEstilo = 0 then _
        intQueEstilo = 1 else intQueEstilo = 0">
```

El listado de código anterior es una rápida interfaz de usuario que se diseñó para investigar las distintas propiedades del signo de neón. La interfaz de esta código consta de una regla horizontal y tres marcadores <INPUT>. Los marcadores <INPUT> especifican controles intrínsecos de HTML, a los que a veces se les da el nombre de controles de formulario. El primer marcador <INPUT> es un botón que se emplean en conjunción con el segundo marcador <INPUT>, que es un cuadro de texto. En el cuadro de texto se inserta la velocidad deseada y se pulsa en el botón «Cambiar velocidad» para observar el cambio que se produce en el texto, «Entre por aquí». Cuanto más alto sea el valor, más lento será el cambio porque se está especificando un intervalo más largo. El tercer marcador <INPUT> conmuta entre los dos estilos mencionados previamente. Quizá observe que todo el código para llevar a cabo las tareas mencionadas anteriormente reside internamente en el control o marcador <INPUT> correspondiente. El código insertado es un sencillo VBScript. La especificación de segmentos cortos de código *inline* y la invocación de procedimientos Sub o de funciones es todo lo que realmente resulta recomendable para gestionar sucesos internamente.

Control de la recursividad en JavaScript Tal como puede verse, la implementación de tareas recursivas y la adición de una funcionalidad avanzada en JavaScript es relativamente sencilla, y lo mismo ocurre con JavaScript. JavaScript posee unas pocas características adicionales que hacen que la recursividad sea más potente con JavaScript, según se verá en el Listado G.2. La Figura G.1 ilustra este listado.

Listado G.2 Programación recursiva en JavaScript

```
01.   <HTML>
02.   <HEAD>
03.   <TITLE>Ejemplo de Código Recursivo en JavaScript</TITLE>
04.   </HEAD>
05.   <SCRIPT>
06.   //declaramos la matriz de colores
07.   var misColores = new Array()
08.   misColores[0] = "lightblue"
09.   misColores[1] = "blue"
10.   misColores[2] = "darkblue"
11.   misColores[3] = "purple"
12.   </SCRIPT>
13.
14.   <BODY>
15.
16.   <SPAN id="span1" STYLE="color: black;font-size=.5in">Nuestro
      ➡ Texto</SPAN>
17.   <BR><B id="test2">¡Hola!</B>
18.
19.   <SCRIPT>
20.   //declaraciones de variables para que el código sea más limpio
21.   var objSpanNeon = document.all.span1
22.   var objBNeon = document.all.test2
23.   function controlarSpan(objPpal, velocidad, despColores, queOpcion,
      ➡ idObj)
24.   {
25.   //Métodos
26.       this.comenzar = comenzar;
27.       this.estiloVisual = estiloVisual;
28.       this.color = tomarColor;
29.       this.Timer = setTimeout;
30.
31.   /* this.comenzar es el método que inicia el proceso
32.       this.estiloVisual se utiliza para conmutar entre cambiar
33.                   los colores y parpadear
34.       this.color es un método que cambia el color de un elemento
35.       this.Timer es una función setTimeout que forma parte del
          ➡ objeto */
36.
37.   //Objetos
38.       this.objPpal = objPpal;
39.       this.despColores = despColores;
40.
41.   /* this.objPpal es el objeto pasado al que se aplicará toda la
42.                   manipulación de estilos. Se pasa como un
43.                   argumento de la función
```

```
44.         this.despColores es la matriz que contiene todos los colores
45.                en la forma de "nombrecolor" or "#RRGGBB" */
46.
47.    //Propiedades
48.
49.       this.bolVis = true;
50.       this.colorInd = -1;
51.       this.idObj = idObj + ".comenzar()";
52.       this.scrlLen = despColores.length - 1;
53.       this.velocidad = velocidad;
54.       this.TimerVar = 0;
55.       this.queOpcion = queOpcion;
56.       this.detener = detener;
57.
58.    /* this.bolVis se utiliza en el método estiloVisual para
   ➡ determinar
59.                si el texto tiene que ser visible o invisible
60.       this.colorInd se utiliza con la matriz de colores para ir
61.                pasando por todos los colores
62.       this.idObj se utiliza con el método Timer para crear
   ➡ recursividad
63.       this.scrlLen se utiliza para ir pasando por los colores y para
64.                asegurarse de que this.colorInd no sobrepase los
   ➡ límites
65.       this.velocidad fija la velocidad del método this.Timer
66.       this.TimerVar fija la ID de Timeout para el método Timer por si
   ➡ fuera
67.                necesario detenerlo por alguna razón
68.       this.queOpcion es la variable que se utiliza para conmutar entre
69.                los distintos estilos en estiloVisual. Ahora hay 2. */
70.
71.    }
72.
73.    function tomarColor(nuevoColor)
74.    //este método fija el color del objeto dado
75.    {
76.       this.objPpal.style.color = nuevoColor;
77.    }
78.
79.    function comenzar()
80.    //este método es lo que se utiliza para empezar a cambiar estilos
81.    //para el objeto dado
82.    {
83.       this.estiloVisual();
84.       this.TimerVar = this.Timer(this.idObj, this.velocidad);
85.    }
86.
87.    function estiloVisual()
88.    //Este es el núcleo de nuestra función "signo de neón"
89.    //contiene las condicionales que se utilizan para determinar
90.    //que estilo se aplicará al objeto dado.
```

(continúa)

Listado G.2 Programación recursiva en JavaScript *(Continuación)*

```
91.   {
92.       if(this.queOpcion == 0)
93.       {
94.           if(++this.colorInd > this.scrlLen)
95.           this.colorInd = 0;
96.           this.color(this.despColores[this.colorInd]);
97.       }
98.       if(this.queOpcion == 1)
99.       {
100.          if(this.bolVis == false)
101.              this.objPpal.style.visibility = "hidden";
102.          else
103.              this.objPpal.style.visibility = "visible";
104.          this.bolVis = !this.bolVis;
105.      }
106. }
107.
108. function detener()
109. {
110. clearTimeout(this.TimerVar)
111.
112. }
113. //La declaración siguiente se usa para declara un nuevo objeto
     ➥ signo de neón.
114.
115.     var span2 = new controlarSpan(objSpanNeon, 1000, misColores, 0,
         ➥ "span2");
116.     var negrita2 = new controlarSpan(objBNeon, 500, "", 1,
         ➥ "negrita2");
117. //comienza el cambio de estilos para span1
118.     span2.comenzar();
119.     negrita2.comenzar();
120.
121.
122. </SCRIPT>
123. <BR><INPUT TYPE="button" onclick="span2.detener()" Value="Detener
     ➥ primer Rótulo">
124.     <INPUT TYPE="button" onclick="negrita2.detener()"
         ➥ Value="Detener segundo Rótulo">
125. </BODY>
```

De forma muy similar al listado VBScript, el Listado G.2 tiene las partes siguientes:

- La parte de encabezado del documento, que contiene un bloque de guión que tiene la información general (tal como las definiciones de matrices de colores y demás).
- La parte <BODY> del documento, que incluye un marcador <SPAN> que se utiliza con la definición del primer objeto, un marcador <B> que se utiliza con el segundo,

Figura G.1 Se pueden crear ejemplares del objeto *controlSpan()* tantas veces como sea necesario con distintos elementos de la página.

y dos botones de mandatos intrínsecos de HTML que cancelan los efectos especiales del primer y segundo grupo de texto.
- La parte <SCRIPTING> del marcador <BODY> es la sección más importante del documento. Mediante ella, se crea el objeto y se crean dos ejemplares que corresponden a los marcadores denominados «span1» y «test2» respectivamente.

El Listado G.2 muestra una culminación de varias partes importantes de JavaScript, además de la recursividad. Lo más importante, y lo que quizá haya notado inmediatamente, es que hay un objeto en que están almacenados todos los métodos de y propiedades del signo de neón. Cundo todo está empaquetado de forma clara y ordenada en un objeto, se tiene un código más limpio, más transportable y más fácil de usar, además de paliar algunas de las dificultades asociadas a la depuración del código. Además, dada la capacidad de crear ejemplares que tiene JavaScript, es posible crear rápidamente un número ilimitado de signos de neón en una página.

Examinemos lo que está sucediendo en el programa. En primer lugar, se crean dos referencias de objetos que aluden al marcador <SPAN> y a los marcadores <B>, que se encuentran en javaneon.htm. Se crea un objeto llamado *controlarSpan( )* y se le añaden los oportunos métodos y propiedades. A continuación, se crean dos ejemplares del objeto (span2 y negrita2) para los marcadores con los que se utilizan. El objeto *controlarSpan( )* está definido en la línea 23:

```
function controlarSpan(objPpal, velocidad, despColores, queOpcion,
➥ idObj)
{...}
```

Cuando se crea un ejemplar de *controlarSpan( )*, también se crear la necesidad de unos argumentos para dar valores iniciales al contenido del objeto. El primer argumento, *objPpal*, es la referencia del objeto que será manipulado. En este caso, los objetos (o elementos) denominados «span1» y «negrita2» se utilizarán para el argumento *objPpal*, según se verá en el siguiente listado de código. El argumento *velocidad* define la velocidad de temporización para la función *setTimeout( )* que se utilizará para modificar dinámicamente los estilos de los dos elementos. El argumento *despColores* contiene la matriz de colores que se utiliza para modificar el color del signo de neón. El argumento *queOpcion* determina cual de los estilos (parpadeo o cambio de colores) tiene que mostrarse para un elemento dado. Por último, el argumento *idObj* envía el nombre del objeto creado a sí mismo. El propósito completo de este argumento se entenderá posteriormente en esta misma sección.

Ahora que ya se conocen los propósitos de los argumentos que admite este objeto, examinemos los ejemplares de *controlarSpan* presentes en las líneas 115–116:

```
var span2 = new controlarSpan(objSpanNeon, 1000, misColores, 0,
➥ "span2");
var negrita2 = new controlarSpan(objBNeon, 500, "", 1, "negrita2");
```

El primer ejemplar (o creación) del nuevo objeto denominado «span2» es para el marcador <SPAN>. Esto se sabe porque para el argumento *objPpal* la variable *objSpanNeon* se utiliza como una de las propiedades del objeto, que hace referencia a *document.all.span1* o al elemento SPAN que se emplea en este ejemplo. A continuación, se fija para el objeto una velocidad de 1000, lo cual especifica la rapidez con que los objetos cambiarán dinámicamente de estilo. Cuanto más alto sea el valor, más lentamente se producirán los cambios. La matriz *misColores[ ]* contiene todos los colores que se utilizarán para cambiar los colores del signo de neón. Se da el valor «0» al argumento *queOpcion*, que especifica el estilo dinámico que utilizará el objeto. Esto puede ser o bien «0», que especifica ir cambiando los colores según están definidos en la matriz *despColores*, o bien «1», que especifica un elemento que parpadea en la pantalla. Por último, se da al objeto creado el nombre de «span2».

La creación del segundo objeto es similar a la del primero, salvo que durante la creación del objeto no se utiliza la matriz de colores como argumento porque no hay necesidad de ellos. Para este objeto, lo único que se necesita es el efecto de parpadeo (el efecto necesitaría que se diera el valor 1 a *queOpcion*).

Para poner en marcha el proceso de manipulación dinámica de estilos para cada uno de los elementos, es preciso invocar al método *comenzar( )* de cada objeto según se muestra en el Listado G.2. Es bastante sencillo detener los procesos, y debe ser posible determinar cómo se hace leyendo el guión.

Examinemos ahora la parte recursiva. Se ha incluido la función *setTimeout( )* de la línea 29 como uno de los métodos del objeto *controlarSpan*:

```
this.Timer = setTimeout;
```

Básicamente, el código anterior es esencial para crear el objeto con una arquitectura de caja negra como objetivo, para que todo esté almacenado allí y el objeto no tenga que basarse en nada que no esté situado dentro de la función. Para proseguir con la arquitectura de caja negra, se utiliza mucho el constructor *this*, para asegurar que el objeto no dependa de ningún código salvo el propio. Sin embargo, se produce un problema cuando se intenta utilizar la función *setTimeout()* con el constructor *this* para manipular el objeto *controlarSpan()*. Como la función *setTimeout()* forma parte del objeto *window*, el constructor *this* señala al objeto *window* cada vez que se invoca a la función *setTimeout()*, y de este modo se elimina la referencia de objeto anterior que apuntaba a un objeto *controlarSpan()* que se había creado. Cuando se utiliza la sentencia anterior, la función *setTimeout()* se asimila con el objeto *controlarSpan()*, y de este modo se resuelve parcialmente el problema. Por último, se construye una cadena utilizando el argumento *idObj* para indicar a la función *setTimeout()* el método al que debe llamar. Esto se hace mediante la propiedad siguiente en la línea 51 del Listado G.2:

```
this.idObj = idObj + ".comenzar()";
```

Y se le asigna a la función *setTimeout()* en la línea 84 de esta manera:

```
this.TimerVar = this.Timer(this.idObj, this.velocidad);
```

La sentencia anterior es lo que hace que el código sea recursivo, porque *this.Timer* se invoca a sí mismo una y otra vez hasta que se le indica que se detenga.

Se pueden crear tantos ejemplares del objeto *controlarSpan()* como se desee, siempre y cuando se especifiquen unos argumentos válidos. Por ejemplo, si se tuviera un marcador <H1> llamado «enc1,» se utilizaría la sintaxis siguiente para crear un nuevo ejemplar el objeto:

```
var mienc1 = new controlarSpan(enc1, 1000, miMatrizColores, 0, "mienc1")
```

En la siguiente creación, se habría construido un objeto denominado mienc1, dándole una velocidad de cambio de estilo de 1,000 milisegundos, y especificando la matriz miMatrizColores como la matriz que se utilizará para visualizar los distintos colores. Se ha dado a mienc1 un valor de «0» para *queOpcion* value (lo cual significa que se quiere que visualice distintos colores) y se inserta la cadena «mienc1» como valor del argumento *idObj*, que es el nombre del objeto.

Adicionalmente, se pueden añadir más estilos al método estiloVisual(), tal como puede ser cambiar el tamaño del texto o hacer que se haga más grande o más pequeño, y así sucesivamente. Para hacer esto, se añadiría otra sentencia condicional que correspondería a un valor de *queOpcion* para cada estilo dinámico que se quisiera incluir. Por ejemplo, se añade un estilo que modifica el tamaño del tipo de letra, y entonces se añade una condicional que afirma que si *queOpcion* = 2 entonces se cambia el tamaño del texto.

Además, se pueden controlar por programa las propiedades de cada objeto. Si se desea que el objeto cambie de estilo instantáneamente, por ejemplo, se le da valor a la propiedad correspondiente del objeto siempre que se produzca un determinado suceso. Pero hay que tener cuidado —si se desea cambiar entre parpadeos y cambios de color, es imprescindible especificar una matriz de colores, y no se pueden dejar ese argumento en blanco tal como se mostraba en la creación del objeto *negrita2*.

Captura de errores y gestión de errores

Desafortunadamente, la corrección de errores es uno de los procesos que más se descuidan en los lenguajes de programación. Aun cuando este concepto no está relacionado directa-

mente con ningún componente individual de HTML Dinámico, como pudiera ser el burbujeo de sucesos, resulta esencial. Algunos navegadores admiten HTML Dinámico y los
componentes adicionales asociados con ellos, como los guiones, y algunos no.

Esto puede causar un problema potencial para los navegadores que visualicen nuestro
centro de HTML Dinámico. La mayor parte de los navegadores hace uso de técnicas de
truncación, que ignoran todo aquellos que el navegador no pueda entender. Sin embargo,
esto no es cierto para los navegadores que admiten lenguajes de guiones pero no HTML
Dinámico. Por ejemplo, ¿cuántas veces hemos visto una página de la red que nos sale con
un error del tipo «objeto no encontrado»?

Generalmente, los errores debidos a lenguajes de programación se pueden tratar de
dos maneras: mediante un código de programación muy cuidadoso, «seguro», y mediante
la utilización de medios incorporados para controlar los errores. Estos medios son específicos de cada lenguaje de programación. Por ejemplo, VBScript tiene un fuerte apoyo para
la gestión de errores en el propio lenguaje.

Gestión de errores en VBScript   Si la gestión de errores es de extremada importancia en
su proyecto para la Web, entonces es probable que VBScript sea el lenguaje que deba utilizar. Proporciona dos herramientas útiles para llevar a cabo el tratamiento de errores:

La sentencia *on error resume next*.
El objeto *err*.

Como ya sabrá a partir de su comprensión de los objetos, todo objeto puede poseer
varias propiedades, métodos y sucesos.

Aun cuando uno puede aprender acerca de los métodos y propiedades del objeto *err* y
hay información adicional acerca de la sentencia *on error resume next* en la documentación de básico, esta sección mostrará unos cuantos ejemplos de la forma en que se emplean estos objetos y estas sentencias.

El objeto *err* tiene dos métodos y cinco propiedades que contienen información
acerca de los errores que se producen cuando se está ejecutando nuestro guión (durante la
ejecución). Es preciso utilizar la sentencia *on error resume next* para poder ignorar
los errores de tal modo que sea posible acceder a la información que generan. Los listados siguientes se usan para demostrar la gestión de errores empleando componentes de
VBScript. Considere el código siguiente:

```
<HTML>
<HEAD>
<TITLE>Esta página da lugar a un error de ejecución</TITLE>
</HEAD>
<BODY>
<INPUT TYPE="button" NAME="btnHazmeClic"
    VALUE="Pulse para cambiar el cuadro de texto">
<INPUT TYPE="text" NAME="txtCambiara"
    VALUE="">
<SCRIPT LANGUAGE="VBScript">
sub btnHazmeClic_onClick()
txtoCambiara.value = "¡ves cómo he cambiado!"
end sub
</SCRIPT>
</BODY>
```

Cuando se ejecuta esta página, se genera un error que indica que se necesita un objeto llamado *txtoCambiara*. Esto significa que el intérprete de guiones no encuentra el objeto (que se supone que es el cuadro de texto). Ahora bien, cualquier programador de guiones sabrá rápidamente lo que está pasando; sin embargo, es probable que el usuario medio no lo sepa. ¿Qué va a saber el usuario si aparece este error y el guión deja de funcionar? Considere ahora el código siguiente:

```
<HTML>
<HEAD>
<TITLE> Esta página da lugar a un error de ejecución</TITLE>
</HEAD>
<BODY>
<INPUT TYPE="button" NAME="btnHazmeClic"
   VALUE="Pulse para cambiar el cuadro de texto">
<INPUT TYPE="text" NAME="txtCambiara"
   VALUE="">
<SCRIPT LANGUAGE="VBScript">

sub btnHazmeClic_onClick()
' la sentencia siguiente hace que el intérprete de guiones
' ignore los posibles errores de ejecución de la página
on error resume next

' lo que sigue no es un objeto válido
txtoCambiara.value = "¡ves cómo he cambiado!"

'aquí está nuestra condicional de comprobación de errores, que
'verifica si realmente hay un error
if err then
   select case err.number
      ' el número siguiente corresponde al error
      ' generado cuando se accede a un objeto no válido
      case 424
      cadError = "No se pudo acceder a un elemento " & chr(13) & _
                 "u objeto de la página." & chr(13) & _
                 "¿Quiere continuar ejecutando los" & chr(13) & _
                 "guiones (Si) o bien " & chr(13) & _
                 "salir de la parte del programa" & chr(13) & _
         "que ha dado lugar a este error (No)?"
   end select
   ' esto es un cuadro de mensaje que indica al usuario que hay un error
   x = msgBox(cadError,20,"Se han producido uno o más errores")
   ' esto determina lo que hay que hacer basándose en lo que
   ' haya especificado el usuario en el cuadro de mensajes
   select case x
      case 6 ' cuando el usuario pulsa en Sí
      case 7 ' cuando el usuario pulsa en Sí No
         exit sub
      case else ' para estar seguros
         exit sub
   end select
```

```
    end if
    end sub

    </SCRIPT>
    </BODY>
```

Como quizá haya observado, en el ejemplo anterior la gestión de errores es robusta. En esta rutina de manejo de errores concurren muchas características interesantes. En primer lugar, examine la sentencia que le permite llevar a cabo toda la gestión de errores:

```
    on error resume next
```

Esta sentencia permite al intérprete de guiones ignorar todos los errores de ejecución generados por el guión. Adicionalmente, almacena toda la información relativa al posible error fatal en el objeto *err*. Esto incluye una descripción no muy informativa, un número de error que corresponde a esa descripción, y otras informaciones de distinta índole.

Examinemos ahora la sentencia condicional, que es la que inicia la gestión de errores:

```
    if err then
    ...
    end if
```

El guión comprueba si se ha producido realmente un error, y después procede a identificar el error mediante una sentencia de selección de caso, que tiene la propiedad *err.number* como caso de prueba. Si el número coincide con un número que abarque la rutina, entonces se genera cadena que se utiliza con el cuadro de mensajes indicando al usuario de forma más descriptiva el error que se ha producido realmente. Entonces se deja al arbitrio del usuario lo que se ha de hacer con el resto del guión.

Este listado muestra una utilización general del tratamiento de errores mediante guiones. Si desea que sus sentencias tengan un tratamiento de errores más robusto, será necesario utilizar una gestión de errores en todas las subrutinas y en el programa principal. La razón principal de todo esto es que toda la información del objeto *err* se restaura cada vez que se invoca a una función o rutina o cuando el intérprete de guiones se encuentra con otra sentencia *on error resume next*.

Para una eficiencia óptima, sería preciso poner la mayor parte del código en una función especial para el tratamiento de errores, que proporcionaría el valor de lo que seleccionara el usuario en el cuadro de mensajes. En cada subrutina habría una sentencia de selección de caso residente para determinar la forma de tratar el error, y esto nos permitiría considerar también casos especiales. El Listado G.3 muestra la forma de preparar una de estas funciones.

Listado G.3 Una aplicación completa de tratamiento de errores

```
01.    <HTML>
02.    <HEAD>
03.    <TITLE>Esta página da lugar a un error de ejecución</TITLE>
04.    </HEAD>
05.    <BODY>
```

```
06.   <INPUT TYPE="button" NAME="btnHazmeClic"
07.        VALUE="Pulse para cambiar el cuadro de texto">
08.   <INPUT TYPE="text" NAME="txtCambiara"
09.        VALUE="">
10.   <SCRIPT LANGUAGE="VBScript">
11.
12.   sub btnHazmeClic_onClick()
13.   'la sentencia siguiente hace que el intérprete de guiones
14.   'ignore los posibles errores de ejecución de la página
15.   on error resume next
16.   'lo que sigue no es un objeto válido
17.   txtoCambiara.value = "¡ves cómo he cambiado!"
18.   'aquí está nuestra condicional de comprobación de errores, que
19.   'verifica si realmente hay un error y llama a una función
20.   if err then
21.       lngMiError = lngProcesarError(err)
22.       select case lngMiError
23.           case 6 'cuando el usuario pulsa en Sí
24.                ' seguimos adelante sin más
25.           case 7 'cuando el usuario pulsa en No
26.               exit sub
27.           case else 'para estar seguros
28.               exit sub
29.       end select
30.   end if
31.   end sub
32.
33.   function lngProcesarError(objError)
34.       select case objError.number
35.           case 5 ' gestión de error para llamada incorrecta a
              ➥ procedimiento
36.           case 11 ' gestión de error para división por cero
37.           case 13 ' discoincidencia de tipos
38.           case 16 ' expresión demasiado compleja
39.           case 380 ' valor incorrecto de una propiedad
40.           case 424 ' se precisa gestión de error para un objeto
41.           cadError = "No se pudo acceder a un elemento u objeto" &
                   ➥ chr(13) & _
42.                   "de la página." & chr(13) & _
43.                   "¿Quiere continuar ejecutando los " & chr(13) & _
44.                   "guiones (Si) o prefiere " & chr(13) & _
45.                   "abandonar la parte de programa" & chr(13) & _
46.               "que ha dado lugar a este error (No)?"
47.       end select
48.       ' esto es un cuadro de mensajes que indica al usuario la
          ➥ existencia de un error
49.       lngProcesarError = msgBox(cadError, 20, _
50.                       "Se han producido uno o más errores")
51.   end function
52.   </SCRIPT>
53.   </BODY>
```

La función *lngProcesarError()* (línea 33) contiene ahora todo el código para manejar los distintos errores que pudieran producirse. El valor que proporciona *lngProcesar Error()* corresponde al botón (Sí o No) en que haya pulsado el usuario; después esta opción se trata mediante la sentencia de selección de caso residente en el procedimiento Sub, que ha invocado a la función. En este caso, el procedimiento Sub es el gestor de sucesos del botón *btnHazmeClic*.

VBScript también ofrece medios para capturar errores: el proceso de conocer que se puede producir un error, y resolverlo antes de que se produzca. Los errores se pueden capturar de muchas formas; si se admiten entradas para dividir dos números con algún propósito, por ejemplo, y es posible que el usuario inserte un cero en el denominador, entonces se puede comprobar si es cero e informar al usuario, evitando así el error de «división por cero». También se usa la captura de errores a efectos de validación. Suponga que necesita que un usuario inserte un número en un cuadro de entrada, y que esta es la única entrada que quiere admitir; sin embargo, el usuario inserta una letra. Se puede capturar esto empleando la función *IsNumeric()* según se muestra en el código siguiente.

```
Sub txtCambiara_onChange()
    if IsNumeric(txtCambiara.value) = false then
        window.status = "Esto no es un número"·
        txtCambiara.value = ""
    end if
end sub
```

Cada vez que el usuario escriba algo que no sea un número (una letra, por ejemplo) y abandone el cuadro de texto, se le indicará que lo que han insertado no es un dato válido.

En conjunto, VBScript proporciona unos métodos de tratamiento de errores más versátiles que los de JavaScript. El objeto *err* y la sentencia *on error resume next*, y así como las distintas formas de captura de errores son todos ellos más versátiles que JavaScript.

Captura de errores en JavaScript   JavaScript no tiene apoyo interno para el tratamiento de errores, así que la única forma en que puede uno enfrentarse a los errores que puedan aparecer en los guiones pasa por la captura de errores. JavaScript posee algunas funciones y métodos internos que pertenecen a objetos, tales como el objeto *math*, y en otros lugares, que permiten capturar muchos errores. Considere la versión en JavaScript el código VBScript del Listado G.3:

```
<HTML>
<HEAD>
<TITLE>Esta página da lugar a un error de ejecución</TITLE>
</HEAD>
<BODY>
<INPUT TYPE="text" NAME="txtCambiara"
        VALUE="">
<SCRIPT FOR="txtCambiara" EVENT="onchange">
//gestor de sucesos para el suceso de cambio
//del marcador txtCambiara
if (isNaN(txtCambiara.value))
{
```

```
        window.status = "No es un número válido";
        txtCambiara.value = "";
    }
    </SCRIPT>
    </BODY>
```

Como puede verse, la función *isNaN()* de JavaScript determina si el valor insertado en el cuadro de texto es o no un número, que es lo contrario de la función *IsNumeric()* de VBScript que determina si se ha insertado un número. El suceso de pulsar se desencadena para el cuadro de texto llamado *txtCambiara* cuando el usuario abandona el cuadro de texto. La mayoría de los errores de JavaScript se pueden capturar de forma muy similar a la que se emplearía en VBScript.

Nota:

Un suceso que se puede capturar tanto mediante JavaScript como empleando VBScript es el suceso onerror(), *que permite acceder a cierta información que podría generar un error, y de este modo proporciona una realimentación más detallada al usuario si se produce un error. Sin embargo, este suceso no ofrece forma alguna de detener el error, y se producirá la ventana estándar de error a pesar de haber gestionado este suceso.*

Optimización de la sintaxis de guiones

Esta sección trata de la significación de los distintos modos en que se especifican los guiones dentro de una página. Esto incluye la especificación de bloques de guiones y la situación de guiones externos que vayan a utilizarse internamente. Esto resulta útil en ciertas ocasiones cuando se está trabajando en proyectos de muchas partes o cuando resulta sencillamente demasiado engorroso incluir todo el texto en el documento en sí. Esta sección muestra la forma de invocar a archivos de guiones externos desde nuestro documento HTML.

Guiones en las secciones Header y Body Lo primero que hay que considerar es que existe una gran diferencia entre situar bloques de guiones en la sección de encabezado (encapsulados en el marcador <HEAD>) y en la sección de cuerpo (encapsulados en el marcador <BODY>). En primer lugar, todas las variables, funciones, objetos o procedimientos Sub que se quiera que sean globales para la página Web —y para otras páginas de la misma ventana del navegador— tienen que estar situados dentro de un bloque de guiones en la sección de encabezado. Dado que la sección de encabezado se inicia antes que cualquier otro guión de la página, se pueden declarar allí las constantes, procedimientos Sub y otros tipos de datos importantes que haya que utilizar en la página con gestores de sucesos y otras formas de guiones.

En segundo lugar, aunque se puede hacer que un guión sea global empleando un bloque de guiones dentro del cuerpo, sólo se volverá realmente global cuando lo lea el intérprete de guiones, lo cual significa que si un guión necesita acceder a una variable antes de que sea creada, es posible que no esté disponible. Las funciones y los procedimientos Sub se pueden declarar bien en el encabezado o en cuerpo, y se inician cuando se carga la página porque el intérprete de guiones ejecuta las funciones y los procedimientos Sub cuando se los invoca. Todos los gestores de sucesos y todas las referencias de propiedades de obje-tos y de sucesos tienen que estar declarados en la sección de cuerpo, a no ser que la pági-na sea una colección de marcos especificados mediante <FRAMESET>. En tal caso, todos los guiones deberán situarse en la sección de encabezado.

Especificación de guiones externos A lo largo de todo este libro, los guiones han esta-do incluidos dentro de la página. ¿Pero qué sucede si el guión es muy grande y la coloca-ción de todo el guión dentro de un documento HTML se vuelve una tarea engorrosa? Se puede especificar la situación de los archivos de guiones externos, y se pueden usar como si fueran internos, mediante el atributo SRC con el marcador <SCRIPT>, de forma muy similar a lo que se muestra en el siguiente fragmento de código:

```
<SCRIPT LANGUAGE="UnLenguajeDeGuiones" SRC="UnArchivoDeGuiones">
</SCRIPT>
```

El atributo LANGUAGE se comporta como siempre; especifica cuál es el lenguaje de guiones que se va a emplear dentro del bloque de guiones. Sin embargo, el atributo SRC especifica la ubicación de un archivo que contiene el guión que se utilizará en el contexto de este bloque de guiones. La ruta de este archivo puede ser una URL absoluta o relativa. La convención de denominación de este archivo es que debería ser un nombre de archivo con la extensión .vbs para VBScript o la extensión .js para JavaScript. Si se quieren situar todos los componentes que forman el objeto *controlarSpan()* del Listado G.2 en un archi-vo externo, para utilizar guiones internos que contengan las matrices de colores y los ejemplares de objetos, será preciso poner la función objeto y todos sus métodos en un archivo de texto estándar, dándole el nombre de *controlarSpan.js*. El código necesario para acceder a este archivo se parecería a la siguiente línea de código:

```
<SCRIPT LANGUAGE="JavaScript" SRC="controlarSpan.js"></SCRIPT>
```

En otro bloque de guiones se pondrían todos los ejemplares del objeto *controlarS-pan()*. Sin embargo, es necesario que los guiones externos estén definidos antes de crear otros objetos o guiones que dependan de ese guión externo.

Como regla general, hay que hacer que los guiones externos no dependan de nada, para que, independientemente de cuándo y cómo se usen, sea posible emplearlos en cual-quier lugar, haciéndolos más transportables y más fáciles de mantener y actualizar.

Nota:

Cuando se utiliza un atributo SRC dentro de un bloque de guiones, el código contenido en el bloque se ignora en su totalidad.

Utilización de efectos visuales en HTML Dinámico

Si los guiones son la savia de HTML Dinámico, la creación y utilización de los numero-sos efectos visuales de HTML Dinámico es su sistema nervioso central. Es uno de los cambios más apreciables y más fáciles de usar con respecto a versiones anteriores de

HTML. Tal como se ha visto a lo largo de muchos ejemplos de este libro, los efectos visuales pueden ser tan sencillos como cambiar el color de un texto y tan complejos como crear nuestras propias transiciones.

Esta sección muestra la forma de realizar muchos efectos visuales mediante el uso de varios filtros gráficos que proporcionan la HEC y a través del API DirectDraw, que se expone para HTML Dinámico y para las páginas Web a través de cuatro controles ActiveX (control de ruta, control de *sprite,* control de gráficos estructurados y control de secuenciador). Mediante estos controles ActiveX se pueden crear numerosos efectos visuales que van desde sencillas animaciones y otros efectos aplicables a elementos de un documento HTML hasta animaciones tridimensionales completas con profundidad, iluminación y una geometría completamente controlable.

El siguiente ejemplo básico muestra los distintos componentes del API DirectDraw. Este ejemplo muestra la potencia que subyace a la utilización del API DirectDraw en conjunción con HTML Dinámico.

Utilización de HEC

En este libro ya se ha podido comprobar que las HEC proporcionan un dramático incremento en el maquetado y posicionamiento de ítems en una página de la red, en lo tocante al control de la forma en que se representan los elementos, y en la interfaz que proporciona HEC con los otros componentes de HTML Dinámico, tal como los guiones. Además de estas características, las adiciones hechas por Microsoft a HEC proporcionan también un cierto número de filtros de filtrado que se pueden aplicar a los elementos de nuestras páginas.

En general, un filtro es algún proceso que modifica y mejora las características de los elementos de una página de la red, tal como sus textos o sus gráficos. Ya se ha visto la forma en que estos filtros actúan sobre imágenes, pero tienen un efecto distinto sobre los textos. El uso de procesos controlados por guiones, especialmente cuando son de naturaleza recursiva, puede proporcionar efectos bastante asombrosos en nuestras páginas Web. Por ejemplo, se puede crear un texto brillante en la pantalla, para después filtrar un color, invertir el texto y las imágenes, y así sucesivamente. El listado que se proporciona en esta sección muestra la forma de utilizar múltiples filtros en cualquier elemento.

El Listado G.4 proporciona una interfaz que hace posible examinar todos los filtros que HTML Dinámico proporciona a través de HEC para cualquier elemento tanto si es texto como si son gráficos. La Figura G.2 muestra esta interfaz.

Listado G.4 Interfaz y código adicional para el generador de filtros (filwiz.htm)

```
01.    <HTML>
02.    <HEAD>
03.    <TITLE>Ejemplo de Prueba de Filtros</TITLE>
04.    <STYLE>
05.    .miclaseb {color: white; background-color: floralwhite;
06.        position: absolute;
07.            width: 300; height: 300; overflow: scroll}
08.    .miclasex {color: #ADD8E6; background-color: lightblue;
09.        position: absolute;
```

(continúa)

Listado G.4 Interfaz y código adicional para el generador de filtros (filwiz.htm) *(Continuación)*

```
10.                   width: 300; height: 300;}
11.    .miclaser {background-color: darkred ; color: #CD5C5C ;
12.          position: absolute; left: 320;
13.          width: 250; height: 300;}
14.
15.    .miclasei {background-color: cornsilk;
16.          position: absolute; top: 320;
17.             width: 560; height: 100;}
18.
19.    .miinfo {background-color: #B22222; height: 130; width: 120;
20.          position: absolute; color: red;}
21.    .rotuloa {font-size: 14pt}
22.    .rotulob {color: blue;
23.          width:250; height: 250;
24.          font-size: 24pt; left: 10}
25.
26.    </STYLE>
27.    </HEAD>
28.
29.    <BODY BGCOLOR="darkblue">
30.    <DIV id="div1" CLASS="miclaseb" >
31.    <SPAN id="cambiartxt" CLASS="rotulob">
32.    Se filtrará el texto o gráficos que se inserten
33.    </SPAN>
34.    </DIV>
35.
36.    <DIV id="div2" CLASS="miclaser">
37.    <H2 ALIGN="Center">Generador de Filtros</H2>
38.    <SPAN CLASS="rotuloa">Ponga el texto aquí:</SPAN><BR>
39.    <INPUT TYPE="text" SIZE="30" ID="entradatxt">
40.    <SPAN CLASS="rotuloa">Situación del gráfico:</SPAN><BR>
41.    <INPUT TYPE="text" SIZE="30" ID="entradagrf" VALUE=" ">
42.    <HR>
43.    <SELECT id="selfilt" MULTIPLE>
44.    <OPTION VALUE="FlipV">Vuelva Vertical
45.    <OPTION VALUE="FlipH">Vuelta Horizontal
46.    <OPTION VALUE="Glow(color=#FF0000,strength=5)">Brillo
47.    <OPTION VALUE="Shadow(color=#FFFFF, direction=225)">Sombra
48.    <OPTION VALUE="Gray">Grises
49.    <OPTION VALUE="Invert">Invertir
50.    <OPTION VALUE="Blur(add=0,direction = 0, strength = 3)">Difuminar
51.    <OPTION VALUE="DropShadow(color=#0000FF,offx=4,offy=-4)">Sombra
       ➥ inferior
52.    <OPTION VALUE="Xray">Rayos X
53.    </SELECT>
54.    <SPAN CLASS="miinfo" id="params"
55.    TITLE="Todos los valores de colores serán de la forma #RRGGBB">
56.    ¡Seleccione un filtro!
57.    </SPAN>
58.    <HR>
```

```
59.   <INPUT TYPE="button" id="appfilt" VALUE="Aplicar Filtro"
      ➥ onclick="iniciarFiltro(selfilt)"><BR>
60.   <INPUT TYPE="button" id="clearall" VALUE="Restaurar"
      ➥ onclick="restFiltro(cambiartxt)">
61.   </DIV>
62.
63.   <DIV id="div3" CLASS="miclasei"
64.   TITLE="Cuando se genera un filtro para el texto especificado,
65.         el código HEC correspondiente a los filtros se muestra
66.         especialmente indicado para elementos SPAN y DIV">
67.   </DIV>
68.
69.
70.
71.   <SCRIPT LANGUAGE="JavaScript" SRC="padprog.js">
72.   //código que genera el filtro
73.   </SCRIPT>
74.
75.
76.   </SCRIPT>
77.
78.   <SCRIPT LANGUAGE="JavaScript" FOR="selfilt" EVENT="onchange()">
79.   //código que gestiona la opción pulsada en el cuadro de selección
80.   miindice = selfilt.selectedIndex;
81.   var gsstring = 'Color: <INPUT TYPE="text" id="gcolor"
      ➥ size="7"><BR>';
82.   var strev = '<INPUT TYPE="button" Value="Aplicar"
      ➥ onclick="eval(str0);udv()">';
83.   var strsdir = 'Dirección: <INPUT TYPE="text" id="sdir"
      ➥ size="3"><BR>';
84.   var strgstr = 'Intensidad: <INPUT TYPE="text" id="gstr"
      ➥ size="3"><BR>';
85.
86.   if(miindice == 0 ¦ ¦ miindice == 1 ¦ ¦
87.      miindice == 4 ¦ ¦ miindice == 5 ¦ ¦ miindice == 8)
88.   {
89.   //código para filtros generales que no admiten argumento
90.      params.innerText = "No se necesitan argumentos adicionales";
91.   }
92.   if(miindice == 2)
93.   {
94.   //Para el filtro de brillo
95.      str0 = 'selfilt.options(2).value =
         ➥ "Glow(color="+gcolor.value+",strength="+gstr.value+")"';
96.      params.innerHTML = gsstring + strgstr + strev;
97.   }
98.   if(miindice == 3)
99.   {
100.  //Para el filtro de Sombra
101.  str0 = 'selfilt.options(3).value="Shadow(color="+gcolor.value+",
      ➥ direction="+sdir.value+")"';
```

(continúa)

Listado G.4 Interfaz y código adicional para el generador de filtros (filwiz.htm) *(Continuación)*

```
102. params.innerHTML = gsstring + strsdir + strev;
103.
104. }
105. if(miindice == 6)
106. {
107. //Para el filtro de difusión
108.    str0  =  'selfilt.options(6).value="Blur(add="+addn.value+",
       ➡ direction="+sdir.value+",strength="+gstr.value+")"';
109.    str2 = 'Add: <INPUT TYPE="text" id="addn" size="2"><BR>';
110.    params.innerHTML = str2 + strsdir + strgstr + strev;
111.
112. }
113.
114. if(miindice == 7)
115. {
116. //Para el filtro Sombra inferior
117.  str0 = 'selfilt.options(7).value="Dropshadow
       ➡ (color="+gcolor.value+", offx="+doffx.value+",offy="
       ➡ +doffy.value+")"';
118. str2 = 'Desp-X: <INPUT TYPE="text" id="doffx" size="3"><BR>';
119. str3 = 'Desp-Y: <INPUT TYPE="text" id="doffy" size="3"><BR>';
120. params.innerHTML = gsstring + str2 + str3 + strev;
121.
122. }
123. //pone el código necesario en div3 para usarlo en una def de hoja
       ➡ de estilos
124. div3.innerText = selfilt.options(miindice).value;
125. </SCRIPT>
126. </BODY>
127. </HTML>
```

Figura G.2 Una interfaz para especificar los filtros que hay que aplicar al texto o a los gráficos.

El Listado G.5, *padprog.js*, es el programa principal que se utiliza para generar el filtro aplicado a los textos o gráficos que se especifiquen. *padprog.js* gestiona toda la comunicación del programa, tal como la selección de los distintos filtros y demás, y es el responsable de crear el código que se emplea para especificar uno o varios filtros.

Listado G.5 Un programa de generación de filtros (padprog.js)

```
01.   function iniciarFiltro(objSelfilt)
02.   {
03.   //procedimiento principal para gestionar todo lo relacionado
04.   //con el proceso de filtrado
05.       var posimagen = new String();
06.       var filtroCad = construirFiltro(objSelfilt);
07.
08.
09.   //aquí se creará la cadena que especifica los filtros
10.   posimagen = tomarimg(entradagrf);
11.
12.
13.   //aquí cambia el texto de cambiartxt (realmente, el marcador span)
14.       cambiartxt.innerHTML = entradatxt.value + posimagen
15.
16.   //cambiartxt.innerText = entradatxt.value;
17.   //aquí se aplica todo
18.       cambiartxt.style.filter = filtroCad;
19.       div3.innerText = "UN_ELEMENTO { filtro:" + filtroCad + ";}";
20.
21.   }
22.
23.   function construirFiltro(objSelfilt)
24.   {
25.   //comprueba las opciones seleccionadas y construye la cadena
26.   var intSelindice = objSelfilt.length;
27.   var strmicadena = new String();
28.   for(i=0; i<intSelindice; i++)
29.   {
30.       if(objSelfilt.options(i).selected == true)
31.       {
32.           strmicadena += objSelfilt.options(i).value + " ";
33.       }
34.   }
35.   return strmicadena;
36.   }
37.
38.
39.   function tomarimg(objgrp)
40.   {
41.   var strmicadena = objgrp.value;
42.       if(strmicadena.length > 4)
43.       {
```

(continúa)

Listado G.5 Un programa de generación de filtros (padprog.js) *(Continuación)*

```
44.            return posimagen = " <IMG SRC=" + entradagrf.value + ">";
45.     }
46.     else
47.     {return "";}
48.
49.  }
50.
51.  function restFiltro(objfilt)
52.  {
53.
54.  objfilt.style.filter=" ";
55.
56.
57.  }
58.  function udv()
59.  {
60.  div3.innerText = selfilt.options(miindice).value;
61.  }
```

Hay que considerar varios aspectos importantes de los listados G.4 y G.5, específicamente:

- La interfaz primaria, construida a partir de varios marcadores <DIV> que hacen uso
  de atributos de posicionamiento y de colores de fondo y de primer plano.
- La interfaz de control intrínseca que se halla en el segundo elemento <DIV> (denominado <DIV>2) proporciona una manera eficiente de seleccionar los filtros que se
  aplicarán al texto o a los gráficos. Se puede insertar la posición del archivo gráfico
  y se puede insertar un texto propio con marcación HTML.
- Los guiones implicados en la página, que se encuentran en dos secciones: el gestor
  de sucesos para el elemento denominado *selfilt* y el guión que se encuentra en el
  archivo *padprog.js*, que aplica los filtros al texto o gráficos que se especifiquen.

En los Listados G.4 y G.5 se ha incluido un gran número de conceptos y procedimientos de codificación. El objetivo básico del programa es permitir que el usuario inserte algún texto y/o que especifique algún archivo de gráficos, para después observar los
efectos que tiene los distintos filtros en los gráficos o en el texto.

Sin embargo, esto no es lo único que hace el programa. El programa permite personalizar todos los filtros que se admiten. La Figura G.3 muestra una interfaz para insertar
parámetros para el filtro *glow*. Además, el elemento <DIV> llamado *div3* contiene la
información por omisión para el filtro seleccionado. Cuando se insertan los distintos valores para los filtros (estos parámetros se corresponden con los mencionados para cada filtro en el Capítulo 15, «Filtros multimedia y controles ActiveX») y se pulsa en el botón
Aplicar (no en Aplicar Filtro), los valores de los filtros se actualizan en *div3*.

Una vez seleccionados los filtros que se quieren aplicar (lo cual se logra seleccionando múltiples filtros), se inserta el texto o los gráficos que se quieran filtrar, y se pulsa en el

botón Aplicar Filtro; entonces se aplican los filtros al texto y a los gráficos después de pulsar en el botón Aplicar Filtro, el código completo necesario para especificar este filtro como una definición HEC se muestra en el elemento <DIV> denominado *div3*. Entonces se puede copiar y pegar este código en nuestro propio documento de HTML Dinámico, para utilizarlo con nuestro propio texto.

Figura G.3 Se pueden insertar parámetros para el atributo *glow*.

El ejercicio siguiente se proporciona como curso programado rápido para familiarizarse con el programa de filtrado.

1. Escriba los dos archivos y asígneles el nombre dado en los encabezados.
2. Abra el archivo llamado *filwiz.htm* en Internet Explorer 4.0.
3. Escriba «Esto es una prueba de filtros» en el cuadro de texto situado inmediatamente debajo de *Ponga el texto aquí*.
4. Especifique la situación de un gráfico si dispone de alguno.
5. Pulse en la opción Vuelta Vertical dentro del cuadro de lista. Observe que cambia el texto del lado derecho.
6. Pulse en la opción Glow. Observe que el texto vuelve a cambiar, y verá dos cuadros de texto y un botón. En el cuadro Color: text escriba #0F0A0C y en el cuadro Intensidad:text, escriba un 6.
7. Pulse en el botón Aplicar que está bajo los cuadros de texto. Observe que el texto de la esquina inferior izquierda cambia para adaptarse a los valores insertados.
8. Manteniendo pulsada la tecla Ctrl, pulse en la opción Vuelta Vertical.
9. Una vez seleccionadas estas dos opciones, pulse en el botón Aplicar Filtro. Suceden dos cosas. En primer lugar, los gráficos (si se ha especificado alguno) y el texto se visualizan en el lado izquierdo. A continuación, se muestra en la esquina infe-

rior izquierda el código para aplicar este filtro. Se puede tomar este código para utilizarlo con un elemento DIV o SPAN, y hará exactamente lo mismo que se ha visto. La Figura G.4 ilustra los resultados de este ejercicio.

Figura G.4 Resultados del ejercicio anterior.

Ha llegado el momento de examinar algunos aspectos del código. Lo que más debe preocuparnos en este ejemplo es el Listado G.5 *(padprog.js)*. Este es el programa que construye el filtro empleando una cadena, y que da a la propiedad *style.filter* del marcador <SPAN> llamado *cambiartxt* el valor de esta cadena. La función principal, *iniciarFiltro()* (línea 1), se pone en acción cuando se pulsa en el botón Aplicar Filtro. Después de activarse la función *iniciarFiltro()*, se invoca a la función *construirFiltro()* (línea 23), que determina cuáles de las opciones del cuadro Select están seleccionadas. Los valores de estas opciones son los filtros que se utilizarán para construir la cadena de filtro. Cada vez que *construirFiltro()* encuentra una opción que ha seleccionado un usuario, concatena el valor de las opciones con la cadena, construyendo de este modo el filtro. Para finalizar el código, se da a la propiedad *cambiartxt.style.filter* el valor de la cadena creada en *construirFiltro()*, y después el código utilizado para definir este filtro o grupo de filtros mediante HEC se visualiza en el elemento DIV, div3.

Tal como se ha mencionado anteriormente, el código que originalmente formara parte de *filwiz.htm* se ha utilizado para construir la interfaz que se emplea ahora para especificar los parámetros de los diferentes filtros. Es una interfaz básica, y no está terminada en modo alguno. Su funcionalidad mínima, sin embargo, es más que suficiente para demostrar la versatilidad de los filtros. Se han excluido algunos filtros, incluyendo el filtro de croma, todos los filtros de iluminación y la transparencia alfa. Si lo desea, puede añadirlos añadiendo un marcador <OPTION> adicional al cuadro de selección *selfilt* e insertando un valor, que es el código de filtro para ese efecto de filtro. Después se añade el código en el gestor de sucesos *onchange*, que se encuentra en la parte inferior de *filwiz.htm*. Es necesario añadir el marcador <OPTION> precisamente al final de la lista actual de marcadores de opciones, para no alterar el orden de índices. De esta manera, es fácil especificar filtros adicionales con una cantidad mínima de codificación.

El listado siguiente es la versión en VBScript de *padprog.htm* para los programadores que conocen VBScript.

Listado G.6 Versión en VBScript de padprog.js (padprogvb.htm)

```
01.    q = chr(34)
02.
03.
04.    sub iniciarFiltro(objSelFilt)
05.    'subrutina principal
06.        dim strPosImagen, filtroCad
07.        strPosImagen = " "
08.        filtroCad = construirFiltro(objSelFilt)
09.        strPosImagen = tomarImagen(entradagrf)
10.        cambiartxt.innerHTML = entradatxt.value & "<BR>" & strPosImagen
11.        cambiartxt.style.filter = filtroCad
12.    end sub
13.
14.    function construirFiltro(objSelFilt)
15.    'busca filtros y los hace parte de la cadena
16.        for i = 0 to (objSelFilt.length -1)
17.            if objSelFilt.options(i).selected = True then
18.                construirFiltro = construirFiltro & _
19.                    objSelFilt.options(i).value & " "
20.            end if
21.        next
22. end function
23.
24.    function tomarImagen(entradagrf)
25.    'busca una imagen, y luego devuelve el HTML
26.    'para crear un marcador de imagen
27.        if len(entradagrf.value) > 4 then
28.            tomarImagen = "<IMG SRC=" & q & entradagrf.value & q & ">"
29.        else
30.            tomarImagen = ""
31.        end if
32.    end function
33.
34.    function restFiltro(cambiartxt)
35.    cambiartxt.style.filter = " "
36.
37.    end function
```

El Listado G.6 se utiliza como sustituto de *padprog.js* únicamente en el listado original. La interfaz para modificar los valores de los parámetros de los distintos filtros seguirá estando en JavaScript, porque los métodos que se utilizarían para realizar la interfaz ya establecida con JavaScript serían completamente distintos. Los Listados G.5 y G.6 son casi idénticos, línea por línea; sin embargo, se apreciarán algunas diferencias menores. La diferencia más importante en la versión para VBScript es que el signo + para la concatenación de cadenas se ha sustituido por el signo &. El signo + sigue funcionando en VBScript; sin embargo, este signo muestra un comportamiento extraño cuando se aplica a valores numéricos literales.

Todavía no está completa la conversión a VBScript. Hay que modificar y sustituir unas pocas líneas de código dentro de *filwiz.htm*. Esto incluye modificar las llamadas de función al lenguaje adecuado, y cambiar el bloque de guiones para que sea VBScript en lugar de JavaScript. Cuando se encuentre con las líneas siguientes:

```
<INPUT TYPE="button" id="appfilt" VALUE="Aplicar Filtro" onclick=
➥ "iniciarFiltro(selfilt)"><BR>
<INPUT TYPE="button" id="clearall" VALUE="Restaurar" onclick=
➥ "restFiltro(cambiartxt)">
```

Hay que cambiarlas por:

```
<INPUT TYPE="button" id="appfilt" VALUE="Aplicar Filtro" onclick=
➥ "VBScript: comenzarFiltro(selfilt)"><BR>
<INPUT TYPE="button" id="clearall" VALUE="Restaurar" onclick=
➥ "VBScript: restFiltro(cambiartxt)">
```

Esto permite especificar que VBScript será el lenguaje empleado cuando se invoque a las funciones *iniciarFiltro()* (línea 1) y *restFiltro()* (línea 34) para el suceso pulsar del elemento correspondiente. Estas funciones están almacenadas, según recordará, en el archivo *padprogvb.vbs*. Otra cosita que hay que hacer es insertar estas líneas de código cerca del final de nuestro documento en *filwizvb.htm*:

```
<SCRIPT LANGUAGE="JavaScript">
function udv()
{
div3.innerText = selfilt.options(miindice).value;
}
</SCRIPT>
```

Se necesita esta función en la interfaz de entrada del filtro, y se había incluido con *padprog.js*, pero dado que se está empleando un archivo de VBScript, hay que especificar internamente esta función.

Controles ActiveX y HTML Dinámico

Existe una enorme cantidad de controles ActiveX que permiten aprovechar toda la potencia de HTML Dinámico. Aunque se podría escribir todo un libro dedicado a la forma en que se utilizan los controles ActiveX más sobresalientes que se incluyen con Internet Explorer 4.0, este capítulo presenta un ejemplo sencillo pero interesante de la funcionalidad de ActiveX. El Listado G.7 muestra este ejemplo. Se crea una sencilla matriz de diseño empleando el control de gráficos estructurados. El listado siguiente es una demostración sencilla pero atractiva de la colección de controles ActiveX de DirectDraw. La Figura G.5 muestra el resultado de este listado.

Listado G.7 Una demostración sencilla del control de gráficos estructurados

```
01.   df<HTML><HEAD><TITLE>Demostración de las subrutina ArcDegrees
      </TITLE></HEAD>
02.
03.   <BODY>
04.
05.   <OBJECT id="MiPoligono"
06.   CLASSID="CLSID:369303C2-D7AC-11d0-89D5-00A0C90833E6"
07.   STYLE="WIDTH:450;HEIGHT:450;ZINDEX:1;">
08.     <PARAM NAME="Line0001" VALUE="SetFillColor(0,255,255)">
09.     <PARAM NAME="Line0002" VALUE="Polygon(4, -128,-128, 128,-128,
        ➥128,128, -128,128, 0)">
10.     <PARAM NAME="Line0003" VALUE="SetFillColor(0,255,240)">
11.     <PARAM NAME="Line0004" VALUE="Polygon(4, 64,-128, 128,64,
        ➥-64,128, -128,-64, 0)">
12.     <PARAM NAME="Line0005" VALUE="SetFillColor(0,255,225)">
13.     <PARAM NAME="Line0006" VALUE="Polygon(4, 16,-112, 112,16,
        ➥-16,112, -112,-16, 0)">
14.     <PARAM NAME="Line0007" VALUE="SetFillColor(0,255,210)">
15.     <PARAM NAME="Line0008" VALUE="Polygon(4, 88,-16, 16,88, -88,16,
        ➥-16,-88, 0)">
16.     <PARAM NAME="Line0009" VALUE="SetFillColor(0,255,195)">
17.     <PARAM NAME="Line0010" VALUE="Polygon(4, 62,-34, 34,62, -62,34,
        ➥-34,-62, 0)">
18.     <PARAM NAME="Line0011" VALUE="SetFillColor(0,255,180)">
19.     <PARAM NAME="Line0012" VALUE="Polygon(4, 62,-34, 34,62, -62,34,
        ➥-34,-62, 0)">
20.     <PARAM NAME="Line0013" VALUE="SetFillColor(0,255,165)">
21.     <PARAM NAME="Line0014" VALUE="Polygon(4, 38,-41, 41,38, -38,41,
        ➥-41,-38, 0)">
22.     <PARAM NAME="Line0015" VALUE="SetFillColor(0,255,150)">
23.     <PARAM NAME="Line0016" VALUE="Polygon(4, 38,-41, 41,38, -38,41,
        ➥-41,-38, 0)">
24.     <PARAM NAME="Line0017" VALUE="SetFillColor(0,255,135)">
25.     <PARAM NAME="Line0018" VALUE="Polygon(4, 18,-40, 40,18, -18,40,
        ➥-40,-18, 0)">
26.     <PARAM NAME="Line0019" VALUE="SetFillColor(0,255,120)">
27.     <PARAM NAME="Line0020" VALUE="Polygon(4, 3,-34, 34,3, -3,34,
        ➥-34,-3, 0)">
28.     <PARAM NAME="Line0021" VALUE="SetFillColor(0,255,105)">
29.     <PARAM NAME="Line0022" VALUE="Polygon(4, 26,-6, 6,26, -26,6,
        ➥-6,-26, 0)">
30.     <PARAM NAME="Line0023" VALUE="SetFillColor(0,255,90)">
31.     <PARAM NAME="Line0024" VALUE="Polygon(4, 18,-11, 11,18, -18,11,
        ➥-11,-18, 0)">
```

(continúa)

Listado G.7 Una demostración sencilla del control de gráficos estructurados *(Continuación)*

```
32.   </OBJECT>
33.   </BODY>
34.   </HTML>
```

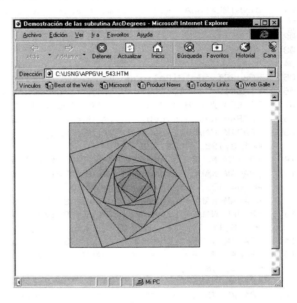

Figura G.5 La matriz que produce el listado G.7.

En este ejemplo sólo hay que considerar unas pocas cosas menores. En primer lugar, se inserta un ejemplar del control de gráficos estructurados ActiveX (SGC) en la página (línea 5). Esto se identifica mediante el marcador <OBJECT>. Los muchos marcadores <PARAM> (líneas 8–31) asociados al control de gráficos estructurados pueden parecer peculiares.

Los marcadores <PARAM>, de los cuales hay 24 anidados dentro de la definición del control, inician y dan valores a las propiedades públicas del control ActiveX al que están asociados. En los 24 ejemplares de marcador <PARAM> que se encuentran en el Listado G.7, esto es una verdad a medias. Estos marcadores <PARAM> están especificando propiedades, pero son lo que se podría considerar una propiedad «virtual», que solamente existe cuando se necesita. Estas propiedades se utilizan para mostrar diferentes formas, para definir colores y tramas de llenado de estas formas, y cosas por el estilo.

Cada una de estas propiedades está especificada mediante un valor de la forma «Lineaxxxx» para el atributo NAME del marcador <PARAM>, empezando por el valor «Linea0001.» Como puede verse, todos los marcadores <PARAM> que tienen valores «Lineaxxxx» impares para el atributo NAME tienen algo en común para el atributo VALUE. Se utilizan estos valores específicos para preparar los diez cuadrados que se ven en la Figura G.5. Al llamar al método *Polygon* , que forma parte del control de gráficos estructurados, se crean estos cuadrados. Todos los valores «Lineaxxxx» de número para especificar los colores de estos cuadros. Una vez más, se ha proporcionado este listado como trampolín para la futura utilización de controles ActiveX con DirectDraw. Este ejemplo muestra la forma de crear un ejemplo relativamente complejo con una codificación mínima.

Búsqueda de información acerca de nuestro documento

La búsqueda de información acerca de los elementos contenidos en nuestro documento es crítica para muchas aplicaciones de HTML Dinámico. Se ha podido ver esta importancia en los capítulos de la Quinta Parte de este libro, «Multimedia y HTML Dinámico». El ejemplo del Listado G.8 es una utilidad de diagnóstico que examina los marcadores y hace categorías con ellos. La importancia principal del listado no reside en la aplicación en sí, sino en los métodos empleados para extraer esta información y agruparla en categorías. El listado G.8 toma la URL de cualquier documento HTML y agrupa esos marcadores por categorías. El agrupamiento de marcadores en categorías permite conocer exactamente cuantos marcadores hay en la página, y también deja claro para el usuario si se ha escrito mal un marcador, y cosas parecidas.

Según se ha mencionado anteriormente, en el API de DirectDraw se pueden hacer cosas realmente increíbles. Algunos juegos, tales como *Age of Empires* y *Monster Truck Madness 3D* de Microsoft están basados en el. Para aprender más acerca del API de DirectDraw y acerca de DirectX, consulte la sección Internet Multimedia del Internet Software Developer's Kit en:

http://www.microsoft.com/msdn/sdk/inetsdk/help/dxmedia/jaxa/default.htm.

Listado G.8 Diagnóstico de una página de la red

```
01.   df<HTML>
02.   <HEAD>
03.   <TITLE>Analizador de páginas</TITLE>
04.   <SCRIPT>
05.   var MatrizElem = new Array();
06.   var NumElem = new Array();
07.   var micontador;
08.   MatrizElem[0] = " ";
09.   NumElem[0] = 0;
10.   </SCRIPT>
11.   </HEAD>
12.   <BODY>
13.   <DIV STYLE="position:absolute;top:0;left:0">
14.   <IFRAME id="situardoc" WIDTH="400" HEIGHT="400" SRC="">
15.   </IFRAME>
16.   </DIV>
17.   <DIV STYLE="background-color: lightblue; position:absolute;top:0;
      ➥ left:410;width:300;height:100">
18.   Escriba la situación del documento: <INPUT id="misit" TYPE="text"
      ➥ SIZE="40"><BR>
19.   <CENTER>
```

(continúa)

Listado G.8 Diagnóstico de una página de la red

```
20.    <INPUT TYPE="button" VALUE="Analizar" id="botonok" onclick=
       ➥ "funcionprueba()">
21.    </CENTER>
22.
23.    </DIV>
24.    <DIV STYLE="background-color: mintcream; position: absolute;
       ➥ top:110; left:410;width: 300; height: 250; overflow: scroll"
       ➥ id="informaraqui">
25.    </DIV>
26.
27.    <SCRIPT LANGUAGE="JavaScript">
28.    function funcionprueba()
29.    {
30.    miUrlLocal = misit.value;
31.    situardoc.location = miUrlLocal;
32.
33.
34.    alert(situardoc.document.all.length)
35.    analizar();
36.    informar();
37.
38.
39.
40.
41.    }
42.
43.    function analizar()
44.    {
45.        var objNomMarAct = situardoc.document.all;
46.        for(micontador=0; micontador < situardoc.document.all.length;
           ➥ ++micontador)
47.        {
48.            for(i=0; MatrizElem[i] != null; i++)
49.            {
50.                //alert(i);
51.                if(MatrizElem[i] == situardoc.document.all.item
                   ➥ (micontador).tagName)
52.                {
53.                    ++NumElem[i];
54.                }
55.                else if(i == (MatrizElem.length - 1))
56.                {
57.                    i++;
58.                    //alert(i);
59.                    MatrizElem[i] = situardoc.document.all.item
                       ➥ (micontador).tagName;
60.                    //alert(MatrizElem[i]);
61.                    NumElem[i] = 0;
62.                    ++NumElem[i];
63.                }
```

```
64.              }
65.      }
66.
67.
68.      }
69.
70.      function informar()
71.      {
72.      informaraqui.innerHTML = "<B>Reports for: " + situardoc.location +
         ➡ "</B><BR>";
73.
74.      for(j=1; j < MatrizElem.length; j++)
75.      {
76.      informaraqui.innerHTML += MatrizElem[j] + ":" + NumElem[j] +
         ➡ "<BR>";
77.
78.
79.
80.      }
81.      }
82.      </SCRIPT>
83.      </BODY>
84.      </HTML>
```

El ejemplo precedente es bastante claro. El usuario especifica la situación de un documento local; el programa va iterando por todo el documento e informa al usuario acerca de los marcadores que se hallan en la página, y acerca del número de marcadores de cada tipo. El algoritmo creado para hacer esto es un poquito complicado, y tiene dos bucles. Estos bucles están en la función *analizar()* (línea 43). El bucle externo de la línea 46:

```
for(micontador=0; micontador < situardoc.document.all.length;
➡ ++micontador){}
```

pasa por todos los elementos del documento HTML que haya insertado el usuario dentro del cuadro de texto denominado *misit*. Se accede a estos elementos mediante la propiedad *item()* de la colección *all*. Para acceder a cada ítem, la variable *micontador* hace referencia a los índices de la colección *all.item()* del documento HTML especificado. El segundo bucle, en la línea 48:

```
for(i=0; MatrizElem[i] != null; i++)
```

hace dos cosas. En primer lugar, da valor a las dos matrices (*MatrizElem[x]* y *NumElem[x]*) que contienen información acerca de los marcadores y de cuántos de ellos hay en la página cargada en ese momento. *MatrizElem[0]* contendrá normalmente el marcador <HTML>, por ejemplo, y *NumElem[0]* contendrá el número de veces que aparece en esa página (siempre 1). El código anidado en este bucle *for* comprueba también si algún elemento de los que se hallan en la colección *all.item()* especificada para el documento se encuentra dentro de la matriz. Si el elemento no existe, entonces el código asigna una nueva entrada para ese marcador.

La última parte de este programa imprime un informe del documento especificado. En este informe, se muestra la ruta completa del documento (file://algún-lugar-del-disco-duro) junto con todos los marcadores y el número de veces que aparece cada marcador dentro de la página. Aunque no se van a discutir aquí los detalles de este algoritmo, se ha proporcionado información suficiente para que el lector pueda diseccionar el código por sí mismo. Este programa no sólo proporciona una herramienta de diagnóstico útil, sino que además el código utilizado para manipular matrices también es útil. Algunas veces, el uso de un código complejo que todo programador debería entender es una forma eficiente de realizar distintas tareas tales como añadir elementos a una lista.

Y a continuación...

Este apéndice ofrece una breve ojeada de las sorprendentes maneras en que se puede aprovechar la potencia de la tecnología de HTML Dinámico. Este apéndice, combinado con otros ejemplos importantes de la Sexta Parte, «HTML Dinámico del mundo real», le proporcionará un buen conocimiento de HTML Dinámico, para que pueda aprovechar esta tecnología en toda su extensión.

Las técnicas y ejemplos mostrados en este apéndice se pueden modificar y utilizar fácilmente en muchos otros ejemplos. Este apéndice proporciona el mapamundi final de este libro, para que pueda comprender y utilizar en su totalidad la potencia de HTML Dinámico.

Apéndice

Glosario

ActiveX El método de Microsoft para distribuir componentes por la Web.

Applet Un programa en Java que puede correr dentro de una página de la red.

Atributo HEC Se usa como sinónimo de valor HEC para especificar el parámetro de una propiedad HEC.

Bloque Un grupo de sentencias de JavaScript.

Booleano Un valor que es o bien verdadero (true) o bien falso (false).

Bucle Una estructura de programación que permite que se repita múltiples veces una cierta sentencia o bloque.

Burbujeo de sucesos La transmisión de sucesos por la jerarquía de elementos de HTML.

Canal Un mecanismo basado en suscripciones para proporcionar actualizaciones de contenido planificadas.

Clasificación Poner las cosas en un orden determinado.

Colección Un envoltorio que permite agrupar objetos.

COM Modelo de componentes de objetos de Microsoft, que es el fundamento en que se basan los controles ActiveX.

Common Gateway Interface (CGI) Un protocolo de red estándar para ejecutar un programa a través de un servidor de red, y para proporcionar el resultado a un navegador.

Condicional Un punto de un programa en que la ramificación del control de flujo se controla mediante una expresión lógica.

Conector Avanzado de Datos (ADC) Un objeto fuente de datos que se incluye con Internet Explorer 4.0 y que permite el enlazado de datos con fuentes remotas de datos.

Consorcio World Wide Web (W3C) Un grupo de desarrolladores e instituciones formado para administrar el desarrollo de estándares para la World Wide Web.

Consulta Un método mediante el cual se solicitan datos de un servidor de bases de datos.

Consumidor de datos Elementos HTML que están asociados a objetos fuentes de datos y que se llenan automáticamente con datos procedentes de esas fuentes de datos.

Contenedor Un elemento de posicionamiento HEC que se puede utilizar para situar de forma relativa los elementos descendientes del mismo.

Contenido dinámico Dícese del contenido de ciertos elementos que se modifica durante la ejecución, como los intervalos de texto.

Control de Datos Tabulares (TDC)   Un control de fuente de datos de HTML Dinámico que proporciona los datos de un archivo de datos especificado a través del servidor Web.

Cookie   Un archivo situado en la máquina cliente que se emplea para almacenar información relativa a visitas previas a una página de la red.

Delimitador de fila   El carácter que separa las filas de datos en un control de datos tabulares.

Delimitadores de campo   Los caracteres que separan campos en un archivo de datos de un control de datos tabulares..

Dinámico   Microsoft define dinámico como aquel contenido que es alterable durante la carga y la ejecución.

Elemento   Un ejemplar de marcador HTML situado en un documento HTML.

Enlazado de datos   El proceso de conectar y situar automáticamente datos procedentes de una fuente de datos en un documento HTML.

Enlazado de registro actual   Un método de enlazado de datos mediante el cual se recupera un registro de cada vez en una fuente de datos, asociándolo a una serie de consumidores de datos.

Enlazado de sucesos   La conexión de sucesos con gestores de sucesos.

Enlazado de tabla repetida   La posibilidad de enlazar un objeto fuente de datos con una tabla, dando lugar a que todas las filas disponibles en ese objeto fuente de datos se sitúen automáticamente en filas de esa tabla.

Entero (integer)   Un número que carece de coma decimal ($-3,-2,-1,0,1,2,3$, y así sucesivamente).

Escalabilidad   La capacidad de un servidor para responder a cantidades crecientes de tráfico.

Escalado   Alteración de las dimensiones de una imagen o elemento.

Espaciado de letras   Cantidad de espacio que media entre los caracteres.

Espaciado de palabras   La cantidad de espacio en blanco que hay entre las palabras de una página.

Estilos dinámicos   La posibilidad de cambiar los valores de las propiedad de estilo de un elemento durante la ejecución.

Expresión lógica   Una expresión que toma el valor true (verdadero) o false (falso) cuando se evalúa.

Expresión numérica   Una expresión que produce un número cuando se evalúa.

Filtro multimedia   Una transformación, tal como un difuminado o una fuente de luz, que se puede aplicar a un elemento.

Formato de Definición de Canal (CDF)   El formato de archivo de Microsoft para especificar canales que se pueden mandar dinámicamente al escritorio de los usuarios.

Formulario   Código HTML que permite situar controles de interfaz de usuario, tales como cuadros de texto o cuadros de lista en una página HTML.

Función   Un grupo de sentencias a las que se hace alusión mediante un nombre, y que se ejecutan cuando se invoca ese nombre.

Gestor de sucesos   Una función que está asociada con un suceso a través de enlazado de sucesos, y que responde a ese suceso.

Hojas de Estilo en Cascada (HEC o CSS)   Una especificación del W3C para definir elementos de maquetación y estilo en páginas HTML. La primera versión oficial se conoce con el nombre de CSS1.

HTML Dinámico (DHTML)   Una colección de tecnologías implementadas en Internet Explorer 4.0, tales como los estilos dinámicos, el contenido dinámico, el posicionamiento HEC, el modelo de objetos de HTML Dinámico, el enlazado de datos, y el multimedia de HTML Dinámico: todo es controlable mediante guiones.

ID   Una propiedad HEC que se emplea para dar nombre a un elemento.

Índice z   El orden en que se apilan los elementos de una página.

InetSDK   Kit de desarrollo de software de Microsoft para el desarrollo de clientes de Internet.

Intervalo de texto   Una selección de caracteres a la que se puede acceder como si fuera un objeto.

Java   Un lenguaje de programación y un entorno de ejecución creado por Sun Microsystems para promover la compatibilidad entre plataformas y simplificar el desarrollo de aplicaciones.

JavaScript   Implementación de Netscape de un lenguaje de guiones que está basado aproximadamente en la sintaxis de Java.

Jscript   Implementación de JavaScript hecha por Microsoft en Internet Explorer 4.0.

Lenguaje de Consulta Estructurado (SQL)   Un lenguaje para efectuar consultas en una base de datos situada en un servidor de gestión de bases de datos relacionales.

Lenguaje de guiones   Un lenguaje de computadora que se ejecuta dentro de un navegador de la red, y que hace posible manipular los elementos de una página.

Lenguaje de Marcación para Hipertextos (HTML)   Un lenguaje genérico para definir páginas para la World Wide Web.

Localizador Uniforme de Recursos (URL)   El estándar WWW para identificar la situación de los datos deseados dentro de la Web.

Maquetación   El posicionamiento exacto de elementos de HTML dentro de una página.

Modelo   Una función que está contenida en un objeto.

Modelo de Objetos   La abstracción de la funcionalidad de un programa en objetos a los que se puede acceder a través de un lenguaje de guiones.

Objeto   Un agrupamiento de datos y funciones en una sola estructura de datos.

Objeto Fuente de Datos (DSO)   Un tipo de control ActiveX que proporciona datos a consumidores de datos. Los Objetos Fuentes de Datos pueden recuperar datos de casi cualquier fuente de datos, pero los lugares más frecuentes son RDBMS y archivos de texto.

Posicionamiento absoluto   Especificar la posición de elementos HTML de una página en relación con la ventana.

Posicionamiento HEC (CSSP)   En la actualidad, es un borrador del W3C para las extensiones de la especificación HEC que permitirán un mejor control de posicionamiento de los elementos HTML. Está implementado en Internet Explorer 4.0.

Posicionamiento relativo   Posicionamiento de elementos en relación con sus objetos predecesores.

Propiedades HEC   Un atributo que se utiliza con las hojas de estilo para configurar los estilos de un selector dado.

Protocolo de Transferencia de Hipertextos (HTTP)   El protocolo de comunicaciones que se emplea para transferir página de la red desde el servidor hasta el navegador.

Recordset (conjunto de registros)   La parte de un Objeto Fuente de Datos que pone a nuestra disposición el recorrido de las filas de datos.

Recorte   Definición de una ventana limitada y visualizable para mostrar elementos.

Ruta   Un conjunto de coordenadas geométricas que se utiliza para especificar por dónde se va a mover un objeto.

Selectores   Los equivalentes en HEC de los marcadores HTML a los que se aplicará el estilo que se está definiendo.

Sentencia   La porción más pequeña de código ejecutable en un lenguaje de guiones (suele ser una línea).

Servidor de base de datos   Un almacén de datos tabulares al que se puede acceder a través de un objeto fuente de datos.

Sistema de Gestión de Bases de datos Relacionales (RDBMS)   Un servidor de bases de datos que emplea el Lenguaje de Consulta Estructurado (SQL).

String (cadena)   Una sucesión de caracteres. Esta definición es una cadena.

Suceso   La notificación que se desencadena cuando se efectúa una acción que está siendo monitorizada.

Transición multimedia   Un efecto, tal como un fundido o un borrado, que se puede aplicar a la conmutación entre dos elementos.

Valor HEC   El dato que se da como valor a las propiedades HEC.

Valor RGB   Una especificación de color que hace uso de los colores primarios de la luz (rojo, verde, azul).

Variable   Un lugar en que se pueden almacenar datos temporalmente, y que posee un nombre.

Viaje de ida y vuelta   El proceso mediante el cual el navegador pide datos al servidor de la red y los recibe.

Visual Basic, Scripting Edition (VBScript)   La versión reducida de Visual Basic de Microsoft que está destinada a ser un competidor de JavaScript.

Índice analítico